불국토

역사왜곡방법론 : 사례(事例)

불국토(佛國土)
역사왜곡방법론:사례(事例)

초판 1쇄 발행 2024년 7월 16일

지은이 진정(眞正)
펴낸이 장길수
펴낸곳 지식과감성#
출판등록 제2012-000081호

교정 및 편집 지식과감성#
마케팅 김윤길, 정은혜

주소 서울시 금천구 벚꽃로298 대륭포스트타워6차 1212호
전화 070-4651-3730~4
팩스 070-4325-7006
이메일 ksbookup@naver.com
홈페이지 www.knsbookup.com

ISBN 979-11-392-1989-0(03910)
값 25,000원

- 이 책의 판권은 지은이에게 있습니다.
- 이 책 내용의 전부 또는 일부를 재사용하려면 반드시 지은이의 동의를 받아야 합니다.
- 지도 출처: 그림1: map.naver.com 그림2~6: www.google.co.kr/maps 그림7: 바이두백과 참고
- 잘못된 책은 구입하신 곳에서 바꾸어 드립니다.

지식과감성#
홈페이지 바로가기

『삼국사기』와『삼국유사』로써 밝힌 5,000년 한민족의 실제역사
참된한국통사 Ⅰ편 - 2권

1,000년 왕국 신라인들의 꿈

불佛 국國 토土

'7말8초 역사왜곡'의 진실
歷·史·歪·曲·方·法·論
역사왜곡방법론 : 사례(事例)

진정(眞正) 지음

그림설명: 신라의 국가이동(실선)과 고려의 도성이동(점선) 상황

머리말

　1908년 4월 30일,… 청일전쟁(1894~5)과 러일전쟁(1904~5)에서 승리한 일본군이 {그동안 현,요령성 대련항 선착장에 은밀히 수집해 두었던} 육중한 화물 하나를 제국해군 군함에 실어서 몰래 일본왕궁 건안부 정원으로 가져간 사건이 있었다. 그리고 그 화물은 나중에 {'당^唐나라 시대부터 현,대련시 여순구 황금산^{黃金山} 자락에 있었다.'라고 알려진} '홍려정비(鴻臚井碑)[별칭,최흔석각(崔忻石刻)]'이라는 것'이 알려졌으며, 그 자연석에 각인된 **'정양구(井兩口)라는 이상한(?) 문구'**¹⁾ 에서부터 시작된 필자의 어설픈 역사연구가 결국 '참된한국통사Ⅰ편-1,2,3권'이라는 3권의 책이 되어서 독자 여러분들께 선을 보이게 되었으며, 이 책이 그 세 번째로 출간되는『참된한국통사Ⅰ편-2권: 1,000년 왕국 신라인들의 꿈, 불국토(佛國土)』인 것이다. 이 책은 '신라^{新羅}'라는 나라가 '현,중국의 강소성에 있었던 강소신라^{江蘇新羅}'에서 '현,대한민국의 경상도에 있었던 경주신라^{慶州新羅}'로 나라 전체를 통째로 옮겨야만 했었던 혼동의 시기^(7c말~8c초)에 그 향도의 역할을 했었던 신라 불승^{佛僧}들의 고뇌와 헌신을 {필자가 전세계 역사

그림1. 홍려정비 원래 위치

---

1) **'정양구(井兩口)라는 이상한(?) 문구'** : 자세한 내용은 '졸저,『만파식적(萬波息笛), 2022년, 지식과감성』의 머리말(pp.5~20)' 참조

학계^{歷史學界} 최초로 발견한} '역사왜곡방법론^{歷史歪曲方法論}'2)이라는 새로운 역사해석기법^{歷史解釋技法}을 적용해서 설명한 것이다. 어쨌든, 필자는 {이 책을 통해서} 1,300년 전 우리 선조들이 {당시의 인식으로서는 가장 이상적인 세계인} 연화장세계^{蓮華藏世界}로 만들려고 했었던 현,한반도가 앞으로도 명실공히 진정한 불국토^{佛國土}로 평가될 수 있게 되기를 바라는 바이다.

그리고 이 3권의 책 '참된한국통사Ⅰ편'은 {필자가 앞으로 계속 발표할} '참된한국통사Ⅱ,Ⅲ,Ⅳ,Ⅴ편(대략,총10여권)'이 어느 특정 시대에 국한된 역사만을 대상으로 하는 것이 아니라, {5,000년을 이어 오면서} 한민족^{韓民族}이라는 하나의 용광로 속에 융합되어 있는 여러 종족들 및 민족들의 다양한 역사를 『참된한국통사』라는 하나의 그릇으로 담아내기 위한 그 첫걸음이 되는 것이다. 아울러서 {비록 '현재의 동아시아 역사통설^{歷史通說}들이 모두 전혀 그렇지 않은 것'처럼 철저하게 왜곡 또는 조작되어 있긴 하지만} 그 두꺼운 왜곡의 껍질을 벗겨내게 되면 '우리 한민족이 현재의 20억 동아시아 세계를 만들어낸 주축민족이었었다'라는 것을 확인할 수가 있게 될 것이다. 필자의 책들이 앞으로 여러 다양한 한민족 구성원들에게 '5,000년 한민족이라는 더 크고 더 근원적인 시각을 가질 수 있는 구심점을 제공하게 될 것'으로 기대하는 바이다.

필자가 책의 전체적인 제목을 '참된한국통사$^{(眞正韓國通史)}$'라고 처음 정하면서 참으로 많은 생각을 하였었는데, 그것은 '참된한국통사'라는 제목 자체가 이미 '{현재 우리가 통설적^{通說的}으로 알고 있는} 우리나라의 역사가 모두 수천 년 전부터 근본적으로 그리고 또 전반적으로 철저하게 왜곡^{歪曲}되어 있다'라는 것을 전제로 하는 의미이기 때문이었다. 그

---

2) '역사왜곡방법론' : 졸저, 『역사왜곡방법론(歷史歪曲方法論), 2023년, 지식과감성』 참조

래서 {몇 번을 주저하다가} 결국 {이미 AI(인공지능artificial-intelligence)가 인간의 지능을 대신하는 시대가 도래하고 있는 마당에} '진실된 역사를 공개하는 것을 더 이상 미룰 수도 없고 또 미룰 이유도 없다'라고 생각해서 **'체계적이고도 의도적인 역사왜곡歷史歪曲이 과거에 실제로 존재했었다'** 라는 것을 기존의 역사학계에 단도직입적으로 문제 제기하게 된 것이다.

그리하여 '삼국사三國史의 왜곡歪曲을 다룰 참된한국통사Ⅱ편' 그리고 '고려사高麗史와 조선사朝鮮史의 왜곡歪曲을 다룰 참된한국통사Ⅲ편' 및 '상,고대 시기의 역사인 고조선사古朝鮮史를 다루게 될 참된한국통사Ⅳ편'까지를 모두 발표한 뒤, {동아시아의 모든 역사 관계자들이 함께 참여하여} '동아시아사와 한국사 전체를 재정립하는 역사토론의 장(즉,참된한국통사Ⅴ편)'이 마무리될 수 있게 되기를 기대하는 바이다.

어쨌든, 역사를 전공하지 않은 70 노인이 {오로지 '인터넷에 연결된 PC' 하나만을 믿고서 정리한} 추론推論만을 통해서 '수천 년이라는 방대한 시공간時空間의 사건들'을 종횡무진으로 헤매고 다니다 보니 {비록 '전체적인 맥락에서는 틀리지 않았다'라고 확신을 하지만} '여기저기에 사소한 오류와 모순점들이 뒤섞여 있을 수 있다'는 것을 솔직히 인정하는 바이다. 즉 필자도 '필자의 글 모두가 무결점으로 완벽하다'라고 강변하고 있는 것이 아니며, 독자 여러분들께 '앞으로도 계속해서 보완하겠다'라는 약속을 드리면서 우리 역사에 관심을 가진 모든 분들의 긍정적인 지도편달이 있길 바라마지 않는다.

眞正(진정) : 眞實(진실)만이 正當(정당)하다.
眞理와 正義는 主觀的인 價値(worth)이지만, 眞實은 客觀的인 事實(fact)이다.
진리와 정의는 주관적인 가치(worth)이지만, 진실은 객관적인 사실(fact)이다.

일러두기

1. 본서는 한글로 표기하는 것을 원칙으로 한다. 특히 통설이나 상식으로 굳어져서 해석상 오해가 없는 한자단어 또는 한자명칭은 한글로만 표기한다. [예: 고구려, 이순신, 장안 등]

2. {원칙적으로} 근거로 삼는 사서의 내용까지 인용할 때는《 》또는〈 〉로 표기하고, 단순히 서명만 거론할 경우는『 』또는「 」로 표기한다. 단, 근거사료의 내용을 전체적으로 인용하여 제시하는 경우에는 인용문 전체를 '**회색조의 음영색 볼드문자**'로 구분한다. 그리고 회색조 인용문에서 '{볼드해제문장}' 중의 '바른 글자'는 인용문 저자의 원주原註이며, '기울인 글자'는 필자의 보충설명(즉,필자注)이다.

3. 통상적인 사료의 내용 또는 제3자의 견해를 인용할 경우에는 " "를 사용하고, 필자의 보충설명, 의견, 강조점 등을 표시할 경우는 ' '를 사용해서 구분한다.

4. 음운변화, 인적계보, 시기, 개념전개 등의 '순서'를 나타낼 때는 '〉' 기호를 이용하여 '선〉후'로 표기하고, 같을 경우에는 '=', 같지 않을 경우에는 '≠', 합쳐서 또는 빼서 보아야 할 경우에는 '+' 또는 '-' 그리고 구간은 '~', 구분은 '/' 등의 수학기호를 사용한다. [예: '{15침류〉17아신〉18전지}', '패수(浿)={氵(물,수)+貝(조개,패)}=짠물=염수(鹽水)' 등]

5. 단어나 문장을 하나로 묶을 경우에는 (묶음), {묶음}, [묶음] 등으로 구분한다. 다만, 보조적인 문장, 보충하는 자료, 참고사항 등은 ( ), { }, [ ] 등을 단독으로 사용한다. [예: 단독사용 또는 '[{ (묶음) }]' 등]

6. 연도는 '서기西紀 표기'를 기본으로 하되, '서기西紀', 'BC', 'AD' 등을 기입하지 않는다. 단, '서력기원전西曆紀元前'의 경우에는 '전' 혹은 '前'자를 부기한다. [예: '21소지2(480)년', '전57년', '前37年' 등]

7. 본서의 핵심 주장인 '역사왜곡방법론'에 대한 효과적인 설명을 위하여 특별히 사용되는 '쉼표(,), 콜론(:), 세미콜론(;), 연산자(+,-,=,〉,〈,~,/,…) 등의 부호' 앞뒤의 띄어쓰기는 대체로 생략하였다. [예: '현,산동성조장', '옛,연나라', '새,구도', '井(우물,정)', '女(여=벽화:碧花)' 등]

8. 각주는 권별 일련번호로 표시한다.

참고지도 1 : 삼국의 건국과 발전(三國의 中心移動)

그림2. (1a) 고구려의 도성(都城)이동 및 건국시의 관련지역(추정)

신라의 이동
(전57년? ~ 935년 = 992년간)

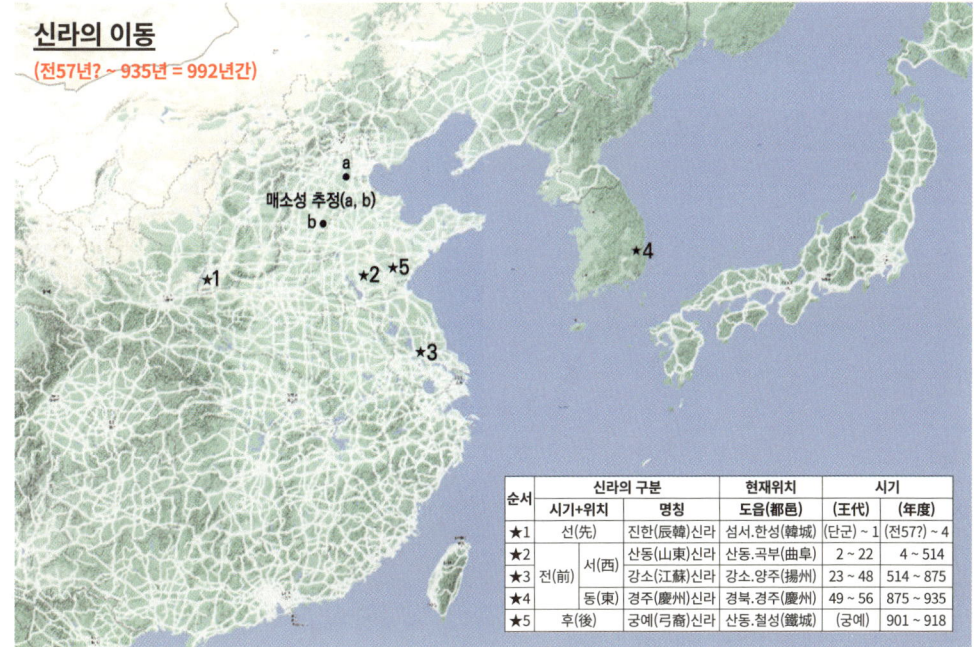

그림3. (1b) 신라의 중심이동

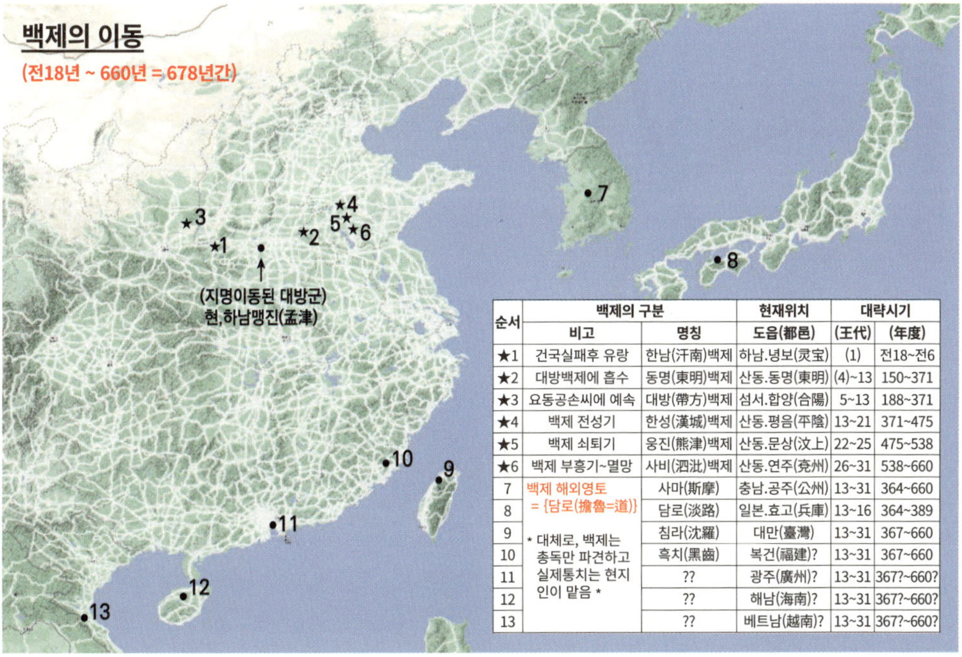

순서	신라의 구분		현재위치	시기	
	시기+위치	명칭	도읍(都邑)	(王代)	(年度)
★1	선(先)	진한(辰韓)신라	섬서.한성(韓城)	(단군)	전57?)~4
★2	전(前) 산동(山東)	산동(山東)신라	산동.곡부(曲阜)	2~22	4~514
★3	서(西)	강소(江蘇)신라	강소.양주(揚州)	23~48	514~875
★4	동(東)	경주(慶州)신라	경북.경주(慶州)	49~56	875~935
★5	후(後)	궁예(弓裔)신라	산동.철성(鐵城)	(궁예)	901~918

백제의 이동
(전18년 ~ 660년 = 678년간)

순서	백제의 구분		현재위치	대략시기	
	비고	명칭	도읍(都邑)	(王代)	(年度)
★1	건국실패후 유랑	한남(汗南)백제	하남.녕보(灵宝)	(1)	전18~전6
★2	대방백제에 흡수	동명(東明)백제	산동.동명(東明)	(4)~13	150~371
★3	요동공손씨에 예속	대방(帶方)백제	섬서.합양(合陽)	5~13	188~371
★4	백제 전성기	한성(漢城)백제	산동.평음(平陰)	13~21	371~475
★5	백제 쇠퇴기	웅진(熊津)백제	산동.문상(汶上)	22~25	475~538
★6	백제 부흥기~멸망	사비(泗沘)백제	산동.연주(兗州)	26~31	538~660
7	백제 해외영토 = {담로(擔魯=道)}	사마(斯摩)	충남.공주(公州)	13~31	364~660
8		담로(淡路)	일본.효고(兵庫)	13~16	364~389
9	* 대체로, 백제는 총독만 파견하고 실제통치는 현지인이 맡음 *	침라(沈羅)	대만(臺灣)	13~31	367~660
10		흑치(黑齒)	복건(福建)?	13~31	367~660
11		??	광주(廣州)?	13~31	367?~660?
12		??	해남(海南)?	13~31	367?~660?
13		??	베트남(越南)?	13~31	367?~660?

그림4. (1c) 백제의 중심이동

참고지도 2 : 7말8초의 역사왜곡과 후삼국(5대10국)의 분립

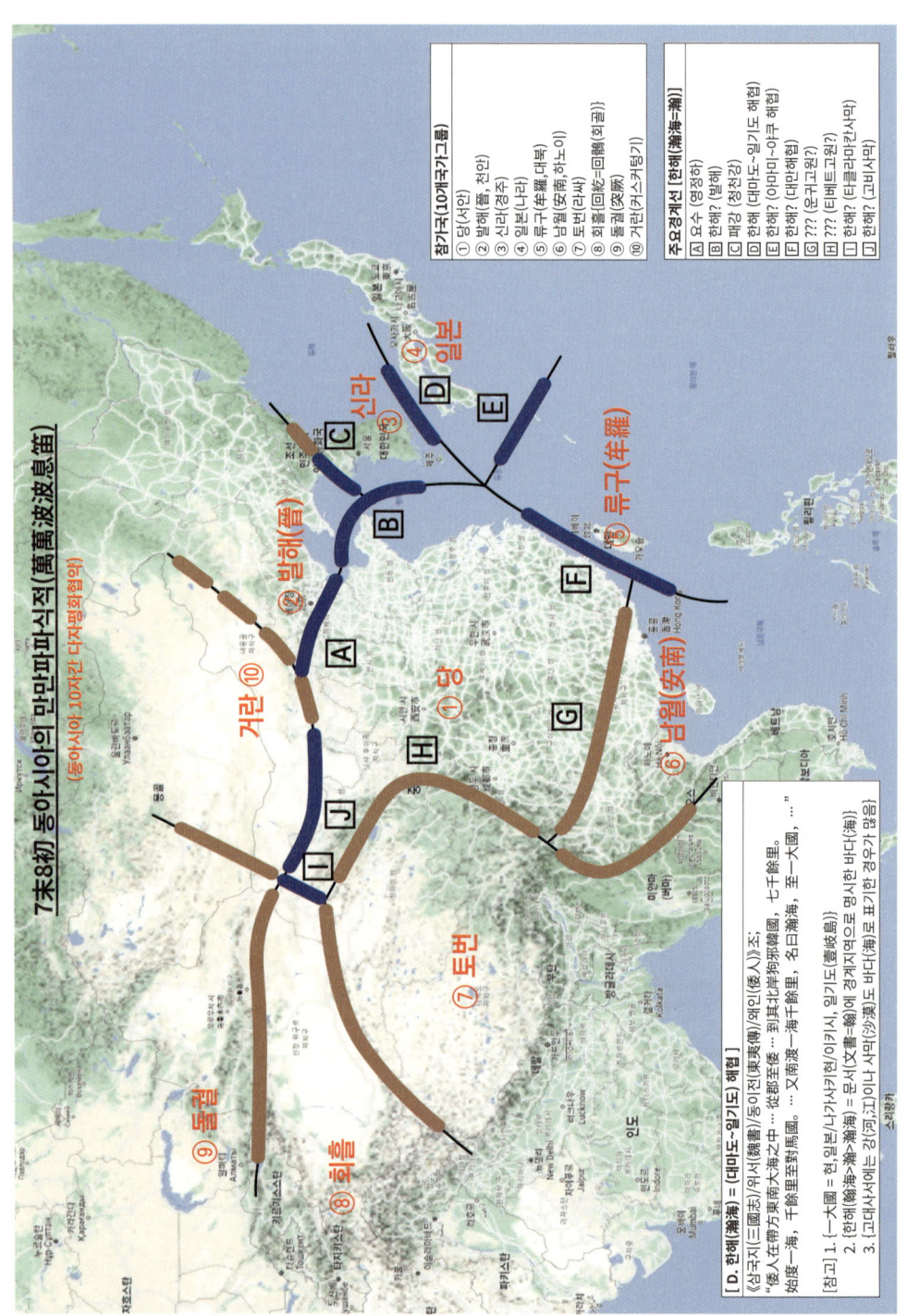

그림6. (2a) 7말8초 동아시아의 만만파파식적(萬萬波波息笛)

그림5. (1d) 고구리대연방체제(425년경)

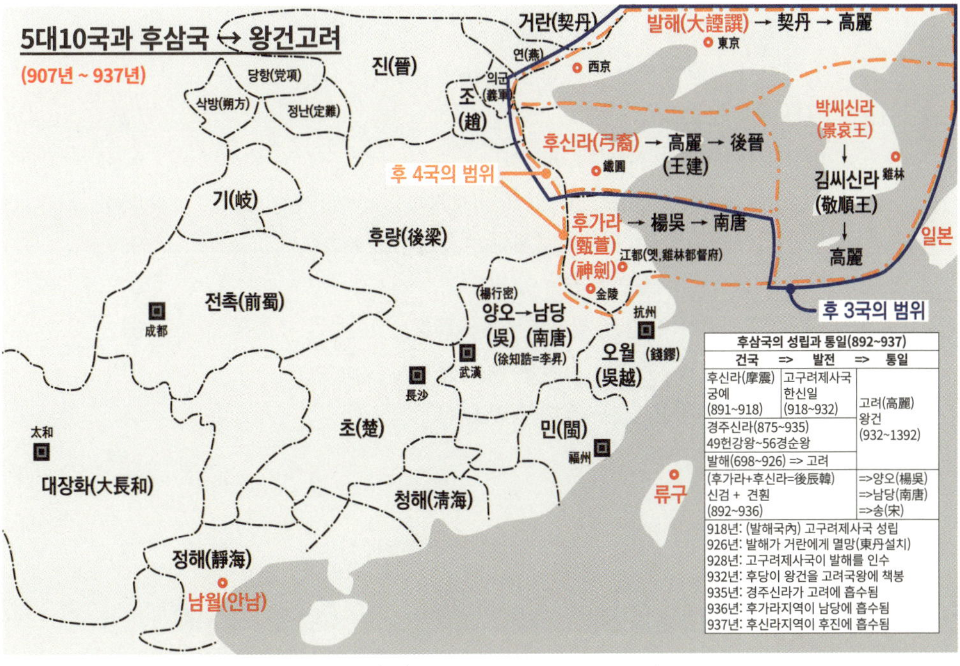

그림7. (2b) 후삼국과 5代10國의 분립

'참된한국통사 I 편-2권{불국토}' 목차

머리말   004

일러두기   007
참고지도 1 : 삼국의 건국과 발전 (三國의 中心移動)   008
참고지도 2 : 7말8초의 역사왜곡과 후삼국(5대10국)의 분립   010

제3장 1,000년 왕국 신라인들의 꿈, '불국토(佛國土)'   015

  1. 신라가 건설한 불교시설들   021
    가. 대흥륜사(大興輪寺 또는 大王興輪寺 및 興輪寺)   031
      (1) 흥륜사(즉,大興輪寺)와 25진지왕 및 나당군사동맹의 관계   035
      (2) 흥륜사{興輪寺=즉,大(王)興輪寺}의 한반도 이전 상황   047
    나. 황룡사{皇龍寺 또는 黃龍寺 및 황룡사(皇隆寺)}   053
      (1) '황룡사'의 명칭 문제   055
      (2) 황룡사와 '신라삼보(新羅三寶)'   064
        (가) '신라삼보(新羅三寶)의 의의(意義)'   066
        (나) '고려(高麗)라는 국호(國號)의 정체성(正體性)'   069
      (3) '신라삼보(新羅三寶)라는 물건'   072
        (가) 황룡사(皇龍寺) 장육존상(丈六尊像)   072
        (나) 황룡사구층목탑(皇龍寺九層木塔)   079
        (다) 26진평왕의 천사옥대(天賜玉帶)   086

2. '7말8초 역사왜곡'과 관련된 신라 승려들　　　　　　　　　　099
가. 660년 이전에 활동한 승려들　　　　　　　　　104
(1) 이차돈(異次頓)　　　　　　　　　　　　　　106
(가) 527년 이전의 신라불교 : 아도기라(阿道基羅)　107
(나) 이차돈(異次頓;502/506?~527)의 멸신(滅身)　121
(2) 낭지법사(朗智法師)　　　　　　　　　　　　122
(3) 안홍법사(安弘法師)　　　　　　　　　　　　128
(4) 원광법사(圓光法師;550~630?)　　　　　　　129
(5) 자장법사(慈藏法師)　　　　　　　　　　　　130
(가) 자장법사(慈藏法師)와 관련된 기사들의 특징　138
(나) '자장법사(慈藏法師)의 활동과 관련된 내용'에서의 키워드들　146
(다) 자장법사와 '7말8초 역사왜곡의 시작점'　179
나. 660년을 중심으로 활동한 승려들　　　　　　　187
(1) 명랑법사(明朗法師)　　　　　　　　　　　　189
(2) 의상법사(義相法師)　　　　　　　　　　　　198
(3) 승전법사(勝詮法師:?~714?)　　　　　　　232
(4) 원효법사(元曉法師:617~686)　　　　　　　242
다. 660년 이후에 활동한 승려들　　　　　　　　352
(1) 석진표(釋眞表:718~777?) 및 진표율사(眞表律師:734~?)　354
(2) 충담사(忠談師) 표훈대덕(表訓大德:?~?)　　390
(3) 범교사(範敎師:830?~900?)　　　　　　　438
(4) 대구화상(大矩和尙)　　　　　　　　　　　471
(가) '대구화상(大矩和尙)'과 관련된 기록들　　472
(나) '대구화상(大矩和尙)', '대거화상(大炬和尙)' 및 '대거(大居)'　476

표 목록　　　　　　　　　　　　　　　　　　　489
그림 목록　　　　　　　　　　　　　　　　　　489
참고사이트 목록　　　　　　　　　　　　　　　490
참고서적 목록　　　　　　　　　　　　　　　　491

후기　　　　　　　　　　　　　　　　　　　　497

참된 한국통사 I편-2권

1,000년 왕국 신라인들의 꿈
불국토(佛國土)

이 책은
이미 '너무도 완벽하게(?) 왜곡된 기존의 역사통설'에 대해
일일이 대응하지 않고
'필자의 추론을 중심으로 해서 서술한 것'이므로
미리 감안해서 읽으시기 바랍니다.

I편-1권 = 출판완료 {만파식적}	제1장 : '나당군사동맹과 삼한일통' 및 그 이후 제2장 : '역사왜곡방법론: 총론(總論)'
I편-2권 = 본서 {불국토}	제3장 : 1,000년 왕국 신라인들의 꿈, '불국토(佛國土)'
I편-3권 = 출판완료 {역사왜곡방법론}	제4장 : '7말8초 역사왜곡'의 진실 제5장 : '역사왜곡방법론: 각론(各論)'

제3장

1,000년 왕국 신라인들의 꿈, '불국토(佛國土)'

1. 신라가 건설한 불교 시설들
2. '7말8초 역사왜곡'과 관련된 신라 승려들

'불국토^{佛國土}'를 꿈꾼 현,중국 화동^{華東}지역의 강소신라^{江蘇新羅} 23법흥왕이 527년에 '이차돈^{異次頓}의 순교'라는 극적인 이벤트를 통해서 받아들인 불교^{佛教}는 24진흥왕 시기에 이르러 완전히 꽃을 피웠다. 그리고 그 이후 {백제와 고구려를 멸망시킨 당나라의 강요에 의해서} 현,한반도로 건너올 수밖에 없었던 (통일)신라 시기를 거쳐 고려시기 내내 '신라의 불교문화는 항상 우리나라 역사에 희비의 명암을 드리우는 밑그림으로 작용하여 왔었다'고 해야 할 것이다. 물론 '성리학^{性理學}이라는 유교문화'를 국가의 통치이념으로 삼은 조선시기에도 {비록, 국가차원에서는 '숭유억불^{崇儒抑佛}'을 내세웠지만} 민간에서는 여전히 불교적 생활에 더 익숙했었고 또 기독교^{基督教}가 전래되기 시작해서 200여년의 격동기를 거치고 있는 21C 지금도 여전히 우리나라 사람들의 의식 속에는 '불교적 사고방식'이 은연중에 자리하고 있다고 보인다. 즉, '조선시대 500년 동안의 국가적 숭유억불 정책'과 '근대화의 물결과 함께 물밀듯이 밀려온 기독교의 선교 열풍' 속에서도 한국불교가 소멸되지 않고 아직도 상당한 규모를 차지하고 있는 것은 '1,500년 전 강소신라인들이 꿈꾸었던 불국토^{佛國土}라는 꿈'이 현,한반도에서 여전히 그 원기^{願氣}를 발하고 있다고 해야 할 것이다. 즉 현재의 한반도불교가 {1,300년 전 현,중국 화동^{華東}지역에서 현,한반도 경주^{慶州}지역으로 이주3) 했던} 경주신라^{慶州新羅}라는 국가와 함께 현,한반도로 이주함으로써 비로소 현,한반도에 정착했었던 것이기 때문이다.

물론, {'7말8초 역사왜곡^(대왜곡3)=(D30)'4) 이라는 전대미문의 상황을 맞이하면서부터} 현,중국화동^{華東} 지역에서 '불국토의 꿈'을 이루기 위해

---

3) 1,300년 전 현,중국 화동^{華東}지역의 강소신라^{江蘇新羅}가 현,한반도 경주^{慶州}지역의 경주신라^{慶州新羅}로 이주 : [졸저, 『만파식적:2022년』 참조]
4) '7말8초 역사왜곡^(대왜곡3)=(D30)' : 고구려, 백제가 멸망한 7C 중엽 이후에, 당^唐나라를 중심으로 해서 이루어진 동아시아사 전반에 걸친 역사 왜곡^{歷史歪曲}을 말한다. [졸저, 『역사왜곡방법론:2023년』 참조]

150여년 동안 찬란한 불교문화를 꽃피웠었던 강소신라 승려들은 그 누구도 {강소신라라는 나라 전체를 현,한반도 경주^{慶州}지역으로 집단이주^{集團移住}(즉,엑소더스:exodus)시키는 데} 자신들이 그 선봉이 되어 향도^{嚮導}의 역할을 담당하게 될 줄을 전혀 예상하지 못했던 것이다. 즉, 당시의 당나라불교는 {당나라 조정이 국가의 통치이념으로 유교^{儒敎}를 받아들이면서부터} 점차 쇠퇴하기 시작하는 상황이었고, 대신에 현,강소성의 신라불교가 상대적으로 질적 및 양적으로 더 활발해져서 7C 중엽에는 신라불교가 사실상 불교문화를 주도하기 시작하던 상황이 되었던 것인데, {7C중엽에 당시의 대륙 전체를 호령하던 절대강자 대맹주국^{大盟主國} 고구려^{高九黎}5) 와 백제^{百濟}를 멸망시킨} 당^{唐}나라가 {'7말8초 역사왜곡'을 본격적으로 시작하면서부터} 강소신라를 강제로 경주신라로 축출하는 데 불교를 적극적으로 이용하게 됨으로써, 어쩔 수 없이 승려들이 그 선봉이 되었던 것이다. 다시 말해서 **당시의 동아시아 세계를 무력으로 석권한 당나라가 {자국의 불교 승려들은 물론이고} 강소신라의 불교 승려들도 회유와 협박으로 {물적지원^{物的支援}과 함께} 강제동원해서 현,중국 화동지역의 강소신라^{江蘇新羅}를 현,한반도의 경주신라^{慶州新羅}로 축출하는 범국가적 역사왜곡 작업을 실무적으로 담당하는 선봉^{先鋒}으로 내세웠었던 것**이다. 그래서 당나라는 '당나라 승려들에게는 당시의 대세^{大勢}였던 화엄불교^{華嚴佛敎} 등의 불교교리^{佛敎敎理}를 신라승려들에게 모두 전수^{傳授}케' 하였으며, '신라 승려들에게는 전수^{傳受}받은 불교철학^{佛敎哲學}을 가능한 한 신속하게 강소신라가 이주해 갈 현,한반도에 정착시켜서 경주신라를 불국토^{佛國土}로 만들게' 했었던 것이다. **그리하여, 강소신라의 불승^{佛僧}들이 다른 정치엘리트 집단들보다 한발 먼저 현,한반도로 건너와서 '불국토^{佛國土} 경주신라^{慶州新羅}를 건설하기**

---

5) **대맹주국**^{大盟主國} **고구려**^{高九黎} : '현재의 통설^{通說}인 고구려^{高句麗}라는 국호'는 '7말8초 역사왜곡(즉,대왜곡3=D30)'에 의해서 한자가 변조된 것이다. [졸저『역사왜곡방법론:2023년/(pp. 134~145)』참조]

시작했었던 것'이고, {시간이 흐를수록} 결국 승려들뿐만 아니라 {당나라의 압박을 이겨낼 수가 없음'을 알게 된} 신라인들 모두가 '살생殺生을 피하라는 불교의 가르침'에 따라 {당나라와의 전쟁을 피해서} '강소신라에서 못다 이룬 불국토의 꿈'을 경주신라에서 구현하려고 했었던 것이다.

그래서 '7말8초 이전부터 있었었다.'라고 잘못 알려진 현,한반도의 오래된 사찰寺刹들 대부분은 '7말8초 역사왜곡 기간 중'에 현,중국의 화동지역에서 해체되어 현,한반도로 이전移轉(즉 유물/유적遺物/遺跡 이동移動)되었거나 혹은 현,한반도 현지에서 새롭게 신축新築되게 되었으며 현,한반도로 건너온 강소신라의 불승들도 **'돌무리를 이끌고 논의하고 강연하였다{석도중론의강연(石徒衆論議講演)}:『삼국유사/의해5/승전촉루』**'라고 표현될 정도로 현,한반도의 당시 선주민들을 헌신적으로(?) 교화敎化시켜서 '불국토 경주신라'를 건설했었던 것이다. 그래서 '1,300년 전에 헌신했었던 강소신라 불승들의 원기願氣'가 21C 현재까지 그대로 한국불교에 영향을 미치고 있는 것이다.

이와 같이, 신라불교가 '7말8초 역사왜곡'과 밀접하게 관련되어 있으므로 {역사왜곡을 주제로 하는} 본서『참된한국통사』에서도 '강소신라의 경주신라 축출이라는 정치적 사건'과 함께 '신라불교의 한반도 이전이라는 종교적 상황'도 비중 있게 취급하게 된 것이다. 혹시 {불자佛者가 아닌} 필자가 {불교에 대한 이해와 지식이 부족해서} '불교의 교리를 잘못 이해한 부분이 있을 수 있으므로 지적해 주길 바라며, 승려나 학자 등 불교를 잘 아는 분들이 적극적으로 참여하여 본서를 조금 더 보완해 주길 기대하는 바이다.

그리고 '불교문화가 우리 역사에 끼친 영향과 결과'에 비해 '역사서 속에 기록된 불교 관련 기사가 그 내용 면에서는 그리 크게 취급되어 있지 않다.'라는 점에도 유의해 볼 필요가 있다고 보이는데, 이는 이해관계가 복잡하고 상황이 다양한 현실적인 국가경영 분야에서는 '불법(佛法)을 따르는 것'만으로서는 해결되지 않는 분야가 너무도 많았기 때문이었을 것으로 여겨진다. 또한 이러한 '표면적인 이유' 이외에도 {강소신라에서 꽃피운 불교문화가 강소신라(현,강소성양주)라는 나라를 황해바다 건너의 경주신라(현,경북경주)로 통째로 이주(즉,엑소더스)하는 데에 상당 부분 기여하였다.'라는 점에서} 현,한반도의 불교문화가 {불교의 교리 측면에서는 바람직했을지 모르지만} '정치적으로는 부정적(否定的)으로 평가될 수밖에 없는 측면도 있었다.'라는 점을 솔직히 되돌아 보아야 할 것으로 생각된다. 어쨌든, 본서가 '현,한반도에서 불국토의 꿈을 실현하려고 노력했던 1,300년 전 신라 불승들의 심오한 내면세계(內面世界)를 재평가'해 보는 계기가 되길 바라며, {사실(史實)에 바탕을 둔 평가를 통해서} 한국불교가 더한층 발전할 수 있게 되기를 바라는 바이다.

어쨌든, '국가경영과 경세(經世)가 주된 대상이 되는 『삼국사기』와 같은 역사서에서는 사찰의 건립이나 큰 불교행사나 고승들의 눈에 띄는 기행적 언행을 소개하는 정도에 한정해서 기록할 수밖에 없었다'고 보이므로 『삼국사기』만으로써는 신라의 불교문화를 연구하는 데 한계가 있을 수밖에 없다고 보인다. 이에 비해 {집필자가 모두 승려들이었을 뿐만 아니라, 애당초부터 집필목적도 '역사왜곡으로 인해서 사라져가는 신라의 불교문화를 보존한다'라는 시대적 소명감을 가지고 썼다고도 보이는} 『삼국유사』가 '신라의 불교문화를 연구하는 데에는 훨씬 더 유용한 사료가 된다'라고 생각된다. 그래서 필자는 {우선적으로 『삼국사기』 및 『삼국유사』를 기준으로 하되} 주로 『삼국유사』의 내용들을 보충적으로 설명하는 『삼국유사키워드사전/한국콘텐츠진흥원』과 『한국민족문화대백과사전』의 키워드 검색 내용을 참조로 해서, 비교적 객관성이 있다고 보이는

'신라가 건설한 불교시설물들'과 '신라에서 활동한 불교승려들'에 대한 기사들을 {필자 나름대로의 방식에 따라} 일단 정리한 뒤, {그중에서 주요한 항목을 사례로 삼아서} 필자의 견해(즉,추론)를 제시하여, 독자들이 '신라의 불교문화와 역사왜곡의 상관관계'를 심층적으로 연구하는 데 참고할 수 있는 기초자료를 제공하고자 한다. 다만 필자의 수준이 '우리나라 역사왜곡의 과정에서 불교(즉,불교교리(佛敎敎理))가 어느 정도 관여를 했었는가?'라는 '가치평가(價値評價)의 문제'를 다룰 정도에 이르지 못했으므로, 그 부분은 불교문화와 관련되는 철학이나 전문지식이 풍부한 스님들이나 불교학을 전공한 학자분들이 별도로 다루어 주길 기대하는 바이다.

따라서 필자는 일단 『삼국사기』와 『삼국유사』에 등재된 기사를 중심으로 해서, 크게 '신라가 건설한 불교시설들'과 '7말8초 역사왜곡과 관련된 신라 승려들'이라는 두 부분으로 나누어서 '7말8초 역사왜곡'이 이루어지던 시기 전후의 신라불교에 대해 '단편적인 사건 위주'로 {가능한 한 객관적으로} 접근하는 것으로 필자의 역할을 한정하고자 한다. 혹시 잘못된 부분이 있을 수 있으므로 구체적으로 지적해 주면 다음에 반드시 바로잡겠다는 약속을 드리는 바이다.

<검토에 참고한 자료들>
* [『삼국사기』 및 『삼국유사』의 내용: 한국사DB/국사편찬위원회]
  http://db.history.go.kr/
* [삼국유사키워드사전/한국콘텐츠진흥원]
  http://www.culturecontent.com/content/contentMain.do?search_div=CP_THE&search_div_id=CP_THE004&cp_code=rp0703
* [참조(검색): 한국민족문화대백과사전]
  http://encykorea.aks.ac.kr/

1. 신라가 건설한 불교시설들

> 가. 대흥륜사(大興輪寺 또는 大王興輪寺 및 興輪寺)
> 나. 황룡사(皇龍寺 또는 黃龍寺 및 皇隆寺)

우선 '불교문화의 외적 바로미터(barometer:기준)'라 할 수 있는 '불교시설물들의 건립과 변화에 대한 상황'을 조사해 보면, '신라가 대륙(강소신라)에서 한반도(경주신라)로 이동하는 과정'과 불교문화가 어떠한 상관관계를 가졌었는지를 추적할 수 있는 기초자료를 도출해 낼 수가 있을 것이다.

아래의 <표1>에서 '{『삼국사기』 및 『삼국유사』에 기록된} 신라가 건설한 불교시설들'을 거의 대부분 열거하였는데, 이 중에서 {일단, 강소신라의 불교문화를 꽃피운 24진흥왕 시기에 건설된 시설들 중} 가장 대표적인 시설인 '대흥륜사(大興輪寺)' 및 '황룡사(皇龍寺)'를 사례로 삼아서 이 사찰들이 강소신라(현,강소성)에서 경주신라(현,경상북도)로 이동하는 과정을 조금 더 자세하게 설명해 두고자 한다. 물론 다른 사찰들도 이 사례와 비슷한 과정을 거쳐서 '현,한반도로 유적(+유물)이 이동되었다'라고 보면 될 것이다.

[주의: 아래의 <표1>에서 '건립장소,건립자,건립(이동)시기,건립목적,관련사건 등'은 전적으로 {전체적인 설명을 위해서} 필자가 대략 추정한 미완성의 상태이다. 따라서, 아직은 많은 오류가 포함되어 있을 수 있으므로 '필자의 설명을 개략적으로 이해하는 용도로만 한정해서 참조'하고 다른 사안의 근거로는 사용하지 않길 바란다.]

표1. 신라가 건설한 불교시설들 [기준: 『삼국사기』 및 『삼국유사』]

#	시기	시설명칭	건립장소	건립자 및 건립(이동)시기	건립목적 및 관련사건	시설의 용도 비고
1	가락국	왕후사(王后寺)	강소성(南京) 한반도(金海)	金銍王,452, 신축	(수로왕 후손)銍知왕, 姪姪母許皇后의 명복을 빌고자	역사적으로 가장 최초의 水田시설(?)을 은유함. 기록상으로 존재하다가 현.김해평야에 흡수시킴
2		호계사(虎溪寺)	강소성(南京) 한반도(金海)	銍知王,452, 신축	許皇后의 婆娑石塔	보덕태후 허왕후시대의 현.남경지역이주 흡수시킴 기록으로만 존재, 현.김해로 지명이동
3		송화방(松花房)	강소성(南京) 한반도	?	金庾信家, 財貨 夫人의 願刹	기록으로만 존재하는?
4	前 신라	금산사 {金山寺 金山寺一瘳寺 →도교金山亭?} 한반도 금산사	강소성(鎭江) 한반도(金海)	東晋시기, (父子)眞表, 766년 창건	740: (父)眞表(숯불가?)조 점察經,簡子를 받자 폐허화된(金山之藪) 8c中後 眞表父子의 반년수행 ⇒ 廢허되어 金山寺란 10c中 來나라때 사찰(金山寺-圖光亭)이 再建됨 [圖光寺란?] 강원시가 증수신라도(古天贊祀)로는 편이(縣頭邑 낱이 등) 亡身懺을 통해 彌勒佛信仰을 傳播함 (父子)眞表법사가 설법	기록상으로만 현.김해로 지명이동 729: (父)眞表父子 / 745: (子)眞表律師솥가 740: 占察懺 眞表父子의 반년수행 (父)眞表가 들어와 居住 8c中後: 金山寺-圖光亭 935.3: 임홀의 둘둘해 장지 (佛頂 일간에게 투항 父子人을 眞表法師 人의 명적처럼 기록
5	고려	長遊寺	강소성 한반도(金海)	?, (452+500)=952, 신축	王后폐허寺터 인근에 건립, 納田柴井300結	以後寺터長逍浮海緣碑,麗長寺로名稱
6		만어사(萬魚寺)	강소성 한반도(金海)	1180: 신축	慈成山,阿那訶山(摩耶山)	
7		임정사(籠井寺)	강소성	?, (해당없음)	계림서라	263: 阿羅 일시 寓居장소(?)
8	13 미추 23 법흥	영흥사(永興寺)	신둥성(曹荘) 한반도(慶州)	毛禮姉史氏,263, 신축 法興王,535: 개축	墨胡子(阿道儸) 阿道기가 산동신라에 처음 布敎하던 곳? 법흥왕출가, 진흥왕出家 (@2)三川城?	충남. 홍룡사(興輪寺)로 지정되었을 수도 있음 596.10: 화재 / 614: 진흥양비, 사망 754.7: 수리(修理)
9		대릉사(桐華寺) =大통사(桐華寺)	강소성(柏張州) 한반도(慶州)	528: 신축(柏華寺) ? : 이전(桐華寺)	異次顿의 목이 날아가 金剛編(編所)→編華寺 大編(編那) 의 狀況이 所見(判明): 64인	693.3.11~5.15 國仙大夫編이 狀況이가서 弟寔夫,萬萬波波 息笛을 가지고 들어옴. [第/他, 巡/→狀波], 第一編題,編仓 일됨] 817: 日澄 설치 / 1377: 重建
10	23법흥	대통사(大通寺)	신둥성 한반도(公州)	백제,527: 신축(公主) ? : 이전	양무제(梁武帝)가 자립편으로 전하면서 함께 이건된 듯	옛신라 역사역이었음
11		흥륜사(興輪寺)	강소성(天津?) 한반도(慶州?)	263: 阿道儸法師建 527: 신축(法興主?)	"大通"裂支天=編緃移動으로 가장한 閦阿道儸, 善華毒毛編遍家) 가장 盛建 歷史歪曲된 소품이다 실제의 사찰이 아니라 閦阿道儸, 善華毒毛編家?	상경지의 실제의 興物과 올바른 역사에 적용되는 듯(?) (263년~527년~3천여년), 사실상 최초사찰로 건주임 이차돈교(527) 興輪寺신축, 535년 大興輪寺 중주?)
12		대흥륜사(大王興輪寺) 4.大王二寺 →법왕	강소성(楊州) 한반도(慶州)	535~544: 개축(?) {(大王興輪寺 제4계조)}	진흥왕, 大王興輪寺 開題, 吉運編門(楠頭), 답운이 興輪 寺法의 主席	657: 閉目贖 / 671.4: 寘興寺(나당사대전에서 책임주?) 817: 이차돈석/ 912: 신덕왕까리 / 921.5. 15: 普賢菩薩 차하
13	24 진흥	운문사(雲門寺)	한반도(淸道)	神僧 560: 신축 (?未초)작: 건물이전(移動)	(@1)天鏡林 東京興輪寺金堂一壁	608: 重建(圓光祖師) (7세초?): 강소성홍룡사(興輪寺) [開悟를 강소성에서 清道따라水로 移動 왕건에 의해 懸額이 것이고, 高麗太祖 937년에 雲閏寺를 使用하여 懸額되고, 935일 寶藏되어 있다. 935의 寶壤王이 지금의 이것이다.

#	시기	시설명칭	건립장소	건립자 및 건립(이동)시기	건립목적 및 관련사건	시설이력 또는 비고
14		흥륜사(興輪寺)	강소성 한반도(울산)	569: 신축 -	阿育王이 보낸 1軀의菩薩像의 모형 安置 기록만 이동?	흥륜사: 丈六尊像 주조용 모형 보관
15	24 진흥	황룡사(皇龍寺) =皇龍寺(皇隆寺) 皇龍寺(皇隆寺) =皇龍寺(皇龍寺皇癸寺) =皇龍寺(皇隆寺皇癸寺)	강소성(양주) 한반도(경주)	(王命) 553.2-■■■-569: 신축 668?: 이전	건축모표=皇隆寺 (皇龍出現=皇隆寺, 黃龍寺) 황룡사住持寺=皇龍寺([1歡喜,2惡訓,4稚律) 五臺에서 얻은 舍利(1/3)을 본존하여 보내 당승團帝이 기록=795경: 사미妙正이 金쇼바에서 얻은 [隆魏적 기록=9층탑 건립을 건의? 구슬(如意珠)을 摩尼珠에게 빼앗김] (@3) 情倩(南) 迦葉佛宴坐石, 5C 중엽, 강소신라 사이에 이 건축물은 처음부터 (새로운 궁궐(新宮)을 지 으려고 했었던 것이 아니라) 이나라 황룡사(皇隆寺=大 皇帝國의 隆建之 지 으려고 계획되었던 것이다. 뒤늦게 이 사실을 알게되어 원래대로 황룡사 짓 기로 당초계획을 신축했다는 것을 목표로 하여탁 것인것으로, 당초의 목표대로 짓는다는 것이 되었다 7당8호 역사에국시 仙樹聖母 황금160냥으로 佛像완성 황룡(黃龍)을 나타내어 누르봤(黃龍)을 사용하여 皇龍寺 를 짓 기도했다는 시의 역사적맥락변천 (안으로방금자변초조)등을 적용하여 변환 에러를 正방이사에 기록하는 것이다.	574.3: 丈六像 조성/584: 金堂 조성 622.1: 王興寺(645?): 9층종조성+佛骨,牙,舍利:(隆魏) 674.7: 大風,發佛嚴/698: [탑]바디아(#1震) 718.6: [탑]바디아(震)(?) / 720: [탑]再建(#2) 754: [종]建造 / 768.6: 大風隅南 866.1.15 경문왕看看 868.6: [탑]再建(#2震) 871.1: [탑]成,[9層22丈] (#3再建) 876.2: 百高座親幸 /886.6: 百高座講經 /887.1: 百座講經 887: 百座講經 /890.1.15: 眞聖侯看看 920.2: [탑]巫星/倒以갓个속今知衆産十明 927.3: 配白高座經 麻崇講경 3日 953: [탑]바디아(#3震,火) /1021: [탑] (#4再建) 1035: [탑]바디아(#震) /1064: [탑] (#5再建) 1095: [탑]바디아(#5再建) /1096: [탑]塔(再再建) 1238: 고: 탑.잘,존상실
16		기원사(祇園寺)	강소성 한반도	566.2: 신축 -	기록만 이동?	
17		실제사(實際寺)	강소성	566.2: 신축	道王출瑞迷?	
18		구황사(大皇寺)	강소성 한반도	? -(x)	沙梁部이다. - 기록만 이동?	寺南에 사는 女人의 요청(金剛寺당 1軀을 변제하게 함)
19		인흥사(安興寺)	강소성 한반도(경주)	(智慧)진흥왕時 ?: 이전	仙桃聖母 황금160냥으로 佛像완성	
20		애공사(哀公寺)	강소성 한반도(경주)	?: 이전	법흥왕묘 / 진흥왕묘 앞 / [진지왕묘 南]	
21		영경사(永敬寺)	강소성	?: 이전	진지왕묘 南 / 무열왕묘 南	
22		수원사(水源寺)	강소성 신동성?	?: 이전	熊川, 彌勒仙花(末尸郎)거주	
23		신원사(神元寺)	강소성? 한반도	?: 이전	鼻荊部(진지왕혼의아들)의 鬼橋	
24	25 진지	비마라사(毗摩羅寺)	강소성? 한반도(원주)	[진지왕時? (胡魏摩魏) 606?	전설로만? 安興법사가帶하여 信南電彌摩擦 (彌婆摩羅) 10寺	
25	26 진평	금곡사(金谷寺)	강소성 한반도(경주)	(진평30세) 584? ?: 이전	원광사부도 소개 원광사부도 소개	密本法師장사之居 625後: 白蓮庵

#	시기	시설명칭	건립장소	건립시기 및 건립(이동)시기	건립목적 및 관련사건	시설이력 또는 비고
26	26진평	삼랑사(三郎寺)	강소성 한반도(경주)	597: 신축 ?: 이건	3로(郞)? 883.2: 王幸三郞寺	
27		천주사(天柱寺)	한반도(경주)	건립장?	內帝釋宮[圖?]寺	안압지부근: 天柱寺 銘文기와편.
28		영미사(零味寺)	산동성? 한반도(?)	632: ? ?	유웅이동: 존격? 納田: 伊彌部令部村	
29		혜숙사(惠宿寺)	강소성 한반도	(齊惠宿) 26진평양향? ?(x)	赤善村 ⇒ 安康縣赤谷村 -기록만 (상하기)	
30		부개사(富盖寺)	강소성 한반도	(齊惠空) 26진평양향? ?(x)	負龜和尙(상하기) -기록만 이동?	
31		동천사(東泉寺)	한반도	?(x)	東泉寺의 井: 東海龍往來 聽法之 東泉也 又東泉寺在 砌麓野北 ?(유실寺 대응격?)	795: [운일]三龍讓護鎭成, 芬皇寺井(경주-신라王家), 靑池寺井(3소-신라王家)굶(信州-河西縣) 人)으로부터 구출함 [河西縣]? 운유실후 대응목적
32		초개사(初開寺)	안휘성? 한반도(경주?)	(元晓16세) 632? ?(x)	元晓의家 初開佛日 설명만 기록	
33		사라사(娑羅寺)	안휘성? 한반도	(元晓16세) 632? ?(x)	元晓의出生地 설명만 기록?	(押梁郡南-章山郡/佛地村?-下湘州?)
34		금광사(金光寺)	강소성 한반도	(明朗師) 635? ?(x)	明朗師이 실언감을 절로만듬 설명만 기록?	(金光井도 오류임)
35		분황사(芬皇寺)	강소성 한반도(경주)	634: 신축 경주대-唐	三龍雙魚井 慈藏, 義湘, 元曉, 靜艦寺주석 (@4龍護지)	
36	27선덕	* 영묘사(靈廟寺) =靈妙寺, 零妙寺, 令妙寺, 零秒寺	한반도(경주)	635: 신축 764?: 이전	玉門池石六구만, 丈六(장육상)造成? 靈妙寺 石六구: (초(沙)시間), '重福寺', '大香悟寺' 瓦當文 生義의남주석 (忠誠스님 初供養)	755: 襄師鋼像鑄成, 3和萬(劍), 干斤大悲 首兒作眞 662.2: 화귀 (663.5.百月, 666.4.화재)(x) / 668.12.화재(x) 674: 閏月兵(大觀兵战)/703.7: 화재(x) 764: 文수(장육상)次急/915: 寺行行窖(蘇巢34+鳥巢40) 1515: 火災燒失
37		도중사(道中寺) ⇒생의사(生義寺)	한반도(경주)	704?: 이전 ?	삭이북三花嶺(인치) ⇒ 생의사(生義寺) ?: 石彌勒당산매있	?: 石彌勒佛岩寺 (甲辰) ⇒ 조,소.13
38		태화사(太和寺) (太和寺)	한반도(울산)	(慈藏) ? ?	慈藏법사거주(?)	중국太和池, 五豪
39		통도사(通度寺)	강소성	(慈藏) 646?: 신축 ?	慈藏법사인(1/3), 爺突보관	五臺山에인은令利(1/3)보관 643: 三藏4억에인合利 佛金利(金剛戒寶)안치
40		원염사(元染寺) (浄岩寺) (停岩寺)	성서성(서안) 한반도(강원)	?: 이전 ?	643: 慈藏處설경 慈藏居中시거주	1235: 佛余科이환인 唐太宗科이합의
41		정암사(淨岩寺) (停岩寺)	하북성(오대) 한반도(강원)	(慈藏) ?: 신축 ?		五臺山에인설정? 하북성 오대산지?
42		석굴사(醍窟寺)	한반도(경주)	(良志) ?: 신축 ?: 이전		(慈藏)石南院? 개창?

#	시기	시설명칭	건립장소	건립자 및 건립(이동)시기	건립목적 및 관련사건	시설이력 또는 비고
43		범류사(法流寺)	강소성	?	기록만 이동?	742: 36조 성왕사신항중
44		원반사(遠飜寺)	한반도	-	기록만 이동?	
45	27선무	반고사(磻皐寺)	한반도?	(安麻등)?	安麻등 4大德	金師傳,金義元,金述宗등이 함께 반出하여 창건 [明卿계통]
46		수다사(水多寺)	한반도(울산)	?: 이전	원효가 初章觀文, 安身事心論 저술	
47		하복사?	한반도(강릉)	(慈藏)	기록만 이동?	(晉→北臺스님): "明日見次於大松汀"
48		암유사(鵬遊寺)	강소성	7암초: 이전 (자장) 643?	하복스님, 慈藏범사사주	(大和江,文殊): "重到於太伯慾婚地 一(石南院)"
49	28선무	고선사(高仙寺)	한반도(경주)	?: 이전	太和池의 龍이 준 木鵬札의 오리 관련	太和池의龍→唐太宗?
50	?	도량사(道場寺)	한반도(경주)	?(X): 隱龜?	元聖가 實神일 때 거주한 金堂이 모양?	응왕(鷹王)→楊府의音樂子→한반도를 指稱? 蛇福-修道表→元曉時 12年間의 元曉變化身? 한반도 정신을 하면 정신변화의 한반도를 들고?
51	29 무열	대당사(大當寺)	강소성	?: (x)→유 (寺利→在城)	萬曲 住理→元曉가 行道하던 시기에 마무치 井 기둥 間, 금히드, 蜀 離5步	661.6 金春秋 삼배사?
52		인용사(仁容寺)	강소성	670: 신축	해당 없음	
53	30 문무	망덕사(望德寺)	강소성	694?: 이전 (신축) 685.4: 신축	投獄된 金仁問을 慧勞하며 道場개설 望德觀山乞 (→가체 四天王寺로서 임기응변용 임시건물)	694: 김인문이 朱자→彌陀道場으로 改稱 671년 가야(唐의) 사신때에 거짓말에 대한 임기응변용
54		망덕사(경주)	강소성	왕명(通道), 685.4: 신축	區→성탑 건립?, 蒸成書 四身爆羅의사 , 元曉의親淸遠공양, [一塔→685년→692년]	755: 巖聞(인사)의 一塔때(→ 798.3: 二塔詩聖 804.9: 二塔戰 / 816.6: 二塔戰
55		낙산사(洛山寺)	한반도(양양)	義相, 671?: 신축	- 해당 없음	망덕사가 개인사 釋論寺와 佛味寺 신축?
56		부석사(浮石寺)	한반도(태백산)	義相, 676.2: 신축	西쪽의 實陵落山山, 元曉의觀音誠	
57		공암사(孔岩寺)	강소성	(悟填), ?	- 해당 없음	(義湘華嚴) 10수
58	30 문무	옥천사(王泉寺)	한반도(안동)	(義湘) 670: 신축	부석사(676)의 도움을 줄	義湘의 제자
59		암어사(梵魚寺)	한반도(고성)	(義湘) 670: 신축	毗瑟山→蓮花山?	(義湘華嚴) 10수
			한반도(동래)	(x)	- 해당 없음	(義湘華嚴) 10수
60		* 사천왕사(四天王寺) (天王寺)	강소성(狼山)	왕명(明朗)679.8: 신축	金井山	(義湘華嚴) 10수
60			한반도	왕명(明朗)?679.8: 신축	(가매→임시), 耕峨夜四王寺, (@ 神遊林이 (狼山))	五方神像, 彩帽明明經12권, 文言變秘密法 919: 塑像의 弓弦 自絶, 錯像이 狗子 有聖 920.10: 五方神의 紋綵絹, 壁畵的出祖程→歷_人 增中
61		담엄사(曇嚴寺) =불국토?	한반도	7암초초: 신축	박혁거세(昔降誕)生, (@7頻講稻)	해당없음 형식국 건설?, (曇嚴寺→曇嚴寺로 變造) 10초?: 蛇福→之陵年초 (@, 朝鮮初까지 인도 위에 있어.), 現存

#	시기	시설명칭	건립장소	건립자 및 건립(이동)시기	건립목적 및 관련사건	시설이력 또는 비고
62	고구려 반룡사(盤龍寺)	하북성?	28보장왕8年	普德和尙주석	(650.6/667.3.1)?, 완州孤大山景福寺로 옮김
63	이하,신라 경복사(景福寺)	완화성?	(650.6/667.3.1)?, >이건	普德和尙의 飛來方丈[完山州孤大山]	고구려 盤龍寺에서 옮김, (민호,의상受業)
64	금동사(金洞寺)	강소성?	(無上和尙), ?	普德和尙제자	
65	진구사(珍丘寺)	한반도(명남)?	(寂滅-義融), ?	普德和尙제자	
66	대승사(大乘寺)	강소성?	(智藪), ?	普德和尙제자	
67	대원사(大原寺)	한반도(문경)?	(一乘+心正), ?	普德和尙제자	
68	유마사(維摩寺)	한반도(무안산)?	(水淨) >이건	普德和尙제자	
69	중대사(中臺寺)	완화성?	(四大+契育) >이건	普德和尙제자	
70	개원사(開原寺)	산동성?	(開原和尙), ? >이건	普德和尙제자	
71	연구사(燕口寺)	완화성?	(明德) >이건	普德和尙제자	
72	31 신문	분국사(芬皇寺)	한반도(경주)	(迎帝夫人), 528	迎帝(23명王母): 비구니가 됨	574: 중창(只召夫人), /670: 無說殿(表訓), (義湘)
73	*	기림사(祇林寺)	강소성	(양명), 681.4.8/이건 -(x)	美聞比사가거처	751-(金大城)重修, /887/以後/回중창
74	*	감은사(感恩寺)	한반도	양명, 682: 중창 -(x)	文武王部遺像兵,鎭海龍	776.1혜공왕望祭, 864.2: '경문왕望海
75	봉성사(奉聖寺)	한반도	당명(惠通),685.3: 신축	-해당없음	912: 外門東西21間鵲巢. 9227: 2重(大相王建+眞興利師), 真容安置
76	→기림사(祇林寺) 영창사(迎昌寺)→祇林寺	강소성	元聖(617-86),643: 신축	林寺→祇林寺	683: 신문왕이 竹 언어오면서 검심사사
77	대적사(大寂寺)	한반도(울산)?	(忠花公), 683: 신축 -(x)	眞山國(東山國+東來縣), 溫泉국 목욕 후 婦宗중, 屈井棉(官化井	堆在井水清血色,堆樹所闢師2墻馬 [처음구]
78	남향사(南巷寺)	한반도 (경주)	?: 이건 (신문왕字)	백제우(博興國師)의 관리(신라수주)입조	僧興國師의 名을 낳구왕이 1面觀音菩薩 명주
79	32 효소	감산사(甚山寺)	강소성	(勝體),32효소왕?	石彌陀 80여에게 開講 專業	三郎寺,南恒寺: 百姓人路바깥가이한 추世)
80	감항사(感頁寺)	한반도(山州)			758: 重刻

#	시기	시설명칭	건립장소	건립자 및 건립(이동)시기	건립목적 및 관련사건	시설이력 또는 비고
79	32 효소	석가사(釋迦寺)	한반도	-(x) (효소왕),699: 신축	眞身釋迦가 지물이가 있던 곳(籠)	-해당없음
80		불무사(佛無寺)	경상도	-(x) (효소왕),699: 신축	-해당없음	-해당없음
81		항사사(恒沙寺)	한반도	26(진평왕)??	진신釋迦가 사라진 곳	迎日縣 吾魚寺 개창? (恒沙寺,吾魚川)
82		천룡사(天龍寺)	한반도(포항)	-(x) ?: 이전	慧空 스님기거	-해당없음
83		화장사(華藏寺)	한반도(경주)	?	고사(故寺), 경주남산(高位山)	1040: (崔齊顔), 重修
84		문수갑사(文殊岬寺)	경상도	?:신축	寶川의(薩嚴寺?), 寶川이 建義	五臺山
85	33 성덕	월정사(月精寺)	한반도(오대산)	?:신축 (慈藏法師),643?	寶川의(建義?) (x)→淨岩寺?	五臺山, 1156: (白華子)石塔記 (五臺一長安) 은우?
			한반도(오대산)	[(慈藏寺土木(信義) +(水多寺寺史有緣)], : 眞如院개창	[神藏山 태하산 菟蘩地 =(石南院=淨신岩寺)] 寶川, 孝明의 오대산 점거, 보천 오대慕,	705: 寶川이 眞如院개창
86		감산사(甘山寺)	경상도	(金志藏),719: 신축	부모축원, 南月山(=甘嶽)	(金志誠: 652-720), /(金志全=兄?)
87		영산사(靈山寺)	언제?	?	仙山嚴山不思議嚴, (嶝山=楞伽山)	740: 眞表법사가 (占察經+籤子189개) 받음
88		대승사(大乘寺) =[민사(佛寺)]	신문성	744甲年: 신축 一(圈(佛)石寺개창 747.3: 眞平王陵婢로震	竹嶺東百濟有名山 =(亦億山)(四佛山) 大石四面方文處成方如來, 飾寺畜朴 =(二)와 山頂에 大石 주위하여 山 아래에 偃立→開창	산동성의 고구려 공격도로 일쟁지를 한반도로 이전함 (亦慮-아시徳)(蓮臺三十쌍의 令師의(은유) =(二)→ 大石(碑寺)을 마자, 山 下에 後刹을 창건코 개창 745.4.8.長春郞부자귀환
89		민첩사(敏捷寺)	한반도	(敏藏) ?	數處의 '기'	-해당없음
90		백월산남사 (白月山南寺)	어귀성?	515-7: 신축 764.7.15: 이전?	南白月二聖, 努肹夫得恒怛朴朴	33성덕9년의 실화? (白月 = 亞彌陀, 音樂?)
91		미타사(彌陀寺)	한반도?	-(x)	설화만 이전?	-해당없음
92		보리사(菩提寺)	한반도(菅州)	(慶州懷壬), 경덕왕時	志求西方, 여종都에이 자풍을 훑고 날아서 서방으로 가다	혜숙법사의 미타사와동?
93		2보리사(二菩提寺)	한반도(소백산)	-(x) (여종都面),755?, 815?	신방 한쪽 열어모고 굴어 굴어 사실건립	結社課講書密告하고 唐나라에 가다가 失敗?
			경상도	-(x) (여종都面),755?, 815?	(여종都面)의 죽은 굴에 사실건립 -해당없음	結社課講書密告하고 唐나라에 가다가 失敗?
94		단속사(斷俗寺)	한반도(南岳)	-(x) 748: 李俊 763: 大奈信忠	경덕왕축복	(大奈信忠≠蔵人(信忠)

#	시기	시설명칭	건립장소	건립자 및 건립(이동)시기	건립목적 및 관련사건	시설의역 또는 비고
95		장수사(長壽寺)	강소성 한반도?	(金大城),?	-해당없음	
96		불국사(佛國寺)	강소성 한반도	(金大城)	자신이 죽인 곰을 위로	
97		석불사(石佛寺)	강소성 한반도	(金大城),751-774이후	현생부모를 위함, 神琳대사 주재	
98	35 경 덕	천은사(天恩寺)	강소성 한반도(삼척)	(金大城), 751-774?	전생부모를 위함, 表訓대사 주재	663: 寺西北山上, 南山城立會설치 '天恩銘'文?이와
99		원연사(元延寺)	강소성	?	?	
100		16개사찰寺刹16所	한반도	754.7: 修葺	王子大曹衡	758.7.23: 벼락(雷) 부보적 재건X었을 것?
101		발연사(鉢淵寺)	강소성	? (대부분X)	강혜대사조사됨	
102	36 혜 공	대사(大寺)	한반도(강원도)	(眞表, 770?	-해당없음	1199: 關東楓岳鉢淵藪
103		봉성사(奉聖寺)	이취성? 한반도	?(x-으쇼, 康州犬岳) ?(x-으쇼, 실체없음)	眞表全숨위(인가) 康州의官寮(大聖)를 은유함	766: 동주연X(13가-7가) 766: 田中生蓮(은우)
104		천은사(天恩寺)	강소성 강소성	?(x-으쇼-신축, 실체없음) ?(x-으쇼-신축, 실체없음)	官服을 은우? 天寶女-天寶官 地-号, 江東新羅급 (예국놈을 은-죠자?)	785;원성왕이 舍-수이버:王(唐天官+12世孫)고전(唐宗 北/神-唐官派, /12玄孫+12世孫, /身交隔閣-허가) 795: 잠시 應職3應(或赤, 흑地, 芬皇井)을 구축했으나, 결 국, 慮皇때에 金光(강소신라)의 실際策을 배당X 金완官이 庫之懷案을 돌리강(아마나:운계?)실제사건X우? '夭'학銘X文
105		* 불국사(佛國寺)	한반도 강소성	706-738: 신축	-해당없음	- 754: 聖德正碑立, 771.12: 聖德文王神碑 798.12.29: 원성왕乎身 하장(寺南)
106		봉은사(奉恩寺) →보은사(報恩寺)	한반도 (경주)	35혜공왕명 765?-794.7:	36해공왕이 765년간 (眞智大王寺)로 始始X었있었으나 未完成, 성을의 봉- 현, 추나대 (棒恩寺望僧櫃)로 改稱-원각, 察寿寺	794년7월, 38원성이 [唐]나라音음식(棒恩寺望僧櫃)足도 成-추나대 (棒恩寺望僧樓)로 改稱-원각, 察寿寺 798: 38원성왕 조성됨
107		국사(國寺) →숭복사(崇福寺)	강소성-? 한반도(경주)	(金元良), 770년대?	마合山西郎(고전福寺)	48경문왕: 重創, /885: 大崇福寺가치(有최시원攝寿)
108	38 원 성	무장사(鑒藏寺)	강소성 한반도(경주)	(李講),785? 이전 ?	무엮왕이 투구를 감춘 것?	
109		호원사(虎願寺)	강소성? 한반도(경주)?	(金現) 元聖王原?	용幻하고 죽은 호랑이을 위한 사웅?	
110		화엄사(華嚴寺)	이취성? 한반도(구례)	인도왔出識師,544? 경덕왕때, 797?: 이전	백제사찰, (華藏嚴경10寺)	新疆선덕왕때: 慈藏증축
111		금구사(金仇寺)	강소성	? (團的)	?	(佛經名→寺刹名)으로 반장
112		창림사(昌林寺)	한반도(경주)	795? 이전	2殿각等宮室X	(佛經名→寺刹名)으로 활용 (반척거세우왕) 강성의 昌林寺碑(文)

028
불국토

#	시기	시설명칭	건립장소	건립자 및 건립(이동)시기	건립목적 및 관련사건	시설이력 또는 비고
113	40 애장	해인사(海印寺)	강소성 한반도(합천)	-(x) (順應,利貞),802.8: 신축	- 해당없음 (義湘華嚴)10寺) 禪思想融合	935: 경순왕子주제
114	41 헌덕	전림사(泉林寺)	강소성 한반도	? ?(x)	기록만 이전? - 해당없음	826.10: (寺化)憲德왕葬
115		중효사(崇孝寺)	강소성	-(x)	아이를 묻다가 鐘을 발견	
116	42 흥덕	정토사(淨土寺)	한반도 한반도(강원도)	(弘順), ? (調信), ?	아이를 묻다가 鐘을 발견 金昕公女와의 꿈	51신성왕: 鐘이 보성암
117		남간사(南澗寺)	강소성	?	[이차돈사건 기록]	806~820: 一念의 髑香墳禮佛結社文
118	46 문성	굴산사(崛山寺)	한반도(강릉)	(梵日),847: 신축	- 기록만 이전? 원북쪽 냇물이진 돌부처를 찾아 모심	
119		해달사(海達寺)	한반도(영월)	943?: 이전	(고려興敎寺) 興敎銘文 기와	879?: 善宗공주비出家
120	46 문성	석남사(石南寺)	신동성	?	치악산(雉岳山)	890?: 善宗공주비庄住
121	48 경문	도림사(道林寺)	한반도	?: 이전	道林寺舊住人都林藪 - 기록만 이동?	861: 경문왕부도장이'皆骨耳如讖耳'의심
122		피리사(避里寺)	강소성 한반도(경주)	-(x) - 해당없음	- 해당없음 南山 東쪽기슭 念佛寺로 고침	-
123		망해사(望海寺) [영취산]	강소성 한반도(울산)	-(x) (헌강?): 신축	- 해당없음 感谷寺(感應寺,望海寺(靈鷲山)東, 함천군(초,개,적숭)의 신라축 緣임	新房寺(感應寺,感應-普賢山)東, 함천군(초,개,적숭)의 신라축 緣임
124	49 헌강	신문사(神武三郞寺)	강소성 한반도(경주)	? ?	- 황산진노 이견?	883.2: 王후三郞寺
125		보리사(菩提寺)	강소성 한반도(경주)	? ?	- -	886.7.5: 葬,寺東(南),/887.7.5: 葬,寺東南
126		유덕사(有德寺)	강소성	大大角于崔有德捨有第	신라三姓(최씨이위)의 민 조상	
127		양존사(兩尊寺)	강소성 한반도(경주)	-(x) ?	- 해당없음 효종랑이 구제한 효녀의 집	
128	51 진성	부석사(浮石寺)	한반도(서산) 한반도(영주)	(義湘), 677: 신축 (義湘), 676: 신축	종주(奧州) 善妙(龍)의 호위, 對馬島 觀音寺 불상 善妙(龍)의 호위, 고려 善達寺 興敎寺	890?: 弓裔?新羅王'像毁毁損사건 島嶋山 浮石寺 鳳凰山 浮石寺
129		미탄사(味呑寺)	강소성(경주)	?, 기록만 이전?	皇龍寺前	皇龍寺前

#	시기	시설명칭	건립장소	건립자 및 건립(이동)시기	건립목적 및 관련사건	시설이력 또는 비고
130	52 효공	사자사(師子寺)	강소성	한반도	-(x)	- 해당없음	912.4: 효공왕卒(薨), (埋葬: 仇知堤東)
131	54 경명	황복사(皇福寺)	강소성 한반도(경주)	?	?	義湘法師出家	653: 義湘法師出家
			강소성	? : 이전	'皇福' '王福'등 銘文기와	? : 경명왕火葬 (埋葬: 省等(仍山西)
132	55 경애	중생사(衆生寺)	강소성 한반도(경주)	-(x)	- 해당없음	927: 甄萱亂, 최승로避難 /992: 金州人이홈祀
133	56 경순	금오사(金鰲寺)	강소성 한반도(경주)	802: 신축	원, 경북 성주 법수사(法水寺)	935: 경순왕孝子거처, 고려時: 중신(法水寺), 인진왜란시 폐사?
134		백련사(白蓮寺)	강소성	-(x)	해당없음	-
			(伯欣·歡欣, 신라말?)	(伯欣·歡欣의두사람이 검음 회사	906: 陽孚和尙(개춪)/925: 兢讓和尙(주지)
						935: 神郞和尙(주지)/1065: 5층석탑
135		법왕사(法王寺)	요동성(요양)	(貴參), 919	고려開京10주년	고려의 발관화사
136		신광사(神光山)	한반도(개성)	1021추: 이전	고려시대에 重創	923: 後梁에서 5백羅漢畵圖
			요동성	?	북승신社泰山	
137		항산불사(黃山佛舍)	신동성(泰山)	-(x)→설정	실제사찰이 아님	935: 견훤을 사랑으로 처리함(설정된 왜국가사)
138		현화사(玄化寺)	한반도 요동성(遼陽)	1,009: 신축開京(8년종)	高麗王建80妃神成王后金(史)氏願堂	1010: 거란2차침입時, 폐사?
			황해도(開城)	1,018: 시창 (이전개창)	(法相宗의宗刹)	1,021: 文化寺건립+眞藝으식장
139		미륵사(味呑寺)	강소성	?	?	
			한반도?	(極遵), 493: 迦伽寺		寺備: 崔侯(崔致遠)의 승리
140		동수사(桐藪) 一 동화사(桐華寺)	강소성 한반도(팔공산)	? : 이전(개발)	皇龍寺남쪽		927: 王建의 제후의 승리
					(椛遵)·冢迦寺移轉後의이창?)		1190: 普照국사(知訥)結社(중중심창사), 임진난: 四溟大師의僧軍
141		미리사(美理寺)	강소성 한반도(팔공산)	?	心地가 眞表律師의 佛骨簡子를 모심	927: 甄萱이 王建(金藏, 申崇謙전사)에게 승리
			강소성	-(x)	기록있음?	

예 1) *: 국가(특히, 경주신라)가 성전聖典을 설치하여 관리한 중요사찰
2) (@1) ~ (@7): 전불佛시대[加護時代 또는 迦葉佛時代]의 7처가람지처지七處伽藍之處
3) 이 조사표의 내용은 필자가 임시로 작성한 것이므로 내용 중에 틀리거나 누락된 부분이 있을 수 있으므로 활용에 주의용하여 주시기 바랍니다. 다만, 필자가 본서의 주제와 관련하여 특별히 선택한 시설들에 대해서도 상세한 내용들을 각 해당 항목에서 보충하고 있으니 참고가 될 것입니다.

가. 대흥륜사(大興輪寺 또는 大王興輪寺 및 興輪寺)

(1) 흥륜사(즉,大興輪寺)와 25진지왕 및 나당군사동맹의 관계
(2) 흥륜사{興輪寺=즉,大(王)興輪寺}의 한반도 이전 상황

표2. 24진흥왕 시기에 건설된 대흥륜사(大興輪寺)의 연혁

#	구분	시설명칭	건립장소	건립자, 건립시기	건립목적, 관련사건	시설이력, 비고
1	23 법흥	❶흥륜사 (興輪寺)	산동성 (枣庄?)	263: 신축 (阿道基羅)	(傳,阿道墓=즉,一善縣毛禮家)	(263~527)년=3천여월 신라최초 사찰
		❷대왕흥륜사 (大王興輪寺)	강소성 (揚州?)	527: 신축 이차돈순교	大興輪寺라고도 하지만, 실제新築 여부불명	'歷史歪曲用'기록?
2	24 진흥 (大王) ~~진흥왕?~~ ⇒법흥왕	❸대흥륜사 (大興輪寺)	강소성 (揚州)	535~544: 大王興輪寺 재개축	진흥왕이 大王興輪寺 賜額, 吉達門(南門), 탑돌이, 연등행사(眞慈,密本등主席)	657: 門自壞. 671.4: 震南門 (나당군사동맹책임?)
			한반도 (慶州)	817?: 이전	(@1天鏡林) 東京興輪寺 金堂十聖	817: 이차돈비석 건립? 912: 신덕왕까마귀? 921: 普賢菩薩 벽화

위의 표를 참조하면 바로 알 수가 있겠지만,… '흥륜사'와 관련하여 '❶흥륜사(興輪寺)', '❷대왕흥륜사(大王興輪寺)' 그리고 '❸대흥륜사(大興輪寺)'라는 3개의 사찰명칭이 모두 '흥륜[興輪=즉 불법을 일으켜(興) 수레에 실어 널리 퍼트린다(輪)]'이라는 의미의 글자를 공통으로 사용하고 있으므로 이 세 명칭들 사이의 상관관계를 먼저 검토해 둘 필요가 있을 것이다.

'❶흥륜사(興輪寺)': 『삼국유사/흥법3/아도기라[阿道基羅]』에 소개된 '전[傳], 아도묘[阿道墓=즉,일선현모례가(一善縣毛禮家)⇒현,산동성조장시(棗庄)역성구(嶧城)로 비정된다]'를 말하는데, '263년경 산동신라에 불교를 처음 전해준 아도[阿道=즉,묵호자(墨胡子)]가 묻힌 곳'으로서 사실상 '신라의 첫,불교사찰'이라고 해야 할 것이다.

'❷대왕흥륜사(大王興輪寺)': '강소신라23법흥왕이 527년에 있었던 이차돈의 순교사건을 기념해서, 당시의 도성인 현,강소성양주^{揚州}에 새로 세웠다.'라고 보이는 사찰이긴 하지만 '이 ❷대왕흥륜사가 실제로 건축되었는지?' 아니면 '그냥 대왕$^{(大王=즉,23법흥왕)}$이 ❶흥륜사의 위상을 격상시켜서 대흥륜사라고도 불렀던 것을 후대에 ❸대흥륜사^{大興輪寺}와 구별하기 위해서 대왕흥륜사^{大王興輪寺}라고 기록한 것인지?'는 분명하지 않아 보인다. 어쨌든 사찰의 실존성보다는 그 명칭을 중심으로 해서 검토하는 것이 더 중요해 보인다.

'❸대흥륜사(大興輪寺)': {『삼국사기』 등에 기록된 바와 같이} 24진흥왕이 10년간$^{(535년~544년)}$ 공사하여 완성한 사찰인데, ❷대왕흥륜사를 재건축했었거나, ❶흥륜사$^{\{현,산동성조장시(棗庄)역성구(嶧城)\}}$를 도읍지$^{(현,강소성양주)}$로 옮겨와서 재건축한 것이라고 보인다.

즉, 어떤 명칭이든지 모두 '불국토^{佛國土}를 다스린다'라는 전륜성왕^{轉輪聖王}을 의미하는 '륜^{輪}'자를 포함하고 있으므로, 이 3개의 사찰명칭은 '전륜성왕이라는 하나의 개념'에서 만들어진 명칭들이기 때문에 '흥륜사^{興輪寺}라는 사찰 명칭'은 {사찰$^{(즉,건물)}$과는 관계없이} 23법흥왕 혹은 24진흥왕과 연관된 명칭이라고 추론된다. 따라서 필자는 '❶흥륜사$^{興輪寺(현,산동성)}$는 23법흥왕이 {그 이전에 다른 명칭이었던 사찰의 이름을} 고친 명칭'이고, '❷대왕흥륜사^{大王興輪寺}는 23법흥왕이 {263년에 세워진 ❶흥륜사를 도읍지인 현,강소성양주^{揚州}로 옮겨와서} 이전신축한 대흥륜사^{大興輪寺}를 ❸대흥륜사$^{大興輪寺(현,강소성)}$의 연혁을 감추기 위해 {7말8초 역사왜곡 과정에서} 견강부회해서 만들어낸 실존하지 않은 사찰명칭'이라고 추론하는 바이다.

다시 말해서 ❸대흥륜사$^{大興輪寺(현,강소성)}$의 연혁이 '263년에 실제로(?) 개창^{開創}된 ❶흥륜사$^{興輪寺(현,산동성)}$에서 출발했다.'라고 하게 되면, '신라불교가 527년에 처음 도입되었다'라는 것과 '신라가 현,한반도에서 건국되었다'

라는 기존의 {왜곡된} 통설이 의심을 받게 됨으로써 그동안 잘 유지되어 오던 '역사왜곡의 견고한 프레임^{frame}'이 송두리째 모두 노출되기 때문에 이를 방지하기 위해서 '실존하지 않은 ❷대왕흥륜사^{大王興輪寺}라는 허명^{虛名}을 만들어서 7말8초 역사왜곡을 견강부회하게 된 것'이라고 보는 것이다. 즉, '❶흥륜사$^{興輪寺:263/527년}$의 위치와 ❸대흥륜사$^{大興輪寺:544년}$의 위치는 다르다'는 것이 실사$^{實事(즉,fact)}$인데 '이 두 사찰의 위치가 같다'라는 왜곡된 통설이 생기게 된 것은, '강소신라가 경주신라로 이동$^{(엑소더스)}$하면서 현,산동성의 ❶흥륜사^{興輪寺}와 현,강소성의 ❸대흥륜사^{大興輪寺}를 모두 현,경주의 대흥륜사^{大興輪寺}의 위치에 하나로 합쳐서 유적이동$^{(or유물이동)}$이 이루어졌었기 때문'에 생긴 '2차왜곡$^{\{혹은, 왜곡의 고착화 작업\}}$과 같은 결과'라고 보면 되는 것이다.

어쨌든, 535년^{23법흥왕22년}부터 544년^{24진흥왕5년}까지 10년에 걸쳐 24진흥왕 때 '재(?)건축된 대흥륜사^{大興輪寺}'는 일단 30문무왕11$^{(671)}$년4월에 경주신라로의 유적$^{(or유물)}$이동을 위해서 철거되었다가, 41헌덕왕9$^{(817)}$년경에 경주신라의 도성인 현,경상북도 경주^{慶州}에 재건축되어 현재까지 약1,200년의 풍상을 거쳤다고 보이는데, {'현,경주공업고등학교 부지'에서 발굴된 '손쉽게 이동시킬 수 있는 흥자명기와편^{興字銘瓦片} 하나만 달랑 그 위치를 짐작게 하고 있으므로} 과연 '이 대흥륜사^{大興輪寺}가 실제로 현,경주로 유적$^{(or유물)}$이동된 것인지?'도 단언하기가 어렵다고 보인다. 즉, {'역사왜곡^{歷史歪曲}이라는 사건^{事件}'의 측면에서는} '❶흥륜사^{興輪寺}나 ❸대흥륜사^{大興輪寺}라는 사찰명칭이 현,경주에 있다'라는 것만 필요했었던 것이지, '대흥륜사라는 사찰$^{(즉,건물)}$ 자체를 굳이 현,경주로 반드시 유적$^{(or유물)}$이동시켜야 할 만한 동기^{動機}가 충분치 않았다'라고 보이므로, 필자의 추측이지만 {의도적으로 제작하여 적당히 훼손시킨(?)} 興^{흥}자명 기와편'을 {훗날 '그 유적$^{(or유물)}$이 이동되도록 예정된 위치'의 땅속에서 우연히 발견되도록} 만들어서 마치 '실제로 그 유적(or유물)이 그 위치에 있었던(혹은,이동된) 것처럼 보이도록 연출하였을 개연성'도 있기 때문이다. 그래서 {비록 '정상적인 출토유물'이라고 하더라도} '興자명 기와편'이나 '그 주변에서 함께 수습된 {이동이 용이한} 소형 유물들'을 쉽게 '절대적인 증거'로 믿어 버리지 말고 더 철저한 발굴조사를 해야 할 필요가 있다고 보인다. 물론, 필자의 이러한 추측은 '{흥륜사의 경우 이외의} 다른 유사한 사례들'에서도 똑같이 반드시 적용해야 할 문제라고 생각된다.

그림8. 추정,흥륜사지(현,경주공고)

그림9. '興(흥)자명 기와편'

물론, 아직은 '강소신라의 경주신라 이동移動'이라는 기본적인 전제가 완전히 증명된 것이 아니므로 필자의 이러한 설명들이 황당하거나 공허하게 느껴질지 모르겠지만, 필자의 설명을 끝까지 들으면 '답答 즉 결론結論은 결국 강소신라가 경주신라로 이동移動한 것일 수밖에 없음'을 독자들 스스로가 인정하게 될 것이라고 생각한다.

어쨌든 {불교도가 아닌 필자가 불교서적을 쓰려는 입장도 아니므로} 불교 자체에 대한 내용은 생략하고 {흥륜사와 관련한 연혁 및 사건들 중에서} '강소신라가 경주신라로 이동한 흔적'과 직접적으로 관련되는 내용들에 대해서만 추가로 살펴서 그 결론 부분만 열거해 보고자 한다.

(1) 흥륜사(즉, 大興輪寺)와 25진지왕 및 나당군사동맹의 관계

{23법흥왕이 창건하고(?)} 24진흥왕이 재(?)개축한 현,강소성양주^{揚州}의 흥륜사$^{興輪寺=즉,대흥륜사(大興輪寺)}$가 {삼국통일$^{(즉,三韓一統)}$을 목전에 둔 661년6월에 갑자기 사망한} 강소신라29태종무열왕의 할아버지인 25진지왕 및 삼국통일$^{(즉,三韓一統)}$의 주된 수단이었던 나당군사동맹^{羅唐軍事同盟}과 밀접하게 관련되어 있다는 기록이 《삼국유사/기이1》도화녀비형랑^{桃花女鼻荊郎}조'의 기록에서 추론해 낼 수가 있다.

즉, {동륜태자의 갑작스런 죽음으로 인해서} 강소신라의 왕권을 동생인 25진지왕에게 빼앗긴 '동륜계^{銅輪系}'는 잃어버린 왕권을 되찾아 오기 위한 수단으로 '{고구리대연방^{高九黎大聯邦}의 대맹주^{大盟主}의 간섭으로부터 자립하려는} 25진지왕의 대외정책'을 집중적으로 공격했던 것으로 추정된다. 즉, 24진흥왕이 백제와의 나제동맹^{羅濟同盟}을 파기하면서까지 공을 들였던 고구리대연방의 대맹주$^{(즉,고구려)}$와의 우호적인 관계를 25진지왕은 즉위하면서부터 서서히 축소시켜 나가면서 점차적으로 '고구리대연방의 그늘에서 벗어나려 했던 것'인데, '동륜계가 이를 집중적으로 문제 제기'하여 결국 25진지왕을 탄핵해서 폐위시키고 이내 살해(?)함으로써 빼앗긴 왕권을 도로 되찾아 올 수가 있었던 것이다.

그런데, {물론『삼국사기』에는 그러한 기록이 전혀 없지만}『삼국유사』에는 '25진지왕의 혼령^{魂靈}이 낳은 비형랑^{鼻荊郎} 이야기'라는 조금은 기괴하기까지 한 귀신이야기(?)를 등재시킴으로써, 26진평왕이 '25진지왕계를 포용하는 탕평책을 실시했음'을 기록으로 남기고 있다. 즉, 25진지왕의 자립정책을 비판해서 권력을 장악한 동륜계가 {권력을 장악한 후에는} 진지왕계를 통해서 은근히 새롭게 강국으로 등장한 수^{隋}나라 및 당^{唐}

나라와 제휴하여 '고구리대연방의 대맹주인 고구려를 견제하려 했던 것'으로 추정되는 것이다. 『삼국유사』의 도화녀비형랑桃花女鼻荊郎조'를 살펴보자.

《삼국유사/기이1/도화녀비형랑(桃花女鼻荊郎)조》… 이보다 앞서 사량부(沙梁部) 어느 민가 여인(庶女)의 얼굴과 자태가 매우 아름다웠으므로 사람들이 '❶도화랑(桃花娘)'이라고 불렀다 … 이 해에 (25진지)왕이 폐위되고 죽었는데 2년 후에 도화랑의 남편도 역시 죽었다. 십여 일이 지난 어느 날 밤중에 홀연히 왕이 평시와 같이 나타나 여인의 방에 들어와 말하길 "네가 옛날에 허락한 것처럼, 지금 너의 남편이 없으니 되겠느냐?"라고 하자, … [왕이] 7일 동안 머물렀는데 늘 오색구름이 집을 덮고 향기가 방안에 가득하였다. 7일 후에 홀연히 종적이 사라졌다. 여인은 이로 인하여 임신하여 달이 차서 해산하려 할 때 천지가 진동하며, 한 사내아이를 낳으니 이름을 '❷비형(鼻荊)'이라 하였다.

진평대왕(眞平大王)이 그 이상한 소문을 듣고 [비형을] 궁중으로 데려다 길렀다. 나이가 15세가 되자 '❸집사(執事)'라는 직책을 주었다. [비형은] 매일 밤 멀리 나가서 놀자 왕이 용사 50명을 시켜 지키게 하였으나 매번 '❹월성(月城)을 날아 넘어 서쪽 황천(荒川) 언덕 위에{경성(京城)의 서쪽에 있다}' 가서 귀신의 무리(鬼衆)를 거느리고 놀았다… 왕이 "그러하면 너는 귀신의 무리를 이끌고 '❺신원사(神元寺)의 북쪽 도랑'에{신중사(神衆寺)라고도 하나 잘못이다. 어떤 이는 황천(荒川) 동쪽의 깊은 도랑이라고도 한다} 다리를 놓아 보도록 하여라." 하였다. 비형은 칙명을 받들고 그 무리들로 하여금 돌을 다듬어 하룻밤사이에 큰 다리를 놓았다. 그런 까닭에 '❻귀교(鬼橋)'라 한다. 왕이 또 묻기를 "귀신의 무리 가운데에서 인간의 모습으로 나타나 조정(朝廷)을 도울만한 자가 있느냐?" 하자 [비형이 말하기를] "❼길달(吉達)'이란 자가 있사온데 가히 국정을 도울만합니다." 왕이 말하기를 "데리고 오도록 하여라." 하였다. 이튿날 비형이 길달과 함께 [왕을] 알현하니 [길달에게] 집사라는 관직을 내렸는데, 과연 충직한 것이 비길 자가 없었다. 이때 각간임종(角干林宗)이 자식이 없었으므로 왕이 명령하여 아들로 삼게 하였다. 임종은 길달에게 명하여 흥륜사(興輪寺) 남쪽에 루문(樓門)을 세우게 하였더니, 길달은 밤마다 그 문루 위에 가서 잤으므로 그 문을 '❽길달문(吉達門)'이라 하였다. 하루는 길달이 여우로 변하여 도망을 갔으므로 비형이 귀신들로 하여금 그를 잡아 죽였다. 그러므로 그 귀신의 무리들은 비형의 이름만 듣고도 두려워하며 달아났다. 당시 사람들이 노래를 지어 부르기를 "'❾성스런 임금의 혼(聖帝魂)'이 아들을 낳았으니(生子), 여기가 비형랑의 집이다(鼻荊郎室亭). 날고 뛰는 잡귀의 무리들은(飛馳諸鬼衆) 이곳에 머물지 말라(此處莫留停)." '❿나라의 풍속(鄕俗)'에는 이 글을 붙여서 귀신을 물리친다.

⇒ {이야기가 조금 이상$^{(奇怪?)}$하므로, 전체적인 스토리를 대략 정리해 보면},… '26진평왕을 옹립한 동륜계의 탄핵을 받아 폐위당해서 죽은 25진지왕의 혼령이, 죽은 지 2년 뒤에 도화랑^{桃花娘}이라는 여인과 관계하여 비형랑^{鼻荊郎}이라는 아들을 낳았었는데, 26진평왕이 이 비형랑을 거두어서 집사^{執事}로 기용하여 서쪽 황천^{荒川} 언덕 위의 귀신무리^{鬼衆}들을 통솔하여 날뛰지 못하게 하였다'라는 내용이다. 그런데, 이는 '보통의 귀신이야기'가 아니라 '25진지왕 사후에, 26진평왕이 진지왕계 인물들을 탕평^{蕩平}해서 기용한 실제의 상황'을 일연이 『삼국유사』에 은유적으로 기록해 놓은 역사기록으로 취급되어야 할 것이다. 실제의 상황이 어떠했을지를 유추할 수 있는 중요한 키워드들을 하나씩 살펴보자.

❶ **도화랑(桃花娘)** : 먼저, '역사왜곡방법론'에 기반해서 '도화랑^{桃花娘}의 의미'를 추정해 보자.

우선 '도화랑^{桃花娘}={도$^{(桃;táo)}$+화랑$^{(花娘;huā+niáng)}$}'이다. 그런데 '화랑$^{(花}$

娘;huā+niáng}=항(háng)반절법^{反切法}'이므로, '도화랑^{桃花娘}={도(桃;táo)+항(háng)}반절법={당(唐;táng)2중^重반절법=즉, 唐^당나라를 의미^{意味}함}'이다. 따라서 {제목에서 말하는} '도화녀^{桃花女}=즉 도화랑^{桃花娘}이라는 여자^女=당^唐나라 땅^{女=즉,땅(地)}'을 말하는 것이다. 그러나 {제목이 아닌 내용을 살펴보면} 그냥 '도화랑^{桃花娘}=당^唐나라'라고 이해해도 될 것이다. 혹시 본문에서 '사량부^{沙梁部} 어느 민가의 여인^{庶女}'이라고 기록하고 있으므로 해서, '신라의 사량부가 당^唐나라의 땅이었었는가?'라는 오해가 생길 수도 있겠지만, '당나라^(or수나라)와 관계되는 일을 한 진지왕계의 본거지^{本據地}가 사량부에 있었음'을 말하는 것일 뿐이다. 그래서 '제목에서는 도화녀^{桃花女}'라 하고서 '내용에서는 도화랑^{桃花娘}'이라고 구분해서 기술하고 있는 것이다. 결국 '사량부에 본거지를 둔 진지왕계가 당나라^(or수나라)와 관련된 일을 했었다.'라는 것을 말한다고 해석하면 무리가 없는 것이다.

어쨌든 도화랑^{桃花娘} 또는 도화녀^{桃花女}는 실존했던 여인^{女人}이 아니라, '25진지왕 시기에 당나라^(or수나라)와 관련된 일을 추진했던 진지왕계의 기반세력을 은유해서 표현한 것'이라고 해석해야 할 것이다. 이 세력들이 25진지왕이 죽은 다음에 26진평왕의 탕평책에 의해서 재기용되어 '대수^{對隋} 및 대당^{對唐} 관련업무'를 계속 담당했었다라고 보면 되는 것이다.

[참고]
25진지왕계가 담당했던 '당나라(or수나라)와 관련된 일'

'고구리대연방으로부터 자립하려는 강소신라의 대외 외교정책'을 말하는데, 이는 24진흥왕이 551년에 나제동맹을 파기시키면서까지 고구리대연방에 적극 협력하여 '현,하북평원지역 10개 군^郡의 통치^{統治=즉,관할}권'을 양여받는 등의 북진정책을 통해서 국력이 급속히 신장되었었는데, 24진흥왕 시기부터 이미 {강소신라인들이 너무도 커진 국력에 취했었는지?} '주변국들(특히, 서쪽의 중국 남조국가^{南朝國家})과의 연대를 통해서 스스로 대맹주가 되려는 야망'이 생겼던 것으로 보인다. 그래서 {갑자기 예기치 않은 왕권을 잡게 된} 25진지왕계는 '취약한 왕권의 정통성을 보완하려고(?), 진^{陳=즉,남진(南陳)}과의 연대를 모색'했었던 것인데, 대맹주의 편에 선 동륜계^{銅輪系}가 빼앗긴 왕권을 되찾아오기 위해서 {대내적으로는 성골논쟁^{聖骨論爭}을 일으키고} 대외적으로는 '25진지왕의 대서방^{對西方} 외교정책'을 집중적으로 탄핵해서 결국 26진평왕이 즉위하게 되었던 것이다. 그렇게 해서 동륜계의 왕권이 안정화되는 시기에 마침 신흥 강국 수^隋나라가 암암리에 '대맹주 쟁탈전'을 선언하고 나서는 상황이 되자, 동륜계 역시도 {수^隋나라와 연대하여} '진지왕계의 대서방^{對西方} 외교정책'을 그대로 답습하게 되었으며 그 연장선에서 '수나라의 고구려 침공'을 후방지원을 하였었다가 {수나라가 고구려에게 패배함으로써} 외교적으로 철저하게 고립되었었고, 나중에 수^隋나라가 당^唐나라로 교체되자 {비담^{毗曇}의 난^(647년)}을 역이용하여 정권을 장악한 김춘추^{25진지왕의 손자}가} 외교적으로 고립된 상황에서 벗어나기 위해 '나당군사동맹^{羅唐軍事同盟}'을 추진하여 648년에 결국 성사시켰었던 것이다.

따라서 {큰 틀에서 본다면} '강소신라의 대서방^{對西方} 외교정책'을 '자주운동^{自主運動}의 일환'이라고 할 수도 있겠지만, 기본적으로 '외세^{外勢}에 너무 의존함'으로써 결국 '강소신라가 스스로 자멸^{自滅}하는 결과를 가져왔다'라고 보아야 할 것이다. 게다가 '25진지왕이 추진했던 정책'을 직접 탄핵해서 권력을 장악한 동륜계^(즉, 26진평왕)가 {{자신들이 탄핵해서 축출했었던} 진지왕계를 통해서 같은 정책을 암암리에 계속 추진케 한 것'이므로, {결과적으로 본다면} '동륜계의 국정 장악력에 한계가 노출'되어 결국 '국가의 존망과 관련되는 대외정책이 경직되면서 동륜계가 스스로 몰락의 늪에 빠지게 되었다'는 지적을 피할 수 없게 되었다고 해야 할 것이다.

{그래서, 아마} 일연이 '국가경영의 요체가 어떠해야 하는지?'에 대해, 후손들에게 이를 교훈으로 알리기 위해서 '도화녀^{桃花女} 비형랑^{鼻荊郎}이라는 기괴한 귀신이야기(?)'를 『삼국유사』에 등재한 것으로 생각된다. 그리고 일연이 '이 기록의 저본^{底本}은 {실제의 사건이 있었던 시기보다 무려 150년 뒤인} 7말8초 시기에 {역사왜곡^{歷史歪曲}을 목적으로 해서} 쓴 고기^{古記}이다.'라는 것을 후대인들에게 알리기 위해서 {의도적으로} '수^{隋}나라나 당^{唐}나라를 모두 당^{唐}나라로 통일해서 기록했다'라고 해석해야 할 것이다.

❷ 비형(鼻荊) : 역시, '역사왜곡방법론'에 기반해서 '비형^{鼻荊}'의 의미를 추정해 보면,… '{비형$^{(鼻荊;bí+jīng)}$=병$^{(幷;함께할,bīng)}$반절법}=즉, ○○를 총괄^{總括}하는 것'을 의미하는 것이다. 따라서 '비형랑^{鼻荊郎}=총괄^{總括}담당자=즉,총책임자' 정도로 보면 될 것이고, {제목을 다시 살펴보면} '도화녀비형랑^{桃花女鼻荊郎}=즉, 당$^{(唐,隋)}$나라 관련 업무의 총책임자'를 말하는 것이고, {전후의 상황을 고려하면} 25진지왕이 사망한 지 (2+15=17)년 정도 지난 후$^{(595년?)}$ 26진평왕이 진지왕계를 '당$^{\{唐=당시는, 수(隋)\}}$나라 관련 업무의 총괄책임자로 임명했다'는 것을 추론할 수가 있다고 보인다. 아마, 당시 신흥국가인 수^{隋}나라의 기세가 만만치 않았으므로 강소신라26진평왕이 '대^{對}고구리대연방 정책'을 획기적으로 방향 전환해서 '{자신들이 탄핵의 명분으로 삼았었던} 25진지왕의 대서방^{對西方} 외교정책'을 그대로 수용하여 25진지왕계 세력들에게 그 업무를 전담시키게 된 것으로 보인다.

다만 {굳이, 단어의 뜻을 살핀다면} '鼻荊^(비형=즉,코뚜레)'이란 것은 '25진지왕의 후손^(즉,孫子)인 김춘추가 추진한 나당군사동맹'이 결국 신라에게는 '소고삐의 코뚜레^{즉,鼻荊(비형)}'가 되어서 당나라에게 질질 끌려다니게 된 것'을 비유한 것과 같으므로, '나당군사동맹이 처음에는 신라인들의 여망^{興望}이었었으나 결국에는 신라인들의 절망^{絶望}이 되어버린 양면성이 있었음'을 시사하면서 그 '소고삐의 코뚜레^{鼻荊(비형)}'와 같은 나당군사동맹의 씨앗이 25진지왕을 추앙하는 세력들^{즉,도화랑(桃花娘=唐나라)}로부터 시작되었다.'라는 의미가 함께 함축된 것으로도 볼 수가 있을 것이다. **이는 곧 '당나라의 요구에 의해서 나당군사동맹이 시작된 것이다.'라는 의미가 되는 것이므로, '김춘추와 김유신이 나당군사동맹을 시작했다'라는 기존의 역사통설^{歷史通說}에 '심각한(?) 역사왜곡^{歷史歪曲}이 덧씌워져 있다'라고 보인다. '우리 역사학계의 진지한 재연구가 반드시 필요하다'고 생각한다.**

❸ 집사(執事) : '집사^{執事}'란, 대개 실력자의 최측근으로서 은밀한 명령을 수행하는 직책을 말한다. 따라서 26진평왕이 '도화녀비형랑^{桃花女鼻荊郎}= 즉, 당^(唐or隋)나라 관련 업무의 총괄책임자'를 '26진평왕의 내전^{內殿}을 관리하는 집사^{執事}'로 삼았다는 것이므로, 동륜계인 26진평왕이 매우 중요한 대외비 업무인 '고구리대연방에 대항하기 위한 당^(唐or隋)나라 관련 업무'를 {정적^{政敵}이라고도 할 수 있는} 진지왕계 세력들에게 맡겼다는 것을 의미하는 것이다.

❹ 월성(月城)을 날아 넘어 서쪽 황천(荒川) 언덕 위에 가서 귀신의 무리(鬼衆)를 거느리고 놀았다 : 이 문장^{文章} 속에는 3가지의 주요한 키워드가 함께 소개되어 있는데 {그 키워드들을 약간 인위적으로 설정^{設定}한 문장 속에 배치하여 '귀신무리^(즉,귀중鬼衆)'의 실체^{實體}와 그들의 소재지^{所在地}를 은유적으로 알리고 있다고 보인다.

즉, '월성^{月城}=(즉, 강소신라 왕의 궁성^{宮城})'은 '대당^{對唐} 관련 업무를 취급하는 집사^{執事} 비형랑^{鼻荊郞}의 집무소^{官舍}가 궁성^{宮城} 안에 있었다.'는 것을 시사하는 것이며, '황천$^{\{荒川=皇川음변자=즉, 당(皇)나라와의 경계가 되는 하천(川)\}}$'은 '월성 서쪽$^{\{月城西\}}$ 황천^{荒川}의 천변언덕 위$^{(岸上)}$=즉 현,강소성 양주^{揚州} 서쪽^{西}의 당$^{(皇)}$나라와의 경계가 되는 하천^{川}의 하천변 언덕^{岸} 위^{上}'를 말하는 것으로서, 과거 24진흥왕 시기$^{(562년)}$에 병합한 가야$^{(加耶,加羅)}$ 지역을 말하는 것이다. 따라서 '귀신의 무리$^{\{귀중(鬼衆)\}}$=즉, 가야$^{(加耶,加羅)}$지역의 무리들=즉,가야출신자들'을 말하는 것이다.

따라서, 수^{隋}나라 초기부터 집사^{執事} 비형랑^{鼻荊郞}이 주로 옛,가야지역 출신자들을 활용하여 대당$^{(對隋+對唐)}$ 관련 업무를 추진하였던 것으로 추정되므로, 대략 50년 뒤에 진지왕계인 김춘추가 가야출신인 김유신과 밀착하여 나당군사동맹을 추진하게 된 것도 '축국^{蹴鞠}을 하다가 찢어진 옷깃을 기워주는 우연한 인연(?) 때문만은 아니었던 것'이라고 해야 할 것이다.

❺ 신원사(神元寺)의 북쪽(北) 도랑(渠) : '신원사^{神元寺}'가 구체적으로 어느 곳인지는 아직 확인되지 않았지만, {지금 이 문장은, 26진평왕이 '귀신의 무리$^{(鬼衆=가야지역의 무리들=즉,가야출신자들)}$'를 잘 활용하고 있는 비형랑의 실력을 시험하고 있는 상황이므로} 강소신라의 도성$^{(현,강소성揚州)}$에서 그리 멀지 않은 옛,가야지역에 '당나라와의 통행에 요긴한 다리를 놓도록 한 것'으로 보인다. '황천 동쪽의$^{(荒川東)}$ 깊은 도랑$^{(深渠)}$'이라고 하였으므로, 아마 현,강소성양주시^{揚州}의 료가구$^{(廖家,liàojiāgōu)}$ 정도가 아닐지 모르겠다.

❻ 귀교(鬼橋) : 비형랑이 '귀신의 무리$^{(鬼衆=옛,가야출신자들)}$'를 시켜서 '신원사^{神元寺}의 북쪽 도랑^{北渠}에 놓은 다리'를 말하는데, '하룻밤 사이에 다리가

완성되었다.'라고 하는 것을 보아 '귀신 무리'의 숫자가 상당하였던 것으로 보이며, 또 '대당^{對唐} 관련 업무'에 아주 적극적이었던 것으로 추정된다. 그런데 '귀교$^{(鬼橋=즉,귀신다리)}$'는 실제의 교량^{橋梁}이 아니라 '당$^{(唐+隋)}$나라와 강소신라를 연결하는 중간자역할^{中間者役割}'을 은유하는 것으로도 해석할 수 있다고 보인다. 어쨌든, 강소신라에서 당$^{(唐+隋)}$나라로 왕래하기 위해서는 '{현,강소성양주의 료가구$^{(廖家沟,liàojiāgōu)}$=즉, 신원사^{神元寺} 북쪽^{北} 도랑^{渠}}'에 실제로 교량^{橋梁}이 필요했었을 것'이므로, '귀교^{鬼橋}란 키워드를 중의적^{重義的}으로 활용했다'고도 볼 수가 있을 것이다.

❼ 길달(吉達) : {역시 '역사왜곡방법론'에 기반해서} '길달^{吉達}'의 의미를 {吉^{길} 자를 파자해서 추정해 보면} '길달^{吉達}={士$^{(관리,사)}$+口$^{(말씀,구)}$}+達$^{(통달할,달)}$}=말씀$^{(口)}$을 잘하는$^{(達)}$ 관리$^{(士)}$=즉, 당^{唐}나라에서 파견 나온 관리^{官吏}' 정도로 이해된다. 현대식으로 말하면, '당나라에서 온 대사^{大使} 또는 영사^{領事}' 정도로 보인다. 그리고 나중에 비형랑^{鼻荊郞}이 26진평왕에게 소개한 길달$^{(吉達=즉,당나라관리)}$도 역시 '집사^{執事}가 되었다'고 했는데, 이는 '비형랑$^{(신라측)}$이 하는 일=길달$^{(당나라측)}$이 하는 일=즉, 신라측의 당나라 관련 업무'라는 것을 의미하는 것이다.

❽ 길달문(吉達門) : {'길달^{吉達}=당^{唐}나라에서 파견 나온 관리^{官吏}=즉 당나라 대사^{大使}' 정도로 여겨지므로} '길달문^{吉達門}=즉 당나라 외교관이 있는 관사^{館舍}로 통하는 문^{門}'을 말할 것이다. 그런데, '흥륜사^{興輪寺} 남쪽의 루문^{樓門}을 길달문^{吉達門}이라 했다.'라는 것으로 보아서, '당나라의 관사가 흥륜사^{興輪寺}의 경내에 위치해 있었던 것'으로 추정된다. 그리고 또, '길달이 밤마다 길달문 문루 위에서 잤다.'고 하는 것은, '길달이 강소신라의 정황을 항상 염탐했었던 것을 말한다.'라고 보인다. 그래서, 길달이 강소신라에서 염탐한 정보를 당나라로 알리려고 몰래 빠져나가다가 비형^{鼻荊}이 보낸

'귀신의 무리(鬼衆=옛,가야출신자들)'에게 잡혀서 처형되었다는 것이다. 즉 이는 '당시의 신라가 고구리대연방으로부터 자립하려는 계획을 은밀하게 추진했었던 것을 시사한다.'고 보인다. 이 문장을 통해서 '당시 신라의 대당외교(즉,정책)가 {당나라에 예속되지 않고} 나름대로의 확고한 자주의식自主意識을 가지고서 추진되었던 것'을 나타내는 것이라고 볼 수가 있을 것이다.

❾ **성스런 임금의 혼(聖帝魂)** : {통설에서는 그냥 '帝=임금'이라고 번역하고 있지만} '강소신라의 황제皇帝였던 25진지대왕'을 지칭하는 것이다. {이와 같이, 『삼국사기』에서는 모두 '왕王'이라고 기록하고 있지만} 『삼국유사』에서는 실제로 황제皇帝를 표방했던 왕들은 '대왕大王' 또는 '성제聖帝' 등으로 구분해서 기록하고 있는 것이다. '비형랑의 집鼻荊郎室亭'은 '대당정책을 담당하던 진지왕계의 본거지'를 말하는데, 아마 '흥륜사興輪寺 경내에 있었던 당唐나라의 관사館舍'를 말한다고 보인다.

❿ **나라의 풍속(鄕俗)** : {비록, 강소신라가 훗날 나당군사동맹으로 인해서 국체國體가 소멸당하는 상황으로 내몰리게 되었지만} '나라의 풍속鄕俗'이라고 표현한 것으로 보아서, '진지왕계의 초기 대당외교가 나름대로는 확고한 자주의식自主意識을 가지고서 추진되었던 것'을 반영하고 있다고 보인다. '날고뛰는 잡귀의 무리들飛馳諸鬼衆은 이곳에 머물지 말라此處莫留停'라고 한 것은 '그 누구도 초기 진지왕계의 순수한 대당외교 정책을 폄하하지 않아야 한다.'라는 것을 역설적으로 강조하고 있는 것으로 이해된다.

따라서 {위와 같은 키워드들을 종합하면} '《삼국유사/기이1/도화녀비형랑(桃花女鼻荊郎)조》의 내용'은, 26진평왕이 즉위하기 전인 25진지왕

시기에 이미 강소신라에게 '고구리대연맹으로부터 자립하려는 자주의식自主意識'이 있었으며, 그것을 적극적으로 추진했던 인물이 김춘추의 할아버지인 25진지왕이었다는 것을 시사하는 기록이라고 보인다. 따라서 훗날 나당군사동맹을 굳게 믿었던 강소신라가 '나당군사동맹을 통해 백제와 고구려를 멸망시킨 다음'에야 비로소 '당나라로부터의 배신'을 실감하게 되었고, 그로 인해 '결국, 강소신라가 소멸당하는 것'을 피하지 못했으므로, 그 원망이 '비형랑鼻荊郎'을 낳은 25진지왕(즉,진지왕계세력)'과 '나당군사동맹을 강력하게 주장했던 김유신(즉,가야계세력)'에게 집중되었다고 보아야 할 것이다.

그런데, '29태종무열왕4(657)년: 길달문이 스스로 무너졌다(門自壞)=즉 당唐나라 관사館舍가 {당唐나라 측에 의해서} 스스로 폐쇄되었다.'라는 기록이 있는 것을 보면, 당시에 이미 '강소신라를 대하는 당나라측의 소극적인(또는,비우호적인) 태도'가 드러났음에도 불구하고, 김춘추(즉,진지왕계)가 {당나라에 대한 맹목적인 일편단심片丹心으로(?)} 나당군사동맹을 무리하게 추진해서 '나라의 운명을 일방적으로 당나라에게 의존했던 것'으로 짐작되는데, 이와 같은 '강소신라의 맹목적인(?) 당나라에 대한 짝사랑(?)'은 660년말(혹은,661년초?)에 김춘추가 암살되면서 더욱 분명해졌다고 보인다. 그래서 '당나라가 {668년에 고구려까지 확실히 멸망시킨 다음에도} 역시 여전히 약속을 지키지 않을 것임'을 확인한 30문무왕이 결국 '나당군사동맹의 산실이었던 흥륜사의 남문{즉,길달문(吉達門)}'을 파괴한 것'을 '30문무왕11(671)년4월 : (흥륜사의) 남문에 벼락이 쳤다(震南門)=즉, 길달문을 파괴하였다.'란 내용을 은유적인 표현을 통해 당시 신라인들의 분노를 후세인들에게 알리고 있는 것이라고 보인다. 다만 이때에 '흥륜사興輪寺까지 모두 파괴하지는 않았던 것'으로 보인다.

결국, '나당군사동맹의 책임론'으로 폭발한 신라인들의 분노를 '길달문 吉達門 파괴'로 표출한 강소신라는 이때로부터 100여년 동안 '김춘추를 비롯한 25진지왕계와 가야세력인 김유신에 대한 혹독한 비판'이 이어졌었는데, {강소신라를 경주신라로 철수하는 것을 다시 한번 더 최종결정한} '779$^{(36혜공15)}$년4월, 시조대왕릉^{始祖大王陵} 안에서 나오는 김유신의 통곡'을 들은 36혜공왕이 '취선사^{鷲仙寺}에 제사를 지냄'을 계기로 해서 '김유신에 대한 비판이 공식적으로 끝나게 된 것'이고, 동시에 '진지대왕사^{眞智大王寺}를 착공함'으로써, '25진지왕에 대한 원망도 비로소 끝내게 된 것'이다. 그래서 그 이후 김유신에 대한 기록들이 대체로 부정적에서 긍정적으로 바뀌게 되면서 '왜곡용 역사기록들'도 대대적인 수정이 이루어졌다고 보인다.

다만 {실제로 당시의 강소신라 사람들이 자발적으로 '김유신의 복권^{復權}'을 바랐었는지는 알 수 없지만} 삼한일통$^{三韓一統(?)}$의 주역들인 김춘추$^{(즉, 진지왕계)}$나 김유신을 '부정적으로 묘사한 상태'에서는 {도저히 '7말8초 역사왜곡 작업'을 완벽하게 마무리할 수가 없었기 때문에} 그들을 '긍정적으로 묘사하는 것'으로 방향을 전환하게 되었다고 보는 것이 더 솔직한 상황 해석이라고 보아야 할 것이다. 즉, '김유신의 복권^{復權}'은 당나라가 주관하는 '7말8초 역사왜곡 추진TFT'의 지시에 따라서 이루어졌을 개연성이 더 크다고 보이는 것이다.

[참고]
진지대왕사(眞智大王寺) > 보은사(報恩寺) > 봉은사(奉恩寺)

779$^{(36혜공15)}$년(?)에 착공한 진지대왕사^{眞智大王寺}는 15년이 지난 794년7월에 준공되었는데, 당시 {당나라$^{(즉, 북천신(北川神))}$의 지원에 의해서 즉위하게 된} 38원성왕이 '당나라의 은덕^{恩德}에 보은^{報恩}한다.'

라는 의미에서 '보은사^{報恩寺}(+망은루^{望恩樓})'라고 사찰 이름을 고쳤었지만, 그 후대에 다시 '봉은사^{奉恩寺}(+망덕루^{望德樓})'라고 다시 고친 것으로 추정된다.

어쨌든 {지금 필자가 조금 피상적으로 설명하고 있어서 일반인들은 조금 의아해할지도 모르겠지만}, 세밀한 역사까지를 전문적으로 전공한 연구자들은 필자의 설명을 어느 정도 수긍할 것이라고 본다. 이러한 '의아함'은 아마 앞으로 소개될 '참된한국통사' 내내 이어질 것으로 여겨지지만, Ⅰ편 이후부터는 어느 정도 해소될 것이므로 조금 더 인내심을 가지고 꼼꼼히 읽어주길 바라는 바이다.

(2) 흥륜사{興輪寺=즉,大(王)興輪寺}의 한반도 이전 상황

{필자가 전세계 역사학계에서 처음으로 주장하는 '역사왜곡방법론'이 아직은 독자들에게 충분히 받아들여진 것이 아닐 것이므로, 본격적으로 거론하기에는 조금 이르지만} '26진평왕 시기에 나름대로 나당군사동맹의 산파역할을 충실히 했던 흥륜사$^{즉, 大興輪寺}$'도 강소신라라는 나라$^{(國)}$가 통째로 현,한반도로 이전되기 시작하면서, 역시 현,강소성에서 현,한반도로 함께 유물$^{(or 유적)}$이동이 될 수밖에 없게 되었던 것인데, 그 상황에 대한 흔적을 《삼국유사/흥법3/동경흥륜사금당십성^{東京興輪寺金堂十聖}조》에 기록된 '동경흥륜사^{東京興輪寺}'라는 명칭에서 확인할 수가 있다. 즉 {강소신라와 경주신라를 구분하지 못한 기존의 왜곡된 통설에서는} 단순히 '동경^{東京}=왕건고려의 개경^{開京}의 동^{東}쪽에 있는 서울^{京}(즉 현,경주^{慶州})'일 것으로만 쉽게 치부해 버리지만, {강소신라와 경주신라가 존재했었다는 사실^{史實}을 인정한다면} '그냥 흥륜사^{興輪寺}'는 현,중국강소성$^{(즉, 강소신라)}$에 있는 흥륜사^{興輪寺}이고, '동경흥륜사^{東京興輪寺}'는 현,한반도경주$^{(즉 강소신라의 동경東京)}$에 있

는 흥륜사興輪寺를 지칭하는 것이라는 해석을 쉽게 받아들일 수가 있을 것이다. 즉 이는 당시의 신라가 한동안 현,강소성 양주揚州와 현,경상북도 경주慶州를 모두 도읍지都邑地로 삼았던 시기였었기 때문에 강소신라의 도읍지인 현,강소성 양주揚州는 왕도王都 혹은 경도京都라 하고, 경주신라의 도읍지인 현,경상북도 경주慶州는 동도東都 혹은 동경東京이라고 지칭했었던 것이다. 그래서 '동경흥륜사東京興輪寺란 기록 자체'가 바로 그러한 시대의 역사적 상황을 반영하고 있다고 인식해야 한다는 것이다. 그리고 강소신라가 원래 황제국皇帝國이었으므로 현,경주를 동도東都라고 해야 맞지만, 당시 {당나라에게 쫓겨나는 신세였던 강소신라의 입장에서는} 현,경주를 동도東都가 아닌 동경東京이라고 조금 급을 낮추어서 기록할 수밖에 없었다고 여겨진다. 물론 {'신라시대의 동도東都'였던 현,경주가 '고려시대에는 동경東京'이라고도 불리기도 했었으므로}『삼국유사』에서 '동경흥륜사東京興輪寺'라고 기록한 것으로도 볼 수는 있겠지만, {현,경주가 고려시대에 실질적으로 도읍지都邑地의 역할을 한 적이 한 번도 없으며}《삼국유사/흥법3/동경흥륜사금당십성》조의 내용에 등장하는 10명의 스님들이 모두 '신라 사람들'이라는 점에서, '동경흥륜사東京興輪寺의 동경東京'은 '고려시대의 동경'이 아니라 '신라시대의 동도東都(혹은,동경東京)'를 말하는 것으로 이해되어야 할 것이다. 따라서 '동경흥륜사금당십성으로 거론된 스님들이 과연 누구인지?'를 제대로 확인하게 되면, 그 시기가 언제였는지와 동경東都의 위치가 어디였는지 등이 분명해질 것이므로 한 번 검토해 보기로 하자.

*《삼국유사/흥법3/동경흥륜사금당십성(東京興輪寺金堂十聖)》동쪽 벽에 앉아 경방(庚方)을 향한 진흙상은 아도(我道), 염촉(厭髑), 혜숙(惠宿), 안함(安含), 의상(義湘)이고, 서쪽 벽에 앉아 갑방(甲方)을 향한 진흙상은 표훈(表訓), 사파(蛇巴), 원효(元曉), 혜공(惠空), 자장(慈藏)이다.

⇒ 이 기록은 {일견, 아주 단순해 보이지만} '동경東京흥륜사'의 금당(金堂

=즉,대웅전) 안에 10개의 진흙 소상^{塑像}들을 {의도적으로} 동^東쪽과 서^西쪽에 5개씩 배치하여 각각 서^西쪽과 동^東쪽을 쳐다보도록 안치했는데, 이 10명의 스님들은 모두 '신라불교에 막대한 영향력을 끼친 인물들^(즉,스님들)'로서 {비록 '경주신라^{현,한반도}에는 오지 않았었다.'라고 하더라도} '동^東쪽 벽에 앉아서 경방^{庚方}(즉,서^西쪽)을 바라보고 있는 소상들{즉, 아도^(我道;3C말), 염촉^(猒髑=이차돈;506~527), 혜숙^(惠宿;~7C말), 안함^(安含;578~640), 의상^(義湘;625~702)}'은 {현,한반도^{경주신라} 불교의 발전에 지대한 기여를 하였었지만} 결국에는 죽어서 서쪽인 지나^{支那(+강소신라)6)}에 묻힌 스님들이고, '서^西쪽 벽에 앉아서 갑방^{甲方}(즉,동^東쪽)을 향한 소상들{즉 표훈^(表訓;~8C초), 사파^(蛇巴;~7C말), 원효^(元曉;617~686), 혜공^(惠空;~7C말), 자장^(慈藏;590~658)}'은 {지나^{支那(+강소신라)}에서도 많은 불교활동을 하였었지만} 결국에는 죽어서 동쪽인 경주신라에 묻힌 스님들을 구분해서 배치해 놓은 것이다. 다만, 자장의 경우는 {그 사망 시기가 650년대(655년?,658년?)인지 혹은 (670년~680년)대인지의 논란이 많으므로} 조금 더 확인이 필요하지만 동,서의 배치 상황에는 변함이 없다.

따라서 이들 10명의 스님들은 대체로 (6C말~8C초)에 사망한 신라의 스님들이므로 '현,강소성에 있었던 흥륜사^{興輪寺}가 동경^{東京(현,경북경주)}으로 유물^(or유적)이동되어 재건립되는 시기에 맞춰서 소상^{塑像}들도 처음 제작해서

---

6) **지나**^{支那(+강소신라)} : {통설에서는 대체로} '서양인들이 진^秦나라의 秦(진;qín)이라는 한자^{漢字} 호칭을 지나(china;차이나)라고 음차^{音借}한 것을, 다시 지나^{支那}라는 한자^{漢字} 호칭으로 2차음차했다.'라고 보지만, 필자는 그 반대의 과정으로 보는 바이다. 즉 '지나^(支那=china,차이나)와 유사한 발음(소릿값)을 가진 '秦(나라이름,진;qín)', '晉(나라이름,진;jìn). '陳(나라이름,진;chén)' 및 '辰(나라이름,진;chén)' 그리고 '新(나라이름,신;xīn)' 등과 같은 한자^{漢字} 호칭들이 모두 '지나^{支那=즉 [西쪽에서 到來한 匈奴의 마을(那)에서 갈라져 나왔다(支=枝), 또는 {갈라져 나온(支=枝) 흉노마을(那)}}'라는 하나의 공통적인 초기호칭(proto-name)에서 파생된 것들로 파악되기 때문이다. 물론 그 첫 케이스가 '秦(나라이름,진;qín)'이라는 국호였던 것이다. 따라서 '차이나(china)'의 어원은 애당초부터 '秦(진;qín)이라는 漢字^{한자}의 음차^{音借}가 아니라 '支那(지나;zhī+nà)라는 단어^{單語}였던 것이다. [참고: 이 문제는 {필자가 앞으로 발표하게 될} '참된한국사5편'에서 설명될 것이다.]

위의 기록과 같이 배치한 것이라고 추정된다. 즉 동경흥륜사의 재건립 시기를 {여유를 고려하여} 대략 '8C중엽 이전'의 시기까지로 낮추어 보더라도{즉, 비록 『삼국유사』가 동경^{東京}이라는 고려시대의 지명으로 기록한 것이다.'라고 억지를 부리더라도} 이 동경흥륜사금당십성^{東京興輪寺金堂十聖}이 처음 제작되어 배치된 시기가 실사적으로는 분명히 신라시

그림10. 갑방(甲方)과 경방(庚方)

대라고 해야 할 것이므로, 원래는 '동도흥륜사금당십성^{東都興輪寺金堂十聖}'이라고 했었어야 하는데, 황제국이었던 신라가 현,강소성양주^{揚州}에서 현,경상북도경주^{慶州}로 이동한 역사적 사실^{史實}을 감추기 위해서 '동경흥륜사금당십성^{東京興輪寺金堂十聖}'이라고 명칭을 변조해서 기록했다고 보아야 할 것이다.

그리고, *《삼국사기/신라본기9》35경덕왕17(758)년7월23일조: "왕자가 태어났다. 천둥과 번개가 크게 쳤고, 절 16곳에 벼락이 떨어졌다(王子生.大雷電,震佛寺16所)"라는 기사를 참고로 한다면, '왕경^{王京(현,강소성양주(揚州)}에 흥륜사^{興輪寺}가 존재하였던 마지막 시기는 758년7월23일'일 것으로 추론되며 그때 흥륜사를 포함한 강소신라의 주요사찰 16개가 동시에 {당나라에 의해서} 파괴^(해체)되어 나중에 일부 사찰들만 산발적으로 경주신라^(현,경주)로 유물^(or유적)이동되어서 재건축된 것이라고 추정할 수가 있는 것이다.

즉 {이 사건에 대해 조금 더 보충 설명한다면} 《삼국유사/기이2》경덕왕·표훈대덕(景德王·表訓大德)조: (758년) 경덕왕이 표훈의 깨우침을 듣지 않고 아들을 얻다.'라는 기록의 내용을 꼼꼼히 살펴보면, 이 사건이 있기 1년 전인 757년에 35경덕왕이 표훈스님에게 '상제^{上帝(즉,당숙종唐肅宗?)}께 청하여 아들^(子)을 두게 해 달라.'라고 억지 부탁(?)을 했었으므로 '딸이 아

니라 아들을 낳으면 나라가 위태로울 것'이라는 엄중한(?) 경고를 받았음에도 불구하고, 1년 뒤인 758년7월23일에 아들(즉,36혜공왕)을 낳았기 때문에 **'나라가 위태로울 것'이라는 당황제의 벌罰**이, 그때부터 바로 **'천둥과 번개가 크게 쳤고, 절 16곳에 벼락이 떨어졌다(大雷電,震佛寺16所)'**라는 기이한(?) 사건(즉,사찰철거)을 시작으로 해서 온갖 천재지변(?)을 일으키더니 '765년5월에는 당황제가 신라사신에게 직접 벼슬을 내림'으로써 {그 전에는 신라35경덕왕이 행사했었던} 신라국 신하들에 대한 형식적인 인사권마저도 박탈{즉, '이는 사실상 나라가 없어진 것'을 의미함}해 버렸는데, 1달도 되지 않아서 35경덕왕이 갑자기(?) 사망하게 된 것이다{실제로는, 35경덕왕이 자살自殺함으로써, 당황제에게 사죄謝罪=사실상,항의(抗議)?}한 것으로 보아야 할 것이다}. 물론 35경덕왕의 뒤를 이은 어린 36혜공왕{신신김씨(新新金氏)=즉,성골(聖骨)의 마지막 왕통(王統)임}도 겨우 6년을 버티다가 780년에 살해되어 37선덕왕{신김씨(新金氏)=즉,진골(眞骨)왕통(王統)임}에게 왕권王權을 넘기는 불행한 결말을 맞게 된 것이므로, 표훈스님이 전한 '당황제의 엄중한(?) 경고'를 무시한 결과로 '강소신라는 사실상 이때 국가로서의 기능이 완전히 마감되었다.'라고 보아야 할 것이다.

어쨌든 36효공왕이 태어남으로 인해서, 강소신라에 내려진 '당황제의 벌罰' 중의 하나가 '당시까지 겨우 살아남아 있었던 신라의 16개 사찰을 허물어 버린 것'이었으므로, 신라불교의 상징인 '강소신라 왕경현,강소성양주의 (대왕)흥륜사大王興輪寺'도 이때에 파괴되었을 것으로 추정되는 것이다. 따라서 현재 '현,한반도에 있었던 것으로 흔적(유물,유적)이 보이는 모든 신라 사찰들'은 대략 이 시기를 전후해서 하나씩 강소신라에서 경주신라로 일부의 상징적인 유물(or유적)이동과 함께 이전되어 재건립되었거나 {혹은, 아예 재건축되지 않고} 터만 잡아둔 것으로 추정하여야 할 것이다. 즉, 필자는 {앞에서 설명한} 현,경주공고에서 발굴된 '興흥자명 기와편'이 그

하나의 사례이자 증거일 것으로 보는 것이다.

[참고]
'당나라와 신라의 도읍지(都邑地) 명칭'에 대한 구분

표3. 당과 신라의 도읍지 명칭 구분 (『삼국사기』/『삼국유사』 기준)

도읍지 명칭	당나라(○,□)		신라(●,■)		의미			
	西安	洛陽	揚州	慶州	구분	帝都 王都	王京	건물
경사	京師 / 京師	○(唐)	○(武周)			皇帝의 都邑	□		
경도	京都 / 京都	○(唐)	○(武周)	●	●	皇帝의 都邑	□		
왕경	王京 / 王京			●↓	●↑	王의 都邑 (신라)		■	
왕도	王都 / 王都			●	●↓	王의 都邑		■	
동도	東都 / 東都		○(武周)	●	●↓	동쪽都邑	□ ■		
동경	東京 / 東京				●↑	동쪽都邑 (신라, 고려)		■	
동궁	東宮 / 東宮	(※)	(※)	(※)	●+(X) ↓	동쪽의 宮闕	(■)		(■)

(주1) : ○●/□■=都邑, (※)=태자용宮闕(건물), (X)=동쪽의 宮闕(건물)
(주2) : '강소신라'가 '경주신라'로 실제 이주한 시기가 875년이므로,
　　　　[↓=875년이전, ↑=875년이후]를 표시함.
(주3) [경도(京都)에 대한 보충설명] : ※《삼국유사권3/흥법3》아도기라조: 그 서울(京都:경도)에는 일곱 곳의 절터(七處伽藍之墟)가 있다. … 셋째는 용궁(龍宮) 남쪽(지금의 황룡사(皇龍寺)이다. 진흥왕 계유(癸酉)(553년)에 처음 개창되었다.)이요,[其京都内有七處伽藍之墟. … 三日龍宮南(今皇龍寺.真只王癸酉始開),…에서,
"신라가 '(23법흥~28진덕) 기간 중의 강소신라'와 '실제로 현,한반도 경주신라로 이주한 875년 이후'에는, '왕의 나라(王國)'가 아닌 황제의 나라(帝國)라는 의미'를 표현하기 위하여 '경도(京都)'라는 글자를 그 이체자인 '경도(京都)'라고 (의도적으로) 바꾸어서 기록한 것이다. 통설에서는 이를 기록자의 오류 혹은 동일한 의미의 이체자로만 보는데, 이는 분명히 '의도적으로 틀리게 기록한 일종의 변조자'인 것이다. 이와 유사한 사례가 아주 많으므로 세심하게 주의를 기울여서 해석하여야 할 것이다. {특히, 『삼국사기』나 『삼국유사』의 원문'에서 글자의 형태를 조금씩 틀리게 기록한 글자들은, 대개 이러한 특별한 이유에서 의도적으로 표기한 것이다. 즉, 이 京³자는 '무엇인가 다른 의미가 숨어 있으므로 주의하라'라는 주의표지^{注意標識}인 것이다.}"

나. 황룡사{皇龍寺 또는 黃龍寺 및 황륭사(皇隆寺)}

(1) '황룡사'의 명칭 문제
(2) 황룡사와 '신라삼보(新羅三寶)'
(3) '신라삼보(新羅三寶)라는 물건'

황룡사皇龍寺는 흥륜사大興輪寺와 함께 강소신라의 불교문화를 상징적으로 대표하는 신라 최대의 사찰이다. 그런데 이 사찰은 그 명칭에서부터 설왕설래하는 '많은' 논란이 있으므로, 이 사찰의 정확한 명칭이 무엇이며 그 의미가 또 무엇인지를 밝히는 것이 우선되어야 할 것이다. 즉 '일반적으로, 명칭이란 대체로 그 명칭을 사용하는 대상의 성격을 상징적으로 나타내는 것'이므로 '황룡사'라는 명칭이 나타내는 의미가 무엇인지를 정확하게 밝힘으로써, 이 사찰의 성격과 중요도를 가늠해 볼 수가 있을 것이기 때문이다.

그리고 특히 이 사찰은 황룡사9층탑黃龍寺9層塔과 함께 파괴와 재건립이 무수히 반복되어 왔었는데 {황룡사9층탑의 경우} 경주신라가 망한 뒤 300여년이 지난 1238년에 고려를 침공한 몽고군에 의해서 완전히 파괴되어 지금과 같은 폐허의 상태가 되었다고 하므로 '이 사찰의 파괴와 재건립이 반복되는 과정'이 바로 '신라와 고려라는 나라의 파란만장한(?) 역사와도 밀접하게 관련된다'고도 할 수가 있을 것이다. 따라서 {이 사찰의 명칭문제와 함께 파괴와 재건립이 반복되는 상황을 중심으로 해서 살펴보면} 강소신라 불교문화의 진면목을 들여다볼 수가 있게 될 것이다.

표4. 24진흥왕 시기에 건설된 황룡사(皇龍寺)의 연혁

시기	시설명칭	건립 장소	건립자, 건립시기	건립목적, 관련사건	이력, 비고
24 진흥왕	황룡사 (皇龍寺) =황륭사 (皇隆寺) ------- 황룡(黃龍) =皇龍음변자 =皇隆음변자	강소성 (양주)	(王命) 553.2~~~566~~ ~569:신축	목표=皇隆寺? (黃龍出現⇒皇龍寺?黃龍寺?) 住持스님: [1歡喜,2慈藏, 3惠訓,4廂律] 五臺에서얻은舍利(1/3)보관 당승圓香이9층탑겁립건의? [隱喩⇒795?],사미妙正이 金光井에서얻은구슬(如意珠)을 唐皇帝에게 빼앗김	574.3:丈六尊像조영 584:金堂조성 613.7:百高座 622.1:王親幸 ~~635.3~~(645):9層塔조영+ 佛骨,牙,舍利:(慈藏) 674.7:大風,毁佛殿 698:[탑]벼락(#1震) 718.6:[탑]벼락(震)(?) 720:[탑]再建(#2) 754:[종]鑄造 768.6:大星隕南 866.1.15경문왕看燈, 仍賜燕百寮 868.6:[탑]벼락(#2震)
		한반도 (경주)	868?:이전	(#3龍宮南) 迦葉佛宴坐石 최초의 건축목표가 新宮이었던 것이 아니라 皇隆寺[皇國의 隆盛을 祈願하는 寺刹]이었는데, 7말8초 역사왜곡 시에 新宮으로 고치고서 黃龍出現 云云한 것이다.	871.1:[탑]王命改造 873.9:[탑]成,[9層22丈] (#3再建) 876.2:百高座親幸 886.6:百高座講經 887.1:百座講經 887:百座講經 890.1.15:眞聖幸,看燈 920.2:[탑]塔影倒立於 今毛舍知家庭中一朔 924.2.19:說百座說經. 兼飯禪僧3百 927.3:[탑]塔搖動北傾 953:[탑]벼락(#3震,災) 1021:[탑](#4再建) 1035:[탑]벼락(#4震) 1064:[탑](#5再建) 1095:[탑]벼락(#5震) 1096:[탑][종](#6再建) 1238몽고:탑,절,존상災

(1) '황룡사'의 명칭 문제

이 사찰(황룡사)의 건립과 관련된 기록은 『삼국사기』 및 『삼국유사』에서 쉽게 확인할 수 있다. 다음 3개의 기록을 살펴보자.

ⓐ *《삼국사기/신라본기4》진흥왕(眞興王)14(553)년: **春2월 황룡사를 짓다: 왕이 담당 관청에 명하여 월성(月城)의 동쪽에 새로운 궁궐을 짓게 하였는데, 황룡(黃龍)이 그곳에서 나타났다. 왕이 이상하게 여겨서 [계획을] 바꾸어 절로 만들고 이름을 황룡(皇龍){사(寺)}이라고 하였다.[王命所司築新宮於月城東, 黃龍見其地. 王疑之, 改爲佛寺, 賜號曰皇龍.]**

⇒ 이 기록은, '정사서^{正史書}로 인정되는『삼국사기』의 기록'이므로 일단 가장 우선적으로 검토할 필요가 있을 것이다. 즉, 24진흥왕이 새로운 궁궐을 지으려고 부지(敷地) 정지작업을 하였는데 '누런 용(즉,황룡(黃龍))'이 나타났으므로 궁궐이 아니라 사찰을 짓고서 사찰의 명칭을 '황룡사(皇龍寺)'라고 하였다는 것인데, {기존의 통설(通說)에서는 이 기록을 그냥 그러려니 하고서 넘겨버리지만} 이 기록이 '7말8초 역사왜곡'의 진면목을 시사하는 대표적인 기록이라고 할 수 있을 것이다. 물론 상상의 동물인 용(龍)이 실제로 현실세계에 나타났다고 볼 수는 없을 것이어서 {결정적인 것은 아니지만} '누런 용, 즉 황룡(黃龍)이 무엇을 시사하는지?'를 아는 것이 중요하다. 물론 어떤 '누런 물건'이거나 '누런색을 띤 큰 뱀(또는, 구렁이 or 지렁이)'일 것으로 보아도 큰 문제가 되는 것은 아닐 것이다. 또한 누런 용, 즉 황룡(黃龍)으로 은유되는 어떤 물건이 실제로 출현(出土?)했었다고 하더라도 {전체적인 맥락에서 보면, 다분히 '설정된 스토리일 수'가 있으므로} 그 물건에 대해서는 현실적으로 큰 의미를 부여할 필요가 없다고 보아도 무방할 것이다. 다만 {'황색(黃色(즉,누런색))'이 제왕(帝王(즉,皇))의 색'이고 또 사찰명칭에 황(黃)자와 황(皇)자가 번갈아서 혼용되고 있는 것으로 보아서} 이 사찰이 당시 강

소신라의 황제^{皇帝}인 24진흥왕이 건립한 '강소신라 황실^{皇室}의 원당^{願堂} 사찰^{寺刹}'일 개연성이 큰 것으로 보는 것이 타당하다는 점이 더 중요하다고 해야 할 것이다. 그래서 굳이 '누런 용^(黃龍)'을 단순히 뱀이나 지렁이로 보려는 것은 의도적으로 『삼국사기』의 권위를 무시하는 비학문적인 편향된 자세라고 해야 할 것이다.

ⓑ *《삼국유사/흥법3》아도기라(阿道基羅): 아도가 신라에 불법을 전하다: 아도본비(我道本碑)를 살펴보면…, 그 서울(京都)에는 일곱 곳의 절터가 있다. … 셋째는 용궁(龍宮) 남쪽{지금의 황룡사(皇龍寺)이다. 진흥왕 계유(癸酉=553년)에 처음 개창되었다}이요[其京都內有七處伽藍之墟…三曰龍宮南{今皇龍寺.真㒳王癸酉始開}],

⇒ 이 문장에서 '서울{^{즉,경도}(京都)}'은 {24진흥왕^(皇帝)의 도읍^{都邑=즉,제도^{帝都=경도}(京都)}이 있었던} 현,강소성양주^{揚州}를 말하는 것이므로 {'지금^{수(즉,고려시대)} 현, 경북경주에 있었다'고 하는} 황룡사^{皇龍寺}는 강소신라^{현,강소성}에서 경주신라^{현,경상북도}로 유물(+유적) 이동된 사찰이라고 이해해야 할 것이다. 따라서 강소신라에 있었던 '일곱 곳의 절터^{七處伽藍之墟}'도 강소신라에서 경주신라로 지명만 이동된 것이라는 것'을 은유하기 위하여 '京都^{경도}의 속자^{俗字}인 京都^{경도}라는 글자'를 활용하고 있는 것이다. 물론 '전불시대^{前佛時代} 칠처가람^{七處伽藍}'이라는 것도 당연히 '강소신라 시대의 사찰 7개소'라는 의미이므로 '전불시대^{前佛時代=즉 강소신라의 시기}'와 '현불시대^{現佛時代=즉 경주신라의 시기}'를 상대적으로 대비해서 지칭하는 일종의 '은유적 설정기법'이라고 보면 이해하기가 쉬울 것이다. 굳이 {통상적으로 말하는 바와 같이} 전불시대^{前佛時代}는 석가모니불이 실제로 이 세상에 온 2,500년 전 이전의 시대이다'라고 미리 단정을 해버리게 되면, 불필요한 혼란만 가중되어서 '은유된 문장의 본의^{本意}'를 잃어버리게 될 것이다. 어쨌든 이 기사에서도 사찰명칭을 '황룡사^{皇龍寺}'라 하고 있으므로 앞에서 검토한 『삼국사기』의 기사 ⓐ'를 그대로

인정하고 있는 것으로 보인다.

ⓒ *《삼국유사/탑상4》황룡사장육(皇龍寺丈六)조, 진흥왕이 황룡사를 세우다: 신라 제24대진흥왕(眞興王) 즉위14(553)년계유2월, 장차 궁궐을 용궁(龍宮)의 남쪽에 지으려 하는데 황룡(黃龍)이 그 땅에 나타나서 이에 고쳐서 절을 짓고 황룡사(黃龍寺)라고 하였다. 기축년(569년)에 이르러 담을 두르고 17년 만에 바야흐로 완성하였다.…절의 기록에는 "26진평왕5(584)년갑진에 금당(金堂)이 조성되었고, 선덕왕대 절의 첫 주지는 진골인 환희사(歡喜師)였고, 제2주지는 자장(慈藏) 국통이고, 그 다음은 국통 혜훈(惠訓), 그 다음은 상률사(廂律師)이다"라고 하였다….

⇒ 이 ⓒ기록의 전반부는 'ⓐ『삼국사기』'와 내용은 같은데 사찰명칭만 {황皇자가 아닌 '황黃'자로 바꾸어서} '황룡사黃龍寺'라고 기록하여, '{ⓐ『삼국사기』와 ⓑ『삼국유사』의} 황룡사皇龍寺'와 '황(黃or皇)'자라는 한자漢字에서 차이를 보이고 있다. 따라서 여전히 '누런 용{黃龍(황룡)}의 의미'가 무엇인지를 확인하는 것이 필요해 보인다.

그리고 이 ⓒ기록의 후반부는 '이 사찰이 착공된 지 17년만인 569년{즉,24진흥왕30년}에 최종 완성되었다.'고 하면서 사기寺記를 인용하여 '그로부터 15년 뒤인 26진평왕5(584)년에 금당金堂을 조성하였다.'고 하는 것을 보아서, 이 사찰은 '27선덕왕14(645)년에 9층탑을 건립할 때'까지의 94년 동안 계속해서 조금씩 증설되었던 것으로 보인다. 그리고 또 27선덕여왕 때(632~647)부터 황룡사에 주지승{住持僧=즉,사주승(寺主僧)}을 두어서 사찰의 사무를 총괄하게 하였는데, '1대주지=환희사(歡喜師;?~?)'이고, '2대주지=자장(慈藏;590?~658?)'과 '3대주지=혜훈(惠訓;?~?)'을 거쳐서 '4대주지=상률사(廂律師;?~?)'까지 이어졌다는 것을 전하고 있다. 물론 이 '주지住持들에 대한 기록'은 내용이 상반되는 다른 기록들이 없으므로 그대로 사실일 것으로 받아들여도 무방할 것인데, 왜 4대주지까지만 언급했는지가 의미심장하다고 보인다. 어쨌든 {전체적인 맥락으로 보아서} 이 주지들에 대한 기록은 다분히 '황룡사와 2대주지 자장의 관계'를 강조하기 위해서 첨가한 것이라는 느낌을 받게 되므로 이 부분이 중점적으로 검토되어야 할 것이다. 물론 {4대주지 이후에 황룡사에 주지가 없었던 것이 아니라} 신라가 망할 때까지 황룡사에 주지가 계속 있었을 것이지만, {모든 주지의 이름을 열거하게 되면} 자칫 강소신라가 경주신라로 이주(移住,엑소더스)하게 된 기막힌(?) 사정까지 노출될 것이므로 {의도적으로} 4대주지까지만 언급해서 기록의 연결고리를 잘라버린 것이라고 보아야 할 것이다.

이상, 위에서 검토한 '황룡사의 명칭과 관련된 3가지 기록(ⓐ,ⓑ,ⓒ)'은 {기본적으로 서로 같은 내용을 말하고는 있지만} '정지작업 도중에 발견되었다'는 '누런 용, 즉 황룡黃龍의 정체' 및 '황룡사와 2대주지 자장慈藏:590?~658?'의 관계'를 파악해야 '황룡사皇龍寺' 혹은 '황룡사黃龍寺'라는 두 가지 명칭 중에서 어느 쪽이 더 타당한가의 판가름을 할 수가 있을 것이고, 더 타당한 쪽의 명칭이 바로 이 사찰의 성격과 중요도를 대변할 것이라고 보면 될 것이다.

그런데, 이 황룡사는 자장율사(慈藏:590?~658?)가 태어나기 훨씬 이전인 553년에 처음 창건되었으므로 자장율사가 황룡사라는 사찰명칭의 작명과는 무관할 것으로 생각되는데, 의외의 상황에서 '자장율사와 황룡사란 사찰명칭이 상관관계가 있다'는 연결고리를 찾을 수가 있다.

즉, 'ⓓ *《삼국유사/탑상4》황룡사구층탑(皇龍寺九層塔)조 : (636년), 자장이 태화지에서 9층탑 건립의 연유를 받다.'란 기록에서, 645년에 건립된 황룡사9층탑黃龍寺9層塔'의 '건탑이유建塔理由'를 '중국의 태화지太和池 근처의 신인神人'이 당시 당나라에서 유학하고 있던 자장율사에게 주면서 **"황룡사 호법룡(護法龍)은 나의 장자(長子)로 범왕(梵王)의 명을 받아 그 절에 가서 호위하고 있으니, 본국으로 귀국하여 절 안에 9층탑을 조성하면 이웃**

나라가 항복하고, 구한(九韓)이 와서 조공하여 왕업이 영원히 평안할 것이다. 탑을 건립한 후에 팔관회를 베풀고 죄인을 사면하면 곧 외적이 해를 가할 수 없을 것이다. 또 나를 위하여 경기(京畿) 남쪽 해안에 정려{精廬=현, 경남울산시의 태화사^{大和寺}를 지칭하는 것으로 추정된다} 하나를 세워 함께 나의 복을 빌어주면 나 역시 덕을 갚을 것이다."라는 말을 해주었다는 것이다.

그래서, {『삼국유사』여기저기에 산재된 자장율사에 대한 기록을 종합적으로 살펴보면}, '오대산^{五臺山} 북대^{北臺}의 문수보살^{文殊菩薩}', '중국 태화지^{太和池} 근처의 신인^{神人}[즉 지룡^{池龍=문수보살석상(石文殊)}으로 추측됨]', '자장에게 게 偈를 전수한 노승^{老僧}' 등등은 모두 동일인물로서, 그 모티브가 '당태종^{唐太宗}^(이세민)을 모델로 하고 있다'고 보인다. 그리고, 당나라에서 강소신라로 돌아와 국통^{國統}이 된 자장이 많은 사찰들을 건립하였었는데 그중 10여개의 사찰들이 현,한반도에서 확인되는 것으로 보이므로, '강소신라가 경주신라로 이동^(移動,exodus)하는 데 자장율사의 기여도(?)가 아주 컸었다'라고 보인다. 그것은 '자장율사가 당나라에서 강소신라로 귀국한 후의 활동들'이 대체로 '자장율사가 당나라에서 유학하던 시기에 접촉했던 당태종^{唐太宗(이세민)}을 모델로 한 {문수보살^{文殊菩薩}=신인^{神人}=지룡^{池龍}=석문수^{石文殊}=노승^{老僧}}에게서 영향을 받은 내용에 해당된다'라고 보이기 때문이다. {다시 말해서, 자장이 태어나기도 전에 창건된} 황룡사에 깃들어 있다는 호법룡^{護法龍}을 '자신의 아들'이라고 말하는 '중국 태화지 근처의 신인^{사실상,당태종}'에게서 '황룡사9층탑의 건탑이유'를 받아와서 '강소신라27선덕여왕에게 전하여 9층탑을 세우게 했다'라는 것을 보더라도 자장율사가 강소신라로 귀국한 후에 행한 모든 행동들이 결국 '여러 신인^{神人}으로 묘사^(즉,은유)된 당태종^(즉,이세민)의 원대한 의도^{意圖(=天下制霸?)}가 시기를 소급해서 미리 반영^(즉,왜곡기록)된 것'이라고 해석되어야 한다는 것이다.

따라서, 황룡사가 건립되는 과정에서 출현한 '황룡(黃龍=누런용)'이라는 물건(?)의 정체도 역시 실제로는 '당태종의 천하제패(天下制覇) 의지(意志)를 표현하는 소품으로 활용된 것'이라고 여겨지는 것이다. 물론 {황룡사가 건립되던 시기는 당나라가 건국되기 이전의 시기이므로} '황룡사 호법룡과 당나라 이세민을 연결시키는 것 자체가 어불성설'이고 순전히 강소신라 24진흥왕의 의지에 의해서 황룡사가 건설된 것이지만, '7말8초 역사왜곡' 과정에서 '자장이 당나라에서 만난 여러 신인(神人)들의 가르침'에 의한 것처럼 설정해서 '시기를 소급하여 역사서에 기록해 넣은 것'이라고 보면 전후의 맥락이 자연스럽게 정리되게 되는 것이다. {쉽게 말해서} "6C에 등장한 황룡사의 황룡을 7C중엽에 '나(神人=즉,당태종(唐太宗)이세민)의 큰아들이다.'라고 기록한 것은, '[전자(前者)로서는] 7C중엽의 당2태종(皇帝)이 6C중엽 신라24진흥왕(皇帝)의 업적을 가로채기하기 위해서 만들어 넣은 역사조작'이거나 [후자(後者)로서는] '강소신라가 당나라에 의해서 경주신라로 축출당하게 된 계기'의 첫,발단이 '자장법사가 7C중엽에 당2태종(이세민)을 만난 것에서부터 시작되었다'라는 것을 시사하는 기록이라고 볼 수가 있을 것이다. 물론 두 가지 이유가 모두 함축되어 있다고 볼 수도 있지만 필자는 후자가 더 중요하다고 판단한다.

그것은, 특히 '자장의 마지막 행동'을 기록한, 'ⓔ *《삼국유사/의해5》자장정률(慈藏定律)조: (자장이) 만년에 문수보살에게 버림받고 죽다.'에서 "'꿈속에서 본 {북대(北臺)에서 본 모습과 같은} 이상한 스님{즉, 자장에게는 문수보살(文殊)로 감응(感)됨}'이 안내해 준 대로 '강릉군 수다사(水多寺,훗날의 월정사(月精寺))→대송정(大松汀)→태백갈반지(葛蟠地)'를 차례차례로 찾아가서 석남원(石南院{훗날의 정암사(淨岩寺)})을 짓고 문수보살을 기다리다가 '어떤 늙은 거사(居士)'로 변신한 문수보살을 알아보지 못해서 쓰러져 죽었다(이때가 대략 658년이라고 하지만, 확인이 필요하다)"라고 기록해서, '강소신라에서 국통(國統)으로까지 활약했던 자장율사가 현,강원도태백산(太白山)까지 와서 홀로 쓸쓸하게 쓰러져 죽는 것으로 처리한 것'도 '현,강원도 오대산^{五臺山}이 당태종을 모델로 하는 문수보살^{神}을 모시는 오대^{五臺}인 것'으로 {후대인들로 하여금 왜곡되게 인식되도록} 만들고자 한 '7말8초의 역사왜곡방법론' 중의 하나라고 보인다.

이와 같이 {7말8초 역사왜곡을 직접 기획해서 담당했던} 역사왜곡 작업자들은 {신라불교의 융성에 남다른 적극성을 보였던} 자장율사의 여러 행동들에 대한 실제 기록들을 '오대산^{五臺山} 북대^{北臺}의 문수보살^{文殊菩薩}', '중국 태화지^{太和池} 근처의 신인$^{(神人=池龍=石文殊)}$ $^{(\#\ 괄호\ 짝이\ 안\ 맞는데\ 유지하면\ 될까요?)}$', '자장에게 게^{偈}를 전수한 노승^{老僧}', '꿈속에서 본 {북대^{北臺}에서 본 모습과 같은} 이상한 스님(즉, 자장에게는 문수보살^{文殊}로 감응^{感}됨)' 등등의 여러 다양한 신인^{神人}들이 자장에게 '가르침'을 준 것처럼 스토리를 변조하여 만들어서 {강소신라를 경주신라로 축출한 실제의 역사를 감추는} '역사왜곡의 흔적을 은닉하기 위한 소품'으로 이용했다고 보아야 할 것이다. 즉 '실사^{實史} 기록들을 교묘하게 변조하여 역사왜곡용^{歷史歪曲用} 기사^{記事}로 활용했다'는 것이다. 이는 물론, **'자장율사가 643년 신라로 귀국하기 직전에 당태종$^{(宮=北臺)}$과 태자$^{\{동궁(東宮)=이치.당고종(李治,唐高宗)\}}$로부터 필요 이상의 환송을 받은 것'**에서도 이러한 추론이 뒷받침된다고 생각된다.

그리고, 동아시아 고대시기에 '상상^{想像}의 동물인 용$^{(龍;dragon)}$'은 대개 '국가의 창업자인 황제^{皇帝} 또는 왕^{王}'을 상징하였던 것이므로, 이 용^{龍}이 아무 탈 없이 오래 살아야만 나라가 번성하고 또 훌륭한 제왕^{帝王}들이 계속 배출되어서 나라가 오래 지속되는 것이라고 생각해서 {특히 한국측 고대 국가들은} 왕기^{王氣}가 항상 충만하도록 '용^{龍}이 산다는 용궁^{龍宮}을 정성들여 관리했었던 것'이다. 따라서 {23법흥왕이 536년에 황제^{皇帝}의 나라^{國}를 선포했었기 때문에} '강소신라의 용궁^{龍宮}에는 이미 호국용^{護國龍}이 깃들어 있게 된 것'이었으므로, 제위^{帝位}를 이은 24진흥왕이 553년 처음부터 '용궁^{龍宮}에 깃들어 있는 호국용^{護國龍}을 위한 사찰'인 황룡사^{皇龍寺}라는 사찰

명칭^{寺刹名稱}을 미리 정하고서 용궁$^{龍宮(즉, 궁성宮城)}$의 남쪽에 신라 신신김씨^{新新}^{金氏} 황통^{皇統}의 융성을 위한 원찰^{願刹}을 건설했었던 것이고, 645년 27선덕여왕 시기에는 9층탑까지 건립했던 것으로서, 이 사찰의 이름은 {당^{唐}나라가 건국되기 이전부터 사찰이 나중에 통째로 현,한반도로 이전될 때까지} 줄곧 {6C중엽에 처음 명명했었던} '황룡사^{皇龍寺}'라는 사찰명칭이 그대로 유지되었었던 것이지 도중에 한 번도 '누런 용$^{(黃龍)}$'을 의미하는 황룡사^{黃龍寺}'라는 이름으로 개칭된 적이 없었던 것이라고 해야 할 것이다.

즉, 이 사찰은 24진흥왕이 처음부터 '황제국^{皇}의 호국룡^{龍}'을 위한 사찰^{寺}=즉 황통^{皇統}의 융성을 위한 원찰^{願刹}인 황룡사^{皇龍寺}'로 지어졌었고, 이후에도 장육존상^{丈六尊像} 및 금당^{金堂} 등이 계속적으로 증축되어 645년에는 27선덕여왕이 9층탑^{9層塔}까지 건립하였던 것이므로 사찰 이름이 한 번도 '누런 용^{黃龍}'이라는 의미의 황룡사^{黃龍寺}'로 바뀐 적이 없었던 것이다. 그런데, 나당 간에 체결된 나당군사동맹에 의해서 660년에 백제를, 668년에는 고구려까지를 멸망시킨 당나라가 일방적으로 강소신라마저 계림도독부^{雞林都督府}로 병합시키자 처음에는 신라가 반발하여 나당전쟁^{羅唐戰爭}까지 벌였었지만, 결국 당나라의 힘에 밀린 강소신라가 할 수 없이 황해바다 건너의 현,한반도로 나라를 옮길 것을 약속하고서 '{당나라가 주동이 된} 7말8초 역사왜곡'에 동참하게 되었던 것이다. 그래서 {'황제국^{皇帝國} 강소신라'라는 실제역사의 흔적을 지우기 위하여} 황룡사^{皇龍寺}라는 사찰명칭을 '누런 용^{黃龍}이 나온 사찰'이라는 의미의 황룡사^{黃龍寺}'로 고쳐서 왜곡역사서에 기록하여 경주신라^{현,경주}로 유물(+유적)이동시켰었던 것이다.

결국 7말8초에 이와 같은 왜곡된 역사를 종합적으로 짜 맞추기 위하여, '사찰 건립 과정에서 누런 용$^{\{즉, 황룡黃龍\}}$이 나왔다' 또는 '중국의 태화지^{太和池} 근처의 신인^{神人}이 자장율사에게 황룡사 호국룡의 아버지라고 자신을 소개하면서 황룡사9층탑의 건탑이유를 주었다'라는 등등의 왜곡된

스토리들을 만들어, '당나라의 천하제패天下制霸 정책에 호의적이었던 신라 승려 자장율사에 대한 기록'을 통해서 '실제로 그렇게 된 것처럼 역사서에 기록되도록 만든 것'이라고 보는 것이다. 따라서 이와 같이 **'{의도적으로 그럴듯한 스토리를 만들어서} 역사왜곡의 배경(즉,근거)으로 삼았었다'**는 것을 받아들이고 『삼국유사』의 기록들을 보게 된다면, '사찰 건립 과정에서 나타났다는 누런 용(즉,황룡黃龍)의 실체'는 {그것이 무엇이었던지를 막론하고} 반드시 찾아내야 할 이유도 없으며 설령 뱀이나 지렁이 혹은 어떤 이상한 누런 물건이 실제로 나왔었다고 하더라도 {대의적인 측면에서는} 무의미하다고 해야 할 것이다.

즉 이 사찰의 정식 명칭은, 원래부터 끝까지 황룡사皇龍寺였었고, 황룡사黃龍寺란 명칭은 역사왜곡 과정에서 만들어진 왜곡된 명칭이라고 보는 것이 합리적이라는 것이다. 물론 9층탑도 순전히 '황제국인 강소신라의 입장에서 건립한 것'인데 역사왜곡 과정에서 '윤색된 이세민의 건탑이유가 가미된 것'이라고 보아야 할 것이다. 그리고 또 {실제로 강소신라가 경주신라로 이전되는 과정에서} 신라측의 강력한 항의에 따라 '이 황룡사와 9층탑이 대체로 원래의 형태 그대로 경주신라(현,경주)로 이동되었다'라고 보이는데 {이를 후대로 알리기 위하여} 『삼국유사』가 '여러 가지 어지러운(?) 스토리들'을 기사화해서 '황룡사黃龍寺라는 왜곡된 사찰 이름'과 함께 '당나라의 천하제패天下制霸 정책에 호의적이었던 강소신라의 승려 자장율사'에 대한 스토리 속 여기저기에 분산해서 삽입해 넣어 두었던 것이다. 이 '황룡사의 명칭 문제'는 '일연스님의 고차원적인 수수께끼(즉 후손을 위한 힌트)'의 '허허실실虛虛實實 전법과 같은 다차원적 깊이'를 느낄 수 있는 대목이라고 하지 않을 수 없다.

다만, {극히 일부의 기록에서} 이 사찰의 명칭을 '황륭사皇隆寺=즉 황실皇室의 융성隆盛을 기원祈願하는 사찰寺刹'라고도 했는데, 이 명칭은 그 개념이 지금까지 필자가 설명한 바와 완전히 일치한다고 보인다. 즉 필자는 '실제로 24진흥왕이 사찰명칭을 황룡사皇龍寺라고 했을 수도 있고, 황륭사皇隆

ᵗ라고 했을 수도 있다'라고 보지만, 실제로는 '황륭사^{皇隆寺}'였었을 것'으로 보는 것이 가장 합리적이라고 생각한다.

(2) 황룡사와 '신라삼보(新羅三寶)'

> (가) '신라삼보(新羅三寶)의 의의(意義)'
> (나) '고려(高麗)라는 국호(國號)의 정체성(正體性)'

'신라삼보^{新羅三寶}'라 함은, '황룡사의 장육존상^{丈六尊像}'과 '황룡사의 구층탑^{九層塔}' 및 '26진평왕의 성대$^{聖帶(즉,천사옥대天賜玉帶)}$'를 말하는 것에 대해서는 별다른 이견이 없다고 보인다. 그러나 '이 신라삼보라는 물건의 의의^{意義}'는 {실사적^{實史的}인 면에서 보면} '통설에서 인식하고 있는, 그냥 3개의 중요한 신라보물'이라는 정도가 아니라 {왕건이 궁예를 축출한 918년부터 구체화되어 가동되기 시작한} '왕건고려에 의한 후삼국통일 P/J'라는 {지극히 무모해 보이기까지 했었던(?) 최치원$^{(崔致遠=즉,최응(崔凝)}$'의 계획을 성공시키게 한' '핵심적인 기반^{基盤}이었었다.'라고 볼 수가 있는 것이다. 즉, 최치원이 '이 신라삼보라는 물건이 가진 본질적인 의의^{意義}'에서 찾아낸 '고려^{高麗}라는 국호를 가진 나라의 정체성^{正體性}'을 {당시 9말10초 시기의 암울한 현실$^{(즉\ 5대10국\ 및\ 후삼국의\ 대혼란\ 상황)}$을 벗어나고자 열망한 모든 동아시아인들에게 제시함으로써} '왕건고려에 의한 후삼국통일 P/J'를 성공시킬 수가 있었다고 평가될 성질의 것이기 때문이다.

따라서 {이러한 관점에서} '왕건고려에 의한 후삼국통일 P/J'를 이해함으로써, '왕씨^{王氏}인 왕건^{王建}이 고씨^{高氏}의 나라인 고구려$^{高句麗(즉,고려高麗)}$를 계승한 고려^{高麗}라는 나라의 왕^{王}이 된 사연'에 대한 의문과 더 나아가서 '조선^{朝鮮}을 건국하려는 이성계가 위화도$^{威化島=爲華島(위화도)韓語음변자?}$ 회군을 하게 된 배경'도 짐작할 수 있게 될 것이다. 그리고 '신라삼보 중 2보^{2寶}가 있었다는 황룡사{皇龍寺 또는 黃龍寺 또는 황룡사(皇隆寺)}의 위상{位相}'에 대해서도 다시 생각해 보는 계기가 될 것이다.

[참고]

'신라삼보라는 표현'이 등장하게 된 경위에 대한 기록에서 '삼보{三寶}라는 단어'에 주목해서 먼저 살펴보자.

'신라에 삼보가 있다{신라유삼보(新羅有三寶)}'라는 표현은, {《삼국사기/신라본기12》54경명왕5{(921)}년조에 등재된 바와 같이} 고려{高麗=당시는 아직 고구려제사국(高句麗祭祀國)의 상황이었었다}에 온 경주신라의 사신 김율{金律}에게 왕건{王建=당시는 아직 왕(高麗王)이 아니라 권지국사(權知國事)였었다}이 물었던 "**聞新羅有{王 or 三 or 三大}寶 所謂丈六尊像·九層塔并聖帶也. 像·塔猶存, 不知聖帶 今猶在耶** > '신라에는 {왕or삼or삼대}보물이 있으니, 장육존상(丈六尊像)과 구층탑(九層塔)과 성대(聖帶)를 이른다.'고 들었다. 장육존상과 구층탑은 아직도 있으나, 성대가 지금까지도 있는지는 알지 못하는데, 그러한가?"라는 물음에 처음 사용된 듯하다. 그런데 『삼국사기』에서는 {이와 같이} '왕보{王寶}인지?', '삼보{三寶}인지?', '삼대보{三大寶}인지?'가 불분명하지만, 일연스님이 《삼국유사/기이1》천사옥대(天賜玉帶)'조에 {『삼국사기』와 같은 내용'을 기록하면서도} 분명히 **신라유삼보{新羅有三寶}**라고 분명히 기록하고 있으므로 {그 이전은 모르겠지만} 왕건이 궁예를 축출하던 918년경에는 '신라삼보{新羅三寶}라는 표현'이 이미 상당히 중요한 의미를 가진 키워드였으며, 의도적으로도 강조되었다고 보인다.

(가) '신라삼보(新羅三寶)의 의의(意義)'

i. '황룡사 장육존상(丈六尊像)'의 의의(意義)

⇒ '인도에서 발상한 불교^{佛敎}를 사실상 실질적으로 융성시킨 서축^{西竺(즉,인도)}의 아육왕^{阿育王}도 존상^{尊像}을 이루지 못해서 바다로 흘려보낸 황철^{黃鐵}과 황금^{黃金}으로 강소신라가 장육존용^{丈六尊容}으로 제작한 것'이므로, 이 '황룡사 장육존상'은 10C초 당시까지도 '사실상 이 세상에 계시는 유일한 부처님'을 상징하고 있었던 것이다. 그래서 {《삼국유사/기이1》천사옥대(天賜玉帶)조^(920년)에} '왕건^{王建}이 신라를 정벌할 계획^謀을 세웠었다가 신라에 장육존상이 있기 때문에 그쳤다.'라는 기록이 남아있게 된 것이다. 즉, '부처님이 계시는 신라는 {스스로 의탁해 오기 전까지} 절대로 정벌해서는 안 된다.'라는 것이 이 '황룡사 장육존상'이 가진 '첫 번째 의의^{意義}'였던 것이며, 이는 {'왕건고려에 의한 후삼국통일 P/J'에 따라} 불국토^{佛國土} 경주신라의 불교^{佛敎}를 모두 계승^{繼承}해야만 했었던 당시의 고려^{高麗}로서는 반드시 받아들여야만 했었던 건국^{建國}의 필수조건^{必須條件}'이었던 것이다. 즉, {경주신라라는 나라는 소멸되더라도 무방하지만} 강소신라를 경주신라로 축출하기 위해서 당나라 불교를 모두 경주신라로 이전시켰었던 '7말8초 역사왜곡의 구도'를 절대로 훼손시키지 않아야 한다라는 것이 '당시 5대10국의 두 번째 주자인 후당^{後唐} 정권이 고려^{高麗}라는 나라의 건국^{建國}을 인정해 줄 수 있는 마지노선^(maginot線)이었던 것'이다. 그래서 경주신라를 멸망시킬 충분한 군사력을 가진 왕건도 경주신라를 직접 방문해서 '경주신라가 스스로 투항해 줄 것'을 설득했었던 것이고, 그 약속이 지켜져서 신라인들이 고려시대에도 기득권을 그대로 유지할 수가 있었던 것이다.

결국, '황룡사 장육존상의 존속'은 '7말8초 역사왜곡의 구도를 훼손시키지 않아야 한다.'라는 후당^{後唐}측(결국, 5대10국 전체)의 입장을 반영한 것이었다고 볼 수 있는 것이다. 그래서 921년 당시 {실제로는 장육존상이 당시에 현,한반도가 아니라 옛,강소신라 지역에 그대로 존속하고 있었지만 왕건이 '장육존상과 구층탑이 신라에 존속하고 있다'라는 것을 전제前提로 해서 '천사옥대天賜玉帶의 존속여부만'을 경주신라 사신에게 물었던 것이다.

ii. '황룡사 구층탑(九層塔)'의 의의(意義)

⇒ {『삼국사기』나 『삼국유사』 기록을 피상적으로 보면} 이 탑이 '강소신라의 자장율사慈藏律師가 당나라[사실상 당태종 이세민을 말함]에게서 받아 온 건탑이유建塔理由에 따라 건립되었다.'라고 보이지만, {이 탑의 형상이 9층[9層=즉 천하9주(天下9州)를 나타냄]이라는 점에서} '당나라가 강소신라에게 9층탑9層塔을 세우게 했다.'라는 것은 '후대의 역사왜곡歷史歪曲 과정에서 덧붙여진 견강부회牽强附會에 불과하다.'라고 해석되어야 할 것이다. 따라서 {실제로는} '강소신라가 황룡사에 {시방삼세[十方三世=즉 (10+3=13)]를 의미하는} 13층탑13層塔을 건립할 계획을 세우자, {이미 유교이념을 국가의 통치수단으로 확정한} 당나라가 {함부로 처분하기 곤란했었던} 부처님의 진신眞身 유품들을 강소신라로 보내서 황룡사 13층탑에 소장하게 한 것'이라고 보아야 할 것이다. 그러나 이 탑塔은 {7말8초 역사왜곡 과정에서} '경주신라가 천하9주天下9州를 다스리는 정점에 있는 나라이다.'라는 선심성 배려(?)에서 '9층탑9層塔'으로 바꾸어 설정해서 실제로 이미 현,한반도 경주신라로 유물이동을 완료시켰던 것'이다.

그런데, 5대10국으로 분열된 중국의 입장에서는 {옛,고구려(高九黎)를 계승한 발해(渤海=실제로는,晋)를 인수하게 될} 왕건이 고려高麗를 건국하여 {옛,고구리대연방高九黎大聯邦의 대맹주大盟主였던 옛,고구려의 위상을 되찾아서} 또다시(?) 중국을 넘보게 될지도 모르므로 {이를 예방하기 위해서} 5대10국을 대표한 후당後唐이 왕건으로 하여금 직접 '{당시에 이미 현,한반도에 건립되어 있었던} 9층탑[9層塔=즉 천하9주(天下9州)의 의미]은 옛,고구려의 물건이 아니라 경주신라의 물건이라는 것'을 확실히 확인하게 한 것이다. 그래서 '신라삼보^{新羅三寶}라는 말'이 역사서에 확실히 자리 잡게 된 것이다. 그래서 결국 이 9층탑의 보존도 '왕건고려가 준수해야만 했던 당시 후당^{後唐} 정권이 요구하는 마지노선'에 해당되었던 것이다.

그래서 {'장육존상^{丈六尊像}과 구층탑^{九層塔}에 대한 이러한 의의^{意義}'를 충분히 알고 있었던} 왕건이 '신라를 무력으로 병합하지 않았기 때문'에, 후당^{後唐}을 대표로 하는 주변국들$^{(5대10국+거란=즉\ 10C의\ 중국\ 전체)}$로부터 '{최치원이 구상한} 왕건고려에 의한 후삼국통일 P/J'가 인정을 받을 수가 있었고, 결국 그대로 실행되어서 당시의 '5대10국과 후삼국의 대혼란 상황'이 점진적으로 하나씩 마무리되어 갈 수가 있게 되었던 것이다.

iii. '26진평왕의 성대{聖帶=즉, 천사옥대(天賜玉帶)}'의 의의(意義)

⇒ 후삼국 시기에 거론되는 'i.장육존상^{丈六尊像}'과 'ii.구층탑^{九層塔}'에 대한 기록들은 {왕건고려가 옛,고구려로 부활하는 것에 대한} '후당^{後唐}을 대표로 하는 주변국들$^{(5대10국+거란)}$의 우려^{憂慮}'를 수용하여 왕건이 저자세를 보인 것이라고 한다면, 'iii.성대$^{聖帶=즉,천사옥대(天賜玉帶)}$'에 관한 기록은 그 반대로 '왕건이 옛,고구리대연방^{高九黎大聯邦}의 대맹주^{大盟主}였던 고구려의 위상을 되찾으려는 의도가 있었다.'라는 것을 엿볼 수 있다는 점에서 의의^{意義}가 있다고 해야 할 것이다. 즉 이 'iii.성대$^{천사옥대(天賜玉帶)}$'는 고구리대연방의 대맹주$^{(즉,고구려)}$가 강소신라26진평왕을 남동부소맹주로 임명했었던 징표^{徵表}였으므로, '왕건이 성대$^{(즉,天賜玉帶)}$에 대해서 {특별히?} 관심을 표했다.'라는 것은 '왕건고려가 옛,고구리대연방의 대맹주$^{(즉,고구려)}$의 역할을 하겠다.'라는 의지의 표현이라고도 볼 수가 있기 때문이다. 물론 **나중$^{(935년)}$에 왕건고려로 투항한 경주신라56경순왕이 이 'iii.성대$^{(즉,天賜玉帶)}$'를 왕건에게 바쳤던 것이므로 {중국측에서는 부정할지 모르겠지만} 한국측에서는 '옛,고구리대연방의 대맹주$^{(즉,고구려)}$의 역할이 왕건고려를 거쳐서 이씨**

조선으로 전해졌고, 현재의 대한민국이 그 계승자이다.'라는 논리와 명분을 내세울 수가 있게 되는 것이다.

즉 현재의 대한민국이 '과거 고구리대맹주^{高九黎大盟主}와 같은 대연방의 물리적 지배국가'가 되어야 한다는 것이 아니라 {'7말8초 역사왜곡'과 '왕건고려에 의한 후삼국통일 P/J'라는 참으로 어려운 과정을 거쳐서} '옛,대맹주국^{大盟主國} 고구리^{高九黎}를 대칭^{對稱}하게 된 고려$^{高麗=즉,고구려(高句麗)}$'라는 국호^{國號}의 정체성^{正體性}을 계승한 왕건고려^{王建高麗}를 현재의 대한민국이 승계하고 있다'는 것을 '{동아시아의 영원한 평화를 위해서는} 20억 동아시아인들이 모두 대승적으로 받아들여 주어야만 한다'는 것을 말하는 것이다. 최소한, 고려^{高麗}라는 국호 때문에 현재의 대한민국이 불이익을 당하는 일은 없어야 할 것이다.

(나) '고려(高麗)라는 국호(國號)의 정체성(正體性)'

이제 '왕씨^{王氏}인 왕건^{王建}'이 건국한 나라의 국호^{國號}가 왜 '고려$^{高麗=즉\ 高氏의\ 나라}$'인가 하는 문제를 통해서 '왕건고려^{王建高麗}의 국가 정체성^{正體性}'을 살펴보고, '그 정체성^{正體性}과 신라삼보^{新羅三寶}와의 관계'를 개관해 보고자 한다.

{앞에서 살펴보았듯이} 신라삼보 중 최소한 2보^{寶}가 '왕건고려에 의한 후삼국통일 P/J의 성공을 위한 전제조건'이었던 것이다. 그런데 918년 당시에는 {중국측$^{(즉,5대10국)}$의 상황과는 별개로} 현,화동^{華東}지역과 현,동북삼성^{東北三省} 지역에서는 현,안휘성 지역의 후가라$^{後加羅=즉,(견훤+신검)}$, 현,(산동성+강소성) 지역의 후신라$^{後新羅=즉\ 궁예+왕건)}$ 그리고 현,동북삼성 지역의 발해 및 현,한반도의 경주신라 등 4개의 지역$^{(사실상,\ 後3國이\ 아니라\ 後4國이었음)}$이 서로 난립되어서 혼란을 거듭하고 있었던 것이다. 그래서 {경주신라의 열악한 현실에 절망하고서 옛,강소신라 지역으로 돌아와서 최응^{崔凝}이라는

가명^{假名}으로 숨어 지내던} 최치원^{崔致遠}이 난세를 끝낼 수 있는 묘수^{妙手}를 찾아낸 것이 바로 '왕건고려에 의한 후삼국통일 P/J'였던 것이다. 물론 최치원은 그동안 '강소신라의 왕통을 이은 궁예^{弓裔=즉 신신김씨(新新金氏) 47헌안왕의 서자(庶子)}를 중심으로 해서 난세를 수습해 보려고 많은 노력을 기울였으나 {승려^{僧侶}라는 한계를 가진 궁예에게서 더 이상을 기대할 수가 없음을 알고서} 현실적인 측면에서 무장^{武將}인 왕건^{王建}을 선택하게 되었던 것이다. 그리고 당시에 난립한 경주신라, 후가라, 후신라, 발해를 하나로 통합하는 방안으로서 {7말8초 역사왜곡 과정에서 활용된 삼한일통^{三韓一統}의 개념'을 도입해서} '후삼국통일^{後三國統一}의 개념'을 만들어 냈었고, 그래서 선택된 국호^{國號}가 바로 고려^{高麗}였던 것이다. 물론 고려^{高麗}라는 국호는 과거에 실존했었던 옛,고구리대연방의 대맹주인 고구리^{高九黎=그동안은 음변자(音變字)인 고구려(高句麗) or 고려(高麗)로 왜곡되어 있었었다}라는 국호의 위상을 축소한 일반화된 국호이지만, {실제로는 역사상 한 번도 실존하지 않았었던 '고구려^{高句麗} 또는 고려^{高麗}라는 역사왜곡용 국호'를 재활용하는 것이었으므로} '신생국가인 고려^{高麗}에 의한 후삼국통일^{後三統一}이라는 새로운 개념'이 만들어질 수가 있었던 것이다.

즉 {과거에 고구리or고리^(高句黎or高黎)라는 국호를 사용한 나라는 실존했었던 것이지만} 과거에 고구려or고려^(高句麗or高麗)라는 국호로 실존했던 국가가 아예 없었던 것이므로 {형식적으로는} '왕건의 고려^{高麗}'를 '고구리^(高九黎or高黎)의 계승국'으로 취급할 필요가 없었던 것이다. 그래서 최치원은 '후삼국통일^{後三國統一}이라는 개념'과 '고려^{高麗}라는 나라와 고구리^(高九黎or高黎)의 관계'를 하나로 융합시켜서 {후당^{後唐}의 요구조건인 마지노선^(maginot線)을 모두 수용하는 국가정체성^{國家正體性}을 갖게 될} 고려^{高麗}라는 국호^{國號}를 가진 나라로 하여금 후삼국을 통일하게 한다.'라는 방안을 만들어서 모든 이해당사자들을 설득하였었던 것이고, 결국 {후당^{後唐}을 대표로 하는} 모든 주변국들^(5대10국+거란)로부터 '왕건고려에 의한 후삼국통일 P/J'라는 9

말10초 동아시아 정국의 안정화 방안을 인정받을 수가 있었던 것이다.

그러나 {이미 '7말8초 역사왜곡'을 거친 상황에서는} '고려^{高麗}=고구리$^{(高九黎or高黎)}$'라는 것에 대해 사실상 그 누구도 부인할 수 없었던 것이므로, 최치원이 {바로 이점을 노려서} '왕건고려에 의한 후삼국통일 P/J'를 입안하고 기획하였던 것이고, 결국 그것을 성사시킨 뒤에 조용히 눈을 감았었던 것이다. 즉 '고려^{高麗}라는 국호^{國號}의 정체성^{正體性}'은 바로 이 '옛,고구리대연방의 대맹주인 고구리$^{(高九黎or高黎or九黎)}$'였던 것이고, 이러한 '고려^{高麗}라는 국호^{國號}'가 탄생하는 데 있어서 {'황룡사의 장육존상^{丈六尊像}과 구층탑^{九層塔} 및 '26진평왕의 성대$^{聖帶=즉,천사옥대(天賜玉帶)}$'라는 신라삼보^{新羅三寶}가 그 밑바탕에 초석으로 자리하고 있었던 것이므로, '신라삼보의 의의'에 대해 학술적으로 더 깊이 연구되어야 할 것이다.

어쨌든, 당시 왕건고려의 강역은 {현실적으로 확보가 가능했었던} 현,(산동성+하북성+동북삼성+시베리아+연해주+한반도)로 한정했던 것인데, 936년에 '{옛,고구리$^{(高九黎or高黎or九黎)}$를 계승한} 발해와 당나라의 경계가 요수$^{(遼水=현,영정하)}$였었다.'라는 것을 빌미로 삼아 {직접적인 이해 당사자인 고려를 배제한 상태에서} 맺은 '후진^{後晉}과 거란^{契丹}의 밀약$^{密約=속칭, 연운16주(燕雲16州) 수수사건(授受事件)}$'으로 인해서 왕건고려는 건국직후의 혼란기에 '요수$^{(遼水=현,영정하)}$ 이남의 고려 영토$^{\{즉, 현,(하북성중남부+산동성)의 땅\}}$'를 일방적으로 상실당하게 되었던 것이다. 그리고 또 그 이후 약100년 동안 고려^{高麗}는 거란^{契丹}과 '요수$^{(遼水=현,영정하)}$와 압록$^{(鴨渌=현,난하)}$ 사이의 땅$^{\{속칭,강동6주(江東6州)\}}$'을 두고서 세 번이나 대규모 전쟁을 치루어야 했었던 것이다. 물론 이와 같은 '고려와 거란 사이의 100년 전쟁'도 {근본적으로는} '고려^{高麗}라는 국호^{國號}의 정체성^{正體性}'과 관련된 문제였으므로, 『삼국사기』 및 『삼국유사』의 편찬자들이 '고려^{高麗}라는 국호의 정체성'을 '신라삼보^{新羅三寶}의 의의$^{\{意義=즉, 옛,고구려대연방(高九黎大聯邦)의 부활(復活)을 억제(抑制)해야 하는 것\}}$' 속에 담아서 숨겨놓은 것이라고 해야 할 것이다.

(3) '신라삼보(新羅三寶)라는 물건'

(가) 황룡사(皇龍寺) 장육존상(丈六尊像)
(나) 황룡사구층목탑(皇龍寺九層木塔)
(다) 26진평왕의 천사옥대(天賜玉帶)

지금까지는 '신라삼보^{新羅三寶}가 어떤 물건인가?'라는 실질적인 문제보다는 '고려^{高麗}라는 국호^{國號}의 정체성^{正體性}과 관련된 신라삼보^{新羅三寶}의 의의^{意義}'를 더 중점적으로 살펴보았었지만, 지금부터는 {앞으로 이 유물들이 불교사적 측면뿐만 아니라 민족사적 측면에서도 더 심층적으로 연구되길 바라면서} '신라삼보^{新羅三寶} 자체가 과연 어떤 물건인지?'를 조금 더 자세히 살펴보고자 한다.

(가) 황룡사(皇龍寺) 장육존상(丈六尊像)

황룡사 장육존상은 24진흥왕이 573년10월17일에 황철^{黃鐵}로 주조^{鑄造}하고 황금^{黃金}으로 도금^{鍍金}해서 강소신라$^{(현, 강소성양주)}$의 황룡사에 세운, 높이 1丈6尺(약5m)의 부처상^{佛像}을 말하는데 당시로써는 전 세계에서 가장 웅대하고 또 화려한 불상이었던 것으로 보이므로 당시 강소신라 황제^{皇帝}인 24진흥왕의 위세가 얼마나 대단하였을 것인지를 짐작게 하고도 남을 것이다. 이 장육존상에 대한 기록들은 『삼국사기』와 『삼국유사』에 아주 상세하게 기록되어 있으므로 더 이상 보탤 것이 없지만, 기존의 왜곡된 역사통설에서 의미해석을 제대로 하지 못한 몇 가지만을 간추려서 보충 설명해 두고자 한다.

ⓐ 장육존상의 설치 위치와 완성시기 : 《삼국유사/탑상4/황룡사장육》 조를 보면, "{서축(西竺)의 아육왕(阿育王)이 물에 띄워 보낸} 금과 철은 서울(京師)로 옮겨와서 대건(大建)6(574)년갑오3월{사중기(寺中記)에는 계사년(573)10월17일이라고 한다}에 장육존상을 주성하여 한 번에 이루었다 [輸其金鐵於京師, 以大建六年甲午三月, {寺中記云癸巳十月十七日} 鑄成丈六尊像一鼓而就]"라 했는데,…

* 속자俗字로 쓴 경사(京師) : 강소신라가 황제국皇帝國이었으므로 그 도읍지를 기본적으로 경사{京師(즉,帝都)}라고 한 것인데, 그 위치가 아직 현,경주로 이동해 오기 전인 현,강소성양주揚州였다는 것을 후손들에게 알리기 위해서 '京경'자의 속자俗字인 '京경'자를 사용한 것이다.

* 장육존상의 완성시기, 두 가지 : 장육존상의 완성시기는 『삼국유사』의 갑오(574)년3월'과 《사중기寺中記》의 계사(573)년10월17일'이라는 두 가지 기록이 있는데, '월일까지 기록된 《사중기》의 573년10월17일'은 강소신라의 도성인 현,강소성양주揚州에서의 날짜로서 장육존상이 처음 주조鑄造된 실제 날짜이고, '약5개월 뒤인『삼국유사』의 574년갑오3월'은 '강소신라에서 경주신라로 이동하는 데에 소요되는 이동시간을 대략 5개월로 감안하여 표시한 것'으로서 큰 의미가 없는 왜곡된 날짜이다. 다만, 이렇게 날짜를 달리 기록한 이유는 '이 장육존상이 강소신라에서 경주신라로 이동되었음'을 시사하는 것으로서 『삼국유사』의 저자인 일연스님이 '후손들에게 이 장육존상이 현,한반도로 이동되었다는 것을 시사하기 위한 힌트로서 삽입해 둔 것'이다. 그런데 {정확한 이유는 잘 모르겠지만} 실제 이 장육존상은 '7말8초 역사왜곡' 당시에 현,한반도로 바로 유물이동되지는 않았던 것으로 보인다. 그러다가 훗날{즉, 송宋나라 시기인 1096년?}에 송나라가 장육존상을 주조鑄造할 자재{청동(靑銅)?}를 현,한반

도^(당시,고려)로 보냈었지만 고려에서는 그 자재로써 장육존상을 주조하지 않은 대신 종^鐘으로 주조했었던 것으로 보인다. 그래서 아마『삼국유사』에 '{결과적으로} 장육존상이 현,한반도로 이동된 것처럼 처리했었을 것' 으로 추정된다.

어쨌든, 장육존상이 처음 주조된 시기는 573년이고 {'7말8초 역사왜곡' 시기에 황룡사는 경주신라^{현,한반도}로 유적이동하였었지만, 장육존상은 현,강소성에 그대로 남아 있었던 것이므로} 921년에 고려왕건이 '현,강소성 양주에 남아있었던 장육존상의 존재'를 언급했었던 것으로 여겨진다.

결국 『삼국유사』의 '574년갑오3월'이라는 기록은 {현,한반도 경주의 황룡사로 이동되지 않았었던} 현,강소성의 옛,황룡사 부지에 남아있었던 장육존상이 '현,한반도 경주의 황룡사에 옮겨져 있었던 것'처럼 기록한 의도적인 허기^{虛記}라고 해야 할 것이다. 이는 {결과적으로 보면} '현,강소성양주에서 현,한반도경주까지 이동하는 기간이 통상적으로 약5개월이 소요되었다'라는 것을 이용하여 '장육존상을 뺀 황룡사의 전체 시설들이 현,강소성양주에서 현,경상북도경주로 유물(+유적)이동된 것이다'라는 것을 후대인들에게 알리기 위한 의도적^{意圖的}인 허기^{虛記}였었다'라고 보이는 것이다.

그리고, 같은 《삼국유사/탑상4/황룡사장육》조에서… **"후에 대덕 자장(慈藏)이 당으로 유학하여 오대산(五臺山)에 이르러 문수보살의 현신이 감응하여 비결을 주고 인하여 부탁하여 말하기를 '너희 나라의 황룡사는 곧 석가와 가섭불(迦葉佛)이 강연하던 땅으로 연좌석(宴坐石)이 아직 있다. 그러므로 천축의 무우왕(無憂王)이 황철(黃鐵) 약간 근을 모아 바다에 띄워 1,300여년을 지난 연후에 곧 너희 나라에 도착하여 이루어져 그 절에 안치되었다. 대개 위덕(威)의 인연(緣)이 그렇게 만든 것이다.'라고 하였다. [後**

大德慈藏西學到五臺山, 感文殊現身授訣仍囑云, '汝國皇龍寺乃釋迦與迦葉佛講演之地, 宴坐石猶在. 故天竺無憂王聚黃鐵若干斤泛海, 歷一千三百餘年然後乃到而國, 成安其寺. 蓋威緣使然也.']"라 해서, {636년에 당나라로 유학을 온 자장慈藏이 만났다는} 오대산五臺山의 문수보살文殊菩薩이 '무우왕無憂王의 황철黃鐵이 신라에 도착한 시기가 1,300년 뒤이다'라고 말하였다는데, 이게 뭔가 앞뒤가 잘 맞지 않아 보이므로 이 점도 차제에 검토해 두고자 한다.

ⓑ **무우왕(無憂王)의 황철(黃鐵)이 신라에 도착한 시기** : 위 문장에서의 '천축天竺의 무우왕無憂王'은 이미 여러 자료를 통해서 밝혀진 '서축西竺의 아육왕阿育王'으로서 {실사적實史的으로는} 인도를 통일했던 마우리야maurya왕조의 제3대왕인 아소카왕{Asoka;(전268?~전232?)추정}으로 보아야 할 것이다. 즉, 무우왕을 대략 전230년경까지 활동했던 인물로 보고서 {위 문장을 그대로 인용하면} 그가 물에 띄워 보냈다는 황철黃鐵이 '1,300년 뒤 고려11문종{文宗(1,046~1,083)}시기인 대략 {前230+1,300=後1070}년에 신라{즉, 자장(慈藏)의 나라=당시,고려高麗}에 도착했다.'라고 '문수보살의 현신이 {636년에 당나라에 유학을 온} 자장에게 말했던 것'이므로 시점상으로만 보면 앞뒤가 전혀 맞지 않는 소리가 된다. 물론 {이 기록을 피상적으로만 본다면} 엉터리가 되겠지만, **『삼국유사』는 글자 하나하나가 모두 '후손들에게 진실을 알리고자 해서 고안된 고도의 힌트'라는 것**을 감안하면 '이보다 더 귀중한 역사자료가 없다.'라고 해도 과언이 아닐 것이다.

일단 위의 내용을 근거로 해서 무우왕無憂王의 황철黃鐵'이 {현,인도에서 현,강소성까지 바다를 건너오는 데 소요된 기간을 약15년으로 잡으면} 신라에 도착한 시기는 {(前230+1,300+15=後1085)년⇒고려13선종{宣宗(1083~1094)}시기}가 되므로 이 기록은, '573년에 강소신라 황룡사에 처음 주조하여 안치한 장육존상에 대한 이야기'가 아니라 '{역사왜곡을 시작하던 7말8초의 시기에 현,강소성양주에서 현,경상북도경주로 미리 옮겼었던} 황룡사의 비어있는 가섭불연좌석^{迦葉佛宴坐石} 위에 안치할 장육존상^{丈六尊像} 주조용 자재$^{(즉,황철(黃鐵))}$가 훗날인 1085년경이 되어서야 비로소 송^{宋}나라에서 고려^{高麗}로 보내졌다는 이야기'를 하고 있는 것으로 보아야 할 것이다. 즉, 강소신라가 경주신라로 이주$^{(엑소더스,exsodus)}$할 때, 강소신라 황룡사의 장육존상은 미처 옮기지 못하고 그 받침대인 연좌석$^{(宴坐石=蓮坐石음변자?)}$만 경주신라의 황룡사로 옮겨두었던 것$^{[혹은, 당시에 현,경주에서 새로 제작했었을 수도 있다]}$인데, {고려13선종^{宣宗} 시기인 1085년에 송나라에 간 고려의 승통^{僧統} 의천^{義天}이 1086년에 고려로 귀국할 때} '송나라가 경주 황룡사 장육존상을 대신할 황룡사종^{鐘} 주조용 황철^{黃鐵}을 보냈던 것'을 '무우왕^{無憂王}의 황철^{黃鐵}로 바꾸어서 기록한 것'이라고 추정되는 것이다. 즉 '1086년경 송나라가 고려로 보낸 황철'을 '{서축^{西竺}의 아육왕^{阿育王}이 아닌} 천축^{天竺}의 무우왕$^{(無憂王=아마, 실제로는 송철종(宋哲宗;1086~1100)을 의미하는 것으로 보인다)}$이 보낸 것'으로 문구를 조금 고쳐서, '636년에 문수보살의 현신$^{現身=즉,당태종}$이 자장율사에게 예언^{豫言} 아닌 예언을 한 것(?)'처럼 꾸며서 기록한 것이라고 이해되어야 할 것이다. 따라서, {920년에 왕건이 언급한} '{신라삼보^{新羅三寶} 중에서} 장육존상^{丈六尊像}과 구층탑^{九層塔}은 아직도 있다[像·塔猶存].'라고 한 그 장육존상은 920년 당시에 현,강소성양주에 그대로 남아있었고, 구층탑은 현,경상북도경주에 있었던 것을 말했었다고 보인다.

그리고 1086년경에 송나라에서 고려로 보내진 황철^{黃鐵}은 1096년 현,경주의 황룡사탑을 6차재건할 때 황룡사종으로 주조되었던 것인데, 그마저도 1238년에 몽고군이 침략하여 절,탑,종 모두를 함께

그림11. 경주 황룡사터

파괴해 버렸으므로 모두 현재와 같은 주춧돌만 남아있는 허허벌판 평지가 되어있는 것으로 추정된다. 다만, {'920년까지 남아있었다.'고 생각되는} 현,강소성양주의 장육존상이 그 이후에 어떻게 되었는지는 필자로서는 아직 조사해 보지 못했으므로 무어라 말하기 어렵다. 관심 있는 독자들께서 밝혀주길 기대하는 바이다.

그런데, **《삼국유사/탑상4/황룡사종》경덕왕이 황룡사종을 주조하다 : 신라 제35대 경덕대왕(景德大王)이 천보(天寶)13**(754)**년갑오(甲午)에 황룡사종을 주조하였는데 … [고려] 숙종(肅宗)때 다시 새로운 종을 완성**(1096년에 주조한 종을 말함)**하니…**'라고 언급한 것으로 보아서, 신라35 경덕왕이 754년에 주조한 황룡사종은 강소신라 황룡사에 사용할 종이었던 것으로 여겨지고, 고려15숙종이 1096년에 주조한 황룡사종은 앞에서 말한 '1086년에 송나라에서 보낸 황철로서 주조한 고려 경주의 황룡사에 사용할 종이었다.'고 추정되므로 장육존상과 황룡사종을 조금 엄격하게 구분해서 검토해야 혼선을 막을 수가 있다고 보인다. 결국{즉,결과적으로} '강소신라에서 573년에 주조된 장육존상은 경주신라로 옮겨지지 않았던 것'이라고 보아야 할 것이다.

ⓒ **자장(慈藏)과 오대산(五臺山) 문수보살(文殊菩薩) :** 이 문장에서의 문제점은, 'ⓐ자장이 당나라[唐]에 유학[636년~643년]하여 오대산 문수보살의 현신[現身]이 감응한 시기[636년?]'와 'ⓑ서축[西竺]의 아육왕[阿育王]이 물에 띄워 보낸 철과 금으로 장육존상을 주조한 시기[573년]'가 서로 대략 60여년의 차이가 나는데 그것도 60년 후[後]인 ⓐ의 시점에서 60년 전[前]인 ⓑ의 사건을 '설명하는 것'이 아니라 '예언하는 식으로 말하고 있는 것'이어서 이미 '강소신라 황룡사의 연좌석[宴坐石] 위에 안치되어 있는 장육존상'을 여러 번 보았었을 자장에게, 앞으로 '장육존상이 주조되어 그 연좌석[宴坐石] 위에 안치될 것'처럼 말한다는 것은 현실세계에서는 결코 일어날 수 없는 상

황인 것이다. 즉, 이 스토리는 문수보살이 '60년 후^後인 ⓐ의 시기{636년?}에 '60년 전^前인 ⓑ시기{573년}의 사건'을 말했던 것이 아니라, 'ⓐ의 시기{636년?}로부터 대략 460년이 지난 1096년에 '현,강소성양주의 장육존상이 고려의 승통 의천대사^{義天}에 의해 현,경상북도경주의 황룡사종으로 대체될 것임'을 시사하는 것으로서, 이 모든 사실들을 모두 알고 있는 13C의 일연스님이 후손인 우리들에게 장육존상에 얽힌 자초지종을 알려주기 위해서 만들어낸 '힌트^{hint}성 스토리'였다라고 해석해야 할 것이다.

그런데, 『삼국유사』를 자주 접해 본 사람들이라면 아마 느낄 수 있지만, '자장^{慈藏}', '오대산^{五臺山}', '문수보살^{文殊菩薩}' 및 더 나아가서는 '당태종^{唐太宗}', '동궁^{東宮=즉,당고종(唐高宗)}', '태화지^{太和池}', '신인^{神人}'… 등등의 키워드들이 서로 밀접하게 관련되어 있는 기록들이 비교적 많음을 발견하게 되는데, 이 키워드들이 '역사왜곡방법론'으로 활용되고 있음에 유의하여야 할 것이다. 즉, 위의 문장에서도 '오대산 문수보살의 현신^{現身}'이 자장율사에게 말한 예언 아닌 예언(?)을 통해서 400년~500년이 지난 11C에 일어날 사건을 언급'함으로써 후손들에게 황룡사 장육존상에 대한 자초지종^{즉,실사(實史)}이 어떻게 되는지를 알리는 수단으로 삼고 있는 것이므로 **그것이 바로 '역사왜곡방법론'이면서 {이를 역설적으로 보면} 바로 '역사왜곡을 규명해 내는 힌트'가 되는 것이다.** 어쨌든 '당태종과 자장을 핵심으로 하는 스토리'는 대부분 매우 은유적이므로 해석하는 데에 아주 주의하여야 할 것이다.

그리고 또, 같은 《삼국유사/탑상4》황룡사장육'조의 마지막 기록인…"찬하여 말한다. 속세의 어느 곳이 진향(眞鄕)이 아니겠느냐만 향화(香火)의 인연은 우리나라가 으뜸이다. 이는 아육왕(阿育王)이 착수하지 못한 것이 아니라 월성(月城) 옛터를 찾아온 것이다[讚曰…不是育王難下手.月城來訪舊行藏]"라 해서, 번역자가 "일연스님이, '장육존상 스스로 월성^{月城} 옛터를 찾아온 것이다.'라고 찬한 것"으로 의역을 해 놓았는데, 이 의역 때문에 오히려 그 참된 의미가 사라져 버렸다고 보인다. 일연스님이 찬한 내용의 진의^{眞意}를 찾아보기로 하자.

ⓓ '월성(月城)의 이동(移動)'을 암시 : {조금 억지스러울지는 모르겠지만, 필자가 글자를 그대로 두고서 재해석해 보면}… '**月城來訪舊行藏(월성래방구행장) > {장육존상이 스스로} 찾아온$^{(來訪)}$ 월성^{月城}은 {장육존상 자신의} 오래된$^{(舊)}$ 천명$^{(天命=즉, 行藏)}$이다.**'라는 내용으로 보여서 '장육존상은 물론이고, 신라왕의 재성^{在城}인 월성^{月城}도 현,강소성양주에서 현,경상북도 경주로 함께 이동하였음'을 동시에 시사하는 것으로 볼 수가 있다고 생각된다. 따라서 이를 《삼국유사/탑상4》황룡사장육'조의 전체 내용과 맞추어서 음미해 볼 필요가 있다고 생각된다. **결국, 일연스님도 {우리나라의 역사강역을 현,한반도로 한정하려는 『삼국사기』의 편찬방침$^{{즉,반도사관(半島史觀)}}$에 맞추기 위해서} 실제로는 현,강소성양주에서 이동되지 않은 장육존상이 현,경주황룡사에 있었던 것처럼 허기^{虛記}해서 '7말8초 역사왜곡을 기정사실로 받아들이는 입장'을 취한 것이라고 보인다. 즉 {물론 이러한 『삼국사기』나 『삼국유사』의 입장도 '나름대로의 숭고^{崇高}한 철학적^{哲學的} 목적^{目的}'이 있었던 것이다'라고 보이므로} 『삼국사기』와 『삼국유사』는 처음부터 이러한 사관$^{(즉, 半島史觀)}$에서 집필된 사서라는 것을 미리 감안해서 연구되어야 할 것이다. 이를 알지 못하고서 『삼국사기』와 『삼국유사』의 내용들을 폄훼하거나 매도하는 것은 결코 순수한 역사연구자의 자세라고는 할 수가 없을 것이다.**

(나) 황룡사구층목탑(皇龍寺九層木塔)

황룡사구층목탑^{皇龍寺九層木塔}에 관한 내용들은 대체로 **《삼국유사/탑상4》황룡사구층탑(皇龍寺九層木塔)조: 자장이 당나라 태화지에서 신인(神人)**

으로부터 9층탑 건립의 연유를 받다.'에 자세히 설명되어 있는데, {문장이 길어서 맥락을 이해하기가 매우 복잡하므로} 황룡사구층목탑에 국한하여 요점만 간추리면 다음과 같다.

[참고]
'황룡사9층탑'은 원래 9층탑이었는가? 13층탑이었는가?

필자는 '이 탑이, 실제로는 13층탑{즉, 불교적인 시방삼세(十方三世=즉,13)를 의미하는 탑}인데 역사왜곡 과정에서 9층탑{즉, 정치적인 천하9주(天下9州)를 의미하는 탑}으로 변조되었다.'라고 추측하고 있다. 하지만 {아직은 그 증거가 충분치 못하므로} 일단 9층탑인 것으로 보고서 설명할 것이다. 관심 있는 독자들께서 결론을 내려주길 기대한다.

ⓐ 신라27선덕여왕5(636)년, 자장법사慈藏法師가 당나라唐에 유학하여 바로 오대五臺에서 문수보살文殊菩薩을 감응感應하여 불법佛法을 얻었다.

ⓑ 자장이 '중국 태화지太和池 근처의 신인神人'으로부터 **"황룡사 호법룡은 나의 장자로 범왕梵王의 명을 받아 그 절에 가서 호위하고 있으니, 본국으로 귀국하여 절 안에 9층탑을 조성하면 이웃나라가 항복하고 구한九韓이 와서 조공하여 왕업이 영원히 평안할 것이다"** 라는 건탑이유建塔理由를 받았다.

ⓒ 자장은 정관17(643)년계묘?월16일에 당황제唐皇帝가 하사한 경전·불상·가사·폐백을 가지고 귀국하여, 탑을 건립하는 일을 신라27선덕여왕에게 아뢰어서 이간伊干 용춘{龍春=혹은,용수(龍樹)}이 주관하게 하여, 백제 공장工匠 아비지阿非知가 명을 받고 와서 {자장이 오대五臺에서 받은 사리 100알을 기둥 안에 넣고} 신라삼보新羅三寶의 하나인 황룡사구층목탑皇龍寺九層木塔을 완성하였다.

ⓓ 해동海東의 명현名賢 안홍安弘이 편찬한 **《동도성립기東都成立記》에 다음과**

같이 말한다. "신라 제27대에 여왕^{女王}이 왕이 되니 도^{道}는 있으나 위엄^{威嚴}이 없어 구한^{九韓}이 침략하였다. 만약 용궁^{龍宮} 남쪽 황룡사^{皇龍寺}에 구층탑^{九層塔}을 세우면, 곧 이웃나라의 침입이 진압될 수 있다. [제1층은 일본^{日本}, 제2층은 중화^{中華}, 제3층은 오월^{吳越}, 제4층은 탁라^{托羅}, 제5층은 응유^{鷹遊}, 제6층은 말갈^{靺鞨}, 제7층은 거란^{契丹}, 제8층은 여적^{女狄}, 제9층은 예맥^{穢貊}이다]" 하였다.

ⓔ 또 국사^{國史}와 사중고기^{寺中古記}를 살펴보면 "《삼국유사/권제3 /제4탑상(塔像第四)》황룡사구층탑(皇龍寺九層塔)조: 진흥왕계유$^{(553)}$년에 절을 세운 후 선덕왕대 정관19년을사$^{(645년)}$에 탑이 처음 이루어졌다. 32대 효소왕 즉위 7년, 성력^{聖曆}원년$^{(698년)}$ 무술 6월에 벼락이 쳤다.(사중고기에는 성덕왕 대라고 하는데 잘못이다. 성덕왕대에는 무술년이 없다.) 제33대 성덕왕 경신$^{(720년)}$에 다시 세웠다. 48대 경문왕 무자$^{(868년)}$ 6월에 두 번째로 벼락이 쳤고, 같은 왕대$^{(873.9)}$에 세 번째로 다시 세웠다. 본조$^{[고려]}$ 광종^{光宗} 즉위 5년 계축 10월$^{(953년)}$에 세 번째로 벼락이 쳤고, 현종^{顯宗}13년 신유$^{(1021년)}$에 네 번째로 다시 세웠다. 또 정종^{靖宗} 2년 을해$^{(1035년)}$에 네 번째로 벼락이 쳤고, 또 문종^{文宗} 갑진년$^{(1064년)}$에 다섯 번째로 다시 세웠다. 또 헌종^{獻宗} 말년 을해$^{(1095년)}$에 다섯 번째로 벼락이 쳤고, 숙종^{肅宗} 병자$^{(1096년)}$에 여섯 번째로 다시 세웠다. 또 고종^{高宗} 25년 무술$^{(1238년)}$ 겨울에 몽고의 병화로 탑, 장육존상, 절의 전우^{殿宇}가 모두 타버렸다."

    황룡사에 관련되는 사항들이 비교적 여러 기록에 등재되어 있으므로 대체적인 윤곽은 비교적 명확히 정리할 수 있다. 따라서 황룡사에 부속 설치된 황룡사9층목탑^{皇龍寺九層木塔}에 대해서도 큰 틀에서의 개요는 기존 통설을 그대로 받아들여도 될 것이지만, 기존 통설들이 기본적으로 이 황룡사 및 그 부속시설들이 모두 강소신라에서 경주신라로 이동된 것을 감안하지 않은 상태에서 정리된 내용들이므로 지금까지 '강소신라에서 경주신라로의 이동'과 관련하여 검토된 내용들을 종합적으로 감안해서 재해석되어야 할 것이다. 따라서 여기에서도 기존 통설에서 놓친 몇 가지 내용을 찾아내서 검토해 보기로 한다.

❶ '자장법사(慈藏法師)'와 '오대(五臺)', '문수보살(文殊菩薩)', '중국 태화지(太和池)', '신인(神人)' 및 '당황제(唐皇帝)'의 관계 : 이 문제는 황룡사와 그 부속시설물의 연혁에 국한하지 않고 '자장법사와 당태종의 관계'를 통해서 '역사왜곡의 구도{構圖=즉, 전체적인 모습}'와 같은 전반적인 문제와 결부시켜서 검토되어야 하므로, 아래 **'2. '7말8초 역사왜곡'과 관련된 신라 승려들/자장법사(慈藏法師)'**의 항목에서 자세하게 다루게 될 것이다. 따라서 여기서는 신라삼보 중 장육존상과 황룡사구층탑 두 개가 모두 '자장법사와 당태종의 관계에서 설명되고 있다.'라는 점에 방점을 두고 유의하면 될 것이다. 즉, 이 두 사람의 만남이 바로 '7말8초 역사왜곡의 출발점이 되고 있다.'라고 볼 수가 있기 때문이다.

❷ 황룡사9층탑과 이간(伊干) 용춘{龍春=혹은, 용수(龍樹)} : 이 문제도 나중에 김춘추가 즉위하는 과정 및 본격적인 '역사왜곡이 시작되는 시기'에 대한 검토에서 본격적으로 다루어질 내용이지만, 그 결론 부분만 미리 언급해 두고자 한다.

즉 기존통설에서는 김춘추의 아버지의 이름을 '용춘龍春 혹은 용수龍樹'라고 하여 한 인물의 이름이 두 개인 것으로 아주 쉽게 치부해 버리고 있지만, 필자는 '7말8초 역사왜곡' 시에 25진지왕의 두 아들들인 형 용춘龍春의 이름과 동생 용추{龍秋=용수(龍樹)음변자}의 이름에서 각각 春춘자와 秋추자를 골라서 형인 용춘龍春의 아들 이름을 춘추春秋라고 고친 것으로 파악하고 있다. 즉 29무열왕의 이름 '김춘추金春秋'란 '(친아버지,용춘龍春+작은아버지,용추龍秋⇒아들,춘추春秋)'라는 관계에서 만들어진 '역사왜곡용 이름'이라고 보는 것이다. {물론 나중에 다시 자세히 설명되겠지만} **'7말8초**

역사왜곡' 과정에서 실존인물들의 성명^{姓名}을 그대로 두고서 역사를 왜곡하는 경우, 그 인물에게 '왜곡된 역사에 대한 책임이 직접적으로 부과될 것'이 분명하므로, 그것을 막음으로써 '역사왜곡 작업에 대한 저항을 차단하려고 했었던 것'이고, 실제로 현전하는 통설에 등장하는 주요 인물들의 성명들은 대부분 이러한 목적에서 가명^{假名}으로 대체되어 있게 된 것이다. 따라서, 역사적으로 크게 비난받을 일을 저지른(?) 인물들도 왜곡된 역사서에서는 본명이 아닌 가명으로 등재되어 있기 때문에 자신은 물론 그 후손들까지 역사적 책임에서 벗어날 수가 있었던 것이다. 그래서 '역사를 왜곡한 악화$^{惡貨=즉, 왜곡사서(歪曲史書)}$들'이 오히려 '실사^{實史}를 기록한 양화$^{良貨=즉, 정사사서(正史史書)}$'인 것처럼 행세하게 됨으로써, {해방 80년이 다 되어가는 오늘날까지도} 일제^{日帝}에 부역한 친일 식민사학자들이 한국국민들에게 {일제에 의해서 심하게 왜곡되어 있는} 거짓된 한국역사를 가르치면서 {그들이 친일을 하면서 획득한} 부당한 기득권을 지켜나갈 수가 있게 된 것이다.

어쨌든, 이 '역사왜곡용 가명^{假名}의 문제'는 앞으로도 계속 주된 논제가 될 것이므로 여기에 미리 그 한 가지 사례에 대해 결과만 간단히 소개한 것이므로 독자들도 이 문제를 미리 염두에 두고서 나름대로 그 과정과 결과 및 영향 등등에 대해서 곰곰이 생각해 보길 기대하는 바이다.

[참고: 김유신의 이름이라는 유신^{庾信}도 역시 '역사왜곡용으로 만들어진 이름{즉, 가명(假名)}'이라는 것을 받아들일 수가 있어야만이 참된한국통사^{眞正韓國通史}를 제대로 찾을 수가 있을 것이다.]

❸ 9층탑과 구한(九韓)의 관계 : 『삼국유사』에서 '안홍^{安弘}이 편찬한 『동도성립기^{東都成立記}』'를 인용하여 '황룡사9층탑의 건립목적'이 '9한^{九韓}을 제압하는 것'이라고 설명하고 있는데, 이는 원론적인 측면에서 '왜 9층탑인가?'라는 의문이 먼저 풀려야 할 것이다. 즉, '9한^{九韓}이기 때문에 9층^{九}

層인지?' 아니면 '9층^{九層}'이기 때문에 9한^{九韓}인지?'도 문제가 되지만, 동아시아의 고대사상^{古代思想}에서의 '9^九라는 숫자'에 대한 인식은 단지 '아홉^(九=nine)'이라는 개수의 개념만 있는 것이 아니라 '많다', '오래되다', '높다', '늙다', '모으다', '합하다' 등등의 다양한 의미로도 사용되었던 것이며 그 의미가 확대되어서 '모든^(whole)'의 의미로도 발전되었다. 그래서, 반드시 '아홉^(九=nine)'이라는 숫자의 개념에 국한하지 않고 '모든^(whole)'의 의미를 함께 포함하는 용어들이 만들어져서 인식의 범위를 포괄적이거나 더 나아가서 추상적으로 확대할 수가 있게 되었던 것이다.

이러한 개념으로 활용된 사례를 들어보면,…九功^{구공}, 九折^{구절}, 九曜^{구요}, 九德^{구덕}, 九幽^{구유}, 九牛^{구우}, 九井^{구정}, 九陽^{구양}, **九夷^{구이}**, 九國^{구국}, 九屬^{구속}, 九惱^{구뇌}, **九韓^{구한}, 九地^{구지}, 九貊^{구맥}**, 九干^{구간}, 九原^{구원}, 九道^{구도}, 九疇^{구주}, 九垓^{구해}, 九卿^{구경}, 九族^{구족}, 九天^{구천}, **九州^{구주}**, 九川^{구천}, 九界^{구계}, 九重^{구중}, 九法^{구법}, 九玄^{구현}, 九行^{구행}, **九黎^{구리}** 등등 무수하게 많이 있는데, 이 사례들이 일부는 '아홉^(九=nine)'이라는 개수의 개념으로 사용되기도 했었지만 대부분의 경우에는 '모든^(whole)'의 개념으로 사용되었던 것이다. 따라서 여기에서 말하는 '9층탑^{九層塔}'은 {분명히 '아홉^(九=nine)'이라는 개수의 개념인 '9개의 층^層'을 말하고 있긴 하지만} '가장 높다'라는 추상적 개념을 내포한다고 보아도 될 것이다. 따라서 '9한^{九韓}'도 반드시 '9개의 한^韓'으로 한정해서 그것을 무리하게 찾아서 억지로 끼워 맞추려고 할 것이 아니라 '모든 한^韓' 또는 '한^韓 전체^{whole}'를 지칭한다고 보는 것이 더 타당한 해석이 될 것이라는 것을 먼저 언급해 두고자 한다.

그런데 우리가 현재 접하고 있는 『동도성립기^{東都成立記}』의 9한^{九韓}은 '아홉^(九=nine)'이라는 구체적인 형상을 가진 9층탑^{九層塔}에다가 '9한^{九韓}=즉 9개의 한^韓'을 억지로 끼워 맞춰서 대응시키려다 보니 무리하게 '아홉^(九=nine) 종류의 한^韓'이라는 나라들의 이름'을 억지로 만들어서 대응시켜 놓는 이상한(?) 꼴이 되어버렸다고 해야 할 것이다. 즉 이 기록에 나열된 '아홉^{(九}

=nine) 종류의 한(韓)'은 후대의 누군가가 억지로 끼워 맞춘 것에 불과한 것이므로, '실제의 역사에서 그 9한(九韓)이 강소신라에게 동시대적으로 위협(또는,우방)이 되는 세력들은 아니었었다.'라고 보아야 한다는 것이다.

결국 '9층탑(九層塔)의 구(九)자'는 층수(層數)에 대해서는 '아홉(九=nine)'이라는 숫자이겠지만, 그것이 시사하는 것은 '아홉(九=nine)'이라는 숫자가 아니라 '모든(whole)이라는 의미(意味)의 개념'으로 해석되어야 하는 것이 합리적이라고 보인다. 따라서 '9층탑(九層塔)이란, 모든 세상(혹은,나라)을 상징하는 것이다'라고 말할 수 있는 것이다. 즉 '9층탑(九層塔)의 각 층을 아홉(九=nine) 종류의 한(韓)을 말한다'라고 구체적으로 대응시키는 것은 결코 타당하지 않다는 것이다.

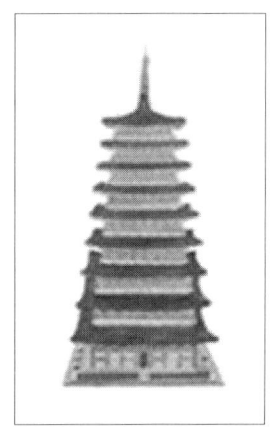

그림12. 황룡사9층탑(모형)

이런 입장에서 본다면, '강소신라의 황룡사 9층탑(九層塔)은 '신라가 천하의 주인이다.'라는 황제국가로서의 위상을 상징적으로 보여주는 하나의 시설물이었던 것이므로 각 층마다를 구체적으로 어느어느 나라라고 지정한다는 것은 {아무런 실익이 없이 주변국들로부터의 적대감만 불러일으키는} '아주 멍청한 짓'이라고 해야 할 것이다. 즉, '주변의 나라들을 단순하게 층수의 높낮이로 차별화한다.'라는 것도 난센스일뿐더러 오히려 더 적개심만 불러일으켜서 9층탑(九層塔)을 건립한 취지에 아무런 도움이 되지 않는다는 것이다. 강소신라인들이 바보가 아니고서야 이러한 전혀 도움이 되지 않고 백해무익하기도 하며 '유치한 발상'을 했을 것으로 볼 수는 없는 것이다.

이는 물론 당나라를 대표하는 당태종이 문수보살로 현신해서 신라의 자장법사에게 '신라가 자기의 나라인 당나라까지도 포함한 천하 모든 나라의 주인이다.'라는 상징성을 갖는 9층탑^{九層塔}을 건조하도록 조언(?)했을 것은 더욱 아니라고 해야 할 것이다. 아마 {645년 당시, 표면적으로는 당나라와 위상관계가 대등한} 신라가 스스로 황제국가로서의 위상을 상징적으로 보여주는 시설물인 9층탑^{九層塔}을 건립하는 것에 대해 '당나라가 반대하지 않은 정도였었을 것(?)'을 7말8초에 당나라를 중심으로 시행된 동아시아사 전체의 역사왜곡을 하면서 '자장법사가 당나라로부터 건탑 이유를 받아왔다.'라는 것을 강조하기 위해서 견강부회하여 '9층탑^{九層塔} 운운' 하게 된 것으로 보아야 할 것이다. 그래서 '자장법사에게 그 견강부회의 중간자적 역할을 부여'하기 위하여 왜곡역사서 여기저기에 '오대^{五臺}', '문수보살^{文殊菩薩}', '중국 태화지^{太和池}', '신인^{神人}' 및 '당황제^{唐皇帝}' 등과의 접촉기사를 여기저기의 사건들 속에 산발적으로 기록해 넣어서 강조하게 된 것으로 보이는 것이다. 또한 {안홍^{安弘}의 《동도성립기^{東都成立記}》는 현, 한반도가 아직 신라의 땅이 되기 이전 시기에 출간되었다고 보이므로} 『동도성립기^{東都成立記}』가 말하는 동도^{東都}도 경주신라의 도성인 현,경상북도경주에 대한 기록이 아니라 {현,중국 땅에서 가장 동쪽에 있는 황제국가의 도성이었으므로} 강소신라의 도성인 현,강소성양주^{揚州}를 동도^{東都}라고 기록했었던 것으로서 『동도성립기^{東都成立記}』를 인용한 9한^{九韓}이라는 기록은 훨씬 후대에 변조되어서 견강부회된 것이라고 결론지을 수가 있을 것이다.

(다) 26진평왕의 천사옥대(天賜玉帶)

신라삼보^{新羅三寶} 중의 하나인 '26진평왕의 천사옥대^{天賜玉帶}'는 명칭 그대로 강소신라의 황제인 26진평왕이 '하늘^{天}로부터 받은^{賜} 옥대^{玉帶} 즉 옥^{玉}으로 만든 요대$^{(腰帶=허리띠)}$'를 말하는 것인데, 이 옥대^{玉帶}에는 26진평왕이 책봉한 강소신라의 제후국들 이름$^{(國名)}$들이 새겨진 옥패^{玉牌}를 그 나라의 크기에 맞게 구별되도록 만들어서 줄줄이 매어 다는 형태로서 특별한 행사나 제사 때에 이 옥대를 착용하였을 것으로 보인다. 물론 '후대$^{(921년)}$에 고려의 왕건^{王建}이 언급했던 천사옥대'에까지 '원래 처음부터 매달려 있었던 옥패^{玉牌}들'이 모두 그대로 걸려 있었는지는 명확하게 확인할 수가 없지만, 아래 《삼국사기/신라본기12》54경명왕(景明王)5$^{(921)}$년의 ⓔ기사'를 참조로 하면, 921년까지는 '그대로였었을 것'으로 여겨진다. 어쨌든 이 천사옥대^{天賜玉帶}와 관련된 기록을 조사하면 다음과 같다. 아래 'ⓐ,ⓑ,ⓒ,ⓓ'는 26진평왕의 천사옥대^{天賜玉帶}에 대한 기록이고, 'ⓔ,ⓕ'는 31신문왕이 (동해)용으로부터 {만파식적^{萬波息笛}을 제작$^{(?)}$하기 위한 대나무와 함께} 받은 흑옥대^{黑玉帶}에 대한 기록인데, '옥대^{玉帶}의 용도와 의미'가 천사옥대^{天賜玉帶}와 같으므로 함께 설명한다.

ⓐ **《삼국유사/기이1》천사옥대(天賜玉帶)1 : 왕이 즉위한 원년**(579년)**에 천사(天使=**하늘의**使者)가 궁전의 정원에 내려와 말하기를 "상황(上皇=**上帝**)께서 나에게 명하여 이 옥대(玉帶)를 전해 주라고 하셨습니다." 하였다. 왕이 친히 꿇어앉아 그것을 받으니 천사가 하늘로 올라갔다. [即位元年有天使降於殿庭謂王曰,"上皇命我傳賜玉帶."王親奉跪受然後其使上天.]**

⇒ 579년에 신라26진평왕이 '상황^{上皇}이 보낸 천사^{天使}로부터 옥대^{玉帶}를 받는 상황'을 말하는데, 여기서의 옥대^{玉帶}란 {아래 ⓔ에서 다시 설명되겠지만} '자신이 지배하는 지역$^{(혹은, 나라)}$의 이름$^{[지명(地名)or국호(國號)]}$을 기록한 옥패$^{\{玉牌=옥(玉)으로 만든 명찰(名札)\}}$를 걸어둔 요대$^{(腰帶=허리띠)}$'를 말한다. 따라서 여기서는 '상황$^{\{上皇=즉,하늘(天)\}}$이 주는$^{\{賜(줄,사)=인정(認定)하는 것을 의미(意味)함\}}$ 옥대$^{(玉帶)}$'를 '천사옥대^{天賜玉帶}라고 한 것'이므로 '상황$^{\{上皇=즉,하늘(天)\}}$이 누구인가?'라는 것이 이 옥대^{玉帶}의 의미와 그 권위를 좌우한다고 보면 될 것이다.

그래서 '상황^{上皇}이 누구인가?'라는 문제를 반드시 확인해 둘 필요가 있는 것이다. 물론 본문에서는 '옥대^{玉帶}의 전달자'를 천사$^{\{天使=즉 하늘(天)이 보낸 사}}$

신(使臣)」라고 하였고, 옥대를 전달한 후에 '그 사신이 하늘로 올라갔다'(其使上天)라고 하였으므로, {단순하게 본다면, '상황上皇=하느님(天主,god)'으로 볼 수도 있겠지만} 굳이 신神의 의미로 해석할 것이 아니라 {'皇(임금,황)=즉,帝(임금,제)'자를 사용하고 있으므로} '상황上皇=즉 皇(임금,황=즉,帝)보다 높은 존재(上)'를 의미한다고 보는 것이 더 합리적일 것이다. 왕조국가 시대에는 상급국가{上級國家=즉,상국(上國)}를 종종 '天(하늘,천)'으로 호칭(表記)하기도 했었기 때문이다.

그런데, 당시 26진평왕 시기의 신라는 극도로 국력이 신장되어 있었기 때문에 현,강소성 주변일대의 대다수 중소국가들을 모두 병합함으로써 자체 연호를 사용하는 막강한 황제국皇帝國을 이미 50여년 전인 23법흥왕 시기에 천명하였던 것이므로, 그렇게 해서 이미 황제皇帝가 되어 있는 신라26진평왕에게 신라의 주변 여러 중소국가들을 지배할 수 있는 권한을 공식적으로 부여{附與=즉,인정(認定)}할 수 있는 권위를 가진 상황上皇이란 {당시의 천하정세로 보면} 당연히 '고구리대연방高九黎大聯邦의 대맹주(大盟主=즉,고구려왕)'밖에 없었던 것이다. 즉 이 천사옥대天賜玉帶는 '당시 고구리대연방의 대맹주(당시,고구려25평원왕?)가 국력이 극도로 신장된 신라26진평왕에게 주변 지역을 통괄할 수 있는 대리통치권을 부여{附與=즉,인정(認定)}하여 고구리대연방의 동남부소맹주 자격을 공식적으로 인정하는 징표徵標였었던 것'이다.

즉 이는 {천사옥대天賜玉帶가 수여되기 이전까지는} 고구리대연방의 대맹주가 현,진섬계곡{晉陝溪谷=현,섬서성과 현,산서성의 경계지역}의 황하 동북부를 모두 직할통치하면서, 그 서북부인 현,중국의 서부지역은 북위北魏를 서부소맹주西部小盟主로, 현,중국남부의 서부지역인 속칭,남조국가南朝國家를 남서부소맹주南西部小盟主로, 현,중국남부의 동부지역은 백제百濟를 남동부소맹주南東部小盟主로 임명해서 간접통치를 하던 상황이었었는데, 신라26진평왕이 즉위(579년)하기 얼마 전에 서부소맹주인 북위北魏가 {서위西魏⇒북주北周}와 {동위東魏⇒북제北齊}로 분리되어 {비록 명목상으로는 북제北齊가 여전히 서부소맹주의 지위를 유지하고는 있었었지만} 사실상 서부소맹주 체제가 붕괴된 매우 혼란스러운 상황이었으며, 남동부소맹주인 백제百濟도 역시 백제24동성왕이 암살(502년)되면서부터 신라新羅와 양나라梁가 소맹주로부터 자립하는 등 남동부소맹주도 거의 와해된 상태가 되었었는데, 이 상황에서 {일단, 521년에 양梁나라를 남서부소맹주로 임명하였었고} 특별히 신라의 국력이 극도로 커졌으므로, 추가로 {유명무실하게 된 남동부소맹주인 백제를 둘로 쪼개서} 백제를 남중부소맹주南中部小盟主로 임명하고, 신라를 남동부소맹주南東部小盟主로 임명해서 고구리대연방 내의 소맹주 지배구도 판도를 총4개의 소맹주 체제로 개편했었던 것이다. 그래서 고구리대연방高九黎大聯邦의 대맹주大盟主인 고구려25평원왕(?)이 새롭게 남동부소맹주南東部小盟主가 된 신라26진평왕에게 그 징표인 옥대玉帶(옥허리띠)를 하사했었던 것이다.

결국, 이로써 고구리대연방은 대맹주 산하에 {북위(北魏=즉,서부소맹주)와 백제(百濟=즉,남부소맹주)라는 2개의 소맹주를 통해서 동아시아 전체를 통치해 오다가} 총4개의 소맹주로 편제를 바꾸어서 {형식상으로는} 여전히 동아시아 전체를 통치하는 형태를 유지했었지만, 훗날 서부소연방과 남서부소연방을 통합한 수나라隋의 양제煬帝가 대맹주권에 도전장을 내밀었었고, 신라도 27선덕여왕이 남동부소맹주로서의 권위를 대내외로 과시하기 위해서 무단으로 9층탑(혹은13층탑?)을 건립했었던 것인데, 후대 '7말8초의 역사왜곡' 과정에서 {왜곡된 역사서를 쓰면서} '당나라(당시의 서부소맹주)가 자장법사를 통해서 건탑이유建塔理由를 보냈기 때문에 신라가 황룡사9층탑을 건립하게 된 것'처럼 상황을 주객전도主客顚倒로 왜곡시켜서 '왜곡된 역사서'를 썼었다고 보는 것이다.

ⓑ 《삼국유사/기이1》천사옥대(天賜玉帶)2 : 후에 고구려왕고려왕(高麗王)이 신라 정벌을 도모하면서 말하기를 "신라에는 세 가지 보물(三寶)이 있어 범할 수 없다고 하는데, 무엇을 말하는 것인가?" 하자, [신하가 말하기를] "황룡사(皇龍寺)의 장육존상(丈六尊像)이 그 첫째요, 그 절의 구

층탑이 둘째이며, 진평왕의 천사옥대가 그 셋째입니다." 하였다. 이 말을 듣고 계획을 그치었다. [後高麗王將謀伐羅乃曰, "新羅有三寶不可犯何謂也." "皇龍寺丈六尊像一, 其寺九層塔二, 真平王天賜玉帶三也." 乃止其謀.]

⇒ 이 내용은 {'시기를 명확히 알 수 없는 것'이 문제이긴 하지만} 앞에서 장육존상^{丈六尊像}과 구층탑^{九層塔}을 설명하면서 분석한 '아래 ⓒ921년의 상황'과 같은 내용이므로, '920년에 고려왕건이 신라사신$^{김율(金律)}$에게 한 말일 것'으로 이해된다. 다만 그 순서가 {시기순^{時期順}이 아니라 권위순^{權威順}일 것으로 추정되는데} 아마 '#1장육존상^{丈六尊像}=부처님'이고, '#2구층탑^{9層塔}=황제'이며, '#3천사옥대^{天賜玉帶}=남동부소맹주'의 순서일 수 있다고 보인다. 그리고 이 기록은 {고려의 왕건이 경주신라를 정벌하려 하였었지만} 신라에게 '#1, #2, #3이라는 3가지 권위^{權威}'가 있었으므로 '신라를 정벌하는 계획을 포기했다$^{將謀伐羅...乃止其謀}$'라는 내용이지만, 그 권위^{權威}라는 것 자체가 바로 '경주신라가 주변국들로부터 집단적으로 보호받고 있는 이유였던 것$^{\{즉, 만만파파식적(萬萬波波息笛)을 가지고 있었던 것\}}$'이기 때문에 '왕건이 경주신라를 무력으로 병합할 수 없었다.'라는 것을 우회적으로 기록하고 있다고 해야 할 것이다. 아래에서 좀 더 살펴보자.

ⓒ 《삼국사기/신라본기12》54경명왕(景明王)5(921)년: 5년$^{(921년)}$ 봄.정월에 김율(金律)이 왕에게 고하여 말하기를, "신이 작년$^{(920년)}$에 사신으로 고려에 갔을 때 고려왕이 신에게 물어 말하기를, '신라에는 세 가지 보물이 있으니, 장육존상(丈六尊像)과 구층탑(九層塔), 성대(聖帶)를 이른다고 들었다. 장육존상과 구층탑은 아직도 있으나, 성대가 지금까지도 있는지는 알지 못하는데, 그러한가?'라고 하였는데, 신은 답하지 못하였습니다." 라고 하였다. [五年, 春正月, 金律告王曰, "臣往年奉使高麗, 麗王問臣曰, '聞新羅有王寶, 所謂丈六尊像·九層塔并聖帶也. 像·塔猶存, 不知聖帶今猶在耶.' 臣不能答."]

⇒ 이 내용은, 당시가 이미 최치원崔致遠이 입안한 '왕건고려에 의한 후삼국통일 P/J'가 구체화되던 시기이므로 '왕건고려국王建高麗國의 입장'에서는 '매우 중요하게 검토된 사안'이었던 것으로 보인다. 즉 '왕건고려에 의한 후삼국통일 P/J'란 왕건이나 최치원 등 일부 세력이 '하고 싶다고 해서 마음대로 할 수 있는 일'이 아니었었고, '5대10국과 거란, 발해 및 후삼국 등 당시 서로 뒤엉켜서 전쟁을 하고 있던 동아시아의 모든 세력들이 모두 동시에 합의해서 참여해도 될까 말까 한 일'이었는데 그들이 모두 합의할 수 있는 '공통의 조건'이 바로 '장육존상丈六尊像과 구층탑九層塔이 갖는 상징성象徵性을 왕건고려가 수용해서 반드시 지킬 수 있는가?'라는 문제였던 것이었다. 만일 왕건王建이 이 조건을 수용하지 않는다면, '왕건고려에 의한 후삼국통일 P/J'는 아예 꿈도 꿀 수 없는 상황이었던 것이었다. 물론 {왕건의 앞에서는 '#3천사옥대天賜玉帶'라고 말했던 것이} 54경명왕의 앞에서는 '성대聖帶'로 바뀌는 것으로 보아서는 '#3천사옥대天賜玉帶가 바로 성대聖帶이다'라는 인식은 {주변국들과는 무관하게} 고려와 신라의 사이에서만 표현이 공유된 사안이었던 것으로 보인다. 즉 고구려를 계승하려는 고려국과 고구려로부터 소맹주의 지위를 인정받았던 신라국의 입장에서 그 물건들에 대한 '권위權威의 성질性質'이 서로 조금 다르게 인식되었던 것이기 때문이었을 것이다.

결국 왕건이 920년에 '신라삼보新羅三寶의 존재와 그 권위{즉, 동아시아 평화구축의 핵심이념으로 삼는 것}를 수용해서 반드시 지키겠다'라고 신라를 포함한 모든 주변 세력들에게 약속했었기 때문에, '왕건고려에 의한 후삼국통일 P/J'가 성사될 수가 있었던 것이다. 그래서 932년에 후당後唐의 황제{2명종明宗}가 왕건을 고려국왕高麗國王으로 책봉하게 된 것이고, 마지막으로 935년에 {무력을 사용할 필요도 없는 상황으로 이미 허약해져 있는} 경주신라가 왕건고려에게 스스로 투항하는 형식을 취하여 후삼국통일이 마무리되게 되었던 것이다.

ⓓ 왕(54경명왕)이 이를 듣고 여러 신하들에게 물어 말하기를, : "성대는 어떤 보물인가?"라고 하였으나, 아는 자가 없었다. 이때 황룡사(皇龍寺)에 90세가 넘은 승려가 있었는데, 말하기를 "제가 일찍이 그에 대해 들었는데, 보대(寶帶)는 진평왕(眞平王)이 착용하던 것이라고 합니다. 대대로 전해져 남고(南庫)에 보관되어 있다고 합니다."라고 하였다. 왕이 마침내 창고를 열도록 명하였으나 찾을 수 없어, 다른 날 재계(齋戒)하여 제사를 지낸 이후에 그것을 찾았다. 그 성대는 금과 옥으로 장식되어 있으며, 매우 길어 보통 사람들이 맬 수 있는 것이 아니었다. [王聞之, 問羣臣曰, "聖帶是何寶物耶." 無能知者. 時有皇龍寺僧, 年過九十者曰, "子嘗聞之, 寶帶是眞平大王所服也. 歷代傳之, 藏在南庫." 王遂令開庫, 不能得見, 乃以別日齋祭, 然後見之. 其帶粧以金玉, 甚長, 非常人所可束也.]

⇒ 이 내용은, 'ⓒ의 상황'을 전해 들은 경주신라 내부에서 '신라삼보新羅三寶의 중요성'을 인지하고 부랴부랴 그 소재를 확인했던 것이다. 그런데 장육존상이나 구층탑은 고정 시설물이므로 그 소재에 대해 더 이상 논할 필요가 없었지만, 천사옥대는 {물론 쉽게 유동되는 작은 물건이므로 누군가가 따로 보관했을 것이었겠지만} 너무 오랫동안 관리하지 않아서 처음에는 찾을 수가 없다가 결국에는 찾아낼 수가 있었던 것으로 추정된다. 어쨌든 이 천사옥대天賜玉帶는 '신라26진평왕이 지배하는 지역(혹은, 나라)의 지명{地名or국호(國號)}을 기록한 62개의 옥패{玉牌=옥(玉)으로 만든 명찰(名札)}'가 손상되지 않고 그대로 부착되어 있는지도 중요하지만, 그보다도 '**그 성대는 금과 옥으로 장식되어 있고 매우 길어서 보통 사람들이 맬 수 있는 것이 아니었다**[其帶粧以金玉, 甚長, 非常人所可束也.]'라는 기록이 있는 것으로 보아서 937년에 고려왕건에게 바쳐질 때까지 전혀 손상되지 않고 그대로 잘 보관되었었다고 보인다. 즉 그 62개의 옥패玉牌에 기록된 '지역(혹은, 나라)의 이름'이 어디인지를 확인하면 강소신라의 실제 통치지역들을 정확하게 모두 찾을 수가 있을 것인데, 그 천사옥대가 현재까지 나타나지 않고 있으니 아쉬운 일이다.

ⓔ《삼국유사/기이1》천사옥대(天賜玉帶)3 [『삼국유사』 편자의 천사옥대에 대한 주해석(註解析)] : {청태(淸泰)4(937)년 정유5월 정승(正丞) 김부(金傅=신라56경순왕)가 금을 새기고 옥을 두른 허리띠 한 벌을 바치니, 길이는 10뼘[圍]이고 과(銙=장식으로 늘어뜨린 고리)는 62개이다. 이것이 진평왕의 천사대(天賜帶)이다. 태조(고려왕건)가 그것을 받아 내고(內庫)에 보관하였다}

⇒ 이 내용은, 『삼국유사』를 쓴 13C말의 고려인들의 기록이므로, 강소신라26진평왕의 천사옥대^{天賜玉帶}는 최소한 고려에 항복한 경주신라56경순왕이 937년에 고려왕건에게 바칠 때까지는 온전하였을 것으로 추정되지만, 그 이후의 상황은 알 수가 없다. 그 이후의 기록들을 찾아서 추적하는 것이 앞으로 매우 중요한 일이 될 것으로 보인다. 아마 '고려 말에 어딘가의 땅속에 매립되었거나 혹은 조선 초에 아예 파기되었을 개연성이 크다'라고 보인다. 역사학계에서는 이 천사옥대^{天賜玉帶}를 찾는 것을 사명^{使命}으로 삼아야 할 것이다. 즉 이 옥대^{玉帶}에 매달린 62개의 과$^{銙=장식으로 늘어뜨린 고리}$에 강소신라26진평왕이 책봉한 62개 제후국들의 이름이 새겨진 62개의 옥패^{玉牌}가 {그 나라의 크기에 맞게 비례적으로 만들어져서(?)} 매달려 있었을 것이므로 {만일 그 실물이 발견된다면} '7말8초 역사왜곡을 증명할 직접적이고도 확실한 증거물'이 될 것이기 때문이다.

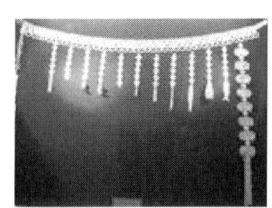

그림13. 천사옥대(유사품)

ⓕ《삼국유사/기이2》만파식적(万波息笛)1 신문왕이 흑옥대(黑玉帶)를 얻다 : (전략)…그 달 16일이 되어서야 바람이 자자지고 물결도 평온해졌다. 왕이 배를 타고 그 산에 들어가니, 용이 검은 옥대(黑玉帶)를 가져다 바쳤다. [王泛海入其山, 有龍奉黑玉帶來獻.]

⇒ 이 기록은 {신라26진평왕의 천사옥대^{天賜玉帶}'와는 무관하지만} 신라

31신문왕이 현,경주의 이견대^{利見臺}에서 용$^{\{龍=즉\ 대마국왕(對馬國王)으로\ 추정됨\}}$로부터 받은 흑옥대^{黑玉帶}가 {비록 색이 다르지만} '천사옥대^{天賜玉帶}와 같은 의미를 가진 옥대^{玉帶}'라는 점에서 매우 중요한 내용이다. 즉 이 흑옥대는 31신문왕이 {왜$^{(倭=현,일본)}$의 침략으로부터 경주신라$^{(현,한반도)}$를 보호하기 위하여 동해용왕이 된} 아버지 30문무왕을 위해서 681년에 감은사^{感恩寺}를 건립하고 그 이듬해$^{(682년)}$ 5월에 다시 감은사에 갔을 때, 이견대에서 용^{龍}으로부터 흑옥대^{黑玉帶}와 함께 대나무$^{\{竹⇒만파식적(萬波息笛)\ 제작용?\}}$를 받았던 것이다. 즉 이 흑옥대^{黑玉帶}가 {비록 그 격^{格}은 다르지만} 천사옥대^{天賜玉帶}와 같은 목적으로 사용되는 물건이므로, 신라31신문왕이 받은 흑옥대에 매달린 옥패에 새겨진 국호$^{(혹은,지명)}$가 바로 당시 31신문왕의 통괄을 받는 부속국가들$^{(즉,小諸侯國들)}$이라는 것을 말하기 때문이다. 물론 이 흑옥대에 매달린 옥패에 기록된 국호$^{(혹은,지명)}$가 무엇이었는지를 현재로선 알지 못하지만, {'이러한 목적의 흑옥대가 존재했었다'는 것 자체가 바로} 당시의 경주신라도 역시 '{예전의 강소신라와 같은 위상^{位相}의} 소맹주^{小盟主}와 유사한 지위를 부여받았었다'라는 것을 시사하는 것으로서, 당나라를 대맹주로 하는 당대연방^{唐大聯邦}의 휘하에 발해, 신라, 일본, 베트남, 돌궐, 티베트, 류구$^{(현,대만)}$ 등이 모두 동등한 레벨의 소맹주로 소속되었을 것으로 추론되기 때문이다. 그리고 왜 굳이 '검은^{黑}색인지?'도 중요한데, 그것은 아마 일종의 '조건부가 달려있음'을 의미하는 것으로 추정된다. 즉 '검은색^{黑色}'은 아직 명료하게 공개되지 않은 상황을 시사한다고 보이므로, '강소신라가 경주신라로 완전히 이동하는 것을 조건부로 한다'는 의미일 것으로 추정된다. 따라서 {아직은 불분명한 사항이 많긴 하지만} '31신문왕의 흑옥대^{黑玉帶}'는 현재와 같이 고대국가들의 강역에 대한 뚜렷한 증빙자료가 없는 우리나라의 고대역사에서는 그야말로 참으로 중요한 사료가 된다고 해야 할 것이다. [아래 ⓖ에 이어짐]

ⓖ《삼국유사/기이2》만파식적(万波息笛)2 {중략:신문왕이 (東海)용으로부터 받은 흑옥대(黑玉帶)와 {만파식적(萬波息笛) 제작용(?)} 대나무(竹)를 가지고 궁궐로 돌아온 내용에 이어서}…태자 이공{理恭=즉 효소대왕(32 孝昭大王)}이 대궐을 지키고 있다가 이 소식을 듣고는 말을 달려와서 하례하고 천천히 살펴보고 말하기를, "이 옥대(黑玉帶)의 여러 쪽들이 모두 진짜 용(眞龍)입니다"라고 하였다. 왕이 말하기를, "네가 어떻게 그것을 아는가?"라고 하셨다. 태자가 아뢰기를, "쪽 하나를 떼어서 물에 넣어보면 아실 것입니다"라고 하였다. 이에 왼쪽(左邊)의 둘째 쪽(第二窠)을 떼어(摘) 시냇물(溪)에 버리니(沉) 곧(即) 용이 되어(成龍) 하늘로 올라가고(上天), 그곳은 못이 되었다. 이로 인해 그 못을 용연(龍淵)으로 불렀다. [太子理恭 卽孝昭大王守闕, 聞此事走馬來賀徐察奏曰, "此玉帶諸窠皆眞龍也." 王曰 "汝何知之." 太子曰 "摘一窠沉水示之." 乃摘左邊第二窠沉溪卽成龍上天, 其地成淵. 因號龍淵.]

⇒ [위 ⓕ에서 이어짐]… 결국, '31신문왕의 흑옥대黑玉帶에 매달린 옥패玉牌에 기록된 국호(혹은,지명)'가 무엇이었을지를 추정하기 위해서는, 힌트가 되는 '❶검은색黑色'이라는 점과 '❷왼쪽左邊 둘째 쪽(第二窠)을 떼어摘 시냇물溪에 버리니沉, 곧即 용이 되어(成龍) 하늘로 올라가고(上天) 그곳은 못淵이 되었다.' 라는 기록을 근거로 해서 추론할 수밖에 없다고 여겨진다. 즉 '❶검은색 黑色'은 {앞에서도 추론했듯이} 아직 서신라(강소신라+산동신라)가 완전히 경주신라로 이주한 것이 아님을 시사하는 것이고, "❷그 서신라에 해당되는 '강소신라{현,양주(揚州)=즉,좌변제일과(左邊第一窠)}'와 '산동신라{현,곡부(曲阜)=즉,좌변제2과(左邊第二窠)}'의 옥패 2개가 아직 '경주신라로 옮겨갈 31신문왕의 흑옥대'에 그대로 매달려 있었던 것"이므로, 태자(32효소왕)가 시험 삼아서 '산동신라{현,곡부(曲阜)=즉,좌변제2과(左邊第二窠)}'의 옥패를 떼어 내 시냇물에 버리니 곧 용이 되어 하늘로 올라가고 그곳은 못이 되었다.'라는 내용으로 시사하고 있는 것이다. 즉 여기서의 용龍은 항상 연못(淵,井등) 속에 숨어 있으면서 계속

해서 왕기^{王氣}를 내뿜어 주어야 그 왕국이 계속 번성할 것인데, 누구나 볼 수 있게 용의 모습을 외부로 나타내서$^{(成龍)}$ 하늘로 올라가 버렸으니$^{(上天)}$ 그것으로 산동신라$^{(현,곡부(曲阜))}$는 지상에서 사실상 소멸되어 버렸다는 것을 의미하는 것이다. 이는 물론 '태자$^{(32효소왕)}$가 이미 강소신라에게든 경주신라에게든 현실적으로 별로 소용이 없어진 산동신라$^{(현,곡부(曲阜))}$를 시험용으로 삼았다'는 것을 말하는 것이겠지만, 현실적으로 중요한 것은 아직 '강소신라$^{(현,양주(揚州)=즉,좌변제일과(左邊第一窠))}$'라는 용^{龍}이 31신문왕의 흑옥대에 잘 매달려 있었다는 것을 시사하기 위하여 이런 쉽게 추측해 내기 어려운 고차원적인 설정$^{(힌트제공)}$을 한 것이라고 추론된다.

이제 {흑옥대^{黑玉帶}에 아직 남아있는 것이 분명한 '강소신라$^{(현,양주(揚州)=즉,좌변제일과(左邊第一窠))}$'는 제외하고} '31신문왕의 흑옥대에 아직 매달려 있는 다른 옥패에 기록된 국호$^{(혹은,지명)}$들'을 추론해 내는 것이 중요한데, 7말8초 당시의 역사왜곡의 기본방침이 '처음에는 삼한일통^{三韓一統}이라는 것'이었는데 이는 '현,한반도 중부이남에서 진한^{辰韓}인 경주신라가 마한^{馬韓}인 백제와 변한$^{(卞韓=즉,弁韓)}$인 가야$^{(加耶=加羅)}$를 통합하는 것'이었으므로, 이미 백제와 가야$^{(가라)}$는 신라에게 삼한일통되어서 땅이 병합되어 나라가 없어져 버렸으므로 별도로 옥패를 만들 필요가 없었을 것이다. 따라서 백제와 가야는 이 흑옥대^{黑玉帶}에 아예 걸려있지 않았다고 보인다.

따라서 {조금 막연하긴 하지만…} 이 '31신문왕의 흑옥대에 매달릴 옥패'로서는, '탐라$^{(耽羅=女人國=현,제주)}$', '대마$^{(對馬=현,대마도)}$', '우산$^{(于山=현,(울릉도+독도))}$', '처용국$^{(處容國=즉,大人國=현,합천초계면)}$'과 혹시 '류구$^{(琉球=현,(대만+오끼나와))}$' 정도가 해당되었을 것으로 추정된다. 즉 이 '31신문왕의 흑옥대'에 옥패로 매달린 나라는 경주신라의 통괄을 받으면서 자치를 누릴 수 있는 중소국가였던 것인데, 용$^{(龍=즉\ 당나라를\ 대변하는\ 대마도주(對馬島主?))}$이 일본을 포함한 여러 중소국들의 의견을 취합해서, '흑옥대^{黑玉帶}'와 함께 '만파식적^{萬波息笛} 제작용 대나무^{竹}'를 준비해서 31신문왕에게 전달하였던 것이라고 해야 하기 때문이다. 물론

이 과정에서 여러 번의 결정적인 의견충돌이 벌어졌지만, 강소신라의 경주신라 이전移轉에 대한 '일본의 강력한 의지'와 '당나라의 강압적인 정책'이 반영되어서 용{龍=즉,대마국왕(對馬國王?)}을 중심으로 해서 공동합의서{즉,만파식적(萬波息笛)}로 마무리된 것이다.

[참고]
초계최씨(草溪崔氏)와 처용국{處容國=즉,대인국(大人國)}

원래, 신라가 현,경주로 이주해 오기 전에 먼저 현,한반도경주지역에 정착해 있었던 유럽인종의 국가{아마, 대략 5~6C경에 현,코카서스지역에서 이주해 왔을 것으로 추정됨}였는데, 그곳에 경주신라가 들어서기 시작하면서부터 결국 현,한반도의 내륙{현,합천초계면}으로 옮겨갔었다가 훗날 점차 모두 현,한반도인으로 흡수된 것이다. 그러나 7말8초 당시에는 대체로 현,한반도를 '동해東海 속에 있는 섬{즉,진도군(珍島郡)}'으로 인식했었으므로 처용국을 포함한 한반도 전체를 용궁龍宮이라고도 칭했었고, 체구가 큰 유럽인종이므로 '대인국(大人國)'이라고도 했었던 것이다. 이들은 아마 당시 초계최씨草溪崔氏를 사성받아서 한민족으로 동화同化되었을 것으로 추정된다.

물론 합의를 도출하는 과정과정마다에서 세세한 부분까지 당나라의 '역사왜곡에 대한 가이드'가 적용되었던 것이고, 일본이 당나라의 정책을 적극적으로 지지했었던 것이므로, 이 '흑옥대黑玉帶'와 '만파식적萬波息笛 제작용 대나무竹'는 사실상 당나라와 일본이 {강소신라의 한반도 이전移轉을 강력하게 반발했었던} 강소신라를 회유하기 위한 당근책이었던 것으로도 보아야 할 것이다. 그래서 나중에 강소신라가 경주신라로 이전을 완료하자 일본이 그 축하금으로써 황금 총600냥{300냥×2회}을 보내기도 했던 것이다. 이는 현,한반도가 과거 일시적으로 백제에게 부속되었다고 하더라도 '일본이 어떠한 권리도 주장하지 않겠다.'라는 사전약속을 했다는 것을 의미하기 때문에 현,한반도 전 지역과 {『삼국지^{三國志}/동이전』서문'의 한해^{瀚海}에 의해서 구획된} 제주도, 대마도 및 울릉도^(독도포함) 등의 도서지역에 대한 소유권은 일본 측에서 어떠한 이의도 제기할 수 없는 이미 완결된 문제였었던 것이다. 물론 경주신라가 옛,백제의 역사를 완전히 인수하여 '현,한반도의 서쪽지역이 과거의 백제 땅이었다'라고 왜곡된 역사서까지 만들어 {당시 경주신라의 강역에 대한 정당성에 필요한 조치를 모두 완비하고서} 현,한반도를 인수했었던 것이고, 그것을 일본측에서 {싫다고 반발하는} 신라에게 억지로 강요했었던 것이니 더 말할 필요도 없겠지만 현재의 일본인들이 고대역사를 바르게 이해하길 바라는 입장에서 {아래의 박스와 같은} 사족을 붙여 두었다. '왜 고대일본이 {그렇게도 현,한반도로 이주해 오기 싫어서 거의 200년 동안이나 시간을 질질 끌었었던} 경주신라에게 황금을 600냥씩이나 주었을까?'를 잘 음미해 보아야 할 것이다.

[참고]
현,일본은 '당나라의 역사왜곡 정책'에 적극적으로 호응했었다

결론적으로 말하면 {혹시, 훗날에 있을 수도 있는} '나당연합군의 일본열도 정벌'을 일본이 미리 예방하기 위해서였던 것이다. 즉 '나당연합군의 원래 목적이 백제를 멸망시키는 것'이었으므로 훗날 당나라가 신라와 재연합해서 {660년 당시에 백제의 해외영토였었던 현,일본열도를} 정벌할 가능성도 있었기 때문이었던 것이다. 이는 결국 모든 관련 당사자들의 합의^(다자간평화합의=즉,만만파파식적)에 따라 강소신라^(대륙)가 경주신라^(한반도)로 이주하게 되면, '일본열도의 안전'도 함께 보장받을 수가 있었기 때문이었다. 그래서 일본이 {당나라의 역사왜곡 정책에 편승해서} 강소신라를 경주신라로 이주하도록 강하게 압박하였던 것이다. 그런데 {강소신라는 경주신라로 이주하고 싶지 않았으므로} 한동안 강소신라에서는 일본사신들을 아예 받아들이지도 않았다가 최종적으로 이주가 완료된 875년에야 일본이 주는 나머지 황금 300냥^(위로금?or사례금?)을 받아들였던 것이다. 즉 '일본이 신라에게 주었던 당시의 황금 600냥'은 '현,일본^(列島)이 현,대한민국^(半島)을 침범하지 않겠다'라고 약속했던 '682년의 만파식적^(萬波息笛+萬萬波波息笛)'에 대한 재확인의 성격이었던 것이다. 현,일본이 현,한국을 침략하지 않겠다는 약속이 바로 만파식적^{萬波息笛}이었고, 그것을 국제적으로 10개 나라가 연대보증한 것이 바로 만만파파식적^{萬萬波波息笛}이라는 국제간의 공동협약문서였던 것이다. 음악을 연주하는 단순한 피리^笛가 아닌 것이다.

2. '7말8초 역사왜곡'과 관련된 신라 승려들

가. 660년 이전에 활동한 승려들
나. 660년을 중심으로 활동한 승려들
다. 660년 이후에 활동한 승려들

'불교문화 발전의 내적 바로미터'라 할 수 있는 '불교승려들의 활동상황'을 개략적으로나마 조사해 보면, 이 역시 불교문화가 '강소신라의 한반도 이동'과 어떠한 상관관계를 갖는지를 더 깊이 추적할 수 있을 것이다. [참고 : '활동지역의 구분'은 필자의 추정임]

표5. 신라에서 활동한 불교승려들 [기준: 『삼국사기』, 『삼국유사』]

#	이름	원 주요내용(수,당 및 장소/신라)	현 한반도(경주/신라)
1	사문묵호자(沙門墨胡子)	19눌지왕대: 고구려에서 신라一善郡毛禮의 집에 옴, 王女을 치료	
2	모례or모록(毛禮or毛祿)	19눌지왕대: 墨胡子를 숨김 / 21비처왕대: 我道和尙을 숨김	
3	아도화상(我道利他)	21비처왕대: 毛禮의 집에 와서 죽음, 묵호자와 비슷, [又(曹魏)人我,細聲], 母(高道寧)	
4	이차돈(異次頓)	527: 西天드ㄴ에서 遣使가 金像을 옴 / 527: 바이시도(朴厭觸) 爲法滅身	東京興輪寺金堂十聖
5	남자법사(朗智法師)	歃良州阿曲縣의 靈鷲山城의 子(緣木寺) / 527: 靈鷲山에서 開法	東京興輪寺金堂十聖
6	혜량법사(惠亮法師)	661:智通法師, (後에)元曉도 교화	
7	보량법사(寶良法師)	551-: 국통(國統一僧統一寺主), 고구려승려, 신라거칠부에게 歸附	
8	안장법사(安藏法師)	진흥: 대도유나大都唯那에 임명, 女僧?	
9	석혜연(釋惠亮)	550: 大書省에 임명	
10	웅천주심대(熊天大師)	(570-627): 백제인, 북斗修懺師거느가남결운山山기거	
11	전자(真慈)	진행8왕대: 불量 때문에 三花樹(居烈郎,實處郎,寶同郎)이 동아가거하자 融天寺卯? 불量파歌를부르니, 불量과 함께 日수都에 도들아가	
12	안홍법사(安弘法師)	576?: 熊川의 水源寺에서 彌勒山城(未尸) 일천, 胡僧비마라(毘摩羅)를 帶하고고 귀국 〈今가경〉(승인?)정?등의, 《東都成立記》撰	
13	법운(法雲)	576:8: 사명(진흥왕법호명), (王或도 바꾸나 팀)	
14	원광법사(圓光法師)	589.3-600: 入隋求法一皇隆寺 / 608: 고구려(隋ㅁㅁ乞師表) 640: 皇隆寺임적(99세84세), 薛氏(薛氏), [600列, 嘉感縣人, 薩喰(薛氏) 世俗五戒]	현 청도지역사서 운문사와 무단점
15	신도(信度)		
16	단위(曇育)	596.3-605.3: 入隋求法	
17	지명법사(智明法)	백제승려, 曇育의 資金을 신라로 옴진, ?-602.9: 入隋求法	
18	자장율사(慈藏律師)	636-643.3: 入隋求法, [吳溫山, 太和池(문수5부소감흥), 終南山蓋靜寺3년, 芬皇寺(王분왕)主席, 太極論2주, 大國獄임명, [元善寺, 皇龍寺塔, 太和寺, 통탄寺. 暑寂跡, 知通法師등 107개소〉건임, 鰊鰊縣彌勒驛場生寺 건의 / 650: 中國法衣袈裟 견의	割寺지구(지경사주 추임), 칠이 깃들 본 세상이一孝家院개창
19	양지사(良志師)	선덕왕時: 錫杖飛寺거중, (靈鰨寺)丈六三尊,天王像), (天王寺)八部神將, (法林寺)主佛,3千佛等도제作	
20	생의스님(生義)	선덕왕時: 도중사(道中寺)거주	
21	법적(法惕)	선덕왕시: 중등사시무, 선덕여왕 치료 중기에 본사제에 유효로	
22	밀본법사(密本法師)	선덕왕시: 密教스님,大國夫人이 선덕여王 치료, 김양도 인물병 치료	
23	광덕(廣德)	⟨왕⟩	분황사서쪽에 은거, 일장 밥보다 먼지 죽음(安養一서방정토에 갈 수 있음
24	엄장(嚴莊)	⟨왕⟩	남악에 은거, 원효법사의 신권법으로 정진ㄴ一서방정토에 감
25	경흥(憬興)	⟨왕⟩	水匠, 熊山州人, 30문무왕유언에따라 31신문왕이國老星삼음, 三郎寺주거
26	석현범(釋玄本)	⟨왕⟩	상문사비 전승
27	보덕화상(普德和尙)	(650.6/667.3.1): 고구려平壤城盤龍寺에서 完山州孤大山景福寺로 飛來방지도	
28	신라범사(普德和尙)	(?~669.1): 入隋求法, 政信大書省임명	

#	이름	현 중국땅(수, 당 및 경상도신라)	주요 활동내용	현, 한반도(경주신라)
29	입운법사(琳雲禮遊師)	671.7.26: 실인귀편지 문무왕에전달		<왕대>
30	의안법사(義安法師)	674.9: 法師입당		<왕대>
31	의상법사(義相法師)(625~702)	653: 皇福寺에서 出家 651~670: 入唐求法(移山至相寺智儼法師 華嚴學), 긴급귀국(실인귀모함) 681.6: 王京城 築城唐相關(문무왕)		676: 浮石寺(낙산사창건, 신라嚴宗개조 東京興輪寺金堂十聖 <왕대>
32	승전법사(勝詮)(?~714?)	唐중남산에서 出家?	唐終남산華嚴首國師의 搜玄疏를 신라勝詮에게전달후 임무고디華嚴경강경: 石體弟80여에(海州開寧縣葛項寺) 구해 옴	<왕대>
33	체원수(體元修)	<왕대>		785~805: 중국에 가서 신역 後分華嚴經, 觀彌勒經疏 구해 옴
34	오진(悟眞)	<왕대>		(義湘弟子10大德)
35	지통(智通)	<왕대>		(義湘弟子10大德) 伊朗公잡이, 17세(661) 카야산에나로 '華嚴노에 은지135년 된 朗智에게 出家, 普賢大士로부터滿分之戒받음, 義湘에게서도공부, 錐穴大典 청강(소백산推穴)普賢大士로부터華嚴大典 청강(소백산推穴)
36	진정(眞定)	<왕대>		(義湘弟子10大德) 대면선義湘의 제자, 義湘의 華嚴大典
37	도융(道融)	<왕대>		(義湘弟子10大德)
38	양원(良圓)	<왕대>		(義湘弟子10大德)
39	상원(相源)	<왕대>		(義湘弟子10大德)
40	능인(能仁)	<왕대>		(義湘弟子10大德)
41	의적(義寂)	<왕대>		(義湘弟子10大德)
42	석혜통(釋惠通)	수당을 죽임 입증로가, 단고종의 주치의 병을 치료, 665년 귀국하여 문의립 鎮鎭을 돛구냄, 효소왕때 國師 靈鷲山에龍藏殿창기, 원성왕(?)때 國師, 863년사망?		<왕대>
43	신충(信忠)			763: 斷俗寺창건,
44	인회(仁會)	<왕대>		
45	명랑법사(明郎法師)	632~635: 入唐求法 670: 文豆婁秘法(密檀法)으로 唐침입군4차을 격퇴신라 訳 중 四天王寺창건, 神印宗祖師		670년: 龍宮秘法전신라도신라神印宗祖師 679.8.四天王寺개창(?)
46	지의법사(智義法師)	680?: 30문무왕에게 조언, (護國大龍 ·海主生報)		<왕대>
47	혜숙(惠熟)	(613~696), 15세: 入唐求法, (唯識學의大家), 與隆寺지옷삼		
48	도증(道證法師)	(?~692): 自唐還, 天文圖을바침.		圓測系統의唯識學을 太賢에게전수
49	중담사(忠曇師)			生義寺石彌陀에게茶供養, 農耕禮樂郞, 安民歌제작765: 35경덕왕의 王師表을 제작諫
50	표훈대덕(表訓大德)	<왕대>		東京興輪寺金堂十聖 (義湘弟子10大德), 佛國寺에있으며 사항유상天宮왕대 757경: 왕에게 아들으낳아달라 경고,(35경덕왕) 天宮에있이 (後獨 부탁
51	대현법사(大賢法師) 대현(大賢)	<왕대>		靑丘沙門者 자사, 남산불長寺居住, 불교義해理기, 法和宗시조 753: 金光明經을 강하여 金光井의 고을를 덜음,
52	범해(法海)	<왕대>		754: 黃龍寺에서華嚴經강경, 德海용공기음에 東岳용장가계하고 京師음을마내라기에 접수이다는,
53	문선(文章)	<왕대>		元曉(西台)의 자손음 朗智(東台)에게전해옴
54	인오대(仁烈大德)	<왕대>		東京興輪寺金堂十聖, 薛氏, 617년 押梁郡(南山郡(佛地村=發智村=佛等乙村) 北육 栗谷婆羅樹 아래에서나옴, 孫哲谷主와 사이에 薛談(신라10賢) 출산후 小性居士자작 [元曉本願], 法化宗 공로, 三藏要疏(언어장난등)기를 지음, 人器하사 諸應(이言), 眞容을 만들어 芬皇寺 奉安
55	원효대사(元曉大師)	<왕대>		

#	이름	주요 활동내용	
		현 중국땅(수, 당 경 소신라)	현 한반도 (경주신라)
56	대안법사(大安法師)	<양대>	元曉의 角乘(雙啓圓思想을 大衆(大乘)으로 大衆化함
57	혜숙법사(釋·惠宿)	<양대>	東京興輪寺金堂十聖, 好世間, 國仙瞿旵公과 離別, 赤善村 20년 은거, 殺生을 警告, [恩宿寺]
58	안함(安含)(579?-640)	?	東京興輪寺金堂十聖
59	사파(蛇巴)	?	
60	혜공법사(釋惠空)	<양대>	東京興輪寺金堂十聖, 兒名憂助, 負簣利嬌, 夫蓋寺거주, 만년에 恒沙寺(迎日縣吾魚寺)거주, 人寺之井中 數月不出, 元曉의法藏, 荼毘시, 많은 舍利
61	원효법사(釋元曉)	자장보다 뒤 자장과 함께 귀국, 자장과의 大乘戒를 적극 수용.	<양대>
62	[又眞表] 十子眞表 (두사람) 하나로 합쳐기록함) 석진표(釋) (釋眞表)父	[석진표(釋眞表)父一師], 又<양대>; 718: 完山州 萬頂縣人 729/12세: 金山寺(釋―色, 南京崇濟法師에게서 제수 740.3.15/23세: 仙溪山不思議菴에서 亡身懺悔를 보고 彌勒菩薩을 보고淨戒受戒를 받고 占察經을 받고 도망山寺(연, 인화사)에서 彌勒音楽로부터 占察經과 진싸을 果簡子189개반을 전해받고, 금山寺(연)로 돌아와則住. ⇒(1차한반도행) ⇒(2차한반도행): [子眞表]가 동행, 永深에게서 法球을 잇게함	⇒(1차한반도행) 752.2.15: 경덕왕의 자친받아 阿瑟羅州(강원도에서) 포고 ⇒(2소생한반도) ⇒(2차한반도행): [子眞表]와 동행, 속으니 사리가 金剛山鉢測寺에 安置됨
63	진표全사(師) [子眞表] 진표全사의 子이자아버지인 [子眞表]의 둘째제자인 진산에서 낭음眞表傳記에 의주 인용	[진표全사(眞表律師)]子<양대>: 734: 全州骨骨郡那山村大井人 >745/12세: 金山寺眞表(律師)에게 출가 >760/27세: 保安(變山)不思議房 >762.4.27/29세: 成本2冊子 >766.5.1/33세: 金山寺에서 金山寺건립 ⇒(1차한반도행) ⇒(2소생한반도) ⇒(2차한반도행)	(1차한반도행) ⇒鉢淵山吉祥草民宗⇒溟州해변 ⇒高城都骨山山(금강산)에 鉢測寺건(7년) (2소생한반도) (2차한반도행) ⇒아마지의 9鉢測寺로감 ⇒바위에서 사身 ⇒1197년내수습(無觸)
64	영여사(迎如師)	寶師寺(國師房)스님, 경덕왕이 國師당으로 追封하여 수에바뀜.	?
65	영삼장(永深)	<양대>	<1차한반도행>, 773: 不退懺懺原에서 眞表獅子를 傳受, 俗離山에 吉祥寺를 창건하여 法統계승
66	보종(寶宗)	<양대>	父石真表법사(釋眞表)제자,
67	신방(信芳)	<양대>	父石真表법사(釋眞表)제자,
68	체진(體珍)	<양대>	父石真表법사(釋眞表)제자,
69	진해(珍海)	<양대>	父石真表법사(釋眞表)제자,
70	진선(眞善)	<양대>	父石真表법사(釋眞表)제자,
71	석충(釋忠)	<양대>	父石真表법사(釋眞表)제자,
72	융종(融宗)	<양대>	父石真表법사(釋眞表)제자,
73	불타(佛陀)	<양대>	永深과함께 俗離山吉祥寺 창건
74	심지시사(心地)	<양대>	永深으로부터 俗離山吉祥寺 창건 41대덕왕자, 속리산永深의 9개를받은 眞表律師의骨子果簡子를 받아 팔공산에서 獅子를 받아 桐華寺에 안치

102
불국토

#	이름	주요 활동내용	
		현.중국지역(수,당 및 강소신라)	현.한반도(경주신라)
75	승제법사(乘濟法師)	<왕래?>	金山寺주석, 父嚴莊의스승, (唐)善道三藏의제자, 五臺山文殊菩薩현신에感應하여 五戒를받음
76	순제법사(順濟法師)	<왕래?>	金山寺주석, 子眞表의스승
77	신라인遊土(闕兰諸僧의 등)	<왕래?>	求法入唐, (627-656)경 長安경유하고王의三藏國에 간되不歸, [說摩,惠業,玄泰,求本,玄恪,慧輪,玄遊,등], '신라-矩陁國(雞鏧說鏧(黃)=雞林'
78	월명사(月明師)	<왕래?>	四天王寺주기기, 能俊大師門人,國仙, '兜率歌'(鄉歌) 760: 兜率歌(散花歌아님)를 지어 '二日並現每不久破'괴변을 물리침
79	진율(眞律)	<왕래?>	望德寺승려, 10일만에冥府에서환생시켜왕도돌려 주게함
80	혜영법사(惠英法師)	-	787: 少年書省에 임명 (동자승 관리)
81	범여법사(梵如法師)	-	787: 少年書省에 임명 (동자승 관리)
82	주통(州統), 군통(郡統)	-	787년: 주통(州統=州사장 관리)9명 / 758년: 군통(郡統=郡사장 관리);18명
83	석지해(釋智海)	-	795: 대궐에서 50일간 華嚴經강연
84	사미묘정(沙彌妙正)	<왕래?>	內殿의 金光井서서 얻은 구슬(如意珠)을 唐皇帝에게 바쳤다가 잃음
85	경수사(正秀師)	<왕래?>	애장왕때, 皇龍寺에 기거, 三郎寺에서 돌아오다가 天嚴寺 문앞에서 아이낳은 거지여인에게 옷을벗어주고 皇龍寺도 돌아온 일로 인하여 王이 하늘의 꾸지람에 따라 國師로 임명함
86	보요선사(普耀禪師)	<왕래?>	海龍王寺의개山祖, 吳越에가서 大藏經을가져옴(2차)
87	범교사(範敎師)	860.9: 국선膺廉(48-경문왕)에게 47현인왕의 뜻(大임!에게 장가들도록 조언한 興輪寺의 大德	-
88	대구화상(大矩和尙) 대거(大居)	<왕래?>	승려?아니라 역사예국가문인(승려도 겸각가능) 861: 玄琴曲(현급곡지), 大道曲(대도곡), 問群曲(문군곡)3곡 지음 888: 魏弘과 함께 향가3집(三代目) 지음 935.10. (경순왕孝子敦整攝羹為관왕에의 귀자) /後往法水海印寺云. (?-917), 지증대사(도헌)의제자 / 906: 迦藤寺개창
89	범음(梵音)	-	41.헌더양대 國敎. / 817: 이차돈무덤숙숙.비석건립
90	양부(陽孚)=양부(楊孚)	-	
91	혜등(惠燈)	<왕래?>	

(주: 이 조사표의 내용은 필자가 임시로 작성한 것이므로 내용 중에 틀리거나 누락된 부분이 있을 수 있으니 활용에 주의해주시바란다. 다만, 필자가 분석의 주체와 관련하여 특별히 선택한 승려들에 대해서는 상세한 내용을 각 해당 항목에서 보충설명하고 있으니 참조가 될 것이다.)

이상과 같이, 『삼국사기』와 『삼국유사』의 기록을 중심으로 해서 주로 신라(강소신라+경주신라)에서 활동한 불교승려들의 활동을 요약 정리해 보니, 기존의 통설에서는 전혀 언급되지 않았지만 핵심이 되는 주요 승려들이 강소신라(현,중국화동(華東)지역)와 경주신라(현,한반도(韓半島))를 마치 옆 동네 다니듯이 빈번하게 왕래했었을 것으로 보이는 행적들을 찾을 수가 있었다. 많은 승려들 중에서도 특별히 강소신라가 경주신라로 이전하는 데에 직접적으로 관여하였을 것으로 보이는 승려들 몇 분을 골라서 그들의 행적을 집중적으로 검토하여, 그동안의 통설에서 소홀히 하거나 잘못 해석해 온 부분은 없었는지를 검토해 봄으로써 강소신라가 경주신라로 이전하는 과정에 대한 역사왜곡의 맥락을 찾아보고자 한다.

가. 660년 이전에 활동한 승려들

(1) 이차돈(異次頓)
(2) 낭지법사(朗智法師)
(3) 안홍법사(安弘法師)
(4) 원광법사(圓光法師)
(5) 자장법사(慈藏法師)

표6. 660년 이전에 활동한 승려들 [기준 : 『삼국사기』, 『삼국유사』]

이름	주요 활동내용	
	현,중국땅(수,당 및 강소신라)	현,한반도(경주신라)
이차돈 (異次頓)	502?~527, 朴(박)厭髑(염촉=이차돈), 習寶(습보)葛文王(乞解大王)曾孫 527:西天竺에서 達摩가 金陵에 옴 527:厭髑爲法滅身(불교공인)	東京興輪寺金堂十聖 (東壁坐庚向)
낭지법사 (朗智朗智)	527:靈鷲山에서 開法 661:智通을교육, 後에 元曉도교육	歃良州阿曲縣靈鷲山庵子(赫 木寺)에서 135년이상 寄居 (?), [東岳上德]

이름	주요 활동내용	
	현,중국땅(수,당 및 강소신라)	현,한반도(경주신라)
안홍법사 (安弘法師)	?~576:入隋求法, {胡僧비마라(毘摩羅)를 帶同하여 귀국},≪능가경≫,≪승만경≫ 도입, ≪東都成立記≫편찬	(安含과 다름)
원광법사 (圓光法師)	薛氏(朴?), 13세 出家, 30세: 三岐山金谷寺수도 584?~589.3~600: 入陳求法(莊嚴寺) 　　　　　　　　+入隋求法 600頃: 嘉栖岬占察寶, 　　　(貴山+箒項)에게 世俗5戒 608: 隋에 征고구려 乞師表작성(?) 640: 皇隆(龍?)寺 입적[부도:金谷寺] 　　　(99세?/84세?/88세?) ---------- 唐≪續高僧傳≫: 신라皇隆寺, 박씨 25세: 金陵,莊嚴寺僧旻제자聽講 　　　道法에歸依,吳의虎丘山은거, 　　　揚都에서 隋軍에 逮捕/釋放, 589.3~600: 入隋留學 641: 皇隆(龍?)寺 입적(99세) ⇒630(88세) 제자:圓安	(潤文): 鵲岬,璃目,雲門 　　　　西學求法의개조 ---------- 東京安逸戶長貞孝家/ [古本殊異傳] 薛氏, 30세: 三岐山(狐鬼) 　11년간중국, 600(601?): 귀국 　(臂長山/老黑狐), 60?: 作乞兵表(於隋) ???(84세)입적: 明活城西, 　　　　　　　　金谷寺 ---------- ≪三國史/열전≫ 嘉瑟岬: (貴山+箒項)에게 　　　　世俗五戒를 줌 613: 皇龍寺 百座道場
자장율사 (慈藏律師)	636~643.3: 入唐求法, [五臺山, 太和池(문수보살感應), 終南山雲際寺3년, 芬皇寺(王芬寺)主席, 大乘論강론, 大國統임명, (元寧寺,皇龍寺塔,太和寺,江陵郡水多寺,태백산葛蟠地에 石南院(淨岩寺)등 10개소)건립], 巘陽縣(彦陽鴨遊寺)의오리, 名.善宗郞, 知識樹52株, 649: 中國衣冠 건의, 650: 中國年號 사용건의,	東京興輪寺金堂十聖
양지법사 (良志法師)	선덕여왕時, 錫杖寺거주, (靈廟寺:丈六三尊, 天王像), (天王寺:八部神將), (法林寺:主佛三尊,金剛神), 懸板, 3千佛像등製作,	?
밀본법사 (密本法師)	선덕여왕시, 密敎의 고승, 六環杖을 날려 선덕여왕의 병을 치료, 김양도의 어릴 때 입붙음병 치료	?
숭제법사 (崇濟法師)	<왕래?>	金山寺주석, 父眞表의스승, (唐)善道三藏의제자, 五臺山文殊菩薩현신에 感應하여 五戒를 받음,
순제법사 (順濟法師)	<왕래?>	金山寺주석, 子眞表의스승,
동경흥륜사 금당십성 (東京興輪寺 金堂十聖)	-	東壁坐庚向泥塑: 我道(아도), 猒髑(염촉), 惠宿(혜숙), 　　　　　　　　安含(안함), 義湘(의상) 西壁坐甲向泥塑: 表訓(표훈), 蛇巴(사파), 元曉(원효), 　　　　　　　　惠空(혜공), 慈藏(자장)

(1) 이차돈(異次頓)

> (가) 527년 이전의 신라불교 : 아도기라(阿道基羅)
> (나) 이차돈(異次頓;502/506?~527)의 멸신(滅身)

신라23법흥왕이 527년에 처음으로 불교를 공인할 수 있는 여건을 조성하기 위해 '빅이벤트(big-event)'를 펼쳤던 이차돈^{異次頓}을 『삼국유사』에서는 《삼국유사/흥법3》원종흥법^{原宗興法}염촉멸신^{厭髑滅身}'이라는 제목으로 자세히 소개하고 있다. 즉 '원종$^{(原宗=신라23법흥왕)}$이 불교를 일으킨 것은$^{(興法)}$, 염촉$^{(厭髑=즉,이차돈)}$이 몸을 버림$^{(멸신滅身)}$으로써 가능했다.'라는 의미로 해석하는 것이 '이 제목이 주는 강렬한 이미지를 살리는 것'이라고 해야 할 것이다. 그래서 이 '527년이라는 년도'를 근거로 하여 '신라는 삼국 중에서 가장 늦게 불교를 받아들였다.'라는 통설이 성립되었던 것인데, 필자는 '반드시 그렇지만은 않다.'라고 보는 입장{즉, '신라사회에는 그 이전에 이미 불교가 도입되어 일반백성들은 물론이고 왕가 내부에도 이미 아주 넓게 퍼져 있었던 것이다.'}에서 기존의 통설이 놓친 부분들을 집중적으로 조명해서 '그 속에 숨겨진 역사왜곡의 내막'을 밝혀 보고자 한다.

결국, '불교도입 시기가 3국 중 신라가 가장 늦었던 것'이 아니라 '오히려 가장 빨랐던 것'인데 {신라를 현,한반도의 가장 남쪽으로 축출하는 '7말8초 역사왜곡'을 은닉하기 위해서} '나라들이 배치된 지리적 위치에 따라서 북쪽 고구려에서부터 백제 및 신라의 순서로 불교가 전해졌다.'라는 왜곡된 스토리를 '의도적으로 만들어 냈다'고 보는 것이다. 즉 '이차돈^{異次頓}의 멸신사건^{滅身事件}을 역사왜곡에 이용했었다'는 것이다.

(가) 527년 이전의 신라불교 : 아도기라(阿道基羅)

『삼국유사』에는 위 '원종흥법^{原宗興法}염촉멸신^{厭髑滅身}' 기사에 앞서서 고구려, 백제, 신라의 불교 도입시기와 관련된 기사들을 다음과 같이 불교도입의 시기순으로 설명하고 있다. 즉 원문이 너무 길어서 이곳에 그대로 전재하는 것은 생략하고 그 요지만 정리하면 다음과 같다. [원문은, 「한국사db」의 해당 조항'을 참조하기 바란다.]

①고구려불교 : 순도조려^{順道肇麗}⇒{(372년,순도^{順道})+(374년,아도^{阿道})}조
②백제불교　 : 난타벽제^{難陁闢濟}⇒{384년(마라난타^{摩羅難陀})}조
③신라불교시작 : 아도기라^{阿道基羅}⇒{ⓐ13미추?,아도^{阿道}+ⓑ19눌지,묵호자^{墨胡子}+ⓒ21비처,아도화상^{我道和尚}+ⓓ아도본비^{我道本碑}+ⓔ신라본기,아도본비$^{(新羅本紀와我道本碑)}$ 비교)+ⓕ북위,석담시전^{釋曇始傳}}조

···라는 3개의 제목으로 나누어서 시기 순서대로 차례로 소개하고 있는데, {'②난타벽제^{難陁闢濟}'는 백제불교의 도입시기에만 관련되므로} 신라불교의 도입시기와 직접 관련된 내용은 '①순도조려^{順道肇麗} 374년의 아도^{阿道} 1개 항목'과 '③아도기라^{阿道基羅}의 6개 항목$^{즉,ⓐⓑⓒⓓⓔⓕ}$'이 된다.

그런데 {기사의 내용이 조금 복잡하기 때문에 '이 글을 다 읽고 난 다음에라야 비로소 어느 정도의 구분이 가능하다'라고 보이며} 얼핏 보기에는 '③아도기라^{阿道基羅}의 6개 항목$^{즉,ⓐⓑⓒⓓⓔⓕ}$' 전체가 모두 '아도^{阿道}'라는 승려를 지칭하는 것'처럼 보이겠지만, 그 기사들의 안에서 설명하는 세부 내용에서는 '아도^{阿道}가 아니라 아도^{我道}에 대해서만 설명$^{\{주의: 阿자와 我자가 다르다.\}}$을 한 뒤'에, 마지막으로 '아도$^{(阿道;ā+dào)}$와 아도$^{(我道;wǒ+dào)}$의 비교에서 아도^{阿道}를 다시 언급'하고 있어서···

첫째, '③'에서 {제목의 아도(阿道)}와 {내용의 아도(我道)}가 동일한

가?'라는 점이 문제가 되며,

둘째, '이 {③의 아도(阿道) 또는 아도(我道)}가 ①의 374년,아도(阿道)}와 어떤 관계인가?'라는 점을

우선적으로 확인해야만이 '핵심되는 문제가 어디에 있는지?'를 알 수 있게 되어 있는 것이다. 그래서 ③의 전체를 [아래ⓐⓑⓒⓓⓔⓕ]에서와 같이 세부항목별로 나누어 정리'해서 먼저 살펴본 뒤에 '신라불교의 도입시기와 관련되는 것으로 보이는 ①의 374년,아도^{阿道}'는 {검토의 순서를 바꾸어서} 뒤쪽의 힌트(❶)에서 살펴보는 것이 조금 더 이해하기가 쉬울 것으로 보인다. 그리고 각 해당 항목마다 '전체적으로 검토되어야 할 중간검토 내용^{[즉,[종합결론관련]중간검토]}'을 각각 부기해 두었다가 맨 마지막에 [종합결론]을 정리하면서 '[뒤의 힌트(❶,❷,❸)]를 다시 살펴보는 것'으로 설명을 진행할 것이다.

혹시 {도중에 글이 길어져서, 조금 혼란스럽게 느껴지거나 우선 주요한 맥락만 알기를 원한다면} 배경설명에 해당되는 중간검토ⓐ~ⓖ를 건너뛰고, 그 아래의 **'힌트(❶,❷,❸)가 포함된 [종합결론]'**만 보아도 필자가 추론하는 개요를 대략 알 수가 있을 것으로 여겨진다. 즉 일반인들에게는 {필자가 검토해 나가는 과정에 해당되는} 중간검토ⓐ~ⓖ'는 읽기에 조금 혼란스러울 수도 있을 것이나 '527년 이전의 신라불교, 아도기라^{阿道基羅}'를 조금 더 전문적으로 연구하고자 하는 독자들에게 참고가 되도록 그냥 여기에 필자의 검토과정을 그대로 등재해 두는 것으로 하였다.

ⓐ **'순도조려(順道肇麗)'조의 <374년,아도(阿道)>에서,**

* 고구려17소수림왕4⁽³⁷⁴⁾년, 아도^{阿道}가 진^{晉?}or전진^{前秦?}에서 고구려로 왔다.

* (고구려가) 375년에 이불란사^{伊弗蘭寺}를 창건하여 아도^{阿道}를 거주케 했다.

⇒ **[종합결론관련] 중간검토 :** 아도^{阿道}가 374년에 고구려로 온 것은 맞

을 것이다.

ⓑ '아도기라(阿道基羅)'조의 <제목:아도기라(阿道基羅)>에서,

* [(注) : '아도기라^{阿道基羅}의 아도^{阿道}는, '아도^{我道}라고도 하고 또는 아두^{阿頭}라고도 한다.{阿道基羅(一作我道又阿頭)}]

⇒ [종합결론관련] 중간검토 : {비록, 『삼국유사』가 '아도^{阿道}'≒'아도^{我道}'≒'아두^{阿頭}'인 것으로 주해석$^{(注)}$을 부기하고는 있지만} '아도^{阿道}'와 '아도$^{(我道)}$'≒아두$^{(阿頭)}$'는 다른 사람일 수도 있으므로, 본문의 주인공은 일단 '아도^{阿道}'가 아니라 '아도^{我道}'로 보아야 한다. 즉 "아도기라^{阿道基羅}라는 제목은 {의도적으로 독자들에게 혼란을 야기시켜서 역사왜곡을 은닉하기 위한 가짜제목$_{(혹은, 낚시용제목?)}$이므로} 처음부터 제목을 '아도기라^{阿道基羅}'가 아니라 아도기라^{我道基羅}라고 했었어야' 전체적으로 알기 쉬운 문장이 된다는 것이다. 즉 '아도^{阿道}'≒'아도^{我道}'≒'아두^{阿頭}'라고 했으면서도 실제의 내용은 '아도^{我道}'에 대해서 말하고 있으며, 또한 제목도 굳이 '아도^{阿道}'라고 명기해서 혼란을 부추기고 있는 것은 '애당초부터 혼동을 야기시키기 위한 의도가 있었다.'라고 보아야 한다는 것이다. 물론 이는 '아도$^{(阿道;ā+dào)}$'≒'아도$^{(我道;wǒ+dào)}$'≒'아두$^{(阿頭;ā+tóu)}$'가 모두 그 한자음^{漢字音} 또는 한어음^{韓語音}이 서로 비슷비슷한 것을 이용한 '일종의 음변자변조기법^{音變字變造技法}을 활용한 역사왜곡방법론'을 의도적으로 적용한 것이라고 보면 될 것이다. 즉 {후손들이 자신들의 의도^{意圖}를 알아낼 수가 있을 것으로 기대한} '7말8초 역사왜곡을 담당한 한자박박사^{漢字博士}들'이 {비록 조금은 억지스럽다 하더라도} '아도^{阿道}라는 가짜제목(?)을 앞세우는 역사왜곡방법론'을 구사한 것으로 볼 수가 있다는 것이다.

ⓒ 아도기라(阿道基羅)조 <19눌지왕시기$^{(417~458)}$/묵호자^{墨胡子}>에서,

* 신라19눌지(417~458) 때, 묵호자^{墨胡子}가 고구려로부터 신라 일선군

{一善郡=현,산동성조장시(棗庄)}에 왔다.

* 묵호자墨胡子가 모례{毛禮=혹은,모록(毛祿)}의 집에 기거했다.
* 묵호자는 왕녀王女의 병을 치료한 뒤에 종적 없이 사라졌다.

⇒ [종합결론관련] 중간검토 : 특정인의 성명姓名이 아니라 '검둥이墨 오랑캐胡子'와 같은 의미의 일반적인 별칭이라고 보이는 '묵호자墨胡子'로 불리운 사람이, 실제로 19눌지왕시기(417~458)에 산동신라에 와서 신라왕실에 불교를 포교하려다가 실패하고서 어디론지 사라졌다는 것은 사실일 것으로 추정된다. 그러나 이 '묵호자墨胡子'로 불리웠던 사람이 우리가 지금 규명하고자 하는 '아도阿道' 또는 '아도我道'와는 무관한 제3자일 수도 있으므로, 또 다른 '묵호자(墨胡子=즉,검둥이오랑캐)'로 불리웠던 비슷한 행적을 보인 사람'이 있을 수도 있다고 보아야 할 것이다. 즉 '묵호자墨胡子'가 어느 특정인에게만 해당되는 고유固有한 인명人名이 아니라 검둥이墨 오랑캐胡子와 같은 의미의 일반적인 별칭(혹은,속칭)일 수가 있다는 것이다.

ⓓ '아도기라(阿道基羅)'조의 <21소지왕시기(479~500),아도화상(我道和尙)>에서,

* 모습이 '신라19눌지(417~458) 때 묵호자墨胡子'와 비슷한 아도화상我道和尙이 신라21소지왕 때, 모례毛禮의 집에 왔다.
* 아도화상我道和尙이 수년간 모례毛禮의 집에 머물다가 죽었다.
* 주註에 언급된 『해동고승전』을 찾아보면, **"아도(阿道)스님은, '본래, 천축인(天竺人=즉,인도인)이다.'라고도 했고, '오(吳)나라에서 왔다.'라고도 했고, '고구려(高句麗)로부터 위(魏=즉,曹魏)로 들어와, 나중에 신라(新羅)로 돌아갔다.'라고도 했으니, 어느 것이 옳은지 모르겠다[釋阿道 或云本天竺人 或云從吳來 或云自高句麗入魏 後歸新羅 未知孰是]"**라고 하였다.

⇒ [종합결론관련] 중간검토 : 21소지왕(479~500) 시기에는 아도화상我道

和尙이라는 승려가 신라에 와서 역시 신라왕실에 불교를 포교하려다 실패하고 죽었던 것{病死}으로 보인다. 그런데 **'아도화상{我道和尙}의 모습이 묵호자와 비슷했다{儀表似墨胡子}'**라고 했으므로 19눌지왕(417~458) 시기에 왔다가 사라진 그 묵호자일 개연성이 크긴 하지만, 다른 '묵호자{墨胡子=즉, 검둥이 오랑캐라는 일반적인 별칭}'일 수도 있으므로 단정할 수는 없는 것이다. 물론 '주{注}'에서 아도{阿道}스님을 보충 설명하고 있긴 하지만, 일연스님도 **'어느 것이 옳은지 모르겠다[未知孰是].'**라고 연막을 치고 있으며 내용상으로도 '제목의 아도{阿道}에 대한 주{注}'인 것이지 '내용의 아도화상{我道和尙}에 대한 주{注}'라고 볼 수도 없으므로, 이 '주{注}'를 근거로 해서 아도화상{我道和尙}과 아도{阿道}를 동일인으로 확정하는 것'은 조금 무리스럽다고 해야 할 것이다.

ⓔ '아도기라(阿道基羅)'조의 <아도본비(我道本碑)>를 인용하여,

* 아도{我道}는 245년生(?)으로서 성씨{姓氏}가 반고구려인{半高句麗人=즉, (母=高句麗人고도령(高道寧)+(父=曹魏人아도마(我崛摩))}인 '아{我}씨'이다.

* 5세(249년) : 어머니{母}가 출가{出家=비구니}했다.

* 16세(260년) : 조위{曹魏}에 가서 아버지{父}인 아굴마{我崛摩}를 만나고, 현창화상{玄彰和尙}의 강석{講席=강의}에 나아가 배웠다.

* 19세(263년) : 고구려로 돌아와서 어머니{母} 고도령{高道寧}를 만나 '계림{雞林=즉,신라}으로 가라.'는 말을 듣고, 산동신라의 서울{京都=즉,산동곡부(曲阜)}의 계림{雞林=즉, 시림(始林)을 말함}에 와서 왕성{王城}의 서쪽마을{今(즉,고려시기),엄장사(嚴莊寺)}에 우거{寓居}하면서, 교법{敎法}을 행하려하자 사람들이 죽이려 하므로 속림{續林{今,일선현(一善縣=현,산동棗庄시)}의 모록{毛祿=모례(毛禮)의訛}의 집에 숨어 있었다.

* 그때 사람들이 '아두삼마{阿頭三麽}'라 불렀는데, '삼마{三麽}'란 스님{沙彌}의 향언{鄕言=진한어}이므로, 스님{沙彌}의 이름을 '아두{阿頭}'라고 불렀던 것이다. {즉 '본래의 성명{姓名?}'인 아도{我道}가 아니라 '향언{鄕言}으로 아두{阿頭}

라고 불렸었다.'는 것이다.}

* 22세(266년) : 성국공주^{成國公主}의 병을 고치고, 서울$^{京都=산동신라를 말함}$의 '칠처가람터^{七處伽藍之墟}에서 첫 번째인 천경림^{天鏡林}에 흥륜사^{興輪寺}를 지었다.

* 모록의 누이동생 사씨^{史氏}가 {불교에} 귀의하여 비구니가 되어 삼천기에 영흥사를 지었다.

* 32세(284년) : 13미추왕이 죽자, 모록의 집으로 돌아와 스스로 무덤을 만들어 죽었다.

* 그래서 불교가 일단 폐지되었는데, {어머니$^{(母)}$ 고도령^{高道寧}이 말한 대로} '[(263년)+(3千餘月後≒즉,252년)=(514년)]에 23법흥왕$^{(聖王)}$이 즉위'하여 불법을 일으켰다.

⇒ **[종합결론관련] 중간검토** : '아도본비^{我道本碑}'는 {비록 실물을 확인할 수 없고, 부분적으로는 작위적인 내용들이 포함되어 있다고 보이긴 하지만} 내용이 앞의 다른 기록들에 비해서 비교적 자세하다고 보인다. 따라서 이 기록은 성명^{姓名}이 '아도^{我道}인지? 아두^{阿頭}인지? 아니면 아도^{阿道}인지?'가 불명확한 어떤 스님$^{(沙彌)}$이 신라13미추3$^{(263)}$년에 산동신라의 서울$^{京都=현,산동곡부(曲阜)}$로 와서 {구김씨$^{舊金氏(3c중엽의 冊丘儉패잔병 세력)}$인} 13미추왕의 협력으로 흥륜사^{興輪寺}를 세우는 등 신라사회에 본격적으로 불교를 포교하려고 하였었는데, 13미추왕이 죽자 {석씨$^{昔氏(현,하북평원 瀛지역에 선주한 夫餘계 세력)}$, 박씨$^{朴氏(현,關中지역에서 현,산동성지역으로 이주한 辰韓 세력)}$ 등} 토착신라인들의 배척으로 인해서 포교에 실패하고 결국 죽었다는 것으로 이해된다.

그런데 여기서 일연스님이 후손들에게 제시하고 있는 '중요한 힌트'는 '당시 신라 사람들이 스님$^{(沙彌)}$의 이름을 아도^{我道}가 아니라 {향언^{鄉言}으로} 아두^{阿頭}라고 불렀다.'는 것이다. 즉 '향언^{鄉言}'이라는 표현 속에는 '조금 틀리게 말했다.'라는 의미가 들어 있는 것이므로 {이를 감안하면} '원래는 아도^{我道}라고 했었어야 되는데 신라 사람들이 향언^{鄉言}으로 조금 틀리게 말해서 아두^{阿頭}라고 불렀었다.'라는 것을 기록했다고 보이는 것이다. 그러나 '我^아의 신라방언이 阿^아라는 것'은 《삼국지(三國志)/위서(魏書)30/동이전(東夷傳)》한(韓)조: 東方人名我爲阿 > 東方 사람들은 나(我)라는 말을 아(阿)라 하였으니'에서도 이미 확인되고 있으므로, {아두^{阿頭}도 신라 사람들의 향언^{鄕言}이기 때문에} 실제의 이름이 아니라고 해야 할 것이다. 이는 결국 일연스님이 **'힌트(❸)=실제 이름(?)은 아도^{我道} 또는 아두^{阿頭} 또는 아도^{阿道}가 아니라 아두^{我頭}이다.'**라는 것을 우회적으로 설명하고 있다고 해야 할 것이다.

ⓕ '아도기라(阿道基羅)'조의 <신라본기와 아도본비에 대한 일연스님의 비교검토 내용>에서,

* 고구려17소수림왕4⁽³⁷⁴⁾년에 아도^{阿道}가 고구려에 온 것은 틀리지 않다.
* 일연스님이 '아도^{阿道}가 불교의 포교를 위해서 신라에 왔다면, 21소지 때나 13미추 때가 아니고 19눌지 때일 것이다.'라고 한 말은, '신라불교의 시초는 아도^{阿道}가 아니다.'란 의미를 에둘러서 말하고 있는 것이라고 해석해야 할 것이다.
* '묵호자^{墨胡子}'란, 진짜 이름^(眞名)이 아니고 위험한 일^(즉, 포교)을 하는 아도^{阿道}가 **'그저 내세우는 말^(乃指目之辭)**'일 것이다. 따라서 묵호자^{墨胡子}와 아도^{阿道}는 같은 한 명의 사람이다. [즉, '묵호자^{墨胡子}'란 일반적인 별칭이므로, '아도^{阿道}=별호,묵호자^{墨胡子}'란 의미가 되는 것이다.]
* **'성^姓이 아^我인데, 이름^名이 한글자^(單)인 것이 거짓인 듯 하나^(疑貳) 자세히는 알 수 없다^(難詳)'**라고 한 것은 곧 '성^姓이 아^我인 것과 단명^(單名=이름이 한 글자)인 것 속에 힌트가 들어있다.'라는 것을 암시하고 있는 것이다.

⇒ [종합결론관련] 중간검토 : '성명^{姓名}인 아도^{阿道}'와 '별호^{別號}인 묵호자^{墨胡子}'가 동일인일 수는 있지만, 신라불교의 시초는 아도^{阿道}가 아니므로 결국 '374년에 고구려에 온 아도^{阿道}는 신라불교와 무관하다.'는 것을 말

하고 있다. 그런데 '성姓이 아我인 것과 단명(單名=즉 한 글자 이름)인 것 속에 힌트가 들어있다.'고 했는데, 보통, '성姓은 맨 앞에 쓰이는 글자'이므로 **'힌트(❷)=아我로 시작하면서 한 글자(單)로 된 이름자(名)가 무엇인지?'** 를 찾으면, 일연스님이 숨겨놓은 '수수께끼'를 풀 수가 있을 것이다.

ⓖ **'아도기라(阿道基羅)'조의 <북위(北魏)의 석,담시전(釋,曇始傳)>에 대한 일연스님의 검토내용에서**
* '384년에 요동遼東에 가서 교화를 폈다.'고 한 것이 고구려 불교의 시초이다.
* '아도阿道, 묵호자墨胡, 난타難陀 3명 중 한 사람이 이름을 아도我道로 바꾼 것이 아닌가?' 한다.

⇒ **[종합결론관련] 중간검토** : {'요동(遼東=즉,고구려)'에 대해서 말하고 있으므로 요동遼東이 어디인지를 찾으면 고구려의 실제 위치를 알 수 있을 것이지만} 여기에서는 그것이 주제가 아니므로 일단 건너뛰자. 어쨌든, 일연스님이 '신라불교의 시초'와 상관되는 사람을 추적하면서 아도阿道, 묵호墨胡, 난타(難陀=즉,難陁)를 거론하고 '이 세 사람 중에서 어느 한 사람이 이름을 아도我道로 바꾼 것이 아닌가?'라는 의심을 하는 것은 결과적으로 '신라불교의 시초'는 '아도我道라는 이름에 답이 있다.'라는 의미가 되는 것이다. 즉 {묵호자墨胡子를 그냥 묵호墨胡라 하여 자子자를 빼먹거나, {마라}난타難陁를 {마라}난타難陀라 하여 의도적으로 타陁자를 틀리게 쓴 것은 모두 잘못된 것이므로} 이 두 사람은 고려하지 않아도 된다.'라는 의미가 되는 것이다. 이는 결국 **'힌트(❶)=아도我道라는 이름에서 답을 찾으라.'** 라는 암시(힌트)를 하고 있는 것이다. 따라서 **'이 힌트(❶)과 앞에서 찾은 힌트(❷) 및 힌트(❸)을 하나로 합쳐서, 신라불교의 시초에 대한 최종적인 답을 찾으라.'** 는 것이, '일연스님이 아도기라阿道基羅라는『삼국유사』기사를 통해 후손인 우리들에게 보내는 메시지(힌트)가 된다.'고 보아야 하는 것이다.

[종합결론] :

이상과 같이 세분하여 중간검토한 내용들을 바탕으로 해서, '일연스님이 후손들에게 보내는 메시지{즉,힌트(❶,❷,❸)}'에서 '신라불교의 시초가 언제, 누구에 의해서 대략 어떠한 상황으로 시작되었는지?'를 찾는 작업만 남은 것 같다. 그 메시지{즉,힌트(❶,❷,❸)}를 재정리하면, 다음과 같은데,…

힌트(❶): '아도^{我道}라는 이름(?)에서 답을 찾으라.'

힌트(❷): '아^{我}로 시작하면서 한 글자$^{(單字)}$로 된 이름$^{(名)}$ 자가 무엇인지를 찾으라.'

힌트(❸): '실제 이름(?)은 아도^{我道}, 아두^{阿頭}, 아도^{阿道}가 아니라 아두^{我頭}이다.'

…가 된다.

여기서 이 '3가지 힌트'를 더 자세히 관찰해 보면 '힌트(❶,❷,❸)에서 공통으로 등장하는 핵심적인 키워드'가 '我道^{아도}', '阿頭^{아두}', '阿道^{아도}' 및 '我頭^{아두}'인데, '我^{아}'자와 '阿^{아}'자 및 '道^{도}'자와 '頭^{두}'자라는 4개의 글자들이 '서로 어지럽게 조합'되어 있어서 조금 혼란스럽게 느껴지지만, {'이번의 주제인 불교$^{佛敎or불법(佛法)}$와 가장 연관이 된다.'라고 보이는 글자인 '**道**$^{(길,도;dào)}$=10.불교(佛敎)'자를 기준$^{[네이버/한자사전]}$으로 삼는다면} {아도^{我道} or 아도^{阿道}} = {아^{我} or 아^{阿}}의 도$^{(道=즉,佛法)}$를 말하는 것으로 볼 수가 있다는 것을 미리 염두에 둘 필요가 있다고 보인다. 따라서 '道$^{(길,도;dào)}$'자는 '불교^{佛敎}를 대칭^{代稱}하고 있는 글자'이므로, 이름$^{(名)}$ 글자에서 제외하고 보면 '{인명^{人名}이나 지명^{地名} 혹은 국명^{國名}}은 {아도^{我道} or 아도^{阿道}}자 전체가 아니라, {도^{道}자를 뺀} 아^{我} or 아^{阿}자 한 글자뿐일 수도 있다.'라는 생각을 할 필요가 있을 것이다.

즉, 이 생각이 바로 '힌트(❶)=아도^{我道}라는 이름에서 답을 찾으라.'라는 일연스님이 준 힌트의 의미와 상당히 부합된다고 볼 수 있는 것이다. 물론 이는 '우연한 발견'일 수도 있지만 {조금만 깊이 생각해 보면} '논리적으로도 큰 문제는 없다.'고 해야 할 것이다. 이와 같이 '{의외의 성과이긴 하지만} 뭔가 하나의 획기적인 퍼즐이 풀리는 느낌'을 갖게 된다면, 훨씬 더 자신감이 생기게 될 것이다. 그래서 {필자의 경험이기도 하지만} 항상 생각이나 관점을 하나로 고정해 버리지 말고, '합리적인 상상력'을 통한 '유연한 발상의 전환'을 하는 훈련을 평상시에 해두면 종종 의외의 성과를 얻을 수가 있다고 보인다. 즉 {'힌트(❶)'을 통해서는} 결국 '아도^{我道}라는 글자 전체를 인명^{人名}으로 국한할 필요가 없다.'는 것을 확인할 수가 있게 되는 것이다.

이제 '힌트(❷)=아^我로 시작하면서 한 글자^{單字}로 된 이름자^(名)'를 찾아야 하는데… '제공된 힌트'에서부터 이미 '아^我라는 한 글자^{單字}가 제시되어 있는데 또 어떻게 아^我로 시작하는 다른 한 글자^{單字}로 된 이름자^(名)를 찾으라는 것인가?'라는 수수께끼 같은 주문을 하고 있다는 경직된 생각을 하고서 '이건 말도 안 된다.'라고 짜증을 내게 되면 답은 점점 더 멀어지게 된다. 즉 {다시 한번 더 강조하지만} 여기서도 '합리적인 상상력'을 통한 '유연한 발상의 전환'이 필요한 것이다. 그래서 '이건 말도 안 된다라는 것'의 본질^(本質,Essence)이 무엇인지를 스스로가 되짚어 보아서, '한 글자^(單字)로 된 이름자^(名)가 글자^(즉,字=letter)일 것이다.'라는 경직된 선입견 때문에 '이건 말도 안 된다.'라고 '스스로 발상의 한계점을 미리 정해 버렸던 것'이었음을 발견하게 된다면, '답은 이미 찾은 것'이나 다름없게 될 것이다.

즉, '한 글자^(單)로 된 이름자^(名)가 글자^(字,letter)가 아니다.'라고 본다면 '소리^{즉,음(音)=sound)}'에서 찾으면 되기 때문이다. 그런데 {한자^{漢字}에 대한 이해가 조금이라도 있는 사람이라면} 한자^{漢字}의 음^音을 표기하는 방법에 '반절법^{反切法}이라는 것'이 있음을 잘 알 것이다. 즉 이미 '아^我로 시작하면서 한 글자^(單字)로 된 이름자^(名)'라는 것 자체가 바로 '그 한 글자^(字,letter)의 반

절법^{反切法}이 아^{我}로 시작된다.'라는 것과 같은 말이라는 것을 알 수가 있을 것이다. 결국 '힌트(❷)'는 '반절법^{反切法}을 생각하라.'라는 것이다. 따라서 이제 {'힌트(❸)'에서 '최종적인 답'이라고 이미 결과를 제시하고 있는} '아두^{我頭}라는 것'이 바로 '그 한 글자^{單字}로 된 이름자$^{(名)}$'의 반절법^{反切法}이 되는 것'임을 직감할 수가 있을 것이다.

그래서, 마지막 고비를 넘기 위하여 {다시 [네이버/한자사전]에서 '아두^{我頭}'라는 글자들의 음$^{(音,sound)}$들을 찾아} '역반절법^{逆反切法}이 적용된 한 글자$^{(單字)}$로 된 이름자$^{(名)}$'를 추정해 보면, '아두$^{我頭;wǒ+tóu}$=오$^{(吳;wú)}$의 반절법^{反切法}'이 됨을 쉽게 알 수가 있을 것이다. 즉 이 '오$^{(吳;wú)}$=즉,오나라^{吳}'자가 바로 '아^{我}자로 시작하면서, 한 글자$^{(單字)}$로 된 이름자$^{(名)}$'라는 '힌트(❷)의 조건을 충족'시키고 있는 것이다.

그런데, 《삼국지/위서30/동이전》한(韓)조 : 方人名我爲阿 > 방인$^{(方人=즉,진한인;신라인)}$은 我$^{(아;wǒ)}$를 阿$^{(아;ā)}$로 바꾸어서$^{(爲)}$ 말한다$^{(名:지칭(指稱)할,명)}$라고 했으므로, '{힌트(❸)에서 최종적인 답이라고 한, 아두$^{我頭=즉,아두(阿頭)}$는 바로 오나라$^{(吳;wú)}$를 지칭해서 말하고 있었던 것'이 된다. 곧 '아두^{阿頭}삼마$^{三麼=즉,스님(僧)을 말함}$'란 바로 '오승^{吳僧}=즉 오$^{(吳=즉,아두(我頭)=즉,아두(阿頭))}$나라에서 온 스님$^{(승(僧)=즉,삼마(三麼)=즉,사미(沙彌)?)}$'을 지칭했었던 것이다.

이를 다시 정리하면, '아두$^{阿頭(=즉,아두我頭)}$'는 본래부터 고유명사^{固有名詞}인 인명^{人名}이 아니었었고 {또 앞에서 이미 설명했던} '아^{我}'와 '아^{阿}' 및 '도^{道}'와 '두^{頭}'라는 4개의 글자들 중에서 '아^{我}'자와 '아^{阿}'자 및 '두^{頭}'자가 모두 '오^{吳}나라를 지칭하기 위해서 동원된 글자들'이었던 것이므로, 이제 남은 하나의 글자인 '도^{道}'자는 {앞에서 [네이버/한자사전]을 통해서 미리 예측했던 바와 같이} '이번의 주제인 불교$^{佛敎or불법(佛法)}$와 가장 연관이 되는 글자인 {道$^{(길,도;dào)}$=10.불교(佛敎)}자로 보는 것'이 타당하며 또한 합리적일 것이다.

결국, 일연스님이 맨 먼저 제시했었던 '아도^{我道}라는 이름에서 답을 찾으라.'라는 '힌트(❶)'가 이번의 주제인 '신라불교의 시초가 언제, 누구에 의해서 대략 어떠한 상황으로 시작되었는지?'를 찾는 작업에 대한 [종합힌트]로서 제시되었었다고 볼 수가 있을 것이다. 즉 {맨 처음에 찾아 두었던} '道^(길,도;dào)=10.불교(佛敎)'라는 글자를 재조합하여 '힌트(❶)'에 따라 {'아도^{我道}라는 이름에서 답을 찾아 [최종적인 종합결론]을 정리하면} 다음과 같다.

* '아(我)=아(阿)' [『삼국지/한(韓)조』: **方人名我爲阿**'참조]
* '아두(阿頭)=아두(我頭)에 대한 진한인(신라인)들의 향언(鄕言)' [『삼국지』참조]
* '아두(我頭;wǒ+tóu)=오(吳;wú)의 반절법(半切法)=즉,오(吳)나라' [반절법(反切法) 참조]
* '아도(阿道)=아도(我道)에 대한 진한인(신라인)들의 향언(鄕言)' [『삼국지』참조]
* '아도(我道)={아두(我頭)의 도(道)}={오(吳)의 도(道)}=오도(吳道)' =즉 '{吳(오나라)에서 온 佛敎(불교)}를 말함'

결국, 지금까지 '인명^{人名}일 것'으로만 생각해 왔던 '아두^{我頭}, 아두^{阿頭}, 아도^{阿道}, 아도^{我道}' 등이 모두 인명^{人名}이 아니라 '吳^(오나라,오)'자를 속에 감추고 있는 암호^(힌트)들이었던 것임을 확인할 수가 있는 것이다.

다음에 {마지막 남은 퍼즐인} '묵호자^[墨胡子=즉 검둥이(墨) 오랑캐(胡子)]'에 대한 답을 찾아보면, {앞에서 언급된『해동고승전』에 "**아도^{阿道}스님^釋은 '본래, 천축인^{天竺人(즉,인도인)}이다.'라고도 했고, '오^吳나라에서 왔다.'**…"라는 기록이 있으므로} '아두^{阿頭}삼마^[三麽=즉,스님(僧)을말함]={아도^{阿道}스님^釋}={아도^{我道}스님^釋}={즉 오^吳나라에서 불교^{佛敎}를 가지고 온 스님^釋}'의 외관 모습이 천축인^(天竺人=즉,인도인)이어서 '검은^墨 외국인^胡=즉,묵호^{墨胡}'라는 별호^{別號}로 불렸던 것으로 추

정되는데, 아마 {'**불법**^{佛法}**을 전**^{傳}**한 성인**^{聖人}**'이므로**} '**묵호**$^{(墨胡=즉, 검은외국인)}$**라는 별호**^{別號}**'에 '춘추시대**^{春秋時代}**의 제자백가**^{諸子百家}**와 같은 존칭인 자**^{子}**'자'를 부가해서 '묵호자**^{墨胡子}**'라고 기록했었던 것**이라고 보인다.

    결국, 일연스님은 『삼국유사』의 아도기라^{阿道基羅}조'에서 '신라불교의 시초가 언제, 누구에 의해서 대략 어떠한 상황으로 시작되었는지?'를 후손인 우리들에게 알리기 위해서 '몇 단계의 암호와 같은 문장들 속에 실사의 내용을 은닉해서 기록했었던 것'인데, 이는 '**신라불교**$^{(현, 산동성=263년)}$**가 고구려불교**$^{(현,(하북성or산서성)=372년)}$**나 백제불교**$^{(현, 산동성=384년)}$**보다 먼저 오나라**$^{(吳=현,호북성武漢지역)}$**를 거쳐서 산동신라**$^{(현, 산동성)}$**로 들어온 인도인 승려 묵호자**^{墨胡子}**에 의해서 시작되었다.'**는 사실^{史實}이 쉽게 노출되는 경우, '7말8초 역사왜곡의 전체적인 구도'가 일시에 허물어져서 큰 혼란이 발생하게 되므로 '불교 도입시기 및 삼국의 위치와 관련된 실사^{實史} 기사들을 의도적으로 어렵게 만들어서 삼국의 실제 지리적 위치가 쉽게 노출되지 않도록 했었던 것'이다. 그럼에도 불구하고 일연스님은 {한편으로} 먼 훗날의 {어떤?} 후손이 언젠가는 반드시 당시의 실제 역사^{實史}를 찾을 수 있도록 교묘한 힌트들을 만들어서 문장 속에 감추어 두었던 것이다. 그래서 아둔한 필자가 {운이 좋아서(?)} 지금 그 실마리를 조금 찾아서 개략적으로나마 설명할 수가 있었던 것이다. 하지만 필자의 풀이가 완벽하지 않을 수 있으므로 현명한 독자들께서 조금 더 보완해 주길 기대하는 바이다.

    즉 {7C말~8C초 당시의 동아시아 국가$^{(10개그룹)}$ 모두가 함께 합의해서 만들어 낸 역사왜곡$^{(즉,대왜곡III(D30))}$의 결과에 의해} '현,한반도의 북쪽에 고구려, 서남쪽에 백제 그리고 동남쪽에 신라가 있었다.'라고 왜곡 배치되어서 이미 600년 이상 고착화되어 있는 {참으로 기가 막히는(?)} 허구적 상황'에서는, 일연스님으로서도 "**본래 천축인**$^{(天竺人=즉, 인도인)}$**이었던 어떤 스님**$^{(釋=즉, 묵호자(墨胡子))}$**이 263년경**$^{(신라13미추왕시기)}$ **오**$^{(吳=현,호북성武漢지역)}$ **나라를 거쳐서 신라**$^{(당시,산동신라)}$**로 불법**$^{(佛法=즉, 도(道))}$**을 처음 전해 주었었는데, 그 외관의**

모습이 검은^墨 외국인^胡이었으므로 묵호자^(墨胡子=즉,검은외국聖人)라고도 불렸었다."라고 신라불교 도입과정에 대해 있었던 그대로의 사실^{事實}을 평이하게 기록할 수가 없었으므로, '{필자가 앞에서 설명한 바와 같은} 지극히 어지러운 수수께끼들'을 만들어서 {어쩔 수 없이} 훗날을 기약할 수밖에 없었을 것으로 이해된다. 13C말 고려의 국사^{國師}였던 일연스님으로서도 '{동아시아의 역사 전체에 대한} 7말8초 역사왜곡의 구도'가 일시에 허물어지는 대혼란을 도저히 감당할 수가 없었을 것이다. 이는 애당초, 7말8초 시기에 동아시아사를 전체적으로 왜곡했었던 역사왜곡자들이 {자기들이 구상했었던 역사왜곡의 구도를 그대로 둔 상태에서} '신라불교가 삼국 중에서 가장 늦은 527년에 이차돈의 이벤트적^(event的) 멸신사건^{滅身事件?}을 계기로 해서 공인되었다.'라는 허기^{(虛記=즉,왜곡(歪曲))}를 만들었었고, 그것이 150여년 전의 『삼국사기』에 이미 그대로 등재되어 있었기 때문에 600여년이 지난 뒤의 일연스님 혼자서는 이 상황은 바로 잡을 수도 없었던 것이다.

이와 같이 '어마어마한(?) 상황'이 이미 고착화되어 있었으므로, {고심에 고심을 거듭하던(?)} 일연스님이 『삼국유사』에 『해동고승전』을 인용하여 "아도^{阿道}스님은 '본래, 천축인^(天竺人=즉,인도인)이다.'라고도 했고, '오^吳나라에서 왔다.'라고도 했고 또 '고구려^{高句麗}로부터 위^{(魏=즉,조위(曹魏))}로 들어와 나중에 신라^{新羅}로 돌아갔다.'라고도 하면서도 '어느 것이 옳은지 모르겠다"라고 기록해서 {삼면이 바다인 현,한반도 동남쪽에 있는} 신라에는 불교가 오나라에서 들어왔는지? 고구려에서 들어왔는지? 잘 모르겠다{釋阿道 或云本天竺人 或云從吳來 或云自高句麗入魏 後歸新羅}'라고 애매모호하게(?) 기록하여, 이 {지극히 민감한(?)} 문제를 '먼 훗날의 후손들이 풀어야 할 숙제'로 남겨 놓게 된 것이다. 그것이 바로 "《삼국유사/흥법3》'순도조려(順道肇麗)'조, '난타벽제(難陁闢濟)'조, '아도기라(阿道基羅)'조 및 '원종흥법염촉멸신(原宗興法猒髑滅身)'조"인 것이다.

(나) 이차돈(異次頓;502/506?~527)의 멸신(滅身)

흔히들 '신라에 불교를 처음 도입한 인물이 이차돈(異次頓=厭觸)일 것'으로 말하기도 하는데, {이미 앞에서 검토한 바와 같이} 산동신라(현,산동성곡부시曲阜) 시기인 263-4년경에 오吳나라에서 온 묵호자墨胡子라는 인도승려가 현,산동성조장시棗庄 부근의 민가(즉,모례가(毛禮家)}에서 처음으로 불교를 포교布教하기 시작함으로써, 대략 250년(즉,3000개월) 뒤인 (264+250=514년)에 즉위한 강소신라23법흥왕(514~549)14(527)년의 '염촉멸신(厭觸滅身=이차돈의 순교) 사건'이 있던 시기는 신라 사회에 이미 불교신앙이 거의 일반화되어 있었던 시기였다고 보인다. 다만 국가를 경영하는 국왕을 비롯한 조정대신들은 여전히 경세經世의 수단을 유교儒教 또는 도교道教에 바탕을 두고 있었으므로, 불교佛教를 국교로 도입하는 것에 대해서는 상당히 주저하고 있었던 것이다.

그래서 불국토佛國土를 건설하고자 했던 강소신라23법흥왕이 '이차돈의 멸신滅身이라는 이벤트성 사건'이 있었던 것을 계기로 해서, 불교에 대한 부정적인 풍조를 타파하고 불교를 국가종교로 받아들여 그때부터 국가의 지원하에 많은 불교시설들이 세워지고, 또 다양한 불교행사가 시행됨으로써 강소신라의 국력이 {커짐에 비례해서} 불교문화도 함께 크게 발전되었던 것이다. 물론 {서서히 진행되었겠지만} 263년 이래로 신라사회에는 불교를 전문적으로 수련하는 많은 승려들이 배출되었을 것인데, 7말8초 시기 갑자기 강소신라가 경주신라로 이전하는 것으로 결정되면서 (3C중~7C말=약450년간)의 기간 중에 크게 이름을 떨쳤던 신라승려들에 대한 기록들이 모두 의도적으로 삭제되었거나 혹은 중국승려로 분류되어 버렸다고 보인다. 즉, 중국승려들의 기록인 『(중국)고승전高僧傳』의 상당 부분이 서신라(즉,강소신라)

그림14. 이차돈의 멸신

의 승려들일 것으로 추정되는데, {통설적 역사서들에서는} 대체로 강소신라에서 경주신라로 이전하는 과정에 관여한 승려들만 신라승려인 것처럼 기록해 둔 것으로 추정된다.

어쨌든 '이차돈의 멸신'은 '527년 서천축^{西天竺}에서 달마^{達摩}가 금릉^{金陵=현,호북성무한시(武漢)}에 와서 설법한 것'에 자극을 받았으리라고 보이는데, {공식적으로는} '이차돈의 멸신을 계기로 서신라^{즉,강소신라}에서 불교가 공인된 것'이 분명하므로 {강소신라 사람이었던} 이차돈에 관한 스토리들도 역사왜곡 작업의 진행에 따라서 그대로 경주신라로 이전하였던 것이다. 그래서 이차돈이 동경흥륜사금당십성^{東京興輪寺金堂十聖}에 '동쪽 벽에 앉아 서쪽^(庚)을 향한^{東壁坐庚向} 아도^{我道=즉,묵호자}, 염촉^{獸髑=즉,이차돈}, 혜숙^{惠宿}, 안함^{安含}, 의상^{義湘} 등 5성인^(5聖)'의 한 분으로 모셔지게 된 것이다. 즉 이 5성인^(5聖)은 경주신라의 불교발전에 중요한 역할을 했었지만, 그 주검^{즉,시신,屍身}이 {동신라^(현,한반도)인 경주신라에 묻히지 않고} 서신라^(현,산동성+강소성)에 묻혔기 때문에 '서쪽^(현,중국땅)을 향해서^(즉,바라보며) 앉은^(坐庚向) 5성인^(5聖)'으로 분류된 진흙상(塑像)이 현,한반도에 모셔져 있게 된 것이다.

결국, {비록 민간에서는 이미 그곳을 성지로 여기고 있었을 것이지만} 527년에 공식적으로 건립된 흥륜사^{興輪寺}라는 사찰은 3C중엽에 '오나라^{吳=현,호북성무한}를 거쳐 신라^(즉,산동신라)에 와서 불교를 처음 전한 인도승려^{印度僧侶} 묵호자^{墨胡子=즉,아도(阿道)}가 죽은 장소인 모례가^{毛禮家=현,산동조장시(棗庄)}에 처음 세워졌었다'라고 보인다.

(2) 낭지법사(朗智法師)

낭지법사^{朗智法師}는 백제가 망한 직후인 661년경에 이미 강소신라에서 경주신라로 건너가서 영축산(靈鷲山=현,울산시) 암자{혁림사(赫木寺)?}에 있다가 {역시 나중에 강소신라에서 경주신라로 건너와서 반고사(磻高寺=현,울산시)에 머무르던} 원효법사元曉法師를 가르쳤던(?) 것인데, 마치 {그로부터 130여년 전인} 527년에 신라불교를 공인시키려고 멸신했던 이차돈을 도운 것처럼 기록되어 있어서, 낭지법사에 대한 기록들은 그 상황을 이해하기가 조금 난해하다. 그러나 {문장을 정확하게 분석해 보면} 그런 오해석을 할 이유가 없다고 보인다. 그래서 관련 근거기록(ⓐ,ⓑ)을 찾아 그 내용을 정리해서 '정확하게(?)' 다시 해석해 보기로 한다.

ⓐ《삼국유사/흥법3》원종흥법염촉멸신(原宗興法厭髑滅身)조 : 신라본기(新羅本紀)에 이르기를, "법흥대왕(法興大王) 즉위14(527)년에 소신(小臣) 이차돈(異次頓)이 불법을 위하여 제 몸을 없앴다"고 하였으니, 바로 소량(蕭梁) 보통(普通) 8년 정미(丁未=527년)로 서천축(西竺)의 달마(達摩)가 금릉(金陵)에 왔던 해이다. 이 해에 낭지(朗智)법사가 역시 처음으로 영취산(靈鷲山)에서 불법을 열었으니, 대교(大敎)의 흥하고 쇠하는 것은 반드시 원근(遠近)이 동시에 서로 감응한다는 것을 여기서 믿을 수 있다.

⇒ 즉 요약하면, '❶527년 강소신라 이차돈의 멸신滅身'이 '❷서천축의 달마達摩가 금릉(金陵=현,호북성武漢부근)에서 설법한 것'과 '❸낭지법사가 처음으로 영취산靈鷲山에서 불법을 연 것'에 감응해서 가능하게 된 것이라는 취지이다. 그런데, '❶'과 '❷'는 실사實史로 확인되는데 {'❸'은 아래(ⓑ)에서 말하는 내용과 무려 135년의 시차時差가 있으므로} '❸에 감응하였기 때문에 ❶이 가능했다.'라는 것은 논리적으로 성립될 수가 없는 것이다. 즉 이는 '❶과 같은 명분 있는(?) 일'에 '❸의 낭지법사가 많은 기여를 했다.'는 의미를 강조하기 위하여 억지로 삽입된 일종의 허기虛記로 보면 어느 정도 수긍이 될 것이다. 따라서 '❸의 낭지법사'가 '❶과 같은 명분 있는(?) 일'에 어떻게 기여를 한 것인지를 밝히는 것이 필요할 것이다.

ⓑ《삼국유사/피은8》낭지승운보현수(朗智乘雲普賢樹)조 : …삽량주(歃良州) 아곡현(阿曲縣)의 영축산(靈鷲山)에 신이한 스님{즉, 양지(朗智)}이…661년에, 보현대사(普賢大士)로 변신하여 지통(智通)에게 정계(正戒)을 주었는데…낭지는 이곳에서 (527년~661년=135년간) 지냈다…(영축산 서쪽의) 반고사(磻高寺)에 머무르는 원효(元曉)를 가르쳤는데…(원효가 낭지에게) "작은 티끌 불어 영축산에 보태고, 작은 물방울 날려 용이 사는 연못에 던집니다."라고 하였다. 산의 동쪽에 태화강(太和江)이 있는데, 중국의 태화지(太和池)의 용(龍)을 위해 복을 심어 창건한 것으로, 까닭에 용연(龍淵)이라 하였다.

⇒ {이 기록은 비교적 세부 기사들이 구체적이므로} 일단 '낭지법사가 661년에 영축산(靈鷲山=현,울산시)에 있는 암자{庵子=즉,혁목사(赫木寺)}에 있었던 것'으로 추정되는데, '이곳에서 (527년~661년=135년간) 지냈다.'라는 것은 낭지법사가 135년 전 '❶527년 강소신라 이차돈의 멸신滅身 사건'과 같은 '명분 있는(?) 일{즉,불교공인}'을 위해서 강소신라에서 이곳 경주신라로 왔다.'는 것을 우회적으로 말하고 있다고 보인다. 그래서 이 기록에서도 과연 '명분 있는(?) 일'이 무엇인지가 중요한데, 그것은 제자인 원효가 스승인 낭지에게 한 말에서 그 힌트를 찾을 수가 있다고 보인다. 즉 기본적으로 '낭지(스승)는 원효(제자)를 가르치기 위하여 이곳에 왔다.'는 의미가 되는데, {구체적으로 보면} '❹ 작은 티끌 불어 영축산에 보태는 것'과 '❺작은 물방울 날려 용이 사는 연못龍淵에 던지는 것'도 역시 {비록 그 대상은 다르지만} '명분 있는(?) 일'이 되는 것으로 해석되는 것이다.

그런데, '❹ 작은 티끌 불어 영축산(靈鷲山=즉, 부처가 설법한 인도)에 보태는 것'은 바로 '불교를 조금이라도 더 넓게 퍼지게 하는 것'을 말하므로 바로 '❶527년 강소신라 이차돈의 멸신滅身에 의한 원종흥법原宗興法'을 말하는 것이어서 쉽게 이해되는 것이고, 이런 연유에서 '❸낭지법사가 처음으로 영취산靈鷲山에서 불법을 연 것에 감응했다.'라는 표현으로 '527년 강소신라

이차돈의 멸신사건'에 억지로 연계시켰던 것으로 이해되는 것이다. 즉 낭지법사나 원효스님에게 명분 있는 일들 중의 하나는 '강소신라$^{(527년)}$와 경주신라$^{(661년)}$ 모두에 처음으로 불법을 펴는 것'이라고 이해하면 되는 것이다. 그리고 '❺작은 물방울 날려 용이 사는 연못^{龍淵}에 던지는 것'은 결국 '용^{龍}을 위한 일'인데, 이 용은 『삼국사기』나 『삼국유사』에 여러 차례 등장하는 '중국^{唐나라} 태화지^{太和池}의 용^{龍}'으로서 '오대산^{五臺山} 북대^{北臺}에 진좌한 문수보살^{文殊菩薩} 혹은 {신인$^{(神人, 老人)}$ 등으로 은유된} 바로 당태종^{唐太宗}을 의미하는 것'으로 이해하면 되는 것이다. 즉 『삼국사기』나 『삼국유사』에 등장하는 대부분의 신라 스님들이 거의 모두 '❻음으로나 양으로나 당태종^{唐太宗}을 위한 보람 있는(?) 일'을 하기 위하여, 그 험한 강소신라와 경주신라 사이의 황해바다를 수시로 왕래했던 것을 은유적으로 기록하고 있다고 보이기 때문이다. 따라서 이제 '❻당태종을 위한 보람 있는(?) 일'이 무엇인지를 찾게 되면, '이해하기가 조금 난해했던 낭지법사의 행적'을 쉽게 이해할 수가 있게 될 것이다.

결국 '❻당태종을 위한 보람 있는(?) 일이 무엇인지?'를 찾는 것이 마지막 과제가 되는데, 이는 나당연합군이 660년 7월 백제를 멸망시킨 직후 '당나라 소정방이 강소신라마저 계림도독부^{雞林都督府}로 흡수 병합하려던 사건'으로서 {당시 강소신라와 당나라의 사이가 일촉즉발의 상황까지 갔었던 것을 상기하면} 661년의 시점에서 '❻당태종을 위한 보람 있는(?) 일'이란 바로 '강소신라라는 나라$^{(國)}$를 가능한 한 신속히 통째로 경주신라로 이주시키는 것'임은 불문가지^{不問可知}라고 해야 할 것이다. 물론 660년 당시는 당태종이 아니라 당고종의 재위기간이지만, 당나라의 대외정책은 이미 당태종 시기에 모두 확정해 둔 것이었으므로 그 정책의 연속성에는 변함이 없었던 것이다. 따라서 {그리고 이 '❻당태종을 위한 보람 있는(?) 일'은 곧 '현, 한반도를 새로운 불국토^{佛國土}로 만드는 것'이었으므로} 661년 당시의 낭지법사^{朗智}나 그의 제자였던 지통^{智通} 및 원효^{元曉}는 '당태종의 정책{즉, 강소신라를 경주신라로 축출하는 것}을 충분히 숙지한(?) 상태'에서, 나중에 강소신라가 옮겨 갈 현,한반도{즉,경주신라}로 미리 건너가서 {'❻당태종을 위한 보람 있는(?) 일'에 대해} 종교{즉,불교(佛敎)}의 측면{즉,불국토건설}에서 사전준비 작업에 착수했었다고 보이는 것이다. 물론 이 스님들은 모두 당나라 및 강소신라 조정과 사전에 충분히 협의하였고, 물심양면으로 충분한 지원을 받아서 실행에 옮겼었다고 보아야 할 것이다. 그리고 {당시에는 고대국가들이 모두 거점방어^{據點防禦}를 기본으로 하였던 것이어서} 당시의 현,한반도도 {비교적 행동이 자유로운} 승려들이 한반도 전 지역을 자유롭게 돌아다니면서 '❻당태종을 위한 보람 있는(?) 일'을 적극적으로 수행할 수가 있었다는 점도 고려되어야 할 것으로 여겨진다. 물론 '당시의 현,한반도는 경주신라가 이주해 오기 전까지 특별한 정치체제를 갖춘 고대국가가 없었던 것'으로 보이므로, '불국토^{佛國土}를 건설하겠다.'라는 의지를 불태운 승려들이 활동하는 데에는 아무런 제약이 없었던 것이다.

그래서 {이미 중국불교를 앞섰던 신라불교의 엘리트 승려들인} 낭지법사$^{(스승)}$와 원효법사$^{(제자)}$ 및 지통법사$^{(제자)}$ 등이 {중국불교는 더 배울 필요가 없었으므로, 중국으로 유학하지 않고서} 바로 현,한반도로 건너와서 '경주신라$^{(현,한반도)}$를 불국토^{佛國土}로 만드는 작업에 바로 착수해서 헌신하였었다.'라는 것을 후대로 알리기 위해, 7C중엽 당시 신라불교의 최고 스승인 낭지법사가 '신라에 불교가 처음 들어왔다고 왜곡한(?) 해인 527년$^{(실제로는,263년임)}$부터 현,한반도의 불국토 건설작업이 시작된 7C중엽$^{(대략,661년이후)}$까지 (즉, 527년~661년=약135년간$^{(실제로는,(263년~661년=약400년간)임)}$ 동안) 강소신라의 후배 승려들인 원효와 지통 등을 가르쳤다,'라는 이야기를 만들어 낸 것인데, {이런 '은유성 시사점'을 제대로 이해하지 못하면} '낭지법사가 135년 동안이나 불교를 가르쳤다.'라고 엉뚱하게 해석해서 삼국유사 기록을 {엉터리라고(?)} 폄하하는 우愚를 범하게 되는 것이다.

어쨌든, 신이한 스님{즉,양지(朗智)}이 661년에 {보현대사普賢大士로 변신하여} 지통智通에게 정계正戒를 준 '삽량주歃良州 아곡현阿曲縣의 영축산靈鷲山'은 강소신라 지역이고, '(영축산 서쪽의) 반고사磻高寺에 머무르는 원효元曉를 가르친 곳'은 경주신라 지역을 말하는 것이다. 즉 양지법사는 660년대에 강소신라에서 지통법사를 가르치다가 {당나라의 명령에 따라, 경주신라로 건너와서} 원효법사를 가르친 것으로 보면 될 것이다. 물론 '낭지법사가 (527년~661년=135년간) 지냈다.'는 곳은 강소신라 지역을 말하는 것이지만, 이는 곧 '당시의 신라불교가 사실상 중국唐나라불교보다 앞섰다.'라는 것을 시사하기 위해서 의도적으로 만들어 놓은 문장으로 이해하면 되므로 이런 맥락으로 해석을 하게 되면 아무런 문제가 없을 것이다.

그런데, {현존하는 모든 역사서에는} 나중에 중국唐에서 한반도로 건너온 의상법사가 원효를 가르쳐서 {의상법사의 지원을 받은} 원효법사가 '한반도에 불교를 정착시키기 위한 일(즉, 한반도 불국토佛國土 건설사업)'과 '❻당태종을 위한 보람 있는(?) 일{즉, 강소신라의 경주신라 이전 사업}'을 적극적으로 담당하게 되었다고 기록하고 있는데, 이것은 '사실과 조금 다른 면'이 있다. 즉 {자세한 것은 나중에 다시 언급하겠지만} 의상법사가 경주신라에 오게 된 주된 목적은 '경주신라를 불국토佛國土로 만드는 작업'이었던 것이 아니라 '{당나라 조정의 명령에 따라} 강소신라를 경주신라로 이주시키기 위한 준비작업'을 총괄해서 감독하기 위해 {속말로 말한다면} '현,중국 땅에서 현,한반도 땅으로 업무출장業務出張차 장기 체류한 것이었다.'라고 해야 할 것이다. 물론 의상법사는 거의 25년(?) 동안을 현,한반도에서 헌신적으로 근무勤務(?)해서 '현,한반도 불교의 발전에 아주 큰 기여'를 한 다음 {현,한반도로 아예 이민移民을 신청해서 오게 된} 당나라 승려인 승전법사勝詮法師{=아마 옛,백제인이었을 것이다}와 임무교대任務交代?를 하고서 당나라로 되돌아가서 얼마 뒤 죽어 당나라 땅에 묻혔던 것이다. 그래서 의상법사가 동경흥륜사금당십성^{東京興輪寺金堂十聖}에 '동쪽 벽에 앉아 서^庚쪽을 향한^(東壁坐庚向)' 5성인^(5聖)의 한분으로 모셔져 있게 된 것이다.

다만 {원효법사가 현,한반도로 온 시기는 670년대이므로} 낭지법사에 대한 이 기록들은 현,한반도를 무대로 기록한 실사기록^{實史記錄}이 아니라, '강소신라의 낭지법사에 의해서 주도되던 강소불교가 경주신라로 건너온 원효법사를 통해서 이전^{移轉}된 것임'을 시사하기 위하여 만들어낸 은유적인 기록이라고 해야 할 것이다. 즉 '실제로 낭지법사가 661년에 현,한반도^(즉,경주신라)에 왔었던 것은 아닐 수도 있다'고도 추정되기 때문이다.

(3) 안홍법사(安弘法師)

《동도성립기^{東都成立記}》의 저자인 안홍법사^{安弘法師(?~576~?)}는 {'(강소)신라의 동도^{東都(현,揚州)}'와 '(왕건)고려의 동경^{東京(현,慶州)}'을 혼동한 기존의 왜곡된 역사통설 때문에} 역사서를 억지해석 하다 보니 종종 '후대의 인물인 안함^{安含}과 동일인인 것'처럼 취급되어서 혼란을 주는 인물이다. 즉 안홍법사는 '《삼국사기/신라본기4》24진흥왕37⁽⁵⁷⁶⁾년조: 안홍법사가 돌아오다.' 에서와 같이 '진^(南陳)나라의 수^(隨>隋)라는 지방{즉 나중에 이 지방의 호족인 양견(楊堅)이 581년에 북주^{北周}의 정제^{靜帝}로부터 양위를 받아서 나라를 개창하고 국호를 수^隋라고 한 것이지만, 당시^(576년)는 아직 수^隋나라가 건국되기 전이었다}'에 들어가 불법^{佛法}을 배우고, 576년에 호승^(胡僧=인도승려로 추정된다?) 비마라^{毗摩羅} 등 두 명의 승려와 함께 신라의 동도^(東都=즉 강소신라 도성인 현,강소성양주)로 돌아와《능가경^{楞伽經}》과《승만경^{勝鬘經}》및 부처의 사리^{舍利}를 24진흥왕에게 바친 스님인 것이다. {물론, 안홍법사에 대한 자세한 자료가 없긴 하지만} 576년 수^隋나라에서 돌아온 안흥법사는 산동신라^{(현,산동성}

곡부)^{曲阜}가 514년에 동남쪽인 강소신라$^{(현,강소성양주)}$로 천도^{遷都}하여 점차 도성으로서의 면모를 갖춰가는 상황을 《동도성립기^{東都成立記}》라는 책으로 편찬했는데 '현,강소성양주^{揚州}가 현,산동성곡부^{曲阜}인 서도^{西都}의 동남쪽에 있었기 때문'에 동도^{東都}라고 기록했었던 것으로 보인다.

결국, 안홍법사는 {강소신라가 한창 번성하던 26진평왕 혹은 27선덕여왕 시기에 사망했을 것이므로} 강소신라가 경주신라로 이주하게 되는 660년 이후의 상황에 대해서는 전혀 몰랐을 것이기 때문에 '{《동도성립기^{東都成立記}》라는 책을 인용해서} 황룡사9층탑 각층에 9한^{九韓}을 대비시켰다.'라는 기록은 '안홍법사$^{(?~576~?)}$가 아닌 다른 후대인이 가필해 넣은 왜곡된 기록'이라고 해야 할 것이다. 그리고 {안홍법사보다는 후대의 인물이긴 하지만} 안함^{安含}이 가필했을 가능성도 없다고 보이기 때문'에 이 기록은 아마 {'7말8초 역사왜곡' 과정에서} '역사왜곡 작업자$^{(즉, 왜곡역사서 편찬자)}$들'이 가필해서 왜곡한 것으로 보는 것이 가장 합리적이라고 보인다.

(4) 원광법사(圓光法師;550~630?)

소위 말하는 '화랑도^{花郎徒}의 세속오계^{世俗五戒}'로 더 유명한 원광법사는 기존의 통설과 같이 '우리나라에서 불법^{佛法}을 배우려고 중국에 간 시초$^{(즉, 서학구법(西學求法)의 개조(開祖))}$'로 볼 수 있는데, '불교^{佛敎}뿐만 아니라 도교^{道敎}와 유학^{儒學}에 대해서도 조예가 깊었던 것'으로 보인다. 어쨌든 '기존의 통설에 소개된, 대체적인 행적에 대해서는 큰 문제가 없다'고 보이지만, {'역사왜곡'과 관련하여} 원광법사에 대해 가장 의문시되는 것은 그의 사망연대에 따른 그의 '나이 문제'로 보인다. 즉, 기록에 따라서는 99세?, 88세?, 84세? 등으로 혼란스럽게 나타나는데, 근거 자료가 없어서 명확하게 구분할 수가 없다. 그리고, 필자는 '원광법사가 608년에 걸사표^{乞師表}를 작성했다.'는 것 자체가 바로 '당시^(26진평왕)의 강소신라가 수^隋나라와 연대하여 고구리대연방의 대맹주권에 도전하려 했었던 흔적일 것'으로 추론되므로, 이 부분이 앞으로 좀 더 깊이 추적되어야 할 사안이라고 본다. 어쨌든 원광법사는 {화랑도^(즉,세속오계)와는 관련이 깊지만} '역사왜곡'과는 직접 관련되지는 않으므로 여기에서는 이 정도로 소개해 둔다.

(5) 자장법사(慈藏法師)

(가) 자장법사(慈藏法師)와 관련된 기사들의 특징
(나) '자장법사(慈藏法師)의 활동과 관련된 내용'에서의 키워드
(다) 자장법사와 '7말8초 역사왜곡의 시작점'

『삼국사기』와 『삼국유사』에는 수많은 승려들에 대한 이야기가 실려 있어서 '우리나라의 불교문화는 삼국시대부터 매우 광범위하면서도 또 심층적으로 뿌리를 내렸었다.'라는 것을 알 수 있게 하는데, 그중에서도 자장법사^{慈藏法師}와 관련된 기사들이 가장 많은 것 같다. 즉, 자장법사가 그만큼 '7말8초 역사왜곡에 미치는 영향'이 컸기 때문이라고 보인다. 그래서 『삼국사기』와 『삼국유사』 두 사서에서 자장법사가 언급된 기록들을 조사해 보았다.

표7. 『삼국사기』와 『삼국유사』에서의 자장(慈藏) 관련 기사 제목들

#		자장 관련 기사 제목	자장 관련 특기사항
삼국사기	1	<신라본기5/27선덕여왕5(636)년> 자장이 당에 들어가다	자장이 入唐유학
	2	<신라본기5/27선덕여왕12(643)년3월> 자장이 돌아오다	자장이 신라귀환
	3	<신라본기5/27선덕여왕14(645)년3월> 황룡사탑을 창건하다.	자장이 요청 (문수보살의 건탑이유)

#		자장 관련 기사 제목	자장 관련 특기사항
삼국유사	4	<기이1/28진덕왕/남산 오지암회의> 알천공,유신공,임종공,호림공	'자장의父=호림공' 추정
	5	<기이1/태종춘추공> 당의 의관과 아홀을 수용하다	자장이 요청
	6	<흥법3/동경흥륜사금당10성> (東壁坐庚向5聖+西壁坐甲向泥5聖)	자장, 서벽(현,중국땅)座 갑(현,한반도)向
	7	<탑상4/가섭불연좌석> 玉龍集及慈藏傳, 與諸家傳紀皆云….	자장전을 근거로 함
	8	<탑상4/황룡사장육> 入唐유학,五臺山감응+황룡사第2주지	자장과 오대산의 특별한 관계(인연?)
	9	<탑상4/황룡사9층탑> 五臺山감응+태화지神人+당태종佛舍利	자장과 당태종의 특별한 관계(인연?)
	10	<탑상4/전후소장사리> (고려시대의 사리 관리현황)	자장의 佛舍利, 三藏
	11	<탑상4/대산오만진신> #9+태화지문수보살梵語偈+태화지龍	자장+오대산문수+당태종
	12	<탑상4/대산월정사오류성종> 자장이 五臺에서 문수보살을 보려다 실패	자장, 五臺월정사 설립
	13	<의해5/자장정율> 출생,출가,입당,귀환,대국통,강릉군,사망	자장, 太白山葛蟠地를 五臺山으로 지정
	14	<신주6/명랑신인> 자장의 누이={명랑(문두루비법)의 母}	자장=명랑의 외삼촌(?)

위의 표는 '『삼국사기』와 『삼국유사』에서의 자장慈藏 관련 기사 제목들' 을 조사해서 나열한 것인데, '『삼국사기』와 『삼국유사』가 {다른 스님들에 대해서는 조사해 보나 마나 비교가 되지 않을 정도의 많은 비중으로} 자장법사慈藏法師를 집중 조명하고 있다.'는 것을 재삼 실감케 한다. {『삼국사기』는 그러려니 하더라도} 『삼국유사』는 아예 '자장慈藏이 『삼국유사』의 주인공이 아닌가?'라는 착각이 들 정도로 {다른 승려들에 비해서} '훨씬 많은 수의 제목들'을 할당해서 '자장慈藏을 심층적으로 설명하고 있음' 을 알 수가 있다. 따라서 {『삼국유사』가 아무리 승려의 입장에서 쓴 책' 이라고 하더라도} 이 문제를 단순하게 넘겨버릴 문제가 아니라는 것을 직감하고서 《삼국유사三國遺事》라는 책 제목의 의미가 무엇인가?'를 먼저 정확히 확인해야 할 것이다.

[참고]

'『삼국유사(三國遺事)』란 어떤 책인가?' (요약)

[참조: 한국민족문화대백과 https://terms.naver.com/]

- 고려후기 승려 일연이 신라·고구려·백제의 유사를 편년체로 서술한 역사서이다. 『삼국유사(三國遺事)』는 일연이 고대 역사 중 정사(正史)에는 없는 유문(遺文)과 일사(逸事)를 바탕으로 찬술한 역사서로, 편년체 형식을 가지고 있다.
- 정사의 성격을 지닌 『삼국사기(三國史記)』와는 달리 이 책은 향가나 이두로 표기한 글도 있고 야사(野史)를 다루고 있다는 점에서 의미를 지닌다. 그리고 불국토설에 입각한 불교사관이 잘 반영된 역사서이기도 하다.

이 외에도 많은 기관과 연구자들이 『삼국유사』를 다양한 시각에서 소개하고 있긴 하지만, 큰 틀에서는 대동소이한 것으로 보인다. 다만 {물론 필자도 위의 소개내용이 잘못되었다고 보지는 않지만} 아직까지 그 아무도 '역사왜곡이라는 관점에서 본 『삼국유사』의 가치'에 대해서는 평가하지 않았다고 생각된다. 그래서 '『삼국유사』가 {앞으로 필자가 이 책에서 계속 소개할} 역사왜곡방법론의 정당성을 평가할 근거가 된다'라는 취지에서 '{필자가 생각하는} 『삼국유사』의 가치'에 대해 간단히 언급해 두고자 한다.

❶ 『삼국유사』의 저자가 승려이고 또 사찰, 탑 등 불교시설과 여러 스님들의 행적과 이적을 소개하면서 그것과 관련된 불교문화에 대해 함께 설명하고 있어서 외견상으로는 『삼국유사』가 불교서적으로 보이긴 하지만, 그 '세부 내용들이 함축하고

있는 근본적인 지향점'은 {『삼국사기』가 의도적으로 누락시킨} '역사왜곡의 본모습'을 후손들에게 전하려는 목적에서 쓴 '여러 역사서^{歷史書}들' 중의 하나로 평가되어야 한다고 본다.

❷ 즉, 필자는 『삼국유사^{三國遺事}』라는 서명^{書名}을 글자 그대로 『삼국사기^{三國史記}』가 빠트린 역사기록^{歷史記錄}들 중에서 후세^{後世}로 유전^{遺傳}시키고자 하는 사적^{事蹟}들을 기록한 역사서^{歷史書}이다'라고 정의하여야 한다고 보는 것이다.

❸ 따라서 {모든 정상적인(?) 역사서^{歷史書}가 다 그러하겠지만}, 『삼국유사』도 저자인 일연스님이 『삼국유사』를 통해서 후손들에게 유전^{遺傳}시키고자 한 사적들은 '불확실하거나 상상이 가미된 단순한 역사적 사건들을 소개한 판타스틱^{fantastic}한 {믿거나 말거나 식의} 야사$^{(野史=믿을\ 수\ 없는\ 이야기역사)}$'가 아니라 '{『삼국유사』에 수록된 모든 사적^{事蹟}들 전체를 관통하는 하나의 일관된 관점$^{(觀點=즉\ 확실한\ 사관(史觀))}$을 가지고서} 책에 수록할 사적^{事蹟}들을 자신의 사관^{史觀}에 부합되도록 편집했던 것'인데, 이는 {'역사왜곡의 본모습'을 알고 있는} 일연스님이 '역사왜곡의 시작점과 본모습이 무엇인지를 후손들에게로 알려야 한다.'라는 '후손들에 대한 조상으로서의 의무감^{義務感}'을 가졌었기 때문이라고 생각한다.

❹ 즉, 이러한 '일연스님의 후손에 대한 의무감'은 일연스님이 {비록 과거의 일이긴 하지만} 자신이 몸담고 있는 나라$^{(즉,고려)}$의 국왕에서부터 귀족, 승려 및 백성들 모두가 {'역사왜곡의 시작점'에서부터} 역사왜곡에 깊이 관여해 왔었다는 것을 '하나의 업보^{業報}로 생각했었기 때문'에 가지게 된 것이라고 보인다. 그래서 『삼국유사』에 수록된 거의 모든 기록들은 {비록, 거의 모든 문장들이 고도의 은유기법으로 되어있긴 하지만} 후손들이 언젠가는

'역사왜곡의 시작점과 본모습이 무엇인지?'를 알아낼 수 있도록 쓰여져 있다고 보아야 할 것이다.

❺ 따라서, 필자는 '『삼국유사』를 통해서 『삼국사기』가 {의도적으로(?)} 빠트린(혹은,축소한) 역사왜곡의 시작점과 본모습'을 복구해 낼 수가 있다.'라고 생각하며, 이것이 바로 '역사왜곡의 늪에서 허덕이는 현재의 한국사'를 바로 세울 수 있는 {그 어떤 것과도 바꿀 수 없는} 『삼국유사』의 가치'라고 생각하는 바이다.

{위와 같은 관점에서 본다면} '『삼국유사』라는 책 제목'의 의미는 당연히 『삼국사기』가 누락시킨 사적史蹟들을 고도高度한 은유기법隱喩技法으로 기록하여 실사實史의 본모습을 후세後世로 유전遺傳시키고자 편찬한 은유체隱喩體 역사서歷史書'라고 해석되어야 한다고 본다. 따라서 이 '은유체隱喩體 역사서歷史書'를 해석함에 있어서는 '고도한 은유기법隱喩技法'을 먼저 정확하게 이해하여야 하는데, {그 내용이 조금 난해하다'는 것을 핑계로 삼아서} 무책임하게 '판타스틱fantastic한 믿거나 말거나 식의 야사(野史=이야기역사)로 치부하는 것'은 역사학을 전공으로 하는 전문연구자들의 자세가 아니라고 해야 할 것이다.

필자가 오랫동안 『삼국유사』를 심층 탐구하면서 이 『삼국유사』에는 단 한 구절, 단 하나의 문자라도 허투루 쓰여진 것이 없이 책에 쓰인 모든 글자가 책 전체의 내용 및 저자의 역사관史觀과 서로 유기적으로 연결되도록 선택되어 있다는 심증을 갖게 되었다고 자신 있게 언급해 두고자 한다. 그런데, {혹시 그렇지 않다고 보이는 부분들이 일부 있을 수는 있겠지만} 그것은 틀림없이 '아직 그 깊은 의미를 제대로 이해하지 못하였기 때문일 가능성이 더 크다'라고 해야 할 것이다. 한마디로 말해서, '『삼국유사』는 야사서野史書가 아니라, 지금까지는 한 번도 정의^{定義}되지 않은 특이한 사서편찬 형식인 **은유체^{隱喩體} 정사서^{正史書}이다.**'라고 재평가해야 한다는 것이다. 그래서 {그동안 수백 년 동안 '왜곡의 늪'에서 헤어 나오지 못하는} 한국사^{韓國史}를 시급히 재정립하기 위해서는, 한국사에 관심을 두고 있는 '모든 역사 관련자들이 함께 모여서 은유체^{隱喩體} 정사서^{正史書}인 『삼국유사』를 합동으로 처음부터 다시 철저하게 연구하여야 한다'고 생각하는 바이다.

물론, **한국사^{韓國史}가 실사^{實史}로 재정립되는 과정에서는 '중국사 및 일본사를 비롯한 대만사, 베트남사, 티베트사, 중앙아시아사 그리고 몽골사가 모두 한 덩어리가 되는 동아시아사 전체의 실사^{實史}가 그 베일을 벗을 수밖에 없게 될 것**'이므로, 이에 관련된 동아시아 각국의 역사학자는 물론 전 세계의 역사학자들도 함께 참여하여 연구하는 것이 바람직하며, 필자가 {비록 역사에 대해 지식이 미천하지만} 감히 그리되기를 바라는 바이다. 동아시아사도 전 세계 인류역사의 한 부분이기 때문에 당연히 인류 전체가 함께 공유해야 할 것이다.

{다시 '자장법사^{慈藏法師} 이야기'로 되돌아가 보면} '기전체^{紀傳體} 정사서^{正史書}인 『삼국사기』와 '은유체^{隱喩體} 정사서^{正史書}?'인 『삼국유사』에서의 자장법사와 관련된 기사 제목들이 14건이나 된다는 것은, 일연스님이 우리들에게 '자장법사만 제대로 연구해도, 역사왜곡의 시작점과 본모습을 찾을 수가 있다.'라는 '시그널'을 보내고 있다고 해도 과언이 아니라고 생각된다. 그래서 이제는 '자장법사^{慈藏法師}와 관련되는 기사들'에 총력(?)을 기울여서 '역사왜곡의 시작점과 본모습'에 대한 윤곽을 잡는 데 집중해 보고자 한다.

우선, 『삼국유사』에서 자장^{慈藏}의 활동과 관련된 내용에 나오는 키워드들을 조사해서 정리해 보면, 다음과 같다. {이는, 물론 필자의 개략적인 분류이므로 연구자들에 따라서 달라질 수도 있을 것이다.}

표8.『삼국유사』에서 자장의 활동과 관련된 키워드들

키워드		『삼국유사』의 자장 관련 기사 제목 (#4~#14)											
		(#1,2,3=삼국사기)#	4	5	6	7	8	9	10	11	12	13	14	
		제목	28진덕왕	태종춘추	금당십성	가섭연좌	황룡장육	황룡9층	전후사리	오만진신	오류성종	자장정율	명랑신인	계
자장의 활동과 관련된 키워드	神人/奇人	문수보살(文殊菩薩)					1	1		5	1	1		9
		만수대성(曼殊大聖)										1		1
		이승(異僧)									1	2		3
		거사(居士)										1		1
		태화지용(太和龍)						1		1				2
		오류성중(五類聖衆)									1			1
		참성인(眞聖)								1		1		2
		제석천(帝釋天)										1		1
		신인(神人)						1						1
		호법룡(護法龍)						1						1
		대성(大聖)								1				1
		석가세존(釋迦尊)								1		1		2
		천인(天人)										1		1
		(소계)=당나라측												26
	실존인물	당태종(唐太宗)황제						1				3		4
		당태자(唐高宗)										1		1
		(소계)=당나라측												5
		호림공(虎林公)	1											1
		금당십성(金堂十聖)			1									1
		다문비구(多聞比丘)								1				1
		보천효명(寶川孝明)								1				1
		명랑법사(明朗法師)											1	1
		(소계)=신라측												5
	大장소	청량산(清涼山)										1		1
		오대(五臺,五臺山)					1	2		4	1			8
		장안(長安)										2		2
		본사(本師)								1				1
		(소계)=당나라측												12

불국토

키워드		『삼국유사』의 자장 관련 기사 제목 (#4~#14)											
		(#1,2,3=삼국사기) #	4	5	6	7	8	9	10	11	12	13	14
		제목	28진덕왕	태종춘추	금당십성	가섭연좌	황룡장육	황룡9층	전후사리	오만진신	오류성종	자장정율	명랑신인	계
지장의 활동과 관련된 키워드	小장소	태화지(太和池)						1		1		1		3
		북대(北臺)										2		2
		운제사(雲際寺)										1		1
		(소계)=당나라측												6
		황룡사(皇龍寺)										1		1
		갈반지(葛蟠地)								1		1		2
		월정사(月精寺)									1			1
		(소계)=신라측												4
	佛法/佛物	범게(梵偈)								1		1		2
		대승론(大乘論)										1		1
		보살계본(菩薩戒本)										1		1
		만교(萬敎)										1		1
		연좌석(宴坐石)					1							1
		장육상(丈六像)					1							1
		건탑이유(建塔理由)						1						1
		불사리100(佛舍利)						1	1			1		3
		불골(佛骨)							1	1				2
		불아(佛牙)							1					1
		불가사(佛袈裟)							1			1		3
		삼장400여함(三藏)							1					1
		불바리때(佛鉢)									1			1
		5계(5戒)										1		1
		대장경(大藏經)										1		1
		(소계)=당나라측												21
	地位	대국통(大國統)					1					1		2
		승통(僧統)										1		1
		(소계)=신라측												3
	기타	중국의관(中國衣冠)		1								1		2
		중국연호(中國年號)										1		1
		자장전(慈藏傳)인용				1								1
		(소계)=신라측												4
		[합계]												86

(가) 자장법사(慈藏法師)와 관련된 기사들의 특징

'기전체 정사서인『삼국사기(3건)』와 은유체 정사서(?)인『삼국유사(11건)』'에 합계 14건이나 되는 제목에서 자장법사가 등장한다는 것은, 자장법사의 행적이 {우리나라 삼국의 1천 년 역사에서 가장 큰 전환점이라고 할 수 있는} '7C말의 삼국통일^(속칭,삼한일통) 과정'과 밀접한 연관이 있기 때문이라고 보인다. 특히, 자장법사가 '7C말 삼국통일 과정'의 첫 사건인 '660년 백제멸망'을 바로 앞둔 시기에 집중적으로 활동하였다는 점에서, 그의 활동이 '7C말의 삼국통일 과정'에 깊이 관여되어 있었기 때문일 것이다. 그래서 자장법사와 관련된 기사들이 대체적으로 어떠한 방향성으로『삼국사기』와『삼국유사』에 기록되었는지를 아는 것이 자장법사가 '7C말의 삼국통일 과정'에 어떻게 관여했는지를 파악하는 시작점이 될 것이다.

ⓐ **자장법사는 출생신분이 신라의 지배층에 속하였으므로, 그의 활동도 모두 신라의 정치적 정책방향과 궤를 같이했다.**

⇒ 우선 자장의 출생신분을 살펴보자. (#13)<삼국유사/의해5>자장정율조에 의하면, '**자장은 김(金)씨이고 본래 진한(辰韓) 진골 소판(蘇判) 무림(茂林)의 아들이다.**'라 하였는데, (#4)<삼국유사/기이1>28진덕왕조에 의하면, '**남산(南山)의 오지암(亐知巖) 회합**{會=회(會)의 속자(俗字)=즉 사실상의 회맹(會盟)을 의미(意味)함}**에 참석하여, 국사(國事)를 의논해서 결정했던 호림공(虎林公)이 자장의 아버지이다(慈藏之父)**'라고 한 것으로 보아서, '자장의 가계는 {최소한 당시 신라의 운명을 좌지우지할 수 있는} 6명의 실력자 집안 중 하나였다.'라고 볼 수가 있을 것이다. 물론 {당시는 김춘추를 정점으로 한 김유신이 무력을 포함한 실권을 모두 장악한 상황이었으므로} 자장의 가계에게 실질적인 파워^{power}는 없었다고 해야 할 것이다. 그러나 {회합^(會)

에 뛰어 든 호랑이{虎=즉, 통치권(統治權)에 도전(挑戰)하는 어떤 실력자(實力者)를 의미함}를 가볍게 물리친} 알천공閼川公과 {실질적인 군사력을 보유한} 유신공{庾信公=즉,김유신(金庾信)}이 무시하지 못하고 회합(會)에 참여시킬 정도였다면, 상황에 따라서는 자장의 가계도 신라의 왕권에 도전할 수 있는 저력을 가진 집안이었다고도 보아야 할 것이다. 물론 알천공閼川公에게 제압된 호랑이虎와 호림공虎林公을 동일인{즉,동일세력}으로 보는 것에는 무리가 있지만, 호림공虎林公이 {호랑이虎=즉,왕}의 선출에 대해서} 다른 사람들과는 다른 의견을 제시했다가 알천공閼川公에게 제압당한 것을 시사하는 것으로 볼 수가 있으므로, 이 두 개의 기록을 통해서 ('김金+무림茂林)⇒호림공虎林公으로 은유해서 언급했을 것이라는 추론도 한 번쯤은 음미해 볼 필요가 있을 것이다.

즉 무림茂林을 호림虎林이라고 한 것은, '이 인물의 가계{家系=즉 수풀(林)로 은유됨}가 호랑이{虎=즉 통치권자(統治權者=王)를 의미함}가 될 수 있는 실력을 보유하고 있다.'라는 것을 시사하는 의미이지만, {근본적으로, 본명本名이 무림茂林이므로} 이 인물이 속한 가계{家系=즉,수풀(林)}의 당시 형세가 '茂{풀이무성할,무}'자의 의미와 같이 '무림{茂林=풀이 무성한 수풀=즉, 쇠락한 가계(家系)}이 되어 있었음'을 표현한 것이라고도 보인다. 즉 '쇠락頹落한 가계家系는 대체로 당시의 절대실력자에게 매우 협조하게 되는 것'이 일반적이므로, 당시 자장법사의 가계도 김춘추 세력에 매우 협조적인 입장을 취하고 있었던 것이라고 추정되는 것이다. 따라서 {이런 일련의 정황을 고려한다면} 무림茂林이라는 김씨 세력은 신라13미추왕을 대표로 하는 구김씨舊金氏의 대표격이었던 것으로 추정된다. 어쨌든 당시는 신라17나물왕을 대표로 하는 신김씨新金氏=17나물왕계와 {신김씨와 출자出自가 같은} 신신김씨新新金氏=23법흥왕계의 세상이었으므로, 같은 김씨를 표방하는 구김씨舊金氏가 당시의 실세인 신신김씨新新金氏에게 협조적이었던 것은 지극히 자연스러웠을 것이다. 따라서 이 기록들은 구김씨舊金氏가 신신김씨新新金氏에게 {약간의 다른 의견을 표시했었다가} '일언반구에 무시되었던 것' 정도의 해프닝으로 추정된다.

다음에 자장법사가 입당구법^{入唐求法} 하려고 출발하던 상황을 보자, 우선 **(#1)<삼국사기/신라본기5>27선덕여왕5(636)년조**에는 그냥 간단하게 **'慈藏法師入唐求法 > 자장법사(慈藏法師)가 불법을 배우러 당(唐)나라에 들어갔다.'**라고만 하였고, '돌아왔다.'라는 기록인 **(#2)<삼국사기/신라본기12>27선덕여왕12(643)년조**에도 그냥 간단하게 **'入唐求法高僧慈藏還. > 당(唐)나라에 들어가서 불법을 배우던 고승(高僧) 자장(慈藏)이 돌아왔다.'**라고만 기록되어 있어서, 이『삼국사기』만을 보아서는 '자장의 입당목적이 단순히 불법$^{(佛法=즉, 불교)}$을 배우는 것이고, 자장은 당나라에서 이미 고승^{高僧}이 되어서 신라로 돌아왔다.'는 정도로만 보이는 등 구체적인 내용들은 모두 빠져버렸다. 하지만 **(#13)<삼국유사/의해5>자장정율조**에서는 **'仁平三年丙申歲, 受勅與門人僧實等十餘輩西入唐謁淸涼山 > 인평(仁平)3$^{(636)}$년 병신(丙申)에 칙명을 받아(受勅), 문하의 사람(門人)인 실(實)이라는 스님(僧實) 등 10여 명의 무리(輩)와 함께 서쪽으로 당(唐)에 들어가서 청량산(淸涼山)을 알현하였다(謁)'**라고 하여 '❶왕의 명령을 받았고$^{(受勅)}$', '❷혼자가 아니라 문하의 사람$^{(門人)}$인 실^{實}이라는 스님 등 10여명의 무리^{輩}가 함께 당나라에 갔었고', '❸서쪽으로 당^{唐}에 들어가 청량산^{淸涼山}을 알현하였다$^{(謁=謁見의\ 줄임)}$'라고 하여『삼국사기』에 비해서는 비교할 수 없을 정도의 많은 정보를 제공해 주고 있다. 그리고 또 문장의 구성이나 사용된 한자들의 의미도 매우 의미심장하게 선택하고 있음을 알게 해주고 있다. 그 차이를 확인해 보자.

❶ **'왕의 명령을 받았었고(受勅)',**

⇒ 수칙^{受勅}이란, 자장의 입당구법^{入唐求法}이 개인적인 목적이 아니라 27선덕여왕의 명령에 따라서 이루어진 '일종의 공무출장^{公務出張}'이었음을 시사하는 문구이다. 즉 {현대에도 그렇겠지만} 왕조시대인 27선덕여왕 시기에 '왕의 명령에 의한 외국으로의 공무출장^{公務出張}'이라고 한다면, 그 목

적과 출장지인 외국에서의 행동거지 하나하나에 이미 정형화된 규율이 규정되어 있었다고 보는 것이 지극히 자연스러울 것이다. 즉 가장 먼저 '출장지가 어디이고?'와 '접촉상대가 누구인지?'에 대한 사전준비가 철저하였을 것이고, 출장목적에 대해서 사전에 개략적인 정보를 보내 주었거나 혹은 출장자가 직접 가지고 가서 설명하여 상대국가의 반응을 가지고 오려고 했을 것이라고도 생각된다. 따라서 이 첫 문장부터 자장의 출장 목적이 단순히 '구법(求法=즉 불교를 배우는 것 혹은 불경 등의 불교물품을 얻어오는 것)에 국한되어 있지 않을 수 있음'을 암시하고 있다고 보아야 할 것이다.

❷ '혼자가 아니라 문하의 사람(門人)인 실(實)이라는 스님(僧) 등 10여명의 무리(輩)가 함께 당나라에 갔었고',

⇒ 보통의 '구법승求法僧'들은 혼자 다니는 것'이 일반적인데, **'10여명이 무리지어 갔다.'**는 것은 보통의 구법활동이 아니라 '특별한 목적의 업무출장業務出張이었다'라고 볼 수가 있을 것이다. 게다가 완전히 모두 승려들만 데리고 간 것이 아니라 {자장의 아버지인 호림공의 당시 신라에서의 지위를 고려할 때} '문하의 사람(門人=즉 자장이 부리는 부하들)'을 대동했다는 것은 {비록 '문인門人'이 승려일 수 있다'고 하더라도} 신라조정의 실무급 관리官吏들이었다고 해도 무방할 것이다. 즉 자장의 입당구법入唐求法은 '신라조정에서 추진한 외교정책의 일환으로 집행된 국가사업이었다.'고 볼 수 있으므로, 자장이 당나라에 도착하여 처음 취하는 행동과 도중에 성취한 업적 및 귀환 시에 가지고 온 성과 등등이 모두 '신라조정의 외교정책과 상당히 깊이 관여된다.'고 해야 할 것이다.

❸ '서쪽으로 당(唐)에 들어가 청량산(清凉山)을 알현하였다(謁=즉,謁見의줄임)'

⇒ 우선 '謁清凉山(알청량산)'의 '謁(뵐,알)'자를 {단순하게} '찾아갔다'라고 간

단히 번역해 버리면, '찾아가는 것'이 핵심인지, '뵙는 것'이 핵심인지를 알기가 어렵게 되어버린다고 보인다. {물론 '뵙는 것'도 '찾아가야 하는 것'이므로 같은 의미로 볼 수가 있긴 하지만} '謁(뵐,알)'자는 그냥 '찾아가는 것'보다는 '신분이 높은 분의 앞에 직접 가서 공손하게 인사드리면서 바라는 바를 말씀드리는 것'을 의미하는 글자인 것이다. 따라서 '謁清凉山(알청량산) > 청량산에 계신 높은 분을 찾아가서 공손하게 인사드리면서 바라는 바를 말씀드렸다.'라고 해석해야 될 문장일 것이다. 즉 이 문장의 핵심은 '㈀청량산淸凉山이 과연 어디인가? 혹은 무엇인가?'라는 것과 '㈁이 청량산淸凉山에 계신 높은 분이 누구인가?'라는 문제를 해결해야 '636년 자장법사 일행의 입당구법入唐求法의 주된 목적이 무엇이었는지?'를 알 수 있게 될 것이다.

㈀ '청량산(淸凉山)이 어디인가? 혹은 무엇인가?' : 현재 {일반적으로} 청량산淸凉山은 '중국4대 불교명산 중의 하나인 문수보살의 성지聖地라는 오대산五台山=현,산서성오대현(五臺)동북부을 말하는 것'으로 되어있는데, 현,산서성오대산五台山은 7말8초 역사왜곡 이후에 '어떤 곳의 청량산淸凉山=현,섬서성서안시(西安)양모산(羊毛山)으로 추정됨을 지명을 바꾸어서 옮긴 이동지명일 것'으로 보아야 한다. 즉 자장이 '입당구법'하던 시기에는 {원래?} 문수보살이 '청량산淸凉山=현,섬서성서안시(西安)'에 주재하고 있었던 것으로 되어있었던 것인데 {7말8초 역사왜곡 과정에서} '현,산서성오대산五台山에 문수보살이 (주재하고) 있다.'라고 '산 이름과 산의 위치가 통째로 바뀌치기 된 것'이다. 따라서 자장의 기록에서 자주 등장하는 태화지太和池도 역시 현,섬서성서안시西安의 부용호芙蓉湖 정도로 비정되어야 하는 것이다. 물론 668년 이전의 현,산서성 오대산五臺山은 산 이름도 달랐고{아마,백산(白山)이었을 듯?} 또 고구려가 직할하는 땅에 속했었던 것이므로 당나라와는 전혀 무관한 지역으로서 불교佛敎가 아니라 오히려 도교道敎의 성지聖地로 더 알려졌었다고 추정{그래서,

백산(白山?)이라고도 했을 것이다}된다.

㈢ '청량산(淸凉山)에 계신 높은 분이 누구인가?' : 일단 청량산淸凉山을 현,오대산五台山=문수보살성지(聖地)=현,산서성오대현(五臺)동북부이라고 한다면 {문수보살이 실제로 속세에 현신했을 리는 없을 것이므로} '높은 분이란 과연 어떤 인물을 지칭하는지?' 현실적으로는 전혀 종잡을 수가 없을 것이다. 즉 {'자장법사가 비현실세계에서 문수보살을 만났다.'라고 강변한다면} 자장이 신라로 가지고 돌아왔다는 '황룡사 9층탑의 건탑이유'는 물론이고, 그가 실제 가지고 돌아왔다는 부처님이 쓰던 여러 성물聖物들도 모두 현실이 아니어야 하는데, 신라에 돌아온 자장은 신라 사람들로부터 대대적인 환영을 받았었고 또 그래서 강소신라의 모든 승려들을 통괄하는 율사律師=즉 불교 승려들의 그릇된 일을 검찰하는 승관(僧官)라는 감투(?)도 썼으므로, 그것들도 모두 '비현실이었다'라고 해야 하는데 실제로는 그렇지 않았던 것이다. 그래서 '자장이 당나라에서 겪은 일들'이 모두 '비현실'이었던 것이 아니라, '7말 8초 역사왜곡' 과정에서 {'역사왜곡방법론'에 의해서} '현실을 비현실로 은유해서 기록한 것'이라고 해석해야 한다는 것이다. 그래서 결국 자장이 찾아간 청량산淸凉山도 당시의 당나라 도성인 장안長安=현,서안시에 있는 어떤 곳이라고 해야 하는 것이며, 청량산淸凉山이 {굳이 산山이었다고 한다면} 현,섬서성서안시西安의 려산驪山 혹은 양모산(羊毛山)이었었다고 해야 하며, 그 산의 높은 분이라는 문수보살文殊菩薩은 당연히 '그 지역에서 가장 강력한 통치권을 행사하고 있던 당태종唐太宗을 은유하는 것'으로 이해하는 것이 가장 합리적인 추론이라고 생각된다. 즉 강소신라에서 업무출장을 온 불교 승려佛僧 자장慈藏이 당나라唐에서 만날 실존인물인 당태종唐太宗을 '문수보살文殊菩薩 부처님'으로 은유隱喩함으로써, 자장법사가 27선덕여왕의 명을 받고 당나라에 가서 수행했던 '현,섬서성 청량산淸凉山에서의 정치행사政治行事'가 엉뚱하게도 '현,산서성오대산五臺山에서의 불교행사佛敎行事'로 둔갑시키

는 것은 올바른 해석이라고 할 수가 없을 것이다. 다시 말해서 은유된 기록 속에 감춰진 역사왜곡방법론을 밝혀냄으로써 '은유隱喩된 실상實相을 찾아내야 한다.'는 것이다.

[참고]

표9. 현재의 중국 4대 불교성지(佛敎聖地:名山)

4대 불교성지	숭배보살	현,위치	비고
오대산(五台山)	문수보살(智慧)	산서성五臺縣동북	장안,청량산(淸涼山)
구화산(九华山)	지장보살(救援)	안휘성青阳县서남	
아미산(峨眉山)	보현보살(長壽)	사천성峨眉縣서남	
보타산(普陀山)	관세음보살(慈悲,容恕)	절강성舟山市	

이상과 같이, 자장은 {636년에 신라27선덕여왕의 지시를 받고서} '강소신라의 도읍지인 현,강소성양주揚州에서 현,섬서성서안西安의 당태종唐太宗을 찾아간 것'이므로 {당시 고구려를 공격하려고 암암리에 준비하면서} 국가의 통치 이념을 점차 유교로 바꾸기 시작한 당나라의 당태종이 {한참 국력이 신장되어 가고 있는 불교국가인 강소신라를 우군으로 확보하기 위해서} 강소신라의 27선덕여왕에게 '모종의 제안'을 하였었고, 이를 확인하기 위하여 '신라에서 자장법사를 특사로서 임명하여 당나라에 파견하였다.'라고 추론해 볼 수가 있을 것이다.

그리고 강소신라의 자장법사는 {처음에는 정치에 큰 관심을 두지는 않았던 것으로 보이는데} '당나라에 가서 모종의 제안을 확인하고 오라'는 왕명을 받은 뒤에 생각을 바꾼 것으로 보인다. 즉 당나라로 가서 '당나라가 제시한 모종의 제안을 확인하는 임무'를 부여받은 자장은 개인적으로 두 가지의 목표를 세웠던 것으로 보인다. 그 첫 번째는 '{승려의 입장에서} 더 폭넓게 불법을 접할 수 있는 좋은 기회를 살리겠다'라는 '구도자적求道者的인 목표'였었고, 그 두 번째는 '왕명을 완수함으로서 얻을 수 있는 개인적인 영달榮達의 기회를 잡겠다.'라는 '정치적政治的인 목표'였었다고 보이는데, 아마 자장은 아무래도 후자에 더 관심을 두었었을 것으로 생각된다. 그래서 자장이 27선덕여왕의 명령에 따라 흔쾌히 당나라로 출발하였던 것이다.

ⓑ **자장의 입당구법(入唐求法) 목적이 전적으로 '오대(五臺)의 문수보살(文殊菩薩)'에 치중되어 있는데, '오대(五臺)의 문수보살(文殊菩薩)은 당태종(唐太宗)을 은유한 것'이다.**

⇒ 자장은 636년 당나라에 도착하자마자 바로 **'청량산^{淸凉山}을 찾아가서 알현했다.'**고 했으므로 '문수보살^{文殊菩薩}을 이때에 알현^{謁見}했다.'라고 보아야 할 것이지만, 자장이 찾아간 청량산은 7말8초 역사왜곡 이전의 청량산으로서 그 위치는 '청량산^{淸凉山}=문수보살의 성지$^{\{聖地=현,섬서성서안(西安)의 려산(驪山) 또는 양모산(羊毛山)?\}}$' 정도로 추정된다. 물론 {정확한 위치는 좀 더 정밀하게 조사되어야 하며 최종적으로는 고고학적 발굴을 통해서 규명되어야 할 것이겠지만} 636년~643년 자장의 입당구법 상황에 대한 전체적인 맥락으로 보면, 청량산^{淸凉山}은 분명히 현,섬서성서안^{西安} 부근에 위치해 있었다고 추론되어야 하는 것이지 {7c중엽 당시에는 아직 당나라 땅도 아니었던 현,산서성오대산^{五臺山}이 청량산^{淸凉山}이었다고 한다면} 자장이 {문수보살이 있는} 현,산서성오대산^{五臺山}에서 {당태종이 있는} 현,섬서성서안西安까지 '약2,500리$^{(직선거리650km)}$의 거리를 수시로 오고 갔다'는 것을 사실로 받아들여야 하는데, {《삼국유사/의해5》'자장정율'조를 참조하면} 이는 전혀 현실성이 없다고 해야 할 것이다. 즉 '현재의 청량산^{淸凉山}=즉,오대산$^{\{五台山=문수보살성지\{聖地=산서성오대현(五臺)동북부\}\}}$'라는 지명은 '7말8초 역사왜곡' 과정에서 현,섬서성서안^{西安} 지역에서 지명이 이동된 이후의 상황을 말하는 역사왜곡의 결과물이 되는 것이다.

그리고, {주로 자장법사의 입당구법^{入唐求法} 활동을 중심으로 설명된 내용에 등장하는 키워드들을 정리한 위의 <표>를 보면} 실존인물^{實存人物}인 자장의 상대가 되는 대상자들이 모두 '비실존체^{非實存體}인 신인^{神人} 혹은 기인^{奇人}들이었다.'고 하는 것을 결코 액면 그대로 받아들일 수는 없을 것이다. 그렇다고 해서 일연스님이 '시종일관 허황된 판타지^{fantasy} 소설을 썼다.'라고도 볼 수가 없으므로, 이 비실존체^{非實存體}들은 모두 '어떤 실존인물^{實存人物}을 은유^{隱喩}한 것'이라고 해석되어야 하는 것이다.

그래서 {'필자의 결론'을 먼저 말한다면} 위 <표>의 '신인^{神人} 혹은 기인^{奇人}'들은 모두 '당태종^{唐太宗}이라는 실존인물을 직접적으로 은유한 것'이거나 혹은 '당태종의 명령에 의해서 진행되는 어떤 상황들을 1차로 당태종^{唐太宗}으로 의인화^{擬人化}한 뒤에 2차로 은유^{隱喩}한 것'으로 보아야 『삼국유사』의 전체적인 맥락이 일목요연'해지고 또 '역사왜곡의 시작점과 본모습'이 또렷해지는 것이다. 따라서, 필자는 '위 <표>의 '신인^{神人} 혹은 기인^{奇人}'들은 모두 당태종^{唐太宗}이라는 인물을 가리킨다.'라는 가정하에서 그 가정을 논증해 낼 수 있는 내용들을 앞으로 집중적으로 설명해 나갈 것이다.

(나) '자장법사(慈藏法師)의 활동과 관련된 내용'에서의 키워드들

'『삼국유사』에 소개된 신인^{神人} 혹은 기인^{奇人}들은 모두 당태종^{唐太宗}이라는 실존인물을 직접적으로 은유한 것이거나 혹은 당태종의 명령에 의해서 진행되는 어떤 상황들을 1차로 당태종으로 의인화한 뒤에 2차로 은유한 것이다.'라는 '필자의 가정^{假定}'을 보충 설명하면서, 『삼국유사』에서 자장법사의 활동을 기록한 내용들 속에서 핵심이 되는 키워드들을 찾아서 검토해 보자.

ⓐ 신인(神人)과 기인(奇人) : 모두 '실존인물인 당태종을 은유한 비실

존체(非實存體)들'이다.

⇒ 필자가 '신인神人 혹은 기인奇人'으로 분류한 총26회의 키워드들 중에서 직감적으로 '같다고 보아도 된다'라고 생각되는 키워드들을 끼리끼리 묶어보면, 다음과 같이 분류될 수 있다.

* 1 {문수보살(文殊菩薩)+만수대성(曼殊大聖)+오류성중(五類聖衆)
  +참성(眞聖)+제석천(帝釋天)+신인(神人)+대성(大聖)
  +석가세존(釋迦尊)+천인(天人)}의 '19회'와
* 2 {이승(異僧)+거사(居士)}의 '4회' 및
* 3 {태화지용(太和龍)+호법룡護法龍)}의 '3회' 등으로 대별된다.

그런데 이 키워드들은 {그 표현의 경중輕重에서 서로 조금씩 다르긴 하지만} 기본적으로 '문수보살文殊菩薩'이라는 키워드가 가장 대표적인 키워드라고 할 수가 있는데, 이는 {『삼국유사』의 자장에 대한 기록을 전체적으로 살펴보면} '불교승려인 자장이 {여러 부처들 중에서} 문수보살文殊菩薩=즉 많은 복덕과 반야지혜를 상징하는 보살)을 가장 접견하고 싶어 하는 부처로 여겼었다'라고 보이는 것과도 맥락이 상통한다고 보인다. 그리고 신라27선덕여왕의 명령을 받고서 당나라로 외교적인 업무출장을 간 자장이 만날 수 있는 최고위층을 당태종唐太宗이라고 본다면 '당태종을 문수보살로 은유해서 기록했을 개연성이 매우 크다'라고 보아야 할 것이다.

즉, 당시 고구려를 정벌하려고 은밀하게 준비하고 있었던 당태종이 {국력이 급속하게 신장하고 있는} 강소신라를 우군으로 확보하기 위하여 '모종의 제안을 하였을 것'이고, 밑질 것 없는 신라27선덕여왕이 '당태종의 제안'에 관심을 가지면서, {신라불교계에서 정치적 야심을 키우고 있던} 자장법사를 당나라로 보내서 '당태종의 제안이 무엇인지?'를 확인케 했다고 추론해 볼 수가 있다는 것이다.

이는, 일연스님이 『삼국유사』를 통해서 후손들에게 전하고 싶은 메시지가 결국 '신라불교의 융성이 당태종의 정치적 야심과 연결되어 있고,

그 중간자적 연결고리가 바로 자장법사이다.'라는 것으로 요약된다고 보이므로, 자연스럽게 그 핵심주체인 당태종^{唐太宗}이 가장 많이 거론될 수밖에 없었을 것인데 {'역사왜곡의 실상'을 사실대로 발설할 수 없는 당시의 정치적, 사회적 제약 때문에} 고도의 은유기법을 적용하여 '실존인물인 당태종 한 사람을 13가지나 되는 신인^{神人} 혹은 기인^{奇人} 등등으로 은유한 비실존체^{非實存體}로 표기했었다.'라고 보아야 하며, {이와 같이 아주 혼란스러운 다양한 은유기법 때문에} 1,300년 이상의 긴 시간이 지난 현재까지도 '역사왜곡의 실상이 전혀 밝혀지지 않고 유지 되어 왔었던 것'이라고 보인다.

ⓑ **실존인물(實存人物) : 당나라 측 인물은 '비실존체(非實存體)인 문수보살(文殊菩薩)로 은유된 당태종(唐太宗)'이다.**

⇒ 자장법사에 대한 기록에 잠깐 등장하는 '당나라 태자^{太子}'는 당연히 당태종$^{(唐太宗:627~649)}$의 아들인 이치$^{(李治:628~683)}$로서 {고구려원정에서 얻은 상처 때문에 죽은} 아버지 당태종이 이루지 못한 유업^{遺業}을 마침내 달성한 훗날$^{(668년)}$의 당고종$^{(唐高宗:649~683)}$이라고 해야 할 것이다. 따라서 {굳이 따로 언급할 필요도 없이} '당태종의 범주'에 포함시켜서 살펴보아도 큰 무리가 없을 것이다. 그런데 {636년이면, 나당군사동맹^{羅唐軍事同盟}이 거론되기 훨씬 이전의 시기이며} 당시 9살의 어린아이였던 '당나라 태자^{太子}'를 일연스님이 굳이 '자장법사의 기사 속에 잠깐 등장시킨 것'은 '당태종 이세민이 시작한 역사왜곡에 대한 구상^{構想}이 아들인 당고종 이치에 의해서 본격화된 것임'을 후손들에게 알리기 위한 메시지라고 보아야 할 것이다.

즉 {필자가 이 부분도 '참된한국통사Ⅱ편'에서 당연히 따로 자세히 언급할 것이지만} 7말8초의 역사왜곡은 '당태종 이세민이 즉위한 626년부터 구상^{構想}되어서, 백제를 멸망시킨 660년에 비로소 그 본모습을 드러냈었고, 고구려를 멸망시킨 668년 이후에는 아예 공개적으로 본격화하여 {소위 말하는} 당나라의 선로말갈사^{宣勞靺鞨使} 홍려경^{鴻臚卿} 최흔^{崔忻}이 {당시의 자립국인 진국{振國,震國=즉,晉國=즉,발해(渤海)}의 황제皇帝였던} 대조영大祚榮을 당나라의 제후보다도 급이 낮은 발해군왕渤海郡王 홀한주도독忽汗州都督으로 책봉했다.'라고 한 713년경에 그 1단계가 마무리되었던 것인데, 이러한 사실史實을 정확하게 파악하고 있는 일연스님이 {『삼국유사』를 통해서} '7말8초 역사왜곡이 처음 구상構想되는 시작점(즉,당태종)과 7말8초 역사왜곡이 본격화된 시점(즉,당고종)'을 후손들에게 함께 알리기 위해서 '당태종과 당고종(당시,9살태자)을 동시에 등장시키고 그 중간자적 연결고리인 자장법사와 두 부자가 함께 만나는 장면'을 기록으로 남긴 것이라고 해석되어야 할 것이다.

그리고 신라측 실존인물實存人物들은 모두 자장법사의 활동과 연관된 인물들인데, {필자가 파악한 바로는} '이들이 서로 유기적으로 연계하여 활동하였다.'라고 볼 수 있는 기록은 없는 것 같다. 그러나 이들이 모두 '자장법사의 활동과 직,간접적으로 연관되었던 것'은 분명하므로, 이 부분은 앞으로 더 심층적으로 연구되어야 할 것으로 판단된다. 다만 여기서는 일단 신라측 실존인물들의 특징을 간략하게 소개하는 정도에서 마무리하도록 하겠다.

❶ **호림공(虎林公)** : 자장법사의 아버지로서 {통설에서 화백회의和伯會議로 알려진} 남산南山 오지암회의亐知巖會議의 멤버이다. 추측건대 신라13미추왕 계열의 구김씨舊金氏 세력의 대표자로서 29태종무열왕 김춘추를 적극적으로 옹립했다.

❷ **동경흥륜사(東京興輪寺)금당십성(金堂十聖)** : 현,강소성양주에서 현,한반도로 유적이동된 동경흥륜사(東京興輪寺=현,경주)의 금당金堂에 안치된 열 분 스님들의 진흙소상泥塑像 중에 '서쪽 벽에 앉아 갑방(甲方=즉,東쪽)을 향한 자장慈藏'이 포함되어 있다. 즉 이들은 결과적으로 경주신라(즉,甲方)의 불교를 융성시키는데 결정적인 역할을 한 열 분의 스님들인데, 강소신라에서 불

교를 연 아도^{我道}와 염촉^{厭髑=즉,이차돈}을 제외한 여덟 분의 스님들은 {본인들의 의지와는 무관하게, 결과적으로 보아서} '자장^{慈藏}이 받아들인 당태종의 제안'에 따라 강소신라 불교를 현,한반도 경주신라 불교로 이전시켜서 발전시키는 데 직접적으로 참여했다고 해야 할 것이다.

[참고]
동경흥륜사(東京興輪寺) 금당십성(金堂十聖)

동경흥륜사^{東京興輪寺}의 금당^{金堂}에 소상^{塑像}으로 모셔진 십성^{十聖}은 모두 신라불교를 일으키고 발전시킨 열 분의 승려들인데, {그들의 출생지와는 무관하게} '그들이 죽어서 실제로 몸^{身體}이 묻힌 곳'이 강소신라^{西쪽=즉,경방(庚方)}인지? 경주신라^{東쪽=즉,갑방(甲方)}인지에 따라서 '7말 8초 역사왜곡 이후에, {진흙으로 소상을 만들어서} 신라의 동경^{東京=현,경주}으로 유물이동되어 재건축된 흥륜사^{興輪寺}의 금당^{金堂}에 {그분들이 죽어서 몸이 묻힌 곳을 바라보도록} 배치시킨 것'이다. 즉 동쪽 벽에 앉아 경방^{庚方=즉,西쪽}을 향한 아도^{我道}, 염촉^{厭髑}, 혜숙^{惠宿}, 안함^{安含}, 의상^{義湘}은 '죽어서 강소신라^{西쪽=즉,庚方+현,중국} 땅에 묻힌 스님들'이고, 서쪽 벽에 앉아 갑방^{甲方=즉,東쪽}을 향한 표훈^{表訓}, 사파^{蛇巴}, 원효^{元曉}, 혜공^{惠空}, 자장^{慈藏}은 '죽어서 경주신라^{東쪽=즉,甲方=현,한반도} 땅에 묻힌 스님들'인 것이다.

❸ 다문비구(多聞比丘) : '{당태종을 은유한} 오대^{五臺}의 문수보살^{文殊}'이 자장에게 '신라27선덕여왕을 천축^{天竺}의 찰리종^{刹利種} 왕^王'이라고 치켜세우면서 '여왕이기 때문에 문제가 많지만, 다문비구가 있어서 다행이다.'라는 식으로 말한 것인데, '다문비구^{多聞比丘=즉 견문이 많은 비구(남자)}'는 {실제로는} 당시 27선덕여왕의 남편^匹인 음갈문왕^{飮葛文王=즉,을제(乙祭)}[『**삼국유사/왕력**』^王

之匹飮葛文王'참조]을 지칭했을 것으로 보이지만, {여기서는} '김춘추^{金春秋}를 두고 말하는 것'으로 해석하는 것이 더 순리적이라고 보인다.

물론 김춘추가 본격적으로 당나라에 알려진 시기는 '{당태종이 사망하기 2년 전인} 647년 비담의 난 때'이므로, '(636년~643년) 자장법사의 입당구법^{入唐求法} 시기'보다 대략 10년 정도 뒤의 시기이다. 따라서 {(636년~643년)의 시기에는 김춘추가 아직 전면에 등장한 시기가 아니므로} '다문비구^{多聞比丘}=김춘추^{金春秋}'라고 볼 수는 없지만, 기록들이 모두 후대의 '7말8초 역사왜곡 과정에서 재편집된 것들'이므로 굳이 시기를 문제 삼을 필요는 없다고 보아야 할 것이다. 오히려, '이와 같이 잘 맞지 않은 작은 흔적들'이 '7말8초 역사왜곡의 증거'가 되는 것으로 이해해야 할 것이다.

❹ 보천·효명(寶川·孝明) : {『삼국사기』의 내용과는 약간의 차이가 있는데}, 동생인 효명^{孝明}은 32효소왕이고, 보천^{寶川}은 효명의 친형인데 모두 31신문왕의 선비$^{先妃=즉\ 소판·김흠돌(金欽突)의\ 딸}$ 소생 아들들이다. '이 두 왕자가 681년8월5일에 현,강원도평창군 오대산에서 산속으로 도망간 사연'이 《삼국유사/탑상4》대산오만진신^{臺山五萬眞身}조와 《삼국유사/탑상4》명주오대산보질도태자전기^{溟州五臺山寶叱徒太子傳記}조에 자세히 기록되어 있다. 이를 간략히 정리하면 다음(㉠~㉤)과 같다.

㉠ 강소신라는 31신문왕 이후부터 {당나라의 강압적인 요구에 의해} '강소신라$^{(國)}$ 왕통의 부자승계 금지규정'이 적용되게 되었는데, 31신문왕이 즉위한 681년에 이미 선비$^{先妃=즉\ 소판·김흠돌(金欽突)의\ 딸}$ 소생의 아들들인 보천^{寶川}과 효명^{孝明} 형제가 장성해 있었던 것이어서, 이 두 형제의 처리문제가 첨예한 현안이 되었던 것이다.

㉡ 이때, 당나라에 기대어서 권세를 부리던 친당파^{親唐派}인 일길찬·김흠운^{金欽運}이 {이러한 어려운 형국을 이용해서} 31신문왕의 선비를 축궁

⁽逐宮=즉 궁에서 쫓아냄⁾시키고, 반발하는 선비의 아버지 김흠돌^{金欽突}을 처단하였고, 31신문왕의 두 아들들을 현,강원도로 유배 보내고서 2년 뒤인 683년에 자신의 어린딸^(少女)을 31신문왕의 부인^{夫人}으로 납채케 했던 것이다.

ⓒ 많은^(1만명?) 군사들의 감시하에 유배지인 현,강원도오대산에 도착한 보천과 효명 형제는 {생명의 위협을 느껴서} 군사들을 따돌리고 산속 깊이 숨어 버렸던 것이다.

ⓓ 692년에 '강소신라^(國) 왕통의 부자승계 금지규정'을 다시 악용한 김흠운^{金欽運}이 왕위를 찬탈하려고 31신문왕을 시해하자, 국인^{國人}들이 반발하여 김흠운을 처형하고서 오대산에 숨어 있는 보천과 효명 왕자들을 돌아오도록 설득했으나, 형인 보천이 극구 사양하였으므로 할 수 없이 동생인 효명^{孝明}을 강소신라로 모셔와서 32효소왕으로 옹립한 것이다.

ⓔ 일단 효명이 강소신라32효소왕으로 즉위하였으나 10년 뒤인 702년에 죽자, 31신문왕의 부인^(夫人=즉, 친당파 김흠운의 어린딸/少女)의 소생인 흥광^{興光}이 {32효소왕과는 부자^{父子} 관계가 아닌 형제관계^(즉, 동생)였었으므로} 33성덕왕으로 즉위하게 된 것인데, 이는 아무래도 '강소신라^(國) 왕통의 부자승계 금지규정'을 또다시 악용한 김흠운 집안세력들에 의해서 32효소왕이 해를 입은 것으로 추측된다. {어쨌든 이렇게 해서} 29태종무열왕의 후손 집안에서 36혜공왕까지의 강소신라 왕통을 약125년간 겨우겨우 더 이어나갈 수가 있었던 것이다.

즉, 보천^{寶川}과 효명^{孝明} 두 왕자가 '현,강원도 평창군의 오대산'으로 숨어들어 간 681년은 {이미 '7말8초 역사왜곡'이 상당히 진행된 시기로서} '원래의 청량산^{(淸涼山=문수보살의 성지(聖地)=현,섬서성서안(西安)양모산(羊毛山)or려산(驪山)?)}'을 일단 당나라의 오대산^(五臺山=현,산서성)으로 왜곡해서 설정^{設定}한 뒤의 시기'인데, 한편으로 '불국토^{佛國土}가 건설될 현,한반도에도 문수보살^{文殊菩薩}을 현신할 수 있는 오대산^{五臺山}을 만드는 과정^(즉,지명설정)'에 있었던 것이다. 즉 {당연히 왜곡이긴 하지만} 이미 왜곡 설정^{設定}한 '당나라 오대산$^{(현,산서성)}$'을 {강소신라의 경주신라 축출'에 보조를 맞추어서} 현,한반도에도 '문수보살을 현신할 수 있는 오대산^{五臺山}'을 추가로 지정하게 되었던 것이다. 결국 '현,산서성의 당나라 오대산^{五臺山}'이 '원래의 청량산^{淸涼山}=문수보살의 성지$^{[聖地=현,섬서성서안(西安)양모산(羊毛山)or려산(驪山)?]}$'와는 무관한 것처럼 왜곡을 고착화시키기 위하여 '이중^{二重}의 지명이동 방법'을 구사한 것과 같은 결과가 된 것이다.

그런데 {'원래의 청량산$^{[淸涼山=문수보살의 성지(?)=현,섬서성서안]}$에서 문수보살을 현신했다'고 했었던} 자장^{慈藏}은, 이 시기에 현,강원도평창군 오대산이 아닌 현,강원도태백산의 일부인 현,정선군 함백산의 태백갈반지^{太白葛蟠地}가 바로 '문수보살을 현신할 수 있는 후보지$^{(즉, 현,한반도에서의 오대산)}$'라고 강력하게 지목$^{(추천?)}$했었지만, 당시의 '7말8초 역사왜곡 주류세력들'이 현,강원도평창군 오대산을 '문수보살을 현신할 수 있는 후보지$^{(즉, 현,한반도에서의 오대산)}$'로 이미 결정했었던 것이고, 그리고 보천^{寶川}과 효명^{孝明} 두 왕자들도 이 결정에 따라서 현,강원도평창군 오대산으로 유배를 가게 되었었던 것이다. 결국 '자장법사가 현,한반도의 오대산으로 지목한 현,강원도태백산의 일부인 현,정선군 함백산의 태백갈반지^{太白葛蟠地}는 현,한반도의 오대산 후보지에서 탈락되어 버린 것'이므로, {강소신라가 현,한반도로 축출당하게 만든 원인의 일부를 만들었던(?)} 자장은 '당시의 신라사회에서 이미 요주의 기피인물이 되어있었던 것'이다. 그렇게 외톨이가 된 자장은 나중에 태백갈반지에서 혼자 쓸쓸히 생을 마감하였던 것이다.

어쨌든 동생인 효명^{孝明}은 현,강원도 오대산에서 현,강소성으로 돌아가서 강소신라의 32효소왕으로 즉위하였고, 형인 보천^{寶川}은 {'옛날$^{(636년)}$, 자장법사가 당나라에서 만났었다.'는 '오대산의 문수보살'을 현,강원도 오대산에서 다시(?) 현신하여 '어려운 상황에 처한 강소신라를 구원'해 보려고} 현,강원도평창군 오대산에 그대로 남아서 '다섯 봉우리^{五臺}마다 문수보살의 1만진신[→萬眞身→합계, 오만진신(合五萬眞身)]이 깃들어 있는 것'으로 설정設定해서 {현,한반도(즉,경주신라)가 진정한 불국토佛國土가 되도록 열심히 기도를 하면서} 살다가 죽었는데, 나중에 보천寶川이 살던 곳이 '현,오대산의 월정사月精寺가 되었다'고도 하는 것이다. 이 보천태자의 활동에 연유하여 훗날 현,강원도평창군 오대산을 중심으로 해서 '오대산신앙五臺山信仰'이 발상하게 되었다고 보인다.

그리고 {현,산서성오대산도 실제로는 현,서안의 양모산or려산[옛,청량산(淸凉山)]을 옮겨온 이동지명이고, 오대산에 현신했다는 문수보살文殊菩薩도 당태종唐太宗이라는 실존인물을 은유했었던 것이므로} 현,산서성과 현,강원도 두 곳으로 나누어서 추가설정된 두 군데의 오대산에 문수보살文殊菩薩이 실제로 현신한다는 것은 실현될 수가 없었지만 '{기가 막힐 정도로 잘 짜인(?)} 후대의 왜곡된 역사서들'에 의해서 '이 두 군데의 오대산에 모두 문수보살의 진신이 있다'라고 견강부회되어 지금까지도 그렇게 믿는 사람들이 많다고 한다. 그러나 결국은 '이러한 오대산신앙五臺山信仰이 역사왜곡을 한층 더 공고히 만들어 주는 증거 아닌 증거로서 지금도 활용되고 있다'라고도 할 수 있을 것이다. 이는 '역사왜곡의 힘이 얼마나 강한지?'를 실감케 하는 대표적인 사례 중의 하나라고 해야 할 것이다. {경위야 어쨌든} '실제로 현,한반도가 진실한 불국토佛國土가 되는 날'이 되면, '보천태자寶川太子가 이룬 오대산신앙五臺山信仰의 염원'에 감응한 문수보살이 현,강원도오대산五臺山에 현신하리라고 필자도 한번(?) 기대를 해본다.

❺ **명랑법사(明朗法師)**: 670년에 '{소위 말하는} 설인귀의 대병(50만?)이 강소신라를 정벌하려고 출발했다.'는 정보를 당시 당나라에 있던 의상대사義湘大師가 급하게 강소신라로 돌아와서(?) 소식을 알리자, 강소신라에서는 {용궁(龍宮=현,한반도?or당나라?)에 들어가서 비법을 전수받아 온 명랑법사明朗法師가 제안한 바에 따라서} '채색비단으로 임시 사천왕사四天王寺를 세워

도량^{道場}을 개설하고, 문두루비밀법^{文豆婁秘密法}을 지음으로써 당병을 물리쳤다'는 것인데, 이 명랑법사^{明朗法師}는 자장법사의 외조카$^{(즉, 누이의 아들)}$이므로 이들이 '7말8초 역사왜곡' 과정에서 어느 정도 서로 밀접한 관련을 가지면서 활동하였을 것으로 추정되는 것이다. 따라서 명랑법사도 강소신라의 불교문화를 경주신라로 이전시키는 데 크게 기여했었을 것으로 추정된다.

ⓒ 장소(大,小) : 자장법사가 당나라에 가서 활동한 지역은, 현,섬서성서안(西安) 지역이며, 강소신라 지역은 현,강소성양주(揚州) 지역이다.

⇒ 이 표에 발췌된 지역은, 자장법사가 활동한 당나라 지역과 강소신라 지역 및 경주신라 지역이 포함되어 있는데, 그 명칭들이 구체적인 행정지명이 아니라 일반적으로 칭해지는 통칭^{通稱}으로 기록되어 있으므로, {그곳이 현재의 어느 위치인가?}를 확인하는 데 어려움이 많지만} 오히려 그 통칭^{通稱}들이 '역사왜곡을 규명하는 데 아주 중요한 결정적인 힌트'가 되고 있다. 주요 장소를 하나씩 살펴보기로 하자.

❶ 청량산(淸凉山) : 이미 앞의 ⓐ에서 검토된 내용으로서, 애초에는 '청량산$^{淸凉山=현,섬서성서안시(西安)양모산(羊毛山)or려산(驪山)?}$'과 가까운 장안$^{長安=현,섬서성서안시(西安)}$이 당나라의 도읍지였고, 당나라를 대표로 하는 당태종^{唐太宗}을 '복^{福}과 지혜^{智慧}를 가진 문수보살^{文殊菩薩}로 은유해서 칭송'하게 되면서, 청량산$^{(淸凉山=현,서안)}$을 '문수보살^{文殊菩薩}의 성지^{聖地}'라고들 하게 된 것이다. 그런데 현,서안양모산^{羊毛山}의 전체적인 지형을 보면 최고봉이 대략 산의 북쪽에 있으므로 이를 북대^{北臺}라고도 하였던 것으로 보인다.

그리고 {정확한 자료는 없지만} 대체로 고대국가의 도성^{都城}에는 동,서,남,북 4개의 성벽 위에 방어용 전망대$^{(臺)}$가 배치되어 있었을 것으로 추측되는데, 이것들을 각각 동대^{東臺}, 서대^{西臺}, 남대^{南臺}, 북대^{北臺}라고 했을 것이고, 장안성^{長安城}과 같은 대규모 도성^{都城}에는 중앙부에도 전망대^(中臺)가 추가되었으리라고 추정되므로 이 5개의 전망대를 합쳐서 오대^{五臺}라고 했을 것으로 추정된다. 그래서 '규모가 매우 큰 도읍지인 장안성^{長安城}을 일반적으로 오대^{五臺}라고 대칭^{代稱}하게 된 것'으로 추론되는데, 일반적으로 '제왕^{帝王}은 남면^{南面}'했었으므로 장안성^{(長安城=즉,오대(五臺)}} 안에서 '당태종이 있는 곳을 북쪽에 있는 북대^{北臺}라고 했었을 것^{즉, 후원(後苑)이 북쪽에 있기 때문}이고, '청량산^(淸涼山=현,양모산?)'의 최고봉인 북대^{北臺}에 문수보살이 있다.'라고 설정^{設定}하게 되면 {북대^{北臺}라는 명칭을 공통요소로 삼아서} '당태종=문수보살'로 대칭해서 은유될 수가 있고 또 '장안성^{長安城=즉,오대(五臺)=즉,오대산(五臺山)}은 청량산^{淸涼山}으로 비유될 수가 있었을 것'으로 추론된다.

물론 {실제로 그러했는지는 잘 모르겠지만} 『삼국유사』를 쓴 일연스님은 이러한 추론^{推論} 프로세스^{process,過程}를 적용하여, 자장법사가 신라27선덕여왕의 명령을 받고 당나라에 들어가자마자 바로 '장안성의 당태종을 찾아가 만나서 알현하고^(謁=謁見) 모종의 제안을 받았던 것'을 '청량산^{淸涼山}을 찾아가서 알현하고^(謁=謁見) 만수대성^(曼殊大聖=즉,문수보살)의 소상^{塑像}에 감응되어 범게^{梵偈}를 받은 것'으로 은유해서 기록한 것이라고 추론되는 것이다. 그래서 '문수보살이 있는 청량산^{淸涼山}의 주봉^{主峯}인 북대^{北臺}'와 '당태종이 있는 장안성^{長安城}의 북대^{北臺}'가 서로 치환되는 은유관계^{隱喩關係}를 갖도록 설정해 낸 것이라고 보는 것이다.

결국, 『삼국유사』에 기록된 '청량산^{淸涼山}'은 '당태종이 있었던 당나라의 도읍지인 장안성^(長安城=현,섬서서안)'이라고 해야 할 것이다. 물론 이는, '당태종^{唐太宗}=문수보살^{文殊菩薩}'이라는 은유된 설정과도 맥을 같이 하는 것이다.

❷ 오대{五臺=즉,오대산(五臺山)} : '오대^{五臺}는 산^山이름이 아니라 당나라 도읍지인 장안성을 대칭^{代稱}한 것'인데, 인근의 청량산^{淸涼山}도 사실상 장안성을 대칭하였던 것이므로 {같은 산으로 인식^{認識}되도록 만들기 위해

서} 7말8초 역사왜곡 과정에서 '오대^{五臺}'라는 글자에 '산^{山}'자를 부가하여 '오대산^{五臺山}'이라고 하게 된 것이다. 즉 오대산^{五臺山}이라는 산 이름$^{(山名)}$은 {원래부터 존재하던 산의 이름이 아니라} '7말8초 역사왜곡' 과정에서 만들어진 산 이름$^{(山名)}$이므로, 현,산서성오대산^{五臺山}은 '청량산$^{淸涼山=즉\ 현,섬서성서안(西安)양모산(羊毛山)}$'을 '오대산^{五臺山}으로 고쳐서 현,산서성으로 지명이동시킨 것'이라고 보면 될 것이다. 아마 현,산서성오대산은 {그 이전에는 '산에 있는 생물들이 모두 흰색이다'라는 도교식^{道教式} 이야기에서 말하는 '백산^{白山}'이라고 하였을 것으로 보이지만} '7말8초 역사왜곡' 이후에는 오대산^{五臺山}이라고 고쳐져서 현재는 완전히 고착화된 것이라고 보인다.

따라서, {7말8초 역사왜곡 이전에는 문수보살의 성지^{聖地}가 '청량산$^{淸涼山=현,섬서성서안(西安)양모산(羊毛山)}$'이었던 것인데} 7말8초 역사왜곡 이후에는 '문수보살의 성지^{聖地}가 일단 현,산서성오대산^{五臺山}으로 바뀌게$^{(즉,지명이동하게)}$ 된 것'이며 현,강원도오대산^{五臺山}은 {'강소신라 지명을 경주신라로 이동시킨다'라는 역사왜곡의 방침에 따라} 현,산서성오대산^{五臺山}을 한 번 더 현,한반도로 지명이동$^{\{실제로는,지명복사(地名複寫)라고\ 해야\ 됨\}}$해 오게 된 것이다. 즉 '오대$^{\{五臺=즉,청량산(淸涼山)=실제,당나라장안성(長安城)\}}$는 신라의 자장법사^{慈藏法師}가 문수보살$^{\{文殊菩薩=실제,당태종(唐太宗)\}}$에게서 처음 범게$^{梵偈=즉\ 모종의\ 제안?}$를 받은 곳'이므로, {'강소신라가 경주신라로 축출되었다'라는 7말8초 역사왜곡을 감추기 위해서는} '불국토^{佛國土} 경주신라^{慶州新羅}에도 문수보살^{文殊菩薩}을 친견^{親見}할 수 있는 오대^{五臺}라는 은유성 장소가 반드시 있어야만 했던 것'이다. 그래서 현,산서성의 오대산^{五臺山}을 현,강원도오대산^{五臺山}으로 지명이동$^{(즉,지명복사)}$하고서 현,산서성오대산^{五臺山}이라는 지명은 없앴어야 했었지만, {'7말8초 역사왜곡' 과정에서} 원래 산서성과 섬서성의 경계인 현,황하남류부^{黃河南流部}를 지칭하기도 했었던 고대,요수$^{(古代,遼水)}$를 현,하북성영정하^{永定河}로 지명이동하게 됨으로써, 현,산서성의 오대산^{五臺山}을 현,강원도오대산^{五臺山}으로 깔끔하게 지명이동할 수가 없게 된 것이다. 그래서 {궁여지책으로, '부처님은 이 세상 어디에도 있을 수 있는 존재'라는 이유를 들어서} 현,강원도평창에 있는 산에 현,산서성의 오대산五臺山이라는 산 이름(地名)을 복사해서 하나 더 설정해서 붙이게 된 것이다. 이렇게 해서, 완전히 같은 기능을 가진 오대산이라는 지명이 대륙과 한반도 두 군데에 존재하는 지명복사(地名複寫) 상황이 생기게 된 것이다. 결국 {이렇게 해서} '(오대+문수보살)=(장안성+당태종)'이었던 당초의 역사왜곡의 설정된 개념을 조금 더 수월하게 은닉할 수가 있었던 것이다.

어쨌든, '불국토佛國土 경주신라慶州新羅에 문수보살文殊菩薩을 친견親見할 수 있는 오대산五臺山이라는 산 이름(地名)'을 설정하기 위해서 {이 문제에 근본적인 책임이 있는(?)} 자장법사慈藏法師가 홀로 현,강원도태백산太伯山에 와서 큰 구렁이(실제로는, '칡넝쿨'로 보인다)가 똬리를 틀고 있는 곳을 가리켜 **"이곳이 이른바 갈반지이다(此所謂葛蟠地)"** 라 하고, 석남원{石南院=즉, 고려시대의 정암사(淨岩寺)}을 창건하고서 문수대성(候聖=즉,문수보살)을 기다렸었는데, '늙은 거사(老居士)로 변장하고 찾아온 문수대성文殊大聖이 문수보살文殊菩薩이었던 것을 미처 알아보지 못하고 쫓아버림'으로써, '현,강원도태백산太伯山을 경주신라 오대산五臺山으로 설정하는 것에 실패'를 하고 크게 후회해서 결국 **'몸을 훼손하고 죽었다(遂殞身而卒)'** 는 것이다. 어쨌든 '{7말8초 역사왜곡을 주도한 사람들에 의해} 경주신라 오대산五臺山이 현,강원도평창으로 지정되게 됨'으로써, '오대산五臺山이라는 불교성지佛敎聖地 산 이름(지명)'이 현,중국과 현,한국 두 군데에 함께 병존하게 된 것이다.

그래서, 일연스님이『삼국유사』<의해5/자장정율>과 <탑상4/대산월정사오류성종>에서, '{자장법사가 죽은 곳으로 보이는} 석남원石南院이 {여러 번의 우여곡절을 거쳐서} 현,오대산월정사月精寺인 것으로 잘못 전해지게 된 과정'을 굳이 설명하게 된 것이다.

결국, '현,강원도평창 오대산五臺山이 문수보살의 성지聖地가 된 것'은 {결과적으로 보아서} 자장법사가 '당태종이 제시한 모종의 제안'을 받은 것과 관련하여 '청량산[淸凉山=현,섬서성서안(西安)양모산(羊毛山)]'을 일단 오대산[五臺山]으로 1차 지명설정하여 '현,산서성의 오대산'으로 2차 지명이동한 후, '현,산서성의 오대산'을 '현,강원도평창 오대산'으로 3차 지명복사한 것이므로, {역사왜곡이라는 측면에서 보면} '당태종과 자장법사는 서로 떼려야 뗄 수 없는 관계[즉,비자발적(非自發的)공모관계(共謀關係)?]로 묶여있다.'라고 해야 할 것이다. 다만 {'불교문화의 어떤 사상[思想]이 이러한 관계[즉,비자발적공모관계?]를 만드는 데 적용되었는지에 대해서는 더 연구되어야 하겠지만} 대략 '당태종이 제시한 모종의 제안' 속에 '불교문화에 심취한 강소신라의 불승[佛僧]인 자장법사로서는 쉽게 거부할 수 없는 어떤 매력[魅力?]'이 포함되어 있었기 때문이라고 추측만 할 뿐이다. 이에 대해서는 불교문화에 해박한 분들이 조금 더 연구해서 규명해 주길 기대하는 바이다.

[참고]
'현,한반도의 오대산(五臺山)'과 '태백갈반지(太伯葛蟠地)'

'636년 당나라에 가서 오대[五臺]에서 문수보살을 친견했다.'는 자장법사가 처음 '경주신라[현,한반도]의 오대산'으로 지목하고 그곳에서 생을 마감한 태백갈반지[太伯葛蟠地]는 현,평창오대산이 아니라 현,정선함백산인데, '7말8초 역사왜곡' 과정에서 {현,산서성 오대산과 같이} '문수보살을 친견할 수 있는 경주신라의 오대산'으로 현,평창오대산이 공식적으로 설정되었던 것이다. 따라서 '자장이 처음에 지목했던 현,정선함백산은 경주신라의 오대산으로 인정받지 못하게 된 것'이다. 그래서 {소위 말하는} 후대의 '오대산신앙[五臺山信仰]'이라는 것도 '현,평창오대산에 대한 이야기'가 되는 것이다.

그런데 현,산서성오대산도 '자장이 636년에 문수보살을 친견했다'는 당나라의 오대(五臺=현,서안)가 아니라, 지명이 왜곡설정된 다음에 이동된 것이므로, '당나라 장안의 오대五臺 > 현,산서성의 오대산五臺山 > 현,평창의 오대산五臺山'의 순서로 2중²重 지명이동(혹은,지명이동+지명복사)이 된 셈이어서, 그 위치나 기능에 대해서는 매우 주의해서 살펴야 할 것이다.

즉 {엄격하게 말한다면} '오대五臺'와 '오대산五臺山'은 그 위치도 다르고 또 그 기능도 완전히 다른 별개의 장소로 해석되어야 하는 것이다. 따라서 '오대五臺를 오대산五臺山으로 해석하거나 설명한 기록들'은 다분히 '역사왜곡을 은닉'하려는 의도가 있었거나 아니면 자신도 모르게 '역사왜곡을 돕고 있는 경우'라고 보아야 할 것이다.

❸ **장안(長安)** : 일단, '현행의 모든 왜곡역사서'가 모두 636년 당시 당나라의 도읍지를 '장안長安'이라고 기록하고 있으므로, 여기서도 일단 '장안(長安=현,섬서성서안(西安)}'일 것으로 받아들여서 내용을 이해해야 할 것이다. 그러나 당나라가 고구려를 멸망시키기 전에도 현,섬서성서안西安을 '장안長安'이라고 명명命名했었는지에 대해서는 더 많은 연구가 필요하다고 보인다. 즉 원래 '장안長安'이란 지명은 '고구리대연방의 도성(都城=즉, 대맹주가 주재하는 곳)'을 지칭하는 명칭'이었으므로, {고구리대연방의 중심국가인 고구려가 망하기 전에는} 고구리대연방에 속했었던 변방국가인 당나라에게 '장안長安'이란 지명을 사용하게 했을 가능성은 낮다고 보이기 때문이다. 왜냐하면 {나중에 '참된한국통사Ⅱ편'에서 더 자세히 설명되겠지만} 고구리대연방의 대맹주인 고구려 27영류왕이 {군사를 지원해서 당나라를 건국하게 하여} 당나라로 하여금 과거의 북위北魏와 같은 '고구리대연방 서부지역 소맹주'의 역할을 대신하게 하였던 것이므로, {고구리대연방의 중심국가인 고구려에서 사용하는} '장안長安'이라는 지명을 고구려의 변방국가인 당나라가 중복해서 사용하도록 고구려즉,대맹주가 허락했었을 가능성

이 없다는 것이다.

즉, 당나라의 도성을 장안^{長安}이라고 하게 된 시기도 고구려가 멸망한 이후가 될 것이라고 보는 것이다. 다시 말해서 {고구려가 망한 뒤} 당나라가 과거 고구리대연방의 중심국가^(즉,대맹주)의 역할을 대신하게 되면서부터 비로소 '장안^{長安}이라는 지명을 사용하게 되었다.'라고 보는 것이 타당하기 때문이다. 그래서 822년에 강소신라에서 반란을 일으킨 김헌창이 '당나라에게 핍박만 당하는 강소신라를 아예 대맹주의 나라로 만들겠다.'라는 주장을 하면서, 국호를 '장안^{長安}'이라고 선포했었던 것이다. 결국 이는 이 '장안^{長安}'이란 호칭이 단순히 도읍지의 명칭이 아니라 '대맹주의 권위를 나타내는 명칭'이었기 때문에 고구려, 당나라, 김헌창이 모두 탐냈었던(?) 것이다. 다만 {이 '장안^{長安}'이란 명칭이 옛,한나라^漢 시기 이전의 전국시대부터 현,섬서성서안^{西安}에서 사용되었던 것일 수는 있으므로} 고구려가 망한 뒤 현,섬서성서안^{西安}에 도읍한 당나라가 자연스럽게 도읍지의 명칭으로 공식적으로 다시 사용하게 된 것일 수도 있으므로, 더 자세한 연구가 필요하다고 보인다.

❹ **본사(本師)** : '본사^{本師}'가 인물^{人物}만을 지칭하는 것이라기보다는 어떤 지명^{地名}을 함께 대칭^{代稱}하는 것으로 보이는데, 이 명칭이 사용된 문장의 맥락을 보건대, '본사^{本師}=본^本 경사^{京師}=우리의 경사^{京師}=즉,(당나라 장안^{長安}=현,섬서성서안^{西安})'일 것으로 추측된다. 결국《삼국유사/탑상4》대산오만진신조에서, 636년에 당나라에 온 자장에게 {대성^{大聖}으로부터 받은 4구의 범게^{梵偈}를 해석해 준} 어떤 스님이 {자장에게 가사^{袈裟}를 주면서} **"이것은 본사(本師) 석가세존께서 쓰시던 도구이니, 그대가 잘 간직하시오."**라고 했을 때 말한 '본사^{本師}'는 '본사^{本師}'인 석가세존=즉 당태종^{唐太宗}이라는 인물을 은유한 것'으로 보이므로, '본사^{本師}=우리 경사^{京師}=즉, 당나라 장안^{長安}=현,섬서성서안^{西安}'이라는 지명으로 해석하더라도 크게 문제

가 되지는 않을 것이다. 이는 아마 {일연스님이 당시 당나라의 도읍 명칭이 '아직 장안^{長安}이 아니었음'을 시사하기 위하여} 의도적으로 '지명^{地名}과 인물^{人物}을 동시에 암시하는 단어를 사용했다.'라고도 여겨지는 것이다.

그리고, 그 스님이 자장에게 준 가사^{袈裟}는 '당나라가 입수한 석존$^{釋尊=즉 인도의 석가모니}$의 진품^{眞品} 가사^{袈裟}'일 것으로 보이는데, '당태종이 가지고 있다가 자장법사에게 준 것'으로 이해되며 당태종이 {신라의 자장법사를 회유하기 위하여} '석존^{釋尊}의 진품^{眞品} 가사^{袈裟}까지 자장에게 내어준 것'이므로 불승^{佛僧}인 자장으로서는 '깜빡 죽을(?) 수밖에 없었을 것'이다. 물론, 당시의 당나라는 {과거 북위^{北魏}가 불교^{佛敎}를 국교로 삼았던 것과는 달리} 이미 유교^{儒敎}를 통치이념으로 삼고 있었던 것이므로 불교물품{즉 석가^{釋迦}의 성물^{聖物}}들에 대한 애착이 많이 약화되어 있었으므로, 정치적 야심을 내포한 대외외교^{對外外交}에 활용하였을 수도 있다고 추측되고, 당나라와는 달리 불국토를 염원하던 강소신라로서는 천하에 이보다 더 귀한 보물이 없었을 것이다. 그래서 나중에 자장이 강소신라로 돌아가자, 모든 강소신라 사람들이 대대적으로 자장의 귀환을 환영했었고, 당태종에 대한 신뢰와 존경심(?)이 고조되었을 것으로 보이는 것이다. {결과적으로 보아서} '당태종의 이이제이^{以夷制夷}식 선물공세가 성공했다(?).'라고도 볼 수가 있을 것이다.

❺ **태화지(太和池)** : 우선 '태화$^{太和=太(클,태)+和(화합할,화)=즉 큰 화합}$'라는 의미의 단어에 주목해 볼 필요가 있는데, {쉽게 보면 단순한 의미로 보이지만} '태화$^{太和=큰 화합}$라는 단어는 큰 갈등을 전제로 한다'는 것을 생각해야 하는 것이다. 즉 이 '태화$^{太和=큰 화합}$'를 주장하게 된 시기는 그 이전에 '큰 갈등^{전쟁}'이 끝난 다음에 그 전쟁^{갈등}의 아픔을 치유하기 위하여 내세우는 '승자의 구호^{口號}'라고 보아야 한다는 것이다. 다시 말해서 '636년에 당나

라 도읍지인 장안성^{현,섬서성西安} 근처에 태화지$^{太和池=태화(太和=큰화합)라는 이름의 연못(池)}$가 있었다.'는 것은 "당태종 이세민이 636년에 이미 {백제와 고구려를 멸망시킨 660년 및 668년의 상황과 661년에 신라를 계림도독부로 흡수합병하는 상황까지를 미리 고려하여 최종승자로서 '이제는 모두 대동단결하자'라는 의미의 '태화^{太和}'라는 구호를 써먹을 것을 미리(?) 감안해서} 연못 이름을 태화지^{太和池}라고 명명했었다"라고도 볼 수가 있는 것이다. 즉 {이 같은 '시기가 맞지 않은 태화지^{太和池}라는 이름'을 통해서} '당태종은 그가 처음 즉위한 626년부터 7말8초 역사왜곡을 구상했었다.'라고 유추해 볼 수도 있으므로 '이 태화지^{太和池}라는 연못 이름도 7말8초 역사왜곡의 결과물일 수가 있다'라는 추측도 해볼 필요가 있을 것이다. 어쨌든 이 '당태종의 태화지^{太和池}'는 현,섬서성서안에 있는 '현,곡강지$^{曲江池=즉 수문제(隋文帝)의 부용지(芙蓉池)}$'일 것으로 생각되는데, 아마 당태종 시기까지도 계속 '부용지^{芙蓉池}'라고 했었던 것을 7말8초 역사왜곡이 시작되면서 태화지^{太和池}로 고쳐졌을 것으로 추정된다. 그러다가 {역사왜곡이 당나라의 의도대로 순조롭게(?) 진행됨에 따라서} '태화$^{(太和=큰 화합)}$'라는 상호주의적인 사상이 내포된 비교적 공정한 단어'가 '중화$^{\{中和=당나라로(中) 화합하자(和)=centralization\}}$라는 반강제적인 단어'로 변질되었고, 결국에는 '중화$^{\{中化=당나라가(中) 되자(化)\}}$라는 강제성을 내포한 구호'로 변질되더니, 종국에는 '중화$^{\{中華=당나라가(中) 꽃이다(華)\}}$라는 배타적 단어'로 바뀌었다고 보인다. 즉 **'태화$^{(太和)}$>중화$^{(中和)}$>중화$^{(中化)}$>중화$^{(中華)}$'의 순으로 야금야금(?) 변질되어, 지금은 {주변국들을 모두 오랑캐로 취급하는} 아주 고약한 이데올로기성^{ideologie性} 구호로 바뀌어 있게 된 것이라고 보인다.**

어쨌든 당나라가 {'중화^{中和}'라는 구호를 외친 결과로서} 결국 백제와 고구려를 멸망시켰었고 또 동맹국이었던 강소신라까지도 현,황해바다 건너의 경주신라로 축출해서 현,중국대륙에 대제국을 건설하게 되었으니, 그 단초가 바로 626년에 갓 즉위한 당태종이 내세운 {'선^{善}한 의미의 태화太和라는 의지意志가 담긴} 태화지太和池라는 지명에서부터 시작되었다고도 보인다.

❻ 북대(北臺) : 이 단어는 이미 앞에서 설명되었듯이 '제왕帝王은 남면南面한다'라는 개념에서 '당태종이 있는 곳'의 의미로 대칭代稱된 것이다. 물론 이 북대北臺는 오대五臺의 일부이므로 오대{五臺=즉 5개의 전망대(展望臺)}가 산山 이름으로 둔갑해서 현,강원도오대산五臺山으로까지 지명이동된 뒤, 한반도 사람들에게 '현,평창오대산은 문수보살文殊菩薩의 오만진신五萬眞身이 깃들어 있는 불교성지佛敎聖地이다.'라는 오대산신앙五臺山信仰으로 1,300여년이 지난 지금까지도 면면히 이어져 오고 있으니 '역사왜곡의 영향'이 얼마나 깊고 또 긴지를 실감케 하는 것이다.

❼ 운제사(雲際寺) : 이 운제사{雲際寺=운제사(雲梯寺)음변자?}는 현,섬서성서안西安 남쪽의 종남산(終南山=현,진령산맥)에 있었던 당나라 사찰일 것으로 알려져 있다. 아마 구름사다리{운제(雲梯)}를 타고 올라가야 할 정도로 험한 지형에 세워진 사찰일 것으로 추측되는데, 자장이 당나라에 도착하여 우선적으로 '당태종이 제시한 모종의 제안'을 받아서 그 취지를 강소신라로 보내고 본국의 답변을 기다리면서 {처음에는 장안성 안에 머물렀는데} 당태종이 자장을 회유하려고 온갖 대접을 다하자 그것을 부담스럽게 여긴 자장이 {처음 신라를 출발할 때 가졌던 '당나라에 가서 불법을 배워보겠다.'라는 승려로서의 포부를 달성하기 위하여} 종남산에 들어가서 3년 동안 수련하던 곳이라고 생각된다. 자장은 이곳에서 처음에는 여러 당승들로부터 불교에 대해서 많은 것을 배우기도 했었겠지만, 시간이 지나면서 점차 '자장이 높은 학식을 가졌다'는 것과 '황제인 당태종의 후원을 받는다'는 것이 알려지면서 오히려 더 많은 당나라 사람들{人神(인신)=일반인과 귀인들}에게 계戒를 주는 상황으로까지 바뀌는 '인기 있는(?) 유명인사有名人士'가 되

었던 것으로 보인다. 그래서 일연스님이 {불승으로서 품위를 잃은 자장법사의 언행에 대해} **'말이 번거로워 싣지 않는다(錯辭煩不載)'** 라고 하면서 『삼국유사』 안에는 자세한 기록을 더 남기지 않았다고 보인다. 하지만 {자의 반 타의 반으로 인기유명인(?)이 된} 자장법사는 '승려라는 입장에서 더 폭넓게 불법을 접할 수 있는 좋은 기회를 살리겠다.'라고 다짐했었던 첫 번째 목표를 넘어서 '당나라에서도 꽤 유명하게 알려진 존경받는(?) 승려'가 되었기 때문에 '당태종을 만나게 된 인연을 아주 소중하게 생각했었을 것'으로 보인다. 어쨌든 이때 당나라에서의 자장법사의 행적이 '당나라(唐?or宋?)의 고승전高僧傳에 자장전慈藏傳으로 남아 있게 된 것'으로 보인다.

❽ **황룡사(皇龍寺)** : 황룡사皇龍寺는 신라24진흥왕이 553년에 건립한 신라 최대의 황실사찰인데, 643년 당나라에서 돌아온 자장이 대국통大國統이 되어서 두 번째 주지住持를 역임했던 사찰이다. 그런데 {사실 여부를 떠나서} 황룡사의 핵심시설인 장육존상을 주조할 때나 9층탑을 건립할 때나 모두 자장법사가 '오대五臺의 문수보살文殊菩薩(즉,당태종)이 했다는 말'을 전한 것과 관련되는 것으로 기록되어 있을 정도로 '당태종즉,文殊菩薩?의 의중이 가장 많이 반영된 사찰'이라고 할 수가 있을 것이다. 따라서 이 황룡사皇龍寺는 {'역사왜곡의 시작과 그 구도(構圖=frame)와 관련되어 있다.'고 보이는} '당태종이 제시한 모종의 제안'이 가장 많이 반영된 사찰이라고도 할 수가 있을 것이다. 따라서 '역사왜곡의 본모습'을 제대로 연구하기 위해서는 이 황룡사皇龍寺의 연혁과 자장법사의 행적을 심층적으로 연구할 필요가 있다고 보인다. 물론 일반적인 내용들은 이미 앞에서 '불교시설'을 검토하면서 자세히 다루었으므로 여기서는 생략한다.

❾ **갈반지(葛蟠地)** : '갈반지葛蟠地'란 말은, 『삼국유사』를 보면 '문수보

살의 성지인 오대산^{五臺山}을 특정하는 단어'로 설명하고 있는데, {글자 그대로만 놓고 보면} '갈반지^{葛蟠地}=즉 (뱀이 똬리를 틀고 있는 것과 같이) 칡넝쿨이 엉켜 있는 곳'으로 이해하면 될 것이다. 즉 이러한 '갈반^{葛蟠}'이 있는 상황'은 동아시아 대부분의 산지 어디에서나 볼 수 있는 것이므로 '갈반지^{葛蟠地}'라는 말만으로써는 어떤 특수한 장소를 특정 지을 수는 없다고 보이지만 {이 '갈반지^{葛蟠地}'라는 특이한 말$^{(지명?)}$이 등장하게 된 배경을 조사해 보면} 현,강원도오대산^{五臺山}이 한국 불교계에서 '복^{福}과 지혜^{知慧}를 주는 부처인 문수보살^{文殊菩薩}이 계시는 성지^{聖地}'로 인식되게 만드는 과정과 직접 연결되어 있다고 보인다. 따라서 그 과정을 조금 세밀하게 살펴볼 필요가 있을 것이다.

즉 강소신라에서 대국통까지 지내던 자장법사가 왜 '서울$^{(京=현,강소성揚州)}$을 떠나 바다^{현,黃海}를 건너 경주신라^{현,한반도}의 변방인 현,강원도 산골짜기까지 와서 쓸쓸하게 살다 죽었는지?'에 대해서는 어느 곳에서도 자세하게 규명하고 있는 기록이 없으므로 {필자 나름대로 그 이유를 추적해 보면} 다음과 같다.

㊀ **그 첫째는,** 강소신라에서 640년대에 대국통^{大國統}까지 역임하며, 강소신라의 불교문화 발전에 혁혁한 기여를 했던 자장법사가 {**《삼국유사/의해5》자장정률(慈藏定律)조: 만년에 문수보살에게 버림받고 죽다.'**라는 기록을 참조하면} 대략 10여년 이상의 공백 기간을 뛰어넘어서 '만년$^{(暮年=필자는\ 655년경으로\ 추정함?)}$'에 서울$^{(현,강소성양주)}$을 떠나 현,황해바다를 건너서 강릉군$^{(江陵郡=즉\ 14C\ 고려의\ 명주(溟州)=현,강원도)}$에 수다사$^{(水多寺=청정법계도량(淸淨法界道場)을\ 말함⇒9C中에\ 창건된\ 연화사(淵華寺)를\ 조선시대에\ 개명한\ 현,경북구미의\ 수다사(水多寺)와는\ 다름)}$를 창건하고 살다가 어느 날 꿈속에 '옛날$^{(즉,636년)}$ 북대$^{(北臺=즉,당나라장안성)}$에서 보았던 모습과 같이 생긴 이상한 스님$^{[이승(異僧)=즉,문수보살]}$'이 나타나, '**내일 대송정^{大松汀}에서 만나자**'라고 말한 것에서부터 {비록, 결과적으로는 실패를 했었지만} '자장법사

의 현,강원도태백산 불교성지화 사업(P/J)?'이 시작되었다고 해야 할 것이다.

㊁ **그다음은**, 다음 날 아침 일찍 송정^{松汀}에 갔는데 아무도 보이지는 않았지만, **문수보살이 온 것을 느낌으로 알고서(果感文殊來格), 무슨 일인지를 묻고 또 물었더니(諮詢法要)**, {문수보살께서} '**다시 태백갈반지**^{太伯葛蟠地}**에서 만나자**'라고 말하고 사라져 버린 것이다. 그런데 자장법사가 아침 일찍 송정^{松汀}이라는 물가에서 문수보살에 감응해서 '다시 태백갈반지에서 만나자'라는 말을 들었다고 하는 것을 과학적으로 얼마나 인정하여야 할지는 모르겠지만 {워낙 고매한 고승의 행적이므로(?)} 일단 그대로 받아들일 수밖에 없다고 보인다. 그런데 스님이 처음 만나자고 한 곳이 '대송정^{大松汀}'이였었는데 자장이 가서 기다린 곳이 '송정^{松汀}'이라는 것에는 문제가 없는지 잘 모르겠다. 다만 '왜 지명이 갑자기 대송정^{大松汀}에서 송정^{松汀}으로 바뀌었는지?' 의아하다. 어쨌든 {비록 감응^{感應}이긴 하지만} '다음 목표지가 제시된 것'이므로} 그냥 '대송정^{大松汀}=송정^{松汀}'일 것으로 간주해 두기로 하자.

㊂ **또 그다음은**, 태백산^{太伯山}에 간 자장법사가 갈반지^{葛蟠地}를 열심히 찾다가, '**큰 구렁이가 나무 아래에 똬리를 틀고 있는 것(巨蟒蟠結樹下)**'을 보고 '**이곳이 이른바 갈반지이다(此所謂葛蟠地)**'라고 말하고, '**석남원**^{石南院=아마, 갈반지(葛蟠地) 주변일 듯?}**을 창건하고서, 문수보살(候聖)이 내려오기를 기다렸다(創石南院以候聖降)**'는 것이다. 그런데 여기에서도… '(스님이) 태백갈반지^{太伯葛蟠地}에서 다시 만나자'라고 했었는데 자장은 '태백산^{太伯山}에 가서 갈반지^{葛蟠地}를 찾았다.'는 것이므로, '태백갈반지^{太伯葛蟠地}'와 '태백산^{太伯山}의 갈반지^{葛蟠地}'가 같은지 조금 애매하다. 그러나 여기서도 '다음 상황이 계속 연결'되고 있으므로, 일단 '태백갈반지^{太伯葛蟠地}=태백산^{太伯山}의 갈반지^{葛蟠地}'

일 것으로 간주해 두자.

㈣ 또 그다음의 마지막 상황이 중요한데, '어떤 늙고 남루한 거사^{居士}'가 석남원^{石南院}으로 자장법사를 찾아왔는데, 미친 사람으로 오인해서 쫓아버렸더니 **'그 거사가 사자보좌^{獅子寶座}에 올라타고 빛을 발하며 사라졌다.'**는 것이다. 그래서 자장법사가 뒤늦게 쫓아갔으나 미치지 못하였고, 그래서 **'자장은 결국 몸을 버리고 죽었다(遂殞身而卒)'**는 것이며 (사람들이) **'자장법사를 화장한(?) 유해를 수습해서 석굴(石穴) 속에 안장하였다'**는 것이다.

여기까지가, 자장법사가 '경주신라^{현,한반도}의 석남원^{石南院=즉 태백산(太伯山)의 갈반지(葛蟠地)}을 굳이^{억지로?} 불국토^{佛國土}의 오대산^{五臺山}이라고 위치를 지정하려 했었던 과정'에 대한 기록이다. 이를 종합정리하여 자장법사의 말년 행적은 추정하면 다음과 같다.

즉, …{현실세계에서(?) 실제로 문수보살^{文殊菩薩}을 친견^{親見}해서, 그곳이 바로 '불국토^{佛國土} 오대산^{五臺山}'이라는 것을 증명하기 위해} 서울^{京=강소신라,계림(雞林)=현,강소성양주(揚州)}을 떠난 자장법사가,

→㈠: 말년^(655년경?)에 경주신라의 강릉군^{江陵郡=14C고려,명주(溟州)=현,강원도}에 수다사^(水多寺=실제사찰이 아닌 임시 거주지?)를 창건했었고,

→㈡: '대송정^{大松汀=아마 규모가 큰 송정(松汀)의 의미?}'에도 갔었고,

→㈢: '태백갈반지^{太伯葛蟠地=즉 태백산(太伯山)의 갈반지(葛蟠地)}'라는 곳에 가서 석남원^{石南院}을 창건하고 기다렸지만 끝내 친견하지 못하고,

→㈣: 석남원^{石南院}에서 죽었다…라고 정리된다.

{이후의 상황을 종합하면} 자장법사가 죽은 '태백산^{太伯山}의 갈반지^{葛蟠地} 부근 석남원^{石南院}'이 《삼국유사/탑상4》대산월정사오류성중'조에서는 자장법사가 '오대^{五臺=五臺山아님}'에 가서 진신^(真身=문수보살)을 보려 했지만 보지 못했

으므로, 묘범산^{妙梵山}으로 가서 정암사^{淨岩寺}를 세웠다.'라 하여 '태백갈반지$^{\{太伯葛蟠地=太伯山아님\}}$와 오대$^{\{五臺=五臺山이 아님\}}$'가 대응되고, '태백갈반지^{太伯葛蟠地}의 석남원^{石南院}과 묘범산$^{(妙梵山=현,정선군함백산?)}$의 정암사^{淨岩寺}'가 대응된다는 것을 확인해 주고 있다. 그러나 묘범산$^{(妙梵山=현,정선군함백산?)}$과 오대산$^{(五臺山=현,평창군)}$은 직선거리만 해도 약70km 이상 떨어진 서로 별개의 산줄기에 해당되므로 {이 두 기록들을 참고로 한다면} 자장이 말년$^{(655년경?)}$에 실제로 문수보살을 만나려다 만나지 못하고 죽은 '태백산^{太伯山}의 갈반지^{葛蟠地} 부근 석남원^{石南院}'은 '현,평창군의 오대산^{五臺山}'이 아니라 '묘범산$^{(妙梵山=현,정선군함백산?)}$의 정암사^{淨岩寺}'일 개연성이 더 크다고 보인다.

즉 '강릉군$^{\{江陵郡=14C,고려의명주(溟州)=현,강원도\}}$의 수다사$^{(水多寺=실제 사찰 아님)}$'라 하는 곳은, '현,강원도평창군의 오대산^{五臺山} 지역'으로서 655년경 자장이 '오대$^{\{五臺=五臺山아님\}}$'의 후보지로 선택한 '묘범산$^{(妙梵山:현,정선군함백산?)}$'의 '태백갈반지$^{\{太伯葛蟠地=太伯山아님\}}$'가 아님은 분명하므로 655년경 자장이 '현,강원도평창군의 오대산^{五臺山} 지역'에는 아예 가지를 않았었는데, 일연스님은『삼국유사』에서 왜 자장이 '강릉군$^{\{江陵郡=14C,고려의명주(溟州)=현,강원도\}}$의 수다사$^{(水多寺=실제 사찰 아님)}$'에 간 것처럼 기록했는지가 문제가 된다고 보인다.

그것은, 자장이 655년경 현,한반도로 건너와서 '묘범산$^{(妙梵山=현,정선군함백산?)}$'을 '오대$^{(五臺=五臺山아님)}$'의 후보지인 '태백갈반지$^{(太伯葛蟠地=太伯山아님)}$'로 억지로(?) 선택하고서 {그것을 고착화하기 위해} 주변에 석남원을 짓고서 **문수보살**$^{(候聖=聖(文殊大聖=문수보살)의 徵候(징후)}$**이 내려오기를 기다리다가(創石南院以候聖降),** 몰래 찾아온 문수보살을 알아보지 못하고서 쓸쓸히 죽었다'는 것으로 되어있지만, 실제로는^{즉,결과적으로는} {7말8초 역사왜곡 담당자들에 의해서, 현,평창군오대산^{五臺山}이 현,산서성오대산^{五臺山}의 이동지명$^{(복사지명?)}$으로 이미 설정되어 있었기 때문에} '자장이 물색했던 묘범산$^{(妙梵山=현,정선군함백산?)}$의 위치'와 '실제로 지명이동$^{(즉,복사)}$된 현,평창군오대산^{五臺山}의 위치'가 달라진 것을 일연스님이 약간의 트릭성$^{trick성?}$ 보정작업^{補正作業}을 하여 적당히(?) 연결^{連結}시킨 것으로 추측된다.

즉 '{이와 같은} 위치가 달라진 문제점'을 합리화$^{(일종의\ 고육지책성\ 변명?)}$시키기 위하여, 일연스님이 ①자장이 말년$^{(655년경?)}$에 실제로는 묘범산$^{(妙梵山=현,정선군함백산?)}$에 석남원^{石南院}을 창건했었던 것'을 '경주신라의 강릉군$^{[江陵郡=즉,14C고려명주(溟州)=현,강원도]}$에 수다사$^{(水多寺=실제의\ 사찰건물이\ 아니라\ 주변의\ 지형을\ 사찰로\ 묘사한\ 것임)}$를 창건했다.'라고 조금 틀리게 기록했었고, 또 ②자장이 대송정^{大松汀}에 가야 했었는데 송정^{松汀}에 갔다.'라고 또 조금 다르게 기록했으며, 또한 ③자장이 태백갈반지^{太伯葛蟠地}에 가야 했었는데 태백산^{太伯山}의 갈반지^{葛蟠地}에 갔다.'라고 또 계속 조금씩 다르게 '3번을 연속해서 다르게 기록함'으로써 결과적으로 ④655년경?에 자장이 실제 물색한 오대산의 위치와, 역사왜곡에 의해서 지명이동$^{(지명복사?)}$된 지금의 오대산의 위치가 서로 다르다.' 는 것을 암시하고 있다고 보이는 것이다. 물론 {고육지책^{苦肉之策}이라고 보이긴 하지만} 누가 보아도 다르다는 것을 알 수 있는 기록들을 일연스님이 3번씩이나 연속해서 '같은 것처럼 (잘못)기록함'으로써 '7말8초를 기점으로 해서 현,한반도 오대산^{五臺山}의 위치가 달라진 상황'을 간접적으로 시사하고 있다고 보인다.

결국 {이를 최종적으로 정리하면}… 일연스님이 '자장법사가 655년?경에 오대산$^{(五臺or五臺山)}$의 후보지로 묘범산$^{(妙梵山=현,정선군함백산?)}$을 미리 물색해 두었던 것'과 '7말8초 역사왜곡시에 현,산서성오대산^{五臺山}의 지명이 현,평창군오대산^{五臺山}으로 지명이동$^{(지명복사?)}$된 것'을 모두 정확하게 알고 있었지만, '문수보살의 성지로 알려진 오대산^{五臺山}의 위치에 대한 불필요한 논란'을 피하기 위하여 {보통의 산지에서 흔히 발견할 수 있는 '갈반지^{葛蟠地}'라는 지형적인 표현을 이용해서} '현,평창군오대산^{五臺山}이 문수보살의 성지^{聖地}인 것으로 고착화시키는 데에 일조를 했다'라고 보인다. 즉 일연스님이 구사한 이 같은 '약간의 무리수'는, **{현,한반도를 실질적인 불국토**

佛國土로 만들기 위한} '정신대왕淨神大王(즉,31신문왕)의 두 아들인 보천寶川과 효명孝明(즉,32효소왕)이 현,평창군오대산五臺山에 숨어 들어가서 실제로 문수보살을 진심으로 경배했었다'라는 역사적 사실史實을 있었던 그대로 후손들에게 알리기 위한 것 때문이었을 것으로 추측하는데, 필자는 이를 {'역사왜곡의 일부'가 아니라} '현실적인 실리를 위한 일연스님의 트릭성트릭성(trick성?) 보정작업補正作業' 정도로 판단하는 바이다. 즉, 일연스님이 현,평창군오대산五臺山을 {'지명이 이동된 역사왜곡의 결과물'이 아니라} '현,한반도를 불국토佛國土로 만드는 구심점이 되는 성지聖地'로 사실상 인정했었기 때문일 것으로 보는 것이다.

❿ 월정사(月精寺) : 현,강원도평창군진부면의 오대산五臺山에 있는 월정사月精寺의 유래에 대해서는《삼국유사/의해5》자장정률(慈藏定律)조에 이어서《삼국유사/탑상4》대산오만진신(臺山五萬眞身)조,《삼국유사/탑상4》명주오대산보질도태자전기(溟州五臺山寶叱徒太子傳記)조 및《삼국유사/탑상4》대산월정사오류성종(臺山月精寺五類聖衆)조에서 중복해서 설명하고 있는데, 내용이 중복되거나 유사한 기록들이 혼란스럽게 기록되어 있어서 맥락을 파악하기 어려우므로 요점만 발췌해서 검토해 보고자 한다.

《삼국유사/의해5》자장정률(慈藏定律)조 :
자장법사가 말년(655년경?)에 '㉠서울{京=강소신라의 계림雞林을 말함=현,강소성양주(揚州)}'을 떠나 현,한반도 경주신라의 강릉군{江陵郡=14C,고려의 명주(溟州)를 말함=현,강원도}에 수다사(水多寺=주변의 지형을 사찰로 묘사한 것임)를 창건하고, 문수보살을 기다리다가,
㉡이상한(?) 스님의 안내로 '대송정大松汀=즉,송정松汀'를 거쳐 '태백갈반지太伯葛蟠地=즉 태백산太伯山의 갈반지葛蟠地'에 갔었지만 만나지 못하자 '석남원{石南院=묘법산(妙梵山=현,정선군咸白山?)}'을 짓고 살다가 죽었다.

⇒ 이 기록은 크게 ㈠과 ㈡ 두 단락으로 구성되어 있는데, {결과적으로} 자장이 ㈡에서 말하는 '석남원^{石南院}이 있는 묘범산^(妙梵山=현,정선군함백산?)이 문수보살의 성지인 오대산^{五臺山}인 것으로 알았었다.'라고 말하고 있는 것이다. 따라서 ㈠의 기록은, 일연스님이 '7말8초에 정해진 문수보살의 성지인 현,평창군오대산^{五臺山}도 자장이 처음에 생각했던 장소이다.'라는 것처럼 보이도록 문장을 만들어 넣은 '일종의 허기^{虛記}'라고 보아야 할 것이다.

《삼국유사/탑상4/대산오만진신(臺山五萬眞身)》조 :

㈢자장법사가 643년에 대산^(臺山=長安城=현,섬서성서안)에서 강소신라의 원령사 ^(元寧寺=즉 자장이 태어난 곳)로 돌아와 살다가, 문수보살이 "칡덩굴이 있는 곳으로 가라{至葛蟠處^{(今淨嵓寺是}{현,평창오대산이 아니라 현,태백함백산을 말함)⁾}"고 하는 말을 들었다.

㈣30문무왕^(661~681년) 때의 스님인 신의^{信義}가 '자장법사가 쉬었던 자리 {즉, 자장이 말년에 세웠다는 현,평창군의 수다사(水多寺=실제 사찰 아님)를 말하는 듯?}를 찾아서 암자를 짓고 거처하다 죽자 암자 또한 오래도록 폐쇄되었는데,

㈤수다사^(水多寺=현,구미의 수다사를 말함)의 장로 유연^{有緣}이 (암자를) 다시 짓고 거처하였는데 지금의 월정사^{月精寺}가 이것이다.

㈥자장법사가 신라로 ~~들어왔을 때~~돌아오자^{(藏師之返新羅}{현,한반도 태백함백산에서 강소신라(현,강소성)로 되돌아온 것을 말함⁾, 정신대왕^(淨神大王=31신문왕)의 태자 보천^{寶川}, 효명^(孝明=32효소왕) 두 형제가 성오평^(省烏坪=현,평창오대산內?)에 이르러 오대산^(현,산서성오대산의 이동지명인 현,강원도평창오대산을 말함)에 들어가^(지명이동된 현,강원도평창오대산으로 문수보살을 친견하러 간 것을 말함) 숨어서 보천암^{寶川庵}을 짓고 부지런히 정업을 닦고^(즉 문수보살을 바로 친견하지를 못하자 기어코 친견하려고 노력한 것을 말함), 오만진신^(1萬眞身×5臺)에게 예배했으므로 매일 이른 새벽에 문수보살이 진여원^{(眞如院=현,상원사(上院寺) 자리)}에 이르러 36가지 모양으로 변신하여 나타났다^(즉 도중에 효명은 강소신라로 되돌아가서 32효소왕으로 즉위하였고, 보천 혼자만 남아서 정업을 계속한 것을 말함)…보천은 이후 50년 동안 오대산에서 살다

국가에 도움이 될만한 일들을 기록으로 남기고 죽었다.

㊆33성덕왕4^(705)년乙巳3월4일에 처음으로 진여원^{眞如院=현,상원사(上院寺)}을 개창하니, 33성덕대왕이 친히 백료를 거느리고 산^(현,평창군오대산)에 이르러 전당^殿堂을 세우고, 아울러 문수보살의 소상^塑像을 만들어 당 안에 모셨다.

⇒ 이 기록들은 {매우 혼란스럽긴 하지만} 나름대로의 뚜렷한 목적이 있다고 보인다. 즉 ㊂의 갈반처^葛蟠處는 위 ㊀과 ㊁의 갈반지^葛蟠地와 조금 다르게 표현되었고, 문수보살의 말을 들은 곳이 ㊀은 현,강원도의 수다사^(水多寺=실제 사찰 아님)인데 비해서 ㊂은 강소신라의 원령사^(元寧寺=자장이 태어난 곳)라 하여 서로 상반되는데, 이는 오히려 '㊀이 사실이 아님을 반증한다.'고 보이므로 {비록 갈반지^葛蟠地와 갈반처^葛班處라는 글자의 차이는 있지만} 일단 '㊀이 사실이 아니다.'라는 한 가지 문제는 정리할 수 있게 해준다고 보인다. 그리고 ㊃에 의하면, 이미 '역사왜곡의 윤곽'이 만들어진 30문무왕^(661~681) 때의 신의^信義스님이 현,월정사의 위치에 암자를 짓고 살았다면 {물론 '자장법사가 쉬었던 자리'라는 기록도 일연스님이 적당히 삽입했을 개연성이 더 크다고 보이지만} '670년대에 이미 현,평창오대산을 문수보살의 성지로 지정했다는 것'을 시사한다고 보인다. 그러다가 ㊄에서 '수다사^(水多寺=현,구미의 수다사를 말함)의 장로 유연^有緣이 (암자를) 다시 짓고 거처했던 곳이 나중에 월정사^月精寺가 되었다.'라고 마무리를 해주고 있으므로, ㊀에서 말한 '자장의 수다사'란 ㊄에서 말한 수다사^(水多寺=현,구미의 수다사)란 이름을 딴 것에 불과하다고 보이므로 다시 한번 '후대의 일연스님이 ㊀의 내용을 삽입했을 개연성을 더 높여준다.'라고 보인다. 그리고 ㊅과 ㊆의 내용은 '월정사가 아니라 나중에 상원사가 된 진여원^眞如院의 유래'에 대한 기록인데, 진여원^眞如院과 관련된 기록들이 더 사실적 내용이 많음을 볼 때 초기에는 '수다사^(水多寺=현,구미의 수다사)의 장로 유연^有緣이 지은 암자'보다 '보천^寶川, 효명^孝明(32효소왕) 및 33성덕왕 등과 관련된 진여원^眞如院이 사실상 '문수보살의 성지인 현,평창오대산의 본사^本寺였던 것'으로 추정된다.

즉 현재는 '상원사가 월정사의 말사'가 되어있는데 그것은 두 사찰의 지리 및 지형적인 위치 때문에 나중에 위상이 바뀌었을 것으로 추측된다는 것이다. 관련되는 분들이 조금 더 확실히 규명해 주길 기대한다.

그런데, ㉥에서 보천^{寶川}과 효명^{孝明} 두 왕자가 오대산으로 숨어들어 간 시기$^{\{31신문왕(681\sim692)시기\}}$를 '자장법사가 신라로 ~~들어왔을 때~~돌아오자$^{(藏師之返}$ $^{新羅=즉\ 현,강원도태백함백산에서\ 현,강소성강소신라로\ 되돌아온\ 것을\ 말함)}$'라고 하였으므로 {이를 기준으로 한다면} 자장법사의 사망시기가 655년경?이 아니라 685년경?일 가능성도 검토되어야 한다고 보이는데 이는 《팔만대장경/법원주림(法苑珠林)卷第64/자장전》에서 "신어장왈(神語藏曰):'금자불사80여의(今者不死八十餘矣)' > (640년초에) 신(神)이 자장에게 말하길, '지금 이 사람은 80여세까지 죽지 않을 것이다.'라고 하였다"라고 한 말과 연결지으면, {640년초에 자장의 나이가 30대 후반일 것이므로, 605년생으로 간주하여 80세가 되는 해를 계산하면} 685년 정도가 되는 것으로 추산하는 것과 시기가 일치하게 되는 것이다. 따라서 대략 605년생인 자장은 대략 {50세가 되는} 655년경에 현,한반도로 가서 여러 곳을 떠돌면서 결국 묘범산$^{\{妙梵山=현,정선군합백산(咸白山)\}}$을 '문수보살의 오대산^{五臺山} 후보지'로 정해 놓고서, 680년대 초에 강소신라^{현,강소성}에 되돌아가서 '묘범산$^{(妙梵山=현,정선군합백산)}$이 불국토^{佛國土} 경주신라^{현,한반도}에서 문수보살을 현신할 수 있는 갈반처$^{\{葛蟠處}$ $^{(今淨岩寺)\}}$인 오대산^{五臺山}이다.'라고 주장을 했었던 것이다. 하지만, 당시의 당나라에서는 {역사왜곡의 전체적인 구도상} 문수보살의 현,한반도오대산을 현,평창오대산으로 이미 지명이동$^{(지명복사)}$시키도록 결정했었기 때문에, 31신문왕의 두 아들인 보천과 효명이 {자장의 주장은 무시하고서, 당나라측의 명령에 따라} 현,평창오대산으로 유배를 갔다가 {문수보살을 실제로 현신하기 위해서인지(?)}는 잘 모르겠지만} 도중에 산속으로 잠적해 버렸던 것이다. 그런데 그때 비슷한 시기에 {자신의 주장이 완전히 묵살되자} 자장은 자장대로 따로 다시 경주신라의 묘범산$^{(妙梵山=현,정선군함백산?)}$ 갈반처$^{\{葛蟠處(今淨喦寺)\}}$로 되돌아와서 '실제로$^{\{즉,현실세계에서?\}}$ 문수보살을 현신^{見身}할 수 있다는 것'을 증명하기 위해 {문수보살이 나타나기를(?)} 학수고대하면서 기다리다가 685년경에 혼자 쓸쓸하게 죽은 것으로 보인다. 다만 이는 필자가 대략 추정한 것이므로 앞으로 더 자세한 검토가 필요하다고 보인다. 관심 있는 분들의 도움을 기대해 본다.

《삼국유사/탑상4/대산오만진신(臺山五萬眞身)+명주오대산보질도태자전기(溟州五臺山寶叱徒太子傳記)》조:

⑧ 자장법사가 {현,평창오대산에서} 신라$^{\{즉,강소신라\}}$로 돌아왔을 때 돌아오고(藏師之返新羅), 정신태자$^{(淨神太子=정신대왕31문무왕의 태자)}$ 보질도$^{(寶叱徒=보천왕자를 말하는 듯?)}$는 아우 효명태자$^{(孝明太子=32효소왕)}$와 더불어 하서부^{河西府} 세헌^{世獻} 각간의 집에 도착하여 하룻밤을 자고 다음 날 큰 고개를 넘어 각기 1천 명을 거느리고 성오평^{省烏坪}에 도착하여 오대산에 들어가 숨었다. 그 후, 효명은 (강소신라로) 돌아가 32효소왕에 즉위하였고, 33성덕왕이 705년에 (현, 평창오대산에 직접 와서) 배다른 형^{異母兄}인 보천이 계속 정업할 수 있도록, 진여원^{眞如院}에 사찰을 개창$^{(開創=즉,建築)}$하고 장사^{莊舍}를 두었다.

⇒ 보천과 효명이 처음 숨어 들어간 곳은 분명히 현,평창오대산 성오평^{省烏坪}인데, 일연스님이 {고기^{古記}를 인용하여, '글이 잘못된 것'이라고 지적하면서도 굳이 장황하게 설명한} "태화^{太和}원$^{(647681)}$년8월 무신$^{\{戊申=이는 간지(干支)가 아니라, 초목(草木)이 무성(茂盛)한 시기를 묘사한 글자(즉,茂薪)의 변조자이다.\}}$초에 왕이 산중에 숨었다[大和元年戊申八月初王隱山中]."라고 한 시기는 '32효소왕이 즉위^{692}년하기 전'이 되는 것이다.

《삼국유사/탑상4/대산월정사오류성중(臺山月精寺五類聖衆)》조:

⑨ 그 후, 공주^{公州}의 신효거사$^{\{信孝居士=즉 유동보살(幼童菩薩)의 화신?\}}$라는 이가 관음

보살$^{(觀音)}$의 교시에 따라 성오평^{省烏坪}을 지나 자장$^{(실제로는, 자장이 아니라 보천임)}$이 처음에 띠집을 지은 곳$^{(즉, 진여원터를 말함)}$으로 들어가 살다 죽었고, 그다음에 범일^{梵日}의 문인 신의두타^{信義頭陁}가 와서 암자를 세우고 살았다. 그 후 수다사$^{(水多寺=현,구미)}$의 장로^{長老} 유연^{有緣}이 와서 살면서 점차 큰 절이 되었는데, 나중에 월정사^{月精寺}가 되었다.

⇒ 이 ⑧과 ⑨의 기록은 '그동안 잘 알려지지 않은 자료들을 모아서 하나로 정리한 것'으로 보이는데 {현재의 통설에서는} '태화^{太和}원년을 28진덕여왕의 원$^{(647)}$년'으로 해석하지만, 필자는 이 '태화^{太和}원년은 28진덕여왕의 원$^{(647)}$년이 아니라 31신문왕의 원$^{(681)}$년일 것'으로 추정하는 바이다. 즉 강소신라를 현,한반도 경주신라로 이전하여 황제국가가 되기로 엑소더스^{exodus}를 결정했던 31신문왕이 자신의 재위 첫 연호를 '{강소신라의 마지막 성골^{聖骨}이자 처음 즉위 시에는 황제를 표방했었던} 28진덕여왕이 647년에 사용하려다가 {당나라의 반대 때문에 스스로 포기해야만 했었던} 태화^{太和}라는 연호를 복원시켜서 다시 사용하려고 시도했었던 것'을 일연스님이 {후손들을 위해서}『삼국유사』에 그 흔적을 남겨놓은 것이라고 보기 때문이다.

즉, 강소신라는 첫 성골황제^{聖骨皇帝}인 23법흥왕 때부터 5번째의 성골황제인 27선덕여왕까지 계속해서 독자연호를 사용했었던 것인데, {'무혈 친위쿠데타의 성격이었던 비담^{毗曇}의 난'을 '김유신과 함께 유혈 역쿠데타$^{(이 과정에서 27선덕여왕이 시해당했다)}$로 뒤집어서' 무력으로 실권을 장악한} 진골^{眞骨} 귀족 김춘추가 {사실상 당나라의 제후^{諸侯} 왕국^{王國}을 자처하면서} 허수아비왕으로 내세운 마지막$^{(즉,6번째)}$ 성골황제인 28진덕여왕이 {처음 즉위하면서} 잠시 '태화^{太和}'라는 독자연호를 사용하려 했었다가 {당나라의 반대로 인해서} 폐지해 버리고 그 이후에는 아예 당나라의 연호를 그대로 사용해 왔었던 것이다. 그러다가 675년에 나당전쟁에서 패배한 30문무왕이 {당나라의 강압에 굴복해서} 현,강소성의 강소신라를 통째로 현,한반도의 경주신라로 옮길 것을 약속함으로써 그의 아들 31신문왕 때부터는 다시 독자연호를 사용하게 되면서 '마지막 성골황제였던 28진덕여왕이 647년에 사용하려다가 {어쩔 수 없이 포기할 수밖에 없었던} 태화^{太和}'라는 독자연호를 다시 복원한 것으로 추측되기 때문이다. 물론 {'31신문왕의 연호가 실제로 태화^{太和}였는지(?)'는 불확실하지만} '(강소)신라가 현,경주신라용 독자연호를 사용했었다.'라는 상징적인 의미로서 일연스님이 '태화^{太和}원^(647,681)년8월무신^{戊申}초[大和元年戊申八月初]'라는 문장을 만들어서 의도적으로 『삼국유사』에 기록해 놓은 것이라고 볼 수 있는 것이다. 즉 '무신^{戊申}'이라는 표현은 간지^{干支}가 아니라 '초목^{草木(雜草)}이 무성^{茂盛}한 시기를 묘사한 무신^{茂薪}이라는 표현의 글자를 변조한 역사왜곡방법론의 하나'로 해석되기 때문이다.

그래서 '두 왕자가 {자장이 죽은?} 묘범산^(妙梵山=현,함백산?) 정암사^{淨岩寺}로 갔다.'라는 통설적 해석은 {여러 다른 기록들과 배치되므로} 받아들이기가 어려운 것이다. 즉 681년에 강소신라로 돌아온 자장이 {보천과 효명 두 왕자가 문수보살을 현신하기 위하여 현,평창오대산으로 떠나자} 자기는 자기가 미리 물색해 둔 묘범산^(妙梵山=현,함백산?)에 가서 정암사^{淨岩寺}를 짓고 살다가 죽은 것을 기록했던 것인데 '혼란스러운 위치 기록들' 때문에 착각을 일으킨 오해석이라고 해야 할 것이다.

어쨌든 '㈧과 ㈨의 기록'은 '태화^{太和}원년이 31신문왕의 원⁽⁶⁸¹⁾년일 것'이라는 추론을 할 수 있다는 점과 {아래와 같이} '월정사의 변천과정을 정리할 수 있다.'는 추론이 가능하다라는 점에서 '7말8초 역사왜곡을 규명하는 데 있어서는 아주 유용한 기록'이라고 보인다.

즉 <현,강원도평창 오대산^{五臺山} 월정사^{月淨寺}의 변천과정>으로서 '진여원^{眞如院}터 띠집은 자장^{慈藏}이 아닌 보천^{寶川}이 지었다.'라는 것으로 정리되는데, 그 과정을 요약하면… '보천^{寶川}이 {성오평^(省烏坪=현,평창오대산內)을 지나} 처음 띠집을 지은 곳'에 ⇒ (나중에) '공주^{公州}의 신효거사$^{信孝居士=즉, 유동보살(幼童菩薩)화신}$가 살다가 죽고' ⇒ (또 나중에) '범일^{梵日}의 문인 신의두타^{信義頭陀}가 와서 암자를 세우고 살았고' ⇒ (또 나중에) '수다사$^{(水多寺=현, 구미)}$의 장로 유연^{有緣}이 와서 살면서 점차 절이 커져서' ⇒ (마지막에) '월정사^{月精寺}가 되었다.'라고 정리될 수가 있는 것이다. ★

이상과 같이 『삼국유사』에서 자장^{慈藏}의 활동과 관련된 내용에 나오는 수많은 은유성 키워드들'을 조사해서 검토한 결과, '7말8초 역사왜곡$^{[즉, 大歪曲3]}$은, 고구리대연방^{高九黎大聯邦}의 서부소연방^{西部小聯邦}이었던 당나라의 2태종, 이세민^{李世民}이 {626년에 즉위하면서부터 마음속에 가졌었던} 고구리대연방의 대맹주^{大盟主}가 되려는 야심을 달성하기 위해 {유교를 통치철학으로 삼은 당시의 당나라로서는 이미 그 가치가 떨어진} 불사리, 불두, 불골, 불가사 및 각종 불교경전들을 강소신라로 넘겨주고서 {당시 국력이 급신장하고 있는} 강소신라를 우군으로 포섭하였던 것인데, 불국토^{佛國土}를 꿈꾸는 강소신라 불교계를 장악하려는 야심을 가진 젊은 스님 자장법사^{慈藏法師}가 그 중간자적 매개 역할을 했었던 것에서부터 시작된 것'이라고 정리할 수가 있다고 판단된다.

물론 '강소신라나 자장법사가 {당시의 시대상황으로서는} 크게 잘못한 것이 없었다.'라고 보이지만, '당태종 이세민이 {백제와 고구려를 멸망시켜서 당나라가 고구리대연방의 대맹주를 대신한 다음에} 강소신라마저 흡수병합하려는 흑심을 오래전부터 가지고 있었었다.'는 것을 의심해 보지 않고 '국가의 안위를 너무 쉽게 당태종 이세민에게 의지했던 것이 강소신라의 결정적인 실수였다.'라고 해야 할 것이다. 그리고 특히 그 중간자적 역할을 한 자장법사는 '직접 문수보살의 현신을 만나려는 욕심(??)' 때문에 {현실과 꿈(?) 또는 환상(?)을 구분하지 못하고} 가면을 쓴 당태종 이세민의 가식을 보지 못한 점이 '불자^{佛子}로서 너무 현실정치^{現實政治}에 깊게 개입한 응보^{應報}가 아닌가 여겨진다. 어쨌든 {비록 신라라는 나라가 '7말8초 역사왜곡의 질곡'에 빠져서 오랜 혼란을 겪게는 되었지만} 현,한반도의 불교사적인 측면에서는 '현,한반도에 불교를 정착시킨 자장법사의 공로'는 나름대로(?) 긍정적 평가를 받아야 할 것으로 생각한다.

(다) 자장법사와 '7말8초 역사왜곡의 시작점'

이상과 같이 '자장법사^{慈藏法師}'에 대해 살펴본 내용들의 핵심'을 재정리해서 본 '참된한국통사Ⅰ편'의 주된 목적인 '역사왜곡'의 시작점과 그 본모습의 일부를 조금 간추려 두고자 한다.

i. '신라는 국가^{國家}'와 관련하여, 『삼국사기』와 『삼국유사』에 등재된 많은 승려들 중에서 자장법사^{慈藏法師}와 관련된 내용의 비중이 가장 크다.
[표7. 『삼국사기』와 『삼국유사』에서의 자장(慈藏) 관련 기사 제목들 참조]

ii. 자장법사의 활동은, 모두 신라조정의 정치적 정책방향과 궤를 같이했다. 즉 636년 자장의 입당^{入唐} 목적도 '불자^{佛子}로서의 구법^{求法}'이 아니라, 신라27선덕여왕의 정치적 특사^{特使}로서의 역할'이 주된 목적이었던 것이다.

⇒ 자장^{慈藏}의 입당결정(**受勅,西入唐謁清涼山**)과 귀국요청(**善德王上表乞還**)이 모두 신라27선덕여왕{실제로는, 여왕을 섭정(攝政)하던 여왕의 남편인 음갈문왕(飮葛文王) 종실대신(宗室大臣) 을제(乙祭)였었다.}의 명령에 따라 이루어진 것이며, 자장의 당나라 체류기간 3년도 '자장^{慈藏}이 당태종의 제안을 입수하여 본국^(강소신라)으로 보낸 후, 신라조정의 검토회신을 기다린 기간'이었던 것이다. 물론 그 기간에 자장이 개인적으로 '당나라 불교'를 부분적으로 접하긴 하였지만 '당황제가 특별히 관리하는 신라승려'라는 정치적인 신분 때문에 자장이

중국 승려들보다 오히려 더 높은 인기를 누린 측면도 있었기 때문에, '자장의 입당구법入唐求法 성과는 별로 내세울 부분이 없다.'라고도 보인다.

iii. 신라27선덕여왕의 특사인 자장법사의 임무는, '고구려원정을 목적으로 신라와의 군사동맹을 원하는 당태종이 신라에게 줄 수 있는 반대급부가 무엇인지를 확인하는 것'이었다고 보인다.

⇒ 즉 '신라는 당나라의 요청에 의해서 특사를 파견한 것'이므로 {지금까지의 통설과는 정반대로} '사전에 당나라가 신라에게 나당군사동맹을 먼저 요청했던 것'으로 보아야 할 것이다. 그래서 '밑질 것 없는 신라'가 자장을 보내서 '당나라의 구체적인 제안 내용과 그 반대급부가 무엇인지?'를 확인하였던 것이다.

iv. 원래 {'나당군사동맹'의 목적이 성공하여, 당나라가 '대당연방大唐聯邦의 대맹주大盟主'가 되는 경우} 강소신라가 얻게 될 반대급부는 "신라의 지위를 '백제를 포함하는 지역의 소맹주小盟主로 격상시키는 것'이었다"고 보이며, 당나라가 그것을 약속했었다고 보인다.

⇒ 당태종{즉,신인(神人)}이 말한 '황룡사皇龍寺 구층탑九層塔의 건탑이유{建塔理由=9한래공(九韓來貢)?}'가 그 증거가 될 것이다. {물론 당초의 계획으로는 순수한 불교적 성격의 13층탑이었었는데, '7말8초 역사왜곡' 과정에서 '정치적 성격의 9층탑으로 왜곡된 것'이라고도 볼 수가 있으므로, 조금 더 검토가 필요하다고 보인다.}

v. 당나라가 주동이 되는 '나당군사동맹羅唐軍事同盟'은 당나라 황제인 당태종의 의중이 절대적으로 반영되는 것이므로, '자장이 당나라에서 접촉한 모든 신인{神人=즉,문수보살(文殊菩薩)}과 기인奇人들은 당연히 모두 당태종을 은유해서 기록한 것'으로 해석되어야 할 것이다.

⇒ 즉 자장이 실제로 '신인$^{(神人=주로, 문수보살(文殊菩薩))}$'을 직접 만났을 것'이라고 보는 것은 과학적으로도 어불성설이며, '역사왜곡의 존재를 후손들에게 알리려고 의도적으로 쓴『삼국유사』와 같은 은유체$^{(隱喩體)}$ 역사서$^{(歷史書)}$'의 기본정신을 부정하는 것이므로 전혀 타당하지 않다고 보아야 할 것이다. 따라서 '자장이 직접 만나서 {또는 감응으로} 들었다.'는 '신인과 기인들의 말은 모두 신라와 자장을 회유하려는 당태종의 의도가 저변에 깔려 있다.'고 보고서 해석되어야 할 것이다.

vi. 당태종$^{(당고종포함)}$**은 처음 만나는 자장을 통해서 '부처님머리뼈**$^{(佛骨)}$**, 부처님이빨**$^{(佛牙)}$**, 부처님진신사리**$^{(佛舍利)}$**, 부처님진신가사**$^{(佛袈裟)}$ **및 각종 불교서적**$^{(佛經)}$ **등'과 같은 {불교도로서는 천하의 보물로 여길 수밖에 없는} 귀중한 성물**^{聖物}**들을 아낌없이(?) 신라에게 줌으로써, '나당군사동맹'을 성사시키려고 공을 들였던 것이다.**

⇒ 부처와 관련된 물품^{聖物}들은, '특별히 불국토^{佛國土}를 지향하는 신라'에게는 물론이고 '부처를 숭배하는 불자^{佛子}인 자장'에게도 거절할 이유가 없는 아주 고무적인 귀중한 선물이었던 것이다. 이는 자장이 강소신라에 귀국하여 강소신라인들로부터 거국적인 환영을 받았던 것에서도 확인되는 것이다.

vii. 대국통^{大國統}**으로 임명되는 등 승승장구하던 자장의 활약상이 갑자기 쇄락해지면서, 자장의 기록은 오직 '오대산**^{五臺山} **문수보살**^{文殊菩薩}**'에 집중되었고 결국 '자장은 문수보살을 기다리다가 죽었다.'라는 식으로 '자장의 사망에 대한 기록'이 극히 소략하게 취급되어 있다.**

⇒ 이는, **자장이 처음부터 개입해서 중간자적 매개 역할을 했던 '나당군사동맹**^{羅唐軍事同盟}**'의 결말이 결국 '강소신라의 멸망과 역사왜곡이라는 불행(?)의 시작점'이었음**을 시사한다고 보인다. 다만 자장의 활약을 의

미하는 '오대산 문수보살[즉,오대산신앙(五臺山信仰)]'이라는 '역사왜곡 프레임 중의 하나'가 {결과적으로 보면} '한반도 불교의 시작점이 되었다.'는 점은 긍정적인 지점이라고도 볼 수 있을 것이다. 물론 지금의 평창오대산이 '자장이 점찍은 오대산'이 아니기 때문에 현재의 오대산신앙五臺山信仰을 전적으로 자장의 공로라고 한정할 수는 없을 것이다.

결국 {필자가 아직 전체적인 '역사왜곡의 본모습'을 제시하지 않았으므로, 독자들께서는 조금 어리둥절해할지 모르겠지만} 필자는 {현존하는 역사서의 기록상으로만 보면} 636년 자장의 입당구법入唐求法 사건(?)을 '사실상 7말8초 역사왜곡의 시작점'으로 볼 수가 있다고 추론하는 바이다. 물론 '그 미세한 출발시기'는 신라25진지왕의 아들이라는 도화녀비형랑桃花女鼻荊郎을 신라26진평왕이 거두어서 기용한 것이 되겠지만, 그것이 구체화되어 발전한 것이 '636년 자장의 입당구법入唐求法 사건(?)'이기 때문에 '636년을 7말8초 역사왜곡의 사실상 시작점'이라고 한 것이다. **한마디로 말해서, '7말8초 역사왜곡은 자장법사의 636년 입당구법에서부터 시작되었다.'라고도 할 수가 있을 것이다.**

[참고]
'(자장법사=즉,자장율사)의 사망시기'

자장의 사망시기를 《팔만대장경/법원주림(法苑珠林)64/자장전(668년편찬?)》에서 '卒於永徽年中(650~656)'이라 하여 {통설에서는} '대략 650년대에 사망한 것'으로 추정하고 있는데, 필자는 이에 대해서 '좀 더 신중하게 판단하여야 한다.'라고 생각한다.

그림15.
자장법사 영정

즉 자장은, {27선덕여왕이 '비담의 난(647년)'에 연루되어 사망(즉,弑害)하자} 한동안 김춘추에게 협조하여 '김춘추의 대당(對唐) 협상창구 역할'을 하였었지만, 점차 '나당군사동맹의 방법과 범위'에 대해서 김춘추와 의견충돌이 생겼었는데 {654년에 김춘추가 29무열왕으로 즉위하면서부터는} 더 이상 김춘추 밑에서 버틸 수가 없게 되었으므로, 도성(都城=현,강소성양주)을 떠나서 유랑길에 오르게 되었다고 보인다.

그래서 유랑길에 나선 자장이 처음에는 {'당태종(즉,문수보살?)과의 과거약속을 재확인'해서 재기하기 위해서} 당2태종의 아들인 당3고종을 접촉하였었지만, 이미 나당군사동맹의 주도권이 김춘추에게로 넘어가 버린 상태였기 때문에 더 이상 자기가 개입할 수 있는 여지가 없었던 것이다. 그래서 '율사(律師=승려총괄관리자)로서의 미련'을 버리고 {옛날, 당나라 청량산(淸涼山)의 북대(北臺)에서 문수보살을 친견했던 것과 같이} '한반도에서도 언젠가는 문수보살을 친견할 수 있다.'는 불승(佛僧)으로서의 믿음{?=아마, 당시의 자장의 입장에서는 실제로 문수보살을 친견할 수 있을 것으로 생각했을 것이다.}을 가지고서 655년경 이후(?) 어느 시기에 현,강소성의 강소신라에서 현,황해바다를 건너 현,한반도로 건너와서 '현,한반도 경주신라에서의 청량산(淸涼山) 북대(北臺=즉,오대산(五臺山))'가 될 만한 곳'을 물색했던 것으로 보인다. 그래서 자장은 '{문수보살을 친견할 수 있는} 불국토(佛國土) 경주신라 오대산(五臺山)의 후보지'로서 {현,평창군오대산(五臺山)이 아니라} 묘범산(妙梵山=현,강원도정선군함백산?=현,태백산의 일부)을 지목했었던 것으로 보인다.

그래서, '《삼국유사/의해5》자장정률(慈藏定律)조'에서는 **'자장이 묘범산(妙梵山) 석남원(石南院)에서 문수보살에게 버림을 받고 죽었다.'** 라고 기록하였으므로 '자장이 대략 655년경에 사망한 것으로 추정'할 수가 있었는데, **'《삼국유사/탑상4》대산오만진신(臺山五萬眞身)조'에서는 '자장법사가 신라로 들어왔을 때돌아오자{藏師之返新羅}**

정신대왕(淨神大王=31신문왕;681~692)의 태자 보천(寶川), 효명(孝明=32효소왕) 두 형제가 성오평(省烏坪=현,평창오대산內?)에 이르러 오대산에 들어가 숨어서 보천암(寶川庵)을 짓고 부지런히 정업을 닦아, 오만진신(1萬眞身×5臺)에게 예배했으므로 매일 이른 새벽에 문수보살이 진여원{眞如院=현,오대산상원사(上院寺)}에 이르러 36가지 모양으로 변신하여 나타났다.'라고 되어있는 기록이 있는 것을 보면, '보천寶川과 효명孝明 두 왕자가 오대산으로 숨어들어 간 시기{즉,31신문왕(681~692)시기?}를 '자장법사가 신라로 들어왔을 때돌아오자{藏師之返新羅}'라고 한 것이 되므로 {이를 기준으로 한다면} 자장법사의 사망 시기가 655년경?이 아니라 685년경?일 가능성이 있다고 보인다.

그런데, 이는《팔만대장경/법원주림(法苑珠林)卷第64/자장전》에서 "神語藏曰:'今者不死八十餘矣'(신어장왈:'금자불사팔십여의')"> (640년초에) 신(神)이 자장(藏)에게 한 말씀(語)은, '이 사람은 80여세까지 죽지 않을 것이다.'라고 하였다(曰)"라는 기록과 연결지어 볼 수 있으므로, 640년초 자장의 나이가 30대 중반일 것이므로 {자장의 출생 연도를 605년생으로 간주하여 80세가 되는 해를 계산하면} 대략 685년 정도가 되는 것으로 추산하는 것과 내용이 일치되는 것이다. 따라서 '자장은 대략 40세(645년경?) 정도에서 강소신라의 대국통이 되었다가 대략 50세가 되는 655년경에 29태종무열왕 김춘추로부터 버림을 받자 {율사律師로서의 미련을 버리고서} 한동안 강소신라와 당나라를 오가면서 지내다가 현,한반도{당시의 현,한반도는 백제의 속령이었다}로 건너와 약20년 동안 한반도 여러 곳을 전전하여 최종적으로 묘범산{妙梵山=현,정선군함백산(咸白山)?}을 신천지 불국토 한반도(후날,경주신라)의 오대산 후보지로 정해놓고서 대략 75세 정도인 680년대 초에 일단 강소신라로 되돌아가서 자기가 물색한 오대산 후보지를 열심히 광고(?)하였지만 아무도 이를 거들떠보지 않았으므로 결국 자장은 685년경에 다시 경주신라^{현,한반도}로 건너와서 묘범산^(妙梵山=현,정선군咸白山?) 석남원^{石南院}으로 돌아가 문수보살의 친견을 기다리다가 뜻을 이루지 못하고 쓸쓸하게 죽은 것이다.'라고 보인다.

그리고 680년대는 {'역사왜곡에 의한 지명이동이 공식적으로 거의 시작되던 시기'였었으므로} '섬서청량산>산서오대산>강원도평창오대산'으로 지명이동^(+지명복사?)이 이미 결정되어 있었던 것이다. 그래서 '{이미 신라인들에게 원망의 대상이 되어버린} 자장의 주장'을 아무도 들으려 하지 않았으리라고 짐작되지만, 종합적으로는 더 자세하게 검토되어야 할 것으로 보인다. 어쨌든, 자장의 사망 시기는 '650년대?/655년경?/685년경?' 등 3가지 경우 중의 하나가 될 것으로 보이는데, 필자는 685년경이라고 추론하는 바이다.

[참고]
'자장법사의 수다사(水多寺)'는 실제의 사찰(건물)이 아니다.

[네이버/지식백과]에 의하면, **"수다사(水多寺)란 많은 중생의 청정법계도량(淸淨法界道場)이라는 뜻이니, 여기서의 '수(水)'는 자비(大慈大悲)로써 중생을 구제하는 관음보살(觀音菩薩)의 감로법수(甘露法水)를 말한다. 감로는 관음이 모든 중생을 고통과 병고 및 위급할 때 구하는 구세수(救世水) 곧 감로수를 의미한다."**라고 하였으므로, 자장이 강소신라에서 '당태종이 제시한 모종의 제안'에 현혹되어 그에 부응함으로써 영달을 얻고 권세를 누렸던 것을 후회하고 용서를 비는 의미에서 '관음보살^{觀音菩薩}의 감로법수^{甘露法水}'를 바라는 마음으로 자기가 머문 곳을 '그냥 수다사^{水多寺}라고 했었던 것'이지 자장이 실제로 '수다사^{水多寺}라는 사찰^(건물)을 건축한 것'은 아니었다고 보인다. 물론 '여기에 언급된 자장법사의 수다사^{水多寺}'는 훗날 정식으로 창건된 '현,경북구미의 수다사^{水多寺}'라는 실제 사찰^(建築物)과도

무관하며 현,평창수항리사지^{平昌水項里寺址}에 있었던 것도 아니다. 결국 '자장법사의 수다사^{水多寺}'란 자장이 실제로 문수보살을 기다리면서 살았었던 '태백갈반지^{太伯葛蟠地}'의 석남원^{(石南院=즉 고려시기의 묘범산(妙梵山=현,정선군함백산?) 정암사(淨巖寺))}'을 말한다고 보아야 하는데, {7말8초 역사왜곡 과정에서 경주신라의 오대산^{五臺山}이 현,정선군함백산이 아니라 현,평창군오대산으로 결정된 것에 맞춰서} 훗날^(고려시대?) '현,평창군월정사^{月精寺} 부근인 현,진부면수항리^{水項里}에 자장의 수다사^{水多寺}가 있었던 것'처럼 실제로 사찰^(建築物)을 세우기도 했었고{현,수항리사지^{水項里寺址}에서 수다사(?) 관련 유물^(사진참조)이 출토되었음} 그것이 유래가 되어서 한동안 '자장의 수다사^{水多寺} 자리에 현재의 오대산월정사^{月精寺}가 세워지게 된 것'으로 오인되기도 했었지만, 현,사학계에서 {상황이 여러 기록들과 잘 맞지 않으므로} 아직 명확한 결론을 내리지 못하고 있다고 보인다. 따라서 '자장의 수다사란, 실제의 사찰^(建築物)이 아니다'라는 필자의 주장을 수용하게 되면 상황이 비교적 분명해질 것이다. 물론, 출토된 유물도 {역사왜곡을 고착화하기 위해서} 후대에 제작되어 견강부회되었을 수가 있으므로 좀 더 정밀한 조사가 필요하다고 보인다.

그림16. 수다사 관련 유물
[춘천박물관 소장]

어쨌든, 일연스님이 우리들에게 '자장법사만 제대로 연구해도 역사왜곡의 시작점과 본모습을 찾을 수 있다.'라는 '시그널'을 후손들에게 보내기 위해서 『삼국유사』에 자장법사 관련 기록을 집중적으로 조명했었다.'라고도 할 수가 있을 것이다.

나. 660년을 중심으로 활동한 승려들

(1) 명랑법사(明朗法師)
(2) 의상법사(義相法師)
(3) 승전법사(勝詮法師)
(4) 원효법사(元曉法師)

필자가 '660년을 중심으로 활동한 승려들'이라고 구분하는 것은 '역사왜곡이 본격적으로 시작되는 기간(660년~668년)을 전후해서 활동한 승려들'이 자신이 원했든 원하지 않았든 {정치권력에 의해서} 역사왜곡 작업에 동원되었기 때문에, 그러한 승려들의 활동을 집중 조명해 봄으로써 '이 시기의 신라불교계가 역사왜곡에 구체적으로 어떻게 참여하였는지?'를 살펴보려는 의도에서이다.

표10. 660년을 중심으로 활동한 승려들 [기준 : 『삼국사기』, 『삼국유사』]

#	이름	주요 활동내용	
		현, 중국땅(수,당 및 강소신라)	현, 한반도(경주신라)
1	명랑법사 (明朗法師)	632~635: 入唐求法 670: 狼山남쪽神遊林에彩色緋緞으로(假)四天王寺세우고 道場開設하여 文豆婁秘密法(密壇法)으로唐軍격퇴, 金光寺창건, 神印宗祖師	<왕래?> 670이전: 龍宮(한반도)秘法 [사천왕사건설현지조사?] 679.8: 四天王寺개창관여(?)
2	의상법사 (義相法師) (625~702)	653: 京師 皇福寺에서出家 651~670: 入唐求法(終南山至相寺의智儼), 긴급귀국(설인귀침공) 681.6: 王京城築城無用論(문무왕)	<왕래?> 676:浮石寺창건[華嚴學도량] 낙산사창건, 신라華嚴宗의 개조 東京興輪寺金堂十聖
3	승전법사 (勝詮法師) (?~714?)		종남산智儼의제자賢首國師가찬술한搜玄疏를신라의 義湘에게전달한사람, 尙州開寧郡葛項寺에서 石髑髏80여매(한반도인들)에게華嚴을강설함.

#	이름	주요 활동내용	
		현,중국땅(수,당 및 강소신라)	현,한반도(경주신라)
4	원효대사 (元曉大師)	聖師, 薛氏, 617년押梁郡南(章山郡佛地村=發智村=佛等乙村)北쪽栗谷裟羅樹아래에서出生, 瑤石宮主와사이에薛聰(신라10賢)출산후小姓居士자처[元曉不羈], 法化에공로,覺思想표방, 元曉(첫새벽)자처, 海龍(문무왕)의권유로三昧經疏(한반도용?)를지음, 入籍하자薛聰이眞容을만들어芬皇寺奉安	<왕래?> 東京興輪寺金堂十聖

5	동경흥륜사
	금당십성
	(東京興輪寺
	金堂十聖)
		東壁坐庚向泥塑
		  我道(아도), 猒髑(염촉),
		  惠宿(혜숙), 安含(안함),
		  義湘(의상)
			西壁坐甲向泥塑
			  表訓(표훈), 蛇巴(사파),
			  元曉(원효), 惠空(혜공),
			  慈藏(자장)

위의 표는 '660년을 중심으로 활동한 승려들'의 활동 내용을 정리한 것인데, 역사왜곡이 본격적으로 행해지던 7C말에 강소신라와 경주신라를 빈번하게 왕래하며 '당나라와 강소신라의 양측 정부(政府=즉,朝廷)'의 지원을 받아서 강소신라의 불교를 통째로 경주신라로 이전하는 데 앞장선 승려들로서 '사실상, 현,한반도불교의 창시자들'이라고 해야 할 것이다. 물론 이 스님들 이외에도 많은 사람들이 당나라와 강소신라의 불교를 한반도로 이전하는데 '나름대로의 역할'을 하였었을 것이겠지만, 필자가 '당나라와 강소신라의 불교를 한반도로 이전하게 되는 과정'을 정치사적으로 설명하기 위하여 대표적인 인물들이라고 생각하는 스님들만 고른 것임을 감안하기 바란다.

그리고 이 스님들이 '당나라와 강소신라의 불교를 한반도로 이전하는 데 노력했던 것'은 분명하지만, 이 스님들 스스로가 어떠한 사사로운 정치적 목적을 가지고서 행동했던 것이 아니라 '대승불교(大乘佛敎)의 구도자적(求道者的) 순수한 입장'에서 '무고한 백성들이 살상되는 피비린내 나는 전쟁을 피하기 위한 국가(즉,강소신라) 지도자들의 정치적 결정에 부응함'으로써

'혼란에 빠진 백성들의 좌절을 막으려고 혼신의 노력을 하였던 것'임을 인정해야 한다고 생각한다. 즉 이것이 필자가 그동안 '우리 선조들은 왜 역사왜곡^{歷史歪曲}이라는 비이성적인 행위를 할 수밖에 없었는가?'라는 의문을 가졌던 것에 대한 답이자 {역사왜곡에 대한 연구를 진행해 오면서 느끼게 된} '필자의 여러 소감들 중의 하나'이기 때문이다.

(1) 명랑법사(明朗法師)

명랑법사^{明朗法師}는 자장법사의 외조카$^{(즉\ 누이의\ 아들)}$라 하였으므로, 명랑법사의 가계는 구김씨$^{(舊金氏=즉,13미추왕계)}$의 대표세력인 자장법사의 집안과 혼인할 정도의 유력한 집안이었던 것으로 보인다. 그래서 자장법사보다 먼저 당나라에 유학$^{(632~635)}$하여 신라에 밀교^{密敎}를 도입함으로써 '신인종^{神印宗}의 조사^{祖師}'가 된 승려인데, **《삼국유사/기이2》문호왕법민조:30문무왕(661~681) 대^{代}에 신라로 돌아왔다.**'라는 기록이 있는 것으로 보아서 강소신라에 있으면서 수시로 당나라를 드나들었을 것으로 보이기도 하고, '{같은책}**문호왕법민조: 근래에 명랑법사가 용궁(龍宮)에 들어가서 비법(祕法)을 전수(傳受)해 왔으니 그를 불러 물어보십시오.**'라 해서 30문무왕의 지시를 받은 명랑법사가 '**오색채단으로 임시 사천왕사를 만들고, 풀로 오방신상^{五方神像}을 만들어서 비법에 밝은 유가명승^{瑜伽明僧} 12명이 문두루비밀법**{文豆婁秘密法=密壇法(밀단법)}**을 행하여 당군을 격파하였다.**'는 것이다. 그런데『삼국유사』의 이 기록은 {실제로 명랑법사가 행한 '특이한 의식^{儀式}들'은 당시 강소신라에 막 도입되기 시작하던 밀교의식^{密敎儀式}을 묘사한 것이었지만} 단순히 밀교의식^{密敎儀式}을 소개한 것이 아니라, '명랑법사의 당시 행적^{行蹟}이 역사왜곡과 관련됨'을 후대로 알리기 위하여 삽입된 것으로 해석되어야 한다고 보인다.

이 기록을 조금 분석적^{分析的}으로 살펴보면, '명랑법사가 행한 밀교의식^{密敎儀式}'은 '근래에 명랑법사가 용궁^{龍宮}에 들어가서 전수^{傳受}해 온 비법^{祕法}'에 따른 것이 아니라 당시의 강소신라 사회에 이미 정형화되어 있었던 밀교의식^{密敎儀式}을 명랑법사가 집행한 것을 묘사한 것에 불과한 것으로 보아야 할 것이다. 즉 '명랑법사가 다녀온 용궁^{龍宮}'은 과거(636~643) 자장법사^{慈藏法師}가 당나라에 가서 만난 '태화지^{太和池}의 용^龍이 기거하는 궁궐^{宮闕}'을 은유한 당나라의 장안성^{長安城}을 말하고, '명랑법사가 전수^{傳受}해 온 비법^{祕法}'은 '당시 당나라 황제인 당고종^{唐高宗}의 강소신라 처리에 대한 의중^{意中}'을 말하는 것으로 해석되어야 한다는 것이다. 왜냐하면 '당나라가 강소신라를 멸망시키려고 50만 대군을 갑자기 출병시킨 이유'를 당시의 신라조정에서는 아무도 전혀 감도 잡지 못했었기 때문에 {가장 최근에 '당나라 황제인 당고종^{唐高宗}을 만나고 강소신라로 돌아온} 명랑법사'에게 그 이유를 물어서 그 이유에 대응할 수 있는 대책을 강구하게 한 것이라고 해야 할 것이기 때문이다. 즉 이런 상황을 일연스님이 『삼국유사』의 기록 속에 '당시에 유행하던 문두루비밀법^[文豆婁秘密法=밀단법(密壇法)]이라는 밀교의식^{密敎儀式}을 소개하는 형식'으로 변형시켜서 삽입해 넣은 것이라고 해석된다는 것이다.

따라서 이 기록이 말하는 실제의 내용은, '당고종을 만나고 온 명랑법사가 당고종의 의중을 30문무왕에게 전달하자 30문무왕이 당고종의 의중에 부합하는 {강소신라의 경주신라 철수에 관한} 실행계획을 수립하여 당고종에게 회신함으로써 당고종이 강소신라를 무력정벌하지 않게 되었다.'라는 것이 되는 것이다. 따라서 '이상한 푸닥거리(?)에 불과한 밀교의식^{密敎儀式} 때문에 당나라 군사 50만이 괴멸되었다.'라고 보는 것은 현실적인 이야기가 아닌 것이다. 즉 '당고종이 갑자기 강소신라를 무력 정벌하겠다고 강력하게 주장하였는데, 신라측에서 미리 모종의 실행계획^[현,한반도로의 철수계획]을 내어놓음으로써 당고종이 강소신라를 정벌할 계획을 철회했던 것이다.'라는 정도로 바꾸어서 해석하여야 할 것이다. 물론 여기에서 '30문무왕이 내어놓은 모종의 실행계획'이 구체적으로 무엇인지가 문제가 되겠지만, 애당초 '50만 군사를 동원해서 강소신라를 싹쓸이해 버리겠다.'라고 했었던 당고종의 발상 자체가 실행 가능성도 없고 또 명분도 없는 무리한 감정적인 돌발행동이었었기 때문에 신라측에서 내어놓은 사소한 대책으로도 당고종이 쉽게 양보할 수밖에 없는 상황이었던 것이다. 어쨌든 '30문무왕이 내어놓은 모종의 실행계획'의 핵심 키워드가 사천왕사四天王寺였다는 것이므로 '현,한반도의 경주신라에 {불교에서 말하는} 수미산須彌山을 상징하는 사천왕사四天王寺를 창건하여, 강소신라에 있는 신라27선덕여왕의 묘를 현,한반도로 이장移葬하겠다.'라는 정도에서 '50만 당나라 대군의 파병 사건이 일단 수습된 것'으로 보면 되는 것이다. 즉 이는 '강소신라를 경주신라로 이전시키는 작업을 착실히 진행시켜 나가겠다.'라는 것이 신라30문무왕의 임기응변이었고, 단순무식한(?) 돌발행동을 했었던 당고종은 신라30문무왕의 임기응변을 명분으로 삼아서 멋있게(?) 물러섬으로써 '잠시 동안 험악해졌었던 당나라 측의 분위기가 하나의 해프닝으로 끝나게 되었다는 것'을 은유적으로 기록한 것이라고 해야 할 것이다.

어쨌든 670년 이전에 '명랑법사가 용궁(龍宮=즉 당나라 장안성)에 가서 비법(祕法=당고종의 대(對)신라 처리의중(處理意中))을 듣고 강소신라로 돌아와 있었던 것'으로도 보이므로, 당시의 명랑법사는 강소신라를 중심으로 해서 당나라와 경주신라(현,한반도)를 수시로 드나들었을 것으로도 추정된다.

따라서 필자는 명랑법사가 처음 입당구법入唐求法한 시기인 '(632년~635년)'이 자장율사가 신라27선덕여왕의 명령을 받고서 입당구법(入唐求法:636~643)하기 위하여 출발한 '636년의 바로 직전이라는 것'에 더 중요한 의미가 있다고 생각한다. 즉 앞에서 '자장법사의 입당구법(入唐求法:636~643) 목적'이 '고구려원정을 목적으로 신라와의 군사동맹을 원하는 당태종이 신라에게 줄 수 있는 반대급부^{反對給付}가 무엇인지를 확인하는 것'이었으므로 '사전에 당나라가 신라에게 나당군사동맹^{羅唐軍事同盟}을 요청했던 것'으로 추정했었는데, 635년에 당나라에서 강소신라로 귀국했던 명랑법사가 '당태종의 밀서^{密書}'를 가지고서 강소신라로 귀환했었고, 그 후속 조치로서 자장율사를 당나라로 파견하게 되었었다고 생각되는 것이다. '당태종의 제안^(즉 나당군사동맹체결 요청)'에 밑질 것이 없다고 여긴 강소신라의 27선덕여왕이 당태종의 밀서^{密書}를 가지고 온 명랑법사와 인척관계이면서 신분이 더 확실한 자장법사를 선택하여 당나라에 특사로 파견해서 '당태종의 의중을 재확인하고 또 강소신라에게 줄 반대급부가 무엇인지?'에 대해 확인하려 했었던 것으로 추정된다는 것이다. 물론 자장법사는 개인적으로 '당나라 불교에 대한 호기심'도 있었지만 그보다는 '특사임무가 성공할 경우, 신라불교계의 승통^{僧統}이 될 수 있는 율사^{律師}가 되려는 야심'도 있었으므로 당태종으로부터 신임을 받는 언행으로 최선을 다해서 기대 이상의 성공을 거두고 돌아옴으로써 결국 대국통^{大國統}과 승통^{僧統}에 임명되어 율사^{律師}로서의 포부를 마음껏 펼치게 되었던 것이라고 보는 것이다.

그런데 이 같은 필자의 추론은, 다음과 같은 '문제점'을 수반하게 되므로 신중하게 재검토될 필요가 있을 것이다.

i. '나당군사동맹은 김춘추^(혹은, 김유신)가 제안하였고 당태종이 받아들인 것'이라는 기존의 통설적 해석이 '주객^{主客}을 전도시킨 사실왜곡^{史實歪曲}이라는 점'과 그에 수반되는 모든 정치행위 당사자들에 대한 역할과 책임이 근본에서부터 재검토되어야 한다는 것,

ii. '나당군사동맹을 당나라가 먼저 제안했었다.'라고 한다면, 백제를 멸망시킨 다음에 바로 신라를 계림도독부로 흡수·병합하려 했었던 당나라의 행위는 '근본적인 약속위반^{約束違反}에 해당되는 사기^{詐欺}나 다름없는

부도덕한 행위'이므로, 이후에 전개된 당나라의 모든 행위들에 대한 정당성 여부가 재평가되어야 하며 그로 인해 벌어진 모든 사건들의 숨겨진 실상^{實相}들을 규명하여 역사서의 사건기록들을 전반적으로 수정해야 할 문제가 생긴다는 것 등에서 대단히 큰 여파가 있게 될 것이다.

다만 필자는 위와 같은 '매우 중요한 문제점'들은 '향후에 독자 제현들과 함께 해결해야 할 과제'로 남겨두고, 지금은 우선 '역사왜곡의 시작점과 그 본모습을 규명하는 것'에 진력하고자 한다. 따라서 혹시 '필자가 나중에 이러한 문제점들에 접근하지 못하게 되는 경우'에는 반드시 뒤를 이어줄 현명한 독자가 나타나기를 기대하는 바이다.

어쨌든 현대인들에게는 이상하기 그지없는 '문두루비밀법^{文豆婁秘密之法}'으로 당나라 50만 대군을 두 번씩이나 손도 대지 않고 소멸시킨(?) 명랑법사는, 이후에 {두 조정$^{朝廷=당나라+강소신라}$의 재정적 지원을 받아서(?)} 금광사^{金光寺}라는 사찰을 창건하였었는데, {막강한 군사력을 가진 당나라에 의해서} 670년대부터 강소신라 지역에서는 성곽, 궁궐, 사찰 등 일체의 사회기반시설을 추가로 신축하지 못하도록 강력하게 규제되었던 것이므로 {만일 이 금광사^{金光寺}가 670년대 이후에 창건되었다고 한다면} '이 금광사는 향후 경주신라가 될 현,한반도 지역에 건립되었다'라고 보아야 할 것이다.

그런데 통설에서는 **"명랑법사가 {670년에 강소신라를 공격해 오는 당나라 50만 대군을 저지하기 위해} 낭산^{狼山} 남쪽의 신유림^{神遊林}에 채색비단^{彩色絹緞}으로 임시 사천왕사^{假,四天王寺}를 세워 도량^{道場}을 개설하여, 풀을 엮어 만든 오방신상^{五方神像}을 세우고 12명의 유가명승^{瑜伽明僧}들에게 문두루비밀법$^{文豆婁秘密法=密壇法(밀단법)}$을 행하게 하자, 진격해 오던 당군이 스스로 소멸되었다"**라고 보고 있으므로 {통설에서는} '679년 8월 현,경주에 개창^{開創}된 사천왕사^{四天王寺}의 창건에 명랑법사가 관여한 것'으로 추정하고 있지만 {실제로는 '명랑법사가 사천왕사^{四天王寺}의 창건에 관여했다'는 이상한 푸닥거리 같은(?) 기록일망정 이곳 이외에는 전혀 없으므로} 필자는 아예 '이 사천왕사^{四天王寺}라는 사찰$^{(즉, 건물)}$이 실제로 현,경주에 건립되었던 것이 아니라 사천왕사를 지을 터만 잡아놓은 것'이라는 추론을 하고 있으며 그 이유를 크게 다음의 두 가지로 생각하고 있다.

그 첫 번째 이유는, '명랑법사가 679년8월 현,경주에 개창^{開創}되었다는 사천왕사^{四天王寺}의 창건에 관여한 인물로 언급된 실질적인 기록이 없다.'는 점이다. 즉 명랑법사가 당나라 50만 대군을 물리친 핵심 이벤트가 바로 '채색비단^{彩色緋緞}으로 세운 사천왕사$^{(假, 四天王寺)}$라는 임시 가건물^{假建物}이었다.'는 것이 바로 '실제로 사천왕사^{四天王寺}를 건립했을 때의 대외적 중요도$^{(즉, 명분)}$가 당나라군사 50만을 철수하게 하는 효과와 맞먹을 정도였다.'는 것을 의미하는 것인데, 당시 사천왕사^{四天王寺}에 대해 누구보다도 가장 잘 아는 명랑법사가 '679년8월 현,경주에 개창^{開創}되었다는 사천왕사^{四天王寺}의 창건에 직접 관여했다.'는 실질적인 기록이 없다는 것은 이 사천왕사^{四天王寺} 자체의 중요도가 크게 과장되었거나 혹은 실제로 사천왕사^{四天王寺}가 현,경주에 제대로 건립되지 않았던 것을 '679년8월에 사천왕사^{四天王寺}가 현,경주에 개창^{開創}된 것처럼 보이게 하는 기록만 {의도적으로 만들어서} 남긴 것'이라고 보이기 때문이다. 즉 {쉽게 말해서} 필자는 {실제로는 그 절터만 잡아 놓은 것을}『삼국사기』가 사찰건물까지 완성한 것처럼 기록했다.'라고 본다는 것이다. 이를 보충 설명하기 위해서는 '선덕여왕의 지기삼사^{知幾三事} 기사'가 등장하던 시기로 돌아가 소급해서 살펴볼 필요가 있다.

즉 이는 곧 『삼국사기』 기록자는 왜 이런 무의미한 기록을 {무리를 하면서까지} 역사서 기록에 넣었던 것인가?'란 문제를 제기하는 것과 같은데, 그것은 이 사천왕사^{四天王寺}가 '신라27선덕여왕의 지기삼사^{知幾三事}'의 하나인 '여왕 자신이 스스로 도리천^{忉利天}에 묻히고 싶다.'라고 했었던 희망^{遺言}'에 따라서 선덕여왕의 재위 당시에 강소신라에서 실제로 사찰의 건립이 추진되었었지만 647년 비담의 난이 일어나서 선덕여왕이 졸지에 시해되어 사망함으로써 사찰의 건립이 중단되었는데, 30문무왕이 {'675년 나당^{羅唐} 간의 정전협정$^{(속칭, 매소성전투(買肯城戰鬪))}$'을 합의하면서} '강소신라를 경주신라로 이전하라.'는 당나라의 요구를 받아들이는 증거의 하나로서 '선덕여왕의 사천왕사를 경주신라에 창건하겠다.'라고 공언^{公言}했었던 것이어서 {비록 형식적일지라도} 30문무왕은 '도리천^{忉利天}'을 떠받치는 사천왕사^{四天王寺}'를 27선덕여왕의 무덤 아래쪽에 배치해야만 했었던 것이라고 추론되는 것이다. 즉, '사망한지 이미 (32년=679년-647년)이나 지난 27선덕여왕을 위해서 30문무왕이 사천왕사를 건립했다'고 하는 것은 '역사 왜곡의 상황이 아니고서는 도저히 설명할 수가 없는 것'이다. 그냥 '막연하게 호국사찰 운운'할 사안이 아닌 것이다.

  그러나 당시 강소신라의 전반적인 상황을 감안하면 이런 불필요한 사찰을 현,한반도 땅에 한가롭게 건립하고 있을 정도로 여유롭지 않았으므로 일단 사찰을 건립할 터를 마련하고 그곳에 주춧돌만 적당히(?) 배치해 놓고서, 당나라에게는 '경주신라로의 이전작업이 착착 진행되고 있다.'라고 설명해서 시간이 지체되는 것에 대해 양해를 구했던 것인데 『삼국사기』 편찬자들은 그것을 《삼국사기/신라본기7》문무왕19(679)년8월조:四天王寺成>사천왕사가 이루어졌다.'라고 기록하게 된 것이라고 추론할 수 있다는 것이다. 즉 기록에서의 '成$^{(이룰, 성)}$'자는 완성$^{(完成=완전히 이루다)}$의 의미보다는 부분적으로 이루어진 단계를 기록한 것이라고 보아야 한다는 것이다. 아마 {건설 중인 부분적 시설물$^{(예: 주춧돌)}$이 아니라} '사천왕사라는 사찰 전체'가 완전히 이루어졌다$^{(즉,完成)}$라고 한다면, '개창^{開創}' 등의 문구를 사용해서 표기했었을 것인데, 기초석^{基礎石}이라는 시설물의 일부만 설치가 이루어진 것이었으므로 그냥 '成$^{(이룰, 성)}$'자로만 표기해서 상황을 구분해 둔 것이었다고 보이기 때문이다.

즉 {이를 좀 더 정확하게 기록한다면} '四天王寺基成 > 사천왕사의 터(基)가 마련되었다(成).'라고 기록하는 것이 합리적일 것이었겠지만, 『삼국사기』의 기록자들은 애당초 '왜곡역사서를 쓰면서도 자기들은 가능한 한 거짓말虛僞을 하지 않고, 가능한 한 독자들 스스로가 왜곡歪曲에 빠지도록(?) 유도하는 교묘한 기법을 사용해서, 기초(基)라는 글자를 생략했었던 것'이므로, {『삼국사기』 저자들을 비난할 일이 아니라} 스스로 왜곡歪曲에 빠져서 국민들에게 잘못된 역사해석을 서비스해 온 기존의 역사학자들의 안일한 역사해석의 자세에 문제가 있었던 것이라고 지적되어야 할 것이다. 결국 {기존의 역사학자들이 스스로 의도한 것은 아니었다고 하더라도} 결과가 '역사왜곡歷史歪曲을 고착화하는 방향으로 역사기록을 해석했었던 것'이므로 참으로 안타까운(?) 일이었다고 해야 할 것이다.

결국 '현,경주 사천왕사'는 {당시 강소신라 조정의 여건상} 사찰을 완성할 여력도 전혀 없었고 또한 강소신라에서 죽은 27선덕여왕의 묘를 파다가 현,한반도 경주신라에 도리천忉利天과 사천왕사四天王寺까지 호화롭게 시설해서 이장시켜야 할 명분도 실리도 없었던 것이었지만, {단지 '나당전쟁의 종전협상과정에서 수세에 몰린 30문무왕이 당나라에게 공언했었던 약속' 때문에} 할 수 없이 현,경주에 사천왕사四天王寺를 건립할(?) 절터만 잡고서 더 이상의 사찰건립은 진행하지 않았던 것이라고 추론되는 것이다.{현,경주 황룡사터의 모습과 같이 거대한 여러 개의 기초석들이 한군데에 모여있는 것들도 이러한 이유에서였을 것으로 추측된다.} 그리고 설령 명랑법사가 '사천왕사의 터를 잡는 데 관여를 했다'고 하더라도 굳이 그것을 '명랑법사가 창건에 참여했다.'라고 기록할 상황은 더욱 아니었을 것으로 보인다.

그 두 번째 이유는, {조금 다른 이야기이기도 하고, 또 굳이 첫 번째 이유로도 설명이 충분하므로 덧붙일 필요가 없긴 하지만} '역사왜곡이 얼마나 철저하게 이루어졌는가?'라는 사례의 하나를 설명하기 위한 목적에서, '현,경주 사천왕사'에도 '역사왜곡의 전형적인 수법'이 어김없이 적용되고 있다는 것을 설명하려고 거론하고자 한다. 즉 필자가 '현,경주 사천왕사는 실제로 건축이 완료된 적이 없이, 사천왕사를 지을 터만 잡아놓은 것이다.'라고 자신 있게(?) 말한 이유가 바로 '현,사천왕사터'에서 발견된 '사천왕사四天王寺 명銘 기와'라는 '외톨이 유물'이 있기 때문이다.

모든 역사학자들과 고고학자들 및 이성적이고 합리적인 사람들이 모두 '사천왕사의 근거유물(?)로 인정하고 있는 이 발굴유물'을 필자가 굳이 문제시하는 것은, 역사왜곡자들이 이 유적지를 후대인들에게 '사천왕사터로 인지시키는 가장 확실한 방법'이 바로 이러한 '외톨이 유물'을 후세에 '유적이 있었다고 {역사서에} 기록된 장소에서 발견되게 만드는 것'이었기 때문이다. 쉽게 말해서 이 외톨이 유물은 스스로 '내가 바로 사천왕사다.'라고 외치고 있는 것과 같은데 이러한 '외톨이 유물'이 바로 역사왜곡자들이 가장 많이 활용한 '전형적인 역사왜곡 수법 중의 하나'이기 때문이다.

물론 {고고학을 잘 알지 못하는} 필자가 이를 두고서 구체적인 논쟁을 할 실력은 없지만, 필자가 그동안 오랫동안 관찰하고 고심해 온 결론이 바로 이와 같은 '이상한 외톨이

그림17. 사천왕사명(銘)기와

유물'을 바로 '역사왜곡의 전형적인 수법'으로 판단하게 된 것이다. 가령 현,경주에 있는 첨성대와 같은 구조적으로 거의 완벽한 유적 혹은 유물은 그것이 비록 '이동된 유적 혹은 이동된 유물'일 수는 있을지라도, '조작된 것은 아니라는 것'을 인정할 수가 있지만, 사진의 기와 편과 같은 '이상한 외톨이 유물'의 경우는 반드시 '역사왜곡을 위한 소품小品일 수도 있다'라고 의심해 보아야 한다고 보이며, 이러한 '소품'이 발견되는 것 자체가 오히려{즉,역설적으로} '역사왜곡의 증거가 된다.'고도 생각해야 할 것이

다. 물론 그 소품들이 모두 조작된 모조품이라는 것은 아니며, 설령 모조품일지라도 천 년 이전에 만들어진 물건들이므로 이미 '아주 중요한 역사적 가치가 부여'되어 있으므로 소홀히 취급해서는 안 될 것이다. 필자의 의도와는 다른 불필요한 오해가 생기지 않길 바란다.

(2) 의상법사(義相法師)

『삼국유사』를 살펴보면, 의상법사(義相法師:625~702)도 앞에서 검토한 자장법사(慈藏法師:605?~655?/685?)에 못지않게 많은 기록들이 복잡하게 등재되어 있으며, 역시 천공天供, 천주天廚, 천사天使, 신병神兵, 신위神衛, 천제天帝, 제석궁帝釋宮, 불아佛牙, 상제上帝, 도리천忉利天, 대비진신(大悲真身=觀音眞身) 등 많은 '신이神異한 키워드들'을 동원해서 소개하고 있으므로, '그 본의가 무엇인지?'를 잘 파악해서 해석에 반영하여야 할 것이다.

그림18.
의상법사 영정

표11.『삼국사기』와『삼국유사』에서의 의상(義相) 관련 기사 제목들

구분	#	의상 관련 기사 제목	{의상 관련 특기사항}
삼국사기	1	<신라본기7/30문무왕16(676)년2월> 의상이 부석사를 창건하다	부석사 창건
	2	<신라본기7/30문무왕21(681)년6월> 의상이 王城新築을 말리다	당나라에 대한 무력대응 무용론
삼국유사	3	<기이2/30문무왕법민(670년)> 당나라의 침략계획을 신라에 알림	670년에 당에서 신라귀환
	4	<흥법3/흥륜사금당10성> 동쪽벽에 앉아 경방(庚方)을 향한 의상	동벽(東壁) 좌(座), 향(向) 경방(庚方)
	5	<탑상4/전후소장사리> 의상이 불아를 치경하고 大内에 모셨다	당나라에서 불아(佛牙)를 친견

구분	#	의상 관련 기사 제목	{의상 관련 특기사항}
삼국유사	6	<탑상4/낙산이대성 관음 정취 조신> 낙산의굴에서 관음진신을 만남	낙산사 창건
	7	<의해5/의상전교>출가>입당>화엄학 신라귀환>10사창건>10대제자	의상전교(義湘傳)
	8	<의해5/승전촉루>중국의 현수법사와 편지 교류	중국(당나라)의 현수와 교류
	9	<피은8/낭지승운보현수> 의상의 제자 지통이 추동기를 지음	제자 지통(智通)이 추동기(錐洞記) 편찬
	10	<효선9/진정사효선쌍미> 진정스님이 의상에게 의탁함	진정스님이 의상의 제자가 됨

위의 표는 『삼국사기』와 『삼국유사』에서의 의상義湘 관련 기사 제목들'을 조사한 것인데, 이 기사들을 접해본 사람들이라면 기사와 기사들이 서로 상충되는 것처럼 보이기도 하고 또 조금 비현실적이라고 보이는 기사들이 다수 포함되어 있음을 느끼게 될 것이다. 그래서 이번에는 '현,한반도 불교의 터전을 만들었다'고도 할 수 있는 의상법사에 대해서 그동안의 통설과는 다르게 해석해야 할 점을 집중적으로 조명해 보고자 한다. 우선, 위 표에서 거론된 의상법사 관련 기사들을 요약해서 하나씩 살펴보자.

① 《삼국유사/의해5》의상전교(義湘傳敎)조 :

＊ 법사(法師) 의상(義湘)은 아버지가 한신(韓信)으로 김(金)씨인데, 나이 29세에(年二十九) 서울(京師)의 황복사(皇福寺)에서 머리를 깎고 중이 되었다. 얼마 있지 않아 서방(西䎱)으로 가서 불교의 교화를 보고자 하였다. 드디어(遂) 원효(元曉)와 함께 ~~요동(遼東)으로 갔다가~~ 요동을 나서서 길을 떠났는데(道出遼東), 변방의 순라군에게 첩자로 오인받아 수십 일 동안 갇혔다가 간신히 면하여 돌아왔다. {이 사실은 최후(崔候)가 지은 본전(本傳)과 원효의 행장(行狀) 등(等)에 실려 있다.}

＊ 영휘(永徽:650~656)초에 마침 당(唐)나라 사신의 배가 서방으로 돌아

가려고 하자 편승하여 중국(中國)으로 들어갔다. 처음 양주(楊洲揚州)에 머물렀더니, 주장(州將) 유지인(劉至仁)이 청하여 관아 안에 머무르게 했는데 공양이 지극하였다. 얼마 있지 않아 종남산(終南山) 지상사(至相寺)로 찾아가서 지엄(智儼:602~668)을 배알하였다…{중략 : 종남산/지상사에서의 기록}

  * 함형(咸亨)원(670)년 경오(庚午)에 귀국하여, {당고종(唐高宗)이 군사를 크게 일으켜 신라를 치려고 하는 사정을 조정(강소신라)에 알려} 신인(神印) 대덕(大德) 명랑(明朗)에게 명하여 임시로 밀단법(密壇法)을 설치하고 기도하여 물리치게 함으로써 국난을 면하게 하였다.

  * 의봉(儀鳳)원(676)년, 의상이 태백산(太伯山)에 돌아와 조정의 뜻을 받들어 부석사(浮石寺)를 창건하고 대승(大乘)을 널리 펴니 영감이 많이 나타났다.

  * 종남산 [지엄의] 문인 {서경(西京) 숭복사(崇福寺)의 법장(法藏)} 현수(賢首:643~712)가 수현소(搜玄疏)를 찬술하여 {부본(副本)을 승전(勝詮:?~714?)법사가 돌아가는 편에 붙여서} 20여년 전에 해동신라(海東新羅)로 떠난 의상에게 보내 교감을 청했다.

  * 의상은 태백산(太白山)의 부석사(浮石寺:676년/『삼국사기』), 원주(原州)의 비마라사(毗摩羅), 가야산(伽倻)의 해인사(海印), 비슬산(毗瑟)의 옥천사(玉泉), 금정산(金井)의 범어사(梵魚), 남악(南嶽)의 화엄사(華嚴寺) 등 열 곳의 절(十刹)에 전교하고(傳敎), 저술로서는 지엄화상이 입적한 총장(總章)원(668)년 무진(戊辰)에 {지엄화상의 가르침을 받아(?)} 완성한 법계도서인{法界圖書印=화엄일승법계도(華嚴一乘法界圖)(?)} 하나뿐이었다.

  * 의상의 제자는 오진(悟眞)·지통(智通)·표훈(表訓)·진정(眞定)·진장(眞藏)·도융(道融)·양원(良圓)·상원(相源)·능인(能仁)·의적(義寂) 등 10대덕은 영수(領首)가 되었는데, 모두 아성(亞聖)이라고 하고 각각 전기가 있다.

  * {일연스님이} 찬하여 말한다(讚曰) : /연진(烟塵)을 무릅쓰고 덤불을 헤쳐 바다를 건너니(跨海) /지상사(至相)의 문이 열려 상서로운 보배(瑞珎=華

嚴?)를 접했도다. /화엄(雜花)을 캐와서 고국에 심으니(화엄을) 모두(雜) 캐와서(采采), 우리의 옛나라(我故國=경주신라?)에서 꽃피웠으니(花)[采采雜花我故國] /종남산(終南=현,장안)과 태백산(太伯=현,경주)이 같은 봄(春)을 이루었다.

⇒ 이 기록들은 출생, 출가, 구법, 사찰건립, 저술편찬, 제자양성 등 의상의 일생과 업적을 설명한 기록인데, 필자가 요약한 것이다. 다른 기록들과의 비교,검토를 쉽게 하기 위해 주요 맥락을 재정리하면 다음과 같다.

ⓐ 의상義湘은 아버지가 한신韓信으로 김金씨[法師義湘考曰韓信金氏]
ⓑ 나이 29세(年二十九)에 출가出家
ⓒ 서울京師의 황복사皇福寺에서 출가出家하였다.
ⓓ 드디어遂 원효元曉와 함께 요동遼東을 나서서 길을 떠났는데(道出遼東), 변방의 순라군에게 첩자로 오인받아 수십일 동안 갇혔다가 간신히 면하여 돌아왔다.
ⓔ 영휘永徽초 당나라 사신의 배에 편승하여 중국中國양주揚州에 갔다.
ⓕ 곧 종남산終南山지상사至相寺로 찾아가서 지엄智儼을 배알하였다.
ⓖ 의상은 현,한반도에서 태백산太白山의 부석사(浮石寺:676년)를 창건하고, 10개의 사찰에 전교傳敎하였지만, 저술은 {현,한반도에 오기 직전인 668년에 저술한} 법계도서인法界圖書印 하나뿐이다.
ⓗ 의상의 제자 10대덕은 모두 아성亞聖이며, 각각 전기가 있다.
ⓘ 일연스님은 '의상義湘이 당나라 장안長安종남산終南山지상사至相寺에서 화엄華嚴을 배워와 경주신라에서 뿌리내리게 했다.'고 하였다.

② 《삼국유사/기이2》문무왕법민(文武王法敏)조 :
* 이때(668년) 당나라의 유병(遊兵)과 여러 장병들이 머물러 있으면서 장차 우리를 습격하려고 계획하는 것을 왕이 알고 군사를 발하였다. 이듬해에

(669년) 당나라의 고종(高宗)이 인문 등을 불러서 꾸짖어 말하기를, "너희들이 우리 군사를 청해 고구려를 멸하고도 우리를 해치려는 것은 무슨 까닭이냐?"라고 하고, 곧 옥(圓扉)에 가두고 군사 50만명을 조련하여 설방(薛邦=설인귀?)을 장수로 삼아 신라를 치려고 하였다. 이때 ~~의상법사(義湘師)가 서쪽 당나라로 가서 유학하고 있다가~~ 서학을 가르치던 의상이, 당나라에 들어가[義相師西學,入唐] 인문을 찾아보았는데[來見仁問], 인문이 그 사실을 알렸다. 의상이 곧 (670년) ~~귀국하여~~ 동쪽으로 돌아와서[東還] 왕에게 아뢰니, 왕이 매우 염려하여 여러 신하들을 모아 놓고 방어책을 물었다. 각간(角干) 김천존(金天尊)이 아뢰기를, "근래에 명랑법사(明朗法師)가 용궁(龍宮)에 들어가서 비법(祕法)을 전수해 왔으니 그를 불러 물어보십시오."라고 하였다…{이하, 생략: '명랑법사의 문두루비밀법' 참조}

* (681년, 문무왕이)…또한 서울에 성곽[京師城郭=京都防衛軍城郭?]을 쌓고자, 이미 관리를 갖추라고 명령하였다[又欲築京師城郭旣令眞吏]. 그때 의상법사가 이 소식을 듣고 글을 보내 아뢰기를, "왕의 정교(政敎)가 밝으면, 비록 풀 언덕에 땅 금을 그어서 성으로 삼아도 백성이 감히 넘지 못하고, 가히 재앙을 씻어서 복이 될 것이나, 정교가 밝지 못하면, 비록 장성이 있더라도 재해를 없앨 수 없을 것입니다."라고 하였다. 왕은 이에 역사를 중지하였다.

⇒ 이 기록은, 의상이 '당고종이 대군을 보내서 신라를 치려 한다.'는 정보를 문무왕에게 알려, 명랑법사로 하여금 문두루비밀법을 펼쳐서 대응케 한 것과 문무왕이 무모하게 무력으로 당나라에게 대항하려 하자, 의상이 '무력대응불가론'을 펴서 설득했다는 기록인데, 역시 다른 기록들과의 비교, 검토를 쉽게 하기 위하여 주요 맥락을 재정리하면, 다음과 같다.

ⓙ 669년에 '서학을 가르치고 있던 의상(義相師西學)'이 당나라에 들어가서(入唐), 김인문을 만나 '당고종이 강소신라를 무력침공하려 한다.'라는 정

보를 입수하고, 670년에 강소신라에 돌아가서 문무왕에게 알려주어서 미리 대응하게 하였다.

ⓚ (681년6월/『삼국사기』) 신라30문무왕이 '대응할 실력{즉,軍土力}도 없으면서 무모하게 객기만 부리자{즉 법민(法敏)하다(?)}, 의상이 '막강한 힘을 가진 당나라에게 무력으로 대응하면 재앙이 되고, 정교政敎를 바르게 하면 복이 될 것이다.'라고 설득하여 성곽 축조{즉,군사대응}를 중지시켰다는 것인데, 이는 곧 신라30문무왕의 이름인 "법민{法敏='사리분별력이 떨어져서 경솔하다.'라는 역설적인 의미}"에 대한 은유적 설명으로 해석하여야 할 것이다.

③《삼국유사/흥법3》동경흥륜사금당십성(東京興輪寺金堂十聖)조 :
* 동쪽 벽에 앉아 경방(庚方)을 향한 진흙상(泥塑)은 아도(我道), 염촉(厭髑), 혜숙(惠宿), 안함(安含), 의상(義湘)이고, 서쪽 벽에 앉아 갑방(甲方)을 향한 진흙상(泥塑)은 표훈(表訓), 사파(蛇巴), 원효(元曉), 혜공(惠空), 자장(慈藏)이다.

⇒ 이 기록은, 현,한반도 불교에 공로가 많은 10명의 스님들을 '동쪽 벽에 앉아 서쪽{즉,경방(庚方)}을 향하는 스님이 다섯 분(5명)', '서쪽 벽에 앉아 동쪽{즉,갑방(甲方)}을 향하는 스님이 다섯 분(5명)이 되도록' 분류해서 {서로 마주 보도록(?)} 배치한 것을 설명하는 기록인데, 이 스님들이 향하는 방향이 바로 그 스님이 죽어서 묻힌 지역을 말하는 것이다. 즉 '서쪽{즉,경방(庚方)}은 강소신라 혹은 당나라 지역'을 말하고, '동쪽{즉,갑방(甲方)}은 경주신라 지역'을 말하는 것이다. 역시 그 의미를 다음과 같이 정리해 둔다.

① {의상법사를 대표로 해서 설명하면} 의상義湘법사의 진흙좌상(泥塑)이 '동쪽 벽에 앉아 경방(庚方=즉,서쪽)'을 향하고 있으므로, 의상법사가 {당나라, 강소신라, 경주신라를 종횡무진하며 돌아다니면서 현,한반도 불교에 큰 공헌을 하였었지만} 결국 최종적으로 열반한(즉, 죽어서 그 시신이 묻힌) 곳이 '서쪽

의 당나라 지역'이라는 것을 말하는 것이다.

④《삼국유사/탑상4》전후소장사리(前後所藏舍利)조 :
아래의 글들은 대체로 '현,한반도로 전해진 불두골^{佛頭骨}, 불아^{佛牙}, 불사리^{佛舍利}, 불가사^{佛袈裟} 등이 고려시기에 그 소재가 어떻게 된 것인지?'를 기록한 글인데, 글이 길고 내용도 번잡하여 혼란스러우므로 의상법사와 관련되는 내용만 간추려서 역시 다른 기록들과의 비교,검토를 쉽게 하기 위하여 주요 맥락을 정리했다.

* 옛날 의상(義湘)법사가 당나라에 들어가서 종남산(終南山) 지상사(至相寺) 지엄존자(智儼尊者:*602~668*)가 있는 곳에 이르니, 이웃에 도선(宣=道宣:*596~667*) 율사(律師)가 있어 늘 하늘의 공양(天供)을 받고 매번 재(齋)를 올릴 때마다 하늘의 주방(天厨)에서 음식을 보내왔다. 하루는 도선율사가 의상법사를 청하여 재를 올리는데 의상법사는 이미 와서 바르게 앉아 있는데 하늘의 공양은 때가 지나도 이르지 않았다. 의상은 빈 바리때로 돌아가니 천사(天使)는 이제야 다다랐다. 도선율사가 "오늘은 어째서 늦었는가"라고 물으니, 천사(天使)가 말하기를, "온 골짜기에 신병(神兵)이 가로막고 있어 들어 올 수 없었습니다."라고 하였다. 이에 도선율사는 의상법사에게 신의 호위(神衛)가 있음을 알고 그의 도력이 자기보다 나음에 탄복하여 그 공양물을 그대로 남겨두었다가 다음날 또 지엄과 의상 두 대사를 재(齋)에 청하여 그 사유를 자세히 말하였다. 의상법사(湘公)가 도선율사(宣)에게 조용히 말하기를, "스님은 이미 천제(天帝)의 존경을 받고 계시니 일찍이 듣건대 제석궁(帝釋宮)에는 부처님의 40개 이(齒) 가운데 한 어금니[佛四十齒之一牙]가 있다고 하니, 우리들을 위하여 [이것을] 청해서 인간(人間)에 내려 보내어 복이 되게 하는 것이 어떻습니까?"라고 하였다. 도선율사(律師)가 후에 천사(天使)와 함께 그 뜻을 상제(上帝)에게 전했더니 상

제(帝)는 7일을 기한으로 [의상에게] 보내주었다[帝限七日送與]. 의상이 예경하기를 마치고 [이것을] 대궐에 모셨다[湘公致敬訖邀安大內].

⇒ {'통설'에 의하면} 이 글은, 신라승려(?) 의상법사가 중국에 가서 화엄학을 배워와서 신라에 전교^{傳教}하기 위해 화엄학의 제2조인 종남산 지상사의 지엄법사를 찾아갔을 때 있었던 '신이^{神異}한 사건들'을 기록한 것이라고 하는데, 여기에 기록된 '의상법사의 신이^{神異}한 사건들'을 단순히 종교적인 시각으로만 볼 수가 없다. 즉 『삼국유사』의 전체적인 집필방법과 패턴$^{(pattern:기본형식)}$이 '매우 현실적이고 구체적인 정치적 사건을 종교적인 신이^{神異}함으로 은유해서 기록한 경우'가 아주 많기 때문에, 이 기록도 그러한 관점에서 해석되어야 한다고 보인다. 아래와 같이 재정리한다.

ⓜ {통설에서는} 의상법사가 당나라의 종남산^{終南山} 지상사^{至相寺}에 가서 지엄법사^{智儼法師}로부터 순수하게 화엄학만을 배워 와서 신라사회에 전교한 것으로 되어있다.

⇒ 그런데, {윗글의 내용을 보면} 실제로는 의상이 종남산 지상사에 가자마자 바로 '신병^{神兵}에 의한 신^{神}의 호위^{神衛}'를 받았으며, '천사^{天使}가 하늘의 주방^{天廚}에서 가져온 하늘의 공양$^{(天供)}$'을 받았으므로, 의상법사는 이미 '천제^{天帝}의 존경을 받고 있는 도선율사^{道宣律師}보다도 더 도력$^{道力?}$이 높아서' 거의 화엄학 스승인 지엄법사^{智儼法師}와 비슷한 서열로 대우를 받았던 것으로 보인다. 그래서 의상법사는 도선율사와 천사를 통해 '제석궁^{帝釋宮}에 있는 불아^{佛牙}를 보게 해 달라고 부탁'하자 제^{帝}가 '7일을 기한으로 해서' 부처님의 어금니^{佛牙}를 (의상에게) 보냈었고, 의상은 '불아^{佛牙}'를 예경하고서 대궐^{즉,大內}에 모셨다[湘公致敬訖邀安大內]'라는 것이다.

그런데, 여기에 언급되는 '하늘^{天}' 또는 '신^{神}'은 현실적으로 당^{唐}나라를 은유하는 것으로 해석될 수 있고 '천제^{天帝}' 또는 '제^{帝}'는 당황제$^{[즉,당고종(唐高宗)]}$로 볼 수 있으며 제석궁^{帝釋宮}은 당황제의 궁궐인 장안성^{長安城}을 말하는 것으로 볼 수가 있을 것이므로, 의상법사는 당^{唐}나라에 들어가자마자(?) {당황제^{唐高宗}의 특별지시에 의해} '당병^{唐兵}의 신변보호^{護衛}'를 받았었고 '당나라 궁내사신이 가져온 궁중음식'을 대접받았으며 '불자^{佛子}로서는 더없이 귀한 보배가 되는 불아^{佛牙}도 친견'하게 되는 '아주 특별한 대우'를 받았던 것이다. 이는 과거 당태종이 강소신라27선덕여왕이 특사^{特使}로 파견한 자장법사를 특별히 대우했었던 상황과 아주 비슷한데, 이는 의상법사가 순수하게 화엄학을 처음(?) 배우기 위해서 '스스로(?)' 당나라 지엄법사를 찾아간 것이 아니라 당고종의 명령에 따라 지상사의 지엄법사를 찾아갔었던 것이기 때문이라고 해야 할 것이다. 이 상황은 결국 '당고종이 의상법사를 지상사로 불러들인 것'이라고 할 수 있는데, 이는 의상을 {강소신라가 이전^{移轉}해 갈} 경주신라로 파견해서 현,한반도에 화엄학을 전교^{傳敎}토록 하기 위한 '일종의 국가적 포교사업'의 일환이었던 것으로 볼 수 있는 것이다. 물론 이와 같은 유형의 국가사업은 대개 순수한 종교적인 목적만 있는 것이 아니라 불교의 전파를 이용하여 {강소신라 전체를 경주신라로 원활하게 이전(즉,축출)시키기 위한} '신라 백성들에 대한 민심안정화 작업'과 같은 정치적인 목적이 더 크게 작용하였다고 해야 할 것이다.

따라서 당고종은, 의상법사가 도착하기 전에 미리 {사실상 당나라 불교를 국가적으로 총괄하고 있는 관리^{官吏}인} 도선율사^{道宣律師}를 종남산 지상사 부근에 파견하여 {화엄학의 제2조인 지엄법사^{智儼法師}와 협력해서} '강소신라를 경주신라로 이전시킨 뒤에 경주신라$^{\{현,한반도\}}$에 화엄학을 전교^{傳敎}시키는 것'은 물론이고, 경주신라로 파견하게 될 의상법사에게 '역사왜곡을 통해서 강소신라를 경주신라로 강제 이전시킨 흔적을 아예 지워버리는 역사왜곡의 실무작업$^{\{즉,역사왜곡방법론\}}$'을 미리 주지시키고 또 사전에 그 예행연습을 하게 했던 것이라고 추론되는 것이다.

그리고 의상이 불아^{佛牙}를 {7일을 기한으로} 빌려와서 확인하고 난 뒤 원래의 장소인 제석궁{帝釋宮=즉 부처를 모신 곳}으로 되돌려준 것이 아니라 '대내{大內=즉 정무를 보는 당나라(?) 대궐 안}'에 보관케 했다는 것은, '불아佛牙'와 같은 성물聖物'을 혹시 정치적 목적인 역사왜곡의 촉진제로 이용한 것은 아닌가(?) 하는 의심을 하기에 충분하다고 보인다. 따라서 {지금까지 알려진} 의상법사의 모든 행적에 대해 {지금까지의 순수한(?) 관점과는 다른 측면에서} 심층적인 재평가를 할 필요가 있다고 생각된다. 물론 의상법사는 {지엄법사를 만났을 때} 이미 화엄학을 포함한 다른 불교학문에 대해서도 일정수준 이상의 경지에 들어서 있었다고 보이며, 이미 신라에서보다는 당나라에서 더 잘 알려진 승려였을 것으로 보이므로, 의상법사의 출신가계와 당나라 및 강소신라에서의 활동상황 그리고 원효법사와 함께 요동(즉,고구려)까지 갔었던 경위 등등에 대해서도 근본에서부터 모두 재검토되어야 할 것으로 보인다.

* **그 후 송나라의 휘종(徽宗:1101~1125) 때 와서 좌도{左道=즉,도교(道敎)}를 받드니 …(중략)… 별도로 작은 배를 만들어 부처님 어금니(佛牙;불아)를 실어 바다에 띄워 어디든지 인연을 따라서 흘러가게 하였다. 이때 마침 본조(高麗)의 사신이 송나라에 가 있다가 그 사실을 듣고 천화용(天花茸) 50벌과 저포(紵布) 3백 필로써 배를 호송하는 관원[內史]에게 뇌물을 주어, 몰래 부처님의 어금니(佛牙)를 받고 다만 빈 배만 띄워 보냈다. 사신들은 이미 부처님의 어금니(佛牙)를 얻어 가지고 와서 위에 아뢰었다. 이에 예종(睿宗)은 크게 기뻐하고 십원전(十員殿) 왼쪽 소전(小殿)에 모시고 항상 전각문은 자물쇠로 걸고 밖에는 향을 피우고 등불을 밝혔는데, 친히 행차하는 날에는 매번 전각문을 열고 공손히 예배하였다.**

⇒ 이 내용은, 도교道敎를 숭상하게 된 송나라北宋가 폐불廢佛하는 의미에서 당나라 때부터 '대내{大內=즉 정무를 보는 대궐 안 사금고(私金庫?)}'에 보관하고 있었던 불아佛牙를 처분한 것을 고려사신이 중도에 취득하여 고려로 가지고 오

자, 고려 16예종睿宗이 소전小殿에 소중히 간직하였다는 것'을 기록한 것으로서, '이 불아佛牙가 {몽고와의 전란 속에서 현,강화도로 천도했었다가 다시 현,개성으로 돌아오는 과정에서} 일단 분실되었었는데 어찌어찌해서 겨우 되돌아왔다'는 것으로서, 그 상황을 아래에 같이 기록하고 있다.

* 임진년(壬辰歲=1232년) [강화도로] 서울을 옮길 때, 내관이 바쁜 가운데 [부처님 어금니(佛牙)를 그만] 잊어버리고 챙기지 못하였다. 병신(丙申=1236년) 4월에 이르러 왕의 원당(願堂)인 신효사(神孝寺)의 석(釋) 온광(蘊光)이 부처님의 어금니(佛牙)에 예경하기를 청하여 왕에게 아뢰니, 왕은 내신에게 칙령으로 궁 안을 두루 살펴보게 하였으나 찾지 못하였다.…(중략)…부처님의 어금니(佛牙)가 든…유리함을 찾은 것을 기뻐하여 대궐에 들어가서 아뢰었다…(중략)…명을 내려 십원전(十員殿) 뜰 안에 특별히 불아전(佛牙殿)을 만들어 그것을 봉안하고 장사에게 명하여 지키게 하고,…(중략)…이때 임금이 신하에게 일러 말하기를, "짐은 부처님 어금니(佛牙)를 잃어버린 이래로 네 가지의 의심이 생겼소. 첫째는 천궁(天宮)의 7일 기한이 차서 하늘로 올라갔는가 의심하였고,…(중략)…또 경오(庚午=1270년)의 [강화에서 개경으로] 환도할 때의 난리는 낭패[顚沛]의 심함이 임진(壬辰=1232년)보다도 심하였는데, 십원전의 감주(監主)였던 선사 심감(心鑑)은 위험을 무릅쓰고 [부처님의 어금니(佛牙)가 든 함을] 가지고 나왔으므로 적난(賊難)에게서 화를 모면하게 되었다.…(후략)

⇒ 이 기록의 내용은, 강화도로 천도하던 해인 1232년에 불아佛牙의 행방이 어떻게 된 것인지를 모르게 되어버렸으므로 왕이 직접 백방으로 찾아 나서서 겨우 '불아佛牙가 들어있는 유리함'까지만을 되찾아서 불아전佛牙殿에 보관하였다가 1270년 개경현,개성으로 환도할 때 가지고 환도하게 되었다는 것이다. 그런데, 불아佛牙의 행방을 아무래도 알 수가 없었던 처음에 '이 불아佛牙에게는 {옛날 의상법사가 종남산 지상사에 있을 때, 상제

上帝로부터 7일^{日}을 기한으로 빌려서 친견하고 도로 대내^{大内}에 보관케 했던} 사연이 있었으므로, 이번에 그 7일이 다 되어서 불아^{佛牙}가 도로 천제^{天帝}에게로 되돌아간 것이다.'라고 거의 체념했었다가 '불아^{佛牙}가 들어있는 유리함'을 찾게 되어서 참으로 다행으로 여겼었다는 것이다. 그런데 {아래의 기록에서는} 일연의 제자인 무극^{無極}이 그 '7일^{日}의 기한'을 계산해 보고서 '되찾은 불아^{佛牙}가 가짜일 수도 있다.'라는 의견을 제시하고 있는 것이다.

 * 이상의 기록을 의상전(義湘傳)에서 살펴보면, "영휘(永徽:650~656)초년에 당나라로 들어가 지엄법사를 뵈었다"고 하나, 부석사의 본비[浮石本碑]에 의하면, 의상은 무덕(武德)8(625)년에 탄생하여 어린 나이에 출가하여 영휘원년경술(庚戌=650년)에 원효(元曉)와 함께 당에 들어가려고 고구려에까지 이르렀으나 어려움이 있어 돌아왔다.

용삭(龍朔)원년신유(辛酉=661년)에 당으로 들어가 지엄법사에게 나아가 배웠다. 총장(總章)원년(668년) 지엄법사가 세상을 떠나자 함형(咸亨)2(671)년에 의상은 신라로 돌아와서, 장안(長安)2년임인(壬寅=702년)에 세상을 떠났으니 나이 78세라고 하였다. 그러면 의상이 지엄과 함께 도선율사가 있는 곳에서 재를 올리고 천궁의 부처 어금니를 청했던 일은 신유(辛酉=661년)에서 무진(戊辰=668년)에 이르는 7, 8년 사이가 될 것이다. 본조 고종이 강화도로 들어간 임진년(壬辰年=1232년)에 [왕이] 천궁의 7일 기한이 다 찼다고 의심한 것은 잘못이다.

도리천(忉利天)의 하루 밤낮은 인간 세계의 1백년에 해당되는데, 또 의상법사가 처음으로 당나라에 들어간 신유(辛酉=661년)로부터 [본조] 고종의 임진(壬辰=1232년)까지를 계산하면 693년이요, [고종의] 경자년(庚子年=1249년)에 이르러야 비로소 7백 년이 되며 7일 기한이 찬다. 강도로부터 나오던 지원(至元)7년경오(庚午=1270년)까지는 730년이니, 만약 천제의 말과 같이 7일 후에 [부처님의 어금니가] 천궁으로 돌아갔다고 한다면, 선사 심감이 강도를 나올 때 가지고 와서 바친 것은 아마 부처님 진짜 어금니가 아닌 듯하다. 이해 봄 강도를 나오기 전에 [왕은] 대궐에서 모든 종파의 고승을 모아서 부처님 어금니와 사리를 얻고자 정성껏 빌었으나 한 매도 얻지 못하였으므로 7일의 기한이 다 차서 하늘로 올라갔다는 것도 그럴듯하다.

21년갑신(甲申=1284년)에 국청사(國淸寺) 금탑(金塔)을 보수하고 임금은 장목왕후(莊穆王后)와 더불어 묘각사(妙覺寺)에 행차하니 대중이 모여 경찬하고 부처님 어금니와 낙산(洛山)의 수정염주와 여의주를 임금과 신하들과 대중이 모두 떠받들어 예배한 뒤에 함께 금탑 속에 넣었다. 나 또한 이 모임에 참례하여 이른바 부처님의 어금니(佛牙)라는 것을 친히 보았는데, 그 길이가 3촌가량 되었으며 사리는 없었다. 무극(無極)이 기록한다.

⇒ 위의 글은, 일연스님의 제자인 무극^{無極}이 '최치원이 찬한 의상전^{義湘傳}'과 '부석본비^{浮石本碑}'를 비교하여, '7일^{日}의 기한'을 계산해서 {강화도에서 불아^{佛牙}를 되찾은 시기^{1270년}가 천궁^{天宮}으로 되돌아갈 기일인 7일$^{(즉, 700년간)}$이 지난 이후$^{(즉, 730년간)}$가 되므로} '강화도에서 되찾은 불아^{佛牙}가 가짜일 수도 있다.'라는 의견을 제시하고 있는 내용을 기록한 것인데, 그 과정에서 의상법사의 행적을 알 수 있는 내용들이 소개되고 있으므로 이 점에 주목하여 앞에서 검토한 '의상전교^{義湘傳敎}조'와 '문무왕법민^{文武王法敏}조'를 합쳐서 함께 정리하여 살펴볼 필요가 있다고 여겨진다. [참고; 무극^{無極}은 '1284년 묘각사^{妙覺寺}에 봉안한 불아^{佛牙}가 1270년에 강화도^{江華島}에서 찾은 불아^{佛牙}와 같은 불아^{佛牙}인 것'처럼 설명하고 있는 듯하지만, 필자도 그 진위는 잘 모르겠다.]

표12. 의상법사의 행적(정리)

#	구분	의상전교(義湘傳教)+문무왕법민(文武王法敏)	전후소장사리(前後所藏舍利) '무극(無極)'의 기록 의상전(義湘傳)	전후소장사리(前後所藏舍利) '무극(無極)'의 기록 부석본비(浮石本碑)	비고/검토(年齡추정)	
Ⓐ	考日韓信金氏(?) 및 경사황복사(京師皇福寺) 서경숭복사(西京崇福寺)				의상=고구려인? 京師=西京長安 皇福寺>崇福寺	
Ⓑ	의상의 출생시기			무덕(武德)8 ⇒ 625년	1세	625년
Ⓒ	의상의 출가시기	~~29세~~ 서울(京師) 황복사(皇福寺)		어린나이 ⇒9세? or 19세?	9세? ~~19세~~ ~~29세~~	633년? ~~643년~~ ~~653년~~
Ⓓ	원효와 함께 요동에 간 시기[원효 혼자 간 듯?]	~~둘다의(涂)~~		~~영휘(永徽)1~~ ⇒650년	~~26세?~~	~~650년?~~
Ⓔ	지엄법사에게 간 시기 [백제멸망후,당고종호초?]	~~영휘(永徽)초~~ ⇒(650~656)년	~~영휘(永徽)초~~	용삭(龍朔)1 ⇒ 661년	~~26세~~ 37세	~~650년~~ 661년
Ⓕ	의상이 지상사에서 佛牙를 친견한 시기			(辛酉~戊辰) ⇒(661~668)	43세?	667년?
Ⓖ	지엄법사 사망시기	총장(總章)원년 ⇒ 668년		총장(總章)1 ⇒ 668년	44세	668년
Ⓗ	의상이 신라로 돌아온 시기	함형(咸亨)원년 ⇒ 670년('곧')			46세	670년
Ⓘ	의상이 태백산부석사를 창건한 시기	의봉(儀鳳)원년 ⇒676년			52세	676년
Ⓙ	의상이 문무왕에게 성쌓지말라조언한시기	글을보내설득? ⇒681년			57세	681년
Ⓚ	숭복사(西京崇福寺) 법장 현수(賢首)가 편지	헤어진지 20년 長安>西京천도			68세	692년
Ⓛ	의상의 사망 시기			長安2년 =702년,78세	78세	702년

㈜ ~~삭제표시~~된 부분들은, 필자가 '기존(통설)의 해석들이 잘못되었다.'고 판단해서 지적한 곳들이다.

'표12. 의상법사의 행적(정리)'에 보이는 '주요 특기사항'을 조금 더 자세히 설명하면 다음과 같다.

#Ⓐ **考曰韓信金氏(고왈한신김씨)?** : '考曰(고왈)'은 {통설에서 해석하는 바와 같은, '아버지^考를 일러^曰'라는 의미가 아니라} '곰곰이 생각해^考보니^曰'라는『삼국유사』편찬자의 생각을 나타내는 것으로 해석되어야 한다고 보인다. 그리고 '韓信金氏^(한신김씨)'라는 표현은, '한^漢나라가 건국된 후, 한왕^{韓王}에 봉해졌으나 흉노와 연합해서 반란을 일으켰었다'고 알려진 '한왕신^{韓王信}의 후손'을 말하는 것으로 보이므로, {출가하기 전의 의상이} '옛날 한왕^{韓王=즉,한왕신(韓王信)}의 봉지^{封地}였던 현,섬서성한성^{韓城}지역(?)'에 살았던 것을 추측게 하며, 한편으로는 {당고종이 의상법사를 경주신라로 파견하기 위하여} 의상에게 '한왕신^{韓王信}의 후손인 김씨^{金氏}라는 의미에서, 韓信金氏^{한신김씨}라는 성을 사성했던 것'은 아닐까라고도 추측된다. 따라서 {당나라 시기를 기준으로 한다면} '의상법사는 당나라 사람으로서 한신김씨^{韓信金氏}였다.'라고 해야 할 것이다. 물론 {의상이 나중에 신라에 파견되면서 김씨를 사성받았을 개연성도 있다고 추측되지만} 일단 의상은 원래 본성^{本姓}이 김^金씨가 아니라 한^韓씨^{즉,한왕(韓王)신(信)의 후손}였을 개연성이 더 크다고 보아야 할 것이다. 즉 당고종이 {의상이 원래 '옛,한^韓나라의 후손'이었기 때문에} '진한^{辰韓=옛, 삼한(三韓)의 일부}의 후속국가^{後續國家}인 강소신라와 관련된 사업^{事業(?)}에 투입시켰을 것으로도 추측해 볼 수도 있는 것이다.

[어쨌든, 의상의 조상(?)인 '한왕^{韓王}신^{(信;?~전196)=즉, 한신(韓信=희신(姬信)이라고도 한다)}은 {제왕^{齊王}에서 초왕^{楚王}을 거쳐 회음후^{淮陰侯}로 강등당한} 한^漢나라 개국공신 한신^(韓信;전231~전196)과는 동명이인이라고 보이지만, '같은 한^韓씨라는 측면'에서 그 연관성을 고려해 볼 수도 있을 것이다. 즉 {현존하는 기록상으로는 두 사람이 분명히 다르지만} '역사왜곡'이라는 측면에서는 '동일인일 수도 있다'라는 점을 {조심스럽게} 재검토해 볼 필요가 있다고 보인다. 다만, 이 문제는 {굳이 여기에서 규명할 사안이 아니므로} 향후의

과제로 남겨둔다.]

#Ⓐ **경사(京師)와 서경(西京)** : 우선, 경사^{京師}는 '신라의 도성인 계림^{雞林}이 아니라 당나라의 도성인 장안^{長安}을 말하는 것이므로 주의하라.'는 의미에서 京^(서울,경)자의 속자인 亰^(서울,경)자를 쓰고 있는 것이다. 그리고 신라에서는 사용하지 않은 지명인 西京^{서경}의 속자인 西亰^{서경}은 측천무후가 {690년에 당나라^{李唐}를 무주^{武周}로 교체하면서} 주도^{主都}를 낙양^(洛陽=현,하남성낙양)으로 옮기고서, 당나라의 주도^{主都}였던 장안^(長安=현,섬서성서안)을 서경^{西京}으로 강등^(?)시켜 부도^{副都}로 삼았던 것을 시사하는 것이다. 그런데 {무주^{武周}라는 나라는 당나라^{李唐}를 완전히 멸망^(?)시키고 나서 건국한 것이 아니라, 그냥 나라 이름^(즉,국호)만 임시로^(?) 고친 것이므로} 690년도 이후부터 무주^{武周}의 주도읍지인 낙양^(洛陽=현,하남낙양)을 '동경^{東京or동도(東都)}'이라 하고 얼마 전까지 경사^{京師}라 했었던 당나라의 장안^{長安}은 '서경^{西京or서도(西都)}'이라고 했었던 것이다. 그러나 '당나라^{李唐}의 장안^{長安}'이 여전히 '경사^{京師=즉 큰 규모(師)의 도읍(京)}'라는 통상적인 단어의 뜻에 부합되므로, 여기에서의 경사^{京師}란 당나라의 장안^{長安}을 지칭했던 것인데, 『삼국유사』가 {'이러한 복잡한 사정이 있음을 감안하라.'는 의미에서} '속자인 亰^(서울,경)자'를 쓰고 있는 것이다.

#Ⓐ**경사황복사(京師皇福寺)와** #Ⓚ**서경숭복사(西京崇福寺)** : 일반적으로 皇^(임금,황)자가 사용된 사찰은 황실의 원찰^{願刹}이므로 경사황복사^{京師皇福寺}는 장안에 있었던 당나라 황실의 원찰이었던 것이다. 따라서 의상은 당 황실의 원찰인 장안의 황복사^{皇福寺}에 아주 어린 나이^(9세?)부터 출가한 것이므로, 의상은 처음부터 당나라 황실이 키운 스님이라고 해도 과언이 아니었던 것이다. 그런데 서경숭복사^{西京崇福寺}의 법장^{法藏=즉,주승(主僧?)} 현수^{賢首}가 경주신라에 있는 의상에게 편지를 하면서 '20년 전에 헤어졌다.'라고 하였으므로 '亰^{경사}가 처음으로 西亰^{서경}으로 강등된 690년부터 역산

하여 20년 전이면, (690-20=670년)'이어서 의상이 급하게 신라로 간 시기와 대체로 일치하는 것이다. 따라서 (670년~672년)경까지 의상이 있었던 경사황복사^{京師皇福寺}와 690년 이후의 서경숭복사^{西京崇福寺}는 '京師^{경사}가 西京^{서경}으로 강등되면서 황복사^{皇福寺}도 숭복사^{崇福寺}로 그 지위가 강등된 것{혹은, 황(皇)자가 숭(崇)자로 바뀐 것}'으로 추정되는 것이다. 즉 동일한 사찰을 이당^{李唐} 때와 무주^{武周} 때에 서로 다른 이름으로 부르게 된 것이라고 해야 할 것이다. 따라서 의상이 661년에 종남산 지상사의 지엄법사에게 가서 '지엄법사의 제자가 되어 모종의 임무에 대한 오리엔테이션$^{(orientation,수습교육)}$을 받았었지만, {당시 37세인 의상법사의 지위나 실력으로 보아서는 거의 경사황복사^{京師皇福寺}의 주승^{主僧}급이었을 것이기도 하므로} 의상법사의 경사황복사^{京師皇福寺} 승적^{僧籍}은 그대로 유지하고 있었고, 필요에 따라 황복사와 지상사 양쪽을 수시로 왕래하였던 것으로 추정된다. 물론 의상이 경주신라로 떠난 670년 혹은 672년경부터는 일단 경사황복사^{京師皇福寺}를 떠난 것이므로 {어쩌면} 소속은 일단 그대로 경사황복사로 하되 장기 해외출장의 형식을 갖췄을 개연성도 있다고 보인다. 즉 의상은 원래 {강소 신라 승려가 아니라} 당나라^{唐} 황실^{皇室}의 원찰^{願刹}인 경사황복사^{京師皇福寺} 출신 승려였던 것이 분명하다고 여겨진다.

#ⓒ 의상의 출가 장소 및 시기 : ❶의상법사의 출가 장소는 '《삼국유사/의해5》의상전교(義湘傳敎)조의 年二十九依京師皇福寺落髮'이란 문장으로 기록되어 있고, ❷출가 시기는 《삼국유사/탑상4》전후소장사리(前後所藏舍利)조, {무극(無極)의 기록 속에} 본비{즉,부석사본비(浮石本碑)}에 의하면, 의상은 무덕(武德)8(625)년에 탄생하여, 어린 나이에 출가하여 [然據浮石本碑, 湘武德八年生卯歲出家]'라는 기록 속에 그 힌트가 나타나 있다.

❶먼저, 의상의 출가 장소 {추론} : '의상전교(義湘傳敎)조의 年二十九(년29) 依京師皇福寺落髮(의경사황복사낙발)'이라는 문장에서, '年二十九(년29)'는 의상의 나이가 29세라는 것을 말하는 것이 아니라 '당나라^{唐}가 개국^{開國}한 지 29년이 되는 (618+29-1=646년)'을 말하고, 落髮$^{(낙발=즉,머리털을 깎음)}$이란 '머리털이 길어지기 전에 바로 깎아버리는 것'을 말하므로, 특별히 '승려가 되는 것 즉 출가^{出家}'의 의미로도 사용되지만, 보통은 '길게 자란 머리털이 없도록 항상 머리털을 깎는 승려^{僧侶}'를 말하는 단어이기도 하다. 그리고 '依$^{(의지할,의)}$'자는 곧 '전과 같다'라는 의미로 볼 수 있다. 따라서 본문은 의상이 '29세에 경사황복사^{京師皇福寺}에 출가^{出家}했다.'라는 뜻이 아니라, '당나라^{唐} 개국^{開國} 29년인 (618+29-1=646년)까지 의상이 경사$^{(京師=즉,長安=현,서안)}$ 황복사^{皇福寺}의 승려^{僧侶}로 있었다.'라는 의미가 되는 것이다.

즉 이는 '의상이 출가해서 646년까지 줄곧 황복사^{皇福寺}에 있었음'을 말하는 것이므로, 의상이 '646년에 황복사^{皇福寺}를 떠나 다른 곳으로 가서 다른 일을 한 것'을 말하기 위해서 이런 문장을 먼저 기록한 것이다. {실제로, 이다음에 이어지는 문장을 보면} 의상이 '650년에 강소신라에서 원효를 데리고 장안으로 돌아오다가 요동에서 원효가 갑자기 변심하고 돌아가 버리는 내용'이 기록되어 있으므로, {추측건대} 의상은 '646년에 당고종$^{(당시,태자)}$의 명령을 받고서 강소신라에 가서 김춘추와 원효법사를 설득하여 원효를 650년에 요동까지는 잘 데리고 왔었지만, {도중에 원효가 돌아가 버리는 바람에} 결국 임무완수에 실패하고 의상만 혼자 황복사로 되돌아와서 당고종에게 임무에 실패했음을 보고했을 것'으로 추측된다. 결국, **'年二十九(년29) 依京師皇福寺落髮(의경사황복사낙발)'**이라는 문장으로서는 {의상이 '646년까지 경사황복사^{京師皇福寺}에 있었던 것'은 알 수 있지만} '의상의 출가 장소'가 어디인지를 특정할 수는 없다고 해야 할 것이다.

❷다음, 의상의 출가 시기(장소포함) {추론} : '전후소장사리(前後所藏舍利)조'의 본비{즉,부석본비(浮石本碑)} 기록에 의하면, '의상은 무덕(武德)8(625)년에 탄생하여, 어린 나이에 출가하여[然據浮石本碑, 湘武德八年生丱歲出家]'라고 되어있어서 {정확하게 출가시기를 특정해서 말하기는 어렵지만} '관세丱歲'의 '丱(쌍쌍투,관)=어린아이의 머리털을 좌우(左右)로 갈라, 머리 위에 두 개의 뿔같이 잡아맨 모양'자에서 '10세 전후의 어린 나이일 것'으로 유추할 수 있다고 보인다. 그런데 의상전교義湘傳敎조에 언급된 '年二十九(년29)'의 '九(9)'라는 숫자가 의상의 출가 나이에 대한 힌트로 활용된 것으로 추측된다. 즉 굳이 '의상이 당나라唐의 개국開國 29년인 (618+29-1=646년)까지 경사황복사에 있었다.'라고 특정해서 기록해야 할 '불가피한 이유(?)'가 없었던 것이므로 이 '二十九'란 숫자는 '九(9)가 二(2)번 중복되어 있다(十)'라는 힌트로 활용된 것이라고 추측되기 때문이다. 즉 '年二十九(연29)'는 '당나라唐의 개국開國 29年(즉,646년)'이기도 하면서, {또 한편으로는} '二(2)번 중복된(十) 九(9)'자는 '年九(즉,9歲)라는 의미'를 알리는 힌트일 것으로도 추측된다는 것이다. 결국 '의상법사가 9살歲이 되는 (625+9-1=933년)에 경사황복사에서 출가하였다落髮'라는 것을 알리기 위하여, {의상법사에게는 별로 특별한 의미가 없는} 당나라唐의 개국開國 29年(즉,646년)'이라는 '힌트성(hint性) 문장을 사용한 것'이라고 추측된다는 것이다. 이는『삼국유사』가 {역사왜곡을 후대로 알리기 위해서} '한자漢字와 한문漢文을 어떤 식으로 활용했는지?'를 가늠해 볼 수 있게 하는 좋은 사례라고 해야 할 것이다. 이런 '소중한 보물寶物'을 알아보지 못한 현,역사학계는 지금이라도 한시바삐 심기일전해서『삼국사기』와『삼국유사』는 물론『남당유고류 및 환단고기류 고기古記』들을 철저하게 연구해야 할 것이다.

#Ⓑ와 (#Ⓓ~#Ⓙ) 및 #Ⓛ) : 표의 '비고/검토 (추론)'란에 표기한 내용과 같으므로, 특별히 설명하지 않더라도 이해가 가능하다고 보아서 추가 설

명을 생략한다. ★

    결국 {'의상법사의 아버지 이름이 김한신^{金韓信}이었던 것'이 아닌 것은 말할 것도 없고} 의상법사가 원래 '현,섬서성한성^{韓城} 지역 출신인 한^{韓}씨'로서 625년에 출생해서 633년 어린 나이$^{(9세?)}$에 당시 당나라 황실의 원찰^{願刹}인 황복사$^{(皇福寺=현,서안소재?)}$에 출가해서, 27년을 정진하여 황복사의 주승^{主僧} 위치까지 올랐다고 보는 것이 타당하다고 해야 할 것이다. 그래서 (646년~650년)의 사이에 당고종이 의상법사를 강소신라^{현,강소성揚州}에 보내서, 당시 {특출한 인물이라고} 명성이 자자한(?) 신라승 원효법사를 회유하여 장안^{長安}으로 데리고 와서 종남산 지상사의 지엄법사에게서 화엄교학을 전수받아 강소신라가 옮겨갈 경주신라에 화엄학을 전교케 하려고 하였었으나, 요동$^{(현,하남삼문협시부근?)}$까지 따라간 원효가 갑자기 마음을 바꾸어서 강소신라로 되돌아가 버렸던 것이다.

    그러다가 {660년에 당나라가 백제를 멸망시킨 뒤} 당고종은 강소신라마저 병합하려는 계획의 일환으로 강소신라를 통째로 경주신라로 강제 이전시키기로 확정하고서, 660년 말에 경사황복사^{京師皇福寺}의 의상법사를 강소신라로 다시 급파하여 다시 한번 더 원효법사를 회유했었지만, 여전히 완강히 거부하므로 할 수 없이 661년에 의상법사가 혼자 {현,강소성양주^{揚州}에서 현,호북성무한^{武漢}을 경유하는 현,장강^{長江}과 현,한수^{漢水}의 역류수로와 현,섬서성상락^{商洛}으로 통하는 육로를 이용해서} 장안^{현,섬서성서안}으로 되돌아오자, 당고종이 '의상법사로 하여금 바로 종남산 지상사의 지엄법사에게 가서 {원효법사 대신에} 화엄학을 전수받아서 강소신라^{현,강소성}가 옮겨갈 경주신라^{현,한반도}에 가서 화엄불교를 전교'하도록 지시하였으므로, 경사황복사^{京師皇福寺}의 의상법사가 종남산 지상사로 지엄법사를 찾아가 화엄학을 전수받음은 물론 '강소신라를 경주신라로 이전시킨 뒤의 역사왜곡 흔적'을 없애기 위한 '역사왜곡방법론'에 대해서도 '철저한 사전점검⁽오리엔테이션,수습교육⁾'을 하면서 약10년 동안 '경주신라로 파견될 준비를 하게 되었던 것'으로 보인다.

물론 이때 의상법사는 여전히 경사황복사京師皇福寺에 소속된 승려였던 것으로 추측된다. 그러다가 당고종이 의도적으로(?) '갑자기 당군50만 출병계획(?)'을 발표하고서 {670년에 의상법사를 다시 강소신라로 파견하여} '당군50만 출병설'을 (의도적으로?) 유포하게 하여 겁에 질린 신라 30문무왕으로 하여금 '명랑법사의 문두루비밀법'이라는 푸닥거리{?=사실상 당나라의 요구에 순응케 만드는 겁박행위라 해야 할 것이다.}를 하게 만든 후에, 의상법사로 하여금 '강소신라의 불교를 경주신라로 모두 이전시키기 위한 실무작업'에 착수하게 만든 것으로 보인다. 그래서 당나라와 강소신라 두 조정의 정치적 및 경제적 지원을 받은 의상법사는 강소신라의 유력 승려들을 모두 강제로(?) 차출하여{아마, 원효법사도 여기에 포함되었을 것으로 추정된다} 모두 데리고서 경주신라로 건너가서 태백산 부석사⁽현,영주⁾를 비롯한 한반도 각 지역 여러 곳에 사찰들을 건립하게 함으로써 최단 시일에 현,한반도 불교의 기틀을 만들었던 것으로 추론된다. 물론 이때 원효법사는 별도로 강소신라 30문무왕의 간곡한 지시를 받고서 {의상법사와 함께?} 한반도로 건너와서 한반도불교의 정착화 작업과 '{신라의 입장에 부합되는} 역사왜곡작업'의 지원업무를 수행했던 것으로 보인다.

따라서 {흔히 알려져 있는 바와 같이} '650년경에 의상법사가 자기보다 8살이나 나이가 더 많은 원효법사와 함께 중국에 가려다가 요동{즉,고구려=현,산서성 남부 황하지역으로 추정됨}에서 순라군에게 붙잡혀서 되돌아왔다.'라던가 '661년에 다시 원효가 의상과 함께 당나라로 가려고 {배를 타러 당항성으로 가던 중, 잠결에 해골 물을 마시고서 느낀 바가 있어서 원효법사는 신라로 되돌아왔지만} 의상법사는 그대로 배를 타고 당나라로 들어가 지엄법사로부터 화엄학을 배워서 나중⁽670년⁾에 신라로 돌아왔다.'라는 등의

'기록$^{(이야기)}$'들은 그 사실성들에서 사실과 다른 부분들이 섞여있다고 의심된다고 해야 할 것이다.

즉 두 경우의 이야기들은, 대체로 '원효에 대한 이야기'로서 의상과는 무관한 이야기이거나 '650년에 고구려$^{(요동)}$에 간 것은 의상과 원효가 동행한 이야기일 것'이긴 하지만 나중$^{(661년)}$의 이야기는 의상과 원효의 개별적인 이야기를 누군가가 하나로 엮어서 기록한 왜곡된 스토리일 수가 있다고도 보인다.

결국 이 이야기들은, {결과적으로 보아서} "현,한반도 불교의 조기정착에 공로가 많은 '강소신라를 대표하는 토착승려 원효법사$^{(617~686)}$'와 '당나라에서 파견한 황실승려 의상법사$^{(625~702)}$'가 청년시기에 서로 가까운 사이였다"라는 '일종의 동질성프레임'을 만들어내기 위한 '왜곡된 설정'일 것으로 볼 수도 있지만, 앞에서 살펴본 '의상법사의 수상한(?) 행적'을 고려한다면, 지금까지 우리가 전혀 생각하지 못했던 상황$^{\{즉, \text{'당고종이 의상법사를 한반도로 파견했다.'는 것}\}}$이 있었던 것으로 추론해 볼 수 있을 것이다.

따라서 {아직은 아주 조심스럽지만} 앞에서 검토를 미뤄두었던 <'의상법사의 행적'에서 추가로 분석, 검토되어야 할 문제점들>과 함께 더 자세히 살펴보아야 할 하나의 가상 스토리를 만들어서 차차 정밀하게 점검해 보아야 한다고 생각한다. [참고로, 필자가 생각하는 <의상법사의 행적에 대한 가상 스토리(가설)>를 아래에 미리 조금 소개해 두고자 한다.]

> **[참고]**
> **'의상법사의 행적'에 대한 가상 스토리(필자 가설)**
>
> - 의상법사는 한고조^{漢高祖} 유방^{劉邦}이 제후왕^{諸侯王}으로 봉한 한왕^{韓王} 신^{信}의 후손인 '한^{韓}씨' 집안 사람이다.
> - 의상은 현,섬서성 한성^{韓城} 지역 출신으로서, 9살에 장안^{長安} 황복사^{皇福寺}에 출가^{出家}하였다.

- 의상은 {당고종의 명령으로} 650년경 강소신라에 가서, 입당구법入唐求法을 빌미로 원효를 '드디어遂' 포섭하여 당나라로 데리고 오다가 요동(현,산서성 남쪽 황하지역)에서 당고종의 계획(즉 강소신라 축출음모)을 알게 된 원효가 갑자기 강소신라로 되돌아가 버리자 {임무에 실패하고} 혼자 장안황복사로 되돌아갔다.

- 660년 백제를 멸망시킨 당고종은 {강소신라를 경주신라로 축출할 계획을 확정하고서} 강소신라의 불교를 경주신라로 전교할 인물로서 강소신라의 원효법사를 지목해서 다시 의상을 신라로 보내 원효를 설득하였으나 {이미 당고종의 의중을 파악한 원효는 당고종의 명령을 피하기 위해} 김춘추와 상의하여 요석공주를 취하는 등의 파계와 기행을 일삼고 있었으므로, 의상은 어쩔 수 없이 661년에 혼자 배를 타고 양주{楊洲=현,호북성황강(黃冈)부근?}를 거쳐서 당나라로 돌아갔다.

- 당고종은 '신라인으로 하여금 경주신라에 불교를 전파케 하겠다'라는 계획이 무산되자 {원효법사 대신에} 의상법사에게 '직접 한반도에 가서 불교를 전파할 것'을 명령하고, 같은 황복사의 현수(법장)법사와 함께 661년 바로 종남산 지상사의 지엄법사에게 가서 화엄교학을 전수받게 하였다.

- 668년에 고구려까지 멸망시킨 당고종은, '강소신라의 한반도 축출계획'을 본격화하여 {669년에 '설인귀군 50만 출병설'을 만들어 신라를 압박하면서} 한편으로 670년에 의상을 강소신라로 보내서 신라 승려들을 모두 차출하여 한반도로 건너가 경주신라에 화엄교학을 전교傳敎하는 사업을 개시하게 하였다. [이때 의상은 '임무완수 후 당나라로 복귀하는 것'을 조건으로 현,한반도에 파견되었을 것으로 보인다.]

- {그 길로 현,한반도 경주신라로 건너와서 695년경까지 약25년

동안 '한반도불교의 기틀'을 만드는 데 성공한(?)} 의상이 당나라로의 복귀를 요구하자, 당시 당나라의 국사(國師=법장?)였던 현수법사가 옛,백제출신인 승전법사를 의상법사의 후임으로 현,한반도에 파견해서 임무를 교대케 함으로써 이후부터는 승전법사가 현,한반도 화엄불교를 정착시키는 사업을 총괄·수행하게 되었다고 보인다. [물론 {원래 백제인이었던} 승전법사는 처음부터 '현,한반도에 영구적으로 정착할 것'을 결정하고서 의상과 임무를 교대했었다고 보아야 할 것이다.]

- {그 후의 기록은 없지만} 의상은 당나라로 복귀하여 702년(78세)에 입적한 것으로 보인다. ['東京興輪寺金堂十聖'조 참조]

어쨌든 의상법사는 대략 25년 이상 현,한반도 방방곡곡을 다니면서 사찰을 건립하고 법회를 하는 등 화엄학을 중심으로 한 활발한 전교(傳敎) 활동을 하여 무려 3,000명의 제자를 두었다고 하며, 오진(悟眞), 지통(智通), 표훈(表訓), 진정(眞定), 진장(眞藏), 도융(道融), 양원(良圓), 상원(相源), 능인(能仁), 의적(義寂) 등 이후 한반도 불교의 맥을 이어갈 걸출한 승려들을 배출함으로써 한반도불교를 조기에 정착시켰던 것은 분명한 업적이라고 해야 할 것이다. 비록 '당나라의 영토확장 정책에 적극 협력한 정치색이 짙은 승려'라는 부정적인 평가도 받을 수가 있을 것이겠지만 '강소신라의 한반도 이전이라는 전대미문의 어마어마한 정치적 사건이 참혹한 전쟁을 거치지 않고, 화엄학이라는 불교철학을 통해서 평화롭게 마무리되게 만드는 데 지대한 역할을 한 승려였다.'라는 긍정적인 평가도 있어야 할 것이다. 아울러서 {불자가 아닌} 필자는 개인적으로 "불교의 융성을 바라는 불자(佛子)로서의 의상법사가, 점차 숭유억불 정책이 굳어져 가는 당시 당나라의 상황변화에 선제적으로 대응하기 위하여 멀리 떨어진 현,한반도에다가 '모든 불자(佛者)들이 염원하는 완전한 불국토(佛國土)라는 이상향'을 건설하려고 했었을 것"

으로도 생각하는 바이다. 따라서 이러한 측면도 의상법사를 평가하는 데 고려되어야 할 것이라고 생각한다.

그리고, 이 기록의 말미에 '7일 후에 {부처님의 어금니가} 천궁으로 돌아갔다.'는 것이 맞느냐? 틀리느냐? 하는 무극無極스님의 계산법은 불자가 아닌 필자로서는 크게 관심을 둘 부분이 아니므로 더 이상 언급을 하지는 않겠지만, '불아佛牙와 같은 성물聖物에 대한 당시 사람들의 각별한 인식과 집착들'이 '우리 역사의 왜곡과정에 상당한 영향을 주었었을 것으로 생각한다'는 점만 지적해 두고자 한다.

⑤《삼국유사/탑상4》낙산이대성관음정취조신(洛山二大聖觀音正趣調信)조 :

* 옛날 의상(義湘)법사가 처음으로 당나라에서 돌아와 관음보살[大悲]의 진신(眞身)이 이 해변의 굴 안에 산다고 듣고, 이로 인하여 낙산(洛山)이라고 이름하였으니, 대개 서역(西域)의 보타낙가산(寶陁洛伽山)이 있는 까닭이다. 이것을 소백화(小白華)라고 하는 것은 백의보살[白衣大士]의 진신이 머물러 있는 곳이므로 이를 빌어 이름 지은 것이다.…(중략: 의상법사가 낙산사를 짓게 된 과정)…이로 인해 그 절 이름을 낙산이라고 하고, 법사는 받은 두 구슬을 성전에 모셔두고 떠났다.

* 후에 원효법사(元曉法師)가 뒤이어 와서 [관음의 진신을] 보고 절하기를 구하여 당초에 남쪽 교외에 이르니 논 가운데서 흰옷을 입은 한 여인이 벼를 베고 있었다.…(중략: 원효법사가 관음진신을 못 알아봤다는 내용)…법사가 성굴(聖崛)에 들어가서 다시 [관음의] 참모습을 보고자 하였으나 풍랑이 크게 일어 들어가지 못하고 돌아갔다.

* 후에 굴산조사(崛山祖師) 범일(梵日)이 태화(太和:827~835) 연간에 당에 들어가 명주(明州) 개국사(開國寺)에 이르렀는데,…{중략: 왼쪽 귀 없

는 사미(沙彌)이야기…굴산사(崛山寺)창건…정취(正趣)보살상을 찾은 이야기}…**이에 점치는 괘쪽을 만들어 절 지을 터를 점쳐보니, 낙산 위가 길하므로 [그곳에] 불전 세 칸을 짓고 그 보살상을 모셨다(洛山上方吉乃作殿三間安其像).**

* **그 뒤 백여년이 지나**(대략 930년경?) **들불이 이 산에까지 옮아 붙었으나 오직 두 성전(聖殿)만은 화재를 면하고 나머지는 모두 불타버렸다**…{하략: 이후 두 불상(二佛像=관음보살과정취보살)이 몽고의 난에 이리저리 옮겨 다닌 이야기}⇒[아마, 930년경 이후 낙산사가 폐허로 된 듯?]

* **옛날 신라가 수도였을 때 세달사{世達寺:今凡敎寺也)의 장사(莊舍)가 명주내리군(椋李郡)에 있었는데, 본사에서 승려 조신(調信)을 보내 장사의 관리인으로 삼았다. 조신이 장사에 와있는 동안 태수(太守) 김흔(金昕)공의 딸을 좋아하여 깊이 매혹되어 있었다.**…{하략; 승려 조신(調信)의 40년 꿈 이야기 > 정토사(淨土寺) 창건 > 일연스님의 감상 등}

⇒ 이 내용들은, '의상법사가 당나라에서 경주신라^{현,한반도}에 처음으로 ^(671년?)건너와서 현,강원도양양의 해변굴^{海邊堀}에서 관음보살을 친견하고서 낙산사를 창건하고^(671년) 떠났다.'라는 것과 '그 후에 원효법사가 낙산사로 오는 도중에 관음보살의 화신^{化身}을 친견했으면서도 알아보지를 못했었고 또 진신^{眞身}도 친견하지를 못했다.'라는 기록으로서, 현,양양의 낙산사가 의상법사에 의해서 창건된 현,영주의 부석사^(676년)보다 먼저 건축된 '사실상 한반도의 첫,사찰이라는 것'을 현,한반도 불교를 일으킨 두 스님인 의상법사와 원효법사에 관련지어서 설명하고 있다고 보인다.

그런데 {기록을 살펴보면 느낄 수가 있겠지만} '의상법사가 낙산사를 건축하는 과정'이나 '원효법사가 낙산사를 방문하는 과정'들에 대한 기록들이 다분히 '현실성이 떨어지는 신이^{神異}한 일들의 연속이었다'는 것은, 의상법사가 {실제로 낙산사라는 사찰을 완성했던 것이 아니라} 낙산사가 위치할 장소를 물색해서 적당한 표지를 해둔 정도였을 것으로 보이며,

원효법사의 낙산사 방문도 그런 맥락에서 이해해야 할 것으로 보인다. 따라서 실제로 낙산사란 사찰이 완성된 시기는 훨씬 후대였었을 것으로 생각된다.

그래서 일연스님은 {이 의상법사와 원효법사의 기록에 이어서} '낙산사의 해변굴^{海邊堀}과 관련된다'고 보이는 '{9C중엽에 활동한} 굴산조사^{堀山祖師} 범일^{梵日}의 굴산사^{堀山寺}'와 '{왼쪽 귀가 떨어진 돌부처$^{정취보살(正趣菩薩)}$를 모신} 낙산상방불전$^{(洛山上方佛殿:858년?)}$' 및 '그 이후 이 두 성전$^{(二聖殿=낙산사와\ 낙산상방불전)}$은 불타서 없어져 버렸고 두 불상$^{(二佛像=관음보살과\ 정취보살)}$만 몽고의 난을 피해서 여기저기 옮겨 다녔다.'라는 기록을 추가함으로써, 이 낙산사 터에 제대로 된 사찰이 오랫동안 건축되지 못하고 방치되어 있었던 것을 말하고 있다고 보인다.

다만 {다른 기록을 참조로 하면} '고려태조 왕건이 고려건국 직후 봄·가을로 낙산사에 사자를 보내어 재^{齋}를 올렸다.'라고 하는 것으로 보아서, 낙산사는 강소신라가 경주신라로 마지막 이전해 온 875년 이전에는 재건축되어 있었을 것으로 추정된다. 그래서 {이 기록의 마지막에 소개된} '세달사$^{(世達寺=今흥교사(興敎寺))}$의 장사^{莊舍} 승려 조신^{調信}의 40년 꿈 이야기'는 제대로 건축된 낙산사를 모델로 해서 쓰여진 기록일 것으로 여겨진다.

그리고 {위의 기록들을 종합해 보면} '의상법사는 현,강원도양양의 해변굴$^{(海邊堀=後,낙산사)}$에서 관음보살을 친견했었다'라고 기록하고 있는 것으로 보이는데, 이에 비해서 '원효법사는 관음보살의 화신^{化身}을 친견했으면서도 알아보지를 못했고 또 진신^{眞身}도 친견하지를 못했다.'라고 기록하고 있으므로 {과학적인 객관성이 의심되는(?) 관음보살의 친견 문제'에 대해서도} '의상법사가 마치 (나이가 8살이나 더 많은) 원효법사보다 불력^{佛力}이 더 높은 것처럼 인식되도록 기록하고 있다.'라는 인상을 받게 되는데, {다른 사람들에게도 이러한 인상이 느껴질지는 모르겠지만} 이러한 기술 태도가 '당나라와 신라의 국력차이'에서 기인하는 것인지? 혹은 '당나라불교와 신라불교의 차이'에서 기인하는 것인지? 아니면 '화엄불교에 국한된 것'인지에 대해서는 필자가 잘 모르겠으므로 불교를 잘 아는 분들이 더 연구하여 규명해 주길 기대하는 바이다.

* 옛날 신라가 수도였을 때 세달사(世達寺:今叀敎寺也)의 장사(莊舍)가 명주내리군(溟李郡){지리지(地理志)에 의하면 명주에는 내리군은 없고 다만 내성군(柰城郡)이 있을 뿐인데, [이것은] 본래 내생군(柰生郡)으로 지금의 영월(寧越)이다. 또 우수주(牛首州) 영내의 고을에 내령군(柰靈郡)이 있는데, 본래는 내이군(柰已郡)으로 지금의 강주(剛州)이다. 우수주는 지금의 춘주(春州)이다. 여기서 내리군이라고 하는 것이 어느 것인지 알 수 없다.}에 있었는데, 본사에서 승려 조신(調信)을 보내 장사의 관리인으로 삼았다. 조신이 장사에 와있는 동안 태수(太守) 김흔(金昕)공의 딸을 좋아하여 깊이 매혹되어 있었다.…(중략; '승려 조신(調信)의 40년 꿈 이야기')…해현으로 가 [꿈속에서] 큰 아이를 파묻었던 자리를 파보았더니 돌미륵이 나왔다. 깨끗이 씻어서 이웃 절에 봉안하였다. 서울로 돌아가 장사관리의 책임을 벗고 나서 사재를 기울여 정토사(淨土寺)를 세우고, 부지런히 착한 일을 닦았다. 그 뒤 어디서 세상을 마쳤는지 알 수 없다.…(중략; 조신의 일에 대한 일연 스님의 감상)…'어떻게 하면 가을날 맑은 밤의 꿈이 올까 때때로 눈 감고 청량(淸凉)에 이르네'

⇒ {이 기록에 대해 앞에서 이미 그 대의^{大意}는 설명하였었지만} 이 기록에 등장하는 '세달사^{世達寺:今叀敎寺也}란 사찰'과 '명주내리군^{溟李郡}에 대한 일연스님의 주^注'가 후삼국시기에 활약한 궁예의 활동지역과 관련되므로 그 위치를 미리 살펴보기 위해서 따로 취급하고자 한다.

ⓝ 이 세달사(世達寺)는 《삼국사기/열전10》궁예조 : 궁예가 울면서 "만약 그렇다면 제가 떠나 어머니에게 걱정을 끼쳐 드리지 않겠습니다."라

고 말하고는 곧 세달사(世達寺)에 갔다. 지금[고려]의 흥교사(興教寺=현,강원도영월군)이다{今之興教寺是也}. 머리를 깎고 승려가 되었는데, 스스로 선종(善宗)이라고 법호를 지었다.'에 언급된 사찰로서, {후삼국[後三國] 시기의 대표적 인물인 궁예[弓裔]와 관련된} 이 세달사[世達寺]라는 사찰은 왕건 고려가 건국[918년]되기 훨씬 이전인 신라시대[681년]에 현,산동성[or강소성?]에서 창건된 것으로 보아야 한다[그 추론배경에 대해서는, 졸저『만파식적:pp.314~316』및『역사왜곡방법론:pp.273~327』을 참조 바란다].

그런데, 고려시대에 편찬된『삼국사기』에 '(681년의 세달사[世達寺])=(지금[今=12C], 고려[현,강원도영월군]의 흥교사[興教寺])'라는 기록이 있으므로 '{궁예[弓裔]가 관련되는} 후삼국[後三國]이 현,한반도 안에 있었던 나라들'이라는 오인[誤認]을 할 수가 있을 것이다. 그러나 (681년의 세달사[世達寺])가 실제로 있었던 곳은 현,한반도가 아니라 현,산동성[or강소성?]이었던 것이므로 이 '(681년의 세달사[世達寺])=(지금[今=12C], 고려[현,강원도영월군]의 흥교사[興教寺])'라는『삼국사기』및『삼국유사』의 기록은 '후삼국[後三國]이 현,한반도 안에 있었던 것'처럼 {역사를 왜곡하기 위해서 만들어 낸} '일종의 두찬[杜撰]'이라고 해야 할 것이다. {물론, 필자가 앞으로 출간할 '참된한국통사Ⅱ편:국강상광개토경[國岡上廣開土境]'에서는 더 자세히 설명할 것이지만} 궁예, 견훤, 왕건, 신검 등이 활약한 속칭,후삼국[後三國]의 무대는 현,한반도가 아니라 현,중국의 화동지역[華東地域=산동+강소+안휘+절강]이었으며, 신라47헌안왕의 서자[庶子]인 궁예가 대략 현,강소성 동북부[현,산동성?]에 있는 세달사[世達寺]에 출가했다가 나중에 '후신라[後新羅 or 後羅=후고구려가 아님]'를 세워서 옛,강소신라를 부흥시켰던 것이므로 '현,한반도 후삼국[後三國]'이라는 생각은 일단 버려야 할 것이다.

어쨌든, '{세달사[世達寺]는} 지금{즉,13C고려}의 흥교사[興教寺=현,강원영월군]이다{今之興教寺是也}'라는 두찬성[杜撰性] 역사기록이 생기게 된 경위는 아마 {아직도 제대로 규명되지 못하고 있는(?)} '거란[契丹]과 후진[後晉]의 연운16주[燕雲16州]

수수사건授受事件의 문제'로 인해서, 원래의 세달사世達寺가 있었던 지역{현,강소성 동북부(산동성포함?)}의 고려영토를 후진後晉에게 {'눈뜨고 코를 베였다'라고 할 정도로 황당하게(?)} 상실당했던 왕건고려가 {943년에 현,한반도를 포함하는 고려 전국의 행정구역을 재정비하면서} 궁여지책으로 '연운16주燕雲16州 문제'를 애매하게 처리해 두었기 때문에 훗날의 『삼국사기』 편찬자들도 {어쩔 수 없이(?)} 두찬성杜撰性 역사기록을 남길 수밖에 없었다라고 추정된다. 따라서 필자도 이 '두찬성杜撰性 역사기록의 문제'는 {필자가 앞으로 계속 설명하게 될} 참된한국통사眞正韓國通史가 모두 완전히 규명되어야만 명확하게 해명될 수가 있을 것'으로 생각하는 바이다. 그만큼 '역사왜곡歷史歪曲의 깊이'가 깊다는 것이다. 어쩔 수 없이 '더 많은 시간이 필요하다'고 생각된다.

다만, 이에 대한 추론은 {위의 기록에 포함된} **'일연스님의 주(注) 즉, 지리지(地理志)에 의하면 명주에는 내리군은 없고 다만 내성군(捺城郡)이 있을 뿐인데, [이것은] 본래 내생군(捺生郡)으로 지금의 영월(寧越)이다.'** 를 근거로 하고 있다. 즉 '세달사世達寺가 고려의 흥교사興教寺가 아님'을 알고 있는 일연스님이 앞에서는 **'세달사(世達寺:今興教寺也)'** 라고 『삼국사기』와 보조를 일단 맞춰놓고서, 다음에 바로 이어서 '고려시대에는 없는 명주내리군(捺李郡)이라는 지명'을 언급하고서 **"다만, 고려에는 '내생군(捺生郡=현,영월)'과 '우수주(牛首州=현,춘천)의 내령군{捺靈郡=본래.내이군(捺已郡=고려강주(剛州=현,강릉?)}'라는 두 지명이 있는데, '내리군(捺李郡)이라고 하는 것이 어느 것인지 알 수 없다."** 라고 은근슬쩍 발뺌을 하고 있는 것이다. 즉 『삼국유사』뿐만 아니라 『삼국사기』에서도 '이러한 조금 오락가락하는 혼동되는 기록들이 자주 등장'하는데 이런 경우는 대개 '앞에서 언급한{혹은,인정(認定)한} 어떤 사안에 문제가 있으니 조심하라.'라는 주의표시로 이해해서 문장 속에 숨어 있는 의미를 잘 해석해 내야 하는 것이다. 즉 여기서는 앞에서 '세달사(世達寺:今㒰教寺也)'라고 언급한[혹은, 인정(認定)한] 것에 문제가 있으니 주의하라'라는 의미인 것으로서, '고려시기의 현,강원도 흥교사(興教寺)란 사찰 이름에다가 후삼국시기 당나라(현,화동지역)의 세달사(世達寺)란 사찰 이름을 옮겨 붙인 것'임을 후손들에게 알리기 위한 '『삼국유사』의 고육지책(즉, 다빈치코드와 같은 수수께끼)'인 것이다. 이는 일연스님과 같은 한자와 한문에 능한 책임 있는 승려(國師)가 {우리가 조금만 주의를 기울여서 살펴보면} 앞뒤가 잘 맞지 않으며 혼동될 수밖에 없는 주해석을 추가했다'는 것은 '이 부근의 내용을 주의 깊게 살펴서 달리 해석하라'는 메시지를 보내고 있다는 것으로 해석하여야 하며, 이러한 것들도 '역사왜곡방법론' 중의 하나로 이해해야 할 것이다. 즉 '왜곡된 역사서를 쓸 수밖에 없는 입장에서, 후손들에게 실사(實史)를 알리기 위한 고육지책'이 바로 '역사왜곡방법론의 기본 콘셉트'이기 때문이다.

어쨌든 일연스님은, 후손들이 '이러한 추론을 해낼 수 있는 힌트'를 남겨놓았음에도 불구하고 {혹시 후손들이 '힌트'를 제대로 알아보지 못할 것을 염려하여} '세달사(世達寺:今㒰教寺也)'란 문장 속에도 '2중의 힌트'를 숨겨놓은 것이 바로 흥교사(興教寺)의 '興(흥)'자를 속자(俗字)인 '㒰(흥)'자로 바꾸어서 기록해 놓은 것이다. 물론 그 당시에 공식적으로 속자(俗字)로 통용되는 글자가 없는 경우에도 억지로 속자(俗字)를 만들어서 쓴 경우가 많다고 보이는데, 현재의 후대인들은 그 '억지로 만든 속자(俗字)'가 '원래부터 있어왔던 속자(俗字)인 것'으로 지레짐작으로 견강부회해서 아전인수식으로 역사를 해석해 온 것이 지금 현재의 '한국사통설'인 것이다. 우리나라 역사학계가 하루빨리 그러한 아전인수식 인식에서 탈피해야만 할 것이다. 그래서 필자는 역사서 원문을 보면서 항상 이와 같은 속자(俗字), 이체자(異體字), 간체자(簡體字) 등등 조금이라도 이상한 글자체를 발견하면 '눈이 번쩍 뜨이게 됨'을 지금도 자주 경험하고 있는 것이다.

⑥《삼국유사/피은8》낭지승운보현수(朗智乘雲 普賢樹)조 :

* 용삭(661~663) 연간 초에 사미(沙彌) 지통(智通)이 있어, 이량공(伊亮公)의 집에 노비였다. 17세에 출가하였는데, 이 때에 까마귀가 와서 울며 이르길, "영축산에 가서 낭지(朗智)에게 의탁하여 제자가 되어라." 하였다.…(중략)…지통은 후에 의상(義湘)의 처소에 가서, 당(堂)에 들어가 분별력을 더 기르고, 꽤나 현화(玄化)가 쓸만해졌으니, 이 사람이 추동기(錐洞記)의 주인이다.

⇒ 이 기록은, 앞에서 이미 간략히 살펴보았던 '낭지법사^{朗智法師}'에 관한 기록을 발췌한 것인데, {의상법사보다 먼저 661년경 현,한반도로 건너와서^{(?)⇒실제로는 낭지법사가 현,한반도에 오지 않았을 수도 있다} 강소신라 불교를 경주신라 불교로 정착시키기 위한 기초작업을 하던 낭지법사의 제자가 된} 지통^{智通}이 {낭지법사가 당나라 청량산^{淸凉山}으로 되돌아간 다음에는} 의상법사의 제자가 되었던 것이고, 특히 의상법사가 현,소백산^{小白山} 추동^{錐洞}에서 3,000인을 모아 90일간 화엄경을 강해한 내용을 기록하여 『추동기^{錐洞記}』라는 책으로 발간하여 한반도불교의 정착에 기여했다는 것이다. 즉 지통법사는 한반도불교의 1세대 승려라 할 수 있는 낭지법사(?), 의상법사, 원효법사 등의 뒤를 이어 한반도불교의 기틀을 다진 승려그룹의 리더급이라고 할 수 있는데, 의상법사는 이 '소백산 추동^{錐洞}에서의 화엄대전^{華嚴大典}'을 마지막으로 현,한반도를 떠나서 당나라 서경숭복사^{西京崇福寺=옛, 경사황복사(京師皇福寺)=현,서안}로 되돌아간 뒤 702년에 입적했을 것으로 추정되는 것이다.

⑦《삼국유사/효선9》진정사효선쌍미(眞定師孝善雙美)조 :

* 법사(法師) 진정(眞定)은 신라인(羅人)이다. 속인(白衣)이었을 때는 군대(卒伍)에 적을 두었는데, 집이 가난하여 장가들지 못하였다. 부(部)의 역(役)을 하고 남는 시간에 품을 팔아 곡식을 얻어 홀어머니를 봉양하였다. 집 안에 재산을 계산해보니, 오직 다리가 부러진 철 솥 하나뿐이었다.…(중

략; 전 재산인 철솥을 불사에 시주한 경위)…**일찍이 군대(行伍)에 있을 때, 사람들로부터 의상법사(義湘法師)가 태백산에서 불법을 설하고 사람을 이롭게 한다는 것을 듣고는, 곧 사모하는 뜻이 있었다. 어머니께 알려 말하길, "효를 마친 후에는 마땅히 의상법사에게 의탁하여 머리를 깎고 도를 배우겠습니다." 하였다.**…(중략; 어머니가 권유로 진정이 출가하는 과정)… **삼일 만에 태백산에 도착하여 의상에게 의탁하여, 머리를 깎고 제자가 되어, 이름을 진정이라 하였다.**

* …(하략; 3년 뒤, 어머니의 부고를 듣고 선정에 들어간 사정)…**의상은 문도(門徒)를 거느리고 소백산(小伯山)의 추동(錐洞)으로 돌아와, 풀을 엮어 집으로 삼고, 무리 3천을 모아서 약 90일간 화엄대전(華嚴大典)을 강의하였다. 문하의 지통(智通)이 강연을 따라 그 중요한 것을 모아 두 권을 만들었고, 이름을 ≪추동기(錐洞記)≫라 하여 세상에 유통되었다. 강연을 마치자, 그 어머니가 꿈에 나타나 말하길, "나는 이미 하늘에 환생하였다."라고 하였다.**

⇒ 이 기록들은 '진정법사^{眞定法師}가 의상법사의 제자가 된 것을 기록한 것'인데, 진정법사를 '나인^{羅人=즉,강소신라인}'이라 하여 진정법사가 강소신라로부터 {현,한반도에서 포교작업을 하고 있는} 의상법사를 찾아가서 제자가 되는 과정을 기록했다고 보인다.

그리고 {당나라가 강소신라를 경주신라로 축출하면서, 강소신라의 도읍인 계림^{雞林}을 양주^{楊州=즉,揚州}라고 고쳤었는데} 후삼국시기에 이 지역에서 후신라^{後新羅}를 건국한 궁예가 다시 나주^{羅州}로 고쳤었고, 고려를 건국한 왕건이 이 지역을 상실하게 되자 현,전남의 금성군^{錦城郡}으로 나주^{羅州}라는 지명을 이동시킨 것이므로, 여기에서 '**법사^{法師} 진정^{眞定}은 신라인^{羅人}이다.**'라고 말한 '나인^{羅人=즉,나주인(羅州人)}의 나주^{羅州}'는 현,한반도 나주^{羅州}가 아니라 7말8초 시기의 강소신라의 계림^{雞林=현,강소성양주(揚州)}으로서 옛,강소신라 지역을 지칭하고 있는 것이다. 즉 이 기록은 진정법사의 출생지가 현,한반도가 아니라 현,화동지역^{옛,강소신라지역}이라는 것을 말하고 있다고 보아야 하므로 '진정법사는 신라인이다.'라고 하는 것은 조금 애매한 해석이라고 해야 할 것이다. 어쨌든 '진정법사가 의상법사의 제자가 된 시기'는 소백산 추동에서 열린 화엄대전華嚴大典이 있기 3년 전이므로 대략 690년대 중반일 것으로 추정된다. ★

이상과 같이, 의상법사에 대해 비교적 자세히 설명을 하였지만 그래도 완전하지는 않으므로, <'의상법사의 행적'에서 추가로 분석 및 검토되어야 할 문제점들>을 발췌하여 그 결과를 {아래와 같이} 간단간단하게 요약 정리해서 향후의 참고로 삼고자 한다.

표13. '의상법사의 행적'에서 추가로 분석 및 검토되어야 할 문제점들

#	검토되어야 할 문제점들	(간단한) 검토내용
1	의상의 성씨를 말하는 '考曰韓信金氏(고왈한신김씨)'의 의미?	의상은 한왕신(韓王信)의 후손으로서, 현,섬서성한성(韓城) 출신 김씨(金氏)일 것이다.
2	의상이 출가한 '경사황복사(京師皇福寺)'의 위치는?	당시 당나라 경사(京師)인 현,섬서서안(西安)으로서, 당황실의 원찰이다.
3	의상이 출가한 나이가 29세인가? 아닌가? 과연 몇 살 때인가?	'년29'는 '당건국29년'의 의미이고, 의상은 9세(633년)에 장안황복사에서 출가하였다.
4	의상과 원효가 요동에 갈 때의 리더는 의상인가? 또는 원효(+8세?)인가?	650년, 의상은 당고종의 지시에 따라, 강소신라에 가서 원효를 데리고 요동까지 왔었다.
5	의상이 배로 중국에 간 시기가 영휘(650~656)인가? 용삭(661~663)인가? 왜 다르게 보이는가?	의상이 660년 말 당고종의 2차 지시로 강소신라에 갔다가 원효를 설득하는 데 실패하고 661년에 혼자 현,호남성을 거쳐서 장안으로 돌아온 것이다.
6	당나라 사신의 배에 편승해서 중국으로 갈 때, 신라조정의 허락이 있었는가?	661년에 {원효는 물론 강소신라도 설득하지 못한} 의상 혼자 알아서 귀국했을 것이다.
7	양주(揚州)의 주장(州長)은 왜 의상을 극진히 대접하였었는가? 사전통지가 있었는가?	당시, 양주(楊州=현,호남성황강시?)는 당나라 땅이며, 장안으로 가는 내륙 운하가 있었으며, 의상은 당황제의 특사였었다.
8	지엄법사는 의상이 올 것을 사실상 사전에 통보받았던 것인가?	661년. 의상이 원효설득에 실패하자, 당고종은 의상에게 바로 지엄에게 가도록 명령하였고, 지엄에게도 이미 통보했다.
9	당시, 지엄과 의상의 실력이 어느 쪽이 더 높았었는가? 서로 분야가 달랐었는가?	당시 의상이 황실원찰인 황복사의 주지급이었지만, 화엄교학은 지엄이 제2조이다.

#	검토되어야 할 문제점들	(간단한) 검토내용
10	의상에게 '당군50만 출병' 정보를 준 사람은 누구인가? (김흠순? 김인문?)	의상이 강소신라로 가기 전에, 의도적으로 당군출병설을 퍼트리기 위해서 둘 다 만난 것이다.
11	의상이 670년에 신라로 귀국한 것인가? 귀환한 것인가? (의상의 국적은?)	의상은 당나라 사람이며, 670년 당고종의 명령으로 강소신라에 가서 당군출병설을 전해 위협(?)하고서, 바로 현,한반도로 건너 간다.
12	676년에 부석사를 세운 의상이 받든 조정의 뜻(奉朝旨)은 신라인가? 당인가?	의상의 조정(朝廷)은 당연히 당나라이다. 다만, 강소신라도 부석사를 거부하지는 않았다.
13	서경숭복사(西京崇福寺)와 경사황복사(京師皇福寺)는 어디인가? 같은가?	당나라 장안의 같은 사찰이다. 690년 측천무후가 낙양에 정도(定都)하면서 장안이 서경이 된다.
14	학업을 같이 했던 법장(현수)과 의상이 헤어진 20년전은 언제인가?	법장이 승전에게 편지를 전한 시기가 690년(?)경이므로, 대략 670년경을 말한다.
15	의상이 '법계도서인(法界圖書印)'을 저술한 시기와 장소는? (668년이전?, 종남산?/한반도?)	아마, 화엄일승법계도(華嚴一乘法界圖)는 한반도로 오기 직전(668년?)에 완성하였고, 한반도에 온 이후 이를 간략화하여 법계도서인으로 그렸을 수도 있다고 추정된다.(?)
16	의상이 황복사(皇福寺)에서 '허공탑돌이'한 시기는 언제인가? 그때의 지위는?	아마, 690년대에 한반도에서 장안 황복사의 주지(住持=住持待遇정도?)로 복귀한 이후일 것으로 보인다.
17	일연이 찬한 采采雜花我故國의 '아고국(我故國)'은 어디인가?	'아국(我國)'=즉,13C高麗'이므로, '아고국(我故國) = 우리의 옛,나라 = 즉,경주신라'일 것이다.

(3) 승전법사(勝詮法師:?~714?)

승전법사^{勝詮法師}는 중국 화엄종의 제3조^{第3祖}인 현수^{賢首=法藏:643~712)}국사에게 『화엄경^{華嚴經}』을 공부하고 692년에 현,한반도 경주신라로 온 스님인데, 그때 그의 스승 현수국사가 {중국 화엄종의 제2조인 지엄법사^{智儼法師}의 가르침을 정리한} 『화엄소초^{華嚴疏抄}』라는 책과 {옛날 자기와 함께 지엄법사에게서 화엄학을 공부했었던 의상법사^{義相法師}에게 보내는} 편지를 가지고 와서 의상법사에게 전해 주고, 의상법사로부터 현,한반도 불교를 총괄하는 업무를 임무교대했던 것이다. 그래서 {의상법사는 당나라^唐로 돌아가고} 그 이후의 현,한반도의 화엄학 전교傳敎는 승전법사가 총괄하게 되었는데, 승전법사는 갈항사(葛項寺=현,경북김천)를 창건하여 화엄경을 강설講說함으로써 제자 가귀可歸를 통해 현,한반도 화엄불교의 맥을 이은 스님으로 평가되고 있다. 승전법사에 대한『삼국유사』의 기록은, {일반적인 사항은} '승전촉루勝詮髑髏조'에 {당나라 현수국사(즉,법장스님)의 편지 관련 사항은} '승전촉루조'와 '의상전교義湘傳敎조'에 나누어서 등재하고 있으므로 두 기록을 서로 비교하면서 살펴볼 필요가 있을 것이다.

①《삼국유사/의해5》승전촉루(勝詮髑髏=승전이 해골들을 교화하다) :
* 석 승전(釋勝詮)은 그 출자가 분명하지 않다(未詳其所自也). 일찍이 배를 타고 중국(中國)에 가서 현수국사(賢首國師=聖首法藏;643~712)의 강석 하에 나아가 현묘한 말을 받고 미세한 것을 연구하여 생각을 쌓고, 총명함과 식견이 뛰어나 심오한 것을 찾고 숨은 뜻을 가려내어 그 묘함이 심오함을 다하였다. 인연이 ~~있는~~있다고 느끼는 곳에 가고자 하여 ~~고향~~외국(國里)으로 ~~돌아오려~~돌아가려 하였다(赴感有緣當還國里).

⇒ 먼저 '승전법사勝詮法師의 출자出自'에 대해 {기존의 통설에서는} 그냥 '신라新羅人인 것'처럼 취급하고 있는데,『삼국유사』의 내용을 살펴보면, 그렇지 않은 것 같다. 즉, '**그 출자가 분명하지 않다(未詳其所自也)**'라 했는데, {만일 그가 원래 신라국新羅國 출신이었다면} 중국(中國=즉,唐)에서 황해 바다 건너에 있는 머나먼 신라국현,한반도으로 돌아오게(?) 된 그를 이런 식으로 표현하지는 않았을 것으로 보이기 때문이다. 이는 곧 {역설적으로} '승전법사는 원래 신라인新羅人이 아니다'라는 것을 시사한다고 보인다. 즉 {당시의 국제정세 분위기와 '현,한반도에 원래 고구려와 백제 및 신라가 있었었다'라는 왜곡된 역사기록을 고려한다면} '승전법사가 원래 옛,백제국百濟國 사람(혹은,遺民)이었기 때문'에 이와 같이 에둘러서 표기한 것이라고 생각된다.

그리고 {대략, 관중^(關中=현,섬서성)지역과 가까운 곳^(즉,終南山?)에 있었을 것으로 보이는} 승전법사가 현,황해바다를 건너 머나먼 경주신라^(현,한반도)로 오게 된 경위를 '**인연이(緣) ~~있는~~있다고(有) 느끼는 곳에(感) 가고자 하여(赴) ~~고향~~외국(國里)으로 돌아오려 하였다(當還){赴感有緣當還國里}**'라고 한 것인데, '인연이^(緣) 있다고^(有) 느끼는 곳^(感), 즉 국리^(國里)'를 '{특별한 인연이 있다고 할 수밖에 없는} 고향^{故鄕}'이라고 해석하기보다는 '{중국^(中國=즉,唐)이 아닌 다른 나라^國의 마을^里, 즉 외국^{外國}'으로 해석하는 것이 더 타당해 보이며, '還國里^(환국리) > 외국^{外國}으로 돌아가겠다^還, 즉 중국^{中國}을 떠나겠다.'라는 의미로 보인다. 아마 원래 옛,백제국^{百濟國}사람^(혹은,遺民)이었던 승전법사가 항상 중국^{中國}을 떠나고 싶어 하다가 {현,한반도에서 화엄교학을 전교하고 있는 의상법사가 곧 당^(즉,中國)나라로 귀환할 예정이었으므로} 의상법사의 역할을 대신하기 위하여 {자청해서} 현,한반도로 오게 된 것이라고 보인다. 그러한 사정을 '赴感有緣當還國里^{부감유연당환국리} > {중국을 떠나서 외국으로 돌아갈 바에는} 인연이 있다고 할 수 있는 곳^{(즉, 망한 백제국이 역사이동되어 있는 곳(현,한반도=경주신라))}으로 가겠다'라고 기록한 것으로 보인다.

그런데 {'옛,백제국 출신이 분명하다.'라고 보이는} 승전법사^{勝詮法師}의 출자를 『삼국유사』가 굳이 밝히지 않으려 한 이유'에 대해서 조금 더 생각해 볼 필요가 있다고 보인다. 이는 {당시의 국제적 역학관계에 따라} '옛,백제국 출신 사람들이 현,한반도^(즉,경주신라)로 이주하는 경우가 그리 많지 않았다.'라는 것을 시사한다고 보인다. 즉 '7말8초 역사왜곡 당시에 옛,백제의 지배층 출신들은 대부분(?) 일본^(현,일본열도)으로 이주하거나 혹은 당나라에 귀화했던 것이지, 경주신라^(현,한반도)로 이주한 경우가 거의 없었던 것'이 '당시의 국제적인 역학관계이자 일반적인 분위기였던 것'이기 때문에 『삼국유사』에서도 '그러한 분위기를 기록한 것'이 아닐까 여겨지기 때문이다. {만일 그러한 '분위기'가 사실이라면} 현,한반도 남서부지역으로 역사이동되어서 배치된 백제지역으로 이주한 옛,백제인들의 숫자나 {김유신을 배출한 옛,금관국^{金官國} 사람들을 예외로 한다면} 현,한반도 남부지역으로 역사이동되어서 배치된 가야지역으로 이주한 옛,가야인들의 숫자가 그리 많지 않았을 수 있다는 점을 고려해서 현,한반도 역사를 재구성하는 '새로운 고민(?)'을 해야만 할 것이다.

{어쨌든, 다시 승전법사^{勝詮法師} 이야기로 돌아가서} 결국 당나라의 현수국사^{賢首國師}가 {당나라로 돌아오고 싶어 하는} 의상법사의 임무를 대신케 하기 위해서 '승전법사^{勝詮法師}를 현,한반도로 파견했다.'라고 보아야 할 것이다. 그래서 『삼국유사』의상전교^{義湘傳敎}조'의 편지 말미에 {물론, 내심으로는 의상법사가 당나라로 돌아오지 않기를 바랐을 것이었겠지만(?)} '죽은 다음이라는 가정법'을 전제로 하여 "서로 함께 노사나불$^{(盧舍那,Vairocana=즉,부처)}$ 앞에서 이와 같은 무진^{無盡}한 묘법^{妙法}을 받고 무량^{無量}한 보현^{普賢}의 원행^{願行}을 수행한다면,…"이라는 말을 삽입해서 '장안으로 돌아와서 함께 불법을 공부합시다.'라는 의미의 문장을 추가한 것으로 추측되며 또한 {이 문장들을 근거로 하여} '<u>승전법사^{勝詮法師}와 임무교대 한} 의상법사^{義相法師}는 결국 현,한반도 경주신라에서 당나라로 돌아갔었고, 당나라 땅에서 입적^{入寂}하여 당나라 땅에 묻혔다.</u>'라는 추론을 할 수가 있는 것이다.

* 처음에 현수(賢首=聖首法藏)는 의상(義湘)과 함께 공부하여 지엄화상(智儼和尙;602~668)의 자애로운 가르침을 받았다. 현수는 스승의 학설에 대해 뜻과 조목을 글로 나타내서 승전법사가 고향으로 돌아가는(還鄕) 것에 부탁하여 보냈고, 의상도 이에 답장(寓書)을 보냈다고 한다(云云). 별도의 서신은 다음과 같다. "≪탐현기(探玄記)≫ 스무 권에 두 권은 아직 완성하지 못했고 ≪교분기(敎分記)≫ 세 권, ≪현의장(玄義章等雜義)≫ 등 잡의 한 권, ≪화엄범어(華嚴梵語)≫ 한 권, ≪기신소(起信疏)≫ 두 권, ≪십이문소(十二門疏)≫ 한 권, ≪법계무차별론소(法界無差別論疏)≫ 한 권을 아울러

승전법사에게 부탁하여 베껴서 고향으로 보냅니다. 최근 신라승 효충(孝忠)이 금 9푼을 전하며 이는 윗사람이 준 바라고 하였는데, 비록 편지를 얻지는 못했으나 고맙기 그지없습니다. 지금 서국(西國)의 군지(軍持=물병)·조관(澡灌=물그릇) 하나를 부쳐 미미한 성의를 표하니 받아주기를 바랍니다. 삼가 말씀드리옵니다." 승전이 이미 돌아와 의상에게 그 서신을 주자, 의상이 이에 글을 눈으로 읽으니 지엄의 가르침을 귀로 듣는 것 같았다. 수십 일간 탐색하고 연구하여 제자들에게 주어 널리 그 글을 연술하게 하였다. 이 말은 의상전에 실려 있다.

⇒ 내용상으로 보면, 당나라 국사國師인 현수법사와 경주신라의 의상법사가 {이전에도} 몇 차례 서신을 주고받았던 것으로 보인다. {물론 화엄교학에 대한 의견교환이 포함되었을 것으로 보이지만, 그보다는} 아마 '의상법사의 당나라 귀환'에 대한 내용들이 오고 갔을 것으로 추측된다. 즉 당시의 상황은 {현수법사가 당나라 국사國師의 지위에 있었으므로} 강소신라의 의상이 당나라의 현수법사로부터 허락을 받아야만 했으므로 서신으로 여러 차례 부탁하였을 것으로 보이며, 그 과정에 '신라승新羅僧 효충孝忠을 통해서 금9푼을 선물했었을 것'으로도 추측되지만, 단정할 수는 없다고 보인다. 그래서 현수가 {굳이 의상에게 꼭 필요하다고 보이지는 않지만} 군지(軍持=물병), 조관(澡灌=물그릇)과 같은 물품을 {의상이 보낸 선물에 대한 답례로서} 의상에게 보냈던 것이라고 볼 수 있을 것이다.

* 살펴보면 이렇다. 이 원융(圓融)한 가르침이 청구(靑丘)에 두루 적신 것은 참으로 승전의 공이다. 이후에 승려 범수(梵修)가 있어 멀리 그 나라에 가서 새로 번역한 《후분화엄경(後分華嚴經)》과 《관사의소(觀師義疏)》를 얻고 돌아와 연술했다고 하는데, 이때는 정원(貞元) 기묘(己卯;799년)에 해당한다. 이 또한 불법을 구하여 널리 퍼트린 사람이라 할 것이다.

⇒ 의상법사는 승전법사가 가지고 온 서책들을 '한반도 화엄교학의 기

반으로 삼은 것'으로 보이므로 {승전법사가 한반도로 부임하던 당시의 화엄교학계 서열로서는} 현수법사가 의상법사보다는 학문이 더 깊었던 것으로 추측되며, 이후의 한반도 화엄교학 전교는 {약100년 뒤 현,한반도 출신 승려인 범수^{梵修}가 당나라에 가서 화엄교학을 공부해서 돌아올 때까지} 현수법사의 지시에 따라 현,한반도에 새로 건너온 승전법사가 주축이 되어서 발전하게 된 것으로 보인다.

* 승전은 이에 상주(尙州) 영내 개령군(開寧郡) 지경에서 정려(精廬)를 개창하고서 돌들을 관속(官屬)으로 삼아 화엄을 강설하기 시작했다. 신라 사문 가귀(可歸)가 자못 총명하고 도리를 알아 법맥을 계승함이 있었고 이에 ≪심원장(心源章)≫을 편찬하였다. 그 대략에 말하기를, "승전법사는 돌무리를 이끌고 논의하고 강연하였다고 한다. 지금의 갈항사(葛項寺)이다. 그 돌멩이(髑髏:촉루) 80여매는 지금 강사(綱司)가 전하는 바인데 자못 신령스럽고 신이함이 있다"고 하였다. 그 외의 사적은 비문에 갖추어 실려 있는데 ≪대각국사실록(大覺國師實錄)≫의 내용과 같다.

⇒ 현,한반도에 도착한 승전법사는 독자적으로 제자를 길러 화엄교학을 전교했는데, '말도 잘 통하지 않는 현,한반도의 현지인들{촉루(髑髏)=즉,해골/돌대가리=즉,석도(石徒=돌무리들)}'에게 '심오한 화엄교학을 열심히 가르치는 모습'을 그의 제자인 경주신라 사람인 가귀^{可歸}스님이 **승전법사는 돌무리(石徒)를 이끌고 논의하고 강연하였다(勝詮法師領石徒衆論議講演)**'라고 기록해서 후대로 전하고 있으며, 이 내용을 근거로 해서 일연스님이 삼국유사에 '승전촉루(勝詮髑髏)'라는 제목으로 승전법사의 헌신적인 화엄학 전교활동을 설명한 것이다.

② ≪삼국유사/의해5≫의상전교(義湘傳敎)조 : 현수가 의상에게 편지를 보내다

* 종남산 [지엄의] 문인 현수(賢首)가 수현소(搜玄疏)를 찬술하여 의상에게 부본(副本)을 보내면서, 아울러 편지를 보내 은근하고 간절하게 다음과 같이 말하였다. "서경(西京) 숭복사(崇福寺)의 중 법장{法藏=賢首=당시의 당나라 국사(國師)}은 해동 신라 화엄법사(華嚴法師)의 시자(侍者)에게 글을 드립니다. 한 번 작별한 지 20여 년에 사모하는 정성이 어찌 마음에서 떠나리오마는, 구름이 자욱한 만 리 길에 바다와 육지가 천 겹으로 [막혀 있어서] 이 한 몸이 다시 만나 뵐 수 없음이 한스럽습니다. 그리운 회포를 어찌 가히 말로써 다 할 수 있겠습니까? 전생의 같은 인연으로 이 세상에 태어나 학업을 같이 했으므로, 이 과보를 얻어 함께 대경(大經)에 목욕하고 특별히 돌아가신 스승으로부터 이 심오한 경전의 가르침을 받았습니다.

* 우러러 듣건대, 상인(上人)께서는 귀국 후에 화엄을 강의하고, 법계(法界)의 무진연기(無盡緣起)를 선양하며 겹겹의 제망(帝網)으로 불국(佛國)을 더욱 새롭게 하여, 널리 세상을 이롭게 한다고 하니 기쁨이 더욱 커집니다. 이로써 석가여래가 돌아가신 후에 불일(佛日)을 밝게 빛내고 법륜(法輪)을 다시 구르게 하여 불법을 오랫동안 머물게 할 이는 오직 법사뿐입니다.

⇒ '서경(西京=현,서안)숭복사(崇福寺)'는 앞에서 검토한 바와 같이 과거(20여년전=대략670년경?) 의상법사가 소속되었던 '경사(京師=현,서안)황복사(皇福寺)'와 동일한 당나라 황실의 원찰(願刹)이었으므로 현수국사와 의상법사는 20여년 전에 같은 황복사에 소속되어 있었는데, 661년경 당고종의 지시에 따라 함께 종남산 지상사의 지엄법사에게 가서 제자가 되어 함께 화엄교학을 공부했던 것으로 보인다. 물론 당시 이 두 스님의 소속은 황복사에 그대로 적을 두고 있었던 것으로 보이므로, 아마 두 사찰을 왕래하면서 화엄교학을 전수받았다고 추측된다. 그러다가 670년경 의상법사는 당고종의 지시에 따라 강소신라를 경유하여 경주신라(현,한반도)로 와서 약25년 동안 경주신라를 '화엄종(華嚴宗)의 불국토(佛國土)'로 만드는 실무작업을 시작하였으므로 화엄교학의 이론적인 발전은 당나라에 남아서 계속 교리(敎理)을 연구했

었던 현수법사가 더 앞섰을 것으로 보인다. 이는 의상법사가 남긴 불교 서적이 단 한 권뿐이었다는 것{물론, 당나라에는 다른 사람의 이름으로 바꾸어서 조금은 더 남아 있었을 것이다.}을 보아서도 추론이 가능하다고 보인다. 그런데 {필자가 추측건대} 당시 당고종은 의상법사와 현수법사 두 스님 중에서 실력이 앞서는 의상법사를 선택해서 '화엄종의 불국토를 만드는 기초 작업만 마치고 돌아오라.'는 조건으로 현,한반도로 파견하였던 것으로 보이므로, 이를 믿고 혼신의 노력을 기울여 25년 동안 소기의 목표를 이루게 된 의상법사가 당나라의 국사{國師=즉, 의상을 포함한 모든 당나라 불교 승려들을 총괄 관리하는 직책}가 되어 있는 옛,친구(후배?) 현수법사에게 '당나라로 돌아가게 해 달라'라고 {여러 번?} 부탁을 했던 것이고 이에 {자초지종의 사정을 모두 알고 있는} 현수국사가 결국은 의상법사를 대신할 승전법사를 한반도로 파견하게 된 것이라고 보인다.

　* 법장은 매진하였으나 이룬 것이 없고, 활동하였으나 볼만한 것이 적어 우러러 이 경전을 생각하니 돌아가신 스승에게 부끄럽습니다. 분수에 따라 받은 것은 능히 버릴 수 없으므로 이 업에 의지하여 내세의 인연을 맺기를 희망합니다. 다만 화상(和尙=智儼)의 장소(章疏)가 뜻은 풍부하나 문장은 간략하여 후인으로 하여금 뜻을 알게 하기에는 어려움이 많으므로 화상(지엄법사)의 은밀한 말과 오묘한 뜻을 적어 의기(義記)를 애써 완성하였습니다. 근래에 승전(勝詮)법사가 베껴서 고향에 돌아가(還鄕) 그 땅에 전하고자 하니(傳之彼土), 청컨대 상인(上人=의상)께서는 옳고 그른 것을 상세히 검토하여 가르쳐 주시면 다행이옵니다. 엎드려 원하옵건대, 마땅히 내세에는 이 몸을 버리고 새 몸을 받음에 서로 함께 노사나불(盧舍那) 앞에서 이와 같은 무진(無盡)한 묘법(妙法)을 받고 무량(無量)한 보현(普賢)의 원행(願行)을 수행한다면 나머지 악업(惡業)은 하루아침에 굴러떨어질 것입니다. 바라건대, 상인(上人=의상)께서는 옛일들을 잊지 마시고 어느 업의 세계에 있든지 간에 바른길을 보이시고, 인편과 서신이 있을 때마다 생사를 물어주시

기 바랍니다. 이만 갖추지 못합니다." [이] 글은 대문류(大文類)에 실려 있다.

⇒ 이 내용은, 현수국사가 '자기가 새로 정리한 화엄교학으로 가르친 승전법사를 의상법사의 후임으로 보낸다.'는 의미로 이해된다. 즉 {'편지로 쓴 것'이므로 겸손한 단어들을 선택하고는 있지만} '(승전법사가 가지고 가는) 자기가 쓴 새로운 화엄교학을 화엄의 불국토^{彼土}인 경주신라^{현,} ^{한반도}에 전파시켜 달라(傳之彼土)'라는 것이 주된 내용이라고 보인다. 즉 이 말은 {결과적으로 보아서, 이 편지가 '일연스님의 생각을 통해서 필터링 filtering 된 문장'이므로} 현수법사가 의상법사에게 '옳고 그른 것을 상세히 검토하여 가르쳐 주시면 다행이다.'라는 말과 함께 '(화엄교학에 대해) 옛날에는 의상법사가 더 앞섰지만, 지금은 현수법사가 더 앞섰다.'라는 것을 나타내기 위해서 『삼국유사』에 옮겨진 것이라고도 볼 수가 있을 것이다.

어쨌든, 이 편지를 받은 **의상법사는 승전법사에게 '한반도 화엄교학 전파 사업에 대한 인계인수서'를 완벽하게 마무리 짓고 당나라로 돌아갔다**는 것이 필자의 추론임을 밝혀두고자 한다. **따라서 700년대 이후의 현,한반도 화엄교학 발전은 전적으로 '말도 잘 통하지 않는 현,한반도의 현지인들**{즉,촉루(髑髏)=해골,돌대가리=즉,석도(石徒=돌무리들)}**에게 '심오한 화엄교학을 열심히 가르친 {출자가 분명치 않은(未詳其所自也)} 승전법사의 공로'라고 해야 할 것이다.** 따라서 승전법사가 '의상법사가 전교한 한반도의 화엄교학'을 이은 것처럼 되어 있지만, 실제로는 화엄교학의 제3조인 당나라 현수국사의 화엄교학을 당나라에서 직접 전수받은 승전법사가 (의상법사에 중첩해서) 현,한반도에 전교한 셈이라고 해야 할 것이므로, **한반도 화엄교학의 맥통은 의상법사라기보다는 승전법사에서 출발한다**고 할 수도 있을 것이다. 그리고 이는 단순히 승전법사가 화엄종의 제3조인 현수법사로부터 직접 전수받아 바로 현,한반도에 와서 전교한 것을 고려한 점도 있지만, **'한반도에 온 승전법사가 당나라로 되돌아가지 않고 한반**

도에서 전교하다가 죽어서 현,한반도에 뼈를 묻었다.'는 점이 의상법사와 대비되기 때문이라고도 보인다.

즉 승전법사는 698년경에 현,한반도에 와서 의상법사와 임무 교대를 하고, 화엄교학의 황무지나 다름없는 한반도에서 돌멩이{顓體}들을 상대로 전교하다가 714년에 입적한 것으로 보이는 내용이 **《삼국사기/신라본기8》35성덕왕13(714)년조: 가을에 삽량주(歃良州) 산의 상수리나무 열매가 밤나무로 변하였다[秋, 歃良州山橡實化爲栗]**'란 내용으로 기록되어 있다고 보이기 때문이다. 즉 상수리나무 열매{상실(橡實)=즉, 당나라 출신 스님}는 승전법사를 말하는데, {한반도에서 죽어서 한반도에 뼈를 묻었으므로} '그 뼈를 자양분으로 해서 밤나무{율(栗)=즉,토착인(경주신라사람)}가 되었다. 즉 경주신라에서 죽었다.'라는 의미를 은유하는 기록{즉,역사왜곡방법론}이라고 보이기 때문이다. 물론 **《삼국사기/신라본기8》35성덕왕1(702)년, 겨울10월에 삽량주(歃良州)에서 상수리나무 열매(櫟實)가 밤나무(栗)로 변하였다[歃良州櫟實變爲栗]**'라는 기록이 있는데, 이때도 '상수리나무 열매{역실(櫟實)=즉, 당나라 출신 스님인 의상법사}가 {죽어서 땅에 묻혔으므로} '그 뼈를 자양분으로 해서 밤나무{율(栗)=즉,토착인(당나라 사람)}가 되었다는 것은 곧 의상법사가 당나라에서 죽었다.'라는 의미로서 두 문장의 사례가 서로 같은 용법인데, 의상법사와 승전법사가 모두 '상수리나무'로 표현되는 당나라 출신이긴 하지만 그 출신배경이 조금 다르므로 '상수리나무{역(櫟)}'와 '상수리나무{상(橡)}'로 한자{漢字}를 구분한 듯하다. 물론 이것도 '역사왜곡방법론'의 일환이라고 해석하여야 할 것이다. 그리고 {삽양주{歃良州}로 통일되어 있긴 하지만} 의상법사의 경우에는 '삽양주{歃良州}=삽양주{歃梁州}=옛, 양주{梁州}=즉 당나라 땅'을 의미하고, 승전법사의 경우에는 '삽양주{歃良州}=삽양주{歃梁州}의 이동지명=즉 경주신라 땅=현,양산{梁山} 지역'을 구분해서 지칭한다고 볼 수가 있으므로 해석에 주의하여야 할 것이다.

(4) 원효법사(元曉法師:617~686)

일반적으로 원효법사(元曉法師:617~686)에게 '한국 불교사에 길이 남을 학자이자 사상가이다.'라는 인물평을 하고 있는데, 원효법사를 자세히 소개하고 있는『삼국유사』에서도 '성사聖師원효元曉'라는 표현을 사용하고 있으며, '《삼국유사/의해5》원효불기(元曉不羈)조'에서 법사의 가계와 출생설화, 출가에서부터 파계 과정과 파계 후의 기행과 입적 및 그의 아들 설총의 업적 등에까지 자세하게 기술하고 있는 것으로 보아서도 한국인이라면 원효법사에 대한 그러한 평가에 아무도 이의를 제기하지 않을 것으로 생각된다.

그리고 '원효元曉라는 법명도 본인이 스스로 작명하였다.'라고 하며 {한문漢文의 뜻을 풀이하면} '元曉(원효)=元(첫째,원)+曉(새벽,효)=첫,새벽'인데 일연스님도 "自稱元曉者蓋初輝佛日之意爾(자칭원효자개초휘불일의이) > 스스로 칭한 '원효(元曉)'라는 법명(者)은, 대개(蓋) '부처님이 발하는 햇빛(佛日)을 처음으로 비춘다(初諱).' {즉, '부처의 세계(佛日)를 처음으로 열었다(初輝)'}라는 뜻이 아니겠는가"라고 풀이하였듯이 '원효법사는 현,한반도를 처음 불국토佛國土로 만든 스님이다.'라고 설명하고 있는 것이다.

또한 일연스님은 '원효법사가 중국불교의 도움을 받지 않고 신라불교 스스로의 힘으로 한반도 불교를 열었다.'라는 것을 말하기 위하여 "元曉亦是方言也(원효역시방언야)>'원효'라는 말은 역시 방언인데, 當時人皆以鄕言稱之始且(旦)也(당시인개이향언칭지시단야)>당시 사람들 모두가 향언으로(當時人皆以鄕言) 그것(之=元曉)을 '새벽(始旦=아침의시작)'이라고 일컬었던(稱) 것이다."라고 보충함으로써, 원효스님이 신라인의 힘만으로 '한반도 불교를 일으키겠다.'라는 의지에서 '법명을 스스로 元曉원효라고 정했다.'는 것을 명확히 설명하고 있는 것이다. 즉 '원효스님이 元曉원효라는 법명을 자칭했었다.'라는 것에 대해서 일연스님이 거듭 강조해서 설명하는 것에 대해 **필자는 일연스님이 '원효스님이 당나라 유학을 포기한 것이 아니라, 거부했던 것이다.'라는 것을 시사하기 위함**이라고 추론하는 바이다.

따라서 '원효법사$^{(617년생)}$가 34살$^{(650년)}$ 때, 나이가 8살이나 적은 의상법사$^{(625년생,26세)}$를 따라서 당나라로 유학을 가려다가, 요동$^{(고구려=현,산서성운성시\ 남부로\ 추정됨)}$에서 순라군에게 잡혀 되돌아왔다.'거나 '661년경 또다시 당나라로 가다가 도중에 해골물을 마시고서 깨달은 바가 있어서 당나라 유학을 포기하였다.'라는 이야기들은 '원효스님이 당나라 유학을 거부한 것이 아니라 포기한 것이다.'라는 '왜곡된 프레임을 만들기 위해 설정된 이야기들'이라고 볼 수가 있다. 다만 {『삼국유사』가 아예 없었던 일을 이와 같이 꾸며서 썼다고는 볼 수가 없으므로} 이런 이야기들 속에는 '지금까지 우리에게 잘 알려지지 않은 다른 사실^{史實}들이 숨겨져 있는 것'으로 추론해 볼 수가 있는 것이다.

즉 '원효와 의상 사이의 관계'와 '당시의 강소신라와 당나라 사이의 관계' 등등을 조금 더 분석적으로 살펴볼 필요가 있으며, 의상법사와 원효법사의 업적을 단순히 불교사적인 측면에서만 볼 것이 아니라 당시의 정치사적인 상황에서 그분들의 행적을 재평가해 볼 필요가 있다고 해야 할 것이다. 물론 지금까지 필자가 의상법사에 대해서 이미 불교사적 상황보다는 정치사적인 상황$^{[특히,\ '역사왜곡의\ 방법론'을\ 중심으로\ 해서]}$에 입각해서 검토해 왔었으므로 이번의 원효법사에 대해서도 같은 관점에서 재평가해 보고자 하는데, {불자가 아닌 필자로서는 미처 살펴보지 못한 부분들이 있을 수 있을 것이므로} 관심이 있는 독자들께서 불자적 입장에서 필자의 견해를 평가해서 지적해 주길 기대하는 바이다.

그래서 원효법사$^{(元曉法師:617~686)}$에 대해서도 {앞에서 검토한 의상법사$^{(義相法師:625~702)}$ 및 자장법사$^{(慈藏法師:605?~655?/685?)}$와 같은 방법으로} 『삼국사기』

와 『삼국유사』에서의 원효(元曉) 관련 기사 제목들'을 조사해서 그것을 중심으로 검토를 진행하기로 하였다.

표14. 『삼국사기』와 『삼국유사』에서의 원효(元曉) 관련 기사 제목들

구분	#	원효관련 기사 제목	원효관련 특기사항
사기	1	<열전6/설총>출신	원효는 설총의 아버지
삼국유사	2	<기이1/태공춘추공(668년)> 김유신이 소정방에게 군량 수송함	당군에게 군량지원
	3	<흥법3/흥륜사금당10성> 서쪽벽에 앉아 갑방(甲方)을 향한 원효	서벽座, 向갑방(甲方)
	4	<탑상4/전후소장사리> 의상이 원효와 함께 고구려까지 갔다 돌아옴	고구려까지 갔다 돌아옴
	5	<탑상4/낙산이대성관음정취,조신> 원효가 관음진신친견차 낙산에감	관음화신을 못 알아봄
	6	<의해5/이혜동진> 혜공과 원효가 친하게 교류함	혜공과 원효의 교류
	7	<의해5/원효불기> 원효의(가계,출생,출가,파계,활동,입적), 설총	원효의 업적
	8	<의해5/의상전교> 의상이 원효와 함께 요동까지 갔다 돌아옴	요동까지 갔다 돌아옴
	9	<의해5/사복불언> 원효가 연화장세계로 가는 사복스님을 배웅	원효와 사복의 이별
	10	<,감통7/광덕엄장> 원효가 엄장을 진요하여 서방정토로 보냄	엄장을 서방정토로 보냄
	11	<피은8/낭지승운보현수> 원효가 낭지법사의 가르침을 받음	낭지법사의 가르침을 받음

위의 표는 '『삼국사기』와 『삼국유사』에서의 원효(元曉) 관련 기사 제목들'을 조사해서 나열한 것인데, {이 기록들을 살펴보면} 원효스님도 다른 스님들과 마찬가지로 현,한반도에 불교(특히 화엄불교)를 정착시키기 위해 노력했었음을 확인할 수 있다. {앞에서도 이미 검토된 바와 같이} 원효스님은 당나라에 가서 불교를 배워온 것이 아니라 스스로의 노력으로 대승사상(大乘思想)인 화엄학을 터득하여 한반도에 정착시키려고 실천적으로 노력

했던 것으로 보인다. 그런데 의상법사와는 달리 원효스님이 {많은 제자들을 길렀다던가 사찰을 많이 세웠다는 등의 실적이 그리 많지 않음에도 불구하고} 지금까지 '한국 불교사에 길이 남을 학자이자 사상가이다.'라는 평가를 받게 된 것은, '원효스님이 당나라에 유학하지 않았음'으로 해서 '당나라 불교가 아니라 강소신라의 불교가 경주신라로 이전되게 된 것임'을 크게 강조하려는 것이라고도 보인다. 일단 위의 제목들을 중심으로 아래와 같이 검토한다.

① '《삼국유사/의해5》원효불기'조 앞부분{원효법사의 출자 기록}
② '《삼국유사/의해5》원효불기'조 뒷부분{원효법사의 행적}
③ '《삼국유사/기이1》태공춘추공조'와 원효법사
④ '서쪽 벽에 앉아 갑방(甲方=동쪽)을 향한 원효(元曉)'
⑤ '원효법사(617~686)'와 '의상법사(625~702)'의 관계

① '《삼국유사/의해5》원효불기'조 앞부분{원효법사의 출자 기록} :
* 성사(聖師) 원효(元曉)의 속성은 설(薛)씨이다. **할아버지조상**(祖;조상,조)는 잉피공(仍皮公)으로 또는 적대공(赤大公)이라고도 한다[祖仍皮公亦云赤大公]. 지금 적대연(赤大淵) 옆에 잉피공의 사당이 있다. 아버지(父)는 담내(談捺=談㮹?) 내말(乃末=奈麻?)이다. 처음에 압량군(押梁郡=今,章山郡)의 남쪽 불지촌(佛地村) 북쪽의 율곡(栗谷) 사라수(裟羅樹) 아래에서 태어났다. 마을 이름은 불지(佛地)로 또는 발지촌(發智村)이라고도 한다. {속어(俚云)로 불등을촌(佛等乙村)이라고 한다}

* 사라수(裟羅樹)에 관해서는 민간에 이런 이야기가 있다. 성사의 집은 본래 이 골짜기의 서남쪽에 있었는데, 어머니가 아이를 가져 만삭이 되어 마침 이 골짜기 밤나무 밑(栗樹下)을 지나다가 갑자기 해산하고 창황하여 집으로 돌아가지 못하고, 우선 남편의 옷을 나무에 걸고 그 안에 누워 있었

으로 [그] 나무를 사라수(裟羅樹)라고 하였다. 그 나무의 열매(樹之實)도 보통 나무와는 달랐으므로 지금도 사라밤(裟羅栗)이라고 한다. 예부터 전하기를, [사라사의] 주지(主寺)가 절의 종 한 사람에게 하루 저녁의 끼니로 밤(栗) 두 개씩을 주었다. 종은 관가에 소송을 제기하였다. 이를 이상하게 생각한 관리가 [그] 밤(栗)을 가져다가 조사해 보았더니 한 개가 바루 하나에 가득 찼다. 이에 도리어 한 개씩만 주라는 결정을 내렸다. 이 때문에 이름을 율곡(栗谷)이라고 하였다.

* 성사는 출가하고 나서 그의 집을 희사하여 절을 삼아 이름을 초개(初開)라고 하고, 밤나무(樹) 옆에도 절을 지어 사라(裟羅)라고 하였다. 성사의 행장(行狀)에는 서울사람(京師人)이라고 했으나 [이것은] 할아버지조상(祖=仍皮公=赤大公)를 따른상고한(考;상고할,고) 것이고, ≪당승전(唐僧傳=즉,宋高僧傳)≫에서는 '본래 하상주 사람(本下湘州之人)'이라고 하였다.

* 살펴보면 다음과 같다. 인덕(麟德)2(665)년 중에 문무왕(文武王)이 상주(上州)와 하주(下州)의 땅을 나누어 삽량주(歃良州)를 두었는데, 즉 하주(下州)는 지금의 창녕군(昌寧郡)이고, 압량군(押梁郡)은 본래 하주(下州)의 속현이다. 상주(上州)는 곧 지금(高麗)의 상주(尙州)로 혹은 상주(湘州)라고도 한다. 불지촌(佛地村)은 지금의 자인현(慈仁縣)에 속해 있으니, 곧 압량군(押梁郡=今,章山郡)에서 나뉜 곳이다.

⇒ 이 기록들은 '원효법사의 출자出自에 대한 기록'인데, 먼저 일연스님이 원효법사를 '성사聖師'로 기록하고 있음에 주목해야 할 것이다. 즉 '師(스승,사)'자는 대개 '큰 스님'을 지칭하는 호칭이고, '聖(성스러울,성)'자는 {일반적으로는 '성인聖人'으로 해석되지만} 특히 우리나라 역사서에서는 '창업자=즉,창업군주創業君主'를 '성인聖人'으로 칭하고 있으므로 불교사에서의 창업자란 하나의 불교종파를 창시한 스님을 지칭하는 것이다. 다만 원효법사가 '불교의 어떤 종파를 창시한 것'은 아니므로, 일연스님은 '원효를 한반도불교의 창시자'로 보고서 '성사聖師=즉 한반도불교를 창시한 큰스님'이

라고 칭송한 것임을 미리 감안하고 해석에 임해야 이 기록의 해석이 다른 길로 빠지지 않고 일연스님이 의도한 바와 같이 해석될 수가 있을 것이다.

물론, 일연스님이 '원효법사를 한반도 화엄교종{華嚴敎宗=실제로는 강소신라불교(江蘇新羅佛敎)일 것으로 추정된다}의 창시자로 생각했다.'고 보아도 결과는 같을 것이다. 그런데 『삼국유사』에는 원효법사 이외에도 4분의 성사^{聖師}가 더 언급되어 있는데, 아마 그 스님들도 나름대로 '창업^{創業} 또는 창시^{創始}와 유사한 업적'이 있었기 때문일 것이다.

어쨌든 위의 글 앞쪽에서는 **"원효^{元曉}는 설^薛씨이고, 아버지^父는 신라의 내말^(乃末=奈麻?) 관직을 가진 담내^(談㮈=談㮆?)이며, 조상^祖은 잉피공^{仍皮公} 또는 적대공^{赤大公}이다"** 라고 했는데 아래쪽에서는 다시 **"'당승전{^{唐僧傳}=즉, 송고승전(宋高僧傳?)}에서는 본래^本 하상주 사람(下湘州之人)'**이라고 했다고 하면서도, **'원효행장^{元曉行狀}에는 서울사람^{京師人}'이라고 되어있다"** 라고 해서, 약간 오락가락(?)하는 다른 표현들을 소개하고 있어서 조금 혼란스럽게 되어있다. 그러나 이 혼란스러운 문제를 반드시 명확하게 풀어내어야만 원효법사 가계의 내력을 알아낼 수가 있을 것이고 또 그래야만 '왜 당고종이 {의상법사를 통해서} 원효법사에게 무슨 명령^{즉,요구}을 했으며, 원효는 또 왜 당고종의 명령을 거부했는지?'를 가늠할 수가 있게 될 것이다. 따라서 이 문제를 풀어내기 위해서는 이 기록들에 등장하는 지명들에 주목하여야 그 윤곽을 파악할 수가 있을 것이다. 그래서 먼저 이 기록에 언급된 지명들을 발췌하면, 조상^祖에 대해서는 'ㄱ잉피^{仍皮}{또는 적대^{赤大}, 즉 적대연^{赤大淵}이 있는 곳}'과 'ㄹ서울^{京師}이라는 지명'이 거론되고 있고, 원효법사가 태어난 곳^{즉, 아버지 또는 어머니가 살았던 곳?}에 대해서는 'ㄴ압량군^{押梁郡=금, 장산군(今, 章山郡)}의 남쪽 불지촌^{佛地村} 또는 발지촌^{發智村}, 즉 속어^{俚云(리운)}로 불등을촌^{佛等乙村}'과 'ㄷ{본래} 하상주의 사람^(本下湘州之人)임'이 거론되고 있음을 확인할 수 있다. 즉 크게 나누어서 '원효법사의 조상^祖이 살았던 곳(㉠,㉣)'과 '원효법사가 태어난 곳(㉡,㉢)'으로 나뉘므로 시기순과 광역지명 순에 따라서^{{즉, 순서를 ㉣〉} ^{㉠〉㉡〉㉢으로 바꾸어서}} 검토해 나가는 것이 이해에 도움이 될 것이다.

■ 원효법사의 조상(祖)과 관련된 지명

㉣서울^{京師(경사)}이라는 지명

⇒ 이 '경사^{京師}'라는 지명을 {통설에서는 그냥} '서울'이라고만 번역해 버리고 이 '서울^{京師}'이 '어느 나라의 서울인지?'를 고민하지 않고 그냥 '신라의 서울^(즉,계림)'일 것으로 쉽게 넘겨버리고 있는데, 우선 『삼국유사』에서 신라의 서울을 '경사^{京師}로 지칭한 경우'가 얼마나 있는지에 대해 충분히 검토를 하였는지 되돌아 보아야 할 것이다. 즉 {이미 필자가 앞에서도 누차 설명하였듯이} '京^(클,경)자와 師^(많을,사)자가 조합된 경사^{京師}는 황제의 도읍지를 지칭하는 것'이므로 {자체의 연호를 버리고 당나라의 연호를 사용하기로 한} 신라28진덕왕^(647~654)의 신라는 이미 '당나라의 제후^{諸侯}국임을 자처한 것'이 되므로 신라는 이때부터 경사^{京師}라는 호칭을 거의 사용하지 않았던 것이다. 따라서 '여기서의 경사^{京師}란 당나라의 도읍지인 장안^(長安=현,서안)을 말한다.'라고 보아야 하는 것이다. 게다가 일연스님이 '京^(클,경)자'의 속자^(혹은,이체자)인 '京^(클,경)자'가 사용된 '京師^{경사}'라는 지명으로 기록하고 있으므로 '이 경사^{京師}는 신라의 경사가 아니므로 특별히 주의하라.'라고 '일연스님이 {후손인 우리들에게} 힌트를 준 것'으로 이해해서 조심해서 해석하여야 하는 것이다.

따라서 '이 경사^{京師}란 호칭은 당나라의 장안^{長安}을 지칭하고 있는 것'이므로, 위의 짧은 기록을 통해서 '원효법사의 조상^祖은 경사^{[京師=당나라장안(長安)=현,섬서} ^{성서안(西安)]}에 살았을 것'이지만, {장안을 떠난 시기는 알 수 없지만} 원효법사의 아버지^父는 당나라 장안 부근에서 아주 멀리 떨어진 ㉡압량군^{押梁郡} 또는

ㄷ하상주^{下湘州}에서 원효법사를 낳았던 것임'을 추론해 낼 수가 있는 것이다.

㉠잉피(仍皮) 또는 적대(赤大), 즉 적대연(赤大淵)이 있는 곳

⇒ 원효법사의 조상^{祖}을 '잉피공^{仍皮公} 또는 적대공^{赤大公}'이라고 했었는데, **'적대연^{赤大淵} 옆에 잉피공의 사당이 있다.'**라는 것은, '적대연$^{(赤大淵=즉, 붉고 넓은 연못)}$이라는 지명 때문에 적대공^{赤大公}이라고 한 것'임을 추론할 수가 있을 것이다. 그런데, 이 적대연^{赤大淵}이 지금의 어디인지를 잘 알 수가 없으므로 {이를 보충해서} 알려주기 위하여 제공된 힌트가 바로 '仍皮^{잉피}=仍$^{(인할, 잉)}$+皮$^{(껍질, 피)}$'로 추정된다. 따라서 '잉피공^{仍皮公}=피^{皮}로 인해서 仍 받은 공^{公}이라는 작위^{爵位}'를 의미한다고 보이는데, 여기에서는 '皮$^{(껍질, 피)}$=즉, 싸개$^{(즉, 물건을 담거나 싸는 것)}$'를 통칭하므로, 이 '皮$^{(껍질, 피)}$'자는 {현대의 과학용어에서 말하는} '식물들 중에 씨앗이 특수한 구조의 자방$^{(子房=즉, 씨방)}$으로 둘러싸여 있는 피자식물^{被子植物}'의 '피자$^{(被子=즉, 속씨)}$'를 말하는 것으로 이해된다. 그리고 피자식물^{被子植物}로 대표적인 식물이 '荔$^{(타래붓꽃, 려)}$'라는 식물인데, 현,섬서성위남시^{渭南}대려현^{大荔}이 7C 당시에도 '荔$^{(타래붓꽃, 려)}$의 군락지'였었기 때문에, '잉피공^{仍皮公}은 현,섬서성위남시대려현 부근의 유력인물이었던 것'으로 추론할 수가 있는 것이다. 즉 현,섬서성위남시대려현에는 현재에도 '섬서대려조읍국가습지공원^{陝西大荔朝邑国家湿地公園}'이라는 곳이 있는데, 이 습지공원은 {수변^{水邊}이 완전히 정비되어서 수심^{水深}이 항상 일정하게 유지되는 현대에도} '소금$^{(盐, salt)}$과 감$^{(碱=즉, 소금물)}$이 풍부한 넓은 염호^{鹽湖} 지역'이 포함되어 있다. 즉 {수변정비가 전혀 되지 않았을 1,500년 전에} 이 넓은 염호^{鹽湖} 지역은 '붉은 소금물이 질퍽거리는 거대한 염지$^{(鹽池=즉, 소금연못습지)}$'로서 '붉은빛을 띤 넓은 연못=즉, 적대연^{赤大淵}'이자, 피자식물^{被子植物}인 '타래붓꽃$^{(荔:려)}$'이 한없이 펼쳐진 곳'이었을 것이므로, 조정에서 이 지역의 유력자인 원효의 조상^{祖}에게 '잉피공^{仍皮公} 또는 적대공^{赤大公}'이라는 작위^{爵位}를 내렸었고, 그가 죽은 다음에 그 후손들이 '적대연^{赤大淵} 옆에 잉피공^{仍皮公} 사당

祠堂'을 세웠던 것이라고 추론되는 것이다. [참고:https://baike.baidu.com/item/陕西大荔朝邑国家湿地公园/24122590]

{결국, ㉠과 ㉣를 종합하면} 원효법사의 조상^祖은 당나라 경사^[京師=장안(長安)=현,섬서서안(西安)]에서 가까운 '적대연^{赤大淵}=현,섬서성위남시대려현에 있는 현,섬서대려조읍국가습지공원^{陕西大荔朝邑国家湿地公园}의 염호^{鹽湖} 지역' 일대의 유력자였었는데 당나라가 건국되기 전에 이 지역을 떠난 것으로 보이고, 원효법사의 아버지^父가 {이유는 잘 모르겠지만} 강소신라의 '㉡ 압량군^[押梁郡=금,장산군(今,章山郡)]의 남쪽 불지촌^{佛地村} 또는 발지촌^{發智村}, 즉 속어^{俚云(이운)}로 불등을촌^{佛等乙村} 혹은 ㉢하상주^{下湘州}라는 곳'에서 아들인 원효법사를 617년에 낳았고, 그 원효법사가 34살이 되는 650년경 당나라에서 파견한 의상법사와 함께 당나라로 가려고 요동^(현,산서성운성시?남부)까지 갔다가 고구려군에게 붙잡혀서 도로 신라로 되돌아왔다는 것이다. 즉 650년에 원효법사가 8살이나 나이가 적은 의상법사를 따라서 당나라로 가려고 했던 이유는, '원효법사의 조상^祖이 원래 당나라의 장안^{長安} 부근에 살았던 것'과 무관하지 않을 것이라고 추측할 수가 있는 것이다. ★

■ 원효법사와 관련된 지명

이미 원효법사의 조상^祖이 살았던 ㉠과 ㉣의 위치가 당시 당나라의 도읍지인 장안^{長安}과 가까운 현,섬서성위남시대려현이라는 것을 확인하였으니, 이제 원효법사가 태어났다는 ㉡와 ㉢의 위치를 찾으면, 원효법사의 조상이 언제쯤 당나라 장안지역을 떠났는지에 대한 추측도 해 볼 수가 있게 될 것이다. 물론 {'원효법사의 조상^祖'이 원효법사로부터 정확하게 몇 대를 소급하는 조상^祖인지를 알기가 어렵지만 언젠가는 그것도 알 수 있게 될 것으로 기대할 수가 있는 것이다. 그러나 {일단 지금으로써는} '당고종이 {의상법사를 통해} 원효법사에게 왜 그리고 무슨 명령^(요구?)을 했었으며, 원효는 또 왜 당고종의 명령^(요구?)을 거부했는지?'를 알아내는 것이 필자에게 더 중요하므로, 원효법사의 모든 조상들의 행적을 살펴보는 것은 일단 차후로 미루어야 할 것으로 보인다.

㉡{압량군(押梁郡=今,章山郡)의 남쪽 불지촌(佛地村) 또는 발지촌(發智村), 즉 속어(俚云)로 불등을촌(佛等乙村)}

⇒ 617년에 원효법사가 태어난 곳인 '불지촌^{佛地村}=발지촌^{發智村}=불등을촌^{佛等乙村}'이 '압량군^{押梁郡=今(고려?)章山郡(장산군)}의 남쪽'이라고 하므로, 먼저 '압량군^{押梁郡=今(고려?)章山郡(장산군)}이라는 힌트지명^(hint地名)7)에 주목해야 할 것이다.

그런데 {신라사를 모두 살펴보아도} '압량주(押梁州)'라는 기록^(or지명?)은 있지만 '압량군^{押梁郡}이라는 지명^(or기록?)'이 근본적으로 아예 없으므로 {일연스님이 주^州를 군^郡으로 표기하는 초보적인 실수(?)를 했을 것으로 보기는 어렵기 때문에} 이 '압량군^{押梁郡}이란 지명^(or기록?)'은 {일연스님이 '양주^{梁州}라는 실사지명^{實史地名}을 찾아야 한다.'라는 것을 강조하기 위해서} 오직 《삼국유사/의해5》원효불기조에만 등재시킨 실존하지 않은 지명'이라고 추정된다. 즉 일연스님이 '양주^{梁州}라는 실사지명^{實史地名}의 중요도를 강조하기 위한 힌트지명^(hint地名)으로 압량군^{押梁郡}이란 지명^(or기록?)을 만들어낸 것이다.'라고 볼 수가 있다는 것이다. 물론 일연스님이 {굳이 이와 같은 무리를 하면서까지} '압량군^{押梁郡}이라는 힌트지명^(hint地名)을 만들어 낸 이

---

7) '압량군{押梁郡=今(고려),章山郡(장산군)}이라는 힌트지명(hint地名)' : '今(고려),章山郡(장산군)'이라고 하는 '압량군(押梁郡)이라는 곳'이 실제로 존재했던 것이 아니라, '압+량주(押+梁州)라는 서술문(V+O)'에서 양주(梁州)라는 지명을 양군(梁郡)이라고 고쳐서 지명인 것처럼 활용한 것인데, 이는 {왜곡된 역사를 바로 잡으려면} '양주(梁州)라는 지명을 먼저 규명해야 한다.'라는 것을 알리기 위한 '일종의 힌트(hint)로 볼 수 있다.'는 것을 의미하는 것이다. 물론, '압량군(押梁郡)'은 《삼국사기/잡지1》 악조:白實,坤梁君樂也의 坤梁君(곤량군)'과 궁극적으로는 관련될 수도 있겠지만, '압량군(押梁郡)이라는 힌트(hint)로 사용된 지명{즉,힌트지명(hint地名)}'과 '坤梁君(곤량군)이라는 인물'을 직접 관련지을 근거는 아직 없는 것 같다.

유는 '{한국사 및 한국불교사의 걸출한 인물들인 원효법사 및 설총의 출신지이자 자기^(즉,일연스님) 조상들의 출신지로 알려진} 현,경북경산^{慶山}의 지명연혁이 잘못되어 있음'을 지적함으로써, '한반도불교의 성사^{聖師}인 원효법사의 실제 출생지가 어디인지?'를 {일연스님이} 후손인 우리들에게 알리려고 한 것이라고 보인다.

[참고]
'현,경북경산(慶山)의 연혁'에 대한 문제점

{통설에서} 원효법사, 설총 및 일연스님의 고향이라는 현,경북경산^{慶山}의 연혁이 {『삼국사기』를 기준으로 해서 개관해 보면} '압독소국^(押督小國;102년) > 압량주^(押梁州;642년) > 장산군^(獐山郡;750년) > 장산군^(章山郡;940년) > 경산시^(경북慶山;현재)'의 순서로 변천된 것으로 되어있는데, 일연스님이 《삼국유사/의해5》원효불기조'에 '압량군^{押梁郡=今(고려?)章山郡(장산군)}}'이라고 기록함으로써, 이 '지명연혁 스트링^(string,묶음)'에 '역사왜곡(?)이 포함되어 있음'을 지적하고 있다고 보인다.

즉 {신라사를 모두 살펴보아도} '압량주^{押梁州}'라는 기록^(지명?)은 있지만 '압량군^{押梁郡}이라는 지명^(기록?)'이 근본적으로 아예 없으므로, '압량군^{押梁郡}이란 지명^(기록?)'은 일연스님이 실존하지 않은 지명을 의도적으로 거론한 것^{즉 의도적으로 틀리게 기록한 지명}'이라고 해야 할 것이다. 다시 말해서 이는 일연스님이 '압량군^{押梁郡}이 틀린 지명이므로, 결국 위의 지명연혁 스트링^(string,묶음)도 틀리다.'라는 것을 강조하고 있는 것인데, '일종의 고육지책^{苦肉之策}과도 같다.'고 해야 할 것이다. 즉 통설화된 지명들이 '이미 모두 왜곡된 이후의 지명들뿐'인 상황이므로 '어떤 왜곡지명의 존재를 부각시켜서 그것으로부터 실사지명을 유추해 내도록 만들기 위해서 의도적으로 틀린 지명을 제시하는 고육지책을 구사하였다고 보인다는 것이다. 쉽게 말해서 {정사서^{正史書}인 『삼국사기』를 정면으로 부정할 수도 없었던} 국사^{國師}라는 신분을 가진 일연스님의 입장에서는 이러한 '고육지책과 같은 우회적인 방법'밖에 없었을 것으로도 이해해 볼 수가 있을 것이다.

결국, 이 5개의 지명연혁 스트링$^{(string,묶음)}$ 중에서 '압독소국$^{(押督小國;102년)}$>경산$^{(현,경북慶山)}$'을 제외한 가운데 부분 3개는 {'압독소국'이나 '경산'과는 무관한} 다른 지역의 지명연혁들인데, {『삼국사기』가 양주^{梁州}라는 모델지명$^{(model地名)8)}$의 원래 위치를 노출시키지 않기 위해서} 무리하게 '압독소국$^{(押督小國;102년)}$>경산$^{(경북慶山;현재)}$'의 지명연혁 스트링$^{(string,묶음)}$ 사이에 끼워 넣어서 지명연혁을 연결시킨 일종의 '지명역사의 왜곡'이라고 보이는 것이다. 즉 '압독소국$^{(押督小國;102년)}$'의 모델지역은 현,산동성지역이고, 가운데 부분 3개$^{\{즉,'압량주(押梁州;642년)>장산군(獐山郡;750년)>장산군(章山郡;940년)'\}}$의 모델지역은 현,안휘성지역인데, '7말8초 역사왜곡' 과정에서 하나로 합쳐서 '경산$^{(경북慶山;현재)}$'으로 지명이 동한 것이고, 일연스님이 이런 사정이 있음을 지적하기 위해서 '압량군^{押梁郡}이라는 존재하지 않은 지명'을 만들었던 것이라고 추론되는 것이다.

결국 일연스님이 문제점으로 지적한 '현,경북경산^{慶山}의 지명연혁'을 제대로 파악하는 것이 핵심이 되는 것인데, 그것도 역시 일연스님이 제시한 '압량군^{押梁郡}이라는 틀린 지명' 속에 그 힌트가 들어있다고 보인다.

---

8) **모델지명(model地名)** : '변조 또는 이동된 왜곡지명의 원래 위치에 해당되는 지명'을 {역사왜곡을 설명하기 위해서} 필자가 편의상 정의한 용어이다. 예를 들면, 경주신라의 도성인 현,경주를 계림(鷄林)이라고도 하는데, 이 계림(鷄林)이라는 지명은 {7말8초 역사왜곡 과정에서} 현,강소성양주에 있었던 강소신라의 도성인 계림(雞林)을 지명이동시켜 명명한 왜곡지명인 것이다. 그래서 왜곡지명인 현,경주의 계림(鷄林)에 대해, 현,강소성양주의 계림(雞林)을 모델지명(model地名)으로 구분한 것이다. 지명이동이 여러 차례 중첩된 경우도 있으므로 차수를 덧붙여서 구분해야 할 경우도 있으므로 주의가 필요하다 할 것이다.

즉 일연스님은 "'『삼국사기』에도 없는 압량군^{押梁郡}이라는 힌트지명'을 만들면서 또 한편으로는 '자기가 만든 압량군^{押梁郡}이란 힌트지명'과 『삼국사기』에서 말하는 압량주^{押梁州} 및 삽량주^{歃良州}라는 왜곡지명들'이 모두 {동사$^{(動詞:V)}$+목적어$^{(目的語:O)}$}의 형태로 구성된 서술문^{敍述文}을 지명화하고 있다.'는 유사점이 있음"을 시사함으로써, '후손들이 양주^{良州}에 해당되는 모델지명인 양주^{梁州}의 실제 위치를 찾는 것'을 돕고 있다고도 보이는 것이다.

그래서 일연스님은 《삼국유사/의해5》원효불기조의 앞부분'에서 '압량군^{押梁郡}이라는 힌트지명'과 '압량주^{押梁州} 및 삽량주^{歃良州}라는 왜곡지명의 유래에 대한 기록'을 함께 제공함으로써, 이 두 지명의 공통요소인 '양주^{梁州}'라는 지명의 실제 위치가 어디인지 또한 궁극적으로는 '우리 역사에 양주^{梁州}라는 지명이 등장하게 된 역사적 배경이 무엇인지?'를 후손들에게 알리려고 했었던 것이라고 보이는 것이다. 물론 그 결과가 되는 것이겠지만 {일연스님이 '압량주$^{(押梁州:642년)}$>장산군$^{(獐山郡:750년)}$>장산군$^{(章山郡:940년)}$'이라는 3개의 지명연혁 스트링$^{(string,끈음)}$은 당연히 '상주^{上州}>사벌주^{沙伐州}>상주^{尙州}' 쪽이 아니라, '하주^{下州}'와 관련된 '비사벌$^{(比斯伐=今,창녕군(昌寧郡))}$' 쪽에 관련된 지명연혁 스트링$^{(string)}$에 연결하여야 한다는 것을 시사함으로써} '원효법사, 설총 및 일연스님 조상의 출자지가 '今$^{(고려)}$,창녕군^{昌寧郡}의 모델지역'이라는 것을 알리려고, '압량주^{押梁州}' 및 '압량군^{押梁郡}'과 '삽량주^{歃良州}'라는 틀린 지명과 왜곡지명을 중점적으로 언급했던 것이라고 보인다. {설명이 조금 복잡하므로} 이를 정리하면 다음과 같은데, '압량군^{押梁郡}이라는 힌트지명'은 '압량주^{押梁州}라는 왜곡지명'을 기반으로 해서 일연스님이 만든 '존재하지 않은 지명$^{\{즉, 틀린 지명\}}$'임이 확실하므로 {이를 제외하고} '압량주^{押梁州}라는 왜곡지명'과 '삽량주^{歃良州}라는 왜곡지명'에 대해서 집중적으로 조명해 보면 '양주^{梁州}'라는 지명에 대해서 알 수가 있게 될 것이다.

[참고1] {압량주(押梁州)라는 왜곡지명} 관련 기록 :

《삼국사기/신라본기5》신라27선덕여왕11(642)년 : …拜庾信爲押梁州軍主 > 김유신(庾信)을 양주(梁州)를 관리 감독하는(押督>押) 군주(軍主)로 삼았다(爲)…

[참고2] {압량군(押梁郡)이라는 힌트지명} 관련 기록 :

《삼국유사/의해5》원효불기 : … {(聖師元曉)…初示生于押梁郡南 今章山郡.佛地村北栗谷裟羅樹下. 村名佛地或作發智村. 俚云弗等乙村]} > {(성사원효는)…처음에 압량군(押梁郡=今,章山郡)의 남쪽 불지촌(佛地村) 북쪽의 율곡(栗谷) 사라수(裟羅樹) 아래에서 태어났다. 마을 이름은 불지(佛地)로 또는 발지촌(發智村)이라고도 한다}. {속어(俚云)로 불등을촌(佛等乙村)이라고 한다}

[참고3] {삽량주(歃良州)라는 왜곡지명의 유래} 관련 기록 :

《삼국유사/의해5》원효불기 : …{唐僧傳云夲下湘州之人. 按麟德二年間, 文武王割上州·下州之地置歃良州, 則下州乃今之昌寧郡也, 押梁郡夲下州之屬縣. 上州則今尙州亦作湘州也} > {《당승전(唐僧傳)》에서는 본래(夲) 하상주사람(下湘州之人)이라고 하였다. 살펴보면 다음과 같다. 인덕(麟德)2(665)년중에 문무왕(文武王)이 상주(上州)와 하주(下州)의 땅(之地)을 나누어 삽량주(歃良州)를 두었는데, 즉 하주(下州)는 결과적으로(乃) 지금(高麗)의 창녕군(昌寧郡)이고, 압량군(押梁郡)은 본래(夲) 하주(下州)의 속현이다. 상주(上州)는 곧 지금(高麗)의 상주(尙州)로 혹은 상주(湘州)라고도 한다}

ⓐ 압량주(押梁州) 및 삽량주(歃良州)는 모두 '{동사(動詞:V)+목적어(目的語:O)}로 구성된 서술문(敍述文)'을 지명화한 왜곡지명(歪曲地名)

이다.

⇒ 기존의 통설에서는 압량주^{押梁州} 및 삽량주^{歃良州}를 그 자체로 고유지명인 것으로 취급하지만, 필자는 이를 '서술문을 고유명사화한 역사왜곡 방법론의 하나'로 취급한다. 이런 형식의 지명은 **'{상기[참고1]} 신라27 선덕여왕11(642)년 때의 압량주(押梁州)'**에서 처음 등장하는데, 이 시기는 아직 '나당군사동맹'이 구체화되기 이전이므로 강소신라가 당나라의 간섭없이 독자적으로 대외적인 군사행동을 하던 시기로서 '압량주^{押梁州}=즉 양주$^{梁州[즉,이를}$ 압독$^{(押督>押)[즉,V]}$한다.⇒곧, 양주^{梁州}를 군사적^{軍事的}으로 통치^{統治}한다.'라는 서술문은 강소신라의 독자적인 의지에 의한 군사행동이었던 것이다. 따라서 '군사적^{軍事的}으로 통치^{統治}하는 사람은 당연히 장군^{將軍}이므로 그 지위를 군주$^{(軍主9)}$'라 하였던 것이고, {양주^{梁州}라는 지역의 특수성$^{\{즉, 중국 남조국가(南朝國家=宋,齊,梁,陳)의 중심지역\}}$을 고려하여} 그 지역에 연고가 있는 김유신^{金庾信} 장군^{將軍}을 '량주^{梁州}를 압^{押}하는 군주$^{\{軍主=즉,군사통치자(軍事統治者)\}}$'로 임명한 것이 {상기[참고1]의} 642년 기록인 것이다.

결국 '642년 당시의 압량주^{押梁州}'는 고유지명이 아니었던 것인데 '7말8초 역사왜곡'을 거치면서 '고유지명으로 취급되게 된 것$^{(固有地名化)}$'이고, 그 이후의 모든 기록들이 이를 고유지명으로 취급함으로써 현재의 통설이 모두 '처음부터 고유지명이었던 것으로 잘못 해석'하고 있는 실정이며 또한 '다음에 검토할 삽량주^{歃良州}도 역시 마찬가지의 과정을 거쳐서 '고유지명으로 잘못 해석되고 있는 것'이다.

---

9) **군주(軍主)** : '신라의 군주(軍主)'란 당시의 개념으로 하면 도독(都督)이고 현대적 개념으로 말하면 총독(總督)과 같은 것으로서, 관할지의 생사여탈권을 가진 독립된 통치자였었으므로 대개 국왕의 형제나 숙부 등 군사실력자에게 관할지역을 전권통치(全權統治)하게 했던 것이다. 따라서, 그 중요도는 국가의 존망과 관련될 정도였었다고 해야 할 것이다. 이에 비해서 '갈문왕(葛文王)=군왕(君王)의 반절법(反切法)'은 국왕(國王)과 동등 이상의 지위를 가진 실질적인 정치실력자에게 부여한 명예직위(名譽職位)이므로, 반드시 군사력을 보유한 것이 아니어서 대개 정치적 자문역할을 한 것이다.

ⓑ **압량주(押梁州)의 양주(梁州)는 옛,가야{加耶=엄격히 말하면, 가라(加羅)} 지역이다.**

⇒ 642년에 신라27선덕여왕이 김유신 장군에게 군주^{軍主}라는 지위를 부여하여 군사통치$^{(押督>押)}$를 하게 한 양주^{梁州}라는 지역은, 당시에 김유신 장군 또는 신라가 새롭게 정벌한 지역이 아니었었고 강소신라가 100년 전 과거에 정벌해서 이미 오래전에 영토로 편입하여 당시는 문민통치를 해오던 가야$^{(加耶,加羅)}$지역인데, 그동안 국제정세가 급변하면서 그 지역에서 신라측의 문민통치에 반발하는 상황이 빈번해져서 더 이상 과거와 같은 문민통치가 유지될 수 없을 정도로 위태로워졌으므로, {강력한 군사통치를 위해서} 강소신라27선덕여왕이 그 지역과 연고가 있는 김유신 장군에게 군주^{軍主}라는 지위를 부여해서 '압+량주$^{押+梁州}$하라'라고 명령을 했었던 것이다.

즉 그 양주^{梁州}라는 지역이 바로 '강소신라24진흥왕이 562년에 최종적으로 신라 영토로 병합시킨 가야$^{(加耶,加羅)}$ 지역이었던 것'이므로, 가야$^{(가라)}$의 일원이었던 금관국^{金官國}의 마지막 왕 9구형왕^{仇衡王}의 후손인 김유신 장군이 '압량주^{押梁州}하는 군주^{軍主}'로 임명된 것은 지극히 자연스러웠던 것이다. 다만, '왜 압가야$^{(押加耶or押加羅)}$가 아니고 압량주^{押梁州}인가?'라는 의문이 생기겠지만, 당시의 국제 정세를 분석하면 쉽게 답이 나온다. 즉 신라가 562년에 최종적으로 병합시켰던 가야지역이 현,안휘성 지역이었으며, 그 서쪽이 바로 과거에 소량$^{(蕭梁:502~558)}$의 근거지였던 양주$^{(梁州=현,호북성무한(武漢) 동북부 산악지역으로 추정됨)}$ 지역이였던 것이다. 물론 당시는 양주^{梁州} 지역이 당나라에게 귀속되어 있었지만, 그 동쪽의 옛,가야지역$^{(현,안휘성지역중동부)}$에서 과거의 소량$^{(蕭梁:502~558)}$ 정권을 복고하려고 하는 세력들이 준동하는 움직임이 있었으므로 그 세력들을 제압해서$^{(押)}$ 총독하려고$^{(督)}$ 한 것이므로 김유신 장군을 '압가야^{押加耶}가 아니라 '압량주^{押梁州}'할 군주^{軍主}로서 파견하게 된 것은 자연스러운 상황이었던 것이다. 물론 가야$^{(加耶,加羅)}$라는 지명도 원래부터 실존해 오던 지명이 아니라, '7말8초 역사왜곡 과정에서 만들어 낸 역사왜곡용 지명'이므로 642년 당시에는 압가야^{押加耶}란 말이 등장할 이유가 아예 없었던 시기이기도 하지만, 642년경 사용된 양주$^{(梁州=현,호북성 무한(武漢)동북부산악지역.추정)}$라는 지명을 대상으로 한 '압+량주$^{(押+梁州)}$'라는 서술문을 고유지명인 것처럼 역사왜곡한 진짜 이유는, 다음에 설명할 '삽량주^{歃良州}라는 지명' 때문이었던 것이다.

즉 '압+량주$^{(押+梁州)}$=양주$^{(梁州=옛,가야(현,안휘성)지역)}$를 압독$^{(押督>押)}$한다.'라는 것으로 해석하면 그만인 것인데, 이 가야지역이 현,강소성의 서쪽인 현,안휘성 일대$^{(옛,중국의 남조국가(宋>齊>梁>陳) 지역)}$였으므로 {'가야지역=현,안휘성지역'이라는 실사를 감추기 위하여} '양주^{良州}=양주^{梁州}음변자^{音變字}'라는 관계를 활용하여, 새로운 왜곡지명인 '양주^{良州}'를 만들어내고서 {과거의} 압+량주$^{(押+梁州)}$라는 서술문'을 모방해서 '삽+양주$^{(歃+良州)}$라는 서술문'을 지명화한 '삽양주^{歃良州}라는 왜곡된 고유지명'으로 둔갑시켜서 역사왜곡에 활용하였던 것이다. 그래서 '삽+양주$^{(歃+良州)}$라는 서술문에서부터 현재는 '양주^{梁州}>양산^{梁山}'이라는 지명으로 변천되어 종국에는 현,경남양산시^{梁山}라는 지명으로 버젓이 사용되게 된 것이다. 어쨌든, '삽양주^{歃良州} 또는 양주^{良州}'라는 지명이 원래 '양주^{梁州}라는 지명$^{(즉,중국 남조국가(宋>齊>梁>陳)의 지명)}$에서 연유되었다'는 것으로 보면 될 것이다. 그런데 {상황에 따라서는} '삽양주^{歃良州}라는 고유지명'은 있을 수도 있겠지만, '압량주^{押梁州} 또는 압량군^{押梁郡}이라는 고유지명'은 있을 수가 없었던 것인데, {이 지명들이} '삽양주^{歃良州}라는 지명의 연혁'을 왜곡하는 과정에서 '억지로 지명화된 것'이라고 보면 되는 것이다.

어쨌든, '현,경남양산시^{梁山}의 모델지명인 양주^{梁州}'는 '현,안휘성서부의 대별산맥$^{(大別山脈=즉, 회하수계(淮河水系)와 장강수계(長江水系)를 나누는 분수령(分水嶺) 산맥)}$의 남부 천당채^{天堂寨} 부근(?)에 있었던 옛, 양주$^{(梁州=현,곽산현(霍山縣?)추정)}$로서, '옛,가야$^{(加耶=엄격히 말하면, 가라(加羅)임)}$의 서쪽 지역에 해당된다'고 보인다. 따라서 '그러한 현,안휘성의 양주^{梁州}가 어떻게 해서 삽양주^{歃良州} 또는 양주^{良州}라는 지명으로 왜곡되어서 현,경남양산시梁山까지 오게 되었는가?'를 밝혀야만 원효법사의 출생지를 찾을 수가 있게 되는 것이다.

ⓒ '상주(上州)'와 '하주(下州)'라는 고유지명과, 하나의 주(州)를 남북{南北=즉,상하(上下)}로 나눈 '상주의 땅{上州之地⇒즉,상주(上州)}'과 '하주의 땅{下州之地⇒즉,하주(下州)}'은 그 개념이 서로 다르다.

⇒ {설명이 조금 복잡해질 것 같아서} 독자들의 이해를 돕기 위해, 여기에 해당되는 665년의 문장을 다시 옮겨놓고 설명하고자 한다. {'**사각형 안 글자**'에 특별히 유의하길 바란다}

* 《삼국사기/지리1》양주(良州)조 :

　　文武王五年,麟德二年 割上州.下州地, 置(?)良州.

　　[『삼국사절요』에는, '(?)'자가 '歃'자로 보완되어 있음]

* 《삼국유사/의해5》원효불기조 :

　　麟德二年間, 文武王 割上州.下州之地 置歃良州,

　　[문장의 앞부분에…'唐僧傳云 本下湘州之人'…가 있음]

{필자의 검토과정을 되돌아보면} '삽량주歃良州라는 서술문(혹은,지명)'을 해석하는 데 있어서 가장 어려웠던 부분이 바로 이 '상주上州'와 '하주下州'라는 표현이었던 것으로 기억된다. 즉 {기본적으로} 산동신라가 강소신라로 남천南遷해 내려오면서 지방행정구역을 도성인 현,강소성양주揚州를 기준으로 하여 단순하게 그 북쪽을 '상주上州'로 하고, 그 남쪽을 '하주下州'로 나누어서 고유지명으로 삼았었던 것이 여러 기록들에서 확인되었으므로 '상주上州'나 '하주下州'라는 표현이 등장하면 {그것이 설령 실사實史가 아니었다고 하더라도} 큰 의심 없이 그 표현에 맞추어서 위치를 추적하고 지명을 비정할 수가 있었는데, '665년의 삽량주歃良州 설치 기록인, **割上州·**

下州地(할상주하주지)에서의 上州상주·下州하주는 '신라의 지방행정구역인 상주上州와 하주下州라는 고유지명들'이 아니라 '하나의 주州를 남북{南北=즉, 상하(上下)}으로 나누었을 때의 북쪽의 땅{상주지(上州地=즉, 上州之地)}과 남쪽의 땅{하주지(下州地=즉, 下州之地)}을 말한다.'는 것을 나중에야 알게 되었으므로 한동안 큰 혼란을 겪었던 것이다.

즉 {그동안 필자가 추적해 온 바에 의하면} 하주{下州=즉, 양주(良州)}의 쪽에 있어야 할 원효법사의 출생지가 {현재의 통설에 의하면} 상주上州의 쪽으로 분류되어 '옛, 상주尙州의 관내로 보이는 현, 경북경산慶山의 제석사帝釋寺로 가버리게 된 것'을 확인하였으므로 '이건 뭔가 크게 잘못되었다'는 것을 알게 되었기 때문이다. 그러나 {잘못 해석하고 있는} 현재의 통설만을 탓할 수는 없어서 {그 원인을 찾기 위해, 위에 표기한} 《삼국사기/지리1》 양주良州조와 《삼국유사/의해5》원효불기조'의 해당 문장을 조사해 보니, '**割上州·下州地**(할상주하주지)'와 '**割上州·下州之地**(할상주하주지지=즉, 割上州之地·下州之地)'에서 단지 '之(갈, 지)'자라는 글자 하나의 차이가 그 원인이었던 것을 발견하게 된 것이다.

다시 말해서 '665년에 삽량주歃良州로 만들었다'는 '상주의 땅(上州之地)'과 '하주의 땅(下州之地)'은, {강소신라의 초기 지방행정구역이었던} '상주上州'와 '하주下州'를 말하는 것이 아니라 '옛, 가라지역인 양주梁州의 땅을 남북으로 나눈 상양주{上梁州=즉, 북양주(北梁州)}'의 땅과 하양주{下梁州=즉, 남양주(南梁州)}의 땅을 말하는 것이었다. 다만 {실제로는} 삽량주{歃良州=揷良州음변자}라는 지명은 '옛, 가라지역인 양주梁州의 땅' 전체를 대상으로 했던 것이 아니라 상양주{上梁州=즉, 북양주(北梁州)} 땅의 동남부 일부와 하양주{下梁州=즉, 남양주(南梁州)} 땅의 동북부 일부만 떼어내서, '강소신라의 초기 지방행정구역인 상주上州와 하주下州'의 사이에 모두 걸치도록 끼워 넣어서{즉, 揷, 끼워 넣을, 삽} '양주良州라는 새로운 지명'을 만들어냈던 것이어서 이 지명을 '삽량주揷良州'라고도 했었던 것인데, 역사왜곡이 진행되는 과정에서 {歃(마실, 삽)=揷(끼워 넣을, 삽) 음변자}인 관계를 활용하여} 삽량주$^{(歃良州)}$라고 하게 된 것이었다. 결국 {이러한 상황이} '《삼국사기/지리1》양주(良州)조의 割上州·下州地(할상주하주지)라는 문구' 와 '《삼국유사/의해5》원효불기조의 割上州·下州之地(할상주하주지지)라 는 문구'의 뒤쪽에 들어있는 '之$^{(갈,지)}$'자라는 글자 하나의 의미 차이에 의 해서 달라진 개념이었던 것이다.

결국, 일연스님은『삼국사기』가 자세히 설명하지 않은 내용에 대해 {『삼국유사』에서} 단지 '之$^{(갈,지)}$'자라는 글자 하나를 추가해서 삽량주$^{(歃良}$ $^{州=즉,揷良州)}$라는 지명에 얽힌 사연을 설명하고 있었던 것이다. 그래서 {지 금도 '현,중국의 성^{省},시^{市},현^{縣} 경계지도'를 보면} '현,안휘성천장시^{天長市} 경 계선의 형상'이 강소성 쪽으로 '노루^{獐} 궁뎅이'처럼 쑥 끼어들어 가 있는 $^{\{즉,揷(끼워넣을,삽)\}}$ 모양'이 되어있는 것이다. 그래서 이곳$^{\{즉,삽량주(歃良州=즉,揷良州)\}}$의 한반도 이동지명이 '장산군$^{(獐山郡;750년)}$>장산군$^{(章山郡;940년)}$'이 된 것이므로, 결 국 삽량주$^{(歃良州=즉,揷良州;665년)}$는 '압량주$^{(押梁州;642년)}$에서 변화된 지명$^{(혹은,서술문)}$' 인 것이므로, '원효법사의 출생지는 삽량주$^{(歃良州=즉,揷良州;665년)}$의 이동지명에 서 찾아야 한다'라는 것을 일연스님이 우리에게 알려주고 있었던 것이다.

따라서 삽량주$^{(歃良州=즉,揷良州)}$는 {강소신라의 (상주^{上州}>사벌주^{沙伐州})가 지 명이동한} 경주신라의 상주^{尙州}' 및 {중국의 승전^{僧傳}에서 말하는} 상주^{湘州} $^{=즉,동해상주(東海湘州)}$'와는 전혀 무관한 '강소신라의 양주$^{(良州=즉,梁州)의 일부}$'에만 관련되는 지명이었으므로, 일연스님은 당승전$^{\{唐僧傳=즉,송고승전(宋高僧傳)\}}$의 원 효법사에 대한 기록 중에서 '**본하상주지인**^{本下湘州之人} > **송나라**$^{(本=즉,宋)}$ **상주**^{湘} ^{州} **아래쪽**$^{\{下=즉,남(南)쪽\}}$**의**^{之} **출신인**$^{(人)}$**이다.**'라고 한 기록을 찾아서 {앞에다 먼 저 예시하여} "'**割上州·下州之地(할상주·하주지지)**'란 문구와 '**本下湘州** **之人(본하상주지인)**'이란 문구에서의 '之$^{(갈,지)}$'자의 활용법에 유의하라" 라는 시그널을 후손인 우리들에게 보내고 있었던 것이다. 즉 일연스님이 "'之$^{(갈,지)}$가 적용된} 상주^{上州}, 하주^{下州} 및 하상주^{下湘州}'와 '之$^{(갈,지)}$가 적용되 지 않은} 상주^{上州}, 하주^{下州} 및 하상주^{下湘州}'는 서로 그 개념이 다르다"는 것을 말하고 있는 것이다.

ⓓ 삽량주(歃良州)는 원래 현,안휘성저주시(滁州)의 천장시(天長)이다.

⇒ 앞에서 '삽량주^{歃良州}가 삽량주^{歃梁州}의 음변자^{音變字}임'을 지적하였는데, 이 역시 {처음 등장하던 문장에서는} 고유지명$^{(固有地名=즉,고유명사)}$이 아니라 서술문$^{(敍述文=즉~(S+O)~형식의~문장)}$으로 사용되던 것이 {7말8초 역사왜곡을 거치면서} 앞의 압량주^{押梁州}의 경우와 마찬가지로 '고유지명화^{固有地名化}된 왜곡지명'이었던 것이다. 그런데 삽량주^{歃良州}라는 서술문은 {7말8초 역사왜곡이 있기 이전에 존재했던 압량주^{押梁州}라는 서술문과는 달리} 7말8초 역사왜곡 작업이 시작되던 시기인 665년에 처음 등장한 표현이었으므로, '처음부터 어느 정도는 고유지명화를 감안하고서 만든 서술문이었다.'고 보아야 하는데 {이 표현에 대한 강소신라측 입장과 당나라측 입장이 함께 가미된$^{(즉,절충된)}$ '조금은 복잡한 사정이 있는 표현'이었으므로} 665년 처음부터 '삽+량주$^{{(歃+良州)=(歃+梁州)음변자}}$'라는 역사왜곡방법론을 적용하여 만들어낸 '역사왜곡 전용 왜곡지명^{歪曲地名}'이었던 것이다. 그래서 바로 {강소신라에는 없는} '삽량주^{歃良州}라는 역사왜곡 전용 왜곡지명'이 경주신라로 바로 지명이동하게 된 것이다.

어쨌든 '삽량주^{歃良州}라는 역사왜곡 전용 왜곡지명의 유래'를 찾기 위해서는 우선 이 '삽량주^{歃良州}란 표현$^{(or지명?)}$'이 '처음 만들어진 시기$^{{즉,665년}}$'와 '만든 방법$^{{분할방법(分割方法)=즉,할상주·하주(割上州·下州)}}$'에 주목해서,『삼국사기』및『삼국유사』기록의 미묘한 차이가 시사하는 바$^{{즉,~신라와~당나라~간의~입장~차이}}$가 무엇인지를 검토해 볼 필요가 있을 것이다.

* 먼저 해당문장을 서로 글자$^{(漢字)}$를 대비하면서 살펴보자.

㊀ =《삼국사기/지리1》양주(良州)조 :

　　文武王五年,麟德二年　割上州·下州　地　置(?=歃)良州.

㊀ =《삼국유사/의해5》원효불기조 :

麟德二年間, 文武王　割上州·下州之地 置歃　良州.

○ [검토1] : 시기(665년)를 당나라연호로 표기하고 있다.
○ [검토2] : 분할범위가 '지(地)'와 '지지(之地)'로 달리 표기된다
○ [검토3] : 실제 설치주체인 신라측에서는 '歃(삽)'자를 거부했다?

* **다음, 두 문장의 글자 위치를 대비해서 그 차이를 살펴보자.**

#	1	2	3	4	5	6	7	8	9	10	11	12	13	14	15	16	17	18	19	20	21	22	23
㊀	麟	德	二	年						割	上	州	·	下	州		地	,	置	?	良	州	.
㊁	麟	德	二	年	間	,	文	武	王	割	上	州	·	下	州	之	地		置	歃	良	州	.

⇒ 여기에서는 먼저 '665년이라는 시기의 특수성'을 고려하여야 한다. 즉 당나라는 {660년에 백제를 멸망시킨 직후} 신라에게 나당군사동맹에서 약속했던 백제 땅을 주기는커녕 신라 땅마저 '계림도독부^{雞林都督府}로 병합시키겠다.'라고 선언했었던 것이고, 당나라의 이 선언은 {신라에게는 청천벽력과 같은 사건이었으므로} 그에 대한 신라인들의 반발과 절망은 극에 달했던 것이며, 특히 나당군사동맹을 진두지휘했던 김춘추와 김유신에게는 도저히 용납할 수 없는 사건이었던 것이기 때문이다.

그래서 {현존 역사서에는 자세한 내막이 모두 삭제되어 버렸지만} 나당군사동맹의 당사자였던 김춘추[29무열왕], 김법민[30문무왕]과 김유신이 이 시기에 당나라와의 일전을 불사할 각오로 전쟁준비를 시작했었던 것으로 보이며, 당나라도 물론 '신라의 반발을 미리 예상'했었으므로 '{660년 연말(?)에 전격적으로 김춘추[29무열왕]를 암살해 버리는} 은밀한 음모(?)'를 미리 준비했었다고 볼 수가 있는 것이다.

[참고]

김춘추(金春秋) 암살사건과 금마군민(金馬郡民) 몰살사건

『삼국사기』29 무열왕8(661)년 6월에 대관사(大官寺=즉,王의 宮闕) 우물의 물이 피가 되었고{즉,김춘추(金春秋)암살사건}, 금마군(金馬郡)의 땅에 피가 흘러서 그 넓이가 다섯 보(步)가 되었다{즉,금마군민(金馬郡民)몰살사건}.

⇒ 이 기록은, '김춘추암살사건이 660년12월말(혹은,661년정초)에 발생했지만, 김춘추가 바로 사망하지 않고 의식불명 상태가 되었었는데, 결국 661년6월에 사망하게 되자 {그동안의 사건조사에서 금마군金馬郡 사람이 김춘추의 암살자로 지목되었으므로} 신라조정에서 바로 금마군{金馬郡=현,산동성조장시(棗庄)추정=즉 백제30무왕(武王)의 출자지(出自地)} 마을 사람들을 한꺼번에 모두 몰살시킨 것'을 기록한 것이다.

물론 당나라는 김유신도 함께 암살하려고 했었겠지만 {워낙 출중한 무장이었으므로} 암살이 실패할 경우의 파장을 우려하여 함께 실행하지 못하고 상대적으로 보안이 취약한 김춘추를 살해한 후, 바로 김춘추의 아들 김법민에게 "'즉시 신라왕으로 즉위해서 혼란에 빠진 신라를 안정시키라'라고 종용하면서, 또 바로 {고구려를 마저 정벌한 뒤} 고구려는 당나라가 차지하고 백제는 신라가 차지한다.'라는 당초의 약속을 지키겠다."라고 회유하여 김춘추 암살사건을 물타기(?)했다고 보인다. 물론 당나라는 {사전에 계획(음모)한 대로} 금마군金馬郡 사람을 김춘추의 암살자로 동원했었고 또 사건 발생 후 즉시 금마군사람의 범행으로 몰아갔었으므로, '상황이 이미 엎질러진 물이 되어버렸다.'고 체념한 김법민은 부왕의 사망을 기정사실화한 뒤 661년 후반기부터 바로 고구려 정벌을 서둘렀던 것이고, 당나라 소정방은 엄동설한 12월에 고구려를 정벌하는 시늉

만 하고서 철수하는 등의 속임수를 계속했던 것이다. {이렇게 시간이 흘러가면서} 신라는 비로소 당나라의 속임수를 정확하게 모두 알게는 되었지만 이미 '신라 혼자서는 당나라를 대항할 힘이 없다.'는 것이 분명해졌으므로, {어쩔 수 없이} 점차 '문제를 외교적으로만 해결하려는 소극적인 자세'로 전환하게 된 것으로 보인다.

그러나 '김춘추 암살'이라는 극단적인 사건을 일으켜서 {결과적으로} 계림도독부 설치에 대한 신라측 반발을 억누르는 데 성공한 당나라는, 어느 정도의 시간이 지나자 더 이상 힘을 쓸 수 없이 허약해진 강소신라를 마음대로 요리하기 시작했던 것이다. 그리고 {마침 백제부흥운동이 일어나자} 신라에게 {감언이설로 설득하여(?)} 백제부흥군을 토벌하게 함으로써 신라의 힘도 약화시키고 백제 부흥군도 궤멸시키는 이이제이 전략을 구사했던 것이다. 그렇게 해서 당초 계획했던 '계림도독부 설치 P/J^(project,프로젝트,공정)'를 본격적으로 재가동한 첫 조치가 바로 100여년 전부터 신라가 차지하고 있었던 옛,가야지역^{즉 642년에 이미 양주(梁州)로 지칭되던 곳이었다}을 당나라가 접수하는 작전이었었고, 그 작전을 밀어붙인 결과가 바로 '삽량주^{歃良州}라는 왜곡지명이 만들어지는 상황'이었던 것이다.

어쨌든,《삼국사기/지리1》양주(良州)조에 '**[검토1]시기^(665년)를 당나라 연호로 표기했다.**'는 것은, '양주^(良州=즉,挿梁州)의 설치'에 대해서 사전에 '신라와 당나라가 협의되었음'을 의미한다고 보인다. 따라서 처음부터 두 나라가 '양주^(梁州=현,안휘성지역)를 음변^(音變=즉,歪曲)시킨 양주^{良州}라는 왜곡지명'을 새로 설정하기로 합의한 것으로 추측되는데, 신라측에서는 양주^(梁州=즉,가야지역전체=현,안휘성지역)를 '상양주^{上梁州=현,안휘성북부⇒즉,상주(上州)}의 땅'과 '하양주^{下梁州=현,안휘성남부⇒즉,하주(下州)}의 땅'으로 분할하여 '하양주^{下(南)梁州⇒즉,하주(下州)}의 땅을 양주^{良州}라고 해서 하주^{下州=즉,하양주(下(南)梁州)}의 땅이나마 {강소신라의 땅으로} 보존할 수 있게 되기를 기대'하고서 강하게 주장했었던 것으로 보이는

데, 당나라측에서는 '상양주{上梁州=현,안휘성북부⇒즉,상주(上州)}'의 동남쪽부분 일부의 땅과 하양주{下梁州=현,안휘성남부⇒즉,하주(下州)}'의 동북쪽부분 일부의 땅을 각각 조금씩 떼어내어 이 두 땅을 합쳐서 양주{良州}라고 하자'라고 주장했던 것이 '지{地}자와 지지{之地}자의 차이{差異}였던 것'이다.

즉 원래 신라 땅이었던 양주{梁州=현,안휘성=옛,가야지역}를 힘없는 신라가 '당나라에게 외교적으로 양도하는 방법상의 문제'로 약간의 실랑이는 있었을 것이지만, 모든 것은 이미 칼자루를 쥔 당나라의 결정대로 돌아갈 수밖에 없었으므로 {결국 당나라의 주장에 따라 결정되어서} 신라는 '당나라가 옛,가야지역{당시,양주(梁州)}의 동쪽 중앙부 한 귀퉁이만이라도 양보해 준 것'에 감지덕지해서(?) 당나라의 주장에 합의하고서 그곳을 양주{良州}라고 명명하여 '마치 옛,가야지역 전체를 모두 그대로 지켜낸 것'처럼 왜곡{눈가림}하기 위하여 한사코 '삽{歃=즉,揷(끼워넣을,삽)음변자}'이라는 글자를 배제시키려고 했었던 것으로 보이지만 {과거에 '압량주{押梁州}라는 서술문{V+O}'을 지명화 했었던 선례'가 있었으므로} 명분에서 밀린 신라가 한동안 양주{良州}와 삽양주{歃良州}라는 두 개의 왜곡지명을 병행해서 사용하다가 점차 삽양주{歃良州}로 굳어지게 된 것으로 추측된다.

그리고 '강소신라의 이 지역{양주(良州)=즉,歃良州)}'을 굳이 언급한다면 압량소국{押梁小國=즉,압량주(押梁州)의 일부}이라고도 할 수가 있었고 실제로도 750년{경덕왕9년}까지는 장산군{獐山郡}이라고도 했던 것이므로, 757년 35경덕왕이 경주신라의 전체행정구역을 확정해서 발표할 때 '장산군{獐山郡}을 양주{良州}의 속군{屬郡}으로 편제'하게 되었던 것이다. 물론 이 압량소국{押梁小國}을 {2C초 신라 6지마이사금 시기에 병합한} 압독국{押督=즉,압독소국(押督小國)}과 같은 지역인 것으로 취급하는 것은 '산동신라 주변에 있었던 소국과 강소신라 주변의 소국을 하나로 뭉쳐서 기록한 지명왜곡에 기인한 것'이어서 사리에도 맞지 않지만, 고려태조가 {강소신라에서의 역사 흔적을 지우기 위해} 940년에 장산군{獐山郡}을 장산군{章山郡}으로 고쳤던 것 등등 {사실과 다른 왜곡된 해석들이 계속 중첩되어서} 결국 '원효법사, 설총, 일연스님의 조상이 상주^{尙州} 출신이다.'라는 {현재의 통설과 같은} 잘못된 기록으로 고착화되게 된 것이다.

그런데, 750년$^{(경덕왕9년)}$까지 장산군^{獐山郡}으로 불리웠던 '강소신라의 양주$^{\{良州=즉, 삽양주(歃良州)\}}$'는 강소신라가 한반도로 떠난 다음에도 '장산^{獐山}'이라는 지명의 흔적이 그대로 남아서, 현재까지도 '현,안휘성저주시^{滁州}천장시^{天長}'라는 지명으로 바뀌어서 전해지고 있다고 본다. 즉 이 천장시^{天長}는 {구글지도$^{(google地圖)}$를 보면} 안휘성에서 강소성 쪽으로 '노루$^{(獐; 장)}$ 궁뎅이처럼 쑥 내밀고 있는 형상'인데 당나라측에서 나중에 '이 장산$^{\{獐山=현재는 천장(天長)으로 고쳐짐\}}$이란 곳이 원래부터 {강소신라의 땅이 아니라} 당나라$^{\{唐=즉, 천(天)\}}$의 땅이다'라는 의미에서 '천장$^{\{天長=天獐음변자=즉 天(唐나라=梁나라)의 長山(獐山음변자)이라는 의미?\}}$'으로 바꾼 것으로 추측된다.

물론 처음의 장산^{獐山}은 현,천장시^{天長} 서쪽의 현,철산사^{鐵山寺}가 있는 산악지역 전체를 말했을 것으로 보이는데, 땅을 조금이라도 동쪽으로 밀어붙이려는 당나라의 입장에서 노루궁뎅이의 방향을 180도 바꿔서 천장시의 위치를 현재의 모습과 같이 만들었다고 추측된다. 그리고 {1,300년이 지난 지금까지} '천장$^{(獐山≒天長)}$과 같은 유사한 지명'을 남겨둔 이유는} 이 특수한 지역$^{(즉, 노루궁뎅이)}$의 지명$^{(獐山≒天長)}$이 '양주$^{(梁州≒옛, 가야지역=현,안휘성)}$지역 전체가 강소신라에 병합된 지역이었음'을 감출 수 있는 '견강부회성 왜곡 지명'이었기 때문으로 보인다. 즉 이 지명$^{(獐山≒天長)}$이 있으므로 {후대에 혹시, 옛,가라$^{(加羅,加耶,任那)}$지역의 역사가 논란이 되더라도} '옛,가라$^{(加羅,加耶,任那)}$지역의 범위가 이 지명$^{(獐山≒天長)}$의 범위뿐이었다.'라는 억지논리를 방패로 삼기 위한 궁여지책과 같은 '꼼수'라고 보인다.

즉 이는 '현,한반도에 역사이동되어 배치된 5가야$^{(加耶,加羅)}$'가 '7말8초 역사왜곡' 과정에서 '국호$^{(즉, 지명)}$'만 {왜곡역사서의 몇몇 글자만을 동원해서}

현,한반도로 이동한 것일 뿐'이고 '그 실체인 사람들$^{(즉,백성)}$은 전혀 한반도로 이주하지 않았기 때문'에 이 지역에서 언제든지 '옛,가라$^{(加羅,加耶,任那)}$의 부흥운동'이 일어날 소지가 있어서 그때를 대비하여 '옛,가라 지역의 범위'를 최소한으로 축소시키기 위한 중국 당국의 의도가 작용하고 있는 것이라고도 보인다. 그리고 '옛,가라$^{(加羅,加耶,任那)}$의 실체가 현,한반도에는 아예 존재한 적이 없었던 것'이므로 '일본인들이 주장하는 임나일본부^{任那}^{日本府}도 당연히 현,한반도가 아니라 현,안휘성 지역에서 찾아야 할 것'이어서 일본과 한국이 이 문제로 다툴 아무런 이유가 없는 것이다. 어쨌든 {나중에 설명될} '고구리대연방의 국강상광개토경(참된한국통사Ⅱ편)'을 확인하게 되면, 이런 여러 가지 '꼼수'들도 아무런 소용이 없어지게 될 것이다.

ⓔ '㉢하상주(下湘州)'는 현,경북상주(尙州)가 아니라, 현,호남성(湖南省) 지역인 중국 서진(西晉) 시기 상주(湘州)의 남쪽지역을 지칭하는 말이다.

⇒ 필자가 앞에서, '**본하상주지인(本下湘州之人)**'이라는 표현은 그 내용의 의미보다도 '之$^{(갈,지)}$자의 용법을 알려주는 형식' 때문에 "일연스님이, 『삼국사기』:割上州·下州地(할상주하주지)'와 『삼국유사』:割上州·下州之地(할상주하주지지)'에 담겨 있는 '역사적으로 아주 중요한 의미차^{意味}^{差}를 추론할 수 있는 힌트^{hint}'로서 『삼국유사』에 소개했던 것이다."라는 취지로 설명하였으므로, {굳이 '하상주^{下湘州}'라는 곳이 어디인지를 알지 못하더라도 전체적인 맥락에서는 큰 문제가 되지는 않을 것이겠지만} 그래도 미심쩍어하는 독자들이 있을 것이므로 필자 나름으로 추측한 내용들을 조금 더 소개해 두고자 한다.

즉 이제부터는 그 형식이 아니라 '본하상주지인(本下湘州之人)이라는 표현'의 의미를 추정해서 그 속에 '역사왜곡방법론'으로 볼 수 있는 어떠한 기법$^{(技法:technic)}$이 적용되고 있는지를 확인하는 것도 '앞으로 동아시아사 전체의 역사왜곡을 규명해 나갈 독자 여러분'께 하나의 사례를 소개한다는 의의가 있을 것으로 생각되기 때문이다.

통설에서는 '本下湘州之人(본하상주지인)>본래(本) 하상주(下湘州) 사람이라고 하였다.'라고 쉽고 단호하게(?) 번역해 버림으로써, 이 문장이 '원효법사의 출생지가 하상주^{下湘州}라는 곳이다.'라고 말하는 것으로 많은 오해가 있었던 것으로 보인다. 그러나 이 문장은 전혀 그러한 의미가 아니므로 아주 주의를 기울여서 해석되어야 할 일종의 '암호'라고 보아야 할 것이다. 어쨌든 이 문장의 정확한 의미를 확인하기 위해서는 이 문장의 앞,뒤 문장을 함께 살펴보아야 하므로 {검토를 위해서}『**한국사db**』**의 《삼국유사/의해5》원효불기조의 해당부분**'을 다시 옮겨보겠다. (취소선이 있는 부분은 필자가 해석을 고친 부분이다)

[앞문장] : {師之行狀云是京師人從祖考也} > 성사의 행장(行狀)에는 서울사람(京師人)이라고 했으나, [이것(京師人)은] ~~활어바지를 따른~~ 선조(祖)를 살펴서 말하는(考) 것이고,

[본문장] : {唐僧傳云本下湘州之人} > 당승전(唐僧傳=즉,宋高僧傳)에서는 **본래**송나라(本=즉,宋) 상주(湘州)의 아래쪽(下=즉,南쪽) 사람{之人=즉,출신(出身)}이라고 하였다.

[뒷문장] : ①{按麟德二年間文武王割上州·下州之地置歃良州} > 살펴보면 다음과 같다. 인덕(麟德)2(665)년중에 문무왕(文武王)이 상주(上州)~~와~~의 땅(之地)과, 하주(下州)의 땅(之地)을 나누어 삽량주(歃良州)를 두었는데,

②{則下州乃今之昌寧郡也, 押梁郡本下州之屬縣 上州則今尚州亦作湘州也}. > ~~즉~~곧(則), 하주는 결과적으로(乃) 지금의 창녕군(昌寧郡)이고, 압량군은 본래 하주의 속현이다(本下州之屬縣). ~~상주는 곧~~{여기서 말한 상주(上州)를 강소신라의} 상

주(上州)라고 한다면(上州則), 지금(高麗)의 상주(尙州)로도, 혹은 역시(亦) 상주(湘州)라고도 한다해야 할(作) 것이다(也). ③{佛地村今屬慈仁縣, 則乃押梁之所分開也} > 불지촌은 지금(高麗)의 자인현(慈仁縣)에 속해 있으니, 곧(則) 결과적으로(乃) 압량군압량(押梁=즉,押梁州)에서 나뉜 곳이다.

먼저, [앞문장]을 살펴보자, : 여기에서 통설이 잘못 해석하고 있는 부분은 '祖考조고'로서, 너무 쉽게 '할아버지(즉,祖父)'로 해석해 버린 것이 문제가 될 것이다. 즉 이 문장 속의 '祖考조고'는 그냥 글자 하나하나씩 해석하여 '祖조考고 > 선조(祖)를 살펴서 말하는(考) 것'으로 해석하게 되면, '서울사람京師人은 원효법사의 할아버지가 아니라 원효법사의 선조先祖'가 되고, '경사京師'가 신라서울이 아니라 당나라서울인 장안長安이 될 수'도 있으므로 {발상의 전환이 유연해져서} '원효법사의 가계家系가 장안長安 지역 출신일 수 있다고 유추하는 데' 조금 더 용이해지게 될 것이다. 다만 당나라(618~907)는 원효법사가 출생하던 617년의 1년 뒤에 건국된 것이므로, 원효법사의 선조先祖는 최소한 당나라가 건국되기 전에 이미 장안長安을 떠났었던 것이라고 보이는데 그 시기가 언제인지는 {현재로서는} 확인하기 어렵다고 보인다. 물론 '祖考조고는 최소한 할아버지祖父 이상을 통칭한 것'이므로 그냥 '원효법사의 할아버지祖父'라고도 볼 수가 있지만, 그래도 조금이라도 더 객관적으로 접근하는 것이 착오를 없앨 수 있으므로 섣부르게 할아버지{즉,조부(祖父)}로 단정하지 않는 것이 합리적이라고 보인다.

다음에, [본문장]을 살펴보자 : 이 [본문장]이 {통설에서} '원효법사의 출자出自를 밝히는 문장'이라고 잘못 해석되어 왔었지만, 이 [본문장]은 '바로 앞의 [앞문장]에서 {원효법사의 행장行狀을 근거로 하여} 원효법사의 선조{先祖=즉,조고(祖考)}가 {훗날 당나라 서울인 경사京師가 된} 장안長安 지역

출신이었다.'고 한 문장에 바로 이어서 {이번에는 당승전{唐僧傳=즉, 송고승전(宋高僧傳)}을 근거로 해서} '本下湘州之人(본하상주지인) > 송나라{本=즉, 송(宋)} 상주湘州 아래쪽{하(下)=즉, 남(南)쪽}의 사람{지인(之人)=즉, 출신(出身)}이다.'라고 한 것이므로, 여기에서도 여전히 {원효법사가 아니라} 원효법사의 선조先祖가 어디 출신인지?'만을 말하는 것으로 해석되어야 할 것이다. 그런데 이 '본하상주지인(本下湘州之人)이라는 형식의 문구'는 단순히 {원효법사의 직전 선조先祖가 송나라(劉宋) 상주湘州의 남쪽지역 출신이다.'라는 정보만 제공했었던 것이 아니라, 『삼국사기』의 할상주·하주지(割上州·下州地)라는 문구'와 '『삼국유사』의 할상주·하주지지(割上州·下州之地)라는 문구'의 차이점을 알게 하는 '힌트hint'로도 활용되었다고 보인다.

즉, '동해상주인(東海湘州人)' 또는 '신라국상주설씨자(新羅國湘州薛氏子)'라는 여러 중국측 기록들에 보이는 '상주(湘州)'도 이 [본문장]의 '본하상주지인(本下湘州之人)'이라는 기록과 마찬가지로 '원효법사의 출생지 위치'가 아닌 '원효법사의 직전 선조先祖=여기서는 아버지가 포함됨가 살았었던 하상주{下湘州=즉, 남상주(南湘州)}'를 말하는 것으로 해석되어야 한다는 것이다. 따라서 '원효법사의 출생지가 어디인지?'를 찾기 위해서는 {이 [본문장]에서 제시한 '힌트hint'를 이용하여} [뒷문장]에서 더 살펴보아야 할 것이다.

마지막으로 [뒷문장]을 보자 : 결국, 원효법사의 출생지는 이 [뒷문장] 속에 들어있는데, 이 [뒷문장]은 크게 ①,②,③ 세 단락으로 나뉘어 있다.

먼저 ①은 {『삼국사기』의 ⓐ기록'에 '之'(갈,지)자 하나만 더 추가된 '『삼국유사』의 ⓑ기록'으로서} '665년에 신라30문무왕이 상주上州의 땅之地과 하주下州의 땅之地을 나누어서 삽량주歃良州를 두었다.'라는 내용인데, {다음에 이어지는 ②와 ③의 내용을 보면} 이 665년의 상주上州와 하주下州가 514년 산동신라가 현,강소성양주揚州로 천도하여 강소신라가 된 뒤에 설치한 '강소신라의 지방행정구역인 상주上州와 하주下州가 아님을 지적한 것이라고 보이는데, 이는 **일연스님이 '할상주·하주지지(割上州·下州之地)'라는 표현의 '之$^{(갈,지)}$'자 하나로서 그 차이^{差異}를 확실히 구분하고 있다**고 해야 할 것이다.

다음 ②에서는, ①에서 문제제기 해둔} 상주^{上州}와 하주^{下州}에 대해 보충 설명을 하고 있는데, ①에서 말한 하주^{下州}가 '강소신라의 정식 행정구역인 하주^{下州}'가 아니지만 **결과적으로 보아서$^{(乃)}$ 지금$^{(高麗)}$의 창녕군^{昌寧郡}이 된 것이다.**'라는 것을 말하고 있으므로, ①에서 말한 하주^{下州}가 '지금의 창녕군으로 지명이동되기 이전의 모델지역을 가리키는 지명이다.'라는 것을 말하는 것이다. 즉 {실제로 그러한 지명이 공식적으로 있었던 것은 아니므로} ①에서 말한 하주^{下州}는 역사왜곡 과정에서 만들어진 가공의 지명'으로서 **'하주^{下州}=즉 양주^{梁州}의 아래쪽$^{(하(下)=즉,남(南)쪽)}$ 반=즉 남양주^{南梁州} 지역을 지칭하는 말**'이라는 것을 시사하고 있는 것이다. 그리하고서 일연스님은 '자기가 만들어낸 가짜 지명인 압량군^{押梁郡}이 가짜 하주$^{(下州=즉,남양주(南梁州)지역)}$의 속현^{屬縣}이다.'라고 하고 있는 것이므로 결국 '일연스님의 가짜 압량군^{押梁郡}은 가짜 하주^{下州}에 있다.'는 것이며, {이 가짜 하주^{下州}가 지금$^{(高麗)}$의 창녕군이 되어 있으므로} 원효법사의 출생지는 '지금의 창녕군'으로 지명이동 되어 있어야 하는데 {도중에 뭔가(?) 잘못되어서} '지금$^{(高麗)}$의 경산군^{慶山郡}'으로 오인되어 오고 있다는 것을 말하고 있는 것이다. 이는 결국, 실제로 원효법사가 태어난 곳은 {강소신라의 상주^{上州}가 경주신라로 지명이동한 현,경북상주^{尙州}가 아니라} 강소신라의 '양주$^{(梁州=옛,가야지역=현,안휘성)}$의 남동쪽인 현,안휘성천장시^{天長} 서쪽'이고, 그것이 {실제로는} '현,경남창녕군으로 지명이동되어 있다.'라고 말하고 있는 것이다. 결과적으로 일연스님이 '원효법사의 출생지는 {현,상주^{尙州}와 관련된 현,경산^{慶山}이 아니라} 현,창녕군의 모델지명$^{(즉,강소신라에서의 지명)}$에서 찾아야 한다.'라는 것을 말하고 있는 것이다.

이렇게 해서 일연스님이 '원효법사의 실제 출생지는 양주(梁州=옛,加耶지역=현,안휘성)의 남동쪽인 현,안휘성천장시(天長) 서쪽이다.'라고 밝힌 다음에, '가짜 상주(上州=현,경북상주(尙州))라는 것에 대해서 비판하기 위하여 '**上州則今尙州亦作湘州也** > {여기서 말한 상주(上州)를 강소신라의} **상주(上州)라고 한다면(則), 지금(今=高麗)의 상주(尙州)도 역시(亦) 상주(湘州=현,호남성옛,지명)라고도 해야 할(作) 것이다(也).**'라고 일갈하고 있는 것이다. 즉 이는 '지금(高麗)의 상주(尙州)는 강소신라의 진짜 상주(上州)에 대한 이동지명이지, 665년에서 말한 가짜 상주(上州)의 이동지명이 아니다.'라는 것을 분명히 밝히고 있는 것이다. 그래서 '지금(高麗)의 상주(尙州)를 현,호남성의 옛,지명인 상주(湘州)의 이동지명이라고 보는 것'은 {이는 지리적으로 전혀 맞지 않는 엉터리 지명이동이 되므로} '결국 우리가 우리 선조들의 역사를 제대로 지키지 못하게 된다.'라는 것을 {반어법적으로 강하게} 질책하고 있는 것이다. {쉽게 말해서} **일연스님이 {현,경북상주(尙州)를 옛,상주(湘州)일 것이라고도 생각하는 일부 사람들에게} '조상들의 역사를 똑바로 알라'라고 말하고 있는 것이다.**

마지막 ③에서는 {일연스님의 만든 '가짜 압량군(押梁郡)이라는 지명'이, 사실은 '압+량주(押+梁州)라는 서술문을 지명화해서 역사왜곡에 이용하는 것'에 대한 '일종의 패러디(parody,풍자)한 지명'이었다고 보아야 하지만} '가짜 압량군(押梁郡)이라는 지명'이 결과적으로 '압량주(押梁州)라는 지명'을 지칭하고 있으며 그 실사지명이 '양주(梁州=옛,가야지역=현,안휘성)의 남동쪽인 현,안휘성천장시(天長)의 서쪽{실제로는, 철산사(鐵山寺)일대의 산지(山地)}'으로 추정되므로, 이제 실제 원효법사가 탄생한 곳이 어디인지를 설명하는 수순만 남아 있다고 보면 될 것이다.

즉 일연스님은 '**佛地村今屬慈仁縣(불지촌금속자인현)** > 불지(佛地=즉,부처가 태어난 땅)라는 마을(村)은, 지금(高麗)의 자인현(慈仁縣=현,경북경산시자인면(慈仁面)일대)에 속해 있으니', '則乃押梁之所分開也(즉내압량지소분개야) > 곧$^{(則)}$ 결과적으로$^{(乃)}$ 압량주$^{(押梁=즉,押梁州)}$에서$^{(之)}$ 나뉘어$^{(分)}$ 시작된$^{(開)}$ 곳이다$^{(也)}$.'라 하여 '원효가 태어난 곳'을 직접 말하지 않고 "'불지촌^{佛地村}, 즉 불지$^{(佛地=즉 부처가 태어난 땅)}$라는 마을$^{(村)}$'이 현,경북경산시에 속해 있는데, 이 불지촌$^{(佛地村=현,경북경산시)}$도 '결과적으로$^{(乃)}$ 압량주$^{(押梁=즉,押梁州=현,안휘성천장시서쪽)}$에서 분개$^{(分開=나뉘어서 시작된=즉,지명이동된)}$된 곳이다"라는 것으로 두리뭉실하게 말하고 있는 것이다. 이는 {우선 '원효가 태어난 곳이 현,경북경산시가 아니다.'라는 것을 우회적으로 말하는 것이지만} 근본적으로는 이 '불지촌^{佛地村}이라는 마을 이름'이 실제 지명이 아니라 '원효법사와 같이 해동불교를 일으킬 성사$^{(聖師=즉,佛(=부처))}$가 태어날 땅$^{(地)}$'이라는 의미의 상징성을 가진 지명이라는 것으로 포장해서 설명하고 있는 것이다. 그리고 또 '이 불지촌$^{(佛地村=현,경북경산)}$에서 원효가 태어났었는지 아닌지에 너무 집착하지 말라.'는 의미에서 "이 불지촌$^{(佛地村=현,경북경산시)}$도 '결과적으로$^{(乃)}$ 압량주$^{(押梁=즉,押梁州=현,안휘성천장시서쪽)}$에서 분개$^{(分開=나뉘어 시작된=즉,지명이동된)}$ 곳이다"라고 하여 '압량주$^{(押梁=즉,押梁州=현,안휘성천장시서쪽)}$도 양주$^{(梁州=옛,가야지역=현,안휘성)}$의 동쪽지역에 불과하다.'라고 말함으로써, '조상들의 실제역사를 잊지 말아야 한다.'라고 일연스님이 『삼국유사』의 집필목적을 은근히 시사하고 있다고 해석하여야 할 것이다. 즉 『삼국유사』는 순수한 불교서적이나 불교사서가 아니라 '우리 조상들의 실제 역사를 불교사를 가미해서 편찬한 은유적 통사서'라는 것을 이 간단한 기록을 통해서도 다시 한번 더 느끼게 해준다고 해야 할 것이다.

그렇다고 해서, 일연스님이 '원효법사의 실제 탄생지를 찾지 말라.'고 한 것은 아니다. 즉 《삼국유사/의해5》원효불기조의 맨 앞부분에 "初示生于押梁郡南{今章山郡}. 佛地村北栗谷裟羅樹下. 村名佛地或作發智村{俚云弗等乙村}. > 처음에 압량군(押梁郡)의 남쪽{지금(高麗)의 장산군(章山郡)} 불지촌(佛地村) 북쪽의 율곡(栗谷) 사라수(裟羅樹) 아래에서 태어났다. 마을 이름은 불지(佛地)로 또는(或作) 발지촌(發智村)이라고도 한다. {속어로(俚云) 불등을촌(佛等乙村)이라고 한다}"라 하여, 우선 '압량군^{押梁郡}의 남쪽$^{\{지금(高麗)의\ 장산군(章山郡)\}}$'을 먼저 찾은 다음에 원효법사가 출생한 마을은 '{불지^{佛地}=혹은^{或作}발지촌^{發智村}=속칭^{俚云}불등을촌^{佛等乙村}}이라는 힌트^{hint}에서 찾으라'라고 미리 가이드^{guide}를 하고 있으므로, 이 힌트를 통해 '원효법사가 출생한 마을의 실제 위치'를 찾으면 되는 것이다.

대개 이렇게 아주 좁은 지역의 지명을 찾는 것은 그 지명이나 그 마을의 특징 또는 전설 등을 알아야만 하는데 중국어도 모르는 필자가 '현,안휘성천장시 일대의 어느 작은 시골마을을 탐문한다'는 것이 아예 불가능하므로 필자로서는 포기할 수밖에 없다. 다만 {혹시 관심 있는 분들에게 조금이라도 도움이 될 수 있기를 바라는 마음에서} '{불지^{佛地}=혹은^{或作}발지촌^{發智村}=속칭^{俚云}불등을촌^{佛等乙村}}이라는 힌트^{hint}'에 대한 필자의 추측성 의견을 몇 자 적어두는 것으로 마감하고자 한다. 만일 필자에게 현지탐문의 기회가 주어질 수 있다면 이를 한번 점검해 보고 싶다.

우선 이 힌트^{hint}들 중에서 '불지^{佛地}'에 대해서는 이미 앞에서 '불지^{佛地}=즉 부처가 태어난 땅'이라는 '답^{答}'이 나와 있지만, {필자의 경험으로 비추어 볼 때} 이러한 답은 극히 교과서적이므로 필자는 이를 '겉보기 답'이라 하여 대체로 '참고는 하되, 정답으로 인정하지 않는 경우'가 더 많았었다. 즉 {필자의 경험에 비추어 보면} 『삼국유사』의 힌트는 이렇게 쉽지 않았다'는 것이다. 그러나 '최종적인 답'은 아닐지언정 '모범적인 답'임에는 분명하므로 무시해서는 안 될 것이다.

어쨌든 필자가 지금까지 '원효법사의 출생지'를 검토한 바에 의하면, 대체적으로 '이동지명인 현,경남창녕^{昌寧}지역'으로 수렴하고 있으며 그 출발이 '옛,가야$^{(加耶,加羅)}$ 지역'임을 확인할 수가 있었으므로, 현,경남창녕^{昌寧}지역의 고대지명들에 대한 {비록, 이미 역사왜곡에 활용된 왜곡된 지명들이긴 하겠지만} 가능한 한 많은 힌트(사료 혹은 사례)들을 모아서 공통되는 부분을 찾아내서 집중적으로 분석하고 추리해 보면 '그 여러 불확실한 힌트들이 가리키는 하나의 모델지명을 찾을 수 있는 정확한 힌트(즉,정답)'가 나타나게 될 것이다. 물론 많은 시행착오가 당연히 있을 수 있으니 항상 '합리적인 상상력을 통한 유연한 발상의 전환을 하겠다.'라는 자세를 견지하면 반드시 성공할 수 있을 것이다.

그래서 '합리적인 상상력을 통한 유연한 발상의 전환'을 하기 위하여, 그동안 많은 사람들이 찾아 놓은 '힌트들'인 '현,경남창녕의 고대지명'과 관련되는 자료들을 (자료의 근거를 명시해서) 수집해 보면 다음과 같다. 물론 때때로 근거 없는 이야기나 설화도 필요할 수는 있겠지만, 그런 근거 없는 자료들이 많으면 많을수록 자칫 '사상누각과 같은 공상(空想)'이 되어버릴 공산이 크므로 조심해야 할 것이다. 어디까지나 '합리적인 논리'를 세울 수 있는 근거자료들이어야 할 것이다. 필자는 다음과 같은 자료들은 활용하여 '원효법사의 출생지'를 추론해 보았다.

<'현,경남창녕의 고대지명'과 관련된 자료들>

* 《일본서기》신공섭정49(369)년조 : 비자발比自鉢
* 《삼국사기》24진흥왕16(555)년조 : 비사벌比斯伐에 완산주完山州 설치
* {북한산,신라24진흥왕순수비} : 비자벌比子伐
* 《삼국유사/의해5》원효불기조 : 불지佛地,발지發智,불등을촌佛等乙村
* 《삼국사기/지리1》양주(良州)화왕군(火王郡)조 :
  - 본래 : 비자화比自火, 비사벌比斯伐
  - 진흥왕16(555)년 : 하주下州 설치置州,名下州
  - 26(565)년 : 하주下州 폐지州廢

> -경덕왕16(757)년 : 화왕군^{火王郡}개명$^{\{改名\}}$,
> 　　　　　{領縣=1(本,推良火縣 또는 三良火)}
> -지금(今=高麗)의 창녕군(昌寧郡)
> -현,경남창녕군(昌寧郡)
> [참고] : '{고려태조23(940)년의 비화가야(非火伽耶)}'는 '창녕'이 아니라 '고령'이기 때문에 검토에서 제외함.

이상과 같이, 수집된 자료(사료)를 살펴보면, 몇 가지 특징들을 발견할 수가 있다. 그 특징들을 살펴서 '합리적인 상상력을 통한 유연한 발상의 전환'을 해서 그 특징들을 재해석해 보자.

❶ {불지(佛地), 발지(發智), 불등을촌(佛等乙村)}은 '왕밤나무골'

⇒ 위의 <표>에서, 다른 자료들은 모두 '현,경남창녕에 대한 고대지명'들인데,《삼국유사/의해5》원효불기조: 불지^{佛地},발지^{發智},불등을촌^{佛等乙村}은 '현,경남창녕에 대한 고대지명'이 아니라, '원효법사의 출생지에 대한 고대지명'으로서 현,경남창녕에 대한 고대지명 속에 포함되는 '작은 지역^{즉,} $^{촌(村)}$의 지명'이다. 따라서 다른 자료들과 분리해서 따로 분석해 둘 필요가 있다고 보인다.

　* 불등을촌(佛等乙村) : '이운$^{\{俚云=즉,속어(俗語)\}}$'이란, 한자어^{漢字語}가 아니라 '현지인언어^{現地人言語}를 한자^{漢字}로 옮긴 것'을 말하는데, 대개 음차자^{音借字}가 활용된다. 그런데 불등을^{佛等乙}의 경우는 {필자의 경험에 비추어 보면} 앞의 '佛^{불}'자는 그냥 다른 지명과 같은 한자^{漢字}이고 뒤의 '等乙^{등을}'이 현지어의 음차자로 보이므로, '等乙^{등을}'의 한어^{韓語} 역반절법^{逆反切法}'을 찾으면 '等乙^{등을}=들'이 된다. 즉 한어^{韓語}에서 말하는 '들판,벌판=즉,야$^{(野=field)}$' 등의

의미인 '들'을 말하는 것이다. 따라서 '불등을^{佛等乙}=불^{佛}들=즉 불^{佛}'이라고 하는 들판'이 되는 것이다. 결국 '불등을촌^{佛等乙村}=불들촌^{佛들村}=즉 불^{佛}'이라고 하는 들판에 있는 마을$^{(村)}$'을 말하는 것이다.

* **발지(發智)** : 이 '발지^{發智}'는 우선 '불지$^{\{佛地=즉\ 불(佛)이라는\ 땅(地)\}}$'라는 '멋있는(?) 겉보기 답'과 비슷해(?) 보인다고 여겨질 것이다. 이런 경우는 대체로 '변조자^{變造字}를 활용'한 경우로서 '글자^{漢字}의 뜻^{意}은 다른데 음^{音}이 비슷'하기 때문에 우선적으로 음변자^{音變字}를 확인해 보는 것이 필요할 것이다. 즉 '발지$^{(發智:bō+zhì)}$=불지$^{(佛地:bó+dì)}$음변자'로서 불지^{佛地}를 발지^{發智}라고 다른 글자로 썼지만 결국 같은 표현인 것이다. 물론 {중국어의 사성^{四聲}은 서로 다르지만} 어차피 '뜻^{意}과는 무관한 것'이고 또 {정통(?) 중국인(?)이 아닌} 현지인들에게는 '그게 그것으로 들리므로{즉, 그 소리가 그 소리 같이 들리므로}' 크게 문제 삼을 필요가 없다고 보인다. 즉 '변조자^{變造字}를 활용하는 것'을 '역사왜곡방법론으로 처음부터 채택했던 것'이므로 {역사왜곡을 규명하려면} 너무 민감하게 생각하지 말고 그들^{즉,역사왜곡자들}이 구사했었던 방법을 그대로 답습한다'라고 생각하면 될 것이다. 그리고 '지$^{(智:zhì)}$'자와 '지$^{(地:dì)}$'자의 음이 현재의 중국인들에게는 서로 다른 것으로 변화하였지만, 당시의 중국인들이나 강소신라 현지인들에게는 같은 음$^{\{音=즉,聲(소리,성)\}}$이었을 개연성도 있으므로 크게 문제 삼지 않아도 될 것이다. 물론 이런 미세한 차이도 항상 유념해서 최종판단 시에는 다각적으로 감안하는 세심함은 끝까지 잃지 않아야 할 것이다.

o **불지(佛地), 발지(發智), 불등을촌(佛等乙村)의 관계 및 '정답힌트'와 '지명비정'** : 위의 검토사항을 종합하면, {불등을^{佛等乙}=불들^{佛들}=불지^{佛地}}는 같은 의미이고, {발지^{發智}=불지^{佛地}음변자}이므로 {발지^{發智} 및 불등을^{佛等乙}}은 {불지^{佛地}의 음의변자^{音意變字}}가 되는 것이다. 그런데 {佛$^{(불:bó)}$=鉢$^{(바리때,}$

발:bō}음변자}이므로 {불지^{佛地}=발지^{鉢地}음변자}=즉 엎어 놓은 바리때 같은 지형^(혹은,지역)의 의미'로서 '수많은 나지막한 바리때^{(발(鉢))} 모양의 구릉들이 운집한 현,안휘성천장시^{天長} 서쪽의 철산사^{鐵山寺} 일대의 구릉지대'를 말하며, **원효법사의 출생지라는 {불지촌^{佛地村}=발지촌^{發智村}=불등을촌^{佛等乙村}}은 현,안휘성천장시^{天長} 서쪽의 철산사^{鐵山寺} 일대의 구릉지대 남쪽 어느 곳, 유난히 알이 굵은 밤나무가 많은 마을 즉 '왕밤골마을'이라고 추정할 수가 있을 것**이다.

따라서 현지를 탐문해서 '왕밤골마을'을 찾고 그중에서 '사라사^{娑羅寺} 및 초개사^{初開寺}라는 전설이 있는 곳'을 찾으면, 그곳이 바로 '원효법사의 출생지'라고 최종적으로 비정할 수가 있을 것이고 발굴을 통해서 혹시 관련 유물이 나온다면, '자신 있게(?) 확정'해서 다른 결정적인 반론이 나오기까지는 '정설'로 받아들여도 될 것이다. 필자가 아직 현지를 가보지 않아서 잘은 모르겠지만 틀리지 않을 것으로 생각한다.

❷ **고대지명의 맨 뒷글자인 '鉢(바리때,발:bō), 火(불,화:huǒ), 伐(칠, 벌;fá)'자는 '수많은 나지막한 구릉들이 운집한 구릉지대'를 묘사하는 글자이다.**

⇒ '현,경남창녕에 대한 고대지명'들로 보이는 지명들의 유형^{類型}을 살펴보면, 모두 '맨 뒷글자가 鉢^(사발,발:bō), 火^(불,화:huǒ), 伐^(칠,벌;fá)로 끝나고 있음'을 알 수 있다. 즉 이러한 '매우 유사한 특징'은 아주 강력한 힌트일 경우가 많으므로 '합리적인 상상력을 통한 유연한 발상의 전환'을 더욱 강화하여 검토해야 할 것이다. 물론 이 글자들 앞의 글자들이 더 중요하겠지만, {(필자의 경험상) 가능하면, 주변을 먼저 정리하고 나서 핵심에 접근하는 것이 결과적으로 더 효율적이므로} 혹시 앞 글자들에게서 어떤 '느낌'을 받았다 하더라도 서두르지 말고 '변두리'를 먼저 공략하고 나서 핵심에 접근하면 훨씬 더 효과적이며 실수를 줄이는 '정확한(?) 결론'을 얻게 될 것

이다. [참고 : 필자는 중국어도 모르며 안휘성에 가 본 적도 없으므로, 단지 구글지도$^{(지형)}$를 보고서 추정한 것이다. 필자가 틀리지 않았길 빌어본다(?)]

* '鉢(바리때,발:bō)'자 : 이 글자는 이미 앞에서 {佛$^{(불:bó)}$=鉢$^{(바리때,발:bō)}$ 음변자}라는 것을 규명하였었다. 즉 스님들이 탁발할 때 애용하는 바리때$^{(鉢;발)}$를 말하는데, '수많은 나지막한 구릉들이 운집한 구릉지대'에는 여기저기 움푹움푹 들어간 지형들이 많이 있었던 것이다. 그 형상이 마치 스님들이 탁발할 때 애용하는 바리때$^{(鉢;발)}$를 여러 개 다닥다닥 붙여서 엎어 놓은 것과 같다고 해서 지명에 활용한 것으로 추정된다. 따라서 이 글자가 사용된 지명은 기본적으로 **'수많은 나지막한 구릉지들이 운집한 현,안휘성천장시^{지長} 서쪽의 철산사^{鐵山寺} 일대의 구릉지대'**를 지칭한다고 보이는데, 이 글자의 앞에 사용된 글자들은 그 지역의 특징을 조금 더 구체적으로 설명한 것으로 추정된다.

* '火(불,화:huǒ)'자 : 이 글자는 {현재의 통설에서, 역사학자들이나 어문학자들이 이구동성으로} "火$^{(불,화:huǒ)}$자의 의미인 '한어^{韓國語},불$^{(fire,火)}$'의 음^{音}이 역시 한어^{韓國語} 벌판$^{(野,field)}$을 의미하는 '벌'자의 음^{音}과 유사하므로, 그 '벌'자의 음을 음차^{音借}한 글자"로 해석해서 그것을 거의 그대로 정설화하고 있지만, 필자는 조금 달리 해석하고 있다. 즉 이 火$^{(불,화:huǒ)}$자는 "{火$^{(불,화:huǒ)}$자의 한어음^{韓語音} '불'}=즉,{佛$^{(불:bó)}$자의 한어음^{韓語音} '불'}=즉,{鉢$^{(바리때,발:bō)}$자의 한자음^{漢字音} 'bō'}가 모두 같은 의미로 사용되는 특징"을 이용한 것으로 보는 것이다. 그래서 결국 {앞에서 검토된 바와 같이} '{火$^{(불,화:huǒ)}$=鉢$^{(바리때,발:bō)}$}=수많은 나지막한 구릉들이 운집한 구릉지대를 표현한 글자'로 보아야 전체적인 일관성도 유지되며, 굳이 한자음^{漢字音}은 한자음끼리 한어음^{韓語音}은 한어음끼리 서로 조금씩 어긋나고 있는 것을 '불$^{(火:huǒ)}$과 벌$^{(伐:fá)}$의 음^{音}이 유사하다.'라는 억지(?)를 부리지 않아

도 되기 때문이다.

쉽게 말해서 '火^(불,화;huǒ)'자, '佛^(부처,불:bó)'자, '鉢^(바리때,발:bō)'자가 '한어음^{韓語音}과 한자음^{漢字音}을 가리지 않고, 음^音이 같음을 이용한 음변자^{音變字}로 활용되고 있다.'라고 볼 필요가 있다는 것이다. 이는 '7말8초 역사왜곡' 당시에 실제로 '역사왜곡방법론'을 구사한 사람들이 '현재의 한어음^{韓語音}와 현재의 한자음^{漢字音}을 자유자재로 구사했던 사람들의 직계 선조였었다.'라는 것을 반증하는 것이므로, '7말8초 역사왜곡이 어느 개인이나 소규모 집단에서 행한 범죄성(?) 작업이 아니라, 한자^{漢字}를 공유한 동아시아인 전체가 모두 합의한 공동작업^{共同作業}에 의해 완성되었다.'라는 것을 이해할 수가 있게 되기 때문이다. 즉 앞으로 '7말8초 역사왜곡'을 더욱 제대로 규명해 나가기 위해서는 {비록, '火^(불,화;huǒ)'자, '佛^(부처,불:bó)'자, 鉢^(바리때,발:bō)'자에 대한 통설적 해석에 동의한다고 하더라도} 이와 같은 '합리적인(?) 발상의 전환'이 바탕에 자리하고 있어야 쉽게 흔들리지 않게 될 것이다.

* '伐(칠,벌;fá)'자 : 이 글자는 {앞의 두 글자인 鉢^(바리때,발:bō)'자 및 '火^(불,화;huǒ)'자와는 결과적으로 그 의미가 같지만} '조금 다른 경로의 의미로 사용된 것'으로 추정된다. 즉 {기존의 통설과 같이} "伐^(칠,벌;fá)'자의 한어음^{韓語音}인 '벌'이 역시 한어^{韓語}에서 벌판^(野)을 의미하는 '벌'자의 음과 유사하므로, 그 한어음^{韓語音} '벌'자를 음차^{音借}한 글자"인 것으로 해석하는 것에 필자도 동의한다. 즉 '伐^(칠,벌;fá)'자는 '한어^{韓語}에서의 벌판^(野) 혹은 들판^(野)을 말하는 벌'자의 음을 음차한 글자로서 '비교적 평편한 넓은 지역'을 의미한 것이지만, 이 '伐^(칠,벌;fá)={한어^{韓語}에서의 벌판^(野) 혹은 들판^(野)}'은 단순히 평편한 평야지대만을 지칭한 것이 아니라 '낮은 구릉지대가 아주 넓게 분포되어 있는 지역'에도 적용했었다고 여겨진다. 그래서 鉢^(바리때,발:bō)'자나 火^(불,화;huǒ)'자와 마찬가지로 이 伐^(칠,벌;fá)'자도 역시 '수많은 나지막한 구릉들이 운집한 현,안휘성천장시^{天長} 서쪽의 철산사^{鐵山寺} 일대의 구

릉지대 전체'를 지칭한 것으로 추정할 수 있는 것이다.

어쨌든 {굳이 그 차이점을 지적한다면} '伐$^{(칠,벌;fá)}$자가 鉢$^{(바리때,발:bō)}$자나 火$^{(불,화:huǒ)}$자보다는 구릉지대를 더 광범위하게 지칭한 것일 수 있다.'고 보이는 뉘앙스$^{(nuance,느낌)}$의 차이가 있다고 해야 할 것이다. 따라서 火$^{(불,화;huǒ)}$자, '佛$^{(부처,불:bó)}$자, '鉢$^{(바리때,발:bō)}$자 및 '伐$^{(칠,벌;fá)}$자는 '{그 범위에서 약간의 차이는 있지만} 결국 벌판이라는 같은 의미'로 보아도 될 것이다. 그리고 '벌伐'자가 넓은 구릉지대를 전체적으로 지칭한 것에 비해서 한없이 넓은 평야지대^{즉,大平原}는 '평平'자 혹은 '라羅'자를 사용한 것으로 추정되므로 '뉘앙스의 차이'는 별도로 고려하면 될 것이다.

o 鉢$^{(바리때,발:bō)}$자, 火$^{(불,화:huǒ)}$자, 伐$^{(칠,벌;fá)}$자의 대표격 글자와 '지명비정(地名比定)' : {앞에서 살펴본 바와 같이} 鉢$^{(바리때,발:bō)}$자, 火$^{(불,화;huǒ)}$자, 伐$^{(칠,벌;fá)}$자라는 힌트의 대표격 글자는 '{직접적으로} 수많은 나지막한 구릉들이 운집한 구릉지대를 묘사하는 鉢$^{(바리때,발:bō)}$자라고 할 수 있으며, 이 힌트들이 지칭하고 있는 곳도 앞에서 검토된 '불지촌$^{(佛地村)}$, 발지촌$^{(發智村)}$, 불등을촌$^{(佛等乙村)}$이 지칭하는 곳'과 같은 '수많은 나지막한 구릉들이 운집한 현,안휘성천장시^{天長} 서쪽의 철산사^{鐵山寺} 일대의 구릉지대'라고 비정^{比定}할 수가 있을 것이다. 다만 이 鉢$^{(바리때,발:bō)}$자, 火$^{(불,화;huǒ)}$자, 伐$^{(칠,벌;fá)}$자들의 앞에는 '비자比自', '비사比斯', '비자比子' 등의 글자들이 부가되어 있으므로, 이 글자들도 마저 검토한 후에 최종적으로 전체를 판단하여야 할 것이다.

❸ **고대지명의 앞글자인 '비자(比自)', '비사(比斯)', '비자(比子)'는 {그 경로나 의미가 조금씩 다르지만} 결과적으로 같은 의미이다.**

⇒ 鉢$^{(바리때,발:bō)}$자, 火$^{(불,화;huǒ)}$자, 伐$^{(칠,벌;fá)}$자 등의 앞에 부가된 비자^{比自}, 비사^{比斯}, 비자^{比子}라는 단어들은 모두 '比$^{(견줄,비:bǐ)}$'자로 시작하면서 뒤의 글

자들이 서로 음^{音}은 비슷하지만 글자^{漢字}들은 다르다는 것이 특징이 있다. {필자의 경험에 따르면} 이러한 경우는 글자들을 개별적으로 떼어내서 따로따로 살펴보면 알기가 쉬워진다고 보인다. 즉 '自$^{(자연히,자:zì)}$'자, '斯$^{(모두,사:sī)}$'자, '子$^{(작을,자:zǐ)}$'자 등이 모두 {글자와 그 의미가 서로 다르게 보이지만} 최종적으로는 이 3가지의 경우가 모두 비슷비슷한 개념으로 사용되었다고 보인다. 실제의 사례를 살펴보자

* **비자(比自)** : '비자발^{比自鉢}' 및 '비자화^{比自火}'로 사용된 경우인데, '비자발^{比自鉢}={比$^{(~와같을,비)}$+自$^{(자연히,자)}$+鉢$^{(바리때,발:bō)}$}=즉 진짜^{自} 바리때^{鉢}와 같은 지형'으로 해석될 수가 있다고 보인다. 즉 '<u>수많은 나지막한 구릉들이 운집한 현,안휘성천장시^{天長} 서쪽의 철산사^{鐵山寺} 일대의 구릉지대</u>$^{(⇒이하\ 아래에서는,}$<u><^{현,철산사일대}>라고 약칭한다)</u>'가 '진짜로, 스님들이 사용하는 바리때^{鉢}들이 무수히 모여 있는 것과 같은 지형'으로 보였으므로, 이러한 표현이 나타나게 된 것으로 여겨진다. 물론 관찰자가 구릉지들보다 아주 높은 상공에서 전체 지형을 동시에 보았다면 '무수한 무덤들^{陵}이 모여 있는 것'처럼도 보였겠지만 {그 구릉들의 속에 들어있는 관찰자가 어느 하나의 구릉지 위에 올랐을 때는} 눈에 보이는 범위의 구릉지들 사이사이에 있는 거주 공간들이 여러 바리때^{鉢}들 사이에 있는 공간^{즉,작은평지}으로 보였을 것으로 추정되기 때문이다. 그리고 앞에서 '火$^{(불,화:huǒ)}$'자와 '鉢$^{(바리때,발:bō)}$'자의 의미가 서로 같음을 이미 확인했으므로, {비자화^{比自火}=비자발^{比自鉢}}이 되는 것이다.

* **비사(比斯)** : '비사벌^{比斯伐}'로 사용된 경우인데, 앞에서 伐$^{(칠,벌:fá)}$자와 鉢$^{(바리때,발:bō)}$자가 경로는 약간 다르지만 결과적으로 의미가 같아짐을 확인했으므로, '비사벌^{比斯伐}={比$^{(~와같을,비)}$+斯$^{(모두,사)}$+伐$^{(칠,벌)}$}={比$^{(~와같을,비)}$+斯$^{(모두,사)}$+鉢$^{(바리때,발:bō)}$}=즉 모두^{斯} 바리때^{鉢}와 같은 지형'으로 해석될 수가 있다. 따라서 '비사벌^{比斯伐}'도 '비자발^{比自鉢}'과 같은 <현,철산사일대>로 비정할 수 있는 것

이다. 그리고 이 {비사벌比斯伐=비자발比自鉢} 지역은 {외부에서 보면} '완전히 完 산山뿐인 지형'으로 보이므로 옛,가야(加耶,加羅) 지역을 정벌해서 신라 영토로 병합한 신라24진흥왕이 이곳을 완산주{完山州=즉 전체가(完) 산(山)뿐인 고을(州)}라고 명명하였던 것이므로, 《삼국사기/신라본기4》24진흥왕16(555)년조: 비사벌(比斯伐)에 완산주(完山州)를 설치하다.'라는 기록이 남아있게 된 것이다.

[참고]
비사벌(比斯伐), 완산주(完山州), 전주(全州) 및 창녕군(昌寧郡)

660년 당나라가 백제를 멸망시킨 후, 당나라는 {왕족,귀족들은 당나라 도성으로 잡아갔지만} 일반 백제유민들을 중국 전역으로 소개疏開시켰었던 것인데 {나중에(7말8초) 역사왜곡을 시작하면서} 그 백제 유민들을 모두 현,한반도로 이주시켜서 '**과거의 백제역사가 모두 현,한반도에 있었던 것처럼 역사를 왜곡**'하기 위하여, 중국 전 지역에 분산되어 있던 백제 유민들을 다시 모두 일시에 일단 이 {비사벌比斯伐=즉,완산주完山州} 지역으로 귀환시켜 여기저기즉, 여러 골짜기들에 잠시 대기시켰던 적이 있었던 것이다.

그래서 중국 전 지역에서 귀환해 온 백제 유민들이 {비사벌=즉,완산주}의 전 지역 여기저기 구석구석에 임시로 수용되게 되자, '비사벌(즉,완산주) 전체를 전주{全州=즉 귀환한 백제인들의 마을이 모두 모인(全) 지역(州)}'라고 명명하였고, 그 사람들을 이주시킬 현,한반도에도 '전주全州라는 같은 지명을 배치한 것'이 현,전북전주全州가 된 것이다. 그래서 {지명이동 측면에서만 말한다면} {비사벌比斯伐⇒완산주完山州⇒전주全州}가 되는 것이지만 "<u>비사벌比斯伐 지역이 원래 백제인들과 무관한 가야加耶,加羅지역이었던 것이므로, 비사벌比斯伐을 {둘로 나누어서} '무수한 무덤들(陵;릉=즉,鉢;발)이 모여 있는 것'으로 비유하여 '창녕군{昌寧郡=즉 무덤</u>

⁽陵⁾事이 많은⁽昌⁾ 곳⁽郡⁾}'이라고 명명해서 옛,가야지역으로 역사왜곡될 현, 한반도 경상도에 배치하였고, '완산주⁽完山州⁾는 그대로 옛,백제지역으로 역사왜곡될 현,전라도 전주⁽全州⁾에 배치하게 됨'으로써, 하나의 모델지명이 두 개의 {역사왜곡용} 이동지명으로 갈라지게 된 것"이다. 즉 현,전라도전주⁽全州⁾나 현,경상도창녕⁽昌寧⁾의 지명이동⁽즉,역사왜곡⁾ 이전의 모델지명⁽model地名⁾은 모두 '수많은 나지막한 구릉들이 운집한 현,안휘성천장시⁽天長⁾ 서쪽의 철산사⁽鐵山寺⁾ 일대의 구릉지대<현,철산사일대>'인 {비사벌⁽比斯伐⁾=즉,완산주⁽完山州⁾}였던 것이다.

물론 {김유신을 배출한 금관가야⁽金官國⁾ 사람들을 제외한 다른 5가야인들은 거의 모두 당나라로 귀화해 버렸으므로} 현,한반도의 두 지역에 실제로 이주해서 정착한 사람들은 극히 소수의 옛,백제인들이었었고, 이 두 지역에 정착한 대부분의 사람들은 '신천지⁽현,한반도⁾에서 새로운 나라를 만들겠다.'고 황해바다를 건너 이주해 온 옛,서신라⁽산동신라+강소신라⁾ 사람들이었던 것이다.

이와 같은 실사⁽實史⁾를 제대로 알게 되면, '{현,전라도전주⁽全州⁾와 현,경상도창녕⁽昌寧⁾ 사이에 있을 수도 있는(?)} 영호남 간 지역감정의 근원이 원래 삼국시대부터 있었다.'라고 말하는 것이 얼마나 허황된 것인지를 알게 되므로, 그저 안타까울 따름이다. 모두 정치적 이익을 노린 망국적인 정치가들이 만들어낸 허구⁽虛構⁾에 선량한 국민들이 휘둘린 결과라고 해야 할 것이다.

* **비자(比子)** : '비자벌⁽比子伐⁾로 사용된 경우인데, 역시 앞에서 伐⁽칠,벌;fá⁾자와 鉢⁽바리때,발;bō⁾자가 경로는 약간 다르지만 결과적으로 의미가 같아짐을 확인했으므로 '비자벌⁽比子伐⁾={比⁽~와같을,비⁾+子⁽작을,자;zi⁾+伐⁽칠,벌⁾}={比⁽~와같을,비⁾+子⁽작을,자;zi⁾+鉢⁽바리때,발;bō⁾}=즉 작은⁽子⁾ 바리때⁽鉢⁾들이 무수히 모인 지형'으로 해석될 수가 있을 것이다. 따라서 '비자벌⁽比子伐⁾'도 '비자발⁽比自鉢⁾'과 같이 <현,철

산사일대>를 지칭하는 옛,가야$^{(加耶,加羅)}$지역의 지명이라고 해야 할 것이다.

o '비자(比自)', '비사(比斯)', '비자(比子)'의 관계 및 '지명비정(地名比定)'
: {앞에서 살펴본 바와 같이} '비자^{比自}', '비사^{比斯}', '비자^{比子}'가 그 경로나 의미가 조금씩 다르긴 하지만 결과적으로 그 의미가 같아짐을 확인했으므로, 이 단어들의 대표격 단어는 '비사^{比斯}'이고 이 힌트들이 지칭하고 있는 곳도 역시 {앞의 '불지촌^{佛地村}, 발지촌^{發智村}, 불등을촌^{佛等乙村}'이 지칭하는 곳과 같은} <현,철산사일대>를 지칭하는 옛,가야$^{(加耶,加羅)}$지역의 지명이라고 해야 할 것이다.

❹ 하주(下州), 화왕군(火王郡), 창녕군(昌寧郡) 및 비화가야(非火伽耶)
⇒ 마지막으로 현,창녕군^{昌寧郡}의 연혁에 대해서 살펴보면, 《삼국사기/지리1》양주(良州)화왕군(火王郡)조; 양주(良州)의 화왕군(火王郡)은 본래(本), 비자화$\{比自火=一云,비사벌(比斯伐)\}$이다'라고 하였으므로, 이 기록은 {앞에서 검토한 바에 의하면} 신라35경덕왕이 757년에 '{비자화^{比自火}=비사벌^{比斯伐}=비자발^{比自鉢}}=즉 <현,철산사일대>를 지칭하는 옛,가야$^{(加耶,加羅)}$지역의 지명'을 경주신라$^{(현,한반도)}$의 '양주^{良州} 화왕군^{火王郡}으로 지명이동해서 설정한 것'이라고 보아야 할 것이다.

따라서 '김해소경, 의안군, 밀성군, 화왕군, 수창군, 장산군, 임고군, 동래군, 동안군, 임관군, 의창군, 대성군, 상성군' 등 13개의 속군을 거느린 경주신라의 양주^{良州}에 해당되는 '강소신라 지역의 모델지명$^{(model地名)}$'은 현,창녕군의 전신인 화왕군의 강소신라 지역 모델지명인 '{비자화^{比自火}=비사벌^{比斯伐}=비자발^{比自鉢}}=즉 <철산사일대>를 지칭하는 옛,가야$^{(加耶,加羅)}$지역' 보다 훨씬 더 넓은 현,안휘성 전체 지역인 옛,가야$^{(加耶,加羅)}$ 전 지역에 해당된다고 해야 할 것이다. 즉 이는 '경주신라의 양주^{良州}'가 '중국 남조국가$^{南朝國家=즉,宋齊梁陳}$ 지역인 양주^{梁州}'의 이동지명이었을 것임을 시사하는 대목이라고 해야 할 것이다.

* 하주(下州) : 흔히들(즉,통설에서) '《삼국사기/지리1》양주(良州)화왕군(火王郡)조'를 잘못 해석해서, '신라의 하주(下州:514년경?)에서 화왕군(火王郡:757년)을 거쳐 현,창녕군(昌寧郡)으로 변화된 것이다.'라고 해석하고 있는데, 이것은 아래의 기록을 잘못 해석한 결과이다. 원문을 확인해 보자.

i. 火王郡,本比自火郡(一云比斯伐) > 화왕군은, 본래 비자화군(一云,비사벌)인데,

ii. 眞興王十六年 置州名下州 > 진흥왕16(555)년에 ~~주를 두고 하주로 이름하였다~~ {비자화군(比自火郡)을} 하주(下州)라는 이름의 주(州)에 두었다가(置),

iii. 二十六年州廢 > {진흥왕}26(565)년에 ~~주를 폐했다~~ {비자화군(比自火郡)을 하주(下州)라는 이름의} 주(州)에서 폐지하였었다(廢).

iv. 景德王改名.今昌寧郡 > (757년에) 경덕왕이 ~~이름을 고쳤다~~ {비자화군(比自火郡)을 화왕군(火王郡)이라고} 이름을 고쳤다(改名). 지금은 창녕군이다.

즉 신라24진흥왕16⁽⁵⁵⁵⁾년에 '하주下州라는 이름의 주州'를 새로 설치한 것이 아니라, 옛,가야지역인 강소신라의 양주(梁州=현,안휘성)에 속해 있던 비자화군(比自火郡=<현,철산사일대>)을 그 전부터 있었던 강소신라의 하주下州에 편입시켰다가(置), 565년에 편입에서 해제시킨 것이므로(廢), 비자화군(比自火郡=<현,철산사일대>)이 강소신라의 하주下州에서 강소신라의 양주(梁州=현,안휘성)로 원상복귀된 것을 말하는 것이다.

물론 이 비자화군(比自火郡=<현,철산사일대>)이 35경덕왕 때⁽⁷⁵⁷⁾ 화왕군火王郡이라는 지명으로 바뀌어서 경주신라로 지명이동되었다가 현,창녕군昌寧郡이 된 것이므로, 이 기록을 통해서 현,창녕군昌寧郡의 모델지명인 비자화군(比自火郡=현,안휘성<현,철산사일대>)이 옛,가야(加耶,加羅) 지역이었던 강소신라 양주梁州의 일부분에 해당된다는 것을 알 수는 있다. 결국 이 기록은 '《삼국사기/지리1》양주良州'가 바로 '옛,가야(加耶,加羅) 지역이었던 강소신라 양주梁州의 이

동지명인 것으로 보아야 한다'는 것을 알려주고 있는 것이다.

그리고 {이 기록을 통해서} 신라24진흥왕이 555년에 이미 당시 강소신라의 양주^{梁州}에 속해 있었던 옛,가야$^{(加耶,加羅)}$ 지역의 동쪽 끝 일부지역인 비자화군$^{比自火郡=현,안휘성<현,철산사일대>}$을 당시 강소신라의 하주^{下州}에 편입시켰던 적이 있었던 것을 알 수 있으므로, '상주,하주땅을 나누어$(割上州下州地)$ 삽양주를 설치했다$(置歃良州)$'라는 『삼국사기』의 665년 기록에 등장하는 상주^{上州}와 하주^{下州}가 '555년의 강소신라 하주^{下州}가 아니라 양주^{梁州}였던 것'을 재차 확인할 수 있다고 해야 할 것이다. 따라서 현,안휘성에서 현,강소성 쪽으로 노루궁뎅이처럼 깊숙이 쑥 들어온 현,안휘성천장시^{天長}는 소위 말하는 삽양주^{歃良州}라는 왜곡지명을 견강부회해서 감추기 위해서 조작해 낸 의도적인 지형^{즉,영역}이라고 볼 수 있을 것이다. {아마, 중국측의 오래된 지방지^{地方志} 기록을 확인하면} 이를 확인할 수 있는 근거 기록을 발견할 수가 있을 것으로 기대된다. 관심 있는 분들의 분발을 기대해 본다.

* 화왕군(火王郡) : 《삼국사기/지리1》양주(良州)화왕군(火王郡)조》를 확인하면, 신라35경덕왕이 757년에 '옛,가야$^{(加耶,加羅)}$ 지역이었던 강소신라의 양주^{梁州}에 속한 비자화군^{比自火郡}'을 '경주신라의 양주^{良州}의 속군^{屬郡}인 화왕군^{火王郡}'으로 지명이동하였는데, 이 화왕군이 현,경남창녕군^{昌寧郡}이 된 것을 확인할 수 있다. 아마 '화왕^{火王}'이란 이름은 비자화^{比自火}란 고대지명에서 연유된 것'으로 보이는데 {'화^{火}=비자화^{比自火}의 생략}=즉,비자벌^{比自鉢}일 것이고 '왕^{王}=으뜸'이라는 의미일 것이므로, '비자화^{比自火}=즉,비자벌^{比自鉢}=<현,철산사일대>를 지칭하는 옛,가야$^{(加耶,加羅)}$지역의 지명'이 매우 특이한 특징이 부각되는 특수지형임을 시사하기 위하여 '왕^{王}이라는 이름을 붙인 것'이라고 추측된다.

* 창녕군(昌寧郡) : 현,경남창녕군의 연혁은 수없이 많이 거론되었으므로, 여기서 다시 재론할 필요가 없다고 보인다. 다만 '창녕^{昌寧}'이란 지명

의 의미가 그 모델지명이 '{비자화^{比自火}=비자발^{比自鉢}}=즉 <현,철산사일대>를 지칭하는 옛,가야$^{(伽耶,加羅)}$지역'이라는 점에서, 그 지형의 모양 때문에 '구릉$^{(鉢)}$⇒무덤$^{(寧)}$'으로 치환되어 '昌寧^{창녕}={昌$^{(번성할,창⇒즉,많다)}$+寧$^{(편안할,녕⇒즉,무덤(구릉))}$}'이라는 의미로 작명되었을 개연성이 있다고 보이므로 관심 있는 독자들께서 더 자세히 살펴보길 기대하는 바이다.

그리고 또한 **'상주·하주땅을 나누어(割上州下州地) 삽양주를 설치했다(置歃良州)'**라는 『삼국사기』의 665년 기록 때문에 현,양산^{梁山}이나 현,창녕군^{昌寧郡} 등이 강소신라의 상주^{上州}의 땅과 하주^{下州}의 땅을 조금씩 떼어내서 만들어진 것으로 오해함으로써, '원효법사, 설총 및 일연스님의 선조들이 현,경북경산^{慶山} 출신인 것으로 착각하게 된 것'이 아닌가 하는 문제는 앞에서 자세히 설명하였으므로, 다시 정밀하게 점검해 보는 계기가 되길 기대하는 바이다.

* **비화가야(非火伽耶)** : 앞에서 예문을 제시하면서 이미 '비화가야^{非火伽耶}는 현,창녕군과 무관한 지명$^{\{고려태조23(940)년을 참조하면, 비화가야(非火伽耶)는 창녕이 아니라 고령이라고 했음\}}$이므로, 검토에서 제외한다.'고 했는데 그 이유를 간단히 설명하고자 한다. 물론 '가야^{伽耶}'란 표현은 일연스님이 5가야^{5伽耶}를 설명하면서 붙인 것이지 고유한 지명^{地名}이 아니므로, 지명에 해당되는 비화^{非火}에 대해서만 살펴보면 될 것이다.

즉 {火$^{(불,화)}$ 및 佛$^{(부처,불;bó)}$의 한어음^{韓語音}이 '불'로서 공통이고, 佛$^{(부처,불;bó)}$ 및 鉢$^{(바리때,발;bō)}$의 한자음^{漢字音}이 'bó'로서 공통인 점을 활용하면} '{비화^{非火} > 비불^{非불} > 비불$^{(非佛;bó)}$ > 비발$^{(非鉢;bō)}$}⇒즉 鉢$^{(바리때,발;bō)}$이 아니다$^{(非)}$'라는 의미가 된다, 따라서 이 비화가야^{非火伽耶} 지역은 '鉢$^{(바리때,발)}$=즉 수많은 나지막한 구릉들이 운집한 구릉지대'가 아니므로 현,창녕의 모델지명인 '{비자화^{比自火}=비자발^{比自鉢}}=즉,<현,철산사일대>'와는 다른 곳을 말하는 것이기 때문에 일연스님이 '비화가야^{非火伽耶}는 창녕^{昌寧}이 아니라 고령^{高靈}이다'라고 하였던 것이다. 역시 관심 있는 분들께서 더 명확하고 자세히 확

인해 주길 기대하는 바이다. ★

② 《삼국유사/의해5》원효불기조, 뒷부분{원효법사행적에 관한 기록} :
'《삼국유사/의해5》원효불기조의 뒷부분'은 원효법사의 행적에 관한 기록인데, 크게 보아서 'ⓐ출생과 성장과정', 'ⓑ아들 설총에 대한 기록', 'ⓒ원효법사의 기행과 업적' 등으로 구분될 수 있다고 보인다.

그런데, 원효법사^(617~686)가 살았던 시기가 바로 나당연합군에 의해서 백제와 고구려가 멸망되어 사라졌고, 그 뒤에 망한 두 나라를 바탕으로 해서 일본과 발해가 건국되었으며, 나당연합군의 한 축이었던 강소신라가 연합의 또 다른 한 축인 당나라에 의해 현,중국화동지역^(강소신라)에서 현,한반도^(경주신라)로 축출당하는 격동의 7C말이었던 것이다. 이렇게 동아시아 전체가 뒤

그림19.
원효법사 영정

흔들리는 7C말의 격랑 속을 살아온 원효법사가 무력^{武力}을 앞세운 당나라의 강요^{強要}와 감언^{甘言}을 절연히 거부하고, 스스로의 힘으로 강소신라에서는 결코 이루지 못하게 되어버린 불국토^{佛國土} 화엄세계^{華嚴世界}를 신천지^{新天地} 경주신라에서 이루기 위해 험난한 바다^(현,황해)를 건너 현,한반도에 와서 온 몸으로 불국토^{佛國土}를 이루려고 했었다는 것을, 일연스님이 '원효불기^{元曉不羈=즉, 강요와 회유를 거부한 원효}'라는 제목을 달아서 기록으로 남기고 있는 것이다.

그리고, 이 기록 속에는 {경주신라로 떠나는 길에서^(路上)} **'나중에 죽어서 축생^{畜生}인 해룡^{海龍}이 되어서라도 나라를 지키겠다.'**라는 신라30문무왕^(661~681)의 절규와 같은 권유^(誘)와 명령^(詔)을 받은 원효스님이 쓴 '삼매경소^{三昧經疏}'에 대해 일연스님은 **"'붓과 벼루를 소의 두 뿔에 공교하게^(工=エ巧) 두고서 써 내려간 삼매경소의 각승^{角乘=즉, 본시2각(今始二覺?)}'이 바로 해동불교^(즉,한반도 불교)에 있어서는 '용수^{龍樹}의 중관사상^{中觀思想}에 필적하는 대승사상^{大乘思想}'의 극치였다."**라고 극찬하고 있는데, 이는 '겉보기 모범답안'일 뿐이고 실제로

는 {현,합천해인사^{海印寺}를 기준으로 해서 그 남쪽으로, 동쪽에 왜곡배치된 신라역사와 서쪽에 왜곡배치된 백제역사 사이에 가야$^{(加耶,加羅)}$역사를 왜곡배치하기 위해서} '현,합천해인사라는 사찰이 개창되게 된 것이다.'라는 것을, 일연스님이 {후손인 우리들에게} 알리고 있는 문장인 것이다. 따라서 '현,한반도에서 원효법사의 역할'도 {역사왜곡이라는 측면에서} 반드시 재평가해 보아야 할 사안으로 보인다.

물론, 원효법사는 '**삼매경소**^{三昧經疏}**의 십회향품**^{十廻向品}**에 이르러 절필하고, 무애**^{無㝵}**라는 이름의 박을 치고 다니면서 무애가**^{無㝵歌}**를 부르고 춤을 추면서, 중생교화의 길을 나섰다.**'라고 한 시기부터 시작하여, 얼마 뒤 경주신라$^{(현,한반도)}$로 건너와서 {그동안 강소신라에서 통불교적^{通佛敎的}으로 다양하게 섭렵하여 스스로 터득한 각종 불교경전은 물론이고 불교^{佛敎} 이외의 유교^{儒敎} 경전이나 노장^{老莊}의 경전까지 두루 포괄하는 다양한 사상적 스펙트럼을 바탕으로 해서} '**화쟁사상**^{和諍思想}**을 통해 자유로우면서도 긍정적이며 적극적으로 한반도불교의 새벽**$^{(참고, 원효(元曉)라는 법명)}$**을 열기 시작했다**'는 것에 대해서는, 아무도 부인할 수가 없을 것이다. 다만, 불자가 아닌 필자로서는 {원효법사의 깊고 심오한 사상적 경지는 결코 알 수가 없으므로} 일연스님이 설명한 기록들 속에서 '7말8초의 역사왜곡과 관련된다.'라고 보이는 부분들$^{(아래의 ⓐ,ⓑ,ⓒ)}$만 발췌해서 살펴본 뒤에 종합적으로 'ⓓ7말8초 역사왜곡과 원효법사의 역할'에 대해서 필자 나름의 생각을 간단히 적어두고자 한다.

ⓐ 원효법사의 출생과 성장과정

* '《삼국유사/의해5》원효불기조의 뒷부분(1)' : 사라수(裟羅樹)에 관해서는 민간에 이런 이야기가 있다. 성사의 집은 본래 이 골짜기의 서남쪽에 있었는데, 어머니가 아이를 가져 만삭이 되어 마침 이 골짜기 밤나무 밑(栗樹下)을 지나다가 갑자기 해산하고 창황하여 집으로 돌아가지 못하고, 우선 남편의 옷을 나무에 걸고 그 안에 누워 있었으므로 [그] 나무를 사라수(裟羅

樹)라고 하였다. 그 나무의 열매(樹之實)도 보통 나무와는 달랐으므로 지금도 사라밤(裟羅栗)이라고 한다. 예부터 전하기를, [사라사의] 주지(主寺者)가 절의 종(寺奴) 한 사람에게 하루 저녁의 끼니로 밤(栗) 두 개씩을 주었다. 종은 관가에 소송을 제기하였다. 이를 이상하게 생각한 관리가 [그] 밤(栗)을 가져다가 조사해 보았더니 한 개가 바루 하나에 가득 찼다. 이에 도리어 한 개씩만 주라는 결정을 내렸다. 이 때문에 이름을 율곡(栗谷)이라고 하였다. 성사는 출가하고 나서 그의 집을 희사하여 절을 삼아 이름을 초개(初開)라고 하고, 밤나무 옆에도 절을 지어 사라(裟羅)라고 하였다.

⇒ 원효법사의 출생에 대한 이야기 중에 가장 핵심이 되는 키워드는 역시 '한 개의 크기가 바리때(鉢) 하나에 가득 찼다.'라는 사라밤裟羅栗이 열리는 사라수裟羅樹일 것이다. 이는 물론 원효법사가 출생한 마을이 '왕밤大栗의 주산지인 왕밤나무골大栗谷'이었으므로 한반도불교의 성사聖師=즉,개조(開祖)인 원효법사가 '밤나무 밑栗樹下에서 태어났다.'라는 전승이 만들어질 수 있었던 것이라고 보인다. 그러나 그 밤나무栗樹를 '사라수裟羅樹라는 특이한 이름으로 표현했다.'는 것은 '특별한 의미가 있음'을 시사한다고 보인다. 이 사라수裟羅樹에 대해서 아직은 정설이 없지만, 일부에서는 원효법사의 아명小名인 '서당동誓幢10)'과 제명第名인 '신당동新幢'의 당동幢자에 대해 **幢者俗云毛也(동자속운모야)** > **동幢은 속어俗로 털毛이다.**'라고 한 일연스님의 주해석이 있는 것과 사라수裟羅樹의 사裟자가 裟(가사,사)'자인 점을 연결 지어 **'원효의 어머니가 원효를 밤나무 밑에서 출산할 때, 아버지가 입던 털가사(毛袈裟)를 나무에 걸쳐서 가림막으로 사용했었으므로 그 나무를 사라수(裟羅樹)라 한다.'**라는 해석을 하지만, 필자는 아무래도 이것은 '궁색한 해석'이라고 생각한다. 즉 '사라수裟羅樹는 석가가 열반에 들 때 주변에 있었던 사라쌍수沙羅雙樹와

---

10) '당동(幢)': 「네이버/한자사전」에 의하면, '幢'자는 {크게 보아서} '幢{기(旗), 당;chuáng)}'과 '幢{깃털(毛)늘어진모양,동;zhuàng}'이라는 두 개의 의미가 있다. 따라서 '깃털(毛)'를 강조하는, 『삼국유사』의 주해석(즉, '幢者俗云毛也')이 있는 이곳에서는 후자인 '幢{깃털(毛)늘어진모양,동;zhuàng}'자로 해석되어야 할 것이다.

관련된다.'고 추정하는데, 후대의 역사왜곡과정에서 '사라쌍수沙羅雙樹 밑에서 열반한 석가가 사라수娑羅樹 밑에서 태어난 원효법사로 환생했다.'라는 이미지를 만들어서 {원효법사를 해동(海東=현,한반도) 불교의 초조初祖로 숭상崇尙하기 위해} '원효법사가 그 아래에서 출산했다는 왕밤나무를 특별히 사라수娑羅樹라고 부르게 된 것'으로 추측한다는 것이다. 다만 원효법사는 '석가와 같이 불법을 설하는 레벨'이 아니라 '석가가 펴낸 불법을 지키는 불승佛僧의 레벨'이었으므로, 원래는 아무런 의미가 없던 '사라수沙羅樹의 沙사자'를 '불승들이 입는 가사袈裟를 의미하는 娑(가사,사)자로 고친 것이다.'라고 일단 추정을 하지만, '원효법사의 아버지도 승려僧侶였다.'는 것을 시사하기 위하여 '가사娑를 걸게 된 것이다.'라고 기록한 것일 수도 있다고 보인다. 그러나 '원효법사의 아버지가 승려였는지?'에 대해서 필자가 알지 못하기 때문에 단정하지는 않지만 대체로 그러했을 것으로 받아들인다.

어쨌든, 이 '사라수沙羅樹'라는 단어는 원효법사가 태어난 마을을 '불지(佛地=즉 부처(釋迦)가 태어난 땅)'라고 하는 '겉보기 답'도 성립하면서, '{불지佛地=비사벌比斯伐}=즉 수많은 나지막한 구릉들이 운집한 현,안휘성천장시天長 서쪽의 철산사鐵山寺 일대의 구릉지대[즉,<현,철산사일대>]'라는 '정답'도 함께 성립하게 한다고 평가할 수가 있을 것이다. 그리고 또 일연스님은 이곳이 '옛,가야(加耶,加羅) 지역인 강소신라의 양주(梁州=현,안휘성)의 동쪽 끝부분'으로서 '압량주押梁州라는 서술문을 패러디한 왜곡지명인 삽양주(歃良州=즉,揷良州)에 해당하는 지역이라는 것'을 후대인들에게 알리기 위하여, {번잡스러움을 무릅쓰고서} '실제로는 존재하지도 않았던, 압량군押梁郡이라는 가짜지명'을 만들어서『삼국유사』에 등재함으로써 후손들로 하여금 '665년에 {옛,양주梁州지역의} 상주上州의 땅과 하주下州의 땅을 분할하여 설치했다는 삽양주揷良州라는 지명의 허구성'을 후손들에게 알린 것이라고 추론된다.

* 《삼국유사/의해5》원효불기조의 뒷부분(2) : 성사가 나서 아명(小名)

은 서당동(誓幢)이고, 제명(第名)은 신당동(新幢){당(幢)이란, 속어(俗)로 털(毛)이라 한다[幢者俗云毛也]}.이다. 처음에 어머니가 유성(流星)이 품속으로 들어오는 꿈을 꾸고 태기가 있었는데, 해산하려고 할 때는 오색구름이 땅을 덮었다. [곧] 진평왕(眞平王)39년 대업(大業)13(617)년 정축년(丁丑歲)이었다. 태어날 때부터 총명이 남달라 스승을 따라서 배우지 않았다. 그가 사방으로 다니며 수행한 시말(始末)과 널리 교화를 펼쳤던 크나큰 업적은 ≪당전(唐傳)≫과 행장에 자세히 실려 있다. 여기서는 자세히 기록할 수 없고, 다만 향전(鄕傳)에 실린 한두 가지의 특이한 사적만 쓴다.

⇒ {원효법사의 출생기록에 이어서} 원효법사의 이름을 '아명^{小名}=즉,서동^{誓幢}'과 '제명^{第名}=즉,신동^{新幢}'이라고 말하고 있는데, 이 이름들(?)이 흔히 사용되는 형식이 아니므로 이 이름들에 대한 해석은 아직까지 정설이 없는 것으로 보인다. 특히 '속어^(俗)로 털^(毛)이라고 하는 동^幢자를 어떻게 해석해야 하는가?'와 '제명^{第名}이 무엇인가?'에 대해서 의견이 분분한 것으로 보이는데, {필자가 조사한 바에 의하면} 아래의 '<幢동과 第名^{제명}에 대한 참고견해 : 필자요약>'이 많은 참고가 되므로 {필자에게 필요한 부분만 발췌해서} '7말8초의 역사왜곡'과 관련지어 재해석해 보고자 한다.

[참고]

<'幢'과 '第名'에 대한 참고견해 : 필자요약>¹¹⁾

i. 원효법사의 아명^{小名} '서당동^{誓幢}'은 군호^{軍號}가 아니다.
ii. '당동^幢'이란 글자는 '나무에 새털옷^(羽毛裂裟)이 걸려 있는 모습'을 표현한 것이다.
iii. '제명^{第名}'이란 원효법사가 살았던 집을 부르는 택호^{宅號}이다.

---

11) <'幢'과 '第名'에 대한 참고견해 : 필자요약> : 이는 필자가, '불종사 주지 현진스님의 블로그[http://blog.daum.net/01193704043/12410961]'에서 읽은 '원효전기 연구에 나타난 問題點에 대하여/동국대학교불교학과 권기종교수(2009.11.11.)'라는 글을 사전 양해 없이 요약한 것이다. 혹시 잘못된 곳이 있어 지적하면 바로 잡겠습니다.

일단, i과 iii에 대해서는 필자도 대체로 동의하지만 ii에 대해서는 조금 달리 보기 때문에, 주로 ii에 대한 필자의 견해를 밝힌 다음에, 전체적으로 검토하는 것으로 한다.

우선, 필자는 {「네이버/한자사전」을 참조해서} '幢者俗云毛也'가 '당자속운모야'가 아니라 '동자속운모야'라고 보았으며, 일연스님이 특별히 토를 달아서 주해석한 '幢者俗云毛也^{동자속운모야}'란 문장에서의 '毛$^{(터럭,모)}$'자의 의미를 흔히 말하는 '털$^{(毛=wool)}$'로 보지 않고, '글을 쓰는 붓, 즉 筆$^{(붓,필)}$을 은유하는 것'으로 추정하였다. 대체로 毛$^{(털,모)}$로써 筆$^{(붓,필)}$을 만들기 때문인데 筆$^{(붓,필)}$자가 단독으로 쓰이면 단순히 붓을 지칭하는 것이겠지만 誓^{서}자나 新^{신}자와 같이 앞에 부가되는 글자에 따라서는 {즉 '名筆$^{(명필=매우 잘 쓴 글씨 또는 글을 잘 쓰는 사람)}$'의 예와 같이} 대체로 '글을 잘 쓰는 사람'을 지칭하는 단어로 활용된다고 보인다. 그래서 결국 이 '幢^{동}'자는 '원효법사가 아주 출중한 문장가였음'을 시사하는 글자인 '筆$^{(붓,필)}$'자를 은유한 것이었다고 보는 것이다.

따라서 '幢$^{\{깃털(毛)늘어진모양,동\}}$'자를 '모$^{(毛)}$'의 의미인 필$^{(筆)}$자'로 치환하면 '서동^{誓幢}은 서필^{誓筆}'이 되고, '신동^{新幢}은 신필^{新筆}'이 될 것이므로, 이제 誓^{서}자와 新^{신}자의 의미를 찾으면 되는데 이에 대한 힌트는 '원효$^{(元曉=즉,첫새벽)}$'라는 법사의 법호^{法號}의 의미인 '새벽'에 있다고 보인다. 즉 '경주신라$^{(현,한반도)}$ 불교를 개창했다.'고 하는 원효법사의 출생지를 실제지명이 아닌 '불지$^{(佛地=즉,부처의 땅)}$라는 상징성을 갖는 지명'으로 표기하고 '약1,200년 전에 석가모니가 열반한 장소인 사라쌍수^{沙羅雙樹}와 닮은$^{\{즉 이름이 닮은?\}}$ 사라수^{娑羅樹}라는 밤나무 아래에서 원효법사가 태어났다.'라는 등 원효법사를 '해동$^{(海東=현,한반도)}$의 부처$^{(釋迦)}$'로 자리매김$^{(즉,설정)}$하는 입장에서는, 원효법사의 세속적 아명$^{\{兒名=즉,소명(小名)\}}$이나 택호$^{\{宅號=즉,제명(第名)\}}$를 그대로 밝힌다는 것이 큰 의미가 없고 오히려 '원효$^{(元曉=즉,첫새벽)}$라는 법호^{法號}'를 택한 취지에도 맞지 않으므로 {세속적인 아명^{兒名}이나 택호^{宅號}를 밝히는 대신에} 원효법사는 태어나서 출가하기 전까지 줄곧 '한반도불교를 여는 원효$^{(元曉=즉,첫새벽)}$였었다.'라는 의미의 이름을 가진 것으로 설정해서 표기하게 된 것이라고 볼 수가 있는 것이다.

어쨌든 {필자가} 원효법사의 아명$^{\{兒名=즉,소명(小名)\}}$과 택호$^{\{宅號=즉,제명(第名)\}}$를 {가장 일반적인 '역사왜곡방법론의 하나인 글자변조법'에 따라} 살펴보면, '아명은 曙$^{(새벽,서;shŭ)}$자의 한어음^{韓語音}음변자인 誓$^{(맹세할,서;shì)}$자'를 사용하고, '택호는 晨$^{(새벽,신;chén)}$자의 한어음^{韓語音} 음변자인 新$^{(새로울,신;xīn)}$자'를 사용하여, '아명은 서필$^{\{曙筆=즉 경주신라 불교의 새벽을 여는 문장가\}}$의 변조자인 서동^{誓幢}'이라고 설정하고, '택호는 신필$^{\{晨筆=즉 경주신라 불교의 새벽을 여는 문장가\}}$의 변조자인 신동^{新幢}'이라고 설정하게 된 것이라고 보는 것이다. 즉 曉$^{(새벽,효;xiāo)}$자의 의변자^{意變字}인 曙$^{(새벽,서;shŭ)}$자가 誓$^{(맹세할,서;shì)}$자의 음변자^{音變字}가 되는 것을 이용하고, 또 '毛$^{(털,모)}$로 筆$^{(붓,필)}$을 만든다.'는 것을 이용하여, 의도적으로 幢者俗云毛也^{동자속운모야}라는 주^{注}를 덧붙여 '{幢동⇒毛$^{(털,모)}$⇒筆$^{(붓,필)}$}'이라는 관계를 새롭게 정의$^{(定義=즉,뜻매김)}$해서 幢$^{(문장가,동)}$이라는 새로운 자의^{字義}를 만들어[12] 서동^{誓幢}이라는 아명$^{\{兒名=즉,소명(小名)\}}$을 만든 것'이어서, 결국 아명$^{\{兒名=즉,소명(小名)\}}$은 '음변자^{音變字}와 의변자^{意變字}가 복합된 복합변자$^{複合變字[13]}$ 기법인 음의변자$^{音意變字[14]}$가 활용된 것'으로서 '서동^{誓幢}=서필$^{\{曙筆=즉 (한반도불교의) 새벽을 여는(誓>曙) 출중한 문장가(文章家;幢>毛>筆)라는 의미\}}$'이 되는 것이다.

또 신동^{新幢}이라는 제명$^{\{第名=즉,택호(宅號)\}}$도 '신동^{新幢}=신동$^{\{晨幢=즉 (한반도불교의) 새벽을}}$

---

12) **새로운 자의(字義)를 만들어** : 필자는 '음(音)이 다르지만, 뜻(意,義)이 같은 다른 글자로 변조해서 역사왜곡에 활용하는 것'을 일반적으로 '의변자(意變字)'라고 정의(定義)하는데, 이와 같이 '의도적으로 정의(定義=즉,뜻매김)해서, 새로운 자의(字義)를 만들어낸 경우'도, '포괄적인 의변자(意變字)'로 취급한다.
13) **복합변자(複合變字)** : '두 가지 이상의 글자(漢字) 변조기법'이 활용된 '역사왜곡방법론'을 말한다.
14) **음의변자(音意變字)** : '역사왜곡방법론'에서, 음변자(音變字)와 의변자(意變字)가 복합된 '복합변자(複合變字) 기법'을 말하는데, 그 변조 순서에 따라서 '의음변자(意音變字)'도 있을 수 있다고 본다.

여는(新>晨) 출중한 문장가(文章家:幢>毛>筆)라는 의미}가 되는 것'이다. 따라서 '아명{兒名=즉,소명(小名)}인 서동誓幢'이나 '제명{第名=즉,택호(宅號)}인 신동新幢'이 모두 '원효법사의 법호法號인 원효{元曉=즉 (한반도불교의) 첫(元) 새벽(曉)을 연 (승려)라는 의미}와 같은 맥락의 이름들'이라고 해야 할 것이다. 결국 '**서동誓幢**', '**신동新幢**', '**원효元曉**'라는 이름들은 모두 '**원효법사가, 어려서부터 학문에 뛰어났었고 성장해서도 출중한 문장가였으므로 결국 한반도불교의 첫 새벽을 연 것이다.**'라는 '**동일한 의미의 이름들을 원효법사의 성장시기 순서에 따라 달리 표기한 것**'으로 볼 수 있다는 것이다.

그리고 또 이러한 '역사왜곡방법론'은 당연히 7말8초 역사왜곡 시에 처음 구사된 것이긴 하지만, {원효법사의 출생지와 출생상황에 대한 복잡하고 애매한 여러 혼란스러운 스토리들을 종합하면} 원효법사의 아버지에 대한 기록{즉 거주지 및 신분 등}에 대한 정보가 전혀 알려져 있지 않다는 것이 매우 특이하다고 보인다. 따라서 '7말8초의 역사왜곡과 관련지어서 원효법사의 출생과정을 재해석'해 보면 어쩌면 원효법사의 아버지도 옛, 동진(東晉;317~420) 시기의 상주(湘州=현,호남성남부) 사람으로서 승려僧侶의 신분이었는데, {여러 지역으로 탁발하며 다니는 과정에서} 옛,가야(加耶,加羅) 지역인 '비자화比自火=비자발比自鉢}=<현,철산사일대>' 남쪽 왕밤나무골(栗谷)의 어느 유력한 집안의 여인과의 사이에서 원효법사를 낳게 된 것이 아닌가 하는 추측이 가능하다고 보인다.

그래서 승려인 아버지가 임신한 아내를 집에 두고 외지를 돌아다니다가 모처럼 돌아왔었는데, 마침 왕밤나무골(栗谷)을 지나다가 법사의 어머니가 급하게 밤나무 아래에서 출산을 하게 되었으므로 아버지가 입고 있던 가사袈裟를 밤나무에 걸어서 임시로 가림막을 만들고 원효법사를 낳게 된 것일 수도 있다고 보인다. 물론 태어나면서부터 총명했던 원효법사는 어느 정도 여유가 있는 외가外家에서 정상적으로 성장하면서 자유롭고

거리낌 없이 각종 종파(宗派)의 불교(佛敎) 경전은 물론이고, 불교 이외의 유교(儒敎)나 노장(老莊)의 경전까지도 두루 섭렵하여 통종교적(通宗敎的)인 다양한 사상적 스펙트럼을 갖게 되었으므로, 30세 전후에 이미 강소신라는 물론이고 당나라 조정에까지 그 명성이 알려졌었다고 보인다. 그래서 {이미 627년부터 '강소신라를 경주신라로 축출하려는 은밀한 계획'을 진행하고 있었던} 당태종의 아들 당고종이 650년과 660년 두 번씩이나 장안(長安=京師=현,서안) 황복사(皇福寺)의 의상법사를 강소신라로 보내서 원효법사를 장안으로 불러들여 화엄2조(華嚴2祖)인 종남산(終南山) 지상사(至相寺)의 지엄법사(智儼法師:602~668)에게서 정식으로 화엄교학을 전수받게 하여 '강소신라를 경주신라로 축출하려는 은밀한 계획'에 동참시키려고 했던 것이라고 보인다. 물론 원효법사가 처음(650년)에는 의상법사를 따라서 고구려 요동(현,산서성임분(臨汾),운성(雲城))의 남쪽 황하지역까지 갔었는데, 우연히{아마, 의상으로부터?} 당나라의 계획{원효는 음모(陰謀)로 판단했을 것으로 여겨진다}을 알게 되면서 그 길로 바로 강소신라로 되돌아와 버린 것이다. 따라서 '원효가 고구려 순라군에게 붙잡혀서 당나라행을 포기했다(?)'라는 것은 [그 사실 여부를 알 수는 없지만] 핵심적인 사안은 아니라고 보인다. 또한 당고종이 660년에 백제를 멸망시키자마자 또다시 의상을 보내서 원효를 데리고 오도록 했으나, 원효를 설득하지 못하고 의상만 도로 양주(楊州=현,호북성구강(九江)?)을 경유하여 장안으로 되돌아가게 된 것이므로 '원효가 해골물(?)을 마시고서, 당나라에 갈 마음을 바꿨다(?)'라는 것도 실제의 사건은 아니라고 보아야 할 것이다. 그 후 원효법사는 강소신라30문무왕의 조서를 받들고서 경주신라(현,한반도)로 건너와서 거의 15여년 동안 한반도불교를 여는 데 전념하다가 686년에 현,한반도에서 열반한 것으로 추정되는 것이다.

ⓑ 원효법사의 아들 설총

* '《삼국유사/의해5》원효불기조의 뒷부분(3)' : 성사는 일찍이 어느 날

상례에서 벗어나 거리에서 노래를 부르기를, "누가 자루 빠진 도끼를 허락하려는가? 나는 하늘을 받칠 기둥을 다듬고자 한다."고 하였다. 사람들이 모두 [그] 뜻을 알지 못했는데, 이때 태종(太宗=신라29무열왕)이 그것을 듣고서 말하기를, "이 스님께서 아마도 귀부인을 얻어 훌륭한 아들을 낳고 싶어 하는구나. 나라에 큰 현인(賢)이 있으면 그보다 더한 이로움이 없을 것이다"라고 하였다. 그때 요석궁(瑤石宮){지금(高麗)의 학원(學院=道敎寺院?)이 이곳이다.}에 홀로 사는 공주가 있었다. 궁중의 관리를 시켜 원효를 찾아서 [궁중으로] 맞아들이게 하였다. 궁중의 관리가 칙명을 받들어 그를 찾으려고 하는데, 벌써 [그는] 남산(南山)에서 내려와 문천교(蚊川橋){사천(沙川)이나, 세간에서는 연천(年川) 또는 문천(蚊川)이라고 하고, 또 다리 이름을 유교(楡橋)라고 한다.}를 지나고 있어 만나게 되었다. [그는] 일부러 물에 떨어져 옷을 적셨다. 관리는 스님을 궁으로 인도하여 옷을 벗어 말리게 하니, 이 때문에 [그곳에서] 묵게 되었다. 공주가 과연 태기가 있어 설총(薛聰:655~?)을 낳았다.

⇒ 이 기록은 원효법사가 파계(破戒)하여 설총(薛聰:655~?)을 낳게 된 경위를 기록한 것인데, 태종(太宗=29무열왕:654~661)이 즉위한 직후인 654년으로서 원효법사가 38세일 때의 이야기일 것으로 보인다. 즉 30여세에 이미 당나라 조정에까지 이름이 알려졌고, '29태종무열왕이 {원효법사가 거리에서 부르는} 상례(常禮)에 벗어난 노래(?)를 듣고서 현인(賢)을 얻기 위해서 법사의 파계를 승인했다(?)'는 것은 {그 사실 여부보다} 당시 원효법사에 대한 강소신라 조정의 기대와 신망(信望)이 얼마나 컸었는가를 엿보게 하는 것이다.

따라서 '이렇게 출중한 인물을 {8살이나 어린 의상법사를 보내서} 660년에 두 번째로 회유해서(?) 당나라로 데려가려고 시도했었다'라는 것은, 애당초부터 성립되기 어려운 상황이었다고 보아야 할 것이어서 '해골물을 마신 원효가 깨달은 바가 있어서 의상을 따라가지 않았다(?)'라는 것은 {설혹, 그것이 일부 사실일지라도} 후대의 견강부회된 것이라고 해야 할 것이다. 즉 원효는 이미 {650년(34세)에 의상을 따라서 요동까지 갔을 때} '당고종의 의중{意中=즉, 강소신라 병합계획(음모?)}'을 간파하고서 그것에 동의할 수 없었으므로 바로 요동에서 되돌아와 버린 것이라고 해야 하기 때문이다. 그래서 '고구려순라군 이야기'도 '다분히 후대에 설정된 견강부회성 허구일 것'으로 보는 것이 더 합리적이라고 보인다.

* '《삼국유사/의해5》원효불기조의 뒷부분(4)' : 설총은 나면서부터 명민하여 경서와 역사서에 두루 통달하니 신라 10현(十賢) 중의 한 분이다. 우리말로써(以方音) 중국(華)과 외이(夷)의 각 지방 풍속(方俗)과 물건 이름(物名)에 통달하고(通會), 6경(六經) 문학(六經文學)을 훈해하였으니(訓解), 지금까지 우리나라에서 경학을 공부하는 이들(海東業明經者)이 전수하여 끊이지 않는다.

⇒ 원효법사의 아들인 설총도 역시 매우 명민^{明敏}하여 경서와 역사서에 두루 통달함으로써, '신라 10현^{十賢} 중의 한 분'으로 추앙받는 대학자가 된 것인데, '{한반도$^{(경주신라)}$ 토착어를 습득하여} 6경문학^{六經文學}을 이두^{吏讀}로 훈해^{訓解}했었다.'라는 것은 '사실상 설총이 7말8초 역사왜곡을 마무리하는 고기류^{古記類} 왜곡역사서^{歪曲歷史書}를 썼었다.'는 의미로 해석되어야 하는 것이다. 실제로 '설총이 훈해^{訓解}했다는 6경문학'의 실체가 무엇인지(?)를 단정할 수는 없지만 {그 규모의 방대함이나 내용의 난이성 등을 감안했을 때} 소위 말하는 《시경^{詩經}》, 《서경^{書經}》, 《예기^{禮記}》, 《악기^{樂記}》, 《역경^{易經}》, 《춘추^{春秋}》 등의 6가지 경서^{經書}는 당시의 우리말$^{(以方音=현,한반도어?)}$로 훈해^{訓解}할 성질의 것도 아니었고 또 그럴 이유도 없었다고 보이므로, 아마 {'이 6경문학이라고 하는 것'은} 고기류^{古記類} 왜곡역사서를 총칭하는 것으로 추측된다. 혹은 {조금 더 구체적으로 표현한다면} '설총이 6종^{種}의 고기류^{古記類} 왜곡역사서^{歪曲歷史書}를 편찬하여 경주신라측의 역사왜곡 작업을 마무리했다.'라는 정도로 이해해야 할 것이다. 추측건대 {물론 '참된한국통사Ⅱ편'과 '참된한국통사Ⅲ편'에서 더 자세히 다룰 것이지만} 고려8현

종이 '최치원과 설총이 쓴 고기류 역사서들을 개작'하면서 최치원에 대해서는 1020년에 내사령^{內史令}에 추증하고 1021년에 문창후^{文昌候}에 추시^{追謚}하여 문묘에 배향하였고, 설총에 대해서는 1022년에 홍유후^{弘儒候}로 추증하였던 것으로 보아, 필자는 '현,역사계에서 논란이 되고 있는 필사본 남당유고^{南堂遺稿}'의 최초 초간본에 해당되는 고기류^{古記類}들은 대체로 설총이 최종적으로 편찬했었고, 최치원$^{\{즉,최응(崔凝)\}}$은 설총이 편찬한『고기^{古記}』들을 {훗날 김부식이 편찬한『삼국사기^{三國史記}』의 저본이 되는}『구삼국사^{舊三國史}』로 개찬했었을 것으로 추론하는 바이다.

ⓒ **원효법사의 기행과 업적**

* '《삼국유사/의해5》원효불기조의 뒷부분(5)' : **원효가 이미 실계(失戒)하여 설총을 낳은 이후로는 속인의 옷(俗服)으로 바꾸어 입고, 스스로 소성거사(小姓居士)라고 하였다. 우연히 광대들이 놀리는 큰 박(大瓠)을 얻었는데 그 모양이 괴이하였다. 그 모양대로 도구를 만들어(因其形製爲道具) 《화엄경(華嚴經)》의「일체 무애인(無㝵人)은 한길로 생사를 벗어난다(一切無㝵人一道出生死)」는 [문귀에서 따서] 이름을 무애(無㝵)라고 하고 노래를 지어 세상에 퍼뜨렸다. 일찍이 이것을 가지고 천촌만락(千村萬落)에서 노래하고 춤추며 교화하고 음영하여 돌아오니 가난하고 무지몽매한 무리들까지도 모두 부처의 호를 알게 되었고, 모두 나무(南舞)를 칭하게 되었으니 원효의 법화가 컸던 것이다.**

⇒ 당시 동아시아 세계에서 가장 선망받는 엘리트였던(?) 원효법사가 스스로 느낀 바가 있어서 불교, 유교, 도교의 엄격한 계율의 속박을 벗어버리고 파계를 하고서 설총을 낳은 시기가 655년인데, 원효법사가 이렇게 생각을 크게 바꾸게 된 계기가 바로 '650년 {당고종의 초청을 받아} 의상법사를 따라서 당나라로 가려다가 장안을 눈앞에 둔 요동에서 되돌아온 사건'이라고 생각된다.

{정확한 기록은 없지만, 대략의 추측을 해보면} 자신을 당고종에게 안내하던 의상법사로부터 '당고종이 향후 강소신라^{현,강소성}를 경주신라^{현,한반도}로 축출하려 하니 {당나라는 이미 불교를 버리려는 나라가 되고 있으므로 당나라에서는 더 이상의 희망이 없으니} 원효법사더러 당시 화엄종 제2조인 종남산 지상사의 지엄화상으로부터 화엄학을 전수받아서 나중에 경주신라$^{(현,한반도)}$에 가서 경주신라를 화엄세계 불국토로 만드시라.'는 솔직한(?) 부탁의 말을 들은 원효법사가 '당대 최고(?)의 지엄화상으로부터 대승교학인 화엄학을 배워서 새로운 신천지인 현,한반도에 가서 불국토 화엄세계를 연다'는 '학승^{學僧}으로서의 야망'과 '아무런 이유도 없이 강소신라라는 나라와 수많은 백성들을 험난한 바다 건너 황무지나 다름없는 땅으로 통째로 축출하는 과정에서 벌어질 탐욕과 기만과 그리고 그로 인해서 벌어질 혼란과 살육전쟁을 방관할 수가 없다'는 '불자^{佛子}로서의 양심' 사이에서 심한 내적 갈등을 겪었을 것으로 보인다. 그래서 내린 결론이 **「일체 무애인^{無㝵人}은 한 길로 생사를 벗어난다(一切無㝵人一道出生死)」라는 화엄경**^{華嚴經}의 가르침'에 따라 스스로가 그 무애인^{無㝵人}이 되어서, 자칫 공론^{空論}이 되어버리기 십상인 교학^{敎學}이 아니라 {직접 백성들 속으로 들어가서} 한 사람의 백성들이라도 구제하겠다고 마음먹고서 계율의 속박을 벗어버리고 스스로 파계를 선택했었을 것으로 보인다.

따라서 {그동안 '심하게 왜곡된 통설'만을 접할 수밖에 없는 일반인들은} 흔히들 '원효법사 파계의 본질'을 설총의 탄생으로 보고 있겠지만, {당시 동아시아의 정치적 상황을 고려하면} 오히려 '학승^{學僧}으로서의 야망과 불자^{佛子}로서의 양심 사이에서 번민하다가 무애인^{無㝵人}의 길을 선택했다'라고 보는 것이 '원효법사 파계의 본질'에 더 가깝다고 해야 할 것이다. 그래서 {결정적인(?) 근거는 없지만} 원효법사가 '해골물을 마시고(?) 깨달음을 얻은 시기'는 660년경 의상법사가 원효법사를 설득하지 못하고 당나라로 되돌아가던 두 번째 시기의 상황이 아니라, 의상법사의 안내를 받아 당나라 장안 가까운 요동^(현,산서성임분·운성일대)까지 갔다가 되돌아온 첫 번째의 시기인 650년경이라고 보는 것이 더 합리적이라고 생각된다. 어쨌든 '원효법사의 행적과 업적'을 필자 나름으로 정리하면 다음과 같다.

표15. 원효법사의 행적과 업적(추정)

#	시기	원효법사의 행적과 업적	비고
1	출생 (617년)	현,안휘성철산사 부근 '왕밤나무골'에서 현,호남성 옛,상주^{湘州} 승려의 아들로 출생	외가=가야인?
2	15세경 (631년)	승려인 아버지의 영향을 받아, 스스로 사찰^{初開寺}을 개창하고 독학(?)	부유한(?) 외가의 후원?
3	30세경 (647년)	통종교적^{通宗敎的} 학식으로, 명성이 당나라 조정^{長安}까지 알려짐	
4	34세 (650년)	당고종의 초청을 받고, 의상법사의 안내로 요동까지 갔다가 되돌아옴	'당고종의 계획(음모)' 인지
5	37세경 (653년)	분황사에서 화엄소를 쓰다가 제4십회향품까지 쓰고 절필	파계결심?
6	38세 (654년)	김춘추의 즉위(쿠데타) 과정을 지켜보면서 파계를 실행(無礙人자처)['설총을 낳은(?)']	[후대의 견강부회?]
7	44세 (660년)	의상법사의 2차회유 거절['해골물 사건(?)'] (의상이 원효 대신에 화엄학을 8년간 공부)	[후대의 견강부회?]
8	54세경 (670년)	신라30문무왕의 지시로, 한반도로 건너와서 불국토건설 착수	의상과 원효의 협력or경쟁?
9	70세 (686년)	한반도에서 15년간 불교개척에 정진하다 열반	韓半島佛敎의 開祖=元曉

  * '《삼국유사/의해5》원효불기조의 뒷부분(6)' : 그가 태어난 마을 이름을 불지(佛地)라고 하고, 절 이름을 초개(初開)라고 하며, 스스로 원효(元曉)라고 부른 것은 대개 부처를 처음으로 빛나게 하였다(初輝佛日)는 뜻이다. 원효도 방언이니 당시 사람들은 모두 향언(鄕言)으로 그를 첫새벽(始旦=始旦?)이라고 불렀다.

  일찍이 분황사(芬皇寺)에 살면서 화엄소(華嚴疏)를 짓다가 제사십회향품(第四十迴向品)에 이르자 마침내 붓을 놓았다. 또 일찍이 소송(訟)을 인해서 몸을 백 그루의 소나무(百松)로 나누었으므로[因訟分軀於百松] 모두 [그의] 위계(位階)를 초지(初地)라고 하였다. 또 해룡(海龍)의 권유에 따라 길에서(路上) 조서를 받아 삼매경소(三昧經疏)를 지으면서 붓과 벼루를 소의 두 뿔 위에 놓아두었으므로 이를 각승(角乘)이라고 했는데, 또한 본각과 시각 두 각(本始二覺)의 숨은 뜻을 나타낸 것이다. 대안(大安)법사가 배열하여 종이를 붙인 것임을 알고 화창한 것이다. [성사께서] 입적하자 설총이 유해를 부수어 [그의] 진용(眞容)을 빚어 분황사에 봉안하고, 공경·사모하여 지극한 슬픔의 뜻을 표하였다. 설총이 그때 옆에서 예배를 하니 소상이 갑자기 돌아보았는데, 지금도 여전히 돌아본 채로 있다. 원효가 일찍이 살던 혈사(穴寺) 옆에 설총의 집터(聰家之墟)가 있다고 한다.

⇒ '원효법사의 탄생지와 법호{法號=즉, 원효(元曉)}'에 대한 이야기는 앞에서 충분히 했었으므로 여기서는 생략하고, '원효법사의 집필'에 관한 부분을 살펴보자.

위의 글에서, '원효법사의 집필활동'에 대해 세 가지 내용을 전하고 있는데 {현재의 통설을 참조하면} 원효법사는 대략 40여권의 책을 집필한 것으로 알려져 있다. 따라서 이 40여권은 원효법사가 강소신라에서 한반도로 건너오기 전부터 시작하여 한반도에서 마지막 열반하던 686년 직전까지 쓴 책들을 망라한 것이라고 보인다. 물론 이 중에는 원효법사의 사후에 쓰여진 것들도 원효법사가 쓴 것처럼 가차^{假借}된 것들도 상당할 것으로 보이지만, 이 40여권의 책이 대단한 천재였던 원효법사가 평생토록 다양한 경전을 공부하여 한반도불교를 정착시키는 데 노력했다는 흔적들이 아닌가 여겨진다. 따라서 {비록 '역사왜곡이라는 측면'에서 본다면, 원효법사를 의도적으로 '한반도불교^{韓半島佛敎}의 개조^{開祖}'로 부각시키려는 의도가 엿보이긴 하지만} 결과적으로도 이러한 법사의 열정과 노력에 힘입어서 한반도불교가 비교적 빨리 자리를 잡게 되었고 또 발전하게 되었다고 해야 할 것이므로, 후대인들이 법사를 '한반도불교의 개조^{開祖}'로 인정하는 것에 대해서 태클을 걸 이유가 전혀 없다고 보인다.

어쨌든 '일찍이 분황사(芬皇寺)에 살면서 화엄소(華嚴疏)를 짓다가 제40 회향품(第四十廻向品)에 이르자 마침내 붓을 놓았다.'는 시기는 원효법사가 당고종의 초청을 받고, 의상법사의 안내로 요동까지 갔다가 '당고종의 계획(음모?)'을 알고서 되돌아와서 번민하기 시작하던 34세$^{(650년)}$부터 번민하다가 결국 파계를 실행하던 38세$^{(654년)}$ 사이의 시기일 것$^{\{실제로는, 파계 직전인 37세경(653년)일 듯?\}}$으로 추정되며, 원효법사가 화엄경의 주석서인 화엄소^{華嚴疏}를 쓰다가 '부질없이 경전만 해석하기보다는 한 사람이라도 백성을 구제하는 것'이 더 현실적이라는 생각을 해서 백성들 속으로 다가가기 위해서 파계^{破戒}를 결심하게 되었을 것으로 추정된다. 물론 '붓을 놓았다^{絶筆}'란 표현은 대체로 '더 이상 글을 쓰지 않겠다.'라고 선언하는 것이긴 하지만, 여기에서는 '강소신라에서의 절필$^{\{絶筆=즉, 파계(破戒)의 결심\}}$'을 말하는 것으로 보아야 하는 것이다. 따라서 원효법사가 경주신라$^{(현,한반도)}$로 건너온 다음에 현지에서 느끼고 터득한 내용이나 실제 백성들을 교화하는 데 필요한 책들은 계속해서 집필했을 것이라고 해야 할 것이다. 그러기 위해서는 당연히 당시의 여러 학승들과의 교류도 계속 이어졌을 것이고, 또한 {의상법사를 통한} 당나라로부터의 재정적 지원은 물론이고 강소신라에 있던 다양한 경서^{經書}들도 한반도의 원효법사에게 대량으로 보내졌을 것으로 여겨진다.

* '《삼국유사/의해5》원효불기조의 뒷부분(6)의 계속' : '또 일찍이 소송(訟)을 인해서 몸을 백 그루의 소나무(百松)로 나누었으므로[因訟分軀於百松] 모두 [그의] 위계(位階)를 초지(初地)라고 하였다.'

⇒ 이 기록은 아마도 원효법사가 경주신라로 떠나기 직전에 100여명$^{(즉,많은?)}$의 논사^{論士}들과 '불국토를 건설하기 위해 경주신라로 떠나는 문제'에 대해서 논쟁을 하였었는데, 아무도 그의 논리를 앞서지 못했다는 의미에서 '그의 위계^{位階}를 초지^{初地}라고 하였다.'라고 하여 {소위 말하는 '보살수행 계위^{階位} 10지위$^{(地位=즉,10단계)}$ 중의 첫,계단인} 환희계^{歡喜地}'에 비유해

서 표현한 것이라고 보인다. 즉 원효법사가 경주신라로 떠나는 54세경⁶⁷⁰년에는 이미 강소신라의 현실적 상황이 '당나라의 요구를 거스를 수 없다.'는 것이 일반화되어 있었으므로 어느 정도 '신천지 경주신라를 불국토로 개척하는 문제'가 공론화되던 시기였기 때문에 이러한 '소송{(訟)=즉,쟁송,논쟁(爭訟,論爭)}'이 있게 된 것이었겠지만, {당시만 해도} 아직은 '당나라의 부당한 요구를 성토하는 기운이 왕성하던 시기'였으므로 경주신라로 떠나려는 원효법사를 '당나라의 강압적인 요구에 굴복해서 떠나려 한다.'라고 공격하는 논자論者들이 많았던 것으로 보인다. 그래서 그들을 '백송(百松;sōng)=백송(百訟;sòng)음변자=즉, 많은 공격적 논자들(論者)'이라고 은유한 것으로 여겨진다. 그리고 '원효법사가 그들을 하나하나 모두 설득했다.'는 것을 '**分軀於百松(분구어백송) > 몸(軀)을 백 그루의 소나무(百松)로 나누었다(分).**'라고 표현한 것으로 추정된다.

* '《삼국유사/의해5》원효불기조의 뒷부분(6)의 계속' : "또 해룡(海龍)의 권유에 따라 길에서(路上) 조서를 받아 삼매경소(三昧經疏)를 지으면서 붓과 벼루를 소의 두 뿔 위에 놓아두었으므로 이를 각승(角乘)이라고 했는데, 또한 본각과 시각 두 각(本始二覺)의 숨은 뜻을 나타낸 것이다. 대안(大安)법사가 배열하여 종이를 붙인 것임을 알고 화창(音唱和)한 것이다."

⇒ 이 기록은, 경주신라에 도착한 원효법사가 {강소신라에서는 절필을 했었지만, 다시 집필하기 시작해서} 삼매경소三昧經疏를 지었는데, 거기에 언급된 '각승角乘'이라는 것이 '원효법사가 경주신라에 도착해서 한 일들 중에서 {정치적으로?} 가장 중요한 부분'이었기 때문에 일연스님이 특별히 기록한 것이라고 보인다. 아마 30문무왕{즉,해룡(海龍)}이 {경주신라로 떠나는 원효법사를 멀리 길목까지 나와서 배웅하면서} 특별히 당부했었던 내용이었을 것이다.

즉 {이 문장의 '겉보기 해석(즉,직역?)'으로는} 본각本覺과 시각始覺을 말하는 불교용어인 '각승{(角乘;jiǎo,jué+chéng)=각승(覺乘;jiào,jué+chéng)음변자}'을 말하는 것으로 볼 수도 있을 것이겠지만, **이 기록에서 각승^{角乘}의 실제 의미는, "{현,합천해인사^{海印寺}의 남쪽으로, 동쪽의 왜곡이동된 신라역사와 서쪽의 왜곡이동된 백제역사 사이에 왜곡된 가야$^{(加耶,加羅)}$의 역사를 이동배치하기 위한} '해인^{海印}'이라는 표지^{標識}'의 위치를 정하는 것이었음"을 일연스님이 우리 후인들에게 알리기 위한 힌트로 활용한 키워드였던 것**이다. 즉 '{현,한반도에서} 동쪽의 왜곡이동된 신라역사와 서쪽의 왜곡이동된 백제역사를 소^{牛}의 양각$^{兩角(즉,두뿔)}$에 비유한 것'인데, '그 소^{牛}의 양각$^{兩角(즉,두뿔)}$ 사이에 붓과 벼루를 두었다.'라는 것은 '동쪽의 왜곡이동된 신라역사와 서쪽의 왜곡이동된 백제역사 사이에 왜곡된 가야$^{(加耶,加羅)}$의 역사를 도상$^{圖上=즉, 붓과 벼루로 그리는 것}$으로 배치했다.'라는 의미가 되는 것이다. 그래서 결국 {이 도상계획^{圖上計劃}에 따라서} '원래는 현,중국 땅에 있었던 삼한$^{三韓=신라+백제+가야}$의 실제역사'를 '현,한반도로 왜곡해서 이동시킨 거짓역사'로 만들어서 {우리 국민들 모두가 교과서를 통해서 지금도 열심히 배우고(?) 있는} '삼한^{三韓}, 삼국^{三國}의 역사강역으로 배치되게 된 것'이다.

물론, 이와 같은 {황당한(?)} 은유기법^{隱喩技法}도 매우 유용한 역사왜곡방법론^{歷史歪曲方法論}의 하나였었던 것인데, 국민의 세금으로 역사연구를 하고 있는 (강단)역사학계에서 이를 전혀 인지하지 못하고 있는 것이다. 역사학자들은 현행의 역사해석학^{歷史解釋學}을 근본에서부터 재점검해야 할 것이다.

그런데 {『삼국유사』에 등재된 일연스님의 글을 잘 음미해 보면} '현,한반도에서의 가야 역사는 {처음부터 아예 통째로 왜곡을 하는 것이었으므로} 도상^{圖上}에서 역사왜곡해서 대략 배치하자'라고 제안했던 것은 원래 대안법사^{大安法師}의 아이디어였었고, 원효법사는 {그 대안법사의 아이디어를 받아들여서} 현,합천해인사^{海印寺}의 위치에 '해인^{海印}'이라는 표지$^{標識=즉,말뚝?}$를 설치케 했다'는 것을 말하고 있는 것이다. 즉 {'원효법사가 지은 삼매경소^{三昧經疏}의 각승^{角乘}이라는 개념이 바로 화엄경^{華嚴經}의 해인삼매^{海印三昧}

의 개념을 원효법사가 삼매경소^{三昧經疏}로 주해석하는 과정에서 발상된 것이다.'라는 것을 밝히면서} 이는 {결과적으로} 802년{즉,신라40애장왕3년}에 창건된 현,합천해인사^{海印寺}라는 사찰이 '대략 130년 전인 670년경에 원효법사가 해인^{海印}이라는 팻말을 처음 설치한 위치에 창건되었다'는 것을 후대인들에게 전하려는 것이어서, 일단 '현,합천해인사의 창건연혁'을 밝힌 것으로 볼 수 있다고 보인다.

다만, 원효법사가 {삼매경소^{三昧經疏}를 통해서} 그곳에 '해인^{海印}이라는 표지^{팻말}를 실제로 세우자'라고 한 이유는 {그곳$^{(현,합천가야산)}$을 '바다$^{즉,海(해)}$라고 설정함$^{즉,印(인)}$으로써} 그 해인^{海印}이라는 표지^{標識}의 남쪽에 가야$^{(加耶,加羅)}$의 역사를 배치하게 되면, '강소신라에서의 백제와 신라의 정치적인 관계에 따른 가야의 상대적 위치'가 '현,한반도에서 왜곡된 백제역사와 신라역사의 배치관계에 따른 상대적 위치'와 비슷해지기 때문이었던 것이다. 그리고 강소신라에서의 옛,가야의 {축소왜곡된} 실제 위치가 대체로 현,강소성 홍택호$^{(洪澤湖=즉 해(海=즉,바다)로 불릴 정도로 넓었음)}$의 남쪽이었고, 옛,가야의 정치적 위상이 대체로 백제와 신라의 사이에 끼인 형세였었으므로 {현,합천해인사의 남쪽에} 실체도 없이 이름뿐인 옛,가야의 역사를 배치하게 되면 그 지리적 위치가 대체적으로 강소신라에서의 옛,가야의 정치적 위상과 비슷하게 보이므로 '역사왜곡의 노출을 최대한 막을 수 있다'고 보았던 것이다. 결국 {그 경위나 상황과 목적이 무엇이든지} '가야의 역사를 현재의 통설과 같은 위치에 배치하게 된 것'은 대안법사의 아이디어에 따른 것이지만, '해인^{海印}이라는 표지판^{標識}을 설치하자'라는 것은 원효법사의 아이디어였었다고 하는 것이 이 기록의 맥락이다. 따라서 '원효법사가 7말8초 역사왜곡에 일정부분 관여하였다.'라는 것은 분명하다 할 것이며, '그의 아들인 설총^{薛聰}이 7말8초 역사왜곡{즉,신라측 古記類역사서}을 최종적으로 마무리하였다'라고 할 수 있을 것이다.

어쨌든, 이 '해인^{海印}이라는 표지$^{標識=팻말}$가 있었음'으로 해서 '가야$^{(or임나)}$

의 북쪽^{北}에 바다^{海}가 있다{혹은, 가야$^{(or임나)}$는 바다^{海}의 남쪽^{南}에 있다}'라는 왜곡된 역사기록[15] 이 만들어지게 된 것인데, 이 '해인^{海印}'이라는 표지^{標識}'에 대한 은유성 키워드가 바로 '원효법사가 썼다는 삼매경소^{三昧經疏}의 각승^{角乘}'이었던 것을 {기존 역사학계의 통설에서} 전혀 인지하지 못함으로써, '해^{海}'라는 기록이 틀렸다.'라고 억지만 쓰는 상황이 계속되고 있는 것이다.

[참고]

'해인(海印)'과 '해인사국사단(海印寺局司壇)'

'원효법사의 제안{제안=즉 삼매경소(三昧經疏)의 각승(角乘)}'에 의해서 설치된, '해인^{海印}'이라는 표지$^{標識(팻말)}$'는 현재 '해인사^{海印寺} 국사단^{局司壇}'이라는 이름으로 '부처님을 모시는 해인사^{海印寺}라는 대사찰'의 경내의 맨 앞쪽에 {현재는, 작은 당우^{堂宇}에 모셔져 있지만} '산신^{山神}, 토지신^{土地神}, 서낭신^{城隍神}과 같은 토속신을 제사하는 단^{壇}'으로 설치되어 있다고 보인다. 즉 '해인사$^{(海印寺=신라40애장왕3(802)년.창건)}$라는 사찰의 명칭'이 정해진 것도 {해인사^{海印寺}라는 사찰이 창건되기 이전부터} 그 장소에 원래부터{즉, 원효법사 생존시인 7C말부터} '해인^{海印}이라는 표지^{標識}'가 있었기 때문인데, {아마?} 10C초에 최치원이 '현,가야산^{伽倻山} 토지신^{土地神}을 {가야산^{伽倻山}의 산국^{山局}을 관장하는} 국사대신^{局司大臣}으로 명명'하여 사당^{祠堂}을 지으면서 '해인^{海印}이라는 표지'를 함께 봉안했었던 것으로 보인다. 그러다가 후대에 '해인^{海印}이라는 표지^{標識}'와 사당^{祠堂}을 총칭하여 국사단^{局司壇}이라고 명명하게 된 것'으로 보이는데, 현재는 '해인^{海印}이라는 표지$^{(標識=7C말, 처음에는 그냥 말뚝이었을 것으로 추측됨)}$'가 '토지신^{土地神}처럼 보이는 국사대신^{局司大臣}이 불경^{佛經}에 나오는 해인삼매^{海印三昧}라는 개념을

---

15) {가야(임나)는 바다(海)의 남쪽(南)에 있다}'라는 왜곡된 역사기록 : 《일본서기/숭신천황65년》조 ; "임나는 축자국에서 2천여리 떨어져 있고, 북쪽은 바다로 막혀 있으며 계림의 서남쪽에 있다(任那者,去筑紫國二千餘里,北阻海以在鷄林之西南)"

연출^{演出}?하는 듯한 이상한(?) 그림{즉 도화(道畵)인지? 불화(佛畵)인지? 애매함}으로 바뀌어서, 사당의 안에 비치되어 있는 듯한데 이에 대해 해인사 측에서 따로 설명을 하고 있지는 않는 듯하다.

그림20. 해인사 국사단(局司壇)   그림21. 해인삼매(海印三昧) 그림

{필자가 추측건대} 지금은 {현,합천해인사^{海印寺} 경내의 맨 앞 입구 부근에 위치해 있다(?)}는 '국사대신^{局司大臣}이라고 명명된 사당^{祠堂} 자체'가 '해인^{海印}이라는 표지를 대신'하게 되면서, 이 사당^{祠堂}이 '해인사^{海印寺}를 포함한 가야산^{伽倻山} 전체를 지키는 토지신^{土地神}을 모시는 것'이므로 {결과적으로 보면} '초기에 원효법사가 해인^{海印}이라는 표지를 제안해서 설치했던 의미가 그대로 유지되고 있다.'라고 보인다. 그래서 더 이상 '처음 해인^{海印}이라는 표지가 설치된 것에 대한 이유나 유래'를 굳이 설명하지 않고, '해인사가 위치한 가야산의 산신을 모시는 사당 안에 설치된 {산국^{山局}을 관장하는} 국사대신^{局司大臣}의 제단^{祭壇}의 명칭인 국사단^{局司壇}의 의미^{意味}'만을 강조하게 된 것이라고 보인다.

즉 {「최치원^{崔致遠}의 석리정전^{釋利貞傳}」에 의하면} 이 국사단{^{局司壇}=즉,사당(祠堂)}의 주재신^{主宰神}은 사당 안 제단 위에 모셔진 '국사대신{^{局司大臣}=즉 가야산신(伽倻山神) 정견모주(正見母主)}'가 되는데 이 '정견모주^{正見母主}'에 대한 설화^{說話}' 자체가 사실상 최치원의 석리정전에서 시발^{始發}하고 있으므로, 10C초의 최치원{즉,최응(崔凝)}이 '해인^{海印}이라는 표지를 정견모주 설화와 연결시킨 것'을 후대(조선시대)의 『신증동국여지승람』에서 '국사단(局司壇)으로 바꾼 것'이 현재의 상황일 것으로 추정되는 것이다. 앞으로 좀 더 명확히 규명하여 그 역사성이 재정비되길 기대하는 바이다.

어쨌든, '해인(海印)이라는 표지(標識)'는 '이곳이 바다(海)이다.'라는 '표지(標識=처음에는, 말뚝? 또는 각석?이었을 것으로 추정됨)'로서 '이 해인(海印)이라는 표지가 있는 곳이 바로 옛,가야(加耶,加羅)의 북쪽에 있는 바다(海=현,강소성홍택호(洪澤湖)를 상정했음)이다.'라는 '지명이동(地名移動)에 의한 역사왜곡(歷史歪曲)을 위한 기준점으로써 활용된 것'이어서 '7말8초 역사왜곡'의 입장에서는 아주 중요한 명칭(혹은,지명)이 되는 것이다. 그리고 '첩첩산중(疊疊山中)인 현,가야산을 바다(海)로 만들어내는(?) 각승(角乘)이라는 아이디어'를 생각해 낸 원효법사나 그것을 은유적으로 설명해서 후손인 우리들에게 그 의미를 알려주고 있는 일연스님의 '한자(漢字)와 한문(漢文)에 대한 지적능력(즉,IQ)'을 현대인은 도저히 흉내도 낼 수가 없을 것이다.

ⓓ 7말8초 역사왜곡과 원효법사의 역할

원효법사가 '7말8초 역사왜곡에 일정 부분 관여했다.'라는 것은 기본적으로 원효법사가 '7말8초 역사왜곡이 시작되던 7C중~7C말에 강소신라의 지도자급 승려였다.'라는 점에서 더 이상의 재론이 필요 없을 것이겠지만, 원효법사가 현,한반도불교의 개조(開祖=즉,원효(元曉))로도 칭해지고 있으므로 '한국불교가 한국사의 역사왜곡에 기여한 부분이 무엇인지를 규명한다.'는 차원에서 조금 더 분석적으로 검토해 볼 필요가 있을 것이다. 그래서 '역사왜곡과 원효법사의 역할'을 '❶원효법사 본인의 행적'과 '❷아들 설총의 행적'을 통해서 추론해 보고자 한다.

❶ **원효법사 본인의 행적 :** 지금까지 검토한 원효법사의 행적을 다시 살펴보면 '몇 가지 특이한 점'을 찾을 수가 있는데 **첫째는** '원효법사의 조

상祖인 잉피공仍皮公이 원래 강소신라(현,강소성) 또는 상주(湘州=현,호남성?) 사람이 아니라, 당나라(현,섬서성) 장안(長安=현,섬서성서안) 사람이라는 것'이고, **둘째는** '34세 때인 650년에 의상법사를 따라서 당고종을 만나러 갔었다는 것'이며, **셋째는** '파계를 하면서까지 천촌만락千村萬落의 일반백성들을 구제하려 했었던 것'이며, 더욱 결정적인 **넷째는** '삼매경소三昧經疏의 각승角乘으로 은유된 해인海印이라는 표지標識에 대한 아이디어를 낸 것'이라고 할 수가 있을 것이다. 하나씩 살펴보자.

첫째 : '원효법사의 조상祖인 잉피공仍皮公'이 언제까지 장안(長安=현,섬서성서안)에 살았던 것인지는 알기 어렵지만, 원효법사가 617년생이므로 최소한 당나라가 건국되기 이전이었던 것은 분명하고, 원효법사로부터 그리 멀지 않은 가까운 조상(즉, 祖父~曾祖父 정도?)이었을 것으로 추측된다. 즉 당시 '강소신라를 경주신라로 축출할 계획(음모?)'을 몰래 추진하고 있었던 당고종(+당태종)이 원효법사의 가계를 미리 조사하여 '장안사람 조상을 둔 원효법사가 당나라에 우호적일 것'으로 판단해서 '650년에 의상법사를 보내서 원효법사를 초청했다.'라고 보이기 때문이다. 즉 {원효법사의 의도와는 무관하게} 원효법사는 조상(祖父~曾祖父 정도?)이 장안長安 사람이었기 때문에 일찍부터 '역사왜곡의 회오리 속에 빠져드는 운명'을 타고 났던 것으로 추론할 수 있다고 보인다.

둘째 : '650년에 의상법사가 8살이나 많은 원효법사를 당나라로 데리고 가려고 했다.'는 것은 {의상법사의 출자를 확인하면} 그 의도성이 분명해진다고 보인다. 즉 흔히들(즉,통설에서) '**법사(法師) 의상(義湘)**은 아버지(考)가 한신(韓信)으로 김(金)씨인데[法師義湘考曰韓信金氏], 나이 29세에(年二十九) 서울(京師)의 황복사(皇福寺)에서 머리를 깎고 중이 되었다[年二十九依京師皇福寺落髮]'라고 원문기록을 오해석해서 마치 '의상법사의

아버지 이름이 한신^{韓信}'이고 '의상법사가 29세에 신라서울 황복사^{皇福寺}에 출가한 것'으로 해석하지만, 이는 근본적으로 잘못된 해석인 것이다. 즉 **'法師義湘考曰韓信金氏 > 법사 의상에 대해서 곰곰히 살펴보니(考), 한신 김씨(韓信金氏)이더라(曰)'** 라고 해석해야 하는 것이므로, 의상법사는 '한 고조^{漢高祖}가 현,섬서성한성$^{韓城?}$ 지역의 한왕$^{韓王16)}$ 으로 봉한 한왕신^{韓王信}의 후손인 김씨^{金氏}'라는 의미인 것이다. 게다가 '年二十九$^{(년29)}$'는 의상법사의 나이가 아니라 당나라 건국 후의 연도로서 (618+29-1=646년)을 말하는 것'이고 '서울^{京師}도 강소신라 계림^{현,강소성양주}이 아니라 당나라 장안$^{長安=현,섬서}$ ^{성서안}을 말하는 것'이므로 '의상법사는 646년 당시$^{(22세)}$ 당나라 황실의 원찰인 장안^{長安} 황복사^{皇福寺}의 승려였던 것'이다. 그래서 {약4년 동안 집중 교육을 받은 뒤인} 650년에 당고종이 의상법사를 강소신라로 보내서 당시 명성이 자자한 강소신라의 원효법사를 불러다가 회유하여 향후에 '강소신라를 경주신라로 축출할 계획$^{(음모?)}$'을 돕도록 만들려고 했었던 것이다. 물론 의상법사의 가계가 강소신라의 김춘추의 가계와 인연이 있는 김씨^{金氏}이므로 강소신라로 보내서 김춘추와 원효법사를 설득해서$^{(사실상,속}$ $^{여서?)}$ 원효법사를 당나라로 데리고 가게 된 것이다. 따라서 요동^{현,산서성남부지} ^{역이다}에서 의상법사로부터 (우연히?) 당고종의 계획$^{(음모?)}$을 전해 들은 원효법사가 의연하게 떨쳐버리고 강소신라로 되돌아왔던 것이지만, 이미 요동까지 간 것만으로 해서 {설령, 당고종과 의상법사의 의중을 몰랐다 하더라도} 원효법사는 이미 '역사왜곡의 소용돌이 속에 휩쓸려 들어간 것'이라고 해야 할 것이다.

셋째 : 원효법사가 '파계^{破戒}'를 하면서까지 천촌만락^{千村萬落}의 일반 백성

---

16) **현,섬서성한성(韓城) 지역의 한왕(韓王)** : 현재의 통설에서는 한고조(漢高祖)가 한왕신(韓王信)을 분봉한 곳이, '옛,춘추전국시대의 한(韓)이 있던 곳' 즉 현,하남성서북부지역 정도로 비정하지만, 필자는 현,섬서성한성(韓城) 부근으로 추론하고 있다. 이 문제는 '참된한국통사Ⅳ편'에서 설명하게 될 것이다.

들을 구제하려 했었다.'는 것은 원효법사 스스로가 이미 강소신라로서는 당나라의 강압적인 요구를 물리칠 수 없음을 예단하고 있었다는 것을 시사한다고 보인다. 특히 660년 말에 29태종무열왕{김춘추}이 암살된 뒤, 바로 즉위한 30문무왕이 이미 태자시절에 당고종에게 약점{꼬투리?=즉 경주신라로의 철수에 대한 비공식 합의?}이 잡혀 있는 상황이었으므로(?) 요동까지 갔다가 되돌아온 명석한 머리의 원효법사로서는 30문무왕의 명령을 순순히 받아들여 한반도로 건너와서 화엄불교를 통해서 무지한{돌멩이 같은?} 현,한반도 토착선주민들을 구제하는 한국불교를 여는 작업{즉,불국토건설}에 몰두하면서 '현,한반도 안에 (백제역사+가야역사+신라역사)를 모두 우겨 넣는 역사왜곡 작업'도 측면지원했던 것이라고 보아야 할 것이다.

넷째 : '삼매경소{三昧經疏}의 각승{角乘}으로 은유된 해인{海印}이라는 아이디어를 낸 것'은 원효법사가 직접 '역사왜곡방법론'의 하나를 만들어낸 것이라고 해야 할 것이다. 물론 {'해인{海印}이라는 표지{標識}'의 최초원형이 무엇인지? 알려져 있지 않지만} 필자는 '자연석, 말뚝 혹은 비석에 「海印{해인}」'이라고 각인했었을 것으로 추정한다. 그러다가 802년에 이 '해인{海印}의 의미'를 고착화시키고 또 그 위치를 영구히 명확하게 보존하기 위하여 현재의 위치에 정식으로 불교사찰을 지으면서 '화엄경{華嚴經}의 해인삼매{海印三昧} 사상'을 반영하여 사찰명칭을 해인사{海印寺}라고 정함으로서 {당초 '원효법사가 발상한 해인{海印}이라는 아이디어'의 가치는 일단 축소되었지만} '해인{海印}'이라는 의미가 영원히 보존될 불교사찰의 명칭으로 남게 된 것이다. 그리고 또 {비록 '역사왜곡을 한 것'이긴 하지만, 후손들이 언젠가 실사{實史}를 알 수 있게 하기 위하여} 이 '해인{海印}이라는 표지의 위치'를 보존하기 위해 {누군가가(?)} '국사대신{局司大臣}을 모시는 단{壇}을 보호하는 당우{堂宇}를 지은 것'이 현재의 '해인사{海印寺} 국사단{局司壇}'이라는 이름으로 남아 있게 된 것이다. 결국 원효대사는 이와 같이 실제로 '7말8초 역사왜곡에

직접적으로 깊이 관여했다'고 보아야 할 것이다. 다만 '해인^{海印}'이라는 표지^{標識}' 이외 '원효대사가 7말8초 역사왜곡에 관여했다.'는 구체적인 사례가 그리 많지 않은 것으로 보아 원효법사 본인은 '역사왜곡' 보다는 '불국토 건설'에 더 비중을 두었던 것으로 보인다.

❷ **아들 설총의 행적** :『삼국유사』에 의하면, 원효법사가 655년에 설총을 낳으면서 파계가 시작된 것으로 되어 있는데, 이 시기는 김춘추$^{(신라\ 29무열왕)}$가 즉위한 초기로서, 아직 백제가 망하기 이전이므로 '당고종의 계획$^{(음모?)}$'이 공개적으로 알려진 것이 아니어서 {설령, 강소신라에서 비공식적으로 '당고종의 계획$^{(음모?)}$'을 인지했었다 하더라도} 아무도 그것이 실현될 것이라고 믿을 사람은 없었을 것이다. 따라서 원효의 파계가 어떤 특이한 행동{특히, 설총의 출생} 때문에 촉발된 것이라고 보는 것은 타당하지 않다고 보인다. 즉 설총$^{(薛聰=자(字),총지(聰智):655~?)}$과 관련되는 기록을『삼국사기』와『삼국유사』에서 발췌하여 아래와 같이 정리해 보면, '설총이 원효의 아들이라는 것'과 '설총이 원효가 죽은 뒤 그 유해를 수습했다.'라는 부분 이외 두 사람을 연결 지을 내용이 너무도 빈약해 보인다. 즉 이 두 사람이 실제로 친부자^{親父子} 관계인지도 의심이 들지만 이 문제는 일단 접어둔다.

그러나 {실제로는, 이 두 사람이 생전에 얼마나 서로 지성적^{知性的}으로 접촉하고 또 교감^{交感}했는지에 대해서는 의문이 들지만} 설총이 '방언^{方言}으로 구경^{九經}을 풀이했다'$^{(방언독구경(方言讀九經)=즉,\ 사실상\ 왜곡역사서를\ 마무리했음을\ 말함)}$라고 했고 '화왕^{花王}이야기를 통해서 31신문왕에게 경주신라로의 철수를 종용'하였고, '후대의 일본에서도 설총과 원효가 잘 알려져 있었으며, 고려시대에는 홍유후^{弘儒侯}를 추증받는 등' 설총이 그 누구보다도 완벽하게 학문적으로 이의^{理義}가 잘 갖추어진 왜곡역사서$^{(歪曲歷史書=즉,고기류사서(古記類史書))}$를 남겼음은 분명하다고 보인다. 따라서 원효법사는 아들(?)인 설총과 함께 '경주신라$^{(현,한반도)}$ 역사왜곡의 한 축을 담당했다.'라고 평가될 수가 있을 것이다.

[참고]

『삼국사기』및『삼국유사』의 설총(薛聰:655~?) 관련 기록[정리]

* 자(字)=총지(聰智),

  조부(祖父)=담날(談捺)나마, 부(父)=원효(元曉), 모(母)=요석공주,

* 방언(方言)으로 구경(九經)을 풀이[方言讀九經], 후학교육,

  후전(後傳)하는 글은 없음,

* 화왕(花王)이야기 : "화왕[花王=모란=강소신라(華東=華)왕(王)?=당시,31신문왕?]에게, 리의(理義)를 지켜서 장미[薔薇=여인=한반도경주신라?]를 얻을 것인가? 아첨꾼을 가까이하여 백두옹[白頭翁=할미꽃=계림주(雞林州)현,강소성양주)자사(刺史)?]이 될 것인가?를 선택하라"는 이야기로서, 결국 경주신라로 철수하는 것이 도리(道理)와 정의(理義)가 된다는 이야기이다. 이는 즉 설총(薛聰)이 31신문왕에게 '경주신라 철수를 결심케 하고, 향후에도 지키도록(王者之戒) 한 것'을 설화로 꾸며서 기록한 것이다.

* 설총(薛聰)의 당(唐)나라 유학(留學) 여부, 불명?

  [或云薛聰甞入唐學, 未知然不]

* 고려8현종13(1021)년에 홍유후(弘儒侯)로 추증

* 일본에 사신간 설총의 아들(薩仲業[薛仲業?])이 '할아버지(祖)'인 원효(元曉)의 금강삼매론(金剛三昧論[즉,韓半島三韓配置論?])'을 아는 일본국 진인(眞人)의 환대를 받음.

{이하는『삼국유사』/원효불기(元曉不羈)조의 내용임}

* 신라10현(賢)중 한분 : 경서(經)와 역사서(史)에 두루 통달

  [睿敏博通経史…以方音通會華夷方俗物名訓解六経文學]

* 원효(元曉)의 유해 수습, 분황사(芬皇寺)의 진용(元曉眞容)이 방례(旁禮)하는 설총을 돌아다 봄

  [以表敬慕終天之志.聰時旁禮像忽廻顧, 至今猶顧矣]

결국 원효법사는 '7말8초 역사왜곡의 소용돌이' 속에서 온몸으로 한반도불교를 개창^{開創}하여, 한반도 백성$^{(토착민)}$들을 대승불교의 불심으로 순화시킴으로써 '왜곡설정된 한반도역사를 최종적으로 마무리'한 아들(?) 설총을 통해서 왜곡역사가 현,한반도에 혼란 없이 자리 잡을 수 있게 만드는 정신적 토양을 마련하는 데 지대한 역할을 하였다고 보인다.

그리고 처음$^{(650년)}$에는 원효법사가 '화엄종의 제2조인 종남산 지상사 지엄화상에게 가서 화엄교학을 입당구법^{入唐求法}하고 싶다.'는 불자^{佛子}로서의 소박한 욕망 때문에 {(사실상의 집권자인) 김춘추의 허락을 받고(?)} 당고종이 보낸 의상법사를 따라나섰지만, 요동에서 비로소 '당고종이 자신을 이용하고 앞세워서 강소신라를 한반도로 축출하려는 부당한 계획$^{(음모?)}$을 가지고 있음'을 알고서, 분연히 돌아서서 강소신라로 되돌아와 조정에 알렸던 것이다. {그러나 이에 대해 아무도 심각하게 대비하지 않았으므로} 여기에서부터 원효법사의 '불자^{佛子}로서의 번민'이 시작되었고, 그 결론이 바로 '해골물사건이라는 이야기'로 각색되어(?) 후대로 전해지게 된 것이라고 보인다.

즉 '강소신라를 경주신라로 축출하려는 당고종의 계획$^{(음모?)}$'을 일찍이 간파한 원효법사는 {만일 강소신라가 당나라와 정면으로 충돌할 경우에 일어날 수 있는} 엄청난 혼란과 대량살육을 피할 수 없다는 것을 미리 예측했기 때문에, 그동안 심혈을 기울여 오던 교학^{敎學} 중심의 구법^{求法}에서 실천^{實踐} 중심의 대승적^{大乘的} 중생구제^{衆生救濟}로 전환한 것이 '불교, 유교, 도교의 모든 율법에 구애받지 않는 파계^{破戒}로 나타난 것'이라고 보인다. 그래서 결국 원효법사는 {670년경, 당나라의 강압으로부터 갈피를 잡지 못하는 30문무왕의 부탁을 받고} 강소신라를 떠나 신천지 경주신라로 와서 {강소신라 조정과 백성들이 모두 옮겨올 경우를 대비하여} 신천지 한반도를 불국토로 만드는 것을 자신의 사명으로 삼았던 것이라고 보인다. 물론 그 과정에서 '해인^{海印}이라는 표지'와 같은 역사왜곡의 구도에 대한 아이디어를 '역사왜곡의 사서를 편찬하는 실무 작업자들(?)'에게 제공함으로써, {비록 왜곡된 역사를 기록하는 왜곡역사서(歪曲歷史書)일지라도} 원만한 불국토를 이루기 위해서는 '앞뒤 정황들이 논리에 맞게 되기'를 바랐던 것이라고 보인다.

어쨌든, 원효법사는 한반도불교의 개창자로서 왜곡된 역사가 원만하게 경주신라(즉,한반도)에 정착될 정신적 토양을 만들었고, 그의 아들(?) 설총은 한반도로 설정된 왜곡역사(歪曲歷史)를 최종적인 왜곡역사서(즉,고기류(古記類) 역사서(歷史書))로 마무리하였으므로, 두 부자 모두 '경주신라(현,한반도) 역사왜곡의 한 축을 담당한 인물들이다.'라고 평가될 수 있을 것이다.

그리고 '고대국가의 역사왜곡'이 근본적으로는 '국가를 경영하는 절대자인 군주(君主)와 그 군주를 보필하는 지식인들(즉,지배계층)의 책임일 것'이긴 하지만, 국가(君主)와 국민(百姓)의 정신적 구심점이었던 당시의 불승(佛僧)들도 '역사왜곡으로 인한 국가적 및 사회적 혼란을 순화시키는 과정에서의 역할과 책임'에서 자유로울 수가 없었다고 보인다. 이 부분에 대해 '앞으로 더 깊이 연구되어야 한다.'고 생각한다.

③ '《삼국유사/기이1》태종춘추공조'와 원효법사

* {전략;661년~662년, 김유신이 당나라 소정방에게 군량을 건네준 다음}… 또한 군사를 일으켜 당군과 합세하고자 유신이 먼저 연기(然起)와 병천(兵川) 등 두 사람을 보내 합세할 기일을 묻자[又欲興師會唐兵, 庾信先遣然起·兵川等二人問其會期], 당나라 장수 소정방이 '난새[鸞]와 송아지[犢] 두 가지 물건'을 그려 돌려보내었다[唐帥蘇定方紙畫鸞犢二物迴之]. 사람들이 그 뜻을 알지 못하여 사람을 시켜 원효법사(元曉法師)에게 청해 묻자[國人未解其意使問於元曉法師], [법사가] 이를 해석하여 "속히 병사를 돌이켜라. 송아지와 난새를 각각 그린 것은 두 개로 끊어짐을 일컬은 것이

다."라고 하였다[解之曰 "速還其兵. 謂畫犢畫鸞二切也."]. 이에 유신은 군사를 돌려 패강(浿江)을 건너려 할 적에 "오늘 뒤에 처져서 강을 건너는 자는 베리라." 하였다. 군사들이 앞을 다투어 절반 정도 건넜을 즈음에 고구려 군사가 와서 아직 건너지 못한 병사들을 사로잡거나 죽였다. 다음 날 유신이 거꾸로 고구려 병사들을 추격하여 수만 명을 포로로 잡거나 죽였다…(후략)

⇒ 이 기록은, 당나라에 유학하기를 거부(포기?)한 원효스님이 이미 파계를 하여 설총(655~?)을 낳은 지 한참 지난 뒤로서, {661년말에서 662년초 사이의 한겨울 엄동설한에} '김유신이 {고구려를 공격하다가 고립된} 당나라의 소정방에게 군량을 수송해 주고 철수하는 상황'에 대한 기록인데, {'역사왜곡방법론'을 살펴보는 차원에서} 몇 가지를 검토해 보고자 한다. 즉 이 기록에서 주목해야 할 부분이 두 가지인데, 'ⓐ소정방이 김유신에게 보낸 {난새와 송아지 두 물건을 그린 종이(紙畫鸞犢二物)}의 실제 의미'가 무엇인지와 'ⓑ당시 김유신군과 고구려군의 경계가 된 패강(浿江)을 일연스님이 강조한 의도'가 무엇인지가 '7말8초 역사왜곡'을 규명하는 데 있어서 주요한 맥락이 될 것이다.

ⓐ 소정방이 김유신에게 보낸 {난새와 송아지 두 물건을 그린 종이(紙畫鸞犢二物)}의 실제 의미 : 우선 이 기록이 등장한 상황의 시간적 배경을 살펴볼 필요가 있다. 즉 이 기록은 660년12월말 '백제를 멸망시켜서 신라에게 주겠다.'라고 되어 있는(?) 나당군사동맹의 약속을 '당나라가 지키지 않았다'고 강력하게 반발하는 신라29태종무열왕(김춘추)이 '당나라의 사주(?)에 의해 암살당하는 사건'이 발생하였는데, 이 사건을 백제인들의 소행으로 몰아서 책임을 물타기한 당나라가 {사건을 적당히 마무리하기 위해서} '고구려까지 멸망시킨 뒤, 백제를 신라에게 주겠다.'라는 추가약속(?)을 하고서, 661년6월에 김춘추의 아들인 김법민을 서둘러서 30문무왕으로 즉위시킨 다음에 {솔선해서(?) 30문무왕

과의 추가약속(?)을 지키기 위해(?)} 661년 가을에 소정방을 고구려 평양성으로 보내서 고구려를 공격하게 했었다는 것인데, 전황이 갑자기(?) 나빠져서 소정방군이 추위와 식량부족 때문에 평양성 인근에서 그만 고립되어 버렸다는 것이다. 그래서 당나라가 {식량지원을 담당키로 약속했던 신라에게} '긴급하게 식량지원을 하라.'라고 통보를 한 것이다. 그래서 {조금이라도 책을 잡히지 않으려는} 신라30문무왕이 김유신을 보내서 661년 말 엄동설한에 평양성으로 식량을 수송하게 한 것이다. 즉 이 '소정방군 고립사건'이 다분히 속임수나 다름없는 상황에서 발생한 것이어서 신라에서도 의심을 하였었지만, 당나라로부터 '신라 때문에 고구려를 멸망시킬 수 없었다.'라는 모함을 받지 않으려고 김유신을 파견하여 악전고투 끝에 식량을 기일에 맞춰 수송하게 되었던 것이다.

어쨌든 그다음에 {김유신으로부터 식량을 전달받은 소정방이 김유신에게 아무런 통보도 하지 않고} 단지 '난새와 송아지 두 물건을 그린 종이(紙畫鸞犢二物)"만 김유신 쪽으로 보내고서 바로 당나라로 돌아가 버린 것이다. 천신만고를 해서 식량을 가져다주면 소정방이 '함께 힘을 합쳐서 고구려를 공격하자'라고 할 것이라는 희망을 가졌었던 김유신으로서는 배신감을 느낄 정도였다고 보인다. 이 사건을 통해서 당시에 당나라와 신라가 동상이몽을 하고 있었음을 감지할 수 있으므로 검토하고자 한다.

{'난새와 송아지 두 물건을 그린 종이(紙畫鸞犢二物)'가 등장하게 된 과정을 재정리해 보면} ❶(일단, 소정방에게 식량을 전달한 김유신이) 어렵사리 평양성 턱밑까지 온 김에 (나당)양국의 군대를 합세해서 고구려를 공격하자고, 소정방에게 사람을 보내 합세할 날짜를 물었었는데, ❷소정방이 (아무 말도 없이) {난새와 송아지 두 물건을 그린 종이(紙畫鸞犢二物)}를 김유신에게 회신하고서(廻) {바로 철군해 버린} 것이다. 즉 이는 수많은 군사들의 목숨이 달린 전장터에서 '소정방이 가타부타 말도

없이 선문답仙問答을 하고 있는 것'이므로, 만일 소정방이 처음부터 고구려를 공격할 의사가 있었다고 한다면 결코 이런 식으로 행동하지는 않았을 것이다. 게다가 소정방은 '이상한 그림'을 김유신에게 보낸 다음에 역시 아무런 통지도 없이 전격적으로 군대를 철수해서 떠나버렸던 것이니 {아무리 두 사람 사이에 쌓인 감정이 좋지 않았다 할지라도} '엄동설한에 목숨을 걸고 수천 리 길을 달려와서 식량을 지원해 주어 목숨을 구해준 우군友軍'에게 취할 행동이라고 할 수는 없을 것이다.

즉 이것은, 애당초 {처음부터} 신라가 해낼 수 없는 무리한 요구를 해서 결국 '신라에서 군량을 보내지 않아 당나라 군사들이 굶어 죽었고 그래서 고구려를 멸망시킬 수가 없었다.'라는 고구려를 멸망시키지 못한 책임을 신라측에게 뒤집어씌우기 위한 당나라측의 음모였었다고 보인다. 그래서 소정방은 {실제로는 고립되지도 않았으면서도} '평양성까지 식량을 공급해 달라'라는 '허위 지원요청'을 했었던 것이라고 보아야 할 것이다.

즉 신라측에서는 {당나라의 속셈을 예상했으면서도} '신라측의 귀책으로 당나라가 고구려를 멸망시킬 수가 없었다.'라는 모함을 피하기 위해서 김유신을 보내서 군량수송작전을 성공시켰던 것이고, 김유신은 {이왕 이렇게 고생한 김에} '신라가 고구려 공격에 매우 적극적이었다.'라는 실적(?)을 쌓아두기 위해서 소정방에게 양국의 군사들이 연합하여 고구려를 공격하자고 제안을 했었던 것인데, 소정방은 이러한 '이상한 그림'만 남기고 도망치듯이 철수해서 장안으로 되돌아가 버린 것이다.

이와 같이 {애당초부터 고구려군과 싸울 생각도 없이 '오직 신라에게 올가미를 씌우기 위해' 신라에게 '도저히 성공할 수 없는 요구조건'을 내놓고서} 안심하고 있던 소정방이 {김유신이 가지고 온 식량을 받자마자} 김유신이 보낸 사자에게 슬그머니 내놓은 것이 바로 **난새와 송아지 두 물건을 그린 종이(紙畫鸞犢二物)**'였던 것이고, '황당한(?) 물건'을 전해 받은 김유신이 그 뜻을 몰라서 고민하던 사이에 소정방은 전격적으로 몰래 철수해서 이미 멀리 가버렸던 것이다. 그래서 {이 물건의 의미를 알지 못한} 김유신이 급히 본국으로 사람을 보내서 어찌할지를 문의하였고, '원효법사가 그 뜻을 바로 해독^{解讀}해서 보냈으므로 김유신도 더 깊이 따지지 않고 급히 평양성에서 철수하게 되었던 것이다.

원효법사가 '난새와 송아지 두 물건을 그린 종이(紙畫鸞犢二物)'을 보고서, "'**송아지와 난새를 각각 그린 것은, 두 개로 끊어짐을 일컬은 것이다.{謂畫犢畫鸞二切也}**' (그러니) '**병사를 속히 돌이키라{速還其兵}**.'"라고 김유신에게 급히 알린 것인데, {일부(통설)에서는 이를 '속환^{速還}의 반절법^{半切法}일 것'으로 적당히 견강부회하기도 하지만} 원효법사가 풀이한 실제 내용은 전혀 달랐던 것이다. 즉 이 단순한 몇 글자 되지 않은 문구가 '7말8초 역사왜곡의 숨은 배경'을 적나라하게 설명하고 있으므로 주의해서 살펴보아야 할 것이다. 이 문구의 해석은 다음과 같이 {'한자^{漢字}의 조자원리^{造字原理}를 활용'해서, '합리적인 상상력을 통한 유연한 발상의 전환'을 통하여 '융통성 있게 해석'하여야} 제대로 된 해석이 나올 수가 있는 것이다. 정리하면 다음과 같다.

[참고]
'난새와 송아지 두 물건을 그린 종이(紙畫鸞犢二物)'의 풀이

ⅰ. '畫$^{(그릴,획)}$=그리다=즉,그림'의 의미이고,

ⅱ. '鸞$^{(난새,난)}$={鳥$^{(새,조)}$+䜌$^{(다스릴,란)}$}'이므로 파자하면 2글자로 나뉘는데, 새$^{(bird)}$자의 갑골문^{甲骨文}이 나중에 鳥$^{(꼬리긴새,조)}$자와 隹$^{(꼬리짧은새,추)}$자로 나뉘었으므로, 이 '鸞$^{(난새,난)}$자에는 새^{bird}가 반^{半}으로 나뉘는 모양새가 들어있다.'고 볼 수 있으므로,

iii. '畵鸞^{획난}=난새를 그린 것^(즉,난새그림)=즉,난새'로서
'畵鸞^{획난}=즉,난새'는 '소정방'을 은유하는 것이다.

----

iv. '犢^(송아지,독)={牛^(소,우)+賣^(팔,매)}'이므로 이 글자도 파자하면 역시 2글자로 나뉘는데, 牛^(소,우)자의 갑골문^{甲骨文} 모양이 해서^{楷書}의 半^(절반,반)자와 유사하므로, '犢^(송아지,독)자에는 송아지가 반^半으로 잘리는 모양새가 들어있다.'라고 볼 수 있다. 따라서

v. '畵犢^{획독}=송아지를 그린 것^(즉,송아지그림)=즉,송아지'로서
'畵犢^{획독}=즉,송아지'는 '김유신'을 은유하는 것이다.

----

vi. 따라서 "謂畵犢畵鸞二切也(위획독획난이절야) > 김유신^{畵犢(획독=송아지)}이나 소정방^{畵鸞(획난=난새)}이나 둘 다^(二) 몸이 잘려서 죽을 것이라고^{切(베일,절)} 이르는^(謂) 것이다^(也)"라는 의미의 그림이었던 것이다.

이는 곧 "{내(소정방)가 당신(김유신)과 군사를 합쳐서, 고구려를 공격했다가는} 당신이나 내가 모두 *(당나라 황제에게)* 몸이 두 동강으로 잘려서 죽을 것이다"라는 의미이므로 이는 "내가 장안에서 출정하기 전부터, 사전에 이미 '고구려를 공격하지 말고 공격하는 척만 하면서, 고구려공격의 실패를 신라의 귀책으로 만들라.'라고 한 당고종의 명령이 있었던 것이므로, 당신과 내가 힘을 합쳐 고구려를 공격했다가는 둘 다 요절^(腰切=허리가 잘림)의 형벌을 당해서 죽는다."라는 의미가 되는 것이다. 이와 같은 원효법사의 설명을 들은 김유신은 {소정방을 탓할 일이 아니었으므로} 즉시 평양성에서 철수해서 바로 돌아오게 된 것이다.

즉 {한마디로 말해서} 당나라가 660년 말에 {백제인들을 교사하여} 신라29태종무열왕^(김춘추)을 암살하고서, '조금 멍청한^(?:法敏=역설적으로, 세상물정에 둔하다는 의미임) 김법민을 30문무왕으로 즉위시킨 뒤, '가능한 한 신속하게, 고

구려까지 멸망시킨 뒤 백제를 신라에게 주겠다.'라는 추가약속^(사기?)을 하고서, 아무런 준비도 없이 바로 그해 겨울에 출정하여 '고구려원정에 실패하는 쇼(show)'를 벌려서 '{식량을 지원하지 않은} 신라 때문에 고구려 정벌에 실패했다.'라는 올가미를 씌우려고 했었던 것을 일연스님^{아니, 실제로는 남당유고와 같은 고기류(古記類)의 저자들로 판단됨}이 후손들에게 당시의 실상을 알리려고 기록으로 남긴 것이다. 이는 '국제정치의 비정함'이라고 말하기에도 서글픈(?) 기록이라고도 생각되지만, 『삼국사기』가 지워버린 그 실상을 『삼국유사』가 고기류 속에서 찾아내서, 후손인 우리들에게 이렇게 '처절하게(?) 말하고 있는 것'이다. 아마 일연스님도 내심 내키지는 않았을 것이라고 생각된다.

그런데 여기서, '원효법사가 이러한 수수께끼 같은 해석을 해낼 수 있었던 배경'은 {물론 이런 난해한 수수께기를 만든 소정방이나 그것을 바로 해독해 낸 원효법사가 모두 '한자^{漢字}와 한문^{漢文}의 박박사^{博博士}'들이었기 때문이기도 하지만} 근본적으로는 원효법사가 바로 650년 당고종의 지시에 따른 의상법사의 안내로 고구려의 요동^{현,산서성지역}까지 갔다가 되돌아오면서 '당고종의 음흉한 계획^(음모?)'을 감지했었기 때문에 이러한 해석이 가능했었을 것이라고 추측된다.

어쨌든 '당고종의 음흉한 계획^(음모?)'을 알면서도 슬금슬금 그 마수에 끌려들어 가는 강소신라 위정자들의 딱한(?) 입장이 안쓰럽기까지 하므로, 현대는 물론이고 앞으로의 미래에 나라를 책임지는 위정자들이 반드시 이를 교훈으로 삼아야 할 부분이라고 하지 않을 수 없다.

ⓑ **662년초 김유신군과 고구려군의 경계가 '패강(浿江)'인 이유** : 실제로 662년초 엄동설한에 김유신군이 천신만고 끝에 어렵게 당시 고구려 동도^{東都}인 평양^{현,하북천안시(遷安)} 부근에서 고립되어 있던 소정방군에게 군량을 전달하자, 소정방군은 예상 밖으로 {기다렸다는 듯이} 김유신에게 예를 갖추지도 않고, {난새[鸞]와 송아지[犢]를 그린 그림}^{{즉, 급히 철군하라는 암}

호(暗號)만 보내고서 바로 철군해 버렸으므로 김유신군도 할 수 없이 급하게 평양 부근에서 철수하게 되었는데, {고구려군과 신라군 사이에서 전투가 벌어졌는지는 확실치 않지만} '김유신의 신라군과 고구려군이 패강 浿江을 중심으로 전투를 하였었다.'라는 기록이 있으므로 {실제로 전투가 있었는지에 대한 진위 여부와는 별개로} '이 기록이 시사하는 바가 매우 크다'고 해야 할 것이다. 즉 이 '패강 浿江'은 훗날 신라가 '경주신라의 북방한계선이 되어야 한다.'라고 주장했던 경계선{필자는 이 패강(浿江)을 현,대동강이 아니라 현,청천강으로 추정하지만, 여기서는 일단 현,대동강으로 설명한다}을 지칭하는 지명으로 '{현재의 통설인} 왜곡된 역사기록'에 등재되어 있기 때문이다.

그런데, 이 '패강(浿江=현,대동강?)'의 실사적 實史的 모델지명 {model地名=즉, 지명이동되기 전의 실사지명}은 '패강 浿江'이 아니라 '패수 浿水 혹은 패 浿'로서 7말8초 당시에는 '현.하북성백양정 白洋淀'으로서 **《삼국사기/신라본기4》24진흥왕12(551)년조: 왕이 거칠부(居柒夫) 등에게 명하여 고구려를 침입게 하였는데, 이긴 기세를 타서 10개의 군(郡)을 빼앗았다.**"라는 기사에 언급된 '고구려로부터 탈취한 10개군 郡'이 바로 이 '패수 浿水 혹은 패(浿)=현,하북성백양정(白洋淀)'와 '현,산동황하 (山東黃河)'의 사이에 있는 '현,하북평원지역'이었던 것이다. 그리고 이 땅은 원래, '신라4석탈해왕의 원주지 原住地인 예 濊지역'이었는데, 고구려가 15미천왕시기(314년경?)에 처음 차지하게 되었고, 백제13근초고왕이 371년에 고구려16고국원왕을 전사시키고서 차지했다가 392년에 백제가 고구려19광개토왕에게 다시 빼앗겼기 때문에, 백제26성왕이 신라24진흥왕과 나제동맹 羅濟同盟을 맺어서 되찾으려고 했었던 지역이었었다. 그런데 신라24진흥왕이 옛,석탈해의 원주지 原住地를 되찾으려고 {나제동맹을 파기하는 무리수임을 알면서도} 당시 고구리대연방의 대맹주인 고구려와 밀약을 맺고 백제를 배신하고서 전격적으로 차지해 버린 땅이었던 것이다. 즉 이때 신라가 차지한 '고구려10개군의 북방한계인 현,하북성백양정^{白洋淀} 북쪽의 현,대청하^{大淸河}'를 '7말8초 역사왜곡 과정'에서 '패강^{浿江}이라고 지명왜곡'해서 현,평안도청천강^{淸川江}으로 지명이동함으로서 '패강$^{\{浿江=현,평안도청천강(淸川江)\}}$'이 발해와의 경계선인 경주신라의 북방한계선이 되었던 것이다. 즉 당나라가 '옛,고구려10개군의 북방한계선 이남의 현,하북성백양정$^{\{白洋淀=즉, 패수(浿水) 혹은 패(浿)\}}$ 북쪽의 현,대청하$^{\{大淸河=즉, 패강(浿江)\}}$'를 현,평안도청천강^{淸川江}으로 지명이동시켜서 '현,한반도 이동지명으로서의 패강^{浿江}'이라고 명명하여, 735년에 '패강^{浿江} 이남을 경주신라의 땅으로 인정해 주었던 것'이다. 그런데 {그 뒤에 현,대동강평양을 한사군^{漢四郡}의 하나인 낙랑군^{樂浪郡}으로 지명왜곡하는 과정에서} 현,평안도청천강^{淸川江}에 있었어야 할 패강^{浿江}이 현,평안도대동강^{大同江}으로 잘못 해석되게 된 것이다. [이에 대한 자세한 설명은 매우 복잡하므로, 여기에서는 일단 '패강^{浿江}=현,평안도대동강(?)'인 것으로 그냥 두고서 설명하겠지만, {정확하게 말하면} '패강^{浿江}=현,평안도청천강^{淸川江}'인 것이므로 착오 없기 바란다.]

어쨌든 '662년초에 김유신군이 고구려군과 전투를 벌였다.'는 곳의 실사위치^{實史位置}는, '패수$^{\{浿水 혹은 패(浿)=즉 옛,고구려10개군의 북방한계였던 현,하북성백양정(白洋淀)\}}$ 북방의 현,대청하^{大淸河}'였던 것이지, 결코 '현,평안도청천강^{淸川江}'은 물론이고 '현,평안도대동강^{大同江}'이 될 수가 없는 것이다. 그리고 {662년초에 김유신군이 철수하면서 실제로 추격하는 고구려군과 국부적으로는 전투를 벌였을 개연성은 있지만}『삼국사기』에 기록할 만한 규모의 전투가 있었던 것은 아닌 것으로 생각된다. 일연스님이 '패강^{浿江}'의 실사위치^{實史位置}를 후손들에게 알려려고 견강부회한 것으로 생각된다.

④ '서쪽 벽에 앉아 갑방(甲方=동쪽)을 향한 원효(元曉)'

*《삼국유사/흥법3》흥륜사금당10성조 : 동쪽 벽에 앉아 경방(庚方=서쪽)을 향한 진흙상(泥塑)은 아도(我道), 염촉(厭髑), 혜숙(惠宿), 안함(安

舍), 의상(義湘)이고 서쪽 벽에 앉아 갑방(甲方=동쪽)을 향한 진흙상은 표훈(表訓), 사파(蛇巴), 원효(元曉), 혜공(惠空), 자장(慈藏)이다.

⇒ 이 기록은 여러 번 거론되는 내용이므로, 이젠 추가설명이 필요 없을 것이다. 즉 '원효법사^{元曉法師}가 서쪽 벽에 앉아 갑방$^{甲方=즉,동쪽}$을 향한 진흙상^{泥塑}으로 모셔져 있다'라는 것은, {서쪽인 강소신라에서 태어난} 원효법사가 동쪽인 경주신라를 불국토로 만들기 위하여 평생을 노력하였는데, 끝까지 자기가 태어난 서쪽 강소신라로 돌아가지 않고 '경주신라에서 죽어서 현,한반도에 뼈를 묻었음'을 말하는 것이다. 따라서 현,한반도를 불국토$^{佛國土=즉, 평화로운 부처의 땅}$로 만들기 위해서 평생을 헌신한 뒤 {다시 서쪽 고향 땅으로 되돌아간 의상법사 같은 분들의 공로도 잊지 말아야 하겠지만} 서쪽의 고향 땅으로 돌아가지 않고 한반도불교의 개조^{開祖}가 된 원효법사와 같은 분들의 헌신에 {비록 불자(佛者)가 아니라고 하더라도} 감사하는 마음을 가져야 하는 것이 도리일 것이다.

⑤ '원효법사(617~686)'와 '의상법사(625~702)'의 관계

*《삼국유사/탑상4/전후소장사리》조 : (전략)…의상전(義湘傳=宋의唐高僧傳)에서 살펴보면, "영휘(永徽;650~655) 초년에 당나라로 들어가 지엄법사를 뵈었다"고 하나, 부석사의 본비[浮石本碑]에 의하면, 의상은 무덕(武德)8(625)년에 탄생하여 어린 나이에 출가하여 영휘원년경술(庚戌;650)에 원효(元曉)와 함께 당에 들어가려고 고구려에까지 이르렀으나 어려움이 있어 돌아왔다…(중략)…그러면 의상이 지엄과 함께 도선율사가 있는 곳에서 재(齋)를 올리고 천궁의 부처 어금니를 청했던 일은 신유(辛酉,661)에서 무진(戊辰,668)에 이르는 7,8년 사이가 될 것이다…(후략)

*《삼국유사/의해5/의상전교》조 : 법사(法師) 의상(義湘)은 ~~아버지가공~~ ~~교해 보면(考曰) 한신(韓信)으로 김(金)씨~~ 한신김씨(韓信金氏=현, 섬서韓城

金氏?)인데[考日韓信金氏], ~~나의29세에~~당(唐)개국29(618+29-1=646)년에 [年二十九] 서울(京師=長安)의 황복사(皇福寺)에서 머리를 깎고 중이 되었다. 얼마 있지 않아 서방으로 가서 불교의 교화를 보고자 하였다[西圖觀化]. 드디어(遂) 원효(元曉)와 함께 요동(遼東)으로 갔다가[遂與元曉道出遼東] 변방의 순라군에게 첩자로 오인받아 수십 일 동안 갇혔다가 간신히 면하여 돌아왔다[僅免而還]. {이 사실은 최후(崔候=최치원)가 지은 본전(本傳)과 원효의 행장(行狀) 등에 실려 있다.} ~~영휘(永徽;650~655)~~용삭(龍朔;661~663)초에 마침 당(唐)나라 사신의 배가 서방으로 돌아가려고 하자 편승하여 중국(中國)으로 들어갔다. 처음 양주(揚州=현,호남九江시?)에 머물렀더니, 주장(州將) 유지인(劉至仁)이 청하여 관아 안에 머무르게 했는데 공양이 지극하였다. ~~얼마 있지 않아~~ 종남산(終南山) 지상사(至相寺)로 찾아가서(尋往) 지엄법사(智儼)를 배알하였다(謁)…(중략:의상이 지엄에게서 화엄을 전수받음)…[저] 쪽과 꼭두서니가 본색을 잃은 것과 같았다.[藍茜沮本色.]

⇒ 위의 두 기록에서, '《삼국유사/탑상4》전후소장사리조'는 신라23진흥왕 때[549년]부터 시작하여, 당나라[唐] 시기와 송나라[宋] 시기에 신라 및 고려로 전해진 부처의 진신[眞身] 사리[舍利] 및 불아[佛牙] 등의 성물[聖物]들이 고려말 시기까지 어떻게 관리되어 왔는지를 기록한 내용이 주된 내용이다. 하지만 이곳에서는 '의상법사가 지엄법사에게 간 시기가 661년인 것을 검증한 일연스님의 설명'이 더 중요하다고 보인다. 그리고 《삼국유사/의해5》의상전교조'는 '의상법사가 화엄종의 제2조인 종남산 지상사의 지엄법사로부터 화엄교학을 전수받았다.'는 내용인데, 여기에서 검토가 필요한 부분은 '의상법사[625년생]의 행적'과 '원효법사[617년생]와의 관계'가 현재의 통설과 다른 면이 있다는 점이다.

즉 '전후소장사리'조에서 '의상법사가 영휘[永徽;650~655]초년에 당나라로 들어가 지엄법사를 뵈었다.'고 한 의상전[義湘傳=송(宋)당고승전(唐高僧傳)]의 기록을 일연스님이 그 문장 뒤에 바로 '신유[辛酉,661년]에서 무진[戊辰,668년]에 이르는

7,8년 사이가 될 것'이라고 정정하고 있으므로, 의상법사가 지엄법사에게 간 시기는 의상법사가 신라에 왔다가 되돌아간 661년이 분명하다고 해야 할 것이다. 이는 {물론 '영휘(永徽;650~655) 초년(즉,650년)'에 의상법사가 신라에 와서 원효법사를 데리고 당나라로 가다가 원효법사가 요동(고구려지역)에서 되돌아갔던 시기를 오기(誤記)한} 의상전(義湘傳=송(宋)당고승전(唐高僧傳))의 기록을 일연스님이 바로잡은 것이라고 해야 할 것이다. 따라서 의상법사가 지엄법사에게 간 시기가 650년이냐, 661년이냐를 따지는 것은 더 이상 무의미하고, 중요한 것은 '650년에 617년생인 원효법사(34세)가 625년생인 의상법사(26세)를 따라 당나라를 가려고 한 배경'과 '661년에 의상법사가 지엄법사에게 가서 화엄교학을 전수받게 된 경위와 목적'을 조사하는 것이 더 중요하다 할 것이다.

따라서, '원효법사(617년생)와 의상법사(625년생)의 관계'를 정확하게 파악하는 것이 '7말8초 역사왜곡'의 출발점 상황을 이해하는 데 매우 중요하기 때문에 지금까지 산발적으로 언급되었던 내용들을 '❶원효법사와 의상법사의 출신 배경과 행적 및 정치적 입장', '❷650년 원효의 입당 과정과 배경', '❸651년~660년 사이의 상황', '❹661년~670년 사이의 원효와 의상', '❺670년 이후의 원효와 의상' 등으로 나누어서 정리해 볼 필요가 있을 것이다.

❶ **원효법사와 의상법사의 출신 배경과 행적 및 정치적 입장** : 지금까지 산발적으로 검토되었던 내용들을 모아보면, 다음과 같다.

표16. 원효법사와 의상법사의 출신 배경과 행적 및 정치적 입장

#	구분	원효법사	의상법사
1	출생 시기 장소	薛氏 617년, 강소신라 (현,안휘장산시佛地村)	金氏, 625년, 당 (현,섬서한성시(韓城)?)
2	출신 가계 장소	祖:赤大公(薛氏?)(현,섬서大荔縣) 父:談㮈乃末(薛氏?)(현,호남湘州)	(漢)韓王信후손,韓信金氏 (현,섬서韓城?市)

#	구분	원효법사	의상법사
3	출가	631년?(15세), 梁州初開寺	633년(9세), 長安皇福寺
4	종파/스승	通宗教的/독학(?)	화엄교학/ 지엄법사
5	방문사찰	분황사,	황복사,지상사,
6	개창사찰	초개사.사라사,	부석사,화엄사,해인사?등 화엄10찰
7	주요행적	650년: 의상을 따라 입당하다가 요동에서 되돌아옴(해골물?) 655년: 아들설총(파계)을 얻고, 소성거사,무애를 자처함 661년: 김유신의군량수송시조언 670년: 문무왕의 지시로 경주신라에 가서 불교개척 시작	650년: 강소신라의 원효를 요동까지 대동해왔으나 실패 661년: 강소신라의 원효를 회유하는 데 실패하고 歸唐해서 원효를 대신해서 지엄으로부터 화엄교학수학 668년: 강소신라에 당군출병설 통보, 한반도전교개시 698년: 후임인 승전법사와 임무교대하고 당나라로 복귀
8	집필	화엄경소 등 40여권	화엄일승법계도 등 약간
9	한반도거주	(670?~사망)=약15년간	(670?~698?)=약25년간
10	특기사항	파계(⇒설총) 韓半島佛教의 開祖 해인(海印)표지[역사왜곡지원]	한반도화엄종의 개조 3,000여명의 제자(10大德) 소백산추동법회(錐洞記:지통)
11	입적 시기 장소	686년, 경주신라(현,한반도)	702년, 唐(長安=현,섬서서안)
12	정치적입장	* 강소신라의 정치상황 수용 * 강소신라에 불국토건설 * 백성의 구제 * 역사왜곡 지원	* 당나라의 정치적입장 수용 * 경주신라(한반도) 화엄전교 * 수임업무(전교)의 완수 * 역사왜곡 지원
		* 원효와 의상은 각각 자국인 신라와 당나라의 입장에서 해당 국가의 지시에 따라 행동했었다. [다만, 한반도에 불국토 화엄세계를 펼치려는 뜻은 동일했다.] * 역사왜곡은 이미 합의된 사항이므로 서로 협력하였다.	

결국, '원효법사와 의상법사의 관계'는 불자佛子로서는 두 법사가 거의 비슷한 목표와 행적을 보인 것이지만, 출생지가 당나라인 의상법사와 출생지가 강소신라의 옛,가야지역인 원효법사의 정치적인 입장은 각각 당나라와 신라의 국가적 입장 및 관계와 궤를 같이한 것으로 보인다. 다만 한반도불교를 일으킨 실질적인 기여도는 당나라의 체계적인 지원을 바탕으로 활동한 의상법사가 {부족한 지원을 감수하면서도} 한반도 토착

민들의 불성을 깨우치는 데 주력한 원효법사보다는 더 컸었다고 보아야 할 것이다. 따라서 결국 의상법사는 당황제로부터 주어진 임무를 완수한 측면이 강하고, 원효법사는 개인적인 능력과 노력을 다하여 한반도불교를 토착화시키는 데 더 많은 공헌을 했다고 보인다. 그래서 (아마) 통설에서 원효법사는 한반도불교의 개조로 추앙하고, 의상법사는 한반도 화엄종의 개조로 자리매김한 것으로 추측된다. 즉 이것이 바로『삼국유사』에서 원효불기元曉不羈라는 제목으로 원효법사를 앞에 먼저 소개하였고, 의상전교義相傳敎라는 제목으로 의상법사를 바로 뒤에 소개한 이유라고 보인다. 그러나 이러한 평가는 불교에 대한 이해가 부족한 필자의 짧은 견해일 수 있으므로, 이와 유사한 문제를 전문적으로 연구해 온 분들께서 보완해 주기 바란다.

❷ **650년, 원효의 입당과정과 배경** : 앞에서도 여러 번 언급된 내용인데, 소위 '원효와 의상이 함께 입당구법하기 위하여 당나라로 가다가, 요동에서 고구려 순라군에게 붙잡혀서 간첩오인을 받아 곤욕을 치르다가 겨우 풀려나 신라로 되돌아왔다.'라고 알려진 유명한 스토리가 있다. 그런데 불교를 전문적으로 연구하는 사람들이 아닌 일반인들이 이 스토리에 대해서 관심을 보이는 부분은, *'고구려요동이 어디냐?', *'왜 고구려가 신라의 종교활동까지 비협조적이었는가?' 등이 주된 관심이었고 간혹 *'원효법사의 해골물사건이 이 시기의 사건이 아닌가?' 하는 정도가 전부일 것으로 보이는데, 필자는 이때의 상황도 역시 '역사왜곡의 관점에서 매우 중요하게 평가되어야 한다.'고 보아서 *'원효와 의상의 입당 목적이 무엇이었으며? 또 같았는가? 만일 다르다면 무엇이 다르며, 왜 다른가?'라는 문제를 더 중요하게 보고 있다. 그래서 이 문제들을 아래에서 (i ~ v)의 다섯 주제에 포함하여 살펴보기로 한다.

i . 두 법사의 출신가계{즉,출자(出自)}가 모두 당나라 장안(長安) 인근의 동쪽지역이다. : {이 문제에 대해서는} 필자가 앞(❶)에서 제시한 '두 법사의 출신가계{즉,출자(出自)}에 대한 내용'을 참고해 볼 필요가 있을 것이다. 즉 {필자가 나름대로의 논리와 추론을 통해서 결론을 내린 내용들이 잘못되지 않았다면} 그 시기는 서로 다르지만, 원효법사의 선대와 의상법사의 선대는 현,섬서성서안(西安)의 동쪽지역 출신들이었다고 보아야 할 것이다. 이는 {두 집안이 서로 교류했다는 것은 아니겠지만} 650년 당시 당나라 조정이 두 집안의 후손들과 어떤 식으로든지 연결고리를 형성해서 그들을 당나라의 정책에 활용할 수 있는 상황으로 만들려고 했을 수가 있었다는 것이다. 게다가 두 가계의 옛,거주지들이 강소신라 지배층의 선주지(先住地=즉,진한고지(辰韓故地))와 역시 같은 지역이거나 또는 아주 가까운 지역이라고 한다면, 650년경 당나라 조정에서 강소신라 지배층들을 움직이게 하는 어떤 정책을 추진함에 있어서, 이 두 집안의 후손들인 원효법사와 의상법사를 활용하려고 했을 것으로 추론하는 것은 무리가 아니라고 보인다. 쉽게 말해서 원래 원효법사와 의상법사가 서로 출생지나 국적은 다르지만, 두 사람의 선대가 모두 당시의 대국인 당나라 지역 출신이었다는 점 하나 만으로도 두 사람은 이미 개별적으로 당나라에 대해 우호적이었을 수밖에 없었을 것이다.

ii. 650년, 원효법사(34세)는 당나라에서 온 의상법사(26세)의 안내로 입당구법(入唐求法) 길에 나선 것이다. : 통설에서는 '원효법사가 의상법사와 함께 입당구법(入唐求法) 길에 나선 것'으로 되어 있지만, '당나라 장안에 있는 당황실의 원찰인 황복사(皇福寺)의 젊고 유망한 승려인 의상법사가 수천 리나 떨어진 강소신라에서 당나라 장안으로 입당구법(入唐求法)하러 길을 나섰다.'라는 것은 처음부터 성립되지 않는 상황이다. 즉 646년(즉,당건국29년) 이후 어느 날, 당고종(당시,태자?)의 지시를 받은 의상법사가 강소신라에 와서 신라왕^(실권자=김춘추)과 원효법사를 설득해서 '마침내^(遂)' 650년에 '26세의 의상법사가 안내하여 34세의 원효법사가 입당구법^{入唐求法} 길에 나선 것'이 팩트^(fact)인 것이다. 쉽게 말하면 '당고종이 의상법사를 보내서 신라왕의 허락을 받아 원효법사를 입당구법^{入唐求法} 하도록 특별 초빙한 것'인데, 당고종이 의상법사를 가이드^(안내자)로 선발했던 것은 '의상법사의 선대^(조상)와 신라왕^(신라김씨) 및 원효법사의 선대^(조상)가 모두 {그 시기는 서로 다르지만} 당나라 장안 인근에서 출자^{出自}하고 있다.'라는 공통점을 당고종이 활용했기 때문이라고 보인다. 물론 의상법사는 신라왕 및 원효에게 '화엄종의 제2조인 지엄법사에게서 {당시 한참 인기 급상승(?) 중이던} 화엄교학^{華嚴敎學}을 수학하는 것'이라는 당고종의 공식초청장만 설명했지만, 당고종의 속셈은 '미래 언젠가 강소신라를 경주신라로 축출할 때 신라가 받아들이기 쉬운 풍토를 미리 조성하려는 것'에 있었던 것이고, 물론 김춘추나 원효법사는 당고종의 속셈을 몰랐을 것이겠지만 당시의 의상법사는 이를 조금은 눈치채고 있었던 것이라고 볼 수가 있을 것이다.

iii. 650년, 원효법사 일행은 양주{楊州=현,호남성황강(黃岡)?}에서 과거 수양제(隋煬帝)가 애용했던 옛,운하(古運河)를 통해서 현,하남성낙양(洛陽)으로 간 뒤, 현,황하(黃河)를 거슬러 올라가다가 도중에 현,삼문협(三門峽) 부근에서 원효법사가 되돌아왔다 :

모든 기록이 단지 '요동에서 고구려군에 잡혔다.'라고만 되어있어서, 왜곡된 역사지리에 따라 '현,경주에서 육로로 출발한 원효법사 일행이 요동^(遼東=현,요녕성 혹은 현,하북성)에서 고구려군에 잡혔다가 되돌아왔다.'라는 통설이 자리 잡게 된 것이지만, 필자는 그 경로를 다르게 추론하고 있다. 즉 당시의 신라는 경주신라가 아니라 현,강소성양주^{楊州}에 있었던 강소신라이므로, 원효법사 일행은 현,양자강 수로^{水路}을 이용하여 양주{楊州=현,호남성황강(黃岡)?}까지 거슬러 올라가서 그곳에서 옛날 수양제^{隋煬帝}가 자기 고향인 수주^{隨州}에서 장안^{長安}을 왕래할 때 애용하던 운하$^{(運河=영저거?+통제거?)}$를 통해 현,호남성낙양^{洛陽}으로 가서 다시 황하^{黃河} 수로^{水路}를 이용해서 현,서안 쪽으로 거슬러 올라가다가 대략 현,호남성삼문협^{三門峽} 부근에서 마음이 바뀐(?) 원효법사가 되돌아온 것으로 추론하고 있다. 물론 당시는 당태종의 645년 고구려정벌이 실패한 이후로써 {공식적으로는 당나라가 다시 과거의 고구리대연방 체제에 편입된 평화시기였으므로} 필자는 '승려들이 고구려 순라군에 잡혔다'라는 것도 후대의 견강부회성 왜곡된 스토리로 추측하고 있다. 따라서 '고구려 순라군에 잡혀서 되돌아온 것이 아니라, 의상법사로부터 당고종의 계획$^{(음모?)}$을 들은 원효법사가 분연^{奮然}히 떨쳐버리고 되돌아온 것'으로 보고 있는 것이다. 즉 당시는 {현대와 같이 국경선이 명확한 것도 아니고 여권이 있는 것도 아니며 인터폴$^{(Interpol,국제경찰)}$이 수갑 채워서 압송하는 것도 아니며} '고구려 순라군을 우회해서 갈 수 있는 길'이 수없이 많았던 시대이므로 장안으로 가려고만 한다면 얼마든지 우회해서 갈 수가 있었던 것이기도 하기 때문이다.

그런데, 그동안의 '왜곡된 역사인식' 때문에 현,경주에서 현,서안을 가려면 반드시 '요동$^{현,요녕성(or하북성)}$'을 거쳐서 가는 육로만을 상정하게 되는데, 650년 당시는 아직 역사왜곡이 이루어지기 이전이므로 '당시의 요동^{遼東}이 대략 현,산서성지역이었음'을 고려해서 판단하여야 할 것이다. 그리고 661년 의상법사가 원효법사의 2차 회유에 실패하고, 당나라 사신들과 함께 배를 타고 간 경로가 당시 당나라와 강소신라 간의 공식적인 통행경로이므로, 650년에도 661년과 같은$^{(혹은,유사한?)}$ 통행경로로 입당하려고 했다고 보는 것이 순리적이라고 보인다. {물론, 나중에 필자가 옛, 수양제가 이용한 운하에 대해서도 자세히 설명하겠지만} '650년 원효와 의상의 입당 경로는 661년 의상법사의 당나라 귀환 경로와 같다.'는 것을 염두에 둘 필요가 있을 것이다. 즉 이는 '요동의 위치'에 대한 통설적인 인식을 바닥에서부터 완전히 바꾸어야 만 이해가 될 것이다.

어쨌든 원효법사는 의상법사로부터 '당고종의 계획$^{(음모?)}$'을 듣자 바로 강소신라로 되돌아와서 김춘추에게 보고를 했을 것으로 보인다. 그러나 김춘추가 {구체적인 근거도 없이, 당나라와의 동맹을 파기할 수가 없어서} 정치적으로 문제 삼지 않았으므로 큰 변화가 없이 시간이 지나가게 되었지만, 당사자인 원효법사는 이때부터 심각하게 번민을 하기 시작했을 것으로 보인다. 그래서 소위 말하는 '원효법사의 파계'가 나타나게 되는데 {다른 내용들은 필자도 대체로 인정을 하지만} 그 파계의 신호탄인 '해골물 사건'은 원효법사가 설총까지 낳고 난 이후인 661년의 스토리가 아니라 후대의 역사왜곡 과정에서 650년 '당고종의 계획(음모?)'를 듣고 요동에서 되돌아온 이후의 심각한 심정변화'를 '해골물 사건'이라는 스토리로 각색한 것으로 추측하며, {물론 그다지 중요한 문제는 아니지만} '요석공주에게서 아들 설총을 낳았다.'라고 하는 부분에 대해서도 필자는 조금 생각이 다르다.

즉 《**삼국유사/의해5**》**원효불기(元曉不羈)조: [원효성사가] 입적하자 설총이 유해를 부수어 [그의] 진용(眞容)을 빚어 분황사에 봉안하고, 공경·사모하여 지극한 슬픔의 뜻을 표하였다. 설총이 그때 옆에서 예배를 하니 소상이 갑자기 돌아보았는데[聰時旁禮像忽廻顧], 지금도 여전히 돌아본 채로 있다,[至今猶顧矣]**'란 구절을 보면, '옆에서 지극정성으로 예배하는 설총을 원효소상元曉塑像이 갑자기 얼굴을 돌려(廻) 바라보았고(顧), 지금(高麗時代)도 그대로 바라보고(顧) 있다.'라고 한 것인데, 이는 '부자간父子間의 정리情理'를 표현한 것이 아니라 '역사왜곡작업이라는 공동목표를 추구했던 사제간師弟間 혹은 전임자前任者와 후임자後任者 사이의 인수인계의 절차를 형상화해서 표현한 것'이라고 보인다. 즉 '그 역사왜곡작업이라는 공동목표가 고려시대인 지금까지도 여전히 계속되고 있음'을 일연스님이 암시하는 표현이라고도 보이기 때문이다. 물론 실제로 설총은 '고려8현종13(1022)년에 {추가로 역사왜곡작업을 할 수밖에 없었던} 고려현종으로부터 홍유후弘儒侯로 추증'을 받았었고, {『삼국유사』가 쓰이던 13C말에도 여전히 역사왜곡 작업이 진행 중이었음을 시사하기 위하여} 일연스님이 '소상이 갑자기 돌아보았는데[聰時旁禮像忽廻顧], 지금도 여전히 돌아본 채로 있다[至今猶顧 칙].'라고 표현한 것이라고 보는 것이다. 필자도 {물론 원효법사의 속성[俗姓]이 설씨[薛氏]이므로} '설총[薛聰]이 원효법사의 아들일 것'으로는 보지만, '어머니가 김춘추의 딸인 요석공주라고 하는 부분'에 대해서는 단정하기가 어렵다고 보고 있으며, 이는 다분히 개인사[個人事]에 해당되므로 역사의 측면에서는 크게 개의[介意]할 부분이 아니라고 생각한다.

iv. 의상법사는, '당고종의 명령에 충실해서 원효법사를 당나라로 데리고 오는 처음(1次:650년)과 나중(2次:661년)의 목표와 임무'에 모두 실패하였으므로, 결국 원효법사를 대신해서 670년경에 경주신라(현,한반도)로 가서 불교를 전교하게 된 것이다. : 의상법사의 임무가 650년(1次)에는 잘 되어가다가 도중에 원효법사가 변심하는 바람에 실패했고, 661년(2次)에는 아예 처음부터 원효법사에게 거부당해서 실패하게 된 것이다. 그래서 '더 이상 원효법사를 활용할 수 없음'을 안 당고종이 {원효법사를 포기하고} 대신에 '강소신라불교를 경주신라로 이관시키는 임무'를 의상법사에게 임무 부여하였으므로, 661년에 의상법사가 신라에서 돌아오는 길로 바로 종남산 지상사의 지엄법사를 찾아가게 했던 것이다. 물론 당고종은 도선율사[道詵律士]와 천사[天使=즉,궁내사신(宮內使臣)] 등을 보내서 사전에 엄하게 단속했던 것이므로, 의상법사는 졸지에(?) '원효법사의 임무를 대신하기 위해서' 지엄법사로부터 화엄교학을 8년 동안 전수받게 된 것이다. 물론, 이때 지엄법사가 이미 연로하였으므로 의상법사 혼자가 아니라 현수법사와 함께 지엄법사로부터 수학하였었는데 나중에 현수법사는 화엄종 제3조가 되었고 결국 당나라의 국사[國師]까지 되어서 약20여년 뒤에는 승전법사를 의상법사의 후임으로 경주신라에 파견하고, 의상법사를 당나라로 귀환시키는 조치를 했던 것이다.

어쨌든 의상법사는 '언젠가 당고종의 계획(음모?)을 수행할 임무'를 부여받고서 지엄존자^{智儼尊者}로부터 화엄교학을 전수받게 된 것인데, '《삼국유사/탑상4》전후소장사리(前後所藏舍利)조'를 보면, '의상법사가 제석궁{帝釋宮=즉, 당고종의 내궁(內宮)에 있는 불당(佛堂)인 듯?}에 보관되어 오던 불아(佛牙)를 천제(天帝=즉,당고종)에게 청해서 예견(禮見)하고, 대내{大內=즉,불당(佛堂)이 아닌 궁내(宮內)의 다른 곳(즉, 언제든지 인출 가능토록 미리 보관위치를 바꾼 듯?)}에 보관했다.'라는 것으로 보아서, 의상법사를 포함한 당나라에서는 '당고종의 계획$^{(음모?)}$'을 수행하는 데 필요하다면 '7일을 기한으로(?) 불아(佛牙)를 활용하려 했었던 것'이라고 추측되므로, '당고종, 도선율사, 의상법사, 천사, 그리고 지엄법사 및 현수법사 등의 불교분야 드림팀$^{(dream-team?)}$이, 당고종의 계획$^{(음모?)}$을 실행으로 옮기기 위해서 아주 철저하게 사전준비를 했었던 것'으로 추측된다. 다만 의상법사가 {비록 당고종의 정치적인 지시에 수동적으로 따르긴 했어도} 화엄교학을 신천지 경주신라$^{(현,한반도)}$에 전교^{傳敎}시키기 위한 불자^{佛子}로서의 진심 어린 노력과 헌신은 결코 폄하되어서는 안 될 것이다. 어쩌면 당고종 가까이에 의상법사가 있었기 때문에 '한반도불교가 가장 빠른 시간에 성공적으로 정착하게 되었다.'라고도 해야 할 것이기 때문이며, 그것이 의상법사에게 주어진 숙명^{宿命}이었을 것으로도 여겨진다.

v. 당고종으로부터 '원효법사를 데리고 오라.'라는 분명한 지시를 받은 의상법사와는 달리, 원효법사가 입당하려 했었던 목적은 '강소신라를 위한 화엄교학을 전수받아 오는 것'이었다. : 650년에 34세의 원효법사가 8살이나 어린 26세의 의상법사를 따라서 강소신라를 떠나 당나라 장안으로 가려고 했었던 것은, 의상법사의 경우와 달리 순전히 '화엄종 제2조인 지엄법사로부터 강소신라$^{(즉, 당시는 경주신라가 거론되기 전이었음)}$ 불교를 위한 화엄교학을 전수받아 오는 것'이었던 것은 분명했다고 보인다. 그래서 장안을 코앞에 둔 요동$^{(현,산서성남부지역)}$에서 의상법사로부터 '당고종의 계획$^{(즉, 정치적 음모?)}$'을 전해 듣고, 분연히 되돌아왔던 것이라고 보아야 할 것이다.

물론 강소신라로 돌아온 원효법사는 신라왕^(당시, 김춘추)에게 '심각한(?) 상황'을 보고했었지만 '나당군사동맹을 통해서^[사실은, 순전히 당나라의 힘을 빌려서] 백제 땅을 차지해 보겠다.'는 허망한 야망에 눈이 먼 강소신라 집권자들이 당나라의 비위를 거스르지 않으려고 원효법사의 경고를 묵살했던 것이라고 보인다. 그래서 원효법사는 혼자 번민하다가 한 사람의 백성이라도 직접 교화해서 구제하겠다고 마음먹고 허울만 그럴듯한 계율과 교학의 멍에를 벗어버리고 직접 백성 속으로 뛰어든 것을 후대인들이 '파계^{破戒}'라고 표현했지만, 그것은 다분히 '원효법사가 파계하여 요석공주에게서 설총을 낳았다.'라는 '역사왜곡 실무자들의 계보화(?)를 위한 의도적인 설정'일 개연성이 더 크다고 보인다.

즉 모든 역사왜곡 행위를 실제로 자행한 장본인들은 바로 위정자 자신들이었는데, '왜곡역사서를 쓴 순진한(?) 설총'과 '경주신라에 성공적으로 불교를 정착시킨 불승^{佛僧} 원효법사' 두 사람의 업적에 의해서 '역사왜곡이라는 전대미문의 대사건이 역사 속에서 감쪽같이 감추어질 수 있게' 되었으므로 이 두 사람에게 '역사왜곡을 훌륭하게 마무리한 명예로운(?) 훈장(?)을 부여한 것'이 이 두 사람을 '부자관계로 계보화^{系譜化}'해서 설정하게 한 동기라고도 볼 수가 있을 것이다. 결국 당나라에 가려다가 되돌아와서 혼자 번민하고 방황하던 원효법사가 저잣거리에서 **"누가 자루 빠진 도끼를 허락하려는가? 나는 하늘을 받칠 기둥을 다듬고자 한다."**라는 외설^{猥褻}을 했었다는 것이나, 이 말을 들은 태종^(김춘추)이 '원효법사를 요석공주에게 보내서 설총과 같은 현인^{賢子}를 얻었다'고 하는 것이나, 그 현인^{賢子}이 결국 '역사왜곡을 책임져야 할 위정자들을 면피^{免避}케 해주는 현인^{賢子}이었다.'라는 것이므로 '원효법사가 파계하여 설총을 낳았다.'라는 드라마틱한 스토리를 과연 얼마나 사실로 신뢰할 수 있을지 모르겠다.

그래서 '분황사에 모셔진 원효법사의 소상^{塑像}이 7말8초 때부터 고려시대 중엽까지 쉬지 않고(?) 열심히(?) 계속해서(?) 왜곡역사서를 쓰고 있는 설총(즉 설총의 후예들)을 뒤돌아보고 있었다.'라는 <원효불기(元曉不羈)>조의 마지막 문장이 시사하는 의미가 무엇인지? 다시 한번 더 생각하게 만들고 있다. 어쩌면 {결과적으로 보아서} '7말8초의 역사왜곡을 뒷받침했다'고도 볼 수 있는 원효법사가 이제는 '후손들이 역사왜곡을 그만하기 바라는 충정衷情'에서 지금도 우리를 돌아보고 있는 것은 아닐까 한다.

❸ **650년~660년 사이의 의상법사와 원효법사** : 이 시기의 두 법사에 관한 상황은 이미 '❷'의 연장선상에서 대체로 설명되었다고 보인다. {다만 의상법사의 상황에 대해서 조금 더 보탠다면} '임무완수에 실패하고 장안으로 되돌아간 의상법사'가 당고종에게 자초지종을 보고했을 것으로 보이는데 {당시의 당나라가 고구려에게 대참패한 지 얼마 되지 않은 시기였었고 또 아직 신라나 백제를 어찌할 수 있는 상황도 아니었으며 그리고 또 8살이나 어린 의상법사가 이미 천하에 명성이 자자하게 알려진 원효법사를 설득하거나 회유할 수 있는 상황도 아니었을 것으로 인정한(?)} 당고종이 '의상법사를 황복사皇福寺로 돌아가게 함'으로써 '당고종의 계획(음모)'은 {일단 모든 대외적인 활동을 모두 취소시켰었지만} '당고종을 중심으로 한 당나라 조정내부의 핵심이 되는 학자들의 대외비 연구테마'로서 은밀하게 점점 더 구체화시켜 나갔던 것으로 추측된다.

❹ **660년 백제의 멸망 상황** : 『삼국사기』등을 참조하면, 660년 이전까지만 해도 신라가 당나라에게 수시로 '백제와 고구려 때문에 죽겠으니 도와달라'는 청원을 하고 당나라는 '외교적으로 문제를 해결해야 한다'는 입장을 보이는 등 정치적으로는 큰 변화가 없었던 것처럼 보이지만 649년에 아버지 당태종(이세민)으로부터 제위帝位를 물려받은 당고종은 즉위하면서부터 은밀하게 천하제패를 위한 준비를 본격적으로 추진해 왔던 것이고 그 첫 번째 결실이 '660년7월의 백제멸망'이었던 것이다. 따라서

660년7월 백제를 멸망시키기까지 '당나라가 취했던 전략'에 대해서 필자 나름의 시각으로 분석하여 제시해 보고자 한다.

i. 당나라의 건국과 이세민의 야심 : 당나라가 당시의 고구리대연방의 대맹주국인 고구려를 정벌하고 스스로 대맹주가 되겠다고 생각한 시기는 당태종 이세민이 626년 당황제로 즉위하면서부터였을 것으로 추정된다. 즉 수나라^隋 수양제가 {612년 대맹주국 고구려를 대규모로 공격했었다가 철저하게 격파되었음에도 불구하고} 계속적으로 대맹주에 도전할 것이 분명하다고 판단한 고구려는 '수나라를 그대로 둘 수 없다'는 결론을 내렸던 것으로 보인다. 그래서 '612년 고수전쟁의 영웅'인 고구려 고건무^(高建武=당시,太子)가 618년에 태원^(太原=현,섬서성보계시? or 현,산서성 태원시?) 지역에 있던 이연^(李淵+이세민포함)에게 군사를 주어서 수나라를 접수케 하면서 자신은 친위쿠데타를 통해서 전격적으로 고구려27영류왕^{[고구리대연방의 대맹주=즉,}^{태왕(太王)]}에 올랐었던 것이다. 그래서 {당나라 건국에 참여했던 이연의 아들} 이세민^{李世民}은 626년에 고구려 태왕^(太王=즉,대맹주)인 27영류왕의 충실한 제후^{諸侯}로서 당태종에 즉위하였던 것이다. 즉 당시 고구려27영류왕은 {고구려가 과거에 옛,북위^{北魏}를 고구리대연방의 서부지역 소연방의 소맹주로 삼아서 천하를 경영했던 것과 같은 역할을 하도록} 당나라^唐를 건국시켰던 것이므로, 당나라를 건국한 당고조 이연^{李淵}은 고구려27영류왕에게 추호도 다른 마음을 먹지 않은 충실한 제후였던 것인데 {아버지를 유폐하고 형제들을 죽이는 패륜을 저지르면서까지} 제위^{帝位}를 탐했던 당태종 이세민의 속마음은 달랐던 것이다.

즉 '대맹주인 고구려를 정복하여 스스로 대연방의 대맹주가 되겠다.'라는 개인적인 야망을 품고서 626년에 무리하게(?) 즉위한 당태종 이세민은 당장은 당나라를 건국시킨 태왕인 고구려27영류왕을 도모할 명분도 없었고 아직 태왕을 제압할 힘이 없었으므로 자신의 야망을 억누르면서 스스로의 힘을 기르는 데 주력했던 것이다. 그러다가 642년에 연개소문이 태왕인 고구려27영류왕을 시해하고서 스스로 '막리지^[莫離支=모리지(慕離支)형변자=모리지(慕黎智)形音變字=즉, 모용선비(慕容鮮卑=慕) 나라(國=黎)의 태왕(太王=智)의 의미=결국, 고구리(高九黎)가 아닌 모구리(慕九黎)의 대맹주(大盟主=太王)를 말함]'에 오르는 사건이 발생하자, 표면적으로는 새로운 대맹주^(大盟主=太王)인 연개소문에게 충성을 표했으나 내심으로는 '대맹주를 정벌할 명분'을 찾게 되었고 또 '그동안 준비해 온 힘도 충분하다'고 생각한 당태종 이세민은 이때부터 본격적으로 '연개소문을 격파하고 자신이 대맹주^{太王}가 되겠다.'라는 야망을 공공연히 나타냄으로써 '대맹주였던 고구려27영류왕을 시해한 역적 연개소문을 척결하는 것'을 당나라의 국가목표로 확대해서 표방하게 된 것이다. 그리하여 645년에 반反연개소문 세력을 결집한 이세민이 고구려원정에 나섰지만 결코 연개소문의 적수가 되지를 못했으므로 결국 철저하게 실패하고 그 후유증으로 649년에 '고구려원정을 그만두라.'라는 유언(?)을 남기고서 사망하였던 것이다. {물론 이세민의 마지막 유언(?)이 사실인지는 알 길이 없지만} 이세민 사망 후 당고종의 대외정책을 분석하면 {'이세민의 마지막 유언(?)'이라는 것도} '7말8초 역사왜곡' 과정에서 '당태종의 전쟁책임을 경감시키기 위한 일종의 영웅화 작업'의 일환으로 설정한 내용일 개연성을 배제하기 어렵다고 보인다.

ii. 당고종의 전략수정 : 649년에 아버지 당태종이 사망하자 제위를 물려받은 당고종은, '아버지 당태종이 고구려원정을 그만두라'고 유언(?) 하였지만, 그것을 '희생을 줄이기 위해서 정면충돌을 피하라'는 말로 해석하고서 자신의 목표를 '아버지 당태종의 숙원을 풀어 주는 것'으로 설정하였다고 보이는데 그 실천 방안으로 '백제와 신라 등 주변 세력들부터 먼저 제압한 다음에, 마지막으로 고구려를 정벌하겠다.'라는 장기목표로 전략을 수정했던 것으로 보인다.

그래서 당고종의 당나라는 이때부터 고구려와의 전면전은 피하면서 고구려 지방세력들과 국지적인 소규모 기습전쟁을 자주 벌여 자국의 피해는 최소화하면서 고구려 측의 전쟁피로도를 지속적으로 증가시키는 장기전을 기획해서 꾸준히 실천했던 것이고, {당나라와 동일한 소맹주의 레벨이었던} 백제에 대해서는 군사행동을 일절 배제하고 오직 외교적으로만 대응하는 전략을 유지함으로써 백제로 하여금 '당과 고구려 두 강국이 서로 싸우는 상황'이 평상적인 일상인 것처럼 인식되게 만드는 전략을 채택했던 것으로 보인다. 그렇게 해서 당나라의 빈번한 군사행동들이 '대맹주권을 노리는 당나라의 의례적인 일'처럼 인식되도록 만듦으로써 백제와 같은 주변국들의 경계심을 점점 옅어지게 만들어 나갔던 것이다. 그리고 신라에 대해서는 '비밀리에 나당군사동맹이 굳건하게 유지되는 것처럼 위장'해서 임기응변적으로 적절히 그때그때 대응하면서 여건이 무르익기를 기다려 왔던 것이다.

이런 식으로 당나라는 당고종이 즉위한 649년부터 660년도 초까지 꾸준히 준비해 오다가 '백제의 경계심이 완전히 해체된(?) 것'을 확인하고 또 고구려도 당나라의 산발적인 군사행동들을 '의례적이고 일상적인 일로 치부하는 상황'이 되자, '장안에서 출발한 13만 대군을 선박으로 현,산동황하 수로를 통해 이동하여 현,산동성봉래^{蓬萊}에 총집결시킴'으로서, {마치 현,발해만을 건너서 북쪽으로 고구려$^{(東都=현,하북성천안)}$를 공격하려는 것처럼 위장하고서} 현,산동성의 동쪽해안을 따라 북쪽에서 남쪽으로 현,강소성연운항^{連云港}까지 남하하여 당시 백제의 도성인 사비성$^{(泗沘城=현,산동성연주(兗州))}$을 남쪽에서 기습 공격할 계획을 마련했던 것이다.

iii. 당나라의 백제 기습공격 : {백제멸망 당시의 상황을 요약하면} '당나라가 전지역에서 백제를 공격할 군사들을 현,산동성봉래^{蓬萊}에 총집결시켜서 {아무런 대비를 하지 않고 있던} 백제를 후방^{즉,남쪽}에서 기습하여 약 1달 만에 전격적으로 멸망시켜 버린 것'이라고 말할 수 있을 것이다. 그런데, 이는 현,섬서성서안(西安)에서 출발한 소정방의 백제원정군 13만명이 백제의 도성인 사비성(泗沘城=현,산동연주(兗州))에서 약200리(직선거리80km) 정도밖에 떨어지지 않은 서북쪽 국경지대를 지나가는 현,산동황하의 하류를 거쳐서 현,산동성봉래에 총집결할 수 있었던 상황을 이해할 수가 있어야 할 것이다. 즉 '13만명(?)이나 되는 대군(大軍)이 배를 타고서 (요란스럽게?) 현,산동황하 수로를 지나가는 것'을 백제에서 전혀 몰랐던 것은 아닐 텐데 '백제는 왜 아무런 대비를 하지 않았는가?'라는 점을 생각해 보아야 할 것이다. 이에 대해 필자는 '다음과 같은 세 가지 상황을 고려하여야 한다'고 본다.

첫째는, '당시 현,산동황하 하류의 수로통제권이 당나라나 백제나 고구려가 아닌 {당나라와 군사동맹을 맺은} 강소신라(현,강소성양주)에게 있었다'는 것이다. 즉 현,산동황하 하류지역이 {소위 말하는, 신라24진흥왕12년 551년에 강소신라가 나제동맹을 일방적으로 깨고서 전격적으로 백제를 앞질러서 점령하여 강소신라의 강역으로 선포했었던 '고구려지역 10개군'에 포함되는 지역이었던 것이기 때문에} 660년에 강소신라와 군사동맹을 맺고 있는 당나라 소정방의 13만군이 이 현,산동황하 수로를 (고구려나 백제로부터) 아무런 제재를 받지 않고 통과할 수가 있었던 것이다. 물론 551년 당시에도 이 '10개군 지역(이 지역이 바로 연개소문이 김춘추에게 고구려땅 500리를 돌려달라고 요구했었던 땅이다)'이 '고구리대연방 대맹주의 직할 영토'가 아니었었고, '현,하북평원지역을 장악한 예인(濊人)들의 땅'이었으므로 고구리대연방(대맹주)의 입장에서는 이 지역을 예인(濊人)들이 관리하던, 백제인들이 관리하던 또는 신라인들이 관리하던 모두 대맹주에게 충성하는(?) 제후들이었으므로 대맹주로서의 위상이 크게 달라지는 것이 없었던 것이다. 그래서 당시 고구리대연방의 대맹주인 고구려24양원왕이 '신라24진흥왕이 551년에 현,하북평원지역 10개군을 차지하도록' 승인하였던 것이고, 그 상태로 현,산동황하 수로는 거의 100년 이상 강소신라에서 관할하고 있었던 것이다. 따라서 660년 당나라가 {신라에서 관할하는 현,산동황하 하류지역의 수로통제권을 활용하여} 백제나 고구려의 제재를 전혀 받지 않고, 소정방의 13만 대군을 현,발해만으로 이동시킬 수가 있었던 것이다. 이와 같이 '현,산동황하 하류지역의 수로통제권이 강소신라에게 있었다.'라는 것이 '당나라 소정방 13만대군의 백제원정 성공에 절대적인 필요충분조건으로 작용하였던 것'인데, 이런 내용이 '7말8초 역사왜곡'의 과정에서는 '강소신라현,화동지역를 경주신라현,한반도로 축출하기 위한 당나라의 계획'에 정면으로 배치되었으므로 {그런 사실을 완전히 은폐해 버리고} 오히려 '백제를 멸망시키는 데 신라가 공헌한 것이 없다.'라는 식으로 왜곡하게 된 것이다. 그래서 신라측에서는 {궁여지책으로} '신라태자 김법민이 덕물도현,강소성연운항지역에서 소정방을 맞이한 것'을 '백제멸망에 대한 신라의 기여'라고 크게 과장해서『삼국사기』에 장황하게 기록하게 된 것이다.

둘째는, '당시의 백제나 고구려가 모두 당나라의 대규모 군사이동을 고구려를 공격하기 위한 행동으로 오인했었다.'는 것이다. 즉 이는 '649년에 즉위한 당고종의 장기전략이 그대로 성공한 케이스'라고 해야 할 것이다. 당시 현,섬서성서안을 중심으로 해서 편성된 13만이나 되는 대군이 어딘가를 공격하기 위해서 동원되어 {현대의 항공직선거리로도 1,000km나 떨어진} 현,산동성봉래로 집결하는 상당히 오랫동안 벌어진 북새통(?)을 신라는 물론이고 고구려와 백제가 당연히 알았을 것이다. 그러나 {고구려가 이를 비록 일상적인 연례행사처럼 생각하고 있었을 것이겠지만} 백제가 이에 대해 전혀 대비하지 않았던 것은 645년 이후 당고종이 추진했던 위의 **'ii.당고종의 전략수정'**이 그대로 성공했음을 시사한다고 보아야 할 것이다. 즉 660년 당시의 백제 의자왕은 {충신들의 경고를 무시하고} '당나라군이 연례행사처럼 고구려를 공격하는 것'으로 착각하고서 완전히 방심하고 있었던 것이다.

셋째는, {'백제가 소정방의 당나라군을 대비하지 않은 이유'가 아니라, '지명이동에 의한 역사왜곡'을 인정해야 하는 문제이지만} 현,산동성봉래에서 출발한 소정방의 13만 대군이 현,산동반도 끝에 있는 성산^{成山}을 끼고 돌아서 {현,황해바다를 건너 현,인천의 덕물도^{德勿島}로 향했었던 것이 아니라} '현,산동반도 동해안을 따라 남하해서 현,강소성연운항^{連云港}의 덕물도$^{(실제로는\ 大小二島였었다)}$에서 강소신라 태자 김법민의 영접을 받아 백제 사비성^{현,산동성연주}으로 진격했었던 것이다.'라는 사실^{史實}을 '실제의 역사지리적 상황으로 파악할 수가 있어야' 당시의 정확한 전쟁상황을 이해할 수가 있다는 것이다. 근본적으로 '역사왜곡의 존재성'를 이해하지 못하면 역사적 사건을 전혀 알 수가 없게 되는 것이다. 당나라 소정방의 13만 대군은 결코 현,한반도에 오지 않았었던 것이다. 왜냐하면 백제가 현,한반도가 아니라 현,산동성에 있었기 때문이다. 이에 대해 아래에서 {참고로} 보충하도록 한다.

[참고]
당나라 소정방군$^{(13만)}$의 백제 침공 경로

기존의 모든 통설들$^{(즉\ 모든\ '왜곡된'\ 역사서들)}$은 '현,산동성봉래에 집결한 당나라 소정방군$^{(13만)}$이 천여리에 이르는 대규모 선단^{船團}을 출발시켜 산동반도의 끝인 현,성산^{成山}을 돌아서 현,황해바다를 건너 현,인천의 덕물도^{德勿島}에 도달하여 현,한반도 서해안을 따라 남하하여 현,금강하구로 진입해서 백제를 멸망시켰다.'라고 '당나라 소정방군$^{(13만)}$의 백제 침공 경로'를 아주 자세하게(?) 서술하고 있지만, 이는 실사^{實史}와는 전혀 다른 '7말8초 역사왜곡' 과정에서 변조한 왜곡된 내용이다. 이 내용이 실사^{實史}와 근본적으로 다른 차이점은 '660년 당시 백제의 위치가 현,한반도서부가 아니라 현,산동성이었다'는 점이므로 {왜곡된 역사서들에서는} '당나라 소정방군의 백제 침공 경로'도 당연히 왜곡해서 묘사할 수밖에 없었던 것이다.

즉 '현,산동성봉래에 집결한 당나라 소정방군$^{(13만)}$이 천여리에 이르는 대규모 선단을 출발시켜 산동반도의 끝인 현,성산^{成山}을 돌아서 현,황해바다에 들어선 것까지는 동일한데, {황해바다를 가로질러 건넌 것이 아니고} 현,산동반도의 동해안을 따라 남하해서 **현,강소성연운항**^{連云港}**에 도달하여 '크고 작은 두 섬**$^{\{즉,대소이도(大小二島);대청광여도(大淸廣輿圖)참조\}}$**에서 강소신라의 태자 김법민의 안내를 받아 그곳에서 육로와 수로 두 경로로 나누어서 백제도성**$^{\{사비성(泗沘城=현,산동성연주)\}}$**로 향했던 것**'이다. 즉 소정방군은 '대소이도^{大小二島}'에서 서북상하여 당시의 백제사비성^{현,산연주}의 후방인 남쪽으로부터 성을 공격하여, 20일도 되지 않아 원정을 마무리하고 백제31의자왕을 현,서안^{西安}으로 압송해서 돌아간 것이 '실제의 역사^{實史}'인 것이다. '백제가 현,한반도 서부지역에서 당나라 소정방에게 멸망당했다'고 믿는 한 영원히 역사왜곡에서 벗어나지 못할 것이다.

[참고]
'{현,인천의} 덕물도(德物島)'는 '{현,강소성연운항의} 크고 작은 (大小) 두섬(二島)의 한어음반절법(韓語音反切法)'이다.

「대청광여도$^{(大淸廣輿圖;1785년)17)}$」를 참조로 하면 현,강소성연운항에 '크고 작은 두섬$^{\{대소이도(大小二島)\}}$'으로 명시된 섬들이 있는데, 이 '이도^{二島}'가 바로 {소위 말하는} '소정방군이 현,한반도에 처음

---

17) 「대청광여도(大淸廣輿圖;1785년)」: 淸의 康熙年間때 사람인 채방병(蔡方炳)이 刻한 原圖에, 일본 天明 5년(1785)에 일본 지도 작성의 선구자인 長久保赤水(나가쿠보 세키스이:1717~1801)가 교정을 한 중국전도이다. [출처: (일본)國立國會圖書館/大淸廣輿圖, https://dl.ndl.go.jp/info:ndljp/pid/2543120/2]

도달했다'는 현,인천의 덕물도^{德物島}로 왜곡되어 지명이동하고 있는 것을 필자가 제시하는 '역사왜곡방법론'으로 설명할 수가 있다. 즉 660년에 소정방군$^{(13만)}$이 현,황해바다를 경유해서 도달한 곳이 '현,인천 덕물도^{德物島}'가 아니라 '현,강소성연운항의 크고 작은 두섬^{大小二島}'인 것을 말하는 것이므로 이를 통해서 '백제멸망지가 현,한반도가 아니라 현,산동성이다.'라는 것도 알 수가 있는 것이다.

즉, '二$^{(둘,이)}$'의 한어음^{韓語音}은 '둘$^{(2,two)}$'인데, '둘$^{(2,two)}$'의 한어음^{韓語音} 반절법^{反切法}'을 '덕물^{德物}'이라고 할 수 있는 것이다. 즉 '덕물^{德物} = 二$^{(둘,이)}$'의 한어음^{韓語音}반절법^{反切法}'인 것이다.

결국 {역사왜곡의 과정에서} '二$^{(둘,이)}$'의 한어^{韓語} 의미^{意味}

그림22. '대소이도=덕물도'

=즉,둘(two)}를 '덕물'이라는 반절법^{反切法}으로 풀이한 뒤, 이를 한자^{漢字}로 음차^{音借}해서 '德物^{덕물}'이라고 기록한 것으로서 음차법^{音借法}과 반절법^{反切法}을 결합시킨 복합변자^{複合變字}라는 '역사왜곡방법론'이 적용된 것이다.

즉 {당시의 정황을 추측해 보면} 백제는 '백제의 도성$^{\{현,산동성연주(兗州)\}}$ 서북쪽 80여km 지점을 지나가는 현,산동성황하 수로'를 통해서 당나라군 13만명이 수없이 지나가는 것을 보고서도 {그동안 수없이 많이 겪었던 학습효과 때문에} '아하, 당나라가 또 고구려를 공격하나 보다, 그냥 못 본 체해야지…', 현,산동성봉래에 집결해서 현,발해만을 건너 현,하북성천안$^{(灈安=당시,고구려東都)}$을 공격하려나 보다… 크게 한판 뜨나 보다. 그 귀추가 궁금하다…그 결과에 따라 적당히 처신하면 되는 것…'이라고 안일하게 생각했었다고 보이고, 고구려는 고구려대로 {멀리서 당나라군 13만명이 황하하류를 이용해서 이동한다는 정보를 확인하고서도} '또 와서 집적거리겠구나 귀찮게시리… 가까이 오거든 격파해야지…'라는 정도로 대수롭지 않게 생각하고 여느 때처럼 방어전투 준비를 하고 있었지만, 가까이 오는 당나라군이 아무도 없었으므로 그냥 기다리고만 있었던 것으로 보인다. 물론 나중에 백제쪽에서 '살려달라'는 긴박한 아우성 소리가 들렸지만 그냥 '고구리대연방에 속한 소국들끼리의 힘자랑하는 정도'로 여기고서 '너희들끼리 알아서 정리하라, 승패가 결정되면 그때 와서 상세히 보고하라.'라는 식으로 가볍게 넘겨버렸다고 추측된다. 물론 당나라와 군사동맹을 맺은 신라는 5만명이라는 대군을 동원해서 당나라군과 함께 열심히 싸웠지만, 당나라로부터 '신라는 공헌한 바가 없다.'라는 평가를 받았으니 그 분노와 실망감은 가히 짐작할 수 있지만 천하대세의 균형추가 이미 당나라로 기울어 버렸으므로 크게 반발해 보지도 못한 신라는 당나라에게 질질 끌려다니는 신세로 전락해 버린 것이다.

❺ **661년~670년 사이의 원효와 의상** : 신라가 그렇게도 열망하던 '나당군사동맹으로 당나라와 신라가 함께 백제를 멸망시켰음'에도 불구하고, 당나라로부터 '신라의 도성에 계림도독부를 설치하여 신라를 당나라의 강역으로 병합하겠다.'라는 통보를 받은 신라에게는 '백제땅을 얻는다'는 기대가 순식간에 '당나라에게 신라땅을 빼앗긴다.'라는 분노심과 공포심으로 바뀌어 버린 것이 660년 후반기의 상황이었던 것이다. 게다가 엎친 데 덮친 격으로 660년 말에 29무열왕$^{(김춘추)}$이 괴한들에게 피습

당해 661년 초반에 사망하였으므로 급하게 30문무왕이 즉위할 수밖에 없는 혼란스러운 상황이 연속되자, 신라는 중심을 잃고서 사사건건 강요 반 속임수 반으로 압박해 오는 당나라의 요구에 질질 끌려다니는 처지가 되어버렸던 것이다.

그래서 신라는 현,일본열도에서 발진해 온 백제부흥군^{倭兵}을 당나라와 협력하여 사력을 다해서 격파함으로써 당나라의 환심을 사보려고 했었지만, 백제부흥군이 완전히 토벌된 뒤에도 역시 당나라의 압박만 더욱 더 강해져서 웅진도독부와 억지 맹약을 맺기도 하였다가 또 바로 스스로 배반을 하기도 하는 등 갈팡질팡함으로써 결국에는 '당나라가 나당군사동맹을 배반했다'라는 도덕적 우위마저 잃어버리고 말았던 것이다. 이러한 상황에서 신라는 '고구려까지 멸망시킨 뒤에 백제땅을 신라에게 주겠다.'라는 당나라의 약속(?)^[결국,속임수?]에 가느다란 희망을 걸게 되었고, 그래서 '신라 때문에 고구려를 멸망시키지 못했다.'라는 꼬투리(?)를 잡히지 않으려고 '거짓 고립된 소정방군에게 엄동설한에 평양성^{현,하북천안}까지 군량을 가져다주는 등' 그나마 얼마 남지 않은 국력을 소모하면서 대책 없이 무기력하게 시간만 흘려보내고 있었던 것이다. 나라가 이렇게 갈팡질팡하게 되자 처음부터 이렇게 될 것으로 예상했던 원효법사도 뾰족한 수 없이 '한 사람의 백성이라도 구제하겠다'는 일념에서 '나무아미타불^(즉,염불)만 열심히 전교(?)하게 된 것'으로 추측된다.

한편, 661년 {강소신라에게 최후통첩을 하고 돌아가는} 당나라 사신단과 함께 장안으로 귀환한 의상법사는 {당고종의 명령에 따라} 그 길로 바로 종남산 지상사 지엄법사에게 가서 {원효법사를 대신해서} 경주신라^{현,한반도}에 가서 전교할 화엄교학을 수학하게 된 것이다. 물론 이 시기는 이미 당나라의 정책이 '강소신라를 경주신라로 축출한다.'라고 확고부동하게 정해진 이후이므로 {의상법사가 늙은 지엄법사로부터 화엄교학을 전수받는 것과는 별도로} 의상법사, 도선율사, 현수법사, 당나라 궁내사신天使 등이 모두 함께 지상사에 모여서 {강소신라를 현,한반도로 축출하는 것에 따른 역사왜곡을 하는 방법에 대해} '불교계로서의 구체적인 실천방안들이 합동으로 연구되었을 것'으로 추정된다. 물론 전체적으로는 소위 말하는 당나라의 국학國學에서 총괄해서 관장하였지만, '불교계 측면에서의 방안들은 종남산에서 연구되어 당나라 국학으로 보고하여 선택적으로 채택되었을 것'으로 추정된다. 즉 {강소신라의 원효법사가 특별한 대비 없이 허송세월을 하는 동안} 당나라 종남산에서는 '신천지 경주신라(현,한반도)의 불교를 새롭게 구축하는 구체적인 방안들'이 체계적으로 연구되고 있었던 것이다.

{그러던 중에} 갑자기 고구려에서 연개소문이 사망하고 그 자식들 사이에서 내분이 일어나 '고구려를 멸망시킬 절호의 기회'가 오자, 강소신라에서는 전력을 다해서 당나라에게 협조하여 668년9월에 드디어 고구려를 멸망시켰던 것이지만 {결정적으로} 마지막 논공행상에서 역시 '신라는 기여한 것이 없다.'라는 말 한마디로 모든 희망이 사라져 버린 것이다. 그래서 더 이상 물러설 여지가 없어진 강소신라30문무왕이 마지막 힘을 내서 반격을 하려고 하자 {미리 알고 있었던 것처럼} 갑자기 당나라에서 의상법사가 와서 '신라를 정벌하기 위해서 설방(즉,설인귀?)의 50만 대병이 출정했다.'라는 긴박한 소식을 전한 것이다. 그래서 다급해진 신라가 갈팡질팡하면서 {임시방편으로} 용궁(龍宮=즉,당나라장안?)에 다녀온 경험이 있는 명랑법사를 초빙해서 "비단으로 사천왕사를 세우고, 문두루비밀법을 펼치는 등의 법석(法席=이는 '강소신라가 경주신라로 철수할 준비를 착착 진행하고 있습니다.'라는 의미이다)을 떨어서, 겨우 당나라군의 출병을 저지시켰다"는 것인데, 결국 신라는 {당나라의 요구에 따라} 의상법사를 팀장으로 하고 원효법사를 포함한 신라측 승려들을 모두 동원하여 '경주신라 불국토건설 추진사업단'을 꾸려서 현,한반도로 건너가게 된 것이며 원효법사도 이때 의상법사와 함

께 경주신라^{현,한반도}로 건너오게 된 것으로서 {당나라와 강소신라의 재정적, 인적, 물적 지원을 받아서 활동한} 의상법사가 한반도불교를 정착시키는 사실상의 중심인물이었던 것이다.

❻ **670년 이후의 원효와 의상** : {670년 이후, 한반도에서의 원효와 의상의 관계를 살펴보면} 의상법사가 '경주신라 불국토건설 사업단'의 총괄팀장이었고, 원효법사는 강소신라측 책임자로서 참여했다고 보이며 '경주신라 불국토건설 사업단'에 참여한 승려들이 모두 '신천지^{현,한반도}를 불국토 화엄세계로 만들겠다'는 공동의 목표가 있었으므로 특별한 갈등이나 말썽 없이 서로 잘 협력하였던 것으로 추측된다. 다만 이 두 스님에 대한 후대의 평가에 대해서 조금 살펴볼 필요가 있다고 보이는데, '경주신라 불국토건설 사업단'의 총괄책임자로서 거의 25년 동안에 걸쳐 괄목할 만한 성과와 업적을 남긴 의상법사를 사실상 '한반도불교의 개조'라고 해야 할 것이지만 '한반도 화엄종의 개조'로만 자리매김되었다는 점이다. 대신에 의상법사보다 거의 15년이나 먼저 {즉 한반도불교가 아직 정착되기 이전인 686년에 70세로 사망한} 원효법사가 의상법사^{702년(78세)사망}를 제치고 '한반도불교의 개조'라는 타이틀을 얻게 된 것은 다음과 같은 이유였을 것으로 추정된다.

ⅰ. 의상법사는 처음부터 끝까지 '당나라 황제의 정치적 목적에 따른 명령에 의해 임무를 수행한 것'이므로 자발성이 없었지만, 원효법사는 {30문무왕의 간곡한 부탁이 없었더라도} '스스로 신천지^{현,한반도}에 불국토^{화엄세계}를 건설하려고 노력했었고, 또 많은 업적이 있었기 때문'이라고 해야 할 것이다.

ⅱ. 물론 원효법사가 의상법사보다 나이가 8살 더 많은 점도 고려되었을 것이고, 두 스님이 모두 중국 땅에 있을 때 원효의 명성이 더 높았던 점도 고려되었을 수 있다고 보이며, 게다가 의상법사는 말년에 승전법사에

게 임무를 인계하고 당나라로 되돌아가 죽어서 당나라 땅에 묻혔다는 점도 고려 될 수 있을 것이다. 물론 원효법사는 현,한반도에서 입적했던 것이다.

 iii. 원효법사는 처음부터 신라인으로 태어났고, 신라를 위해서 헌신하고 결국 신라땅에서 입적하여 묻혔는데, 의상법사는 {신라땅에서 신라불교를 위해서 괄목할 만한 많은 업적을 남긴 것이긴 하지만} 당나라 땅에서 태어나 결국 당나라 땅에 묻힌 것이므로, {결과적으로는 신라불교에 큰 도움을 준 것이지만} 그 업적이 당나라 조정을 위한 것이었으므로 '한반도불교의 개조'라고 평가할 수는 없을 것이기 때문으로 보인다.

다. 660년 이후에 활동한 승려들

(1) 석진표(釋眞表) 및 진표율사(眞表律師)
(2) 충담사(忠談師) 표훈대덕(表訓大德)
(3) 범교사(範敎師)
(4) 대구화상(大矩和尙)

 필자가 '660년 이후에 활동한 승려들'이라고 구분하는 것은 꼭 660년이라는 시기와는 무관하게 '주로 신천지^{현,한반도}에서 화엄세계 불국토^{佛國土} 건설에 깊이 참여한 승려들의 언행'을 살펴봄으로써, 한반도불교의 정착 과정과 역사왜곡이 어떠한 상관관계를 갖는지를 살펴보기 위함이다. 물론 필자가 여기에 소개한 '승려들의 언행'은 오로지 '역사왜곡의 관점에서 참고할 만한 부분'이 있어서 소개하는 것이므로, 독자들께서는 개개 승려들의 종교적 업적이나 성과와 연결 지어 평가하지 말기를 부탁하는 바이다. 불자가 아닌 필자로서는 그분들의 철학이나 사상을 논할 지식도 없으며 자격도 없기 때문이다. 필자는 '그동안의 역사통설에서 잘못 해석한 부분과 연관하여 거론하는 것'일 뿐이다.

표17. 660년 이후에 활동한 승려들 [기준 : 『삼국사기』, 『삼국유사』]

#	이름	주요 활동내용	
		현,중국땅(수,당 및 강소신라)	현,한반도(경주신라)
1	진표=(父+子) 두사람을 합쳐서 하나로 기록 --- 父=석진표 [釋], (釋眞表) ⇒入手한 證果簡子를 아들에게 주어서 후세로 傳하게 함	석진표(釋眞表)=釋,父로 기록 ⇒(718) 完州萬頃縣人 ⇒(729=12세)金山寺(=藪/현,南京) 崇濟法師의 제자 ⇒740.3.15(23세)仙溪山 不思議菴 에서 亡身懺을 통해 地藏菩薩을 보고 淨戒를 받고, 또 靈山寺(현,안휘성?)에서 彌勒菩薩로부터 占察經2권과 證果簡子189개를 받아, 金山寺(=藪)로 돌아와 居住 ⇒(1차한반도행) ⇒(강소성귀환) 簡子를 제자중 俗離山에 사는 永深에게 전해서 法統을 잇게 함, ⇒(2차한반도행): [子眞表]와함께	<1차한반도행:왕래?> ⇒752.2.15 경덕왕의 지원을 받아 阿瑟羅州(강원도)에서 포교, ⇒(강소성귀환) <2차한반도행> ⇒[子眞表]와 함께 동행, 죽은뒤 舍利가 金剛山鉢淵寺에 安置됨
2	--- 子=진표율사 [師], (眞表律師) ⇒아버지인 釋眞表[釋]가 16세에 금산사에서 낳음 '眞表傳簡'의 주인공	진표율사(眞表律師)=師, 子로 기록 (關東楓岳鉢淵藪石記:1199) ⇒(734)全州碧骨郡都那山村大井里人 ⇒(745=12세)金山藪順濟法師에 출가 ⇒(760=27세)保安縣邊山不思議房, (762.4.27=29세)戒本+2簡子, (766.5.1=33세)金山藪에 金山寺창건 ⇒(1차한반도행) ⇒(강소성귀환) ⇒(773=40세)不思議房, (永深+融宗+佛陁)에게 簡子전달 ⇒(2차한반도행): [父眞表]와 함께	<1차한반도행:왕래?> ⇒俗離山吉祥草핀곳 ⇒溟州해변 ⇒高城郡皆骨山(금강산)에 鉢淵藪창건(7년) ⇒(강소성귀환) <2차한반도행> ⇒아버지와 함께 鉢淵藪로 감 ⇒바위위에서 入寂 ⇒(1197)無極이 뼈를안장
3	충담사 (忠談師)	生義寺石彌勒에게 年2回 茶供養 (3/3, 9/9)	765: 35경덕왕의 王師요청 辭讓, 讚耆婆郞歌, 安民歌저자<왕래?>
4	표훈대덕 (表訓大德)	757?: 왕에게 아들은 낳지말라 경고 (天帝에게 王의 後嗣 부탁)	東京興輪寺金堂十聖 (義湘제자10大德) 佛國寺에 있으면서 항상天宮왕래<왕래?>
5	대현법사 (大賢法師) 태현(太賢)	靑丘沙門자처, 남산茸長寺居住, 불교論理學대가, 法相宗의시조? 753: 內殿에서 金光明經을 講하여 金光井의 고갈을 막음	<왕래?>
6	진표(眞表)의 제자들	-	영심(永深), 보종(寶宗), 신방(信芳), 체진(體珍), 진해(珍海), 진선(眞善), 석충(釋忠) 등

#	이름	주요 활동내용	
		현,중국땅(수,당 및 강소신라)	현,한반도(경주신라)
7	영심공 (永深)	<왕래?>	父(釋眞表)의 제자, 773: 불사의방에서 眞表簡子를 傳受받아, 俗離山에 吉祥寺를 창건하고 法統 계승
8	사미묘정 (沙弥妙正)	795?:內殿의 金光井에서 얻은 구슬 如意珠를 唐皇帝에게 빼앗김	
9	범교사 (範教師)	860.9 : 국선應廉(48경문왕)에게 47 헌안왕의 兄女(큰딸)에게 장가들도록 조언한 興輪寺의 大德	<왕래?>
10	대구화상 (大矩和尙) 대거(大炬)	861:玄琴抱曲(현금포곡), 大道曲(대도곡), 問群曲(문군곡) 지음	888: 향가집《삼대목(三代目)》지음, <왕래?>
11	의상(義湘)의 제자들 (10大德)	-	오진(悟眞), 지통(智通), 표훈(表訓), 진정(眞定), 진장(眞藏), 도융(道融), 양원(良圓), 상원(相源), 능인(能仁), 의적(義寂)
12	혜륭 (惠隆)	41헌덕왕時 國統	817: 이차돈 무덤 수축, 비석건립 <왕래?>

13	동경흥륜사
	금당십성
	(東京興輪寺
	金堂十聖)
		東壁坐庚向泥塑
		  我道(아도),猒髑(염촉),
		  惠宿(혜숙),安含(안함),
		  義湘(의상)
			西壁坐甲向泥塑
			  表訓(표훈),蛇巴(사파),
			  元曉(원효),惠空(혜공),
			  慈藏(자장)

(1) 석진표(釋眞表:718~777?) 및 진표율사(眞表律師:734~?)

'석진표^{釋眞表} 또는 진표율사^{眞表律師}'라는 스님에 대한 기록은 일연스님이 '《삼국유사/의해5》진표전간(眞表傳簡=眞表가簡子를傳하다)조'와 '《삼국유사/의해5》관동풍악발연수석기(關東楓岳鉢淵藪石記:1199년)조'에 나누어서 자세히 기록하고 있는데, {필자가 정리한 결론을 먼저 말한다면} 일연스님이 "아버지인 석진표^{釋眞表}가 '미륵^{弥力}'으로부터 받은 점찰경^{占察經} 2권과 증과간자^{證果簡子} 189개'를 아들 진표율사^{眞表律師}가 이어받아서 경주신라^{현,한반도}로 전하여 점찰법회^{占察法會}가 항례화^{恒例化}되도록 함으로써 이후 한반도에 '계법을 중심으로 한 미륵신앙^{彌勒信仰}'이 확립된 것이다"라는 것을 이야기하는 것으로 이해된다. 즉 그동안의 통설에서는 '석진표^{釋眞表}와 진표율사^{眞表律師}를 동일인으로 해석'해 왔었지만 필자는 부자^{父子}관계인 두 사람으로 보면서 '석진표^{釋眞表} 또는 진표율사^{眞表律師}'라는 스님의 행적에서 '역사왜곡과 관련되는 부분'이 무엇인지를 찾아보고자 한다. [다만 불자가 아닌 필자로서는, 잘 알지 못하는 불경^{佛經}이나 불교의식^{佛教儀式} 등 순수 불교사상에 대해서는 논외^{論外}로 하겠으므로, 향후 독자들 중에서 불교의 입장에서 재검토해서 이 부분을 종합해 주길 기대하는 바이다.]

그리고, 점찰법회^{占察法會}의 소의경전^{所依經典}인 점찰경^{占察經}이 '불멸$^{(佛滅=즉,釋迦入滅)}$ 후에 올 말법시^{末法時} 때'에 적용되는 경전^{經典}이라는 측면에서, '석진표^{釋眞表} 또는 진표율사^{眞表律師}'가 활동하던 8C 중후반의 신라$^{(강소신라+경주신라)}$ 사회를 당시 사람들이 {일부일지는 잘 모르겠지만} '말법시^{末法時}에 해당하는 것'으로 인식했을 것으로도 보이므로 '남의 힘$^{(즉,나당군사동맹)}$을 이용해서 백제땅을 병합하여 강성대국이 되고자 했었던 강소신라 사람들의 좌절과 절망'이 과연 어떠했을 것이며, '그러한 암울한 시대를 살아가는 중생들을 구제하려고 망신참^{亡身懺}까지 시도한 불승들의 불심^{佛心}'이 조금은 이해가 된다는 것을 미리 말씀드려 둔다.

어쨌든 '석진표^{釋眞表} 또는 진표율사^{眞表律師}'라는 스님의 행적에서 '역사왜곡과 관련되는 부분'이 무엇인지를 확인하기 위해서, 《삼국유사/의해5》 「진표전간^{眞表傳簡}」조와 《삼국유사/의해5》 「관동풍악발연수석기^{關東楓岳鉢淵藪石記}:1199년」조'의 내용을 검토해 보고자 한다. 다만 {검토를 진행하다 보면, 저절로 밝혀지게 될 것이겠지만} '석진표$^{(釋眞表=釋or표)}$'와 '진표율사$^{(眞表律師=師or律師)}$'는 동일인이 아니라 부자관계라는 것을 미리 감안한다면 필자의 설명이 조금은 더 쉽게 이해될 수 있을 것이다. 즉 '두 사람을 한사람처럼 기록해 둔 것'이므로 반드시 기록의 원문^{原文}에서 '釋$^{\{석=즉,석진표(釋眞表)\}}$'자인지, '師$^{\{사=즉,진표율사(眞表律師)\}}$'자인지를 구분해서 해석해 나가야 할 것이다.

① '아버지 석진표(釋眞表;718~777?)'의 행적

아버지인 석진표^{釋眞表}의 행적은 주로 《삼국유사/의해5》진표전간$^{(眞表傳簡}$$^{=眞表가\ 簡子를\ 傳하다)}$'조에 기록되어 있지만, 아들인 진표율사^{眞表律師}에게도 해당되는 내용들이 섞여 있을 수 있으므로 주의해서 살펴본 뒤, 마지막 단계에서 석진표^{釋眞表}와 진표율사^{眞表律師}의 행적을 나누어서 보면 조금 더 명료해질 것이다.

ⓐ 석진표(釋眞表)는 '옛,가야지역인 현,안휘성천장시(天長) 서쪽 철산사(鐵山寺) 일대의 구릉지대를 말하는 비사벌(比斯伐)'에서 출생했다.

*《삼국유사/의해5》진표전간(眞表傳簡)조 : '석진표(釋眞表)는 완산주(完山州:555년설치){지금의 전주목(全州牧)이다} 만경현(萬頃縣)사람이다. {혹은 두내산현(豆乃山縣), 혹은 나산현(那山縣=都那山縣?)이라 쓰여 있는데, 지금의 만경(萬頃)이며, 옛 이름이 두내산현(豆乃山縣=亘乃山縣?)이다. 석(釋=釋眞表)의 고향이 금산현(金山縣) 사람이라고 하였는데, 절(金山寺) 이름과 현(縣) 이름을 혼동하였기 때문이다}'

⇒ 완산주$^{(完山州;555년설치)}$는 {앞$^{[원효법사(元曉法師)]}$항목]에서 자세히 검토했듯이} '수많은 나지막한 구릉들이 운집한 현,안휘성천장시^{天長} 서쪽 철산사^{鐵山寺} 일대의 구릉지대인 비사벌^{比斯伐}'을 말하며, '{두내$^{(豆乃)}$$^{or도내(都那)}$}=岱^{대}'자의 한어음반절법^{韓語音反切法}'이므로 {두내산^{豆乃山}현=도내산^{都那山}현}은 대산^{岱山}현을 말하는 것으로서, 현,안휘성정원현^{定遠}대산진^{岱山}정도로 비정할 수 있다.

물론 이 지명은 역사왜곡 시에 '고려 때의 전주목^{全州牧} 만경현$^{(萬頃縣=현,전}$$^{북전주시만경읍)}$'으로 지명이동된 것이므로, 석진표^{釋眞表}는 원래 '옛,가야지역$^{(현,안휘성)}$의 비사벌^{比斯伐} 사람'이라고 할 수가 있다. 다만 이 옛,가야지역이 7C~8C에는 강소신라에 속하였으나 그 이전 시기$^{\{즉\ (13근초고왕~24동성왕)\ 시기\}}$에는 백제의 관할하에 있었던 것이므로 '진표는 백제인이다.'라는 기록

이 있을 수는 있지만, 이미 백제라는 나라가 소멸되어 버린 8C에 살았던 사람을 백제라는 나라가 실존했던 4C~5C를 기준해서 말한다는 것은 적절하다고 할 수가 없을 것이다. 물론 '백제의 과거 역사가 현,한반도로 이동{지명+역사}된 것'을 기준으로 해서 '진표는 백제인이다.'라고 하는 것은 '현,전북김제시{金堤}가 옛,백제지역인 것으로 왜곡설정된 것'을 말하므로, 그것도 역시 '역사왜곡에 지명왜곡이 겹쳐진 왜곡된 표현'이므로 옳다고 할 수가 없을 것이다.

결국, '석진표{釋眞表}가 현,전북김제의 금산현{金山縣} 사람이 아니었기 때문'에 일연스님이 {문장의 마지막 부분에서} '절{즉,금산사(金山寺)} 이름과 현{즉,금산현(金山縣)} 이름을 혼동한 것이다.'라고 말했던 것이다.

ⓑ 석진표(釋眞表)는 12살에 {오대(五臺=즉,당나라장안성)에서 문수보살(文殊菩薩=즉,당태종)의 현신에 감응하여, 오계(五戒=즉 역사왜곡에 대한 지침)를 받은 숭제법사(崇濟法師)가 주승(主僧)으로 있었던} 금산사{金山寺=현,강소성진강시(鎭江)}에서 출가(出家)하였다.

* [진표전간(眞表傳簡)조 계속] '나이 열두(12) 살에 이르러 금산사(金山寺) 숭제법사(崇濟法師)의 강석하에 들어가 중이 되어 배우기를 청하였다. 그 스승이 일찍이 일러 말하기를 "나는 일찍이 당(唐)나라에 들어가 선도삼장(善道三藏:613~681)에게서 수업을 받고 연후에 오대(五臺)로 들어가 문수보살(文殊菩薩)의 현신에 감응하여 오계(五戒)를 받았다"고 하였다.'

⇒ 이 기록에 의하면, 석진표{釋眞表}는 12살인 729년에 '금산사{金山寺}라는 사찰{寺刹}'에서 출가한 것이므로, 729년에는 금산사{金山寺}라는 사찰이 실재했었던 것을 말하는데. 이 금산사{金山寺}의 현재 위치는 현,강소성진강시{鎭江}의 금산사{金山寺=현,강천선사(江天禪寺)}로서, 729년에는 실재{實在}했던 사찰건물들이 나중에는{745년으로 추정됨} 파괴되어 한동안 폐허{수(藪:수풀,수)}로 변

했었다가 현재는 강천선사江天禪寺라는 도교 사찰건물로 복원되어 있다고 보인다.

그리고 스승 숭제법사崇濟法師가 '당나라唐 선도삼장(善道三藏;613~681)에게서 수업을 받은 뒤, 오대五臺에서 문수보살文殊菩薩의 현신에 감응하여 오계五戒를 받았다.'라고 하는데, {앞[자장법사(慈藏法師)항목]에서 살펴보았듯이} '오대五臺=즉,당나라황성{皇城=즉,장안성(長安城)}'을 말하고 이는 '문수보살{文殊菩薩=즉,당태종(唐太宗)}'을 은유하고 있는 것이다. 만일 그 시기가 당태종이 사망하기 전{즉,649년以前=숭제법사37세以前}이라면 당태종으로부터 직접 '오계{五戒=즉 역사왜곡에 대한 지침}'을 받았던 것을 말하지만, 아무래도 649년 이후일 것이므로 그 이후의 어느 당황제에게서 '역사왜곡에 대한 지침'을 받은 것일 것으로 보인다. 하지만 이 지침은 당태종이 이미 만들어 둔 것이므로 '문수보살{즉,당태종}에게서 받았다.'라고 할 수도 있는 것이다. 따라서 비록 이후의 기록에서 숭제법사가 석진표에게 직접적으로 '이 오계{五戒=즉,역사왜곡에 대한 지침}를 전수傳授했다.'라는 언급이 없다고 하더라도, 아버지 석진표釋眞表는 물론이고 그의 아들인 진표율사(眞表律師;734~?)에게까지 '당태종의 오계{五戒=즉 역사왜곡에 대한 지침}가 전수傳授된 것'으로 해석하는 것이 합리적이라고 보인다. 결과적으로 보아서, 진표율사가 '점찰경占察經과 진품점찰간자(眞品占察簡子}'를 경주신라{현,한반도}로 전한 것도 모두 '당태종의 오계{五戒=즉 역사왜곡에 대한 지침}'에 따른 것이었다고 해석할 수가 있다는 것이다. 이는 '실제로 역사왜곡을 직접 구상했던 당태종은 역사왜곡작업을 실제로 시작해 보지도 못했지만, 그 후손들이 당태종이 바라던 방향대로 역사왜곡을 마무리했다.'라는 것을 시사하는 것이다. 실제로도 '7말8초 동아시아 역사왜곡'은 당태종이 구상하였지만 실행에 옮기지 못하고 죽었는데, 당태종의 아들인 당고종이 실행에 옮기기 시작하였고, 부인인 측천무후가 그 틀을 완성시켰으며 최종적으로는 '{당태종을 대신(代)해서} 당대종(唐代宗;763~779)이 마무리한 것'이라고 해야 할 것이다.

[참고: '百度百科(https://baike.baidu.com/item/江天禅寺)']
금산사(金山寺:Jinshan-Temple) 소개(요약)

현,강소성진강시^{鎭江}에 있는 금산사(金山寺:Jinshan-Temple)는 동진^{東晉} 시대에 세워졌으며, 1,600년 이상의 역사를 가지고 있다. 원래 이름은 택심사^{澤心寺} 혹은 용유사^{龍遊寺}라고도 했고, 청나라 강희제^{康熙帝}가 강천선사^{江天禪寺}라는 친필을 내렸지만, 당나라 이래로 사람들이 모두 금산사^{金山寺}라고 부른다. 높이 90m, 둘레 약500m인 금산^{金山}은 원래 섬이었는데, 지금은 연육되어서 화려한 건물들로 덮여있어 산의 원래 모습은 볼 수가 없다.

ⓒ 석진표(釋眞表)는 23살(740년)에, 선계산(仙溪山) 불사의암(不思議菴)에서 망신참(亡身懺)을 통해서 지장보살(地藏菩薩)에게서 정계(淨戒)를 받았다.

＊[진표전간(眞表傳簡)조 계속] '진표(表)가 "삼가 수행하기를 어찌하여야 계를 받을 수 있습니까"라고 아뢰었다. 숭제법사가 말하였다. "정성이 지극하면 곧 1년을 넘기지 않는다." 진표(表)가 스승의 말을 듣고 명산(名山)을 두루 돌아다니다가 선계산(仙溪山) 불사의암(不思議菴)에 석장을 머무르고 삼업을 갖추어 수련하여서 망신참(亡身懺)으로 ▣▣▣하였다. 처음에 일곱 밤을 기약하고 오체를 돌에 부딪혀 무릎과 팔뚝이 모두 부서지고 피를 바위에 흩뿌렸으나 성응(聖應)이 없는 듯하여 몸을 버릴 것을 결심하고 다시 7일을 기약하였다. 14일이 끝나자 지장보살(地藏菩薩)을 보고 정계(淨戒)를 받았다. 이때가 곧 개원(開元)28년 경진(庚辰:740년)3월15일 진시(辰時)였고 이때 나이가 23세였다.'

⇒ 이 기록은 석진표^{釋眞表}가 처음 찾아간 금산사(金山寺=현,강소성진강시)의 숭제법사^{崇濟法師}로부터 점찰경^{占察經}을 받은 것을 기록한 것이 아니라, 석진표^{釋眞}

表가 금산사를 떠나 선계산^{仙溪山} 불사의암^{不思議菴}에서 '스스로 14일간의 망심참회^{亡身懺悔}로 수련하여 지장보살^{地藏菩薩}의 현신을 맞아서 정계^{淨戒}를 받은 것'을 말하고 있는데, 이는 결국 일연스님이 {'선도삼장으로부터 정토교^{淨土敎}를 전수받은 숭제법사'와 '망신참을 통해 지장보살로부터 정계^{淨戒}를 받은 석진표^{釋眞表}'의 교법^{敎法}은 서로 조금 다르지만} '미륵신앙^{彌勒信仰}과 결부된 지장신앙^{地藏信仰}이 석진표와 진표율사를 통해서 경주신라^{현,한반도}로 전해진 것이다.'라는 것을 말하고자 한 것으로 이해된다.

어쨌든 일연스님이 {이 기록을 통해서} '석진표가 23살 때인 740년3월15일에 지장보살로부터 정계를 받았다.'는 것을 명확히 해두기 위해서 년,월,일^{年月日}까지 분명하게 기록하고 있는 점에 주목해 둘 필요가 있을 것이다. 즉 {그동안 '역사왜곡방법론'을 다각적으로 추적해 온 필자의 경험으로 보면} 대체적으로 인명, 지명, 사건 등은 왜곡을 하더라도 그 시기를 왜곡하는 경우는 거의 없었으며, 특히 {물론 석진표가 정계를 받은 것이, 불교사적으로 년월일^{年月日}까지 기록해 두어야 할 정도로 중요한 사건인지?는 잘 모르겠지만} 이와 같이 년,월,일까지 분명하게 기록하는 경우는 '특별한 의도가 있음'을 시사하는 경우가 많았던 것이다. 따라서 이번의 경우에는 '석진표와 진표율사가 동일인이 아니라 부자관계'인 것을 시사하기 위한 '일종의 의도된 설정'으로 볼 수가 있다는 것이다. 아마 '{같은 『삼국유사』에 등재되어 있는}「관동풍악발연수석기^{關東楓岳鉢淵藪石記}」에서 지장과 미륵 두 보살이 진표율사에게 계본^{戒本}과 진생^{眞牲}을 준 시기를 762년4월27일이라고 역시 '년,월,일까지 명시한 것과 연결해서 살펴보라'는 의미에서 마련한 '일연스님의 힌트'로 보이기 때문이다.

즉 서로 다른 두 개의 선후^{先後} '년,월,일'은 두 사람이 특별한 인연$^{선후(先後)관계⇒부자(父子)관계}$임을 시사하는 힌트로 이해된다는 것이다. 물론 이 '힌트'를 확대하게 되면 '740년에 아버지 석진표가 받은 계법을 762년에 아들 진표율사에게 전수되었다.'라는 추론을 하게 되는 '강력한(?) 근거'라고 해도 될 것이다.

ⓓ 석진표(釋眞表)는 드디어 영산사(靈山寺)에서 역시 스스로 수행하여 미륵(弥力)으로부터, 점찰경(占察經)2권과 증과(證果) 간자(簡子)189개를 얻었다.

＊[진표전간(眞表傳簡)조 계속] '그러나 뜻이 미륵보살(慈氏)에게 있기 때문에 도중에 그치지 않고, 이에 영산사(靈山寺){혹은 변산(邊山) 또는 능가산(楞伽山)이라고도 한다}로 옮겨 또한 처음처럼 부지런하고 용감하게 수행하였다. 과연 미륵보살(弥力)이 나타나 점찰경(占察經)2권{이 경전은 곧 진(陳)과 수(隋) 사이에 외국에서 번역된 것이니 지금 처음 나온 것은 아니다. 미륵이 경을 진표에게 준 것이다}과 증과(證果) 간자(簡子) 189개를 주고 일러 말하기를 "이 중 제8간자는 새로 얻은 묘계(妙戒)를 이르고, 제9간자는 구족계(具足戒)를 더 얻음을 이른다. 이 두 간자는 내 손가락뼈(手指骨)이고 나머지는 모두 침단목(沈檀木)으로 만든 것으로 모든 번뇌를 이른 것이다. 너는 이것으로써 세상에 법을 전하여 사람을 구하는 뗏목으로 삼아라"라고 하였다.'

⇒ 스스로 수행하여 740년에 지장보살에게서 정계를 받은 석진표^{釋眞表}가 {그 시기가 알려지지는 않았지만$^{(743년?으로추정됨)}$} '영산사^{靈山寺}에 가서 또 다시 스스로 수행하여 미륵^{弥力}으로부터 점찰경^{占察經}2권과 증과^{證果} 간자 189개를 얻은 것'인데, {같은 「진표전간^{眞表傳簡}」조의 맨 마지막 단원에서} 일연스님이 {당승전$^{(唐僧傳=宋高僧傳?)}$을 인용하여} '개황13$^{(593)}$년 광주^{廣州}에서 점찰경^{占察經}에 따라 가죽첩자$^{(帖子)}$ 2매로 박참법^{撲懺法}을 행했던 어떤 승려$_{\{僧=즉,청주거사(青州居士)\}}$의 탑참법^{搭懺法}을 금지시킨 수문제^{隋文帝}의 칙서'가 잘못된 것이라고 변호하면서, '석진표$^{(釋眞表=表公)}$가 미륵보살$^{(慈氏)}$로부터 직접 받은 점찰경^{占察經}이 진실된 것이다.'라고 보충 설명하고 있다. 이는 {아마 당시 고려불교계가 '참회불교^{懺悔佛教}'에 대해서 비판적'이었기 때문에 일연스님

이 자신의 견해를 가미한 것으로 보이긴 하지만} '진표부자^{眞表父子}'의 미륵신앙^{彌勒信仰}과 결부된 지장신앙^{地藏信仰}이 고려시기까지 전해지고 있었던 것을 시사하는 것으로도 볼 수가 있을 것이다.

그리고, 지금까지 거론된 '선계산^{仙溪山} 불사의암^{不思議菴}' 및 '영산사^{靈山寺} {혹은 변산^{邊山} 또는 능가산^{楞伽山}}' 등의 구체적인 위치도 {필자가 아직 세밀하게 확인해 보지는 않았지만} 당연히 현,한반도가 아니라 현,안휘성 지역일 것으로 추정된다. {물론 현,한반도에도 동일한 지명들이 있겠지만} 그것들은 대체로 '7말8초 역사왜곡시에 유물이동과 함께 지명이동된 것들'이므로 기록에 등장하는 세세한 지명들이 현,한반도가 아니라는 것에 대해서 너무 민감하게 집착할 필요는 없을 것이다. {즉 수많은 지명들을 너무 세부적으로 현,한반도 지명과 결부시키려다 보면} '발상의 유연성'이 막혀서 전체적인 추론을 진척해 나가기가 어렵게 된다. 따라서 {언급되고 있는 지명들의 중요도를 감안하여} '선택과 집중'을 할 필요가 있을 것이다. 즉 '강소신라가 경주신라로 실제로 이동했었고, 그래서 {그것들을 감추기 위한} 역사왜곡을 하게 된 것'이라는 큰 그림 속에서 지명들을 현,중국동해안 지역에서 먼저 찾으려는 노력을 하는 것이 더 건설적이라는 것이다. 굳이 이미 여러 단계로 그리고 또 아주 오래전에 왜곡되었거나 변형되어 고착화된 현,한반도에서의 왜곡지명들에 너무 얽매이다 보면 오히려 혼란만 가중될 것이다. 그래서 세부적인 지명들은 {일단, 필자의 주장을 끝까지 섭렵하고서 '역사왜곡의 실존성과 결부하여 종합적으로 판단'한 이후에} 검증 차원에서 확인해 보는 것이 더 효율적이라고 생각하는 것이다.

그리고 {이 금산사^{金山寺}라는 지명은, 소위 말하는 '후백제(?)의 견훤과도 관련되는 아주 중요한 핵심지명'이기 때문에} '금산사^{金山寺}의 실제 위치를 현,강소성진강시^{鎭江}로 비정하는 것'에 대해서는 바로 뒤에 따로 설명할 것이므로 그때 해당 사건과 함께 분명하게 확인해 두는 것이 바람직할 것이다.

ⓔ 743년경(?) 영산사(靈山寺)에서 미륵보살(聖)의 성물(荊)을 받은 석진표(釋眞表)는 744년경(?) 금산(金山)으로 돌아와서 매해 개단(開壇)하고 법시(法施=즉,法會)를 널리 베풀다가 (당나라의 강압에 의해서 할 수 없이, 사미계법을 전수한 아들 진표율사를 데리고) 752년에 (경주신라로 건너와서 강소신라의 금산사를 유적이동 할 장소를 찾아 금산수라고 정한 뒤에) 아슬라주(阿瑟羅州=현,강릉일대)에 이르러 현지인들에게 전교하고 (금산수로 돌아와서 아들을 가르쳤다)

* [진표전간(眞表傳簡)조 계속], '진표[表]는 이미(旣) 미륵보살(聖)의 쾌뿔성물(聖物=荊:經과簡子)을 받자, 금산싸(金山)에 와서 살았다. 매해 개단(開壇)하고 법시(法施=法會)를 널리 베풀었는데 단석(壇席)의 정성스럽고 엄격함이 말세(末季)에는 아직 없었던 것이다(즉, 보기 어려웠다). 교화가 이미(旣) 널리 미치자, 유람을 다니다가 아슬라주(阿瑟羅州=현,강릉일대)에 이르렀다. 섬 사이(島嶼間)의 물고기와 자라(魚鼈)가 다리를 만들어(成橋) 물속으로 맞아들이니(迎入水中) 불법을 강의하고 [물고기와 자라가] 계(戒)를 받았다. 이때가 곧 천보(天寶)11(752)년임진2월15일이다. 어떤 책에는 원화(元和)6(811)년이라 하였는데 잘못된 것이다. 원화(元和)는 헌덕왕대(憲德王代:809~826)이다.{성덕왕대(702~737)로부터 거의 70년이다}.'

⇒ 「진표전간眞表傳簡」조'에는 대략 '743년경(?)~762년경(?)'의 약20년 사이에 '752년(35세):아슬라주(阿瑟羅州)행{즉,어별수계(魚鼈授戒)}'에 대한 기록만 등재되어 있어서 석진표釋眞表의 행적을 파악하기가 아주 어렵게 되어있는데, 아들인 진표율사眞表律師에 대한 기록인 「관동풍악발연수석기關東楓岳鉢淵藪石記」조를 대비해서 보면 '석진표가 금산수金山藪=이전의金山寺에 머무르면서 매년 개단開壇하고 널리 법시法施를 한다.'라는 소문을 들은 당나라 조정에서 석진표釋眞表에게 '속히 경주신라로 떠나라.'라고 강하게 압박을 하자, 더 이상 버티지 못한 석진표가 751년경(?) 아들에게 미리 사미계법沙彌戒法을 주고서 752년에는 아들과 함께 강소신라를 떠나 경주

신라로 건너온 것으로 보인다. 경주신라에 온 석진표와 진표율사는 {강소신라의 금산사^{金山寺}를 경주신라로 유물이동시켜서} '경주신라에서 미륵신앙을 전교할 도량^{道場}으로 삼을 금산사^{金山寺}'를 건축할 터를 현,전북김제시로 정하고서 일단 그곳을 금산수^{金山藪}라고 명명하여 사찰을 임시로 개창해서 아들에게 수련을 계속하게 하였으며, 자신은 아슬라주$^{(阿瑟羅州=현,강원도)}$ 등지로 유람하면서 현지인들을 교화$^{\{즉,어별수계(魚鼈授戒)\}}$한 뒤, 금산수$^{(金山藪=현,전북김제)}$로 되돌아가서 아들의 수련을 지원하였던 것으로 추정된다.

그러다가 '아들 진표율사^{眞表律師}가 보안현$^{\{保安縣=현,변산(邊山)\}}$ 부사의방^{不思議房}에서 스스로 깨우쳐서 지장보살^{地藏}과 미륵보살^{慈氏}로부터 계본^{戒本}과 진생^{眞牲}을 받자'$^{18)}$ 763년경(?) 강소신라로 돌아와서 35경덕왕에게 경주신라의 상황을 보고하고 경주신라 금산수$^{(金山藪=현,전북김제)}$에 정식으로 사찰^{즉,金山寺}을 세울 재원을 지원해 주길 요청했던 것으로 추정된다.

ⓕ 석진표(釋眞表)가 764년경(?) 강소신라로 돌아와 경주신라의 상황을 보고하고, 강소신라35경덕왕 등으로부터 경제적 지원을 받아와서 아들 진표율사와 함께 경주신라 금산수(金山藪=현,전북김제)에 정식사찰 {즉,금산사(金山寺)}을 세우기 시작했다. :

* [진표전간(眞表傳簡)조 계속], 경덕왕(742~765)이 그것을 듣고 궁 안으로 맞아들여 보살계(菩薩戒)를 받고 조(租)7만7천석을 시주하였고 왕후와 외척 모두 계품(戒品)을 받고 견5백단, 황금50량을 보시하였다. 이를 모두 받아서 여러 사찰에 나누어주고 널리 불사(佛事)를 일으켰다.

⇒ 석진표^{釋眞表}가 764년경(?) 경주신라^{현,한반도}에서 강소신라 조정으로

---

18) 지장보살(地藏)과 미륵보살(慈氏)로부터 계본(戒本)과 진생(眞牲)을 받자 : 이는, '진표율사가 {보안현(保安縣=邊山) 부사의방(不思議房)에서} 실제로 지장보살과 미륵보살로부터 계본과 진생을 받은 것'이 아니라, '아버지인 석진표가 {자신이 강소신라에서 받았던 성물(聖物)들을 아들인 진표율사에게 주어}, 자신의 권한과 임무를 승계시켜서 후계자로 삼은 것'을 은유적으로 기록한 것으로 보인다.

돌아와 상황을 보고하자, {당나라로부터의 재정적 지원과 함께} 강소신라35경덕왕과 왕후 및 외척들이 많은 보시^{普施}를 했었기 때문에, 석진표는 765년경(?)에 그 재원들을 경주신라로 가지고 와서 각 지역에 불사^{佛事}를 일으키도록 전달하였고, {「관동풍악발연수석기^{關東楓岳鉢淵藪石記}」를 참조로 하면} 경주신라 금산수^(金山藪=현,전북김제)에도 아들 진표율사와 함께 정식 사찰^{즉,금산사(金山寺)}을 세우기 시작했던 것으로 보인다.

⑧ 석진표(釋眞表)는 773년경(?)에 속리산(俗離山) 길상사(吉祥寺)의 제자(弟子) 영심(永深)에게 증과(證果) 간자(簡子) 189개를 전(傳)하여, '참회불교(懺悔佛敎)의 법통(法統)'을 계승하게 하였다.

* [진표전간(眞表傳簡)조 계속], '**법을 얻은(得法) 제자중 영수(袖領=領袖)는 영심(永深), 보종(寶宗), 신방(信芳), 체진(體珍), 진해(珍海), 진선(眞善), 석충(釋忠) 등이고 모두 산문(山門)의 개조(開祖)가 되었다. 영심은 곧 진표(眞表)의 간자(簡子)를 전하였는데 속리산(俗離山)에 살면서 법통을 계승하였고(克家子), 단을 만드는 법(作壇之法)은 점찰(占察) 육륜(六輪)과 조금 다르나 산중에서 전하는 본래의 규범과 같았다.**'

⇒ 석진표^{釋眞表}의 행적에 대한 자세한 기록이 없이 '속리산^{俗離山} 길상사^{吉祥寺}의 제자^{弟子} 영심^{永深}에게 증과^{證果} 간자^{簡子} 189개를 전한 것'만 기록하고 있지만, 석진표는 {「관동풍악발연수석기^{關東楓岳鉢淵藪石記}」를 참조로 하면} 그 전^(766년)에 아들 진표율사와 함께 대연진^{大淵津} 금산수^(金山藪=현,전북김제)에 미륵장육상^{彌勒丈六像} 및 금당남벽화^{金堂南壁畵} 등을 완성하여 금산사^{金山寺}를 개창한 뒤, 767년경(?) 역시 아들과 함께 개골산^(皆骨山=현,금강산)으로 가는 길에 속리산^{俗離山}에 들러 '길상초^{吉祥草}가 핀 곳'을 찾아 표지해 놓고, 770년경(?) 명주^{溟州} 고성군^{高城郡} 개골산에 들어가 발연수^{鉢淵藪}를 창건하고서 점찰법회^{占察法會}를 열고 7년간 거주하였다^[⇒'777년경(60세?)에 입적(入寂)하였다.'는 의미로 추정됨]고 했으므로, '(개골산 발연수로 찾아온) 제자 영심^{永深}에게 증과간자 189개를 전

하고, 속리산에 길상사吉祥寺를 창건하게 한 시기'는 대략 773년경(?)일 것으로 추정된다.

ⓗ 석진표(釋眞表;718~777?)는 770년경(?) 아들과 함께 개창한 발연사(鉢淵寺) 동쪽에 있는 골석바위(骨石=유골바위) 위에서 777년경(?) 앉은 자세로 입적(入寂)한 것이다.

* [진표전간(眞表傳簡)조 계속], 그의(其) **싸라골석(骨石=유골바위)은 지금 발연사(鉢淵寺=현,강원도간성군금강산미륵봉,770년眞表律師개창?)에 있으니 곧 바다 생물들{海族=즉,아슬라주(阿瑟羅州)사람들}을 위해 계를 준 곳이다.'**

⇒ 석진표釋眞表에 대한 생전기록이 '765년경(?) 강소신라35경덕왕(742~765) 등으로부터 많은 보시普施를 받아와서 경주신라의 여러 사찰에 나누어 주어 널리 불사佛事를 일으켰다.'는 것으로 끝나고 있지만, {「관동풍악발연수석기關東楓岳鉢淵藪石記」를 참조로 하면} 766년에 아들과 함께 금산사(金山寺=현,전북김제)를 완성하였고, 770년경(?)에 현,금강산에 발연수鉢淵藪를 창건해서 점찰법회占察法會를 하면서, 773년경(?) 제자 영심에게 증과간자 189개를 전하여, '참회불교懺悔佛敎의 법통法統'을 계승케 한 뒤, 777년경(60세?)에 골석바위(骨石=유골바위) 위에서 입적한 것으로 추정된다. 그리고 아마, 아들 진표율사는 770년경(?) 발연수鉢淵藪를 창건한 뒤, 아버지 석진표釋眞表에게 맡기고 강소신라로 가서(??) 여러 곳을 돌아다니면서 전교하다가 아버지의 입적 소식을 듣고 발연수(鉢淵藪=현,금강산)로 돌아와 점찰법회占察法會를 계속하다가 역시 아버지와 같은 모습으로 골석바위 위에서 입적한 것으로 추정된다.

② 아들 진표율사(眞表律師:734~?)의 행적

아들 진표율사(眞表律師:734~?)의 행적은 '《삼국유사/의해5》「관동풍악발연수석기^{關東楓岳鉢淵藪石記}」:1199년'조를 보아야 알 수 있도록 되어있지만, '아버지 석진표^(釋眞表;718~777?)'에게도 해당되는 내용들이 섞여 있으므로 주의해서 살펴본 뒤, 마지막 단계에서 '석진표^{釋眞表}와 진표율사^{眞表律師}의 행적'을 나누어 보면 명료해질 것이다. 그런데 「관동풍악발연수석기^{關東楓岳鉢淵藪石記}」:1199년[瑩岑]'가 『삼국유사』에 포함되어 있지만, 일연스님의 글이 아니라 '일연의 제자로 알려진 무극^{無極}이 발연석기^{鉢淵石記} 등을 간추려서 기록한 것'이므로, 일연스님의 글 스타일과는 약간 다른 스타일일 수 있음도 감안할 필요가 있다고 생각된다.

《삼국유사/의해5》「관동풍악발연수석기^{關東楓岳鉢淵藪石記}」:1199년'조를 보면, '진표율사^(眞表律師;734~?)를 주인공'으로 하고 있으므로 《삼국유사/의해5》「진표전간^{眞表傳簡}」조가 '석진표^{釋眞表}를 주인공'으로 하고 있는 것과 분명히 서로 다른 인물일 것으로 판단하여야 할 것이다. 그럼에도 불구하고 {이렇게 출생시기가 16년이나 다르면서 서로 다른 인물의 행적을 보이고 있음에도 불구하고} 그 행적들을 모두 '진표^{眞表}라는 하나의 이름'으로 기록할 수 있는 것은 {물론 다른 관점도 있을 수는 있지만, 피상적으로 보아서} 이 두 인물의 '관계가 아주 밀접^(예:父子관계)'하며 '행적이 비슷한 궤적^(시기 및 장소)'을 가졌기 때문이라고 추론해 볼 수 있을 것이다. 따라서 이러한 관점에 초점을 두고서 두 인물의 관계와 행적을 추적해 보고 '그 결과가 7말8초 역사왜곡과 어떻게 연결되는지?'를 생각해 보기로 하자.

[참고: 'https://blog.naver.com/miy0616/221690960030']
「관동풍악발연수석기(關東楓岳鉢淵藪石記)」

이 '석기^(石記=비석에 새긴 기록)'는, '발연사^(鉢淵寺=현,강원도 고성군 외금강면 용강리 금강산미륵봉에 있었던 절로서, 현재는 폐사되어 그 터만 남아있다)'가 세워지기 전의 사적^{史蹟}을 1199년의 사주^{寺主}인 영잠^{瑩岑}이 기록하여 세운 비석^{碑石}인 「발연수진표율사골장립석비명(鉢淵藪眞表律師骨藏立石碑銘;1199년)」, 속칭 영잠瑩岑의 「발연석기鉢淵石記」'의 내용을 무극{無極=일연(一然)의 제자인 보감국사(寶鑑國師) 혼구(混丘)}이 발췌하여 『삼국유사/의해5』에 등재한 것이다.

여기서 '관동關東=현,강원도'이고, '풍악楓岳=현,금강산'이며, '발연수鉢淵藪=바리때(鉢) 모양의 연못(淵) 부근의 덤불(藪)'이라는 의미로서 사찰寺刹이라고 할 수 없는 허술한 움막 혹은 암자 정도로 추정되지만 {藪(덤불,수)자가 寺(절,사)자와 음音과 의義가 비슷하므로} 통상적으로는 寺(절,사)로 이해해도 될 것이다. 그리고 '석기(石記=비석에 새긴 기록)에, 770년 진표율사眞表律師가 처음 발연수鉢淵藪를 개창하고서 7년간 점찰법회占察法會를 열었다.'고 했으므로 아들인 진표율사가 사망하기 전까지는 퇴락하지 않았을 것이겠지만, {'석기石記의 내용'을 보면} 두 진표{즉 (석진표釋眞表+진표율사眞表律師)}가 모두 사망한 이후 오랫동안 방치되어 있었던 것으로 보인다. 따라서 이곳에 '발연사鉢淵寺'라는 정식사찰이 처음 창건된 시기는 영잠瑩岑이 '발연석기鉢淵石記'를 쓴 1199년경이 아닌가 생각된다.

그 후 1657년의 화재로 소실되었고 1659년에 중건重建했었지만, 현재는 사찰이 이미 오래전에 폐사되어 빈터만 남았는데 동쪽에 삼각형처럼 생긴 바위에 '鉢淵발연'이라는 글자가 새겨진 발연암鉢淵岩이 있고, 서남쪽에 거의 파묻히다시피 넘어진 돌탑 구조물만 남아있다고 한다. [참조: 네이버백과사전]

ⓘ 아들 진표율사(眞表律師:734~?)도 아버지 석진표(釋眞表)와 같은 마을인 '대산현{岱山=현,안휘성정원현(定遠)대산진(岱山鎭)'에서 출생하였으며, {'미륵신앙을 경주신라로 전교하는 것을 돕는 임무를 이어받은 법사'라는 의미로 보이는} 순제법사(順濟法師)는 바로 아버지 석진표(釋眞表)를 말한다고 보인다.

＊《삼국유사/의해5》관동풍악발연수석기(關東楓岳鉢淵藪石記:1199년)조; 진표율사(眞表律師:734~?)는 전주(全州) 벽골군(碧骨郡) 도나산촌(都那山村) 대정리(大井里) 사람이다. 나이 12살에 이르러 뜻이 출가(出家)에 있으니 아버지(父)가 허락하였다(許之). 진표율사(師)는 금산수(金山藪) 순제법사(順濟法師)에게 가서 중이 되었다.

⇒ 이 기록은, 전체 기록의 주인공을 진표율사$^{(眞表律師:734~?)}$라고 전제하고 있으므로 일단 이 기록 안에서는 출생 연도가 다른 석진표$^{(釋眞表;718~777?)}$와는 구분해서 이해하여야 할 것이다. 다만 간혹 그 행적이 아버지인 석진표^{釋眞表}와 구분하기 애매한 부분이 섞여 있으므로 해석하는 과정에서 주의가 필요하다.

[참고] 편의상 일단 '父^부=「진표전간^{眞表傳簡}」'의 석진표$^{(釋眞表;718~777?)}$와 '子^자=발연석기(鉢淵石記)의 진표율사$^{(眞表律師:734~?)}$'로 구분해서 검토하여, 최종적으로 무리가 없는지를 확인하면 될 것이다.

❶ 출생지 : 먼저, 두 스님의 출생지에 대한 기록을 비교해 보자.

＊ 부(父) : **완산주(完山州)** {지금의 전주목(全州牧)이다.} **만경현(萬頃縣) 사람이다.** {혹은 두내산현(豆乃山縣), 혹은 내산현(那山縣)이라 쓰여있는데 지금의 만경(萬頃)이며, 옛 이름이 두내산현(豆乃山縣)이다.}

＊ 자(子) : **진표율사(眞表律師)는 전주(全州) 벽골군(碧骨郡) 도내산촌(都那山村) 대정리(大井里) 사람이다.**

⇒ 두 부자^{父子}의 출생지 기록을 보면 {서로 사뭇 다른 것처럼 보이지만} 부$^{(父)}$에는 일연스님의 원주^{原註}가 잔뜩 부기되어 있지만, 자$^{(子)}$에는 그렇지 않은 '커다란 차이가 있음'을 알게 될 것이다. 즉 기본적으로 부$^{(父)}$는 출생 당시$^{(8C)}$의 현지지명$^{\{완산주(完山州)=현,안휘성\}}$을 표기한 것이지만, 자$^{(子)}$는 고려시대$^{(12C)}$의 이동지명$^{\{전주(全州)=현,한반도\}}$을 표기한 것이므로, 이 지명의 이

동과정을 추적해 들어가면 '8C 완산주^{完山州}=13C 전주^{全州}의 모델지명^{즉,原地名}'이 되는 것이므로, 실제의 출생지 위치는 두 부자$^{(父子)}$가 모두 같은 현,안휘성 지역이 되는 것이다.

게다가 {『삼국유사』의 원주^{原註}'를 보면} '부$^{(父)}$의 만경현^{萬頃縣} = 8C의 두내산현^{豆乃山縣} 혹은 내산현^{那山縣} = 13C의 만경$^{(萬頃=옛,두내산현)}$'이라고 하고 있으므로, '전주목^{全州牧}', '만경현^{萬頃縣}', '만경^{萬頃}'은 모두 13C의 지명을 말하고 있는 것이다. 따라서 12C 자$^{(子)}$의 지명인 '전주^{全州}', '벽골군^{碧骨郡}', '도내산촌^{都那山村}', '대정리^{大井里}'는 8C 부$^{(父)}$의 현,안휘성 지명을 현,한반도로 지명이동한 범주에 해당되는 것이다. 물론 좀 더 세밀하게 추적해 보면 아주 구체적인 위치까지도 확인할 수 있겠지만 {그러한 세부 작업은 훗날의 숙제로 남겨두고} 일단 여기에서는 두 부자$^{(父子)}$가 대략 '수많은 나지막한 구릉들이 운집한 현,안휘성천장시^{天長} 서쪽 철산사^{鐵山寺} 일대의 구릉지대의 8C 지명인, 비사벌$^{[比斯伐=즉,완산주(完山州)]}$의 대산현$^{\{岱山=현,안휘성정원현(定遠縣)대산진(岱山鎭)\}}$ 정도에서 태어난 것으로 보면 대차가 없을 것이다. {물론 '12C의 벽골군^{碧骨郡}'과 '13C의 만경현^{萬頃縣}' 등이 서로 약간 부정합^{不正合}하는 것처럼 보일 수도 있지만} '8C의 두내산현^{豆乃山縣}'이 '12C의 도내산촌^{都那山村}'으로 지명이동된 것으로 확인할 수 있으므로 문제가 되지는 않을 것이다. 어쨌든 자$^{(子)}$진표율사의 출생지인 대정리^{大井里}는 부$^{(父)}$석진표의 어머니$^{(즉,진표율사의 外祖母)}$ 정^{井}씨의 친정마을일 개연성이 크며, '대정리^{大井里}'는 현,안휘성정원현^{定遠縣}대산진^{岱山鎭}의 대산수고^{岱山水庫} 물가에 면해 있는 어느 마을일 것으로 보이는데, '부자$^{(父子)}$가 같은 마을에서 출생했다'고 보아도 무방하다고 여겨진다. 또한 <u>현,전북정읍시$^{(井邑)}$의 8C모델지명이 부자^{父子} 진표^{眞表}스님의 출생지인 '현,안휘성정원현^{定遠縣}대산진^{岱山鎭}의 대산수고^{岱山水庫} 물가에 면해 있는 정^{井}씨 마을'일 개연성이 크다</u>고 보이므로 관심 있는 분들께서 세부적으로 확인해 주시길 기대한다.

[참고]
벽골군(碧骨郡)과 만경현(萬頃縣)

벽골군^{碧骨郡}과 만경현^{萬頃縣}이란 지명은, 소위 말하는 산동신라^{山東新羅} 12흘해왕21$^{(330)}$년에 축조했었던 현,산동성의 벽골제^{碧骨堤}라는 저수지의 제방^{堤防}을 '7말8초 역사왜곡' 시에 현,전북김제시만경읍 부근으로 유적이동^{遺蹟移動}시킴으로써 명명된 지명들이어서 원래의 모델 지명들은 현,산동성의 벽골제^{碧骨堤}가 있었던 위치의 이동지명들이다.

즉 벽골군^{碧骨郡}과 만경현^{萬頃縣}이란 지명이 각각 지명이동되면서 각각 명명된 사정들은 각각 다르지만, 큰 틀에서는 그 위치가 문제되지는 않는다는 것이다. 이는 곧 현,김제벽골제가 {9C중엽에 장보고 선단이 해체되면서} 현,산동성에서 현재의 위치로 유적이동되어 재건설된 시설이다 보니 시기가 다른 이동지명을 같은 문장에서 혼기^{混記}함으로써 약간의 혼선이 생기게 된 것이기 때문이다.

❷ **출가(出家)**: 두 스님의 출가 시기와 장소를 비교해 보자.

* 부(父) : 나이 12살(729)에 이르러 금산사(金山寺) 숭제법사(崇濟法師)의 강석하에 들어가 중이 되어 배우기를 청하였다.
* 자(子) : 나이 12살(745)에 이르러 뜻이 출가에 있으니 아버지가 허락하였다. 법사는 금산수(金山藪) 순제법사(順濟法師)에게 가서 중이 되었다.

⇒ 두 부자^{父子} 스님의 출가^{出家}에 대한 기록을 보면, 그 시기가 729년$^{(父)}$과 745년$^{(子)}$으로 다를 뿐, 12살/12살, 금산사^{金山寺}/금산수^{金山藪}, 숭제법사^{崇濟法師}/순제법사^{順濟法師} 등으로 거의 유사하거나 일치하고 있다. 따라서 'ⅰ.숭제법사^{崇濟法師}와 순제법사^{順濟法師}' 및 'ⅱ.금산사^{金山寺}와 금산수^{金山藪}'의 차이에 대해서 먼저 확인해 보아야 전체적인 맥락을 찾을 수 있게 될 것이다.

ⅰ. 숭제법사(崇濟法師)와 순제법사(順濟法師) : 숭제법사^{崇濟法師}는 '부$^{(父)}$ 석진표^{釋眞表}의 스승'이고, 순제법사^{順濟法師}는 '자$^{(子)}$ 진표율사^{眞表律師}의 스승'인데, 이 이름들에 사용된 글자들인 '濟$^{(제)}$'자, '崇$^{(숭)}$'자, '順$^{(순)}$'자의 실제의미를 [네이버/한자사전]에서 찾아서, '숭제법사^{崇濟法師}'와 '순제법사^{順濟法師}'라는 호칭에 대한 의미를 추정해 보자.

여기에서 (A)='미륵신앙을 경주신라로 전교하는 것'이라 가정하고,
      (B)='미륵신앙을 경주신라로 전교하는 것을 돕는 임무'라 하면,
    즉, '(B)=(A)를 돕는 임무'라 할 수 있을 것이다.

o '濟(도울,제)' = '(A)를 돕는다(濟)=즉, (B)'의 의미이고,
o '崇(마칠,숭)' = '(B)를 마치다.'의 의미이며,
o '順(이을,순)' = '(B)를 이어 받는다.'의 의미라고 할 수 있으므로,

* 숭제법사(崇濟法師) = '미륵신앙을 경주신라로 전교하는 것을 돕는 임무를 마친 법사'를 말하고,

* 순제법사(順濟法師) = '미륵신앙을 경주신라로 전교하는 것을 돕는 임무를 이어받은 법사'를 말하는 것이 된다.

따라서 '부$^{(父)}$석진표^{釋眞表}의 스승인 숭제법사^{崇濟法師}'는 제자인 석진표가, 미륵^{彌勒}으로부터 '경주신라로 미륵신앙^{彌勒信仰}을 전교하는 데 필요한 성물^{聖物}인 점찰경^{占察經}과 증과간자^{證果簡子}'를 받아 744년(?)경에 금산$^{(金山=현,강소성 진강시)}$으로 {무사히} 돌아오자 {자기가 당황제에게서 부여받았던 임무인} '미륵신앙을 경주신라로 전교하는 것$^{즉,(A)}$'을 돕는 임무$^{즉,(B)=濟(도울,제)}$를 마치게 된$^{즉,崇(마칠,숭)}$ 법사라는 의미인 숭제법사^{崇濟法師}가 된 것이므로, {제자인 석진표가 미련 없이 경주신라로 떠나게 하려고} 아예 금산사$^{(金山寺=즉,사찰)}$를 철거하여 금산수$^{(金山藪=즉,덤불)}$로 만들어 버리고서 자기는 즉시 당나라로 돌아가 버린 것이다.

그런데, 제자인 석진표는 {아직 경주신라로 떠날 준비가 되지 않았으므로} 금산수$^{(金山藪=즉,덤불)}$에 남아서 매년 개단^{開壇}을 하고 자기가 터득한 미

륵신앙을 널리 법시^{法施}하다가 마침 아들$^{(子)}$이 12살이 되자 출가^{出家}시켜서 자기 대신에 '미륵신앙을 경주신라로 전교$^{(즉,(A))}$하게' 하려고 사미계법^{沙彌戒法}을 전수해 주는 등 본격적으로 계법을 가르치게 된 것으로 보인다. 그래서 결국 석진표는 {자기가 직접 경주신라로 가서 미륵신앙을 전교하지 않고} '아들$^{(진표율사)}$에게 교법을 전수시켜 아들로 하여금 경주신라로 가서 미륵신앙을 전교하게 만든 것'이므로, 결과적으로 석진표는 '미륵신앙을 경주신라로 전교하는 것$^{(즉,(A))}$을 돕는 임무$^{(즉,(B)=濟(도울,제))}$를 이어받은$^{(즉,順(이을,순))}$ 법사라는 의미인 즉, 순제법사^{順濟法師}가 된 것이다. 그래서 '진표율사가 12살에 {父許之>아버지의 허락을 받아서} 금산수 순제법사^{順濟法師}에게 가서 중이 되었다.'라고 {동일한 상황을 조금 다른 상황인 것처럼 돌려서} 기록하게 된 것이다. 결국 '부$^{(父)}$석진표^{釋眞表}=순제법사^{順濟法師}'가 되는 것이다.

ii. 금산사(金山寺)와 금산수(金山藪) :

앞에서 '본문의 금산사$^{(金山寺=즉,사찰)}$가 현,강소성진강시^{鎭江}의 금산사$^{(金山寺=현,강천선사(江天禪寺))}$의 위치에 있었다'고 설명하였는데, {위의 기록에 의하면} 숭제법사는 제자인 석진표가 무사히 '미륵^{彌力}으로부터 {미륵신앙을 경주신라로 전교하는 데 필요한 성물^{聖物}인} 점찰경과 증과간자를 받아서 744년(?)경 금산^{金山}으로 귀환할 때까지 금산사^{金山寺}를 유지하고 있었다가, 제자 석진표가 {성물^{聖物}을 가지고} 금산^{金山}으로 돌아오자 석진표로 하여금 경주신라로 속히 떠나게 하려고 아예 금산사^{金山寺}를 허물어서 금산수$^{(金山藪=즉,덤불)}$로 만들어 버리고서 자기는 바로 당나라로 돌아가 버렸다.'라고 보인다. 그래서 금산수$^{(金山藪=즉,덤불)}$에 홀로 남겨진 석진표가 금산수에서 아들인 진표율사를 가르치게 되었고, 훗날 경주신라에 간 진표율사가 현,전북김제에 가서 금산사^{金山寺}를 창건할 자리를 잡고서 그곳을 처음에는 금산수$^{(金山藪=즉,덤불)}$라고 명명했었다가 나중에 결국 금산사$^{(金山寺=즉,사찰)}$을 세우게 된 것이므로, 금산수와 금산사라는 명칭들이 혼란스럽게 등장하게 되었는데 이를 정리해 둘 필요가 있을 것이다.

* 금산사(金山寺) : 숭제법사^{崇濟法師}의 금산사^{金山寺}는 745년 이전까지 현,강소성진강시의 금산사^{(金山寺=현,강천선사(江天禪寺))}의 위치에 있었던 사찰 이름인데, 745년에 일단 허물어 버렸다가 766년에 현,한반도 김제시에 임시로 금산사^{金山寺}의 전신인 금산수^{金山藪}가 자리를 잡게 되자, 다른 이름의 소규모 사찰들이 들어서기 시작했었다가 {추측건대} 9C경에 현,강소성진강시 옛,금산사 자리에 다른 이름의 사찰이 정식으로 건립되었던 것인데 사람들은 모두 이 사찰을 옛,이름인 금산사^{金山寺}로 불렀었기 때문에, 청나라 강희제가 {현,전북김제의 금산사^{金山寺}와의 역사왜곡충돌^(즉, 역사왜곡의 노출)을 피하기 위하여} 강천선사^{江天禪寺}라는 편액을 내렸던 것이지만, 여전히 금산사^{金山寺}란 이름이 더 유명하게 전해졌던 것이다. 어쨌든 현,강소성의 금산사^{金山寺}가 역사왜곡 과정에서 현,전북김제의 금산사^{金山寺}로 유적이 이동된 셈이 된다[19] 고 해야 할 것이다.

* 금산수(金山藪) : '藪^(늪,수)=덤불 같은 수풀이 무성한 물웅덩이'를 의미하고, '금산^{金山}=현,강소성진강시^{鎭江}의 양자강^{揚子江} 강변에 있는 섬^島'이므로, '금산수^{金山藪}=현,강소성진강시의 양자강 강변에 있는 덤불 같은 수풀이 무성한 물웅덩이 섬^島'을 말하는 것이다. 그리고 금산수^{金山藪}란 표현 속에는 {사람이 기거할 수 없는} 버려진 금산^{金山}이라는 땅'의 의미가 포함되어 있지만, {비록 사찰시설물은 철거되었겠지만} 현실적으로는 움막과 같은 간이시설물을 지어서 사찰의 기능을 하고 있었음을 암시하기 위하

---

19) 현,강소성의 금산사(金山寺)가 역사왜곡 과정에서 현,전북김제의 금산사(金山寺)로 유적이동한 셈이 된다 : 이 '현,강소성진강시의 금산사(金山寺=江天禪寺)는, 10C초의 후백제(?) 견훤에 대한 역사와도 관련(견훤이 유폐(?)된 곳)'되므로, 동아시아 고대역사에 있어서 아주 중요한 사찰이라고 해야 할 것이다.

여 '금산사^{金山寺}란 지명과 비슷한 형태의 금산수^{金山藪}란 지명을 사용한 것' 으로 보인다. 즉 당시 8C초에도 강소신라 전역의 주요 시설물들이 모두 파괴되거나 철거되어서 계속 경주신라로 유적(+유물)이동하는 작업이 진행되고 있었으므로, '현,강소성진강시의 금산사^{金山寺}도 일단 철거했었기 때문에 금산수^{金山藪}로 불리는 지역'이 되었던 것이다. 그래서 현,전북김제시의 금산사^{金山寺}도 766년 개창하기 직전까지는 '현,강소성진강시의 금산사^{金山寺}를 철거해서 금산수^{金山藪}로 만들었다.'라는 상황과 같다는 것을 연결시키기 위해서 '사찰의 건설과정에서는 일단 금산수^{金山藪}라고 지칭했었다가 사찰이 완성된 다음에 정식으로 금산사^{金山寺}라는 사찰이름을 사용하게 된 것'으로 추정된다.

결국, '금산수^{金山藪}란 지명'은 강소성과 전라북도 양쪽 지역에서 과도기적 지명으로 사용된 것이라고 보면 될 것이다. 그래서 통상적으로 '금산수^{金山藪}=금산사^{金山寺}'로 보는 인식이 큰 문제가 되지는 않았던 것이라고 보인다. 그러나 {금산수^{金山藪}라는 지명이 비록 짧은 기간에 사용되었지만} 역사왜곡을 연구하는 사람이라면, '금산수^{金山藪}라는 지명이 주는 역사적 의미가 아주 크다'는 것을 반드시 염두에 두어야 할 것이다.

ⓙ '순제법사(順濟法師)=즉,부(父)석진표(釋眞表)'는 아들(子) 진표율사(眞表律師)가 27세(*760년*)가 되자, 금산수(金山藪=현,전북김제?) 밖으로 내보내서, 스스로 망신참(亡身懺)을 행하여 미륵(彌勒)과 지장(地藏) 두 보살(菩薩)로부터 계법(戒法)을 받아오게 하였다.

 * [발연석기(鉢淵石記)조 계속], 순제(順濟)는 사미계법(沙彌戒法)을 주고, 공양차제비법(供養次第秘法)1권, 점찰선악업보경(占察善惡業報經)2권을 전하며 말하기를 "너는 이 계법을 가지고 미륵(彌勒)·지장(地藏) 두 보살(聖) 앞에서 정성을 다해 참회(懺悔)를 구하여 친히 계법(戒法)을 받아 세상에 널리 전하라"라고 하였다. 진표율사(師)가 가르침을 받들고 이별하

여 물러나와 명산(名山)을 두루 돌아다녔는데(遍歷), 나이가 이미(已) 27세가 되었다.

⇒ '순제법사^{順濟法師}=즉, 부$^{(父)}$석진표^{釋眞表}'는 아들$^{(子)}$진표율사^{眞表律師}가 27세$^{(760년)}$가 되자, {옛날 자기가 수련했던 방법과 같이} '명산^{名山}을 두루 다니면서 스스로 망신참^{亡身懺}을 행하여 미륵^{彌勒}과 지장^{地藏} 두 보살^{菩薩}로부터 계법^{戒法}을 받아오라'고 금산수$^{(金山藪=현, 김제시금산사)}$ 밖으로 내보냈던 것으로 보인다.

ⓚ 760년(27세)에 '보안현(保安縣=현, 전북부안) 변산(邊山) 부사의방(不思議房)'에서 수련을 시작한 (子)진표율사가 결국 3년이 지나(29세, 762년) 지장보살로부터 계본(戒本)을 받고 미륵보살로부터는 2개의 진생(眞栍)을 받고서, (父)석진표가 있는 금산수(金山藪=현, 김제시금산사)로 돌아왔다.

* [발연석기(鉢淵石記)조 계속], '상원(上元)원(760)년 경자(庚子)에 20두(斗)의 쌀을 찌고 이에 말려서 양식을 만들어 보안현(保安縣)으로 가서 변산(邊山) 부사의방(不思議房)으로 들어가서 5홉(合)의 쌀을 하루의 소비로 하고, 쌀1홉(合)을 제하여 쥐(鼠)를 길렀다. 진표율사(師)가 미륵상(彌勒像) 앞에서 계법을 부지런히 구하기를 3년이 지나도 수기(授記)를 얻지 못하였다. 발분하여 바위 아래로 몸을 던지니 갑자기 푸른 옷을 입은 동자(青衣童)가 손으로 받들어 돌 위에 두었다. 진표율사(師)는 다시 뜻을 발하여 21일(三七日)을 기약하고 밤낮으로 열심히 닦고 돌을 (온몸으로) 두드리며(扣石) 참회(懺悔)하였다. 3일이 되자 손과 팔이 꺾여 떨어졌고 7일 밤이 되자 지장보살(地藏菩薩)이 손에 금석(金錫)을 흔들고 와서 가지(加持=부축)하자 손과 팔이 예전과 같이 되었다. 지장보살(菩薩)은 드디어 가사와 바리(袈裟及鉢)를 주었고 진표율사(師)는 그 영응(靈應)에 감동하여 더욱 정진하였다. 21일(三七日)을 채우자 즉 천안(天眼)을 얻어(得) 도솔천중(兜率天

衆)이 오는 형상을 보았다. 이에 지장(地藏)·미륵보살(慈氏)이 [진표율사] 앞에 나타나고(現前), 미륵보살(慈氏)이 진표율사(師)의 정수리를 쓰다듬으면서 말하였다. "잘하는도다. 대장부(大丈夫)여. 이와 같이 계를 구하여 신명을 아끼지 않고 참회를 간절히 구하는도다." 지장(地藏)이 계본(戒本)을 주고 미륵(慈氏)은 다시 2개의 생(栍)을 주었는데 하나는 9자(者)라고 쓰여 있었고, 하나는 8자(者)라고 쓰여 있었다. 진표율사(師)에게 일러 말하였다. "이 두 간자(簡子)는 나의 손가락 뼈(手指骨)인데, 이는 시각(始覺)·본각(本覺) 2각을 이른다(喩). 또한 9자(者)는 법 자체이고(法尒), 8자(者)는 신훈성불종자(新熏成佛種子)이니 이로써 마땅히 과(果)·보(報)를 알 것이다. 너는 이 몸을 버려(捨此身) 대국왕(大國王)의 몸(身)을 받아(受) 후생에는 도솔천(兜率)에 태어날 것이다." 이와 같이 말하고 두 보살(兩聖)은 즉 사라졌다. 이때가 임인(壬寅=762년)4월27일이다.

⇒ 760년$^{(27세)}$에 '보안현$^{(保安縣=현, 전북부안)}$ 변산^{邊山} 부사의방^{不思議房}'에서 수련을 시작한 자$^{(子)}$진표율사가 결국 3년이 지나$^{(29세/762년4월27일)}$, 지장보살로부터 계본^{戒本}을 받고 미륵보살로부터 2개의 진생^{眞栍}을 받고서 부$^{(父)}$석진표가 있는 금산수$^{(金山藪=현,김제시)}$로 돌아온 것인데, 현실적으로는 '부$^{(父)}$석진표가 수련 중인 자$^{(子)}$진표율사에게 가서 몰래(?) 계본^{戒本}과 진생^{眞栍}을 전해준 것'이라고 볼 수도 있을 것이다. 즉 육체적으로 매우 힘든 수련을 하던 자$^{(子)}$진표율사에게는 '계본^{戒本}과 진생^{眞栍}을 전해주는 부$^{(父)}$석진표가 마치 지장보살과 미륵보살처럼 인지되었을 개연성이 크다'고 보아야 한다는 것이다. [물론 '부$^{(父)}$석진표가 처음 현,안휘성의 선계산^{仙溪山} 및 영산사^{靈山寺}에서 지장보상^{地藏菩薩}과 미륵보살^{慈氏}로부터 정계^{淨戒}와 성물^{聖物}을 받았다'는 것도 역시 {현실적으로는} '스승인 숭제법사^{崇濟法師}가 준 것'이거나 '숭제법사^{崇濟法師}의 역할을 하는 다른 인물이 준 것'으로 해석하는 것이 더 합리적일 것이다]

그런데 {크게 중요한 문제는 아니지만} '쌀20두^{斗}를 준비해서, 5홉^{合}의 쌀을 하루의 소비로 하고, 쌀1홉㝴을 제하여 쥐鼠를 길렀다.'라는 것은 '(20두×10승×10홉=2,000홉)이므로 (2,000홉÷5홉=400일)을 원래의 목표일수로 잡았었던 것'을 말한다. 그런데 {쥐가 (400일×1홉=400홉)을 소비할 것이므로} 자기가 먹을 수 있는 쌀은 (400일×4홉=1,600홉)으로 줄어들게 되어서 마치(단순하게 생각하면) '자기는 하루에 4홉만 소비하고 나머지 1홉은 쥐에게 주겠다.'라는 것으로 해석될 수도 있겠지만} '그냥 가만히 두면 제가 알아서 자연스럽게 살아가는 동물인 쥐에게 굳이 사람이 쌀을 먹이려고 하는 것'을 무어라고 설명한 방법이 없으므로 {혹시 다른 의미가 있을 수도 있겠지만} '쥐에게 1홉을 준다'는 것은 단순히 날수(日數) 계산을 하기 위한 방편이었을 것으로 보면 될 것이다.

따라서 '하루 5홉을 먹는다'는 것을 그대로 둔 상태에서 다시 계산한 목표일수는 '(1,600홉÷5홉=320일)'이 된다. 즉 이는 '당초 400일을 목표로 잡았었지만, 그 80%인 320일 안에 계법戒法을 받겠다.'라는 각오를 말하는 것으로 이해하면 될 것이다. {혹시, 쥐(鼠)가 특별한 의미를 가질 수도 있겠지만} 본문에서 특별히 다른 언급이 없으므로, 그 이유를 더 이상 알 수가 없으니 그냥 '목표일수를 20% 단축하겠다'라는 각오를 말한 것으로 보인다.

다만 {쥐(鼠)를 거론한 이유를 굳이 찾는다면} 쥐(鼠)는 반드시 집쥐가 아니라 산다람쥐를 말하는 것일 수 있으므로 이 쥐(鼠)를 무엇으로 보느냐에 따라서 '부사의방不思議房'이 어떤 곳인지를 시사하는 목적으로 활용되었을 수도 있을 것이다. 즉 {집쥐라고 한다면} 부사의방은 집안 깊숙한 골방일 것'이고 '{산다람쥐라고 한다면} 부사의방은 산속의 자연적인 은신처일 것'인데, 앞에서 지역 이름을 '변산邊山'이라고 먼저 언급했으므로 산다람쥐로 보는 것이 더 타당해 보인다. {물론, <그림23>의 위치라고 단정할 필요는 없지만} 부사의방[不思議房=즉 '생각하여(思;사) 헤아림(議;의)'이 없는(不;부) 곳(房;방)]은 '그냥 그림에서 보는 산봉우리의 절벽 공터와 같이 주변으로부

터 아무런 방해를 받지 않는 장
소'일 것으로 보아도 크게 벗어
나지는 않을 것이라고 보인다.
[참고: <그림23>의 '부사의방 사진'
이 어느 분이 찍은 사진인지는 잘 모
르겠지만, 탁월한 발상이라고 보인

그림23. 진표율사 영정과 부사의방 추정(?)

다. 인터넷에 처음 올리신 분께서는 필자에게 연락 바랍니다. 가르침을 받고 싶습니다.]
 어쨌든 '부(父)석진표가 계법을 받은 부사의방은 현,안휘성 지역'이지만, '자(子)진표율사가 계법을 받은 부사의방은 현,전북부안군변산'으로 보는 것이 타당하다고 보인다.

 ① (父)석진표는 (子)진표율사가 교법(教法)을 받자, 강소신라로 돌아가서 상황을 보고하고 35경덕왕의 재정지원을 받아와서, 766년에 강소신라 미륵신앙을 경주신라로 전교(傳敎)할 중심도량(道場)인 금산사(金山寺=현,김제금산사)를 창건하였다.
 * [발연석기(鉢淵石記)조 계속], 진표율사(師)는 교법(教法)을 받기를 마치자(已), 금산사(金山寺=현,김제금산사)를 창건하고자 ~~산애서 내려왔다~~ 하산(下山)해서 왔다(而来). 대연진(大淵津=현,동진강나루터)에 이르자 갑자기 용왕(龍王=35경덕왕?추정)이 나타나 옥으로 된 가사(玉袈裟)를 바치고, 8만 권속(八萬眷屬)을 이끌고 시위(侍)하며 금산수(金山藪=현,김제금산사터)로 갔다(往). 사방에서 사람들이 와서(四方子来) 며칠 지나지 않아 완성되었다(不日成之). 다시 미륵보살(慈氏=당황제의使臣?)이 도솔천(兜率天=長安?)으로부터 감응하여 구름을 타고 내려와 진표율사(師)에게 계법을 주었는데, 진표율사(師)는 시주를 권하여 미륵장육상(弥勒丈六像)을 조성하게 하였다. 또 금당의 남쪽 벽에 내려와서(金堂南壁□) 계법을 주는 위의(威儀)의 모습을 그리게 하였다. 갑진년(甲辰年:764년)6월9일에 조성(鑄

成)되어 병오년(丙午年:766년)5월1일에 금당(金堂)에 안치되었으니, 이해는 대력(大曆)원년(766년)이다.

⇒ 일단 '자$^{(子)}$진표율사가 29살 때인 762년4월27일에 계법^{戒法}을 받고 부$^{(父)}$석진표가 있는 금산수(金山藪=현,김제)로 돌아온 것'인데, {본문에서는 나타나 있지 않지만, 종합적으로 추론해 보면} 드디어 '순제^{順濟}=즉 미륵신앙을 경주신라로 전교하는 것을 돕는 임무를 마쳤다.'라고 생각한 부$^{(父)}$석진표가 자$^{(子)}$진표율사를 후계자로 임명하고 난 뒤, 763년경(?) 강소신라로 되돌아가서 당나라와 강소신라 조정에 '순제^{順濟}의 임무를 아들에게 인계했음'을 보고하였지만, 이미 부$^{(父)}$석진표는 '문적{文籍20)=즉 당나라$^{(唐)}$지역 거주증명서^{居住證明書}}'에서 빠져 있어서 강소신라에 오래 머무를 수가 없었으므로 도로 경주신라로 돌아올 수밖에 없었던 것이다. 그래서 할 수 없이 35경덕왕으로부터 금산수(金山藪=현,김제)를 정식 사찰인 금산사^{金山寺}로 창건할 재원(普施:보시)만 지원받아서, 경주신라로 돌아와 (764년~766년)에 걸쳐 자$^{(子)}$진표율사와 함께 금산사$^{金山寺=현,김제}$를 창건하게 된 것이다. 즉 위의 기록이 '부$^{(父)}$석진표가 강소신라에서 가지고 온 당나라와 강소신라의 재정적 지원으로 금산사^{金山寺}를 창건하는 상황'을 설명한 것으로 보이

---

20) 문적{文籍=즉 당(唐)나라지역 거주증명서(居住證明書)} : '7말8초 역사왜곡'이 시행되면서, 당나라에서는 '당나라 내의 각 지역에 거주가 가능한 사람들'에 대해, 일종의 주민등록제도와 유사한 '문적(文籍)'제도를 시행해서, 사람들의 무단 통행이나 이주를 철저하게 통제해 온 것이다. 따라서 이 '문적(文籍)'에 등재되지 않은 사람은 당나라 내에 있을 수 없는 사람이므로, 즉시 체포되어 처형되었는데 특히 경주신라로 이주할 사람들에 대해서는 철저하게 관리하였으므로, 많은 강소신라인들이 성(姓) 또는 족보(族譜)를 바꾸어서 당나라에 귀화하게 되었던 것이고, 당나라는 이 '문적(文籍)'을 이용하여 {'7말8초 역사왜곡'의 기본방침에 따라} 귀화인들을 당나라의 각 지역으로 분산 재배치해서 '역사왜곡의 완성도'를 제고시킬 수 있었던 것이다. 그런데, '문적이 없는 선량한 사람들'이 범죄에 노출되어 무단으로 살해되거나 또는 노예로 팔리는 부작용이 많았으므로 결국 '장보고(張保皐) 선단(船團)'을 꾸려서 그들을 경주신라로 강제이주시키는 사업을 시행하게 되었던 것이다. {이런 측면에서 본다면} 1939년에 시행된 일제(日帝)의 조선인(朝鮮人) 창씨개명(創氏改名) 정책도 {만일, 일제(日帝)의 지배가 더 오래 유지되었다면} '당(唐)나라 시기의 문적(文籍)'과 같이 강력한 주민 통제수단이 되었을 수도 있었을 것이다.

는데, 어쩌면 금산사(金山寺=현,김제) 준공식에 용왕(龍王=즉 경주신라왕을 겸한 강소신라35경덕왕?)이 직접 참석했었을 것으로도 추정된다.

ⓜ 766년, 경주신라 미륵신앙 전교(傳敎)의 중심도량(道場)인 금산사(金山寺=현,김제금산사)를 창건한 뒤, (父)석진표와 (子)진표율사는 개골산(皆骨山=현,금강산)에 새로운 도량(道場)을 세우려고 함께 금산사(金山寺=현,김제금산사)를 나섰다.

* [발연석기(鉢淵石記)조 계속], 진표율사(師=석진표+진표율사)는 금산사(金山)을 나와 속리산(俗離山)으로 향하었는데, 길에서 소달구지를 탄 사람을 만났다. 그 소들이 진표율사(師=석진표포함) 앞을 향해 와서 무릎을 꿇고 울었다. 소달구지를 탄 사람이 내려서 묻기를 "어떤 이유로 이 소들이 화상(和尙)을 보고 우는 것입니까. 화상(和尙)은 어디에서 오시는 것입니까"라고 하였다. 진표율사(師=석진표포함)가 말하기를 "나는 금산수(金山藪)의 진표라는 승려(眞表僧=석진표+진표율사)인데, 나는 일찍이 변산(邊山) 불사의방(不思議房)에 들어가서 미륵·지장 두 성인(弥勒·地藏両聖) ~~관액석~~앞에서(前) 친히 계법(戒法)과 진생(眞栍)을 받고 절을 짓고 머물러 오래 수도할 곳을 찾고자 한 까닭으로 온 것이다. 이 소들은 겉은 미련하나 속은 현명하여 내가 계법을 받은 것을 알고 법을 중하게 여기는 까닭으로 무릎을 꿇고 우는 것이다"라고 하였다. 그 사람은 듣기를 마치고 이내 "축생(畜生)도 항상 이와 같은 신심이 있는데 하물며 나는 사람으로 어찌 마음이 없겠는가"라고 하고 ~~즉~~바로(即) 손으로 낫을 잡고 스스로 머리카락을 잘라버렸다. 진표율사(師=釋眞表포함)는 자비심으로써 다시 머리를 깎아주고 계를 주었다(受戒). 속리산(俗離山) 골짜기(洞裏)에 이르러 길상초(吉祥草)가 핀 곳을 보고 그것을 표시해 두었다.

⇒ 766년에 '미륵신앙을 경주신라로 전교할 중심 도량(道場)인 금산사(金山寺=현,전북김제)'가 창건되어 본격적으로 미륵신앙을 전교하게 되었으므로,

767년경(?)에 홀가분해진 부(父)석진표가 명주(溟州=현,강원도) 해변의 개골산(현,금강산)으로 들어가 새로운 도량(道場)을 세우려고 하자, 일단 젊은 자(子)진표율사가 자리를 잡아주기 위하여 부(父)석진표와 동행했던 것으로 보인다. 그런데 본문에서는 '師(사)'라고만 되어있어서 외견상으로는 자(子)진표율사(眞表律師)만을 지칭하는 것으로 보일 수가 있지만, {자(子)진표율사의 스승(師)이 부(父)석진표이므로} 여기에서의 '師(사)'는 '스승(師)인 부(父)석진표'와 '율사(律師)인 자(子)진표율사'를 한꺼번에 통칭하는 것으로 해석하여야 할 것이다. 즉 지금까지 '사(師)=진표율사(眞表律師)'라고 한 것은 그대로 유지하면서, '사(師)=석진표(釋眞表)'로도 해석되는 '힌트'가 본문에 포함된 '나(我)는 금산수(金山藪)의 진표라는 승려(眞表僧)이다.'라는 문구로서, '금산수(金山藪)는 부(父)와 자(子) 두 사람에게 모두 공통으로 적용'되는 것이며, {문맥상으로는 '나(我)=師(사)'이지만} 일반적으로 '승려(僧)=釋(석=즉 僧侶의 共通姓氏)'인 것이므로 '진표승(眞表僧)=석진표(釋眞表)'가 되는 것이다. 결국 '나(我=師)는 석진표(釋眞表)이다.'라고 한 것이므로, 이 문장은 '나(我=師)는 진표율사(眞表律師)이자 석진표(釋眞表)이다.'라고 말하는 것과 같은 의미인 것이다. 그래서 갑자기 '소달구지를 탄 사람' 이야기를 꺼내서 기록한 이유가 {표면적으로는} '師사=(진표율사)'이지만 {내막적으로는} '師사=(석진표+진표율사)'가 되는 것을 은유하기 위함일 것이다.

어쨌든 두 진표스님(師)은 개골산(皆骨山=현,금강산)으로 가는 길에 먼저 속리산에 들려서 '길상초(吉祥草)가 나는 곳'을 찾아서 표시를 해둔 것인데, 이는 아마 {금산사(金山寺=현,전북김제)와 별도로} '미륵신앙을 전교할 새로운 도량(道場)을 창건할 위치'를 물색하는 것이 이번 여행의 주된 목적이었던 것으로 볼 수 있다고 보인다.

ⓝ 속리산을 거쳐, 명주(溟州=현,강원도) 해변에 이른 두 진표스님(師=석진표+진표율사)이 토착민들(魚,鼇,黿,鼉)에게 계(戒)를 주면서, 770년경(?)에 고성군(高城郡) 개골산(皆骨山)에 들어가서 발연수(鉢淵藪)를 세

워 점찰법회(占察法會)를 열어 '미륵신앙을 전교할 새로운 도량(道場)'을 하나 더 세운 뒤, (子)진표율사는 도로 변산 불사의방으로 돌아갔었고, (父)석진표는 그대로 남아서 7년을 살다가 입적했다.

* [발연석기(鉢淵石記)조 계속], 돌아서서 명주(溟州) 해변으로 향하여 천천히 가는데 물고기(魚), 자라(鼈), 도룡룡(黿), 악어(鼉) 등의 무리가 바다에서 나와 진표율사(師=석진표 포함)의 앞으로 와서 몸을 이어 육지처럼 만드니, 진표율사(師=석진표 포함)가 그것을 밟고 바다로 들어가 계법을 암송하고 돌아서 나왔다. 가다가 고성군(高城郡)에 이르러 개골산(皆骨山)에 들어가 비로소 발연수(鉢淵藪)를 창건하고(創) 점찰법회(占察法會)를 열었다. 7년을 살았는데 이때 명주(溟州)의 경계에 흉년이 들어 백성이 굶주려서 진표스님(師=석진표)이 이를 위해 계법을 설하니 사람마다 받들어 지켜 삼보(三寶)를 지극히 공경하였다. 갑자기 고성(高城) 해변에서 셀 수 없이 많은 물고기들이 스스로 죽어서 나오니 백성들이 이것을 팔아서 식량을 마련하여 죽음을 면하였다.

⇒ 두 진표스님(師=석진표+진표율사)이 속리산을 거쳐, 명주(溟州=현,강원도) 해변에 이르니 아직 전혀 교화를 입지 않은 많은 토착민들(魚,鼈,黿,鼉)이 모여들었으므로, 그들에게 계(戒)를 암송해 주고 드디어 770년경(?) 고성군(高城郡) 개골산(皆骨山)에 들어가 발연수(鉢淵藪=즉 바리때 처럼 생긴 연못이 있는 덤불숲속)에 임시 사찰을 세워 점찰법회(占察法會)를 열고 '미륵신앙을 전교할 새로운 도량을 세우게 된 것이다. 그래서 자(子)진표율사(眞表律師)는 도량을 세운 뒤 바로 발연(鉢淵)을 나와서 다시 불사의방(不思議房=현,변산)으로 가서 수행을 계속하면서, 종종 옛,고향(指家邑=즉,강소신라?)으로 가서(往) ~~의바라~~어른들(父)을 뵙기도 하였던 것으로 보이며, 개골산 발연수(鉢淵藪)에 남은 부(父)석진표(釋眞表)는 그곳에서 7년을 더 살다가 입적하였던 것이다. 따라서 명주(溟州)의 경계 지역에 흉년이 들자 굶주린 백성들에게 계법을 설하여 굶주림을 면하게 해준 '師(사)'는 {이 문장 다음에 이어지는 문장이 '발연(鉢淵)을 나와 다시 불사의방(不思議房)으로

간 진표율사(師)에 대한 기록'임을 감안하면} '발연수鉢淵藪에 남은 師사'로서 '師사=나(我)=진표승眞表僧=석진표釋眞表(父)'만을 지칭하는 것으로 해석되어야 할 것이다.

◎ 770년경(?) 개골산(皆骨山)에 발연수(鉢淵藪)를 세우고 (父)석진표를 정좌(靜座)케 한 뒤, 바로 불사의방(不思議房=현,변산)으로 돌아온 (子)진표율사는 773년경(?) 영심(永深)에게 비법(秘法)과 성물(聖物) 등을 주어서, 속리산(俗離山) 길상사(吉祥寺)를 세워 점찰법회의 법통을 이어가게 하였다. 그리고 자신은 당(唐)나라를 드나들면서 여러 종파의 고승들과 교류하였다.

* [발연석기(鉢淵石記)조 계속], 진표율사(師=眞表律師)는 발연를(鉢淵)을 나와 다시 불사의방(不思議房)으로 갔고 그런 후에 고향오굴옛,고향(詣家邑=강소신라?)으로 가서(徃) 아빠좌어른들(父)을 뵈기도 하고(謁) 혹은 진문대덕(眞門大德=高僧?)의 방에 가서 살기도 하였다. 이때 속리산(俗離山) 대덕(大德) 영심(永深)이 대덕 융종(融宗)·불타(佛陁) 등과 함께 율사(律師)가 있는 곳에 와서 청하였다. "우리들은 1,000리를 멀지 않다 여기고 계법(戒法)을 구하러 왔습니다. 원컨대 법문(法門)을 주십시오." 진표율사(師)가 묵묵히 대답이 없었다. 세 사람은 복숭아나무(桃樹) 위로 올라가 땅에 거꾸로 떨어지며 용맹하게 참회(懺悔)하였다. 진표율사(師)가 이에 가르침을 전하여 관정(灌頂)을 하고, 드디어 가사(袈裟)와 바리(鉢), 《공양차제비법(供養次第秘法)》1권, 《일찰선악업보경(日察善惡業報經)》2권과 생(栍)189개를 주었다. 또 미륵(弥勒)의 진생(眞栍) 9자(九者)와 8자(八者)를 주고, 경계하여 말하였다길(誡日). "9자(九者)는 법(法) 자체(尒)이고 8자(八者)는 신훈성불종자(新熏成佛種子)이다. 내가 이미 너희들에게 맡기었으니 이를 가지고 속리산(俗離山)으로 돌아가라. 산에 길상초(吉祥草)가 자라는 곳이 있으니 여기에 정사(精舍)를 세우고 여

기에 따라 법을 가르쳐서 인간계와 천계를 널리 제도하고(廣度人天) 후세에 널리 펼쳐라." 영심(永深) 등이 가르침을 받들고 곧바로 속리산(俗離)으로 가서 길상초(吉祥草)가 난 곳을 찾아 절을 창건하고 길상(吉祥)이라 하였다. 영심(永深)은 여기에서 처음으로 점찰법회(占察法會)를 열었다.

⇒ 여기에서의 '師$^{(子)}$'는 자$^{(子)}$진표율사^{眞表律師}를 말한다. 즉 770년경(?) 고성군^{高城郡} 개골산^{皆骨山} {발연수^{鉢淵藪}에} 임시 도량^{道場}을 세우고서 부$^{(父)}$석진표를 정좌^{靜坐}케 한 뒤, 바로 불사의방$^{(不思議房=현,변산)}$으로 다시 돌아온 자$^{(子)}$진표율사에게 773년경(?) 속리산^{俗離山} 대덕^{大德} 영심^{永深} 등이 찾아와서 '법문^{法門}'을 달라고 용맹하게(?) 참회^{懺悔}'하자, 여러 비법^{秘法}과 진생^{眞牲} 두 개를 포함한 생^{牲} 189개 등의 성물^{聖物}을 주어서 '속리산^{俗離山} 길상초^{吉祥草}가 자라는 곳에 길상사^{吉祥寺}를 세우게 한 것'이다. 즉 이렇게 해서 자$^{(子)}$진표율사^{眞表律師}도 홀가분하게 '{아버지로부터 위임받은} 미륵신앙을 경주신라로 전교하는 것을 돕는 순제^{順濟}의 임무'를 마치게 되었고, 이후의 경주신라 점찰불교^{占察佛敎}는 속리산 길상사의 영심^{永深} 대덕이 그 법통을 이어가게 된 것이다.

그리고, **'然後往詣家邑謁父(연후왕예가읍알부) > 그런 후에 고향으로옛, 고향(詣家邑=강소신라,안휘성?)으로 가서(往) 아빠작어른들(父)을 뵈기도(謁) 하고'** 라는 문장에 있는 '家邑^{가읍}'과 '父^{부}'라는 단어가 조금 해석하기 까다롭긴 하지만 {전후의 맥락을 보건대} '가읍^{家邑}=가족마을=즉 진표율사의 어머니가 사는 곳=즉 진표율사의 외조부가 살던 곳'인 '현,안휘성정원현^{定遠縣}대산진^{岱山鎭}의 정井씨 마을^{邑}{현,전북의 정읍(井邑)이라는 지명은 이 '정(井)'씨 마을(邑)의 이동지명일 수도 있을 것이다(?)}' 정도로 추정되며, 그리고 '부$^{(父)}$=친족어른' 정도로 해석하면, '자$^{(子)}$진표율사가 부$^{(父)}$석진표가 있는 개골산에 자주 갔었다.'라는 조금 어색한(?) 해석을 피할 수가 있다고 보인다. {물론 자$^{(子)}$진표율사가 개골산의 부$^{(父)}$석진표를 문안^{問安}했을 수는 있지만} 이 문장은 '문안^{問安}'이 아니라 '알현^{謁}'이라고 하고 있으므로, 자$^{(子)}$진표율사가 강소신라를 자주 드나들었던 것으로 볼 수가 있는 것이다. 따라서 **'或到眞門大德房居住(혹도진문대덕방거주) > 혹은 진문대덕(眞門大德=高僧?)의 방에 가서 살기도 하였다.'** 고 한 '진문대덕^{眞門大德}'은 경주신라 승려들뿐만 아니라 8C 당시의 당나라 승려들도 포함된다고 해석하는 것이 타당할 것이다. 그래서 이 문장은 아마 자^(子)진표율사가 종종 당나라에 건너가서 불교의 여러 종파의 종조^{宗祖}들과도 교류를 하였던 것을 기록한 것이라고 보인다. 물론 영심^{永深} 등이 찾아온 기록 다음에 당나라를 출입한 내용이 등재된 것은 시기적인 순서의 문제가 아닌 기록의 편의에 따른 것으로 보아야 할 것이다.

ⓟ (子)진표율사는 '아버지 (父)석진표'가 죽기 전{775년경(?)}에 '개골산(皆骨山=현,금강산의 *鉢淵藪*)'로 들어가 함께 수련하였는데, (父)석진표가 먼저 777년경(?)의 동쪽에 있는 바위 위에 가부좌하고 앉은 채로 입적하였고, (子)진표율사도 그 후*(언제인가?)*에 (父)석진표와 같은 모습으로 입적하여 바위 아래에 두 부자의 해골무더기가 하나의 무덤으로 합쳐졌다.

  * [발연석기(鉢淵石記)조 계속], 율사(律師)는 아버지(父)와 함께 다시 (鉢淵)에 이르러 같이 도업을 닦으며 효를 다하였다(同修道業而終孝之). 율사(師)는 세상을 뜰 때(遷化時) 절의 동쪽 큰 바위 위에 올라 죽으니(滅) 제자들이 시신(眞体)을 옮기지 않고 공양하고 해골(骸骨)이 흩어져 떨어질 때에 이르러 흙을 덮어 묻고 이에 무덤(幽宮)으로 삼았다. 푸른 소나무(靑松)가 곧 나왔다가 세월이 오래 지나자 말라 죽었고, 다시 나무 한 그루가 났고 후에 다시 한 그루가 났는데 그 뿌리는 하나였다. 지금도 두 나무(雙樹)가 있다. 무릇 공경을 다하는 사람은 소나무 아래에서 뼈를 찾는데(覓骨), 혹은 얻고 혹은 못 얻기도 한다.

  ⇒ 여기에서 '율사^{律師}=자^(子)진표율사^{眞表律師}'이고, '아버지^(父)=부^(父)석진표

^{釋眞表}이므로, {속리산 길상사의 영심에게 '제2대^{第2代} 순제^{順濟}의 임무'를 넘기고서 홀가분해진} 자$^{(子)}$ 진표율사가 {정확한 시기는 알기 어렵지만 775년경(?)에} 부$^{(父)}$석진표가 있는 '개골산$^{皆骨山=현,금강산}$의 발연수^{鉢淵藪}'로 들어가서 함께 수련하다가 부$^{(父)}$석진표가 먼저 777년경(?) 동쪽에 있는 바위 위에 가부좌^{跏趺坐}하고 앉은 채로 입적^{入寂}하여 그 해골들이 바위 아래에 떨어져 무덤이 되었고, 그 후$^{(언제인가?)}$에 또 자$^{(子)}$진표율사도 아버지와 같은 모습으로 입적하였으므로 바위 아래에 두 부자의 해골무더기가 합쳐진 무덤이 생겼었는데, '그 무덤에서 자라난 나무가 뿌리는 하나인데 줄기가 두 그루였다'는 것이다. 즉 이는 '《삼국유사/의해5》「관동풍악석기^{關東楓}^{岳鉢淵藪石記}」:1199년'조의 기록이 '서로 부자관계인 부$^{(父)}$석진표와 자$^{(子)}$진표율사를 한 사람인 것처럼 취급해서 행적을 기록하였다'는 것을 시사하는 내용으로 보인다.

⑨ 1197년에 발연사(鉢淵寺) 사주(寺主) 영잠(瑩岑)이 '(父)석진표와 (子)진표율사의 합동 해골무덤'을 수습해서 비석(鉢淵石)을 세우고 안장하였지만, 현재에는 아마 '발연사(鉢淵寺) 터'만 남아있는 것으로 보인다. 그리고 무극(無極)스님은 '(父)석진표와 (子)진표율사'를 두 사람으로 나누어서 행적을 살펴보아야 한다고 말하고 있는 것이다.

* [발연석기(鉢淵石記)조 계속], 나(予)는 ~~범사~~성인의 뼈(聖骨)가 없어질 것을 ~~염려하여~~막기 위해서(堙滅), 정사년(丁巳年:1197년) 9월 특별히 소나무 밑에 가서 뼈를 모아 통에 담으니 3홉 가량(三合許)이 되었다. 큰 바위 아래 두 나무 밑에 돌을 세워 뼈를 안장하였다(安骨焉)고 했다(云云). 여기에 기록된 진표(眞表)의 사적(事跡)은과 「발연석기(鉢淵石記)」와는 서로 같지 않은 것이 ~~있과 때문~~애있다(有不同). 따라서(故) 영잠(瑩岑)이 기록한 것을 ~~관추러석~~산삭(刪取)해서 실었다. 후세의 현명한 이들(後賢)은 마땅히(宜) 이를 상고해 보아야(考之) ~~한다~~할 것이다(後賢宜考之). 무극이 기록했

다(無極記).

⇒ 앞부분은 '발연석기^{鉢淵石記}의 저자인 개골산$^{(皆骨山=현, 금강산)}$ 발연사^{鉢淵寺} 사주^{寺主} 영잠^{瑩岑}의 기록'인데, 1197년에 발연사 동편의 바위 아래에 비석을 세워서 두 스님의 뼈를 수습하여 안장하였다는 내용이다. 그런데 {현재 알려진 바에 따르면} 영잠^{瑩岑}의 「발연석기^{鉢淵石記}」가 1199년에 저작된 것으로 되어있어서 {2년의 차이가 나긴 하지만} 내용을 확인하는 측면에서는 큰 문제가 없으리라고 추측된다. 그런데 **《삼국유사/의해5》「진표전간^{眞表傳簡}」조의 내용과 《삼국유사/의해5》「관동풍악석기^{關東楓岳鉢淵藪石記}」:1199년)조의 내용이 조금 다르므로, 발연석기^{鉢淵石記}의 내용을 간추려 기록했으므로, 후세의 현명한 이들은 마땅이^{宜} 이를 상고해 보아야 할 것이다$^{(後賢宜考之)}$'** 라는 뒷부분의 내용은, 무극^{無極}스님이 '「진표전간^{眞表傳簡}」조의 내용과 「관동풍악석기^{關東楓岳鉢淵藪石記}」조의 내용은 한 사람의 행적이 아니라 두 사람의 행적이라는 것'을 강조하려는 의도에서 기록한 문장이라고 보인다. 즉 무극^{無極}은 {이 문장을 통해서} 흔히들 '미륵신앙을 경주신라$^{(현, 한반도)}$로 전한 사람이 진표율사^{眞表律師} 한 사람인 것'으로 잘못 알려져 있지만. 실제로는 '부$^{(父)}$석진표와 자$^{(子)}$진표율사 두 부자$^{(父子)}$가 함께 전한 것'임을 말하고 있는 것이다. 그래서 무극^{無極}이 **'후세의 현명한 이들은 마땅이^{宜} 이를 상고해 보아야 할 것이다$^{(後賢宜考之)}$'**라고 했던 것이다.

③ '아버지 석진표(釋眞表;718~777?)'와 '아들 진표율사(眞表律師:734~???)'의 행적

지금까지 '망신참법^{亡身懺法}'이라는 매우 특이한(?) 수련법을 통해서 경주신라$^{(현, 한반도)}$에 미륵신앙^{彌勒信仰}을 전교^{傳敎}한 부$^{(父)}$석진표$^{(釋眞表;718~777?)}$와 자$^{(子)}$진표율사$^{(眞表律師:734~???)}$ 두 부자$^{(父子)}$ 스님의 행적^{行蹟}을 살펴보았는데, 검토된 내용들을 아래와 같이 '행적비교표'로 정리해 보았다. {군데군데 빈

칸으로 남겼거나, 필자의 '과감한(?) 추측'으로 메꾼 부분들이 많아서 매우 조심스럽긴 하지만} 필자가 부(父)석진표(釋眞表:718~777?)와 자(子)진표율사(眞表律師:734~???)를 동일인으로 보는 그동안의 해석을 '두 스님이 하나의 목적으로 비슷한 행적을 보인 부자(父子)관계임이 틀림없다.'라는 심증을 얻을 수 있었으므로 과감하게 정리해 본 것이다. 그리고 '비교적 불교적인 내용이 강한 주제'를 검토하면서도 역시 많은 '역사왜곡의 방법론'과 관련된 기록들을 확인할 수가 있었기 때문에 역시 **『삼국유사』는 불교서적이 아니라 역사서이다.**'라는 필자의 시각이 여전히 유효함을 느꼈다. 앞으로 불교를 잘 아는 분이 아래 '행적비교표'를 완성해서 **'불교와 역사를 아우르는 해석'을 해주길 기대하는 바이다.**

표18. 부(父)석진표(718~777?)와 자(子)진표율사(734~???)의 행적

#	년도	父 (釋眞表,釋,表,師)	共通	子 (眞表律師,律師,師)
1		부:진내말(眞乃末),진(眞)씨 모:길보랑(吉寶娘),정(井)씨		부:석진표(釋眞表), 진(眞)씨 모:???　, ???씨
2	718	1세:출생,강소完山州(萬頃縣)		
3	729	12세:출가,강소金山寺,崇濟法師		
4	734	17세:강소金山寺수학		1세:출생,全州(碧骨郡,大井里)
5	740	23세:강소?仙溪山(不思議菴) (14일참회)地藏菩薩(淨戒)		7세:大井里
6	743?	26?세:강소?靈山寺(참회), 弥力(占察經+證果簡子)		10?세:大井里
7	744?	27?세:강소金山귀환,開壇法施 (숭제→순제)법사임무교대?		11?세:大井里
8	745	28세: 아들을 출가시킴	◎	12세:출가,강소金山藪(順濟法師)
9	751?	34?세: 아들에게 계를 줌?	◎	18?세:수계,順濟法師(沙彌戒法)
10	752	35세: [1차]경주신라행? 김제金山藪결정? 강원阿瑟羅州행(魚鼈授戒)	◎ 늑	19세:경주신라행? 김제金山藪수학
11	755?	36?세:김제金山藪귀환	◎	22?세:김제金山藪수학?
12	760	41?세:김제金山藪거주?	◎	27세:전북保安縣邊山不思議房,

#	년도	父 (釋眞表,釋,表,師)	共通	子 (眞表律師,律師,師)
13	762?	45?세:아들을 후계자임명 <권한, 임무 승계>	◎ ≒	29?세:(전북保安,邊山不思議房) (7일참회)地藏菩薩(袈裟及鉢) (21일참회)地藏(戒本)+慈氏(眞栍)
14	763?	46?세:[1차]강소신라귀환?		30?세:김제金山藪거주?
15	764?	47?세:35경덕왕普施(佛事)		31?세:김제金山藪거주?
16	765?	48?세:[2차]경주신라행 김제金山藪?	◎	32?세:김제金山藪거주?
17	766	49세:大淵津金山藪완성? (弥勒丈六像,金堂南壁畵)?	◎ ≒	33세:大淵津金山藪를 金山寺로 창건(弥勒丈六像,金堂南壁畵)
18	767?	50?세:俗離山(吉祥草핀곳)?	◎ ≒	34?세:俗離山(吉祥草핀곳표지)
19	770?	53?세:溟州해변, 高城郡皆骨山鉢淵藪창건? 占察法會(7년거주)?	◎ ≒	37?세:溟州해변, 高城郡皆骨山鉢淵藪창건 占察法會(7년거주)
20	773?	56?세		41?세:傳簡(永深:속리산吉祥寺)
21	777?	60?세:입적:鉢淵寺(東巖上)	◎	44?세:同修道業而終孝之
22	???			???세:詣家邑調父,眞門大德房居住
23	???			???세:입적:鉢淵寺(東巖上)
24	1197			비석건립(寺主瑩岑)
25	1199			鉢淵石記(寺主瑩岑)

㈜ '기울임 표기'는 필자의 추정, '◎'은 부자공통(?), '≒'는 부자동행(?)

(2) 충담사(忠談師) 표훈대덕(表訓大德:?~?)

표훈대덕^{表訓大德}에 대해서는 '《삼국유사/기이2》「경덕왕·충담사·표훈대덕^{景德王·忠談師·表訓大德}」조: 35경덕왕의 부탁을 받아, 상제(上帝)께 청해서 아들을 낳게 해주었다.'라는 내용이 가장 특징적으로 소개되어 있지만 이에 대한 구체적인 검토에 들어가기 전에, {통설을 통해서 일반적으로 알려져 있는} 산발적인 다른 내용들을 먼저 간략하게 살펴보기로 하자. 즉 '표훈대덕에 대해서 일반적으로 알려진 내용들'은 대체로 다음과 같은 '(#1~#5) 의상법사와 관련된 내용'이 대부분일 것으로 보인다.

표19. 표훈대덕에 대해서 일반적으로 알려진 내용들

#	일반적인 내용들	비고
1	표훈대덕은 674년, 황복사(皇福寺)에서 의상법사에게서(?) 『화엄일승법계도(華嚴一乘法界圖)』와 『화엄경』을 배우고, 오관석(五觀釋)을 바쳐서 인정을 받았다.	의상법사와 관련 내용
2	의상법사가 676년경 부석사(浮石寺)를 창건하기 위해 경주신라로 떠나면서, 30문무왕에게 제자 표훈을 추천했다.	
3	의상법사의 추천을 받아 대덕(大德)이 된 표훈이 {23법흥왕(514~540) 때 창건된 강소신라의 불국사(佛國寺) 경내에 있었던} 무설전(無說殿:670년건축)에 머물렀던 듯하다. 아니면, 752년에 창건된 현,경주불국사에는 다른 대덕이 머물렀는가? [참조:「불국사고금창기(佛國寺古今創記)」]	
4	표훈대덕은 675년경(?) 현,금강산표훈사(表訓寺)를 개창하고, 초대 주지(住持)가 되었다고 하는데, 이 표훈사는 [26진평왕20(598)년, 강소신라에 개창(開創)된 사찰(○○寺)의 유적이동인가?	
5	표훈대덕은 의상법사의 10대제자중 한 사람이며, 흥륜사에 '興輪寺金堂十聖/西壁坐甲向泥塑'로 봉안되어 있다.	
6	표훈대덕은 35경덕왕(742~765)의 부탁을 받고, 상제(上帝)께 청해서 757년에 아들(36혜공왕)을 낳게 해 주었다.	경덕왕아들 출생관련

그런데 위의 내용들을 살펴보면, '(#1~#5)의상법사와 관련된 내용'이 30문무왕$^{(661\sim681)}$ 재위 시기 혹은 의상법사$^{(625\sim702)}$ 생존 시기에 있었던 상황$^{(즉,7C말\sim8C초)}$임에 비해서 {표훈대사에 대한 핵심기록인} '(#6)35경덕왕의 아들출생에 관련된 내용'은 35경덕왕16$^{(757)}$년의 상황이므로, 이 두 상황의 시차가 (최소60년~최대80년=평균70년?)으로써 {표훈이 의상법사의 제자가 된 시기를 20세 때로 본다면} 35경덕왕16$^{(757)}$년에 표훈대덕의 나이가 무려 90세 전후가 된다고 보인다. 그런데 {의학과 교통이 극도로 발달된 현대에도} 90세이면 거의 활발한 육체적 활동은 거의 하지 못하는데, {필수 이동수단인 자동차가 없었던 거의 1,500년 전의 상황에서} '35경덕왕$^{(742\sim765)}$의 부탁을 받은 표훈대덕이 상제^{上帝}가 있는 곳을 순식간에(?) 왕복했다.'라는 것은 현실성 있는 물리적 해석이라고 보기가 어려울 것이다. {물론 '상제^{上帝}가 실존인물이 아닌 귀신^{鬼神}이고 표훈이 귀신과 소통하는 경우'는 이런 상황이 가능하다고 볼 수도 있겠지만} 이런 상황

을 실존적역사^{實存的歷史}로 받아들일 수는 없을 것이다. 따라서 '{위 (#1~#6)의 모든 상황을 모두 공유하는} 한 사람의 표훈대덕이라는 실존인물은 없다.'라고 보아야 할 것이다. 이는 결국 'i.표훈^{表訓}이라는 호칭'을 썼던 사람이 '1명이 아니라 최소한 2명 이상이었을 가능성'을 염두에 두고서 검토하여야 한다는 것을 말하는 것이다. 그리고 차제에 'ii.대덕^{大德}이라는 호칭'의 의미도 함께 검토하여 종합적으로 접근해야 할 것이라고 보인다.

i. '표훈(表訓)이라는 호칭'의 의미 : 일상적으로 사용되는 단어^{單語}가 아닌 '표훈^{表訓}이라는 호칭'의 의미에 대해서 고찰하기 위해서는 {특히, 한자어^{漢字語}일 경우에는 당연히} '표훈^{表訓}'이라는 단어$^{(혹은, 글자들)}$의 통상적인 의미를 [네이버/한자사전]을 통해서 먼저 확인해 보는 것이 필요할 것이다.

o. 表(겉,표:biǎo) : 1겉, 4모범(模範), 17표하다, 20나타내다…

o. 訓(가르칠,훈:xùn) : 1가르침(訓戒), 2타이르다, 3이끌다, 9모범(模範,準則)…정도일 것이다.

따라서, '표훈^{表訓}이라는 단어의 통상적 의미'는 '가르침^{訓戒}을 나타낸다^{表}'는 것으로서, 어떤 사람의 견해나 언행에 대해 '자문^{諮問} 혹은 훈계^{訓戒}하는 것을 나타내는^{表} 것'이라고 해석할 수 있을 것이다. 즉 '표훈^{表訓}'이라는 단어는 '고대사회에서 사회적으로나 학문적으로 아직 경험이 부족한 통치자$^{(즉, 왕(王))}$를 곁에서 보좌하는 사람의 역할을 의미하는 단어'라고 할 수가 있는 것이다. {이를 현대적인 개념으로 말한다면} '자문역^{諮問役} 혹은 고문^{顧問}'이라고 할 수 있겠는데, 고대시기의 '왕사$^{(王師=즉 임금의 스승)}$의 역할'로 보면 될 것이다. **즉, '표훈^{表訓}'이란, {인명^{人名}이나 직명^{職名}이 아니라} 바로 '왕사$^{(王師=임금의 스승)}$의 역할이라는 의미'를 인명^{人名}인 것처럼 표기한 '일종의 의인화^{擬人化} 기법^{技法}'이었던 것이다.** 따라서 전체적인 맥락을 해석함에 있어서 조심하여야 할 것이다.

ii. '대덕(大德)이라는 호칭'의 의미 : '대덕大德'의 사전적 의미로서는 '대덕大德=넓고 큰 인덕人德 또는 그러한 사람'이지만… {[네이버/지식백과]를 참조하면},… **『동문선(東文選)』권64에 실려 있는 최치원의 「신라가야산해인사선안주원벽기(新羅迦耶山海印寺善安住院壁記):900년」에 따르면, 신라의 대덕은 모두 왕에 의해 선발되었으며(斯皆假王給之所擢), 50세 이상의 승(僧)으로 7년의 임기를 정했다고 한다.(時滿魯丘學易之年 始許遷喬 終期七稔)**'라 하고 있으므로, '대덕大德'이 처음부터 '승직僧職'의 하나'로 사용되었다고 보인다. 물론 이는 '대덕大德의 사전적 의미'를 활용한 직호職號였겠지만, 절대왕권이 확립된 왕조시대에는 아무에게나 부여하는 직호가 아니므로 {물론 대덕大德의 임기(7년?)를 마친 사람에게는 예우 차원에서 예전과 같이 그대로 호칭되었을 수는 있겠지만} '아무리 넓고 큰 인덕人德을 가진 사람'이라고 할지라도, 특별히 왕으로부터 임명받지 않은 경우는 사용이 극히 제한적이었을 것이라고 보아야 할 것이다.

따라서 '대덕大德이라는 호칭'이 {후대로 오면서 단순하게 '덕德이 높은大 승려僧侶'를 의미하는 것으로 해석되고는 있지만} '국가에서 임명하는 왕의 자문역으로서의 승직僧職'이라는 측면에서, '대덕大德에 임명된 승려'는 단순히 불법佛法을 수련하는 보통의 승려僧侶가 아니라 '고도高度의 확고한 정치적 입장立場을 가진 일종의 정치승려政治僧侶?'라고 볼 수가 있을 것이다. 결국 '대덕大德도 역시 왕사(王師=즉 임금의 스승)와 같은 역할을 하였다'고 보이므로, '표훈表訓의 의미=즉 왕사(王師=임금의 스승)의 역할=결국 대덕大德의 의미'의 관계가 된다고 보인다. 따라서 '「경덕왕·충담사·표훈대덕(景德王·忠談師·表訓大德)」조'라는 제목에서 보면, '35경덕왕의 왕사(王師=임금의 스승)로 소개된 충담사忠談師가 바로 표훈대덕表訓大德과 같은 의미'일 개연성이 농후하다고 해야 할 것이다. [다만, 이 부분은 아래 '②35경덕왕 아들(36혜공왕)의 출생에 관련된 내용'에서 집중적으로 다시 다루게 될 것이다]

iii. 신라시대 최초의 대덕(大德)은 675년경(?)의 표훈대덕(表訓大德)이다. : "'신라에서 최초로 대덕이 된 인물에 대해서는 기록에 약간의 차이가 있다. 즉,『삼국사기』진평왕24(585)년조와『해동고승전(海東高僧傳)』권2 지명(智明)조에서는 지명(智明)이 진평왕대 최초로 대덕(大德)이 된 것'으로 나오지만, '최치원의「신라가야산해인사선안주원벽기」에는 선덕왕대 지영(智穎)과 승고(乘固)가 높은 덕(德)으로 인해 대덕(大德)으로 올려진 것'으로 기록되어 있다."라고 기록한 [네이버/지식백과]를 참조로 하면, {신라사 전체에 약40명의 대덕^{大德}이 있었던 것으로 추정되지만} '신라에서 최초로 대덕^{大德}이 된 인물이 누구이고? 또 그 시기는 언제인지?'에 대해서 아직 결론을 내리지 못하고 있는 것으로 보인다.

그런데, 필자는 {'표19의 (#2)와 (#3)의 내용'을 근거로 해서} '**신라30문무왕**$^{(661\sim681)}$**이 675년경(?)에 당나라**$^{(唐)}$ **장안**^{長安} **황복사**^{皇福寺}**의 승려**^{僧侶}**인 표훈**^{表訓}**을 대덕**^{大德}**이라는 공식적인 승직**^{僧職}**에 임명**^{任命}**했다.**'라고 추론하게 된 것이다. 즉 '{표19(#3)의 내용 중에서} 24진평왕24$^{(585)}$년에 지명^{智明}을 대덕^{大德}이라고 한 것'은, '{앞에서 설명한} 사전적 의미로서의 대덕$^{大德=}$즉 넓고 큰 인덕^{人德} 또는 그러한 사람'이라고 24진평왕이 지명^{智明}을 칭송했던 것을, 7말8초 역사왜곡 시에 '그대로 인용해서 옮긴 것에 불과한 것'으로 보이기 때문이다. {쉽게 말해서} '24진평왕이 칭송한 대덕^{大德} 지명^{智明}'은 '왕의 자문역^{諮問役}인 공식적인 승직$^{\{僧職=즉,정치승려(政治僧侶)?\}}$'을 맡은 것이 아니라, '덕^{德}이 높은^{大} 승려$^{\{僧侶=즉, 고승(高僧)\}}$'였기 때문에 대덕^{大德}이라는 존칭으로 불렸던 것으로 본다는 것이다.

그리고 필자가 '{표19(#2+#3)의 내용 중에서} (#2) {신라30문무왕이 의상법사를 대덕$^{\{大德=즉\ 왕(王)의\ 자문역(諮問役)\}}$으로 임명하려 하자, 의상법사가 자기 대신에 제자인 황복사의 표훈법사^{表訓法師}를 추천했었기 때문에 (30문무왕이) 당나라 황복사의 표훈법사^{表訓法師}를 대덕^{大德}으로 임명했었으므로} 그 표훈법사^{表訓法師}가 표훈대덕^{表訓大德}이 되어서 '{(#3)의 내용과 같이}

23법흥왕 시기에 창건된 강소신라 불국사^{佛國寺} 경내에 {670년에 건축된} 무설전^{無說殿}에 머무르게 된 것'을 「불국사고금창기^{佛國寺古今創記}」가 기록했다'고 보는 것이다. 그리고 무설전^{無說殿}이 건설된 시기는 '(#1)의 674년(?)과 (#3)의 676년(?) 사이인 675년(?) 정도'로 보면 될 것이다. **결국, '불국사^{佛國寺}란 이름의 사찰이 강소신라와 경주신라 두 군데에 있었다**'라고 해야 할 것이다. 물론 '강소신라 불국사$^{(528년건축)}$는 7말8초 역사왜곡 과정에서 철거되었고, 현,경주불국사$^{(751년건축)}$로 명칭이동되면서 재건축되었다고 보면 될 것이다.

① '표훈대덕(表訓大德)'에 대해서, 일반적으로 알려진 내용들

이제, 앞에서 미리 검토한 'ⅰ.표훈^{表訓}이라는 호칭의 의미'와 'ⅱ.대덕^{大德}이라는 호칭의 의미'를 바탕으로 해서 '일반적으로 알려져 있는 (#1~#6)의 내용'을 간단히 살펴보기로 하자.

ⓐ 675년경(?), 의상법사가 경주신라^{현,한반도}로 떠나면서, 제자인 표훈(表訓)을 신라30문무왕에게 '대덕(大德)'이라는 승직(僧職)에 추천했다.

＊(#1) 표훈대덕은, 674년 황복사(皇福寺)에서 의상법사에게서(?) 『화엄일승법계도(華嚴一乘法界圖)』와 『화엄경』을 배우고, 오관석(五觀釋)을 바쳐서 인정을 받았다.'

＊(#2) 의상법사가 676년경(?) 부석사(浮石寺)를 창건하기 위하여 경주신라^{현,한반도}로 떠나면서, 30문무왕$^{(661~681)}$에게 제자인 표훈을 '대덕^{大德}이라는 승직^{僧職}'에 추천했다.

⇒ 앞의 '의상법사$^{(義相法師:625~702)}$' 항목에서 이미 '황복사$^{(皇福寺)}$=장안$^{(長安=현,서안)}$에 있는 당황실^{唐皇室}의 원찰^{願刹}'임을 밝혔다. 그리고 대략 674년경에는 의상법사가 황복사의 주지^{住持}로 있었으며, '{오관석^{五觀釋}을 지어서 인

정받았다는} 표훈법사^{表訓法師}'가 화엄교학을 배운 그의 제자 중 한 사람이었던 것으로 보인다. 따라서 황복사의 의상법사가 화엄불교를 전교하기 위하여 경주신라^{현,한반도}로 건너간 것이나, 30문무왕이 황복사의 표훈법사를 대덕^{大德}으로 임명하게 된 것은 모두 '당시의 당나라 황제인 당고종^{唐高宗}의 강소신라 처리$^{(즉,축출)}$에 대한 의중{意中=즉 당고종의 계획(음모?)}'에 따른 것이라고 보아야 할 것이다.

결국, '7말8초 이후의 신라불교에 지대한 영향을 끼친 의상법사와 30문무왕의 정치자문역$^{(政治的諸問役,mentor)}$을 맡은 표훈대덕^{表訓大德}이 당황실^{唐皇室}의 원찰^{願刹}인 황복사^{皇福寺}에서 파견한 승려들이었다.'는 것은 당시의 신라정치가 이미 당나라의 수중에 완전히 들어가 있었음을 시사한다고 보아야 할 것이다.

그리고 또 '표훈^{表訓}'이란 곧 '왕사$^{(王師=임금의 스승)}$의 역할을 의미하는 단어'라고 볼 수가 있는데, 이는 '대덕^{大德}=즉 왕^{王}의 정치자문역$^{(政治的諸問役,mentor)}$'과 그 의미나 역할이 비슷하므로 최소한 675년경(?) 30문무왕이 처음으로 대덕^{大德}을 임명한 직후에는 '표훈^{表訓}' 또는 '대덕^{大德}'이 같은 의미로 호칭되다가, 후에 '표훈대덕^{表訓大德}이라는 복합된 호칭'이 고착화 되면서부터 마치 본명이 처음부터 '표훈^{表訓}이었던 것'처럼 와전되어 버린 것이 아닌가? 추측된다. 그래서 필자는 {대략 70년 뒤의 시기^{즉,757년인}} 35경덕왕 시기에 또 다른 사람에게도 '표훈대덕^{表訓大德}이라는 호칭'을 사용하는 상황이 생기게 된 것이라고 보아서, '675년경(?)의 표훈대덕^{表訓大德}=즉 (no.1)표훈대덕$^{no.1表訓大德}$'과 '757년의 표훈대덕^{表訓大德}=즉 (no.n)표훈대덕$^{no.n表訓大德}$'으로 구분해서 살필 필요가 있다고 본다.

ⓑ '675년경(?)의 (no.1)표훈대덕(表訓大德)'과 '757년의 (no.n)표훈대덕(表訓大德)'은 서로 다른 인물이다.

＊ (#3) 의상법사의 추천을 받아 대덕(大德)이 된 (no.1)표훈대덕이 {23법흥왕$^{(514~540)}$ 때 창건된} 강소신라의 불국사(佛國寺) 경내에 있었던 {670년에 건축된} 무설전(無說殿)에 머무른 듯하다. 따라서 {「불국사고금창기(佛國寺古今創記)」를 참조로 하면} '752년에 창건된 현,경주불국사에는 {(no.1)표훈대덕과는 다른 인물인} (no.n)표훈대덕이 머물렀을 것'으로 보인다.

⇒ 소위 '표훈대덕이 불국사에서 강론하고 머물렀다.'라는 설^{說}에 대한 필자의 견해를 정리한 것인데, 필자는 '670년경 30문무왕이 당나라 승려들이 기거할 숙소로 사용하기 위하여 {23법흥왕$^{(514~540)}$ 때 창건된 강소신라^{현,강소성} 불국사^{佛國寺}의 경내에} 무설전^{無說殿}이라는 건물$^{(즉, 숙소)}$을 신축하여, 675년경(?)에 임명된 (no.1)표훈대덕을 기거하게 한 것'이 「불국사고금창기^{佛國寺古今創記}」의 기록내용'일 것으로 추측하는 것이다. 결국 '752년에 창건된 현,경주불국사에는 (no.n)표훈대덕이 잠시 머물렀던 것'이므로 {대략 70년의 시차가 있는} (no.1)표훈대덕^{表訓大德}과 (no.n)표훈대덕^{表訓大德}은 서로 다른 인물로 보아야 하는 것이다.

ⓒ 675년경(?) (no.1)표훈대덕이 금강산 표훈사(表訓寺)를 개창하고 초대 주지(住持)가 되었다.

＊ (#4) 표훈대덕은 675년경(?) 경주신라^{현,한반도} 금강산에 표훈사(表訓寺)를 개창(改創)하고, 초대 주지(住持)가 되었다. 즉 이 표훈사는 '26진평왕20$^{(598)}$년 강소신라에 개창(開創)되었던 어떤 사찰$^{(○○寺?)}$의 유적이동일 것'이다.

⇒ 필자는 '675년경(?) 경주신라 금강산 표훈사^{表訓寺}를 개창^{改創}한 인물'은 (no.1)표훈대덕^{表訓大德}이며, '35경덕왕 시기의 (no.n)표훈대덕^{表訓大德}'과는 서로 다른 인물로 보고 있다. 그리고 또 현,금강산 표훈사^{表訓寺}도 '26진평왕20$^{(598)}$년 강소신라에서 개창되었던 어떤 사찰$^{(○○寺?)}$을 철거해서

유적이동시킨 뒤, 사찰 이름을 표훈사^{表訓寺}라고 바꾼 것'으로 추정하는 것이다.

ⓓ {의상법사의 제자이자 흥륜사십성(興輪寺十聖)의 하나인} 표훈(表訓)은 '(no.1~no.n)표훈대덕^{表訓大德}의 총칭'이다.

* (#5) 표훈대덕은, 의상법사의 10대제자 중 1인이며, 흥륜사금당십성(興輪寺金堂十聖)에 서벽좌갑향니소(西壁坐甲向泥塑)로 봉안되어 있다.

⇒ (no.1)표훈대덕^{表訓大德}이 의상법사$^{(625~702)}$의 제자인 것은 분명하지만, (no.n)표훈대덕^{表訓大德}은 대략 70년의 시차가 있는 후대사람이므로 의상법사의 직제자$^{(直弟子=즉, 當代弟子)}$로 볼 수는 없을 것이다. 그러나 35경덕왕의 '대덕^{大德}=즉 왕^{王}의 정치자문역$^{(政治的諸問役, mentor)}$'이었던 (no.n)표훈대덕도 역시 '당황실^{唐皇室}의 원찰인 황복사$^{[皇福寺=즉, 장안(長安=현, 서안)]}$ 출신'일 개연성이 크므로, 넓은 의미에서 '의상법사의 제자'에 속하는 것으로 해석될 수가 있을 것이다. 따라서 {'의상법사의 10대 제자'에 대한 행적을 정확히 밝히지 않은 상태에서는 단언키가 어려우므로} '표훈대덕^{表訓大德}={(no.1)표훈대덕~(no.n)표훈대덕}의 총칭'으로 취급해서 해석하는 것이 합리적이라고 보인다.

그리고, 흥륜사금당십성^{興輪寺金堂十聖}으로 봉안된 표훈^{表訓}의 진흙상이 원효^{元曉}나 자장^{慈藏}과 마찬가지로 '서벽좌갑향니소^{西壁坐甲向泥塑}=즉 서쪽 벽에 앉아서 동쪽을 향하고 있다^{甲向}'라고 했으므로 '여러 명의 (no.1~no.n)표훈대덕들 중 최소한 1명 이상'이 경주신라로 출장(?)을 왔었다가 도중에 죽어서 현,한반도 땅에 묻혔기 때문에 '그를 대표로 한 표훈^{表訓}이라는 진흙상^{泥塑}'을 흥륜사금당십성^{興輪寺金堂十聖}에 서벽좌갑향^{西壁坐甲向}해서 봉안한 것일 수도 있다'고 보인다.

ⓔ 상제(上帝)께 청해서 757년에 35경덕왕의 아들을 낳게 한 대덕은

(no.?)표훈대덕이다.

* (#6) 표훈대덕은 35경덕왕$^{(742~765)}$의 부탁을 받아, 상제^{上帝}께 청해서 757년에 아들$^{(36혜공왕)}$을 낳게 해주었다.'

⇒ 이 내용은, 필자가 《삼국유사/기이2》경덕왕·충담사·표훈대덕$^{景德王·忠談師·表訓大德}$조를 대상으로 해서 집중적으로 검토하려는 내용이다. 아래 검토내용들을 참조 바란다.

② 35경덕왕의 친아들(親子)인 36혜공왕의 출생에 관련된 내용

이 내용은 《삼국유사/기이2》경덕왕·충담사·표훈대덕$^{景德王·忠談師·表訓大德}$조에 비교적 자세하게 소개되어 있으며,『삼국사기』에도 이 내용들에 부합되는 상황들이 기록되어 있으므로 '**표훈대덕**^{表訓大德}**이** {**신라35경덕왕의 부탁을 받아서**} **상제**^{上帝}**께 청해서 아들**(**36혜공왕**)**을 낳게 해주었다.**'라는 것은 {세부적으로 약간의 의미 차이는 있겠지만} 전체적으로는 실사적 상황이라고 보인다.

그런데 이 기록은 {그 구성에서 조금 특이한 면을 보이고 있는데} 제목에 '경덕왕충담사표훈대덕^{景德王忠談師表訓大德}'과 같이 (경덕왕+충담사+표훈대덕)이라는 고유명사들이 연속되어 있어서, 그 구분이 명확한 경덕왕^{景德王}을 제외한 '충담사표훈대덕^{忠談師表訓大德}'이 '충담사이면서 표훈대덕이라는 한 명의 인물'을 지칭하는 것인지? '충담사와 표훈대덕이라는 두 명의 인물들'을 지칭하는 것인지가 아주 애매하게 되어있다는 것이다. 물론 {현재의 대체적인 통설에서는} '충담사와 표훈대덕이라는 두 명의 인물들을 지칭하는 것'으로 보고 있지만, 필자는 '충담사이면서 표훈대덕이라는 한 명의 인물을 지칭하는 것'으로 해석하고 있으므로 이에 대해 설명하고자 한다.

즉 {필자가 지금까지 검토해 온 '표훈^{表訓}=즉 왕사$^{(王師=임금의 스승)}$의 역할'과

'대덕^{大德}=즉 왕^王의 정치자문역^(政治的諮問役,mentor)'이라는 의미를 연결해서 살펴보면} '{왕의 정치자문역}'과 '왕사의 역할'이란 결국 같은 의미를 달리 표현한 것이므로, '표훈^{表訓}={왕사^(王師=임금의 스승)의 역할}=즉,대덕^{大德}'의 관계라고 할 수 있을 것이다. 따라서 '표훈^{表訓}'과 '대덕^{大德}'은 사실상 '왕사^(王師=임금의 스승)의 역할'을 의미하는 동의어로 보아야 한다는 것이다. 이는 곧 '표훈^{表訓}이 대덕^{大德}의 본명^(本名or法名)이 아니다'라는 의미이므로 일연스님이 이 기록의 어딘가에 '표훈대덕^{表訓大德}의 본명^(本名or法名)'에 대한 힌트를 등재시켜 두었을 것이라고 추론된다. 즉 그 힌트가 바로 표훈대덕^{表訓大德}이란 표현 바로 앞에 기록한 '충담사^{忠談師}=즉,충담법사^{忠談法師}'로서 '법명^{法名}인 충담^{忠談}이 본명^{本名}의 역할을 하고 있다'는 것으로 이해된다. 결국 《삼국유사/기이2》경덕왕·충담사·표훈대덕^{景德王·忠談師·表訓大德}〉조 제목의 의미는 '이 기록이 신라35경덕왕 시기의 충담법사^(法名)인 표훈대덕^(僧職名稱)에 대한 이야기이다.'라는 것이 되는 것이다.

그래서 지금부터 {이러한 관점에서} **《삼국유사/기이2》경덕왕·충담사·표훈대덕^{景德王·忠談師·表訓大德}조: 표훈대덕(表訓大德)인 충담법사(忠談師)가 신라35경덕왕의 부탁을 받아, 상제(上帝)께 청해서 아들(36혜공왕)을 낳게 해준 이야기**를 '역사왜곡방법론'과 연결지어서 살펴보고자 한다.

ⓕ 757년 {경주신라^(현,한반도)의 땅에 '9주^州,5소경^{小京},120군^郡,305현^縣이라는 지방행정체제'를 정비해서 발표했던} 강소신라35경덕왕은, 765년 초(?) 당나라에서 보내온 덕경^(德經=道德經아님?)을 받고서 자신의 거취^(生死문제=즉 사실상 자살?)를 결정했었다.

*《삼국유사/기이2》경덕왕·충담사·표훈대덕(景德王·忠談師·表訓大德)조 : [당나라에서 보낸]《도덕경(德經)》등을 대왕[경덕왕]이 예를 갖추어 받았다. 왕이 나라를 다스린 지 24년(742~765=24년간)에 오악(五岳)과 삼산(三山)의 신들이 길거나 또는 짧게(時或) 대궐 뜰(殿庭)에 나타나 [왕

을] 모셨다.

⇒ 이 기록은 비록 짧지만, 아주 많은 내용을 함축하고 있다. 먼저, {『삼국사기』의 해당기사를 확인하면} '35경덕왕이 당나라로부터 이《덕경德經》[21]을 받고서 바로 자신의 거취{生死=필자는 35경덕왕이 사실상 자결한 것으로 추정한다}를 결정했었다.'라고 보이므로 이《덕경德經》은 35경덕왕이 {정상적으로 재위하던 시기에 받은 것이 아니라} 사망하기 직전에 받은 것(765년초?)으로 추정이 된다. 따라서 {당나라에서 보냈다는} 이《덕경德經》의 내용 속에는 '{정치적으로 매우 중요한 의미를 가진} 7말8초 역사왜곡에 대한 핵심적인 내용이 포함되어 있었다'라고 해야 할 것이다.

즉, '《덕경德經》을 받았다.'라는 기록의 바로 다음에 위치한 '**王御國二十四年, 五岳三山神等時或現侍扵殿庭**'이라는 식의 기록은 '35경덕왕의 24년 재위기간 전체에 대한 회고回顧의 성격이 강한 기록'이라고 보아야 하는데, 이와 같은 '왕의 재위기간 전체를 회고하는 기록'은 대개 '왕의 재위기록이 아니라 사망기록에 포함되는 내용일 경우'가 많으므로, 이《덕경德經》이 765년6월에 사망한 강소신라35경덕왕의 '직접적인 사망원인'이었다고 보이며, '이러한 갑작스러운 사망은 대개 사실상의 자살自殺or自決과 같은 사고사事故死일 개연성이 크다'고 보는 것이다.

어쨌든 '35경덕왕의 24년 재위기간 전체에 대한 회고回顧의 성격이 강한 기록의 내용'을 한마디로 정리한 것이, 바로 '**五岳三山神等時或現侍扵殿庭**.(오악삼산신등시혹현시어전정) > 오악(五岳)과 삼산(三山)의 신(神)들

---

21) 당나라에서 보냈다는《덕경德經》: 「국사편찬위원회/한국사db [https://db.history.go.kr/ancient/level.do?levelId=sy_002r_0010_0070_0010]」에는《도덕경道德經》으로 잘못 번역하고 있지만, 이는 '노자老子의《도덕경道德經》'을 말하는 것이 아니다. 즉, 이《덕경德經》은 {노자老子의《도덕경道德經》이라는 경서經書에 가탁假託한} 당나라 황제가 강소신라의 35경덕왕에게 내린 어떤(?) 명령서'로 보아야 할 것이다. {물론, 그 내용이 확인되지는 않았지만} 35경덕왕이 이《덕경德經》을 받고서 {'재위기간 24년'을 회고한 뒤} 얼마후에(?) 사망한 것이므로, 필자는 '{아마} 사실상의 자결명령서自決命令書였을 것'으로 추론하는 바이다.

이 길거나 또는 짧게(時或) 대궐 뜰(殿庭)에 나타나 [왕을] 모셨다.'라는 기록이라고 할 수 있다. [참고; 여기에서 '시혹^{時或}'의 의미는 '時$^{(늘,시)}$=즉 계속해서 오랜 시간'의 의미이고, '或$^{(간혹,혹)}$=간혹$^{(즉\ 잠깐의\ 짧은\ 시간)}$'의 의미이므로, '시혹^{時或}=즉 길거나 또는 짧게'라는 시간의 길고 짧은 정도로 해석하면 될 것이다.]

결국 이 문장은 35경덕왕이 전체 재위기간인 24년 동안에 '오악과 삼산의 신들$^{\{즉\ 현,한반도의\ 여러\ 지방세력들\}}$ 모두가 계속해서$^{\{즉,時(늘,시)\}}$ 왕에게 복종한 것$^{\{즉\ 왕을\ 모신\ 것\}}$이 아니라 각각 나뉘어져서 산발적으로$^{\{즉\ 或(간혹,혹)\}}$ 왕에게 복종하거나 또는 이탈하였다'라는 의미로 해석해야 하는데, {이를 역설적으로 본다면} '한반도 전체의 행정구역을 정비하는 것이 24년이나 걸린 참으로 어려운 작업이었지만 드디어 마무리했다. 그런데, 이제는 그 보람을 느끼지도 못하게 되어 버렸다.'라는 매우 복잡한(?) 심정을 이 '회고^{回顧}의 성격이 강한 기록' 속에 담고 있다고 보이는 것이다. {이를 조금 더 부연 설명하면} 35경덕왕은 재위16$^{(757)}$년말에 {이미 그 전에 당나라와 합의되어 실무작업이 진행되어 오던} 강소신라$^{(현,강소성)}$가 장차 이주해 갈 경주신라$^{(현,한반도)}$의 땅에 '9주^{州},5소경^{小京},120군^{郡},305현^{縣}'이라는 지방행정체제'를 정비해서 발표하였고, 재위18$^{(759)}$년 초에는 '경주신라에 옮겨가서 운용할 신라국^{즉,경주신라}의 중앙정부구성 편성표[22]'를 발표하였으

---

[22] 신라국의 중앙정부구성 편성표 : 《삼국사기권38,권39,권40/잡지》의 '직관(職官)上,中,下'를 말한다. 이는 대체로 759년의 편제상황을 기준한 것으로서 주요부서의 장관급이나 책임자급 인원수를 1명이 아니라 2명으로 하였고 실무자들의 인원수도 짝수(즉,2배수)로 편제하여, 당시의 신라조정이 강소신라와 경주신라에서 두 집 살림을 하던 상황을 반영하였던 것이다. 즉, 강소신라는 682년에 만파식적을 접수한 이래 경주신라로의 이주를 차일피일 미루었고 '신라국의 중앙정부구성 편성표'를 재정비해서 최종 확정한 759년까지도 강소신라에서 완전히 떠나지 않았던 것이다. 물론, 신라조정은 이때로부터 115년을 더 강소신라에 남아 2중 조정을 운영하면서 버티다가 {한반도로의 철수를 처음 결정한 675년(즉,매소성전투?)으로부터 무려 200년이 지난 875년에야 비로소 강소신라 조정을 폐쇄하고 경주신라에만 단일 조정을 운영하게 된 것이다.

므로, 이제 '강소신라를 경주신라로 이주하는 문제'에서 남은 일정이란 오직 '이사하는 날짜만 정해서 그냥 떠나는 것'만 남게 되었던 것이다.

그래서 {경주신라에 대해} '지방행정체제'를 정비하고 '중앙정부구성편성표'를 짜는 과정에서 수많은 관련자들이 35경덕왕에게 몰려와서 협조하기도 하였고 반발하기도 하였으며 또 읍소하기도 하는 등의 험난한(?) 상황이 있었었는데, 이제 그런 상황이 모두 정리되었었음을 회고^{回顧}한 것이다. 그리고 {대개의 회고^{回顧}가 다 그렇듯이} 조금은 '서운한 심정'을 담게 되는데, 그 '서운함의 직접적인 대상'이 바로 '당나라가 보낸《덕경^{德經}》이었다'는 것이 이 짧은 기록의 밑바탕에 깔려있는 정서^{情緖}라고 해야 할 것이다.

어쨌든 35경덕왕이 757년 초에 '경주신라의 행정체제 정비작업'을 (거의) 마친 다음에 {'이제 할 만큼 다했다. 당나라도 이제 해볼 테면 해봐라(?)'라는 심정으로 작심하고(?)} 표훈대덕을 통해 상제$^{上帝=즉, 당황제(당숙종:唐肅宗)}$에게 '공식적으로 신라왕^{王}의 대^{代}를 이을 아들$^{(즉, 태자(太子))}$을 낳겠다.'라고 선언하고서 만월부인^{滿月夫人}을 새로 후비^{後妃}로 들여서 결국 1년 뒤인 758년7월23일에 아들$^{(즉, 36혜공왕)}$을 낳았던 것이다.

그런데, 이 기록은 {통설에서 단순하게 해석하는 바와 같이} 그냥 '아들을 낳지 못한 35경덕왕이 하늘에 기도해서 아들을 얻었다'라는 신화^{神話} 같은 이야기가 아닌 것이다. 즉 당나라가 {682년에 신라31신문왕에게 만파식적^{萬波息笛}을 주면서} '강소신라^{國} 왕통^{王統}의 부자승계^{父子承繼} 금지규정'을 추가로 덧붙여서 계속 강요해 왔었던 것인데, 35경덕왕이 이번에 당나라 황제에게 '이제, 할 만큼 다했으니 그 금지규정을 풀어달라.'고 요구한 것과 같았으므로, {'7말8초 역사왜곡'의 관점에서는} 아주 큰 변곡점을 만든 정치적 사건을 은유적으로 시사하고 있기 때문이다. 아래에서 더 살펴보자.

ⓖ {경주신라로 이전할 준비가 거의(?) 마무리되자} 강소신라35경덕왕이 당황제(唐皇帝=즉,上帝)에게 '강소신라가 드디어 경주신라로 옮겨 갈 준비가 마무리되었으니, 이젠 왕태자(王太子)를 낳아서 {나중에 현,한반도로 옮겨가서 경주신라의 황제^{皇帝}가 될} 강소신라의 왕으로 삼겠다.'라고 통보하기 위하여, 그 적임자로서 당황제가 보낸 당나라 승려인 '충담스님(忠談師)=즉,표훈대덕(表訓大德)'을 선택했던 것이다. :

* ['경덕왕·충담사·표훈대덕'조 계속], '3월3일(~~765년~~757년?)에 왕이 귀정문(歸正門)의 누 위에 나가서 좌우의 측근에게 말하기를, "누가 길거리에서(途中) 위의(威儀) 있는 승려(榮服僧) 한 사람(一員)을 데려올 수 있겠느냐?"라고 하였다. 이때(於是) 마침(適) 위의가 깨끗한(威儀鮮潔) 고승 한 분(一大德)이 배회하고 있었다(徜徉而行). 좌우 측근들이 그를 보고 데려다 보이니, 왕이 말하기를, "내가 말하는 위의 있는 승려가 아니다(非吾所謂榮僧也)"라고 하면서 그를 물리쳤다. 다시 한 승려(一僧)가 납의(衲衣)를 입고 앵통(櫻筒)을 지고서{또는 삼태기를 졌다고도 한다.(一作荷簣)} 남쪽에서 왔다(從南而來). 왕이 그를 보고 기뻐하면서 누 위로 맞아서 그 통 속을 보니, 다구(茶具)가 들어있을 뿐이었다. 왕이 묻기를, "그대는 누구요?(汝爲誰耶)"라고 하니, 승려가 대답하기를, "충담(忠談)이옵니다"라고 하였다. [왕이] 묻기를, "어디서 오시오?(何所歸來)"라고 하니, 승려가 대답하기를, "소승은 3월3일(重三)과 9월9일(重九){每重三重九之日}에는 남산(南山) 삼화령(三花嶺)의 미륵세존(彌勒世尊)에게 차를 다려 공양하는데(烹茶饗), 지금도 차를 드리고 돌아오는 길입니다(今玆旣獻而還矣)"고 하였다. 왕이 말하기를, "과인에게도 차 한 잔을 줄 수 있소?(寡人亦一甌茶有分乎)"라고 하니, 승려가 곧 차를 다려 왕에게 드렸는데, 차의 맛이 이상하고 찻잔 속에는 특이한 향이 풍겼다(甌中異香郁烈). 왕이 말하기를, "짐이 일찍이 듣기로는 스님이 기파랑(耆婆郞)을 찬양한(讚) 사뇌가(詞腦歌)가 그 뜻이 매우 높다고 하던데, 과연 그러하오?"라고 하니, 대답하기를, "그러하옵니다

(然)"라고 하니, 왕이 말하기를, "그렇다면 짐을 위해 백성을 편안히 다스릴 노래를 지어주시오(然則爲朕作理安民歌)"라고 하니, 승려가 즉시 칙명을 받들어 노래를 지어 바쳤다. 왕이 그를 아름답게 여겨 왕사(王師)로 봉하니, 승려는 두 번 절하고 굳이 사양하며 받지 않았다(僧再拜固辭不受).'

⇒ 우선 이 기록은 '{소위 말하는}「찬기파랑가讚耆婆郎歌」와「안민가安民歌」를 지었다'는 충담사忠談師에 대한 기록인데, 3월3일이라고만 되어있어서 몇 년도의 기록인지가 문제가 된다고 보인다. 물론 기존의 통설에서는 앞에 나와 있는 '王御國二十四年>왕이 나라를 24년간 다스렸다.'라는 기록을 기준으로 해서, 이를 '35경덕왕24(765)년 3월3일'이라고 해석하는 것으로 보이는데, 필자는 이 기록의 내용이 아래에 있는 '757년의 표훈表訓 대덕大德과의 이야기'에 연결된다고 보아서 '35경덕왕이 충담사{忠談師=즉, 표훈대덕(表訓大德)}에게 "상제에게 청해서 아들을 낳게 해달라"라고 부탁한 시기가 35경덕왕16(757)년 3월3일일 것'으로 추론하고 있다. 즉 필자는 기본적으로 {아래 '757년의 표훈表訓 대덕大德과의 이야기'에서 설명하겠지만} '충담사忠談師와 표훈대덕表訓大德은 동일인이다'라는 관점에서 《삼국유사/기이2》경덕왕·충담사·표훈대덕'조의 전체 기록이 하나의 맥락을 가진 연결된 기록이며, 그 중심주제는 {마지막 문장에서 말하는} '35경덕왕이 아들을 낳게 된 경위'라고 이해하고 있는 것이다.

어쨌든 내용을 살펴보면,… 위 '35경덕왕16(757)년 3월3일'의 기록에는 '35경덕왕(742~765)'을 포함하여 'A=위의威儀가 깨끗한(鮮潔) 고승(大德)=즉 영복승(榮服僧=옷을 잘 입은 승려)'과 'B=납의衲衣 입고 앵통櫻筒을 진(負) 승려{僧}=즉 충담忠談' 등 세³ 사람이 등장하는데, 35경덕왕은 'A'가 '영승{榮僧=꽃을 꽂은 승려=즉 승직(僧職)을 받은 승려}'이 아니어서 퇴짜를 놓았던 것이다. 당시에는 아마(일반적으로) 관직을 받은 것을 '꽃을 꽂았다.'라고 말했었던 것으로 보이는데 {이 상황에서는, 승직을 줄 수 있는 나라는 강소신라가 아니면 당나라였으므로} 당시의 강소신라35경덕왕은 {마음속으로} 영승{榮僧=즉 당나라의 승직을 받은 당나라 승려}을 만나길 원했었던 것'인데, 신하들이 영승{榮僧=즉 당나라 승직을 가진 승려}을 영복승{榮服僧=즉 옷을 잘 입은(威儀鮮潔) 고승(大德)}으로 오해해서 '{비록 승직僧職은 없지만} 덕망이 높은 고승 한 분(一大德)'을 모셔왔던 것이므로 35경덕왕으로부터 퇴짜를 당했던 것이다. 즉 이는 '{복服이란 글자 하나만 다른} 영승榮僧과 영복승榮服僧이란 단어의 미세한 의미 차이'를 이용해서 '35경덕왕이 아들{즉,36혜공왕}을 낳게 된 경위 속에 숨겨져 있는 7말8초 역사왜곡{즉,대왜곡3}의 실상實相'을 우리 후손들에게 알리는 『삼국유사』 특유의 역사왜곡방법론 설명사례'라고 해야 할 것이다.

그리고 이는 '대덕大德이란 호칭이 일반적으로는 '덕망이 높은 고승高僧'이라는 의미로도 쓰이지만, 경우에 따라서는 '왕王이 임명한 승직僧職'을 의미하는 것으로도 사용된다는 것을 일연스님이 미리 설명하고 있는 것으로 해석하여야 {아래에서 언급될} 표훈대덕表訓大德의 '대덕大德'이라는 호칭이 '고승高僧'이라는 의미와 '왕(王or帝)으로부터 승직僧職을 받았다'라는 의미로 두루 사용되고 있음'을 쉽게 이해할 수 있을 것이다. 그래서 결국 {A가 아닌} 'B=납의衲衣 입고 앵통櫻筒을 진(負) 승려(僧)=즉,충담忠談'을 선택한 것인데, {그가 승직僧職을 받았는지는 아직 잘 모르겠고 또 고승高僧인지도 잘 모르겠으므로} 35경덕왕이 'B=즉,충담忠談'을 {예리하게} 면접시험한 것이 다음에 이어지는 기록들이다. 이제, 이 'B=즉,충담忠談'에 대해 하나씩 자세히 살펴보자,

i. 남쪽에서 왔다(從南而來)

⇒ 「한국사db」가 '從南而來(종남이래)'를 '남쪽에서 왔다.'라고 간단하게 번역해 버림으로써 해석이 조금 어려워져 버렸는데, 이를 '남쪽을(南) 따라서(從) 왔다(而來).'라고 해석하게 되면 발상의 범위가 조금 더 넓어질 것이다. 즉 '남쪽을 따라서 왔다.'는 것은 {강소신라{현,강소성양주(揚州)} 남쪽의

현,장강[長江=즉,揚子江]이 당시 당나라로부터 강소신라로 오는 주요 교통로{[長江+湘江]水路}였던 것이므로} 결국 '당나라唐에서 왔다.'라고 이해될 수도 있을 것이고, {'종남從南'을 종남산[終南山=즉 당나라長安 남쪽의 산]의 은유隱喩로 이해하면} 결국 충담忠談을 당나라 종남산 출신 승려로 확장해서 볼 수가 있게 되는 것이다. 물론 필자는 당연히 '일연스님이 {이와 같은} 확장된 의미에서 從南而來종남이래라는 문구를 사용했었다'라고 추측하는 바이다.

어쨌든 35경덕왕은 '충담忠談이 從南而來종남이래한 승려라는 것{즉 당나라 승려}'을 이미 알고 있었으므로, 반은 합격시키고 있지만 더 확실히 하기 위해서 직접 면접시험을 계속하게 된 것이다.

ii. "그대는 누구요?(汝爲誰耶)"라고 하니, 승려가 대답하기를, "충담(忠談)이옵니다"

⇒ 여기에서도 「한국사db」의 번역이 '汝爲誰耶여위수야'를 단순히 '그대는 누구요?'라고 너무 좁게 번역해 버림으로써 해석의 방향이 완전히 빗나가 버렸는데, 경덕왕은 {B스님의 이름을 물었던 것이 아니라} '너는 누구誰를 위爲하느냐? 또는 너는 무슨 일을 하느냐?'라고 '승려로서의 직무를 포함해서 포괄적으로' 물었던 것이다. 그러자 B스님이 '충담忠談=즉 충실하게(忠=즉,진실되게) 이야기해 주는談 직무職務=즉 {황제or왕}의 자문역(諮問役=adviser)'이라고 대답을 한 것이다. 그래서 일단 충담忠談이 본명(本名=or法名)인지는 불분명하지만 {다른 이름이 후대로 알려지지 않았으므로} 통설에서와 같이 그냥 '이름(本名=or法名)이 충담忠談인 것'으로 취급할 수도 있겠지만 그보다는 '직무職務가 충담忠談인 것'으로 보는 것이 더 적절하다고 해야 할 것이다. 어쨌든 강소신라35경덕왕은 'B스님이 당황제당7숙종의 자문역(諮問役=adviser)인 충담忠談이라는 것'을 확인하였으므로 경덕왕은 {마음속으로} B스님에게 거의 합격점수를 주었던 것이다. 그래서 두 번째 질문을 한 것이다.

iii. "어디서 오시오?(何所歸來)"라고 하니, 승려가 대답하기를, "소승은 3월3일(重三)과 9월9일(重九)(每重三重九之日)에는 남산(南山)삼화령(三花嶺)의 미륵세존(彌勒世尊)에게 차를 다려 공양하는데(烹茶饗), 지금도 차를 드리고 돌아오는 길입니다(今茲旣献而還矣)"

⇒ 불자(佛者)가 아닌 필자로서는 {'3월3일(重三)과 9월9일(重九)[每重三重九之日]에 차공양을 하는 것'이 구체적으로 무슨 의미인지를 잘 모르겠지만} 아마 '당나라 조정과 관련된 힌트'가 아닌가? 추측하며, '남산(南山) 삼화령(三花嶺)의 미륵세존(彌勒世尊)'도 역시 '당나라 장안(長安) 남쪽의 종남산[終南山=현,서안남쪽, 진령(秦嶺)]에 위치한 어느 사찰일 것'으로 추측하는 바이다. 어쨌든 {이 문장들의 본의를 잘 모른다하더라도} '화제(話題)를 차(茶) 쪽으로 옮기기 위한 방편' 정도로만 이해해도 이 문장을 한번 들여다본 소득은 충분할 것이다.

다만 {굳이 사족(蛇足)을 덧붙인다면} '중삼절(重三節=3월3일)'과 앞에서 언급한 '충담(忠談)의 등장 시기(즉 35경덕왕16(757)년 3월3일)'이 '월일이 동일하다'라는 측면에서, 충담(忠談)이 '우연히 강소신라35경덕왕을 만나게 된 것'이 아니라 당나라 장안에서 '당황제의 명령을 받고서 강소신라로 파견되어 온 것'임을 은유하기 위해 만들어진 설정(設定)일 개연성이 큰 것으로 판단된다. 따라서 '35경덕왕16(757)년 3월3일'이라는 구체적인 월일은 큰 의미가 없는 월일일 것으로 보아도 무방하다고 보인다. 아마 그냥 '757년 봄'이라는 시기를 말하는 것으로서 '아들(36혜공왕)을 임신한 날짜(?)'일 것으로 보이지만 확인하기는 어렵다.

iv. 승려가 곧 차를 다려 왕에게 드렸는데, 차의 맛이 이상하고 찻잔 속에는 특이한 향이 풍겼다(甌中異香郁烈). 왕이 말하기를, "짐이 일찍이 듣기로는 스님(師)이 기파랑(耆婆郎)을 찬양한(讚) 사뇌가(詞腦歌)가 그 뜻이 매우 높다고 하던데, 과연 그러하오?[朕嘗聞師讚耆婆郎詞腦歌其意甚高,是其果乎]."라고 하니, 대답하기를, "그러하옵니다(然)"고 하니,

⇒ 당나라나 신라의 차^{茶} 맛을 익히 잘 알고 있는 경덕왕에게 '차의 맛이 이상하고 찻잔 속에는 특이한 향이 풍겼다$^{(甌中異香郁烈)}$'라고 한다면, 충담^{忠談}이 가지고 온 차^{茶}는 중국산이나 신라산이 아닌 것이다. 즉 경덕왕은 '충담이 가지고 온 차가 서역^{西域}에서 온 것'임을 이미 알고 있었던 것이다. 그리고 또 경덕왕은 '충담$^{(忠談=즉,師)}$이 {소위 말하는} 찬기파랑가^{讚耆} ^{婆郞歌} 혹은 찬기파랑사뇌가^{讚耆婆郞詞腦歌}를 지은 사람이라는 것'도 이미 알고 있었으므로 '그 내용의 심오함$^{(즉,其意甚高)}$'에 대해 질문을 하였던 것이고, 충담은 경덕왕에게 주저함 없이 바로 '그러하다$^{(然)}$'라고 대답했던 것이다. 그래서 {이 대화를 종합하면} '충담^{忠談}=서역^{西域}에서 온 스님^{師}=찬기파랑가^{讚耆婆郞歌}(혹은,찬기파랑사뇌가^{讚耆婆郞詞腦歌})의 저자'라는 것을 유추할 수가 있고, 여기에 언급된 '기파랑$^{耆婆郞23)}$이라는 인물'은 5C초 장안$^{(현,서안)}$에서 불경^{佛經}의 한역작업^{漢譯作業}을 했었던 서역인^{西域人} 승려^{僧侶} '구마라습$^{(鳩摩羅}$ $^{什;344~413)}$=구마라기파^{拘摩羅耆婆}(혹은,구마라시바^{鳩摩羅時婆})'라고 볼 수 있을 것이다.

이는 충담^{忠談}이 '바로 {산스크리트어^{sanskrit語} 불경^{佛經}들을 당나라^{唐} 현지어인 한어^{漢語}로 번역했었던 그 유명한} 서역승려 구마라습$^{(鳩摩羅什;344~413)}$'과 같은 서역^{西域}에서 온 승려이므로, 산스크리트어^{sanskrit語} 불경^{佛經}을 현지어인 신라어^{新羅語}로도 바로 번역할 수 있는 능력을 가진 사람이라는 것을 의미하는 것이긴 하지만, 실제로 경덕왕이 충담에게 부탁한 것은 불경번역이 아니라 '신라의 경덕왕을 위한 안민가$^{(安民歌=즉\ 백성을\ 안심\ 시키는\ 노래)}$를 지어달라'는 것이었다. 하지만, 35경덕왕이 원했었던 안민가의 실제내용은 {경주신라의 황제가 되는 것은 언제든지 경주신라로 옮겨가기만 하면 되는 것이었으므로} '내가 지금 아들$^{(즉\ 王太子)}$을 낳아서 후계자$^{(강소신라왕\ or\ 계림}$

---

23) 기파랑(耆婆郞):《삼국유사/기이2/경덕왕·충담사표훈대덕(景德王·忠談師表訓大德)》조에 나오는 '충담(忠談)의 찬기파랑사뇌가(讚耆婆郞詞腦歌)'의 기파랑(耆婆郞)이 '구마라습(鳩摩羅什;344~413)=즉,구마라기파(鳩摩羅耆婆)'을 말하는 것이라는 '연세대학교 지배선교수의 주장:<주간조선>2011.03.07.'을 참조하였다.

주도독㈜襲로 세습㈜襲할 수 있도록 당나라 황제㈜,上帝에게 잘 말해달라'는 것이었다고 보인다.

이는 일연스님이 '강소신라35경덕왕이 충담스님을 통해서 {강소신라가 경주신라로 이주한 이후에도} 강소신라㈜,雞林都督府 통치권㈜,都督의 자동 세습을 당나라 황제에게 요청했었다'는 것을 우리 후손들에게 알리기 위해서 『삼국유사』의 이 대목에 '찬기파랑사뇌가㈜耆婆郎詞腦歌'를 등재시킨 것으로 추론되는 것이다. 그래서 이제부터는 경덕왕이 '충담忠談'을 면접하는 것이 아니라 오히려 부탁㈜託을 하게 되는 것'이다.

v. "그렇다면 짐을 위해 백성을 편안히 다스릴 노래를 지어주시오(然則爲朕作理安民歌)"라고 하니, 승려(僧)가 즉시 칙명을 받들어 노래를 지어 바쳤다.

⇒ 35경덕왕은 마지막으로 충담忠談의 본심㈜ 당황제의 의중을 떠보기 위해서 '안민가安民歌를 지어달라'고 부탁한 것인데, 거침없이 게다가 현지어(現地語=즉,신라어)를 {이두吏讀를 활용해서} '강소신라왕은 {꾸물거리는 백성들을 위해(窟理叱大肸生以支所音物生)} 빨리 경주신라로 옮겨가서 임금은 임금답게, 신하는 신하답게, 백성은 백성답게 모두 분수를 지켜서 태평하게 살아가시라.'라는 '당나라가 지금까지 줄기차게 요구해 왔던 내용'을 또다시 그대로 되뇌이고 있는 것이다. 즉 이 안민가安民歌는 '충담忠談이 {이미 당황제의 지시를 받아 미리 준비해서} 35경덕왕으로 하여금 말썽부리지 말고 경주신라로 빨리 이주하도록 설득할 목적으로 강소신라로 파견되어 온 것이다.'라는 것을 시사하기 위해서 『삼국유사』에 삽입된 대목이라고 이해해야 할 것이다.

vi. 왕이 그를 아름답게 여겨 왕사(王師)로 봉하니, 승려(僧)는 두 번 절하고 굳이 사양하며 받지 않았다(僧再拜固辭不受).

⇒ 이 부분의 해석이 조금 어렵게 보이는 곳인데, 이럴 경우에는 반드시 '합리적인 상상력을 통한 유연한 발상의 전환'을 해야 할 필요가 있을 것이다. 즉 이 문장을 '피상적으로 보면' 충담^{忠談}이 경덕왕의 요청을 거부한 것으로 오해를 할 수가 있는데 실제로는 그렇지 않은 것이다. 충담^{忠談}이 사양^{辭讓=고사(固辭)=거절(拒絶)}한 것은, '왕사^{王師=즉 왕의 스승}'라는 공식적인 승직^{僧職}을 사양한 것이지 사실상 그 의미가 '왕사^{王師}'와 같은 '표훈대덕^{表訓大德=즉 왕의 자문(表訓)을 하는 대덕(大德)이라는 존칭(尊稱)}'을 사양한 것은 아니었던 것이다. 물론 '충담^{忠談}'이나 왕사^{王師}나 표훈^{表訓}이나 대덕^{大德}이 모두 사실상 '왕^王의 자문역할^{諮問役割}을 하는 승려를 지칭하는 것'임에는 차이가 별로 없는 단어들이지만 {각각의 단어들은 조금씩 그 뉘앙스가 다르므로 이를 이용하여} 다음에 이어지는 '표훈대덕^{表訓大德}이 찬기파랑사뇌가^{讚耆婆郞詞腦歌}를 지은 충담^{忠談}과 동일한 당나라 승려이다.'라는 것을 일연스님이 {'수수께끼 같은 연결고리들을 이용'해서} 후손인 우리들에게 알려주고 있는 것이다. 물론 애당초부터 충담스님^{忠談師(忠談師)}이 당황제의 명령을 받고, '충담^{忠談}=표훈^{表訓}=대덕^{大德}'의 역할을 하기 위하여 강소신라의 35경덕왕에게 온 것이므로, 35경덕왕으로부터 굳이 '왕사^{王師}'라는 형식적인 승직^{僧職}을 받을 필요성이 없었던 것이라고 보는 것이 더 타당할 것이다. 아니, 충담스님에게는 '강소신라35경덕왕으로부터 그런 특혜(?)를 받는 것이 오히려 더 부담스러웠을 것'으로 볼 수도 있을 것이다.

결국, 강소신라35경덕왕이 {이러한 '전체적인 맥락'을 잘 알고 있었기 때문에} 당황제^{唐皇帝=즉,상제(上帝)}에게 '강소신라가 드디어 경주신라로 옮겨갈 준비가 마무리되었으니, 이젠 왕태자^{王太子}를 낳아서 {완전히 경주신라로 옮겨가기 전까지만이라도} 강소신라의 왕으로 삼겠다.'라고 통보^{즉 '강소신라(國) 왕통(王統)의 부자승계(父子承繼) 금지규정'의 해제를 요청}하기 위하여 그 적임자로서 {당황제가 보낸 승려인} '충담스님^{忠談師}=즉,표훈대덕^{表訓大德}'을 특별히 불렀던 것이다. 아래쪽에서 조금 더 살펴보자.

ⓗ '이두$^{(吏讀)}$를 활용해서 현지어$^{\{現地語=강소신라어녹대략, 한반도어\}}$로 기록한 안민가$^{(安民歌)}$'는 '충담스님$^{(忠談師)}$=즉,표훈대덕$^{(表訓大德)}$'이 강소신라35경덕왕의 면전에서 주저함 없이 바로 직접 쓴 것이 아니라, {아마 '충담스님$^{(忠談師)}$이 당나라로부터 미리 써가지고 와서 강소신라35경덕왕에게 전달한} 당황제의 명령서에 해당되는 것'으로 추론된다.

* ['경덕왕·충담사·표훈대덕'조 계속] '안민가는 이렇다(安民歌曰).
임금은 아버지요/君隱父也
신하는 사랑하실 어머니요/臣隱愛賜尸母史也
백성은 어리석은 아이라 하실지면/支民焉狂尸恨阿孩古爲賜尸知
백성이 그 사랑을 알리라/民是愛尸知古如
꾸물거리며 사는 물생(物生)에게/窟理叱大肹生以支所音物生
이를 먹여 다스린다/此肹喰惡支治良羅
이 땅을 버리고 어디 가려 할지면/此地肹捨遣只扵冬是去扵丁爲尸知
나라 안이 유지됨을 알리이다/國惡支持以支知古如
아아, 임금답게, 신하답게, 백성답게 할지면/後句君如臣多支民隱如爲內尸等焉
나라 안이 태평하리이다/國惡太平恨音叱如'

⇒ 이 안민가^{安民歌}는 '현지어$^{\{現地語=즉, 강소신라어(江蘇新羅語)=대략, 한반도어\}}$'를 이두^{吏讀}를 활용해서 기록한 것'이어서 당황제가 보낸 당나라 승려인 '충담스님^{忠談師}=즉,표훈대덕^{表訓大德}'이 강소신라35경덕왕의 면전에서 주저함 없이(?) 바로 직접 쓴 것으로 보기는 어렵다고 생각된다. 즉 이는 {아마} 이 '안민가^{安民歌}'가, 바로 757년3월3일에(?) 충담스님^{忠談師}이 당나라로부터 가지고 와서 강소신라35경덕왕에게 전달한 '당황제의 명령서$^{조칙(詔勅)}$'에 해당되는 것'으로 볼 수가 있는데 {물론, 이 안민가^{安民歌}가 실제로 '훗날^{765년초}에 전달받을《도덕경^{德經}》등^{等}'의 일부일 가능성도 배제할 수는 없지만} 일연스님이 '역사왜곡의 핵심인《도덕경^{德經}》의 진짜 의미'를 은닉하기 위하여

'안민가^{安民歌}'라는 형식으로 고쳐서『삼국유사』에 등재시킨 것'이라고도 추론되므로 앞으로 더 정밀한 연구가 있어야 할 것으로 생각된다.

그리고, {어문학자가 아닌 필자로서는 더 깊은 내용은 알지 못하지만} 그동안 여러 학자들이 연구해서 소개한 내용을 바탕으로 해서 대략적으로 전체적인 맥락을 추정해 보면,… 이 안민가^{安民歌}의 내용은, '꾸물거리는(불쌍한?) 백성들을 위해$^{(窟理叱大肹生以支所音物生)}$ 경주신라로 가서 임금은 임금답게, 신하는 신하답게, 백성은 백성답게 모두 분수를 지켜서 태평하게 살아가시라.'라는 내용이 핵심이라고 추정되는 것이다.

ⓙ '찬기파랑가^{讚耆婆郞歌}'는 충담스님^{忠談師}이 당나라의 승려라는 것을 알리기 위하여『삼국유사』에 등재되어 있는 것이다. {참고 : 아래에서, 앞부분은「한국사db」의 해석이고 뒷부분은 '지배선교수의 해석'인데 {필자의 '역사왜곡의 방법론'과는 직접 관련되지 않으므로} 필자의 추가 의견 없이 두 해석을 모두 그대로 옮겨둔다}

* ['경덕왕·충담사·표훈대덕'조 계속] '기파랑을 찬미한 노래는 이렇다(讚耆婆郞歌曰).
  열치고/咽嗚爾處米 ⇒ 흐느끼며 바라보매
  나타난 달이/露曉邪隱月羅理 ⇒ 이슬 밝힌 달이
  흰구름 쫓아 떠가는 것이 아닌가/白雲音逐于浮去隱安支下 ⇒ 흰구름따라 떠가는언저리에
  새파란 시내에/沙是八陵隱汀理也中 ⇒ 모래 가른 물가에
  파랑의 모습이 있도다/耆郞矣皃史是史藪邪 ⇒ 기랑의 모습이올시 수풀이여
  일오천 조약돌에서/逸烏川理叱磧惡希 ⇒ 일오내 자갈벌에서
  낭이 지니신/郞也持以支如賜烏隱 ⇒ 랑(郞)이 지니시던
  마음가를 쫓으려 하노라/心未際叱肹逐內良齊 ⇒ 마음의 갓을 쫓고 있노라
  아아! 잣나무가지 드높아/阿耶, 栢史叱枝次高支好 ⇒ 아아 잣나무가지가높아
  서리 모를 화판이여/雪是毛冬乃乎尸花判也. ⇒ 눈이라도 덮지 못할 곳가리여.

⇒ 일단, 이 '찬기파랑가^{讚耆婆郞歌}'는 오랫동안 '기파랑^{耆婆郞}'이라는 화랑^{花郞}

을 찬미하는 노래'라는 해석이 통설로 되어있었던 것인데 **'연세대학교 지배선교수의 주장:<주간조선>2011.03.07'** 에 의해서 **'기파랑耆婆郎은, 서역승려西域僧侶인 구마라습(鳩摩羅什)(344~413)=즉,구마라기파(鳩摩羅耆婆)일 것이다.'** 라는 반론이 잠깐 제기되었었다. 그러나 그 이후 오랫동안 더 이상의 큰 반향 없이 지나쳐 온 것으로 보인다. 그러나 {어문학자나 역사전공자가 아닌 필자로서는 역시 더 이상의 자세한 정보를 알 수가 없지만} 지배선교수의 주장이 {필자가 '역사왜곡의 방법론'을 규명하기 위하여『삼국유사』를 살피는 과정에서 확인한} '필자의 연구결과와 상당히 부합'되므로 이곳에 함께 소개하는 바이다.

{다만 '역사왜곡방법론'을 연구하는 측면에서}『삼국유사』가 왜 이 부분에서 {우리나라와는 직접 관련이 없는} 서역승 구마라습(鳩摩羅什(344~413)}의 이칭(異稱=즉,기파랑(耆婆郎))을 소개하고 있는가?', 즉 '서역승 구마라습이 우리 역사의 역사왜곡과 어떤 상관관계가 있는가?'라는 부분에 대해 {향후의 심층연구를 위해서} 간단히 '필자의 발제성 추측'만 여기에 기록해 두고자 한다. 왜냐하면 필자는 '반드시 다음의 어느 하나 혹은 여러 개가 복합된 중의적重義的인 이유가 있을 것이다.'라고 생각하고 있기 때문이다. 후학들의 현명한 판단을 기대해 본다.

 i. '기파랑(耆婆郎)'이란 충담스님이 당나라 승려라는 것을 알리기 위한 키워드일 뿐일 것이다.
 ii. '기파랑(耆婆郎=즉,구마라습)'의 업적이 한반도불교 발전의 밑바탕이 되었을 것이다.
 iii. '찬기파랑가(讚耆婆郎歌)'도 '안민가(安民歌)'와 마찬가지로《도덕경(道德經)=즉 당나라의 강요사항》의 일부일 것이다.
 iv. '찬기파랑가(讚耆婆郎歌)'를 '이두체(吏讀體) 향가(鄕歌)로 소개한 것'은 그 중요도를 시사하기 위함이었을 것이다.

ⓙ 경주신라로 이전할 준비가 어느 정도 마무리되자, 강소신라35경덕왕은 {당황제$^{唐皇帝=즉, 상제(上帝)}$의 명령을 받고 757년3월3일에(?) 강소신라에 파견되어 온} 당나라 승려인 '충담스님$^{(忠談師)=즉, 표훈대덕(表訓大德)}$'을 당황제에게 보내서 '드디어 강소신라가 경주신라로 옮겨 갈 준비가 마무리되었으니 이제는 왕태자^{王太子}를 낳아서 강소신라의 왕으로 삼겠다.'라고 통보하고 758년에 드디어 후비^{後妃} 만월부인^{滿月夫人}에게서 아들$^{(36혜공왕)}$을 얻게 된 것이다.

* **['경덕왕·충담사·표훈대덕'조 계속] '왕은 옥경(玉莖)의 길이가 8치(寸)나 되었다. …(중략)… 이리하여 만월왕후가 (758년에) 태자를 낳으니 왕이 매우 기뻐하였다.'**

⇒ 이 기록은 '소위 말하는, 표훈대덕^{表訓大德}에 대한 기록'으로서, 이 기록의 앞에 있는 '충담사^{忠談師}에 대한 기록'에 바로 뒤이은 기록이지만 {'충담사^{忠談師}와 표훈대덕^{表訓大德}의 상관관계'를 전혀 설명하지 않았었기 때문에} 지금까지 《삼국유사/기이2》경덕왕·충담사·표훈대덕$^{景德王·忠談師·表訓大德}$조는 충담사^{忠談師}와 표훈대덕^{表訓大德}이라는 서로 다른 두 승려에 대한 기록을 단순히 합쳐놓은 것이다.'라는 잘못된 통설이 만들어지게 한 기록이다. 즉 {필자가 추론한 바에 의하면} 이 기록은 '35경덕왕$^{(742~765)}$의 아들인 36혜공왕$^{(758生, 765~780)}$이 758년에 태어나게 된 배경을 설명하는 것'이므로 '그 10개월 전인 757년의 스토리'가 되는 것이다. 따라서 이 기록에 등장하는 '표훈^{表訓} 대덕^{大德}'이 바로 '{앞 기록에서} 757년3월3일에 등장하는 충담스님^{忠談師}과 동일인이기 때문에 일연스님이 '충담스님^{忠談師}과 표훈대덕^{表訓大德}의 상관관계'를 따로 설명하지 않았던 것이라고 해야 하는 것이다. 그동안 여러 가지 종류의 '역사왜곡방법론'을 접해 본 필자로서는 '이와 같이 어느 정도 의도성이 있다'고 보이는 애매모호함도 역시 역사왜곡방법론의 일부로 취급하여야 한다고 보는 것이다. 물론 {'이 말을 조금 납득하기 어렵다'라고 느낄 독자도 있겠지만} 너무 지엽적인 부분

에 집착하지 말고 전체적인 맥락을 확인한 뒤에 다시 되돌아보게 되면, 필자의 이 말을 당연한 것으로 이해할 수가 있게 될 것으로 기대한다는 것이다. 이제, 원래의 문장을 세분해서 하나씩 살펴보기로 하자.

i . ['경덕왕·충담사·표훈대덕'조 계속] '왕은 옥경(玉莖)의 길이가 8치 (寸)나 되었다. 아들이 없으므로 왕비를 폐하여 사량부인(沙梁夫人)으로 봉하였다. 후비(後妃) 만월부인(滿月夫人)의 시호는 경수태후(景垂太后)이며 의충(依忠)각간의 딸이었다.'

⇒ 이야기를 '왕의 옥경玉莖 길이'로부터 시작하고 있는데 {독자들이 이를 조금 난감해할 것 같아서(?)} 이 역시도 '역사왜곡방법론 중의 하나라는 것'을 미리 보충 설명해 두고자 한다. 즉 '옥경玉莖이란 바로 남자의 성기(性器,penis)로서 {'신체의 중심'에 위치해 있기 때문에} '나라 땅(國土)'의 중심지인 도성(都城=즉,도읍지(都邑地))을 은유하고 있는 것'이며 그 크기는 '도성都城의 크기(즉,넓기)'를 은유해서 말하는 것이다. 따라서 전혀 난감해할 필요가 없는 아주 자연스럽고 유용한 은유법隱喩法인 것이다.

그런데 원래는 '땅(地,國土)을 여성女性으로 은유하는 것'이므로 당시의 강소신라가 정상적인 나라(國家)였었다면 당연히 '왕후王后의 음부陰部,vulva 크기'로서 그 나라國家의 중심부인 도성都城의 크기를 표현하여야 했었는데, 당시의 강소신라는 이미 국가國家로서의 정체성을 거의 상실한 상태였으므로 '왕후(王后=즉,女性)의 중심부인 음부(陰部,vulva)의 크기'가 아닌 '왕(王=즉,男性)의 중심부인 옥경(玉莖,penis)의 크기'로서 {아직은 '왕王의 영향권에 들어있는 곳'인} '계림도독부(현,강소성양주)의 크기'를 은유적으로 표현하게 된 것이다. 즉 당시 강소신라의 35경덕왕은 이미 당나라 황제의 제후諸侯도 아니었으므로 현,강소성 지역에는 아예 영토領土가 없었고 오직 {당황제의 지시를 받아서 그냥 다스리고 있는(즉,관리하고 있는)} 계림도독부(현,강소성양주)의 도독都督이라는 당황제의 신하였던 것이다. 그래서 '단지 계림도독부(현,강소성양주)만 35경덕왕의 영향권이 미치는 지역'으로 인정해서 '왕$^{(王=男性)}$의 옥경^{玉莖} 길이'로서 그 크기$^{즉,넓기(넓이)}$를 표현하게 된 것이다. 물론 당시 현,한반도가 신라의 영토였던 것이지만 {지금 거론되는 스토리는 강소신라 지역에서의 이야기이므로} 현,한반도지역은 논외로 하고 있는 것이다. 따라서 {'역사왜곡방법론'에서는 '1척^{尺}=지방100리^{地方100里}'로 환산되므로} '왕의 옥경^{玉莖} 길이'가 '8치^{寸}' 정도라면, '당시 계림도독부에 소속된 땅의 크기가 '8치^{寸}=즉,지방80리$^{地方80里=대략,(동서40리+남북40리)정도}$라는 것'을 말하는 것이다.

그런데 고대에는 천자^{天子}로부터 책봉 받은 제후^{諸侯}가 통치하는 땅의 크기가 대체로 지방100리$^{地方100里=대략,(동서50리+남북50리)정도}$로서, 제후^{諸侯}는 스스로 세자^{世子}에게 제후국을 세습할 수 있었던 것인데 당시 강소신라왕$^{(35경덕왕)}$의 영향권에 있는 땅이 제후^{諸侯}의 지방100리^{地方100里}에도 못 미치는 지방80리^{地方80里}뿐이었다는 것은 {비록 '당나라가 계림도독부를 제후국처럼 취급해 주었다.'라고 하더라도} 682년의 만파식적^{萬波息笛}을 받은 31신문왕 이후부터 {현,강소성 지역에서는} 사실상 이미 제후가 아닌 그냥 당황제의 신하였던 것이어서 '세자$^{(世子=즉,아들)}$에게 계림도독부를 세습시킬 수가 없었던 것'이다. 그래서 31신문왕 이후에 '강소신라 왕통의 부자승계 금지규정'이 규정되어 있었던 것이었는데 34효성왕이 죽은 뒤 왕위가 욕심난 동생 35경덕왕이 당나라에게 '자기의 재위기간 중에 강소신라를 현,한반도로 옮기겠다.'라는 것과 함께 '아예 {왕위를 세습시킬 수 있는} 아들$^{즉,태자(太子)}$을 낳지 않겠다.'라는 약속을 하고서 일단 강소신라의 왕위^{실제로는,계림도독}를 승계하였던 것이다. 물론 {실제로 아들이 없었던 것이 아니라} 35경덕왕의 전비$^{前妃=즉,사량부인沙梁夫人}$가 아들을 낳았기 때문에 '할 수 없이 죄 없는 아들을 죽여야 하는 기막힌 상황'이 되었었지만 {차마 아들을 죽일 수는 없었으므로} 전비^{前妃}를 폐해서 사량부인^{沙梁夫人}으로 강등시켜 아들과 함께 궁에서 쫓아내는 촌극을 벌였던 것이다. 그래도 {후계$^{(아들=즉,태자)}$를 포기할 수가 없었던} 35경덕왕이 {757년에 앞으로 옮겨갈 경주신라에 9주5소경 등의 지방행정구역을 설치 완료하고, 759년에는 관제도 정비한 뒤} 아들^{태자}을 낳기 위해서 만월부인^{滿月夫人} 경수태후^{景垂太后}를 후비^{後妃}로 삼게 되었던 것이다.

{물론 더 자세한 기록이 없어서, 정확한 내용은 잘 모르겠지만} 이때 이미 만월부인이 아들을 임신한 상태였다고 보이며 아마 35경덕왕은 나름대로 '모종의 복안^{腹案}'을 가지고 있었던 것으로 보이는데, '경주신라로의 이주준비를 확실히 함으로써, 아들$^{(태자)}$을 낳아서 {경주신라로 완전히 옮겨갈 때까지만이라도} 강소신라의 태자라는 신분으로 왕위를 승계시키려고 했었던 것'이라고 추측된다. 그래서 그 준비 작업이 어느 정도 마무리되자 35경덕왕은 당나라에서 파견 나와 있는 '충담스님^{忠談師}=즉,표훈대덕^{表訓大德}'에게 '이제는 아들을 낳겠다.'라는 것을 '당황제에게 잘 말해서, 허락을 받아달라.'라고 부탁하는 상황이 다음 문장으로 이어지게 된 것이다. 즉 '강소신라 왕통의 부자승계 금지규정'의 폐지를 정식으로 요구하였던 것이다.

ii. [계속] '왕이 하루는 표훈(表訓)대덕(大德)을 불러 말하기를, "짐이 복이 없어 아들을 두지 못했으니, 원컨대 대덕께서 상제(上帝)께 청하여 아들을 두게 해주시오"라고 하였다. 표훈이 천제(天帝)에게 올라가 고하고 돌아와서 아뢰기를, "상제께서 말씀하시기를, 딸을 구한다면 가능하나(求女卽可), 아들은 합당하지 못하다(男卽不宜)고 하셨습니다"라고 하였다. 왕이 말하길, "원컨대 딸을 바꿔 아들로 해주시오(願轉女成男)."라고 하였다. 표훈이 다시 하늘(天)에 올라가(上) 청하니, 상제가 말하기를, "될 수는 있지만(可則可矣), 아들이 되면 나라가 위태로울 것이다(然爲男則國殆矣)"라고 하였다.'

⇒ 이제 본격적으로 35경덕왕이 '아들$^{(36혜공왕)}$을 낳는 작전(?)'을 시작한

것인데, 어느 정도 경주신라로 이주할 행정적 준비를 마친 35경덕왕이 757년3월3일에 당나라에서 강소신라로 파견 나온 '충담스님^{忠談師}=즉, 표훈대덕^{表訓大德}'에게 '이제 경주신라로 이주할 준비가 거의 마무리되어 가고 있으므로, 미리 아들을 낳아 강소신라의 왕위를 물려줘서 나중에 경주신라의 왕으로 삼겠다.'라는 의중을 드러낸 것이다. 물론, 35경덕왕이 계림도독부를 즉시 떠나겠다는 것이 아니라 '임기응변을 해서 강소신라의 왕통을 연장시키려고 했었던 것'으로 보아야 할 것이다.

어쨌든 충담^{忠談}이 35경덕왕의 요구를 당황제$^{\{상제(上帝), 천제(天帝)\}}$에게 가서 보고하였는데, 일단 **'딸을 구한다면 가능하나(求女即可), 아들은 합당하지 못하다(男即不宜)**⇒즉 딸$^{(女=계림도독부(땅)를 소유하는 것)}$은 무방하지만 아들$^{(男=즉 강소신라왕이 될 태자)}$를 두어서는 안 된다.'라는 기존 입장과 동일한 대답이 돌아온 것이다. 그러자 35경덕왕이 **'원컨대 딸을 바꿔 아들로 해주시오(願轉女成男)**⇒즉 딸$^{(女=계림도독부(땅)을 소유하는 것)}$을 포기할 테니 아들$^{(男=즉 강소신라왕이 될 태자)}$을 낳게 해 달라.'라고 재차 '아들을 낳아서 일단 강소신라의 왕위를 물려줬다가 나중에 경주신라의 왕이 되게 하겠다.'는 요구를 한 것이다. 그러자 다시 돌아온 대답이 **'될 수는 있지만(可則可矣), 아들이 되면 나라가 위태로울 것이다(然爲男則國殆矣)**⇒즉 아들$^{(男=즉 강소신라왕이 될 태자)}$을 낳고 바로 경주신라로 떠난다면 허락하겠는데, 바로 경주신라로 떠나지 않으면 아예 신라라는 나라 자체가 위험해질 것$^{(즉 아예 없어지게 될 것)}$이다.'라고 한 것인데, 이는 '약속을 지키지 않으면, 당나라가 엄하게 처벌하겠다.'는 의미도 있지만, '결국 신라 내부에서 내란이 일어나서 신라라는 나라가 아예 사라지게 될 것이다.'라는 협박성 경고의 의미도 포함하고 있다고 이해된다. 즉 당시 당나라에서는 신라의 내부적 갈등을 샅샅이 알고 있었고, 거의 마음대로 강소신라의 정정$^{(政情=정치적 정황)}$을 조정하고 있는 상황이었기 때문에 이 말을 공갈^{恐喝}이라고만 볼 수도 없었던 것이다. 즉 이미 당나라에서 '35경덕왕의 얕은 꾀$^{(즉, 임기응변)}$'를 간파하고 있었다는 것으로 보아야 할 것이다.

iii. [계속] '표훈이 내려오려 할 때 상제가 다시 불러 말하기를, "하늘과 사람 사이를 어지럽게 할 수는 없는데(天與人不可乱), 지금 스님은 마치 이웃 마을처럼 왕래하면서 천기(天機)를 누설했으니(今師往來如隣里漏洩天機), 이후로는 다시 다니지 말라(今後冝更不通)"라고 하였다. 표훈이 돌아와 천제의 말로써(以天語) 왕을 깨우쳤으나(諭之), 왕은 말하기를, "나라는 비록 위태로울지라도(國雖殆) 아들을 얻어서 뒤를 잇는다면 족하겠소(得男而爲嗣足矣)"라고 하였다. 이리하여 만월왕후가 *(758년에)* 태자를 낳으니 왕이 매우 기뻐하였다.'

⇒ 기록의 앞부분은 당나라가 이미 '35경덕왕의 얕은 꾀(즉,임기응변)를 간파'했으므로 더 이상 '충담스님忠談師=즉,표훈대덕表訓大德이 해야 할 임무'가 없어졌다는 것을 의미한다. 그래서 당황제가 '천기누설天機漏泄 운운'하면서 '충담忠談에게 당나라로 돌아오지 못하게 추방명령을 내린 것'이다. 결국 {실제로는 충담忠談이 당나라로 소환되었을 것이겠지만} {형식적으로는} 충담스님忠談이 현,경북경주의 흥륜사금당십성興輪寺金堂十聖 중 서쪽 벽에 앉아서 갑甲방(동쪽)을 향한 {표훈(表訓)이라는 대표적인 법호(法號)를 가진} 소상塑像으로 모셔지게 된 것'이라고 보인다.

어쨌든 일단 충담忠談으로부터 당나라의 생각을 전해 들은 35경덕왕은 "**나라는 비록 위태로울지라도(國雖殆) 아들을 얻어서 뒤를 잇는다면 족하겠소(得男而爲嗣足矣)**⇒ 즉 나라가 위태로워지더라도[즉 아무래도 경주신라로 옮겨가야 할 테니까] 아들을 낳아서 나의 후손으로 대를 잇게 하겠다."라고 말하고 758년에 후비後妃 만월왕후滿月王后에게서 아들(太子=즉,36혜공왕)을 얻고서 매우 기뻐했었다는 것이다. 아마, 당시의 강소신라35경덕왕은 경주신라로 금방 옮겨 갈 것으로 여겼던 것으로 보이지만, 실제로 옮긴 시기는 그로부터도 거의 120년이 지난 뒤인 875년에서야 강소신라를 경주신라로 옮겼던 것이므로 당나라가 이미 '35경덕왕의 얕은 꾀$^{(즉, 임기응변)}$'를 간파했었던 것으로 보아야 할 것이다.

ⓚ 758년에 태자$^{(36혜공왕)}$가 태어나자, 당나라의 방해는 더욱 조직적이고도 집요해졌던 것이다. 그래서 35경덕왕은 765년에 {최후의 수단으로} '엄동설한을 무릅쓴 석고대죄^{席藁待罪} 탄원투쟁$^{歎願鬪爭?}$'을 벌였으나 그마저도 실패하면서 오히려 병을 얻어서 이내 사망하게 되었고, 그래서 갑자기 즉위한 8살의 어린 황제$^{(36혜공왕)}$의 통치권은 점점 더 허약해졌고, 결국 35경덕왕을 이은 36혜공왕도 780년에 신김씨$^{(新金氏=17나물왕계)}$인 37선덕왕 김양상 일파에게 시해당해서 {『화랑세기^{花郎世記}』에서 대원신통$^{大元神統?}$이라고 말하는} 신신김씨$^{(新新金氏=23법흥왕계)}$로부터 시작된 왕골$^{{王骨=즉,(성골聖骨6+진골眞骨8)}}$ 왕통이 14대 만에 단절되어 중대신라의 정치상황이 한 치 앞을 모르는 혼란 속으로 빨려 들어가게 된 것이다.

* ['경덕왕·충담사·표훈대덕'조 계속], 태자가 8세 때(765년)에 왕이 돌아가 왕위에 오르니, 이가 혜공대왕(36惠恭大王)이다. 나이가 어렸으므로 태후가 조정에 나섰으나 정사가 다스려지지 못하고, 도적이 벌떼처럼 일어나 미처 막을 수가 없었으니, 표훈스님의 말이 맞았다(訓師之說驗矣). ~~어린 왕~~ 작은 황제(小帝)는 ~~외파 여자로서~~ 원래 여자였었어야 하는데(旣女), 남자가 되었으므로(爲男) 돌날부터(自期晬) 왕위(位)에 오를 때까지(至扵登位) 언제나 여자들이 하는 장난을 하고, 비단주머니 차기를 좋아하며, 도류(道流=같은무리들?)와 어울려 희롱하였다. 그러므로 나라에 큰 난리가 있어(故國有大乱), 마침내 왕은 ~~선덕왕(宣德)과 김양상(金良相)에게~~ 김양상(金良相)을 37선덕왕(宣德)으로 만든 김경신(金敬信){즉, 38원성왕}에게 살해되었다. 표훈 이후로는(自表訓後) 신라에(扵新羅) 성인(聖人)이 나지 않았다(不生)고 한다(云).

⇒ 여기까지가 《삼국유사/기이2》경덕왕·충담사·표훈대덕(景德王·忠談

師·表訓大德)조의 전체 내용인데, 어렵게 태어난 {35경덕왕의 태자인} 36혜공왕이 즉위하면서 강소신라 사회는 급속하게 큰 혼란 속으로 빠져 들어 간 것을 개괄적으로 기록하고 있다.

어쨌든, 757년3월경 35경덕왕은 {'충담스님^{忠談師}=즉,표훈대덕^{表訓大德}'을 통해서} 당나라 황제에게 '미리 약속한 대로 {경주신라로의 철수준비가 거의 마무리 되었었으므로} 이제 아들을 낳아서 나의 후손에게 왕위를 물려줄 준비를 하겠다.'라고 선언하고 {미심쩍어하는 당나라의 방해를 무릅쓰고서} '아들 낳기 작전'을 밀어붙여 드디어 758년에 아들$^{(36혜공왕)}$을 낳았었는데, 아니나 다를까 당나라의 조직적인 방해와 위협 때문에 태자를 제대로 왕재^{王材}로 기르지 못하는 상황이 지속되었던 것이다. 그래서 태자는 항상 궁궐 깊숙한 곳의 삼엄한 경비 속에서 여자들에 의해서 길러졌던 것을 "돌날부터^{自期晬} 왕위^{位}에 오를 때까지^{至於登位} 언제나 여자들이 하는 장난을 하고, 비단주머니 차기를 좋아하며, 도류$^{(道流=같은무리들?)}$와 어울려 희롱하였다."라고 완곡하게 돌려서 기록하고 있는 것이다. 즉 이는 태자$^{(36혜공왕)}$의 신변이 항상 위태로웠던 것을 말하는데 {어느 시대 어느 곳에서나 다 그렇겠지만} 태자$^{(36혜공왕)}$를 위협하는 세력들은 외부$^{(즉,당나라)}$의 막강한 힘을 등에 업고서 호시탐탐 권력을 탐하는 내부세력들로서, 태자에 대한 견제와 제재가 지극히 위험하였음을 시사하고 있는 것이다.

그런데 {이곳에는 관련되는 기록이 없지만, 필자가 여러 사료들을 종합해서 35경덕왕의 말년 상황을 추론해 본 결과} 755년말$^{(12월말?)}$ 엄동설한에 35경덕왕이 몸소 맨몸으로 땅바닥에 엎드려 당황제에게 사죄^{謝罪}하면서 '제재$^{制裁=사실상,《德經》}$를 풀어달라.'고 여러 날$^{(아마,3일이상?)}$을 탄원하였지만 당나라에서 전혀 반응하지 않았고, 결국 35경덕왕은 이로 인해서 몸이 상해서 병석에 눕게 되었던 것인데 {아마} '765년3월3일(?)에 당나라로부터 도착한《도덕경^{德經}》'이 '8년전인 757년3월3일(?)에 당나라에서 온 충담스님^{忠談師}이 35경덕왕에게 지어준 안민가^{安民歌}'와 같은 내용이었던 것으로 추론된다. 그래서 크게 실망한 35경덕왕이 무리수를 강행하였다가 결국 765년6월에 갑자기 사망$^{사실상,自決?}$하게 되어 아직 나이가 어린^{8살} 태자가 졸지에 36혜공왕으로 즉위하게 되었던 것이다.

물론 {'어느 시기, 어느 사회든지 앞이 보이지 않는 캄캄한 위기상황이 되면} 항상 A$^{(정면돌파)}$론과 B$^{(우회굴복)}$론이 극렬하게 대립하는 것까지는 인간사의 자연스러운 속성이어서 어쩔 수 없이 그 속에서 현명한 답을 찾아내야 하는 것이겠지만, 이 어려운 시기의 강소신라 내부에서는 {서로 당나라에 줄을 대고서} 그 알량한(?) 권력을 차지하려는 암투가 벌어졌던 것이고, 그 와중에 {충성스럽고 또 정의로운} 지식인들이 오히려 역도로 몰려서 사라지는 절망적인 상황이 비일비재했었을 것으로 보인다.

그래서 {비록 필자가 역사비전공자이긴 하지만} '정치권력의 무서운(?) 속성에 대해서는 항상 경계해야 한다.'라는 말을 후배들에게 꼭 남기고 싶다. 이것이 '우리가 역사를 배우고 또 진실되고 사실대로 밝히려는 이유'일 것이다. **'역사^{歷史}는 영광^{榮光}이 아니라 교훈^{敎訓}을 얻기 위해서 반드시 있었던 그대로$^{\{즉,사실(史實=fact)\}}$를 알아야 한다.'는 것을 재차 강조해 둔다.**

다시 '역사왜곡방법론'과 관련되는 부분들을 살펴보자.

i. '작은 황제(小帝)'

⇒ {한자사전을 확인하면} '小^{소}'자는 '少$^{(어릴,소)}$의 의미'보다는 '小$^{(작을,소)}$의 의미'가 본래의 의미이며 일반적이라고 보인다. 따라서 '소제^{小帝}'는 '어린 황제' 보다는 '작은 황제'라고 해석하는 것이 더 타당할 것이고 일연스님도 분명히 '소제^{小帝}=작은 황제'라는 의미로 사용하였다고 보인다. 그런데 「한국사db」에서는 '소제^{小帝}를 어린^{小} 왕^{帝}이라고 억지해석'해서 '帝^{황제}가 아니라 王^{제후왕}을 말한다'는 식으로 넘겨짚어서 '소제^{小帝}=어린 왕^{王}'이라고 번역했다고 보이는데, 이는 {일연스님이 후손들에게 알리고자 했던} '소제$^{小帝=즉, 작은(小) 황제(帝)}$라는 힌트'의 진가^{眞價}를 스스로 버려버리는

결과가 되었다고 보인다. 즉 {사대주의에 찌들은(?)} 「한국사db」에서 감히(?) '작은 황제^{小帝}'라고 번역하지 못하고, '어린 왕^{小帝}'이라고 번역해 버림으로써, 일연스님이 의도적으로 쓴 '帝$^{(임금,제)}$=즉, 황제급^{皇帝級} 임금'이라는 글자의 숨은 의미를 완전히 죽여 버리고 말았다는 것이다. 참으로 안타까운 일이다.

당시의 당나라가 추진했던 '역사왜곡의 전체적인 구도'를 살펴보면 "**일본은 열도$^{(현,일본열도)}$로 가서, 발해는 요동$^{(현,영정하以東)}$으로 가서 그리고 강소신라는 경주신라$^{(현,한반도)}$로 옮겨가서 '帝$^{(임금,제)}$=즉, 황제급^{皇帝級} 임금'이 되어 당나라의 간섭을 받지 말고 알아서 스스로 살아가라."라는 것**이었으므로, {당나라의 입장에서 본다면} 강소신라를 결코 떠나지 않으려는 35경덕왕은 {아무리 높게 올려주어도} '제후급^{諸侯級} 왕^{王}'이 한계였던 것이지만, 35경덕왕이 처음부터 '경주신라$^{(현,한반도)}$의 군주$^{(君主=즉,황제(皇帝))}$로 만들겠다.'라고 해서 낳았던 어린 36혜공왕은 {비록, 강소신라 조정에서 즉위를 했던 것이긴 하지만} 엄연한 '현,한반도 경주신라의 황제^{皇帝}로 즉위했었던 것'이므로 일연스님이 '작은 황제^{小帝}'라고 기록해서 후손인 우리들에게 '당시의 상황을 정확하게 알려주는 힌트'로 삼았던 것이라고 해야 할 것이다. 즉 당시 36혜공왕이 '8살짜리 어린$^{(少)}$ 아이$^{(小兒)}$'였기 때문에 {체구가 당연히 어른에 비해서 작을$^{(小)}$ 수밖에 없으므로} 당연히 '(소제$^{小帝=작은 황제}$)로 번역'하더라도 아무런 하자가 없었던 것이다. 결국 '小$^{(작을/젊을,소;xiǎo)}$=少$^{(젊을/작을,소;shǎo)}$의 음의변자^{音意變字}'로 볼 수 있는 '역사왜곡방법론의 변자법^{變字法}'이 활용되었던 것이다.

**ii. [계속] '왹락작은 황제(小帝)는 원래 여자였었어야 하는데(既女), 남자가 되었으므로(爲男) … 나라에 큰 난리가 있어(故國有大乱), "마침내 {36혜공왕은} 김양상(金良相)을 37선덕왕(宣德)으로 만든 {김경신(金敬信)=즉,38원성왕}에게 살해되었다{修爲宣德與金良相所弑}".' :

⇒ '旣^{기}'자의 뜻이 아주 다양하므로 {전체적인 맥락을 모르면 간단하게 '이미'라는 의미 정도로 번역해 버릴 수밖에 없지만} 여기서는 '원래'라고 의역^{意譯}하는 것이 필요하다고 보인다.

그래서 '원래 여자$^{(女=딸)}$였다'라는 것은, 당황제가 결국 35경덕왕에게 '아들을 낳아도 좋다'라는 허락을 하지 않았음을 시사한다고 보인다. 즉 이는 '(당황제의 반응이) 네가 알아서 하되, 나는 여전히 아들은 안 된다' 라는 정도였을 것으로서, 모든 사람들은 '당황제가 불가통보를 한 것'으로 받아들였던 것이지만 이를 35경덕왕이 '부득부득 우겨서' 결국 아들을 낳은 것이라는 당시의 '분위기$^{(여론)}$'를 반영한 것이라고 보인다. 그래서 그 결과로서 '당황제의 엄명(?)을 어긴 35경덕왕을 성토하는 분위기'가 팽배해졌고 그래서 결국 '그의 아들인 36혜공왕이 시해를 당하는 상황까지 내몰리게 된 것'으로 추측된다는 것이다. 물론 이러한 상황은 '전체적으로는 당나라에서 원격조정하고, 신라 내부에서는 권력을 탐하는 자들이 분위기$^{(여론)}$를 조성한 측면'이 크다고 보아야 할 것이다. 어쨌든 '작은 황제^{小帝}'라는 기록은 {비록 그 실효성은 없었겠지만} 당시의 정황을 말해주는 바로미터라고 해야 할 것이다.

당시 강소신라의 '상황, 즉 분위기$^{(여론)}$'에 의해 36혜공왕은 항상 궁궐 깊은 곳에 감추다시피 길러졌을 것이므로, '언제나 여자들이 하는 장난을 하고 비단주머니 차기를 좋아했다.'라는 피상적인 평가가 잘못된 것이라고 볼 수는 없을 것이다. 그렇지만 {이렇게 되는 과정에 대한 분석과 평가과정도 없이} 이 문장만 가지고서 당시 강소신라의 정황을 간단하게 재단해 버리는 것은 바람직하지 않다고 보인다. 즉, {이 문장을 역설적으로 볼 수도 있으므로} 장차 더 많은 연구가 이어지길 기대한다. 그리고, 15년 뒤$^{(780년)}$에 '작은 황제^{小帝}'였던 36혜공왕이 37선덕왕^{宣德王}이 된 김양상^{金良相}에게 살해되는 사건'은 {이미 대부분 그 윤곽이 잘 알려져 있기도 하지만} 다분히 정치적인 사건이어서 이곳에서 다루는 '불교문화'와는 무관하다고 보이므로『삼국사기』를 중심으로 한 다른 항목에서 살펴볼 것이다. 하지만 **'위선덕여김양상(修爲宣德與金良相)'**이라는 문장은 **'마침내 김양상(金良相)을 37선덕왕(宣德)으로 만든 김경신(金敬信){즉,38원성왕}에게 살해되었다.'**라고 해석함이 옳다고 보인다. 즉 '36혜공왕 시해 사건의 주범(?)은 37선덕왕이 아니라 38원성왕이라는 것'을 일연스님이 '修(꾸밀,수)'자, '爲(이룰,위)'자, '與(줄,여)'자라는 단 3개의 글자로써 당시의 복잡한 정치사건을 아주 깔끔하고 간결하게 표현해 내고 있는 것이다. '일연스님은 확실히 한자漢字와 한문漢文의 박박사博博士임에 틀림없다'고 해야 할 것이다.

iii. [계속] '표훈스님의 말이 맞았다(訓師之說驗矣)' :

⇒ 이는 '표훈스님이 한 말대로, 36혜공왕이 즉위하자 강소신라가 혼란스러워졌다.'는 것을 표현한 것이긴 하지만, 이 말의 숨은 뉘앙스는 '36혜공왕이 즉위하자, {충담사忠談師가 아니라} 표훈表訓스님이 강소신라를 혼란스러워지게 만들었다.'라는 것과 같은 맥락이라고 해야 할 것이다. 즉 애당초부터 {물론 동일인이긴 하지만} 충담사나 표훈스님의 개인적인 의견이 있었던 것이 아니고 '충담사는 당황제의 명령을 전달하는 역할에 충실하였고, 표훈스님은 당황제의 명령을 집행하는 역할에 충실하였던 것'이므로, 이 표현은 결과적으로 '당황제가 표훈스님을 통해서 신라를 혼란스럽게 만들었다.'라는 것과 같은 맥락이 되는 것이다. 즉 {멀리 떨어진 당황제가 구체적으로 어떤 행동을 했었던 것이 아니므로} '모든 것은 잘 짜인 당나라 조정의 기획력에 의해 일이 착착 진행되었음'을 '표훈스님의 말'이라고 바꾸어서 시사하고 있는 것이라고 보아야 한다는 것이다. 어쨌든 '충담사나 표훈스님이 제3자가 아닌 당나라 측 당사자였다.'라는 점에서 충담사나 표훈스님이라는 승려도 '강소신라를 경주신라로 축출하기 위해서 구성된 거대한 역사왜곡 추진TFT의 한 멤버였다.'라고

이해하면 될 것이다.

iv. [계속] '표훈 이후로는(自表訓後) 신라에(扵新羅) 성인(聖人)이 나지 않았다(不生)고 한다(云)':

⇒ 이 기록에서 주의해야 할 단어는 '성인^{聖人}'이라는 단어이다. 즉 자칫 소홀히 생각하면 '성인^{聖人}=표훈법사^{表訓=즉,충담사(忠談師)}'로 착각할 수 있는데, '우리나라 고대역사서에서의 성인^{聖人}'은 거의 대부분이 '창업군주^{創業君主}'를 말하는 것이다. 따라서 여기에서는 '성인^{聖人}=즉 경주신라^(현,한반도)의 초대 황제^{皇帝}인 작은 황제^{小帝} 36혜공왕'을 지칭하는 것이다. {물론 36혜공왕이 경주신라^(현,한반도)에 실제로 와서 재위했었는지는 알 수 없지만} 이 '성인^{聖人}'이라는 평가는 {비록 외형적^(즉,피상적?,형식적?)일 수밖에 없겠지만} 이 성인^{聖人}이라는 단어가 {그의 아버지인 강소신라 35경덕왕에 의해서} '정통성을 가진 경주신라^{현,한반도}의 초대 황제^{皇帝}로 추대된 인물'이라는 의미를 갖게 하는 단어이기 때문이다. 즉 여기에서는 '성인^{聖人}=즉 경주신라 초대황제^{初代皇帝}'의 의미인 것이므로, 이는 곧 '이후의 모든 신라왕들^(즉,36혜공왕~56경순왕)은 {실제의 주재지^{駐在地}가 어디였든지를 막론하고서} 경주신라^{현,한반도} 초대황제인 36혜공왕의 후임황제들이다.'라는 것을 의미하는 점에서 중요도가 있는 것이다.

{역시 같은 맥락이지만} '**표훈 이후로는(自表訓後) 신라에(扵新羅) 성인(聖人)이 나지 않았다(不生)**'라는 표현은 '36혜공왕이 탄생하게 된 과정에 표훈법사^{表訓=즉,충담사(忠談師)}가 관련되어 있다.'라는 의미와 함께, '표훈법사가 관여해서 태어나게 된 36혜공왕이 경주신라^{현,한반도}로서는 첫 번째^{初代} 황제^{皇帝=즉,성인(聖人)}였었다'라는 것을 말하는 것이다. 그리고 이 말은 36혜공왕 이후의 신라왕들은 모두 {비록, 강소신라에 그대로 기거함으로써 '○○왕'이라고 불렸다고 하더라도} '경주신라^(현,한반도)의 황제^{皇帝}'라는 지위를 함께 가지고 있었다.'는 것을 말하는 것이다. 다시 말하면, {비록 후대

의『삼국사기』『삼국유사』왕력 포함)에서 '○○왕'이라고만 기록하였다고 하더라도} 36혜공왕 이후의 '○○왕'들은 모두 공식적으로는^{(사실은, 형식적이었겠지만)} '경주신라^{(현,한반도)}의 황제^{皇帝}들이었던 것'이지만, '성인^{(聖人=즉,창업군주(創業君主))}은 아니다.'라는 것을 말하고 있는 것이다. 이런 측면에서 '{역설적으로 보면} 36혜공왕이 경주신라^{(현,한반도)}의 성인^{(聖人=창업군주(創業君主)=즉,황제(皇帝))}이 되는 데에는 표훈법사^{(表訓=즉,충담사(忠談師))}의 역할도 있었다.'라는 것을 일연스님이 중의적^{重意的}으로 언급한 것이라고도 볼 수 있다.

또한 {맨 마지막의} '…성인(聖人)이 나지 않았다(不生)고 한다(云)'라는 문장에서 '云^{(이를,운)}'자는 단정적인 표현이 아니라 유보적인 표현으로서, **'이후로는(自表訓後) 신라에(扵新羅) 성인(聖人)이 나지 않았다(不生)'**라는 것에 대해 일연스님이 '완전히^{(즉,100%로)} 동의^{同意}하지 않았음'을 시사하는 것으로 볼 수 있다. 즉 {실제로는} 36혜공왕 이후에도 '경주신라의 성인^{聖人}'이라고 할 수 있는 인물들이 있었기 때문에 이 '云^{(이를,운)}'자는 일연스님이 '의도적으로 덧붙여 놓은 단어'라고 볼 수 있는 것이다. 물론 {필자가 확인한 바로도} 36혜공왕 이후의 왕들 중 몇몇의 기록에는 '경주신라^{(현,한반도)}의 황제^{皇帝}'라는 뉘앙스를 느끼게 하는 부분들이 더러 있지만 이를 '신라의 성인^{(聖人=즉,창업군주(創業君主))}으로 볼 수가 있는지?'는 아직 판단하기가 어려워 보인다. 따라서 '역사왜곡의 전모'가 다 밝혀진 다음에 관심 있는 분들께서 주의 깊게 살펴보아 주길 기대하는 바이다.

어쨌든, '《삼국유사/기이2》혜공왕(惠恭王)조'에 우여곡절을 겪고 태어난 '36혜공왕 즉위 직후의 혼란스러운 상황'이 기록되어 있으므로 이것들을 마저 검토하는 것으로 하겠다.

① 765년에 강소신라가 당황제의 허락도 받지 않고 36혜공왕을 즉위시키자, 그동안 잠정적으로 당나라의 관할을 받고 있었던 강소신라 주변의 옛,가야지역들이 강소신라의 영향권으로부터 이탈해 나갔다.

* '《삼국유사/기이2》혜공왕(惠恭王)조' : 대력(大曆$^{766~779}$) 초$^{(766)}$년에 강주(康州) 관서(官署) 대당(大堂)의 동쪽 땅이 점점 가라앉아 못을 이루니(漸陷成池) {어떤 책에는 대사(大寺) 동쪽의 작은 연못이라 하였다,(一本大寺東小池)} 세로(從)는 13자이고 가로(橫)는 7자였다. 홀연히 잉어 대여섯 마리(忽有鯉魚五六)가 서로 계속하여 점점 커지더니(相繼而漸大) 못도 따라서 커졌다(淵亦隨大).

⇒ 이 기록은 36혜공왕2$^{(766)}$년 강소신라의 정치상황을 개괄적으로 은유한 기록이다. {먼저, 몇 가지 은유성 키워드를 살펴보면 ' 대당^{大堂}=대당^{大唐}음변자'이고, '(신라$^{=즉, 옛가야지역을 말함}$) 땅이 점점 가라앉아 못^{池}을 이루니'라는 것은 '(신라의) 땅이 없어짐을 의미하는 것$^{즉 땅에 대한 통치권을 상실당함}$'을 의미하며, '대사^{大寺}=대관사$^{大官寺=큰관청(官廳)=즉, 당나라를 말함}$'이고, '작은 못$^{(池,小池)}$=작은 연못$^{즉 작은 용(龍=實力者)들이 나타나는 곳}$을 말함'이며, '세로^{從}13자이고 가로^{橫}7자=(남북130리+동서70리)=즉 땅의 크기가 지방200리'인 것이고, '잉어 대여섯 마리$^{(鯉魚五六)}$=왕$^{(王=龍)}$이 되기 전의 지방토호, 5~6명'이고, '못도 따라서 커졌다$^{(淵亦隨大)}$=지방토호의 통치지역이 점점 넓어짐=즉, 군웅할거 상태가 됨'을 말하는 것 등이다.

765년에 강소신라가 {당황제의 허락도 받지 않고} 36혜공왕을 '작은 황제^{小帝}'로 즉위(?)시키자, {그동안 간접적으로만 당나라의 관할을 받고 있었던} 강소신라 주변의 옛,가야지역에서부터 강소신라의 영향권에서 이탈해 나가기 시작하였고 {이런 상황이 계속 이어져} 결국 강소신라는 계림도독부$^{(현,강소성양주)}$만 남기고 모든 다른 지역의 영토권을 사실상 상실당하게 되었다는 것을 시사해서 기록한 문장들인 것이다. 물론 당나라는 강소신라로부터 이탈한 지방토호들에게 '절도사^{節度使}' 등과 같은 지위를 부여하여 당나라에 직접 소속시켜서 점차적으로 강소신라의 영토를 {행정적으로도} 잠식해 나갔던 것이다. 조금 더 구체적으로 기록을 살펴보자.

i . '강주(康州) 관서(官署) 대당(大堂)의 동쪽 땅이 점점 가라앉아 못을 이루니(漸陷成池) 세로(從)는 13자이고 가로(橫)는 7자였다.

⇒ 원래, 강소신라의 영토였던 '강주(康州=옛,가야지역=현,안휘성지역?)지역'이 이때까지는 {형식적으로나마} 강소신라와 어느 정도의 연고(즉 당나라의 허락을 받아 임명권을 행사하는 정도의 형식적 절차)를 가지고 있으면서도 사실상으로는 당나라의 관할을 받아 왔었지만 {신라가 당황제의 허락 없이 36혜공왕을 즉위시킴으로써 당나라가 강소신라에 대한 제재를 강화하자} '강주(康州=옛,가야지역) 지역의 토호들이 신라와의 연고를 끊고서 하나둘씩 자립하게 된 것'을 말한다. 즉 강소신라로서는 통치력을 완전히 상실한 것을 말하는데 당시는 지방토호들이 스스로 자립할 상황도 아니었으므로 {실제로는} 당나라쪽에 붙어서 당나라로부터 관작을 직접 받게 된 것을 말하는 것이다.

그 땅{즉,강주(康州=옛,가야지역)}의 크기가 '세로從13자이고 가로橫7자=(남북130리+동서70리)=즉,지방200리地方120里'라 하므로, 35경덕왕의 직할지인 계림도독부의 지방80리地方80里보다 약2.5배가 되는 넓이의 땅이 이때 강소신라의 통치권에서 이탈했다고 해야 할 것이다. 물론 {이는 상징적으로 기록한 것이고} 실제로는 36혜공왕이 즉위하면서부터 그동안 명분상으로나마 신라 영토로 남아있었던 옛,강소신라의 영토가 계림도독부(즉,지방80리)만 남기고 모두 당나라로 편입된 것을 말하는 것인데, 이러한 영토관할권이 달라지는 문제는 당나라가 개입하지 않고서는 이루어질 수가 없었던 것이므로 {이를 역설적으로 본다면} 당시 신라의 정치적 혼란은 모두 당나라의 영향권 안에 있었던 강소신라현,강소성에서 발생했던 것이지 당나라와 무관한 경주신라현,한반도에서의 사건들이 아니었던 것이다. 현,한반도 전체는 시종 신라땅이었던 것이다.

ii. '홀연히 잉어 대여섯 마리(忽有鯉魚五六)가 서로 계속하여 점점 커지더니(相繼而漸大) 못도 따라서 커졌다(淵亦隨大)'

⇒ 여기에서 땅$^{(地=land)}$과 대응되는 개념으로 못$^{(池,小池,淵=water)}$이 등장하는데 '{현실적으로 사람이 살 수 없는} 못$^{(池,小池,淵)}$이 되었다.'라는 것은 '국가$^{(즉,신라)}$의 관할권이 상실된 것'을 의미하는 것이다. 그리고 '영토를 가진 국가는 용$^{(龍)}$이 창업하는 것'임에 비해서 '잉어^{鯉魚}는 아직 용$^{(龍)}$이 되지 못한 것이므로 아직 영토를 가진 국가로는 창업하지 못했다는 것'을 의미하는 것이다. 그러한 잉어^{鯉魚} 5~6마리가 점점 더 커지니 그 연못의 크기도 점점 더 커졌다는 것이므로, 옛,강소신라의 영토인 강주$^{(康州=옛,가야지역)}$에서 크고 작은 군웅들이 할거하여 그 세력이 점점 더 커졌었다는 것이므로 그만큼 강소신라의 영향권이 좁아들었다는 것을 의미하는 것이다. 물론 강소신라지역에서의 이런 상황변화는 당시의 절대강자인 당나라의 개입 없이는 이루어질 수가 없는 것이다.

ⓜ 36혜공왕이 즉위함으로써 발생한 온갖 혼란 상황을 열거한 것인데, 그 발생 원인이 근본적으로는 강소신라 조정 내부에 있었겠지만, 다분히 당나라의 원격조정에 의해 강소신라가 내부에서부터 붕괴되어 완전히 당나라의 손아귀에 장악되는 상황이 되어버린 것이다. 즉, '당나라는 강소신라를 경주신라로 축출시키기 위한 원대한 계획'을 하나씩 실천해 나갔었던 것이다.

* '2년 정미(767년)에 이르러서는 또한 천구성(天狗星)이 동루(東樓)의 남쪽에 떨어졌다. 머리는 항아리(瓮) 같았고 꼬리(尾)는 3자가량이었으며 색은 뜨겁게 타는 불과 같았는데(色如烈火) 천지가 또한 진동하였다(天地亦振). 또 같은 해에 김포현(金浦縣)의 5경(頃) 정도 되는 논의 모든 쌀 낟알이 모두 이삭이 되었으며(稻田五頃中皆米顆成穗), 7월에는 북궁(北宮)의 정원 가운데(北宮庭中) 먼저 두 개의 별이 떨어지고(先有二星墜地) 또한 개의 별이 떨어져(又一星墜), 세 개의 별이 모두 땅속으로 들어갔다(三星皆沒入地). 이보다 앞서 대궐의 북쪽 측간 속에서(厠圂中) 두 줄기의 연

(蓮)이 나고(二莖蓮生) 봉성사(奉聖寺)의 밭 가운데에서도 연(蓮)이 났다. 호랑이가 궁성 안에 들어와(虎入禁城中) 추격하여 찾았으나 놓쳤다(追覓失之). 각간(角干)대공(大恭)의 집(家) 배나무 위에(梨木上) 참새가 셀 수 없이 많이 모였다(雀集無數). 안국병법(安國兵法)하권에 이르기를 "[이러한 변괴가 있으면] 천하에 커다란 병란이 일어난다(天下兵大乱)." 하였는데, 이에 왕은 죄수를 사면하고 [정사를] 살피고 반성하였다(於是大赦修省). 7월3일에 각간 대공(大恭)이 적도(賊盜)가 되어서 일어나고, 왕도(王都)와 5도(五道) 주군(州郡)의 96각간(九十六角干)이 서로 싸워 대란이 일어났다(相戰大乱). 대공각간의 집안(大恭角干家)이 망하였고(亡), 그의 재산과 보물 비단 등은 왕궁으로 옮겼다. 신성(新城)의 장창(長倉)이 불에 타므로 사량(沙梁)·모량(牟梁) 등의 마을 안에 있던 역당들의 재물과 곡식들을 역시 왕궁으로 운반해 들였다. 난리는 석 달 만에 그쳤는데(乱弥三朔乃息), 상 받은 사람도 자못 많고(被賞者頗多) 목 베어 죽은 사람도 셀 수 없이 많았다(誅死者無筭也). 표훈(表訓)의 말대로 나라가 위태롭다는 것이 이것이었다(表訓之言國殆是也).'

⇒ 앞의 기록이 '원래 강소신라에 속해 있었던 지역들의 토호들이 자립해서 당나라의 절도사 등이 됨으로써 점차적으로 강소신라의 영토가 줄어든 상황'을 기록한 것이라면, 이 기록은 '강소신라의 통치권이 당나라가 파견해서 내려보낸 당나라 관리들에게 하나하나 접수되는 과정'을 기록한 것이라고 볼 수 있을 것이다. 물론 대개 은유적인 키워드들을 사용하고 있으므로 은유성 키워드들을 먼저 확인한 뒤에 본래의 의미를 살펴보아야 할 것이다.

i. '천구성(天狗星)이 동루(東樓)의 남쪽에 떨어졌다. 머리는 항아리(瓮) 같았고 꼬리(尾)는 3자가량이었으며 색은 뜨겁게 타는 불과 같았는데(色如裂火) 천지가 또한 진동하였다(天地亦振)'

⇒ 이 기록들은 자연적인 천문현상^{天文現像}이 아니라 정치상황을 은유^{隱喩}한 기록이므로 주의하여야 한다. 즉, 천구성^{天狗星}'은 천자의 궁궐을 지키는 역할을 하므로, 당황제의 명령을 직접 출납하면서 황제를 직접 보필하는 당나라의 내관$^{(內官=즉\ 당황제의\ 심복)}$들을 말한다. 따라서 {한마디로 말해서} '당황제의 눈과 입이 되는 관리들'이므로 당나라의 실세 중에서도 실세라 할 수 있는 관리들이다. 즉 당황실의 내관들이 직접 강소신라에 파견 나와서 강소신라의 내정을 관리감독하게 된 것이다. '瓮$^{(항아리,옹;wēng)}$=翁$^{(노인,옹;wēng)}$음변자'로서 그 책임자$^{(우두머리)}$의 직급이 높음을 말하고, '꼬리^{尾}는 3자 가량=즉 수하들이 약30명임'을 의미한다고 보이며, '색은 뜨겁게 타는 불과 같았는데$^{(色如爇火)}$=즉 그들의 복색이 매우 붉은색이었음'을 말하는데 '붉은색은 제왕^{帝王}의 색이므로 이들이 당황실의 소속이었음'을 의미하는 것이다. 그리고 '천지가 또한 진동하였다$^{(天地亦振)}$=즉 그들의 설치고 다니는 언행들이 아주 요란스러웠음'을 말하는 것이다. 한마디로 '점령군사령부가 강소신라 조정안에 설치'되어서 강소신라 안에서 일어나는 일거수일투족을 모두 감시하고 간섭하였다는 것을 말하는 것이다.

ii. '또 같은 해에 김포현(金浦縣)의 5경(頃) 정도 되는 논의 모든 쌀 낱알이 모두 이삭이 되었으며(稻田五頃中皆米顆成穗),'

⇒ 이 역시, 은유^{隱喩}된 기록이므로 주의하여야 한다. 먼저 '밭에 있는$^{(稻田中)}$ 쌀^{米}'은 아직 여물지 않아서 추수를 기다리는 쌀을 말하는데, 고대역사서에서는 '아직 완전히 복속되지 않은 백성들'을 의미하는 것이다. 그리고 '이삭$^{(穗)}$이 된다'는 것은 '벼줄기에서 낱알이 떨어졌다.'라는 의미로서, '아직 추수를 하지 않았는데도 논의 벼들이 모두 이삭$^{(穗)}$이 되었다'면 '다른 지배자에게 백성들을 빼앗겼다.'라는 의미가 되는 것이다. 따라서 이 문장은 '김포현^{金浦縣}의 백성들이 강소신라의 영향권에서 이탈하여 다른 세력의 영향권으로 편입되어 버린 것'을 말하는 것이다. 물론 이런 경

우 대개 백성들이 스스로 지배자를 선택한 경우일 것이므로 이전 통치자에게는 아주 뼈아픈 상황이 되는 것이다. 5경頃은 면적을 말하는 것이지만, 현실적인 면적과 같은지를 확인하기는 어렵다. 즉 '김포현金浦縣 백성들의 약5할{즉,50%=절반(折半)}을 5경頃이라고 비유한 것'으로 추정되기 때문이다. 그리고 또 '김포현金浦縣'은 구체적인 고유지명固有地名이 아니라 '김씨들이(金) 사는 마을(浦)'을 은유한 것이므로 아마 '당시의 강소신라를 통틀어서 김포현金浦縣이라고 대칭代稱했을 것'으로 추정된다.

iii. '7월에는 북궁(北宮)의 정원 가운데(北宮庭中) 먼저 두 개의 별이 떨어지고(先有二星墜地) 또 한 개의 별이 떨어져(又一星墜), 세 개의 별이 모두 땅 속으로 들어갔다(三星皆没入地).'

⇒ 이 역시, 은유隱喻된 기록이다. 즉 '북궁北宮'은 왕王의 내궁內宮이고, '별星'은 특출한 인물을 상징하며, '별이 하늘에 떠 있어야 하는데 떨어져서 땅속으로 들어갔다'라는 것은 중요한 인물의 신상에 변고가 생겼거나 생길 징조를 말하는 것이다. 특히 '별星이 북궁北宮의 정원庭에 떨어져 땅속으로 들어갔다.'라는 것은 왕의 측근에게 변고가 생긴 것을 말한다고 보인다. 실제로 {역사기록을 면밀히 조사해 보면} 이 '별星'이 누구인지를 알 수가 있는 힌트'가 어딘가에 분명히 남아있을 것으로 추정되지만 필자도 아직 확인하지는 못하였다. 혹시 '星(별,성xīng)=城(도읍,성chéng=즉,궁궐?)'의 한어음음변자韓語音音變字로 활용한 것일 수도 있다고 추정되므로, 지금까지 강소신라 왕들이 사용해 오던 주된 궁궐 3개를 파괴했었거나 폐쇄시킨 것을 의미하는 것일 수도 있다고 보인다. 어쨌든 '강소신라 왕권이 전반적으로 제한받게 된 것'을 은유적으로 표현했다고 보면 크게 틀리지 않을 것이다.

iv. '이보다 앞서 대궐의 북쪽 측간 속에서(厠圊中) 두 줄기의 연(蓮)이 나

고(二莖蓮生) 봉성사(奉聖寺)의 밭 가운데에서도 연(蓮)이 났다. 호랑이(虎)가 궁성 안에 들어와(虎入禁城中) 추격하여 찾았으나 놓쳤다(追覓失之).'

⇒ 물론 이 역시도 은유隱喩된 기록이다. 즉 '대궐의 북쪽'은 왕王의 내궁內宮을 지칭하고, '측청厠圊'은 변소toilet를 말하지만 여기에서는 '왕과 가까운 세력들의 근거지'를 말한다고 보인다. 즉 왕의 최측근 인물들에서 모종의 움직임이 생겨나기 시작했었고 봉성사[奉聖寺=성인(聖人)을 받드는(奉) 곳=즉 당황제(唐皇帝)측 세력의 거점]에서도 비슷한 움직임이 생긴 것을 말하는데, 구체적으로는 좀 더 연구되어야 할 것이다. 그리고 대개 남방국가의 창업세력은 '용龍'이라 하고, 북방국가의 창업세력은 '호랑이虎'라 하므로 '궁성 안에 호랑이虎가 들어왔.'라고 하는 것은 '북방계 인물이 왕권을 찬탈하려 했었다.'라는 의미로 보아야 한다. 그래서 '추격을 했었지만 놓쳤다.'라는 것은 문제가 완전히 해결되지 않고 미결 상태로 남게 되었다는 것으로서, 언젠가는 '북방계 인물이 왕권을 노리는 사건이 다시 일어날 수 있음'을 시사한다고 보아야 할 것이다. {물론 하나하나 은유성이 매우 강한 문장들이므로} 역사서 구석구석을 잘 찾아보면 그 연결고리를 찾을 수 있을 것으로 추정된다. 철저하고 끈질긴 젊은 연구자들의 분발을 기대해 본다.

v. '각간(角干)대공(大恭)의 집(家) 배나무 위에(梨木上) 참새가 셀 수 없이 많이 모였다(雀集無數). 안국병법(安國兵法)하권에 이르기를 "[이러한 변괴가 있으면] 천하에 커다란 병란이 일어난다(天下兵大亂)." 하였는데, 이에 왕은 죄수를 사면하고 [정사를] 살피고 반성하였다(扵是大赦修省).'

⇒ 물론 이 역시도 은유隱喩된 기록으로서, **'어느 집의 배나무 위에梨木上 참새가 셀 수 없이 많이 모였다.'**라고 하면 **'천하에 커다란 병란이 일어난다(天下兵大亂).'**라고 했으므로, {실제로 참새들이 모여들었는지는 모르겠지만} 다분히 '결과를 본 뒤에 안국병법安國兵法이라는 문구를 사용하여 견

강부회한 것'으로 추정된다. 그러나 대개 '참새^{雀}'는 특별하지는 않지만 시끄럽고 요란한 무리들을 말하므로 이러한 고사가 생긴 것이 아닌가 여겨진다. 물론 여기서는 '각간^{角干} 대공^{大恭}이 변란을 일으킬 징조가 있었으므로 왕이 각간^{角干} 대공^{大恭}의 요구를 들어준 것' 정도로 이해되지만, 구체적인 내막은 아직 잘 모르겠다.

vi. '7월3일에 각간 대공(大恭)이 적도(賊盜)가 되어서 일어나고, 왕도(王都)와 5도(五道) 주군(州郡)의 96각간(九十六角干)이 서로 싸워 대란이 일어났다(相戰大亂). 대공각간의 집안(大恭角干家)이 망하였고(亡), 그의 재산과 보물 비단 등은 왕궁으로 옮겼다. 신성(新城)의 장창(長倉)이 불에 타므로 사량(沙梁)·모량(牟梁) 등의 마을 안에 있던 역당들의 재물과 곡식들을 역시 왕궁으로 운반해 들였다. 난리는 석 달 만에 그쳤는데(亂彌三朔乃息), 상 받은 사람도 자못 많고(被賞者頗多) 목 베어 죽은 사람도 셀 수 없이 많았다(誅死者無筭也).'

⇒ 결국 767년7월3일에 각간 대공^{大恭}이 적도^{賊盜}가 되었고, '**왕도^{王都}와 5도^{五道} 주군^{州郡}의 96각간^{九十六角干}이 서로 싸우는 대란이 일어났다(相戰大亂)**'는 것이므로 강소신라와 관련된 전 지역의 세력가들이 모두 뒤엉켜서 싸우는 무정부 상태의 대혼전이 벌어진 것이다. 이와 같은 대혼전은 일반적으로 '극심한 국론분열과 개개 세력들의 이해득실이 서로서로 충돌하는 복잡한 상황'이어서 피아가 전혀 구분되지 않으므로 쉽게 어느 하나의 세력으로 결집되지도 못하는 아비규환^{阿鼻叫喚}이었다고 보아야 할 것이다. '각자의 주장들을 크게 몇 가닥으로 구분해서 추측'해 본다면,…

㉠ 당나라에서 온 감시단을 축출하고 당나라에게 대항하자

㉡ 나라를 그냥 당나라에 넘기고 경주신라로 당장 떠나자

㉢ 이런 사태를 만든 책임자를 처벌하자

㉣ 당나라에게 사죄하고 빌자

ⓜ 내가 가진 지분은 내가 처리할 테니 간섭하지 말라

　　ⓗ 내가 왕이 되어서 해결하겠다…등등 무수히 많았을 것이다. 거기에 개인적인 이해득실까지 가미되면서 서로 의심하고 증오하고 빼앗고 공격하였는데 그래도 결국 '석 달 만에 그쳐서(乱弥三朔乃息)' 상도 주고 벌도 주었다고 하지만, 누가 왜 상을 받고 또 누가 왜 벌을 어떻게 받았는지를 기록할 수도 없었을 것이다. 그냥 '살아남은 사람이 정의^{正義}가 되는 아비규환이 멈춘 것'이라고 보아야 할 것이다.

　　vii. '표훈(表訓)의 말대로 나라가 위태롭다(殆)는 것이 이것이었다(表訓之言國殆是也).'

　　⇒ 이 기록은 앞에서 '표훈스님의 말이 맞았다(訓師之說驗矣)'라고 한 것과 같은 맥락인데 결국 {표훈스님도 제3자가 아닌 당나라측 당사자였다는 점에서} '표훈스님도 강소신라를 경주신라로 축출하는 거대한 역사왜곡추진TFT의 한 멤버였다'라는 것으로 이 상황의 자초지종을 유추할 수밖에 없다고 여겨진다. ★

　　이로써, '35경덕왕의 위험한 모험(?)'이 바로 '강소신라의 시련(?)'으로 바뀌게 된 것인데 이후의 강소신라는 어떻게든지 계림도독부^{현,강소성양주(揚州)}를 떠나지 않고 버티려는 '처절한 몸부림'을 110년 동안 더 계속하다가 {더 이상은 버티지 못하고} '<u>소위, 매소성^{買肖城} 전투에서 승리했다(?)는 675년으로부터 정확하게 200년이 지난 875년에 49헌강왕을 비롯한 강소신라^(현,강소성揚州)의 조정이 통째로 경주신라^(현,경북경주)로 엑소더스(exodus,大移動)해서 자리를 잡게 된 것이다.</u>' 물론 그때 현,한반도로 이주하지 않고 현,중국의 동부지역에 남은 옛,강소신라인^{즉,유민(遺民)}들은 성^姓을 바꾸어서 족보^{族譜}를 다시 쓰고 이름^名까지도 바꾸어 {자기가 태어 난 옛,고향^{故鄉}을 버리고, 당황제가 지정하는 새,신향^{新鄉?}으로 하나하나 현,중국

땅 여기저기로 흩어짐으로써} 현재는 자신들의 조상과 자신의 정체성을 아예 잊은 채 '93%라는 중국의 한족^{漢族} 속'에 파묻혀 있게 된 것이다. 다만 그래도 현,중국의 동부 화동^{華東}지역 옛,강소신라 그 자리에 그대로 남아서 살아남은 질긴 풀뿌리 같은 한민족^{韓民族} 백성들은 {당나라 말기에 찾아온 5대10국^{5代10國}의 대혼란이라는 절호의 찬스를 살리려고} 총궐기해서 '소위 말하는 후삼국^{後三國}'을 열었었다가 최종적으로 왕건고려로 재통합하였지만 결국에는 또다시 {현,중국 땅에 그들의 친척들 대부분을 남겨놓고서} 현,한반도로 이주^(移住=exodus,大移動)하게 되는 '또 한 번의 파란만장한 역사의 여정'을 거쳐서 {그때로부터 150여년 전에 먼저 경주신라^{현,한반도}로 떠났던} 옛,친척들을 현,한반도에서 다시 만나서 지금 함께 살아가게 되었다고 해야 할 것이다.

(3) 범교사(範敎師:830?~900?)

범교사^(範敎師:830?~900?)라는 승려^{즉,범교스님}는 {정치사적으로는 직접적인 역할이 별로 없지만} 후삼국^{後三國}에서 왕건고려^{王建高麗}로 이어지는 시기인 당나라 말기^(9C말~10C초)에 활약한 인물이기 때문에, 이 승려의 행적을 아는 것이 '(통일)신라의 멸망과 후삼국의 발흥 및 왕건고려의 건국'이라는 9말10초^(9c말~10c초)의 역사를 이해하는 데 징검다리가 되고 있으므로 반드시 짚고 넘어가야 할 것이다.

『삼국사기』과 『삼국유사』를 전체적으로 살펴보면, '{당시의 나이가 18세인지? 15세인지? 애매한} 화랑^{花郎}응렴^(唐廉:843or846?~875?)이 범교사^(範敎師:?~?)라는 승려의 조언을 따랐었기 때문에 결국 신라48경문왕에 오를 수가 있었다.'라는 것으로 설명하고 있다. 하지만 구체적인 기록인《삼국사기/

신라본기11》47헌안왕4⁽⁸⁶⁰⁾년조 및 48경문왕3⁽⁸⁶³⁾년조 등에서는, 범교사 즉,범교스님를 '흥륜사^{興輪寺}의 중^僧'이라 하였고,《삼국유사/기이2》48경문대왕^{景文大王}조에서는 범교사를 '낭^{郎=화랑=즉, 응렴(膺廉)}이 속한 화랑도^{花郎徒}의 웃어른 ^(郎之徒上首)인 것'으로 설명하고 있다. 그런데 당시의 화랑도들은 대체로 덕망있는 승려를 웃어른^(上首)으로 모셔서 '화랑도의 정신적 스승^{(助言者,mentor)=속칭,승려낭도(僧侶郎徒)}으로 삼았던 것이므로, {이 기록들을 종합하면} '범교사^{즉,} ^{범교스님}는 흥륜사^{興輪寺}의 중이면서 응렴이 속한 화랑도의 승려낭도^{僧侶郎徒}였었던 것'으로 보인다.

다만 '860년대의 신라조정^(47헌안왕~48경문왕)은 아직 강소신라에 있었던 것'이므로, '범교사^{範教師}가 있었다'는 흥륜사^{興輪寺}는 '신라13미추왕 시기인 263년에 인도승^{印度僧(즉,墨胡子)} 아도^{阿道}가 머물면서 포교활동을 했던 일선현모례의집^{一善縣 毛禮家=현,산동조장시(棗庄)추정?}을 23법흥왕이 527년에 개축해서 흥륜사^{興輪寺}라고 했었던 것이고, 24진흥왕이 (535년~544년)에 전면 재건축하고서^{{혹은, 계림{雞林=현,강소성양주(揚州)}에 별도로 신축해서}} 대(왕)흥륜사^{大(王)興輪寺}라고 했던 사찰'인데, 7말8초 역사왜곡에 따라 대(왕)흥륜사^{大(王)興輪寺}라는 사찰이 817년경(?) 경주신라^(현,한반도)로 (유물+명칭)과 함께 이동되자, {'원래, 이곳 강소신라의 흥륜사^{興輪寺}의 위치가 인도승^{印度僧} 아도^{阿道}가 처음 전교하던 장소였다'고 해서} 원래의 명칭인 흥륜사^{興輪寺}로 환원되어 사찰건물들이 860년대까지 그대로 유지되고 있었던 것으로 추정되는 것이다. 즉 {비록 사찰명칭은 도중에 달라졌을 수는 있지만} '인도승^{印度僧(즉,墨胡子)} 아도^{阿道}가 처음 전교하던 장소'라는 특수성 때문에 강소신라가 경주신라로 떠난 다음에도 사찰이 폐쇄되지 않고 현,산동성^(조장시)의 원래 위치에 그대로 유지되고 있었다고 여겨진다.

따라서, 필자는 이 흥륜사^{興輪寺}가 {그 시기는 정확히 모르겠지만} 나중에 이름이 세달사^{世達寺}로 개명되었기 때문에 870년경(?) '10세의 궁예^{弓裔}가 출가했다'는 세달사^{世達寺}도 바로 {이 인도승^{印度僧} 아도^{阿道}의} 흥륜사^{興輪寺}

였으며, {비록 아직은 속설^{俗說}이긴 하지만} '사극^(史劇,drama) 태조왕건^{太祖王建}'에서, {870년경?~890년경?=즉,20년간} 궁예의 스승으로 나오는 '세달사의 범교사'가 바로 '860년에 화랑 응렴^(膺廉:846?~875)에게 조언하였던 바로 그 흥륜사^{興輪寺}의 범교사^{(範敎師:830?~900?)=즉,범교스님}'와 동일인물이라고 추정할 수가 있다고 본다.

그래서 필자는 '47헌안왕의 서자^{庶子}인 궁예^{弓裔}의 출생비밀'을 잘 알고 있는 세달사^{世達寺=즉,흥륜사(興輪寺)}의 범교사^{範敎師}가 870년경(?)부터 10세의 어린 궁예^{弓裔}에게 불법^{佛法}과 함께 강소신라의 역사^{歷史}를 가르치고 또 출생에 대해 얽힌 이야기를 알려줘서, 약20년 뒤인 891년에 '옛,강소신라를 복원하려고 궐기한 기훤^{箕萱}'에게 보내 본격적으로 '후신라^{後新羅=즉 후강소신라(後江蘇新羅)} 부흥전쟁을 이끌게 했던 것'으로 추정하는 것이다.

[참고]
범교사(範敎師)의 생몰년대 추정 : (830?生 ~ 900?沒)

범교사^{範敎師}가 860년에 '(18세or15세)의 화랑^{花郎} 응렴^(膺廉:843or846?~875)의 정신적 스승^(助言者,mentor)'이었다면, {당시의 나이를 아무리 적게 보아도 30대 초반이었을 것으로 보아야 할 것이므로} 범교사는 대략 830(?)년 이전에 출생했다고 보인다. 그리고 범교사가 47헌안왕의 서자^{庶子}인 궁예^(弓裔:860년경?~918년)를 10살^(870년경?) 때부터 891년^(30살?)까지 약20년간 세달사^{世達寺}에서 가르쳤다면, 891년에는 범교사는 대략 60세가 된다고 보인다. 따라서 범교사가 {최소한} 대략 70세가 되는 900년경(?)까지 생존했다 해도 다른 역사기록들과 크게 상충되지는 않을 것이다.

어쨌든 범교사에 대한 기록은 대체로 강소신라48경문왕의 기록과 함께 나타나므로 48경문왕에 대한 기록을 중심으로 검토해야 하는데, 《삼국사기/신라본기11》의 47헌안왕4$^{(860)}$년조와 48경문왕3$^{(863)}$년조' 및 《삼국유사/기이2》'48경문대왕조'의 내용이 서로 비슷하면서도 다른 내용이 중복 기록되어 있는 것처럼 보여서, 전체적인 해석을 어렵게 하고 있다고 보인다. 그래서 '범교사$^{(範敎師:830?~900?)}$에 대한 행적'을 검토하기 위해서는, 먼저 『삼국사기』기록과 『삼국유사』기록의 차이점'을 명확히 구분한 연후에 '세달사$^{\{世達寺=즉,興輪寺\}}$의 범교사^{範敎師}와 관련된 기록들을 '역사왜곡방법론'과 관련하여 검토해 나가야 할 것이다.

① 47헌안왕과 48경문왕(즉,응렴)에 대한 '『삼국사기』기록'과 '『삼국유사』기록'의 차이에 대한 비교

아래의 ②,③항에서 『삼국사기』기록과 『삼국유사』기록을 하나씩 검토해 나가겠지만, {독자들의 이해를 돕기 위해서=즉, 해석상의 혼란을 줄이기 위하여} 먼저 '필자가 정리한 결론 부분'을 제시하는 것이 효율적이라고 보인다.

즉 {결론을 간단히 요약하면} 『삼국사기』기록과 『삼국유사』기록은 {48경문왕이 된 응렴$^{(膺廉:846?~875)}$을 주인공으로 한} '860년$^{(응렴15세)}$~866년$^{(응렴21세)}$=6년간' 사이의 연속된 기록인데, 먼저 '고려왕조에서 편찬한 『삼국사기』'가 47헌안왕에게서 48경문왕으로 왕위가 넘어가는 과정에서 벌어진 '왕건고려로서는 매우 불편한 어떤 사건(?)$^{\{⇒아래의[참고]내용\}}$'을 감추기 위하여 '861년에 47헌안왕이 갑자기 병으로 죽고, 48경문왕이 정상적으로 즉위한 것처럼 역사기록을 고쳐서 기록했던 것'이고, 『삼국유사』는 일단 『삼국사기』의 기록은 그대로 둔 상태에서 '(863년?~866년?)=3년간' 사이에 실제로 전개되었던 사건을 은유적으로 기록하다 보니, 두 기록의 내용이 뒤엉켜져서 정확한 역사해석에 혼선을 야기하게 된 것이다.

그래서 {지금으로서는} 이러한 '혼란스러운 기록의 자초지종을 처음부터 자세히 설명해 나가는 것'이 오히려 독자들에게 혼란을 초래할 것이므로 '필자가 정리한 결론'을 먼저 제시하게 된 것이다. {필요하다면} 나중에라도 세밀하게 재검증해 보기 바란다.

[참고]
'왕건고려로서는 매우 불편한 어떤 사건(?)'

{'이 사건(?)'을 요약하면} '861년 48경문왕이, 죽기 직전의 47헌안왕에게 했던 약속을 48경문왕이 나중에 약속을 위반하게 된 사건'인데 {결과적으로만 본다면} 통설에서 알려진 바와 같은, 궁예가 애꾸눈이 되는 사건'을 말하는 것이다. 그런데 '이 사건'이 {결과적으로} 훗날 ^{918년} 궁예를 축출하고 고려를 건국한 왕건의 행위$^{(즉, 쿠데타)}$에 대한 정당성 여부와 관련이 되었으므로, '왕건고려王建高麗로서는 매우 불편한 사건'이었던 것이다. 그래서 왕건고려 시기에 편찬된 『삼국사기』가 '이 사건(?)의 실체實體를 조금 변질시켰던 것'이 문제의 핵심인 것이다.

즉 '이 사건(?)'이 {이곳에서 다루는 '불교문화'와는 직접 관련되지 않고, 순전히 '정치적인 사건'이므로} 이곳에서 자세하게 다룰 필요는 없지만, '47헌안왕에게서 48경문왕으로 왕위가 넘어가는 과정에서 벌어진 어떤 약속위반(?)' 때문에 『삼국사기』의 기록과 『삼국유사』의 기록이 서로 상충되는 결과가 만들어진 것'이므로, '사료들 사이의 교차검증'의 측면에서도 중요하고 또한 '후삼국이 왕건고려로 통합되는 상황'을 제대로 이해하기 위해서라도 '47헌안왕과 48경문왕 및 궁예 등 세 인물 사이의 관계'와 '그에 따른 어떤 약속위반 사건(?)의 실상'을 사실대로 밝혀야만 한다고 보인다.

다만 이 사건은 나중에 더 자세히 설명될 기회가 있으므로 여기에서는 필요한 부분만 간략하게 정리해 두고자 한다.

ⅰ. 860년말, 당시 47헌안왕에게 왕위를 승계할 정실^{正室} 아들이 없었고(?), 후궁^{後宮}이 임신$^{(5~6개월=즉,궁예)}$을 한 상태였었다.

ⅱ. 861년초 47헌안왕이 갑자기 병이 들어 더 이상 재위가 불가능해지자, 왕족^{王族}인 화랑 응렴$^{(16세)}$에게 {'후궁이 아들$^{(즉,궁예)}$을 낳으면, 나중에 왕위를 돌려줄 것'을 조건으로 해서} 일단 왕위를 임시 선양^{禪讓}하고서 궁에서 물러나 병을 치료하게 된 것이다. 그래서 응렴$^{(16세)}$이 861년에 '(임시로^{설정형식}) 48경문왕으로 즉위'하게 된 것이다. 즉 응렴은 이때 정식으로는 아직 48경문왕^{景文王}이 아니었던 것이다.

ⅲ. 861년5(?)월 47헌안왕의 후궁에게서 실제로 아들$^{(즉,궁예)}$이 태어났는데, (임시)48경문왕 측에서 {당초의 약속을 어기고서} 47헌안왕의 아들$^{(즉,궁예)}$을 죽이려 하였던 것이다. 하지만, 아들$^{(즉,궁예)}$은 유모^{乳母}에 의해서 극적으로 탈출하여 목숨을 구했는데 이때 아들$^{(즉,궁예)}$은 눈을 다쳐서 평생토록 애꾸가 된 것으로 보인다. 결국 '생사^{生死}도 알 수 없이 행방불명이 된 아들$^{(즉,궁예)}$의 문제'는 더 이상 공론화되지 못하고 묻혀 버린 것으로 보이는데, 이는 (임시)48경문왕측에서 '궁예의 출생 사실을 아예 은폐했었기 때문'으로 추정된다.

ⅳ. 865년말 (임시)48경문왕측과 47헌안왕측 사이에서 '정식으로 양위^{讓位}하는 담판{즉 47헌안왕이 그때 아직 사망하지 않았었다}'이 있었는데, '861년의 임시 선양^{禪讓}'을 그대로 인정한 듯하다. 그런데 『삼국사기』는 861년의 임시 선양^{禪讓}'을 기준으로 하고, 『삼국유사』는 865년의 정식 양위^{讓位}'를 기준으로 해서 기록함으로써 '{서로 유사한} 860년과 865년의 두 가지 문답^{問答} 기록'이 등장하게

된 것으로 보인다. {물론 필자는 '(삼국유사)의 865년 문답기록이 더 사실과 부합된다.'라고 추정한다.}

v. 861년5(?)월에 태어난 47헌안왕의 서자^{庶子} 궁예^{弓裔}를 세달사$^{(世達寺=즉, 前興輪사)}$의 범교사^{範敎師}가 거두어 길렀으며, '891년에 후신라$^{즉, 후강소신라(後江蘇新羅)}$ 부흥운동을 시작하게' 하여 일단 후강소신^{後江蘇新羅}를 건국하는 데에는 성공을 하였었지만, 918년에 궁예가 왕건^{王建}의 쿠데타에 의해서 축출^{逐出}되어 피살$^{\{被殺?=실제로는, 거란(契丹)의 완안부(完顔部)로 망명하였었다.\}}$되었으므로, 결국 '궁예에 의한 후신라$^{\{즉, 후강소신라(後江蘇新羅)\}}$ 부흥운동은 {왕건의 쿠데타에 의해서} 무산'되었고, 그 대신 '왕건에 의해서 후고구려$^{\{즉, 고려(高麗)\}}$가 건국되게 된 것'이다.

이상과 같이, 결국 '47헌안왕에서 48경문왕으로 왕위가 넘어가는 과정에서 벌어진 861년의 약속위반 사건$^{(즉, 궁예살해미수사건)}$'은 '{918년 왕건^{王建}의 쿠데타로 축출^{逐出}되어 피살되었다(?)고 하는} 후신라$^{\{즉, 후강소신라(後江蘇新羅)\}}$의 왕 궁예^{弓裔}와 직접 연결되는 문제'였었으므로, '861년 48경문왕의 약속위반 사건$^{(즉, 궁예살해미수사건)}$'은 '왕건고려^{王建高麗} 건국의 정통성^{正統性}을 해치는 결정적인 하자^{瑕疵}'로 연결될 수가 있었던 것이다. 그래서 고려의 신하인 김부식이 『삼국사기』에 이 상황을 사실대로 기록하지 못했던 것으로 보인다. 그런데 {『삼국사기』에서 누락된 실제역사'를 들춰내서 후세로 전하려고} 『삼국유사』를 집필한 일연스님이 이 부분을 '매우 은유적으로$^{\{즉, 애매하고(?) 또한 혼돈스럽게(?)\}}$ 등재시켜 놓게 됨'으로써, 두 사서 간의 기록내용에서 미묘한(?) 차이가 발생하게 된 것으로 판단된다.

어쨌든 {결과적으로 보면} '861년 48경문왕의 약속위반 사건$^{(즉, 궁예살해미수사건)}$'을 사실대로 밝히는 것이 왕건고려로서는 매우 불편했었으므로, '후강소신라를 부흥하려 했던 궁예가 901년에 후고구려국을 세웠다.'라는 식으로 역사를 왜곡해서 기록하게 되었다고 보인다. 그래서 결국, '『삼국사기』 후삼국 관련 기록은 사실史實과 다른 두찬杜撰이 포함되어 있다.'라고 평가되어야 할 것이다.

어쨌든, '『삼국사기』의 기록내용'과 '『삼국유사』의 기록내용'을 큰 줄기만 잡아서 요약·정리해 보면 다음과 같다.

<『삼국사기』의 기록내용(요약)>
 i. 47헌안왕4(860)년9월: 47헌안왕이 임해전 모임에서 왕족 응렴(15세)에게 양위할 의향을 내비침
 ii. 47헌안왕5(861)년1월: 47헌안왕이 오래동안 와병하자, 화랑 응렴(16세)에게 (임시?) 선양하고 퇴위함
 iii. 48경문왕3(863)년: 48경문왕(응렴=18세)이 차비(次妃)를 들임
 iv. 48경문왕6(866)년1월29일: 와병 중의 47헌안왕이 사망함
    (是月29日薨, 謚曰憲安, 葬于孔雀趾)

<『삼국유사』의 기록내용(요약)>
 v. 48경문왕3(863)년: 48경문왕(응렴=18세)이 국선(國仙)이 됨
 vi. 48경문왕5(865)년10월??일: 48경문왕(응렴=20세)과 와병 중인 47헌안왕이 대궐잔치에 참석하여 문답함[담판?]
 vii. 48경문왕6(866년1월??일): 와병 중이던 47헌안왕이 사망함, {48경문왕(응렴=21세)이 범교사(範敎師)를 대덕(大德)에 임명}

{이 '요약,정리된 기록내용'을 분석적으로 살펴보면} 『삼국사기』에서는 861년1월에 당시 16세인 화랑 응렴에게 선양하고 퇴위했다.'는 47헌안왕이 『삼국유사』에서는 866년1월29일에 사망한 것으로 기록되어 있다.' 따라서 {이 두 기록을 종합하여 추론하면} '몸이 아픈 47헌안왕

이 861년1월에 사망(즉,禪讓)한 것'이 아니라 '일단, 화랑 응렴(16세)을 {국왕의 직무를 대행하는} 부군(副君)으로 임명하여 임시로 섭정(攝政)케 하고서 일단 뒤로 물러나서 병 치료를 하다가, 5년 뒤인 866년1월29일에 결국 사망한 것'이다. 따라서 866년에서야 비로소 '당시의 국선(國仙=즉,화랑(花郎))이던 부군(副君) 응렴(21세)이 48경문왕으로 정식 즉위하게 된 것'으로 정리할 수가 있다고 보인다. 즉 '48경문왕이 정식으로 즉위한 시기는 861년1월이 아니라 866년1월29일 이후이고 그때까지 47헌안왕이 생존해 있었던 것이다.'라고 추론되는 것이다.

그런데 47헌안왕의 사망시기를 『삼국사기』에서 분명히 861년1월29일이라고 기록'했는데, 『삼국유사』에서는 응렴의 나이 21세가 된 866년1월'이라고 기록하여 5년의 시차가 나는 것이다. 이와 같이 {『삼국사기』와 『삼국유사』의 기록내용을 서로 비교했을 때} 조금 '이상한(?) 기록'이 나타나게 되는 것은, {필자의 경험에 비춰보면} 대체로 『삼국사기』가 은닉한 어떤 내용을 『삼국유사』가 (은유적으로) 들춰내서 기록하는 경우'가 많으므로, 이 경우도 『삼국사기』가 감춘 '860년9월부터 866년1월29일 사이의 어떤 사건(?)'의 실제 내막을 『삼국유사』가 (은유적으로) 기록하여 후손인 우리들에게 알리려는 하는 것이라고 추측된다.

그래서 '47헌안왕에서 48경문왕(응렴)으로 이어지는 과정에 대한 기록들 속에 감추어져 있는 역사왜곡과 관련된 어떤 사건'이 과연 무엇인지를 찾아내기 위해서 『삼국사기』와 『삼국유사』에 등재되어 있는 '47헌안왕과 48경문왕(응렴)에 관련된 기록들'을 '순서를 맞추어 정리해서 비교'해 보면, 다음과 같음을 확인할 수가 있다. {물론 '(860년9월)=왕족 응렴(膺廉)의 나이15세'라는 『삼국사기』에 등재된 응렴의 나이와 연도'를 『삼국유사』에도 같이 적용하여, '응렴의 나이에 맞는 해당 연도를 산출'하여 비교하는 것으로 하였으므로, 연도에 대한 착오는 없을 것이다.}

표20. 47헌안왕과 48경문왕(응렴)에 대한 기록 정리

#	기록 A	기록 B	년도	항목(구분)	내용요약
1	◎		47헌안4년 860년 9월	임해전모임	응렴=15세(왕족) 9월: 임해전모임 (왕+제신하+왕족응렴)
2	◎			헌안왕 질문	배울만한 사람 만났는가?(見善人者)
3	◎			응렴의 답변	착한행실3사람(見三人,竊以爲有善行也) -고귀한가문의자제(一高門子弟) -부잣집 사람(一家富於財) -권세와영화를누리는사람(一有勢榮)
4	◎			헌안왕 제안	두 딸 중 골라서 처로 삼으라
5	◎			응렴의 대응	1.감사인사, 일단귀가 2.부모와 상의 [차녀를 처로 삼자] 3.흥륜사 스님께 자문[장녀선택有三益]
6	◎			응렴의 선택	왕의 명령에 따르겠음
7	◎			헌안왕 계획	장녀를 응렴에게 출가시킬 계획세움
8	◎		47헌안5년 861년 1월29일 48경문1년	헌안왕 와병 (와병요양) 경문왕 ~~즉위~~ (攝政시작)	와병[王寢疾彌留]⇒임시 양위선언 ~~사망~~(861년1월29일)⇒[사위.응렴 攝政] (是月29日薨, 諡曰憲安, 葬于孔雀趾)
10		◎			응렴:16세(화랑)?
9	◎		48경문3년 863년	경문왕 次妃	寧花夫人의 동생을 次妃로 맞아들임 [흥륜사(興輪寺)스님(僧)의 三益설명]
11		◎			응렴:18세 국선(國仙)=낭(郎)
12		◎	48경문5년 865년	헌안대왕의 대궐잔치	응렴=20세(弱冠) 10월?, 대궐잔치 [47헌안왕참석]
13		◎		헌안왕 질문	어떤 이상한 일(何異事)을 보았는가?
14		◎		응렴의 답변	아름다운행실 세 사람(美行者三) -윗자리에 잇는 사람(有人爲人上者) -큰 부자(有人豪富) -귀한 세력가(有人本貴勢)
15		◎		헌안왕 제안	두딸을 시중들게[下嫁] 하겠다
16		◎		응렴의 대응	1.절하며 자리를 피해 귀가 2.부모와 상의 [차녀를 처로 삼으라] 3.上首법교사가 자문[장녀선택有三美]
17		◎		응렴의 선택	왕이 시키는 대로 하겠음
18		◎		헌안왕 결정	사신이, '장공주를 선택한다.'고 전함
19		◎	48경문6년 866년 1월??일	헌안왕사망, 경문왕이 範敎師포상	47헌안왕 : 3개월(三朔)후, 와병>사망 [유언(窀穸之事)⇒사위에게 정식양위] [다음날 사망(翌日王崩)] 48경문왕 : 범교사大德벼슬[三美설명]

(주) 1. A: 《삼국사기11》 [47헌안왕4(860)년,5(861)년+48경문왕3(863)년]조
   2. B: 《삼국유사/기이2》 [48경문대왕(景文大王)]조

이상과 같이 {『삼국사기』와『삼국유사』에 등재되어 있는} '47헌안왕과 48경문왕(즉,응렴)이 관련된 기록들'을 '시기의 순서를 맞추어서 정리하여 비교'해 보았더니, 다음과 같은 '3가지(ⅰ~ⅲ)의 특징'이 분명히 드러난다. 즉…

 ⅰ. **전체적인 주인공은 '응렴(膺廉=즉,48경문왕)'이지만, 등장인물인 47헌안왕과 흥륜사스님 범교사^{範敎師}의 역할이 강조되어 있다.** 이는, 강소신라 왕위가 47헌안왕에서 48경문왕으로 승계되는 과정에 '범교사^{範敎師}가 깊이 개입되어 있음'을 시사한다.

 ⅱ. **'기록의 구체적인 내용'을 살펴보면,** {그 시기가 서로 약5년의 차이가 남에도 불구하고} '『삼국사기』{860년9월(#1)~861년1월(#8)}의 실제 내용'과 '『삼국유사』{865년10월(#12)~866년1월(#19)}의 실제 내용'이 '100% 서로 동일한 사건을 중복해서 기록한 것이다.'라고 단언(?)할 수 있을 정도로 '그 형식 면과 내용 면에서 완전히 일치'되고 있다. 이는 {『삼국사기:12C중』보다 150년 정도 나중에 편찬된}『삼국유사:13C말』가 '47헌안왕이 응렴^{膺廉}을 후계자로 결정한 것{즉 861년1월29일에 응렴(膺廉)이 섭정(攝政) 시작함}'과 '47헌안왕이 실제 사망한 것{즉 866년1월??일에 응렴(膺廉)이 정식으로 48경문왕에 즉위함}'이 다르다는 것을 후손들에게 알리기 위하여, 의도적으로 기사를 중복해서 기록한 것으로 추론된다.

 ⅲ. {시기상으로는} 분명히 '48경문왕이 즉위하기 1년 전인 860년(응렴;15세)부터, 48경문왕6년인 866년(응렴:21세)까지의 6년간'에 있었던 일(#1~#19)을 기록한 것인데, '{861년=응렴16세(#10)}과 {863년=응렴18세(#11)}만『삼국사기』와『삼국유사』의 기록의 일부가 공통일 뿐 {그 형식 면과 내용 면에서 완전히 일치되는}『삼국사기』의 기록=즉 {860년9월(#1)~863년(#9)}의 기간에 대한 기록'과『삼국유사』의 기록=즉 {865년(#12)~866년1월??일(#19)}의 기간에 대한 기록'이 중복되어 있다. 이는『삼국사기』의 기록=즉 {860년9월(#1)~863년(#9)}의 기간에

대한 기록'에서의 앞부분 기록{즉 47헌안왕이 응렴에게 임시 양위선언(#8)}과, 『삼국유사』의 기록=즉 {865년(#12)~866년1월??일(#19)}의 기간에 대한 기록'에서의 뒷부분 기록{즉 47헌안왕의 사망(#19)}만 사실에 부합하는 것으로 보면 될 것이다. 즉 이 이외의 중복된 기록들은 {비록 조금씩 문구가 달라져 있더라도} 완전히 같은 기록을 시기를 달리 중복해서 기록한 것으로 보아도 무방할 것이다.

그런데, 이 '3가지(ⅰ,ⅱ,ⅲ)의 특징'이란 일연스님{즉,『삼국유사』}이 『삼국사기』의 기록을 재탕해서 중복 기록했기 때문에 야기된 것'이라고 할 수 있는데, 문제는 '일연스님{즉,『삼국유사』}이 왜 굳이 이와 같은 번거로운 작업을 했는가?'에서 그 이유를 찾아야 이 문제를 해결할 수 있어 보인다. 즉 이는 {역설적으로 보면} 『삼국사기』가 무엇을 감추려고 했었던 것인가?'를 찾는 문제라고도 해야 할 것이다. 그래서 이 문제에 대한 최종적인 답을 찾기 위해서는 『삼국사기』와 『삼국유사』 각각의 기록들을 좀 더 세부적으로 검토해서 '47헌안왕에서 48경문왕으로 왕위가 승계되는 과정에서, 범교사範敎師가 개입한 사건이 무엇인지?'를 찾아야 할 것으로 보인다.

② 47헌안왕과 48경문왕(즉,응렴)에 대한 『삼국사기』 기록의 세부검토

ⓐ '《삼국사기/신라본기11/47헌안왕4(860)년》조' : 4년(860) 가을 9월에 왕이 임해전(臨海殿)에 여러 신하들을 모이게 했는데, 왕족 응렴(膺廉)이 나이 15세로 자리에 참석하였다. 왕은 그의 뜻을 알고자 문득 묻기를 "그대는 한동안 돌아다니면서 배우는 동안 배울 만한 사람을 만난 것이 없었더냐(得無見善人者乎)?"라고 하였다. 응렴이 대답하기를 "신은 일찍이 세 사람(三人)을 보았는데, 자못 착한 행실(善行)이 있다고 여겼습니다(竊以爲有善行也)."라고 하였다. 왕이 "어떤 것인가?"라고 물으니, 대답하기를

"한 사람은 고귀한 가문의 자제로서(一高門子弟), 다른 사람과 더불어 사귐에 있어 자기를 먼저 내세우려 하지 않고 남의 아래에 자리하였습니다. 한 사람은 부잣집 사람으로서(一家富於財) 가히 사치스런 옷을 입을 수 있는데도 항시 삼베옷(麻紵)만 입으며 스스로 즐거워했습니다. 또 한 사람은 권세와 영화를 누리면서도(一有勢榮), 그 힘으로 사람을 억누르는 일이 없었습니다. 신이 본 바는 이와 같습니다."라고 하였다.

⇒ (#1~#3)860년9월에 47헌안왕이 임해전臨海殿에서 회합會合을 하였는데, '43희강왕僖康王의 아들인 아찬.계명啓明의 15세 아들인 응렴(膺廉:846~875)'이 참석한 것으로 보인다. 물론 15세 소년인 응렴이 혼자 참석했을 리는 없고 그의 아버지인 아찬.계명도 함께 참석했을 것이기 때문에 '47헌안왕이 말했다'라는 '(#4~#7)딸을 응렴에게 하가(下嫁)시킨다.'라는 등의 이야기는 갑작스럽게 돌출된 이야기가 아니라 이미 사전에 충분히 협의해서 합의된 내용이라고 보인다. 즉{어쩌면} '47헌안왕이 아찬.계명啓明의 아들인 15세의 응렴(膺廉:846~875)에게 딸을 하가下嫁시킨다.'는 공식적인 발표를 하기 위해서 '당사자인 15세의 어린 응렴을 회합會合에 참석시킨 것'이라고 보는 것이 더 합리적일 수 있을 것이다. 왜냐하면 강소신라는 31신문왕 시기부터 적용된 '**강소신라國 왕통王統의 부자승계父子承繼** 금지 규정' 때문에 그동안 여러 번 왕위 승계과정에서 수없이 많은 변칙들{예:형제상속 등}이 있어 왔었는데, 이번 47헌안왕에게도 이 문제가 최대의 현안이었으므로 {47헌안왕이 정상적으로는 자신의 아들(?)에게 바로 왕위를 승계시킬 수 없게 되자} '왕족(즉,金氏)을 사위로 맞아들여 일단 왕위를 승계시켰다가 다시 자신의 아들에게 왕위를 되돌리는 편법'을 생각했었을 개연성이 크기 때문이다. 즉 이미 사전에 '43희강왕의 아들인 아찬.계명의 15세 아들 응렴(膺廉:846~875)'을 사위로 맞아들이도록 정해두고서 그것을 공개적으로 공표公表하기 위해서 회합을 연 것이라고 할 수가 있다는 것이다. 따라서 이때 '주고받은 문답들(#2~#3)'은 다분히 '7말8초 역사왜

곡' 과정에서 각색된 것들이라고 볼 수가 있을 것이다. 즉 '이 주고받은 문답들(#2~#3)'은 일단 스토리 전개에 큰 영향이 없는 것들이라고 볼 수도 있다는 것이다.

그런데 여기에서의 '임해전$^{臨海殿=즉\ 바다(海)에\ 임(臨)한\ 전각(殿閣)}$'이란 건물은 {강소신라가 경주신라로 이주하기 위한 업무를 총괄해서 관장하기 위하여} '현,강소성양주^{揚州} 인근의 양자강^{揚子江} 수로변^{水路邊}에 지은 건축물'로 볼 수 있으므로, 이곳에서 논의되는 사안들은 거의 모두가 '경주신라로 이주하는 문제'였던 것이다. 따라서 이때의 논의주제가 '경주신라로 건너가서 나라를 다스릴 경주신라왕^{즉,황제}을 누구로 할 것인가?'라는 것이었다고 추정된다. 그래서 일단 {나이는 어리지만} '아찬.계명의 15세 아들^{응렴}'이 물망에 올랐던 것이라고 보이며 이는 응렴이 직접 결정한 것이 아니라 그의 아버지인 아찬.계명이 이미 47헌안왕과 결정해 두었던 것이라고 보아야 할 것이다.

그리고 {'역사왜곡방법론'에서는] '왕후^{王后} 또는 왕녀$^{(王女=왕의\ 딸)}$ 등의 여성^{女性}'은 '왕^{王}이 다스리는 영토$^{(領土=즉,地)}$'를 은유하는 것이므로, 여기에서도 '장녀$^{(長女=큰딸)}$=즉 강소신라의 영토$^{(땅)}$'이고, '차녀$^{(次女=둘째딸)}$=즉 경주신라 영토$^{(땅)}$'를 은유해서 말하는데, '강소신라 영토$^{(땅=즉,장녀)}$는 이미 이리저리 갈기갈기 찢기고 침탈당한 상황'이었으므로 **'얼굴이 예쁘지 않았다.'**라고 은유한 것이고, '경주신라 영토$^{(땅=즉,차녀)}$는 신천지^{新天地}로서 고스란히 경주신라왕에게 속하는 상황'이었기 때문에 **'얼굴이 예뻤다.'**라고 은유된 것이다. 물론 {여성이긴 하지만} 왕후^{王后}=즉 강소신라 도읍지$^{(계림도독부=현,강소성양주)}$는 아직 47헌안왕이 관할하고 있는 상황이었으므로, 이 자리에서 전혀 거론되지 않았던 것이다, 즉 응렴의 부모가 '동생$^{(次女)}$에게 장가드는 것이 좋겠다.'라고 말했다는 것도 이미 '47헌안왕과 아찬.계명 사이에 합의가 있었던 것'이라고 추론되어야 할 것이다. 따라서 '(#3)선행이 있는 3인$^{(有善行3人)}$'에 대한 기록은 '{그냥 15세 소년에게서 들을 수 있는} 기특

한 말'을 끼워 넣은 '구색맞춤' 정도라고 보면 될 것이다.

* [삼국사기/47헌안왕4(860)년]조 계속 : 왕이 듣고 말없이 있다가 왕후(王后)에게 귓속말로 "내가 많은 사람을 보았지만 응렴 만 한 이는 없었다." 하고는, 그를 사위로 삼을 생각으로(意以女妻之) 돌아보고 응렴에게 이르기를 "바라건대 그대는 몸을 아끼라(願郎自愛). 나에게 딸 자식(息女)이 있으니 그대의 배필로 삼게 하리라(使之薦枕)"라고 하였다. 다시 함께 술을 마시며(更置酒同飮), 조용히 말하기를(從容言曰), "나에게 두 딸이 있는데, 큰 아이는 올해 스물 살이고 작은 아이는 열아홉 살이다. 그대 마음에 드는 대로 장가를 들라(吾有二女, 兄今年二十歲, 弟十九歲. 惟郎所娶)"라고 하였다. 응렴은 사양하다가 마침내 일어나 감사의 절을 드리고 집에 돌아와 부모에게 알렸다.

부모가 말하기를 "듣건대 왕의 두 딸의 얼굴은 언니가 동생만 못하다고 하니, 만약 부득이하다면 그 동생에게 장가드는 것이 좋겠다(聞王二女容色, 兄不如弟, 若不得已, 宜娶其弟)"라고 하였다. 그러나 응렴은 여전히 망설이며 결정을 하지 못하다가 흥륜사(興輪寺)의 스님(僧)에게 물었다. 스님(僧)이 말하기를, "언니에게 장가들면 세 가지 이로움이 있을 것이고(娶兄則有三益), 동생에게 장가들면 반대로 세 가지 손해가 있을 것이다(弟則反是有三損)."라고 하였다. 응렴이 곧 왕에게 아뢰기를 "신은 감히 결정하지 못하겠으니(臣不敢自決), 왕의 명령을 따르겠습니다(惟王命是從)."라고 하였다. 이에(於是), 왕이 큰 딸을 그에게 출가시켰다(王長女出降焉).

⇒ '경주신라왕을 누구로 할 것인가?'를 논의한 '(#1)임해전臨海殿 회합會合'의 결론에서, '경주신라왕의 후보로서 15세의 응렴이 일단 거론되었지만 결론이 나지 않았음'은 47헌안왕이 '(#4)바라건대 그대는 몸을 아끼라(願郎自愛)'고 한 말과 '(#5)응렴이 집으로 돌아와서 부모님과 의논하기도 하고 흥륜사(興輪寺) 스님{僧=범교사(梵敎師)}에게 자문하기도 한 것'을 보아서도

알 수가 있다고 보인다. 즉 이 '임해전회합^{臨海殿會合}'은 47헌안왕이 원해서 소집한 것이 아니라, 47헌안왕이 '아들이 없다'는 핑계로 오랫동안 경주신라 철수를 미적거리자 당나라 측이 나서서 '아찬.계명의 아들인 응렴^{膺廉}'을 강하게 추천하였기 때문에 어쩔 수 없이 떠밀려서 회합^{會合}이 개최된 것일 수 있다고도 보인다. 이는 물론 범교사가 말한 '**세 가지 이로움이 있다(有三益)**'라고 한 '47헌안왕과 왕비$^{(결국,계림도독부)}$께서 기뻐한다.'라는 것이나 '장녀를 얻는다{$^{즉 당분간은 강소신라에 남을 수가 있다는 의미이다)}$'라는 등의 기록이 있는 것도 '47헌안왕이 엄청난 외적 압박 때문에 어쩔 수 없이 이 회합을 개최하였다.'라는 추론을 뒷받침하고 있다고 보인다.

어쨌든, 응렴이 '**(#6)왕의 명령을 따르겠습니다(惟王命是從)**.'라고 하자, '**(#7)이에(於是), 왕이 큰 딸을 그에게 출가시켰다(王長女出降焉)**'는 것이어서 47헌안왕이 일단 '계림도독부를 제외한 강소신라 지역의 관할권을 응렴에게 양도한 것'으로 추정된다. 즉 그 지역들은 이미 당나라 지방 토호들에게 침탈당해서 47헌안왕의 관할권이 유명무실화된 지역이어서 47헌안왕이 관할권을 양도하고 말고 할 상황이 아니었고 오직 당나라의 의중에 따른 것이었으므로 (추측건대) 사전에 당나라가 '43희강왕의 아들인 아찬.계명의 15세 아들인 응렴$^{(膺廉:846~875)}$'을 경주신라왕으로 지목해서 '임해전회합^{臨海殿會合}'을 통해서 공식화하도록 압박했다고도 볼 수가 있는 것이다. 결국 47헌안왕은 이 회합을 통해서 {결과적으로} '왕후$^{(王后=즉,계림도독부)}$를 일단 현상 유지할 수 있게 된 것'을 다행으로 생각한 것을 '47헌안왕과 왕비$^{(즉,계림도독부)}$께서 기뻐한다.'라고 기록한 것으로 보인다.

ⓑ '《삼국사기/신라본기11》47헌안왕5(861)년=48경문1(861)년조': {47헌안5년$^{(861)}$=48경문1$^{(861)}$년} 봄 정월에 왕이 병으로 침상에 ~~누워 위독하자~~오랫동안 눕게 되자(王寢疾彌留), 좌우의 신하들에게 일러 말하기를 "과인은 불행하게도 아들은 없고 딸만 두었다(無男子有女). 우리나라의 옛

기록에 비록 선덕(善德)과 진덕(眞德)의 두 여왕(女主)이 있었다고는 하나, 그것은 암닭이 새벽을 알리는 일에 가까운 것이니(然近於牝雞之晨), 본받을 수 없다(不可法也). 사위(甥) 응렴(膺廉)은 나이는 비록 어리지만 노성한 덕성을 가지고 있으니(老成之德), 그대들이 왕으로 옹립해 섬긴다면(卿等立而事之) 반드시 조상의 위대한 업적(祖宗之令緒)을 떨어뜨리지 않을 것이고, 과인이 죽더라도 또한 마음을 놓을 것이다."라고 하였다. 이달{是月=같은달=즉,48경문5(865)년1월} 29일에 죽으니, 시호는 헌안(憲安)이고 공작지(孔雀趾)에 장사 지냈다.

⇒ '(#1)860년9월의 임해전^{臨海殿} 회합^{會合}'에서는 나름대로 선방^{善防}했지만, 약3개월을 더 압박받다 보니 더 이상 버티지 못하는 상황이 된 47헌안왕이 '(#8){실제로도} 병이들었던 것'으로 보인다. 즉 『삼국사기』에는 '(#8)47헌안왕이 861년1월29일에 죽는 것'으로 기록하고 있지만 {앞에서 이미 거론된 '3가지(i , ii ,iii)의 특징' 중 두 번째(ii)에서 검토된 바와 같이} 이때 '(#8)47헌안왕이 사망했으므로, 응렴이 48경문왕으로 즉위한 것'이 아니라 {응렴을 부군^{副君}으로 삼아 섭정^{攝政}하게 하고} 47헌안왕은 병을 치료하기 위해서 일시적으로 휴양^{休養}을 하게 된 것으로 추정된다. 물론 형식은 16세의 응렴을 부군^{副君}으로 삼았지만, 실제로는 응렴의 아버지가 사실상 섭정^{攝政}을 했을 것이다.

그런데 47헌안왕이 16세의 응렴을 부군^{副君}으로 삼아 섭정^{攝政}케 하면서 조건으로 내걸었던 것이 '{필자가 앞에서 설명한} [참고: 고려로서는 매우 불편한 어떤 사건(?)]'이었던 것인데, 당시의 응렴측에서 {약속을 지킬 생각도 없었으면서도} 일단 '47헌안왕이 제시한 조건을 수용하고서 약속을 지키겠다'라고 말했던 것으로 추정된다.

즉 47헌안왕이 퇴임사$^{退任辭?}$로서 발표한 '**조상의 위대한 업적**^{祖宗之令緒}**을 떨어뜨리지 않을 것**=즉 {결과적으로} 강소신라^{國}의 왕통^{王統}을 유지시킬 것'과 '**과인**$^{(47헌안왕)}$**이 죽더라도 또한 마음을 놓을 수 있을 것**=즉 나중에 태어날 47헌안왕의 아들{즉,궁예(弓裔)}에게 왕위를 되돌릴 것' 등의 내용이 '47헌안왕이 내건 조건'이었을 것으로 추론되는 것이다. {물론 가식이었겠지만} 응렴이 이 조건들을 수락하자 47헌안왕이 일단 통치 일선에서 물러났지만 바로 죽었던 것이 아니었으므로 **'곧(則) 과인이 죽더라도(則寡人死), 또한(且) 마음을 놓을 것이다(且不朽矣)'**라는 말과 같이 '則^{곧,즉}'자와 '且^{또한,차}'자를 교묘히 활용하여 {응렴측에서 이면약속裏面約束을 했으므로} 임시선양^{臨時禪讓=즉,섭정(攝政)허락}하는 것이다.'라는 메시지를 남기고 있는 것이다.

그리고, 이 **'(#8)이달^{是月=같은달=즉,48경문5(865)년1월} 29일에 죽으니, 시호는 헌안(憲安)이고 공작지(孔雀趾)에 장사지냈다.'**라는 문장을 {피상적으로} 보면, 마치 '861년1월29일'에 47헌안왕이 죽은 것으로 보이지만, {조금만 '발상의 전환'을 해 보면} '이달^(是月=1월)'은 비단 '861년의 1월' 만이 아니라, '다른 연도의 1월'도 해당되는 것으로 볼 수가 있는 것이다. 즉 나중에 검토할 {아래 : ⓕ '[삼국유사/48경문대왕(景文大王)]조 계속' : 그(865년10월?) **후 3개월이 지나자(旣而過三朔) 왕은 병이 위독하여 여러 신하들을 불러서 말하기를, "짐은 남손(男孫)이 없으니 죽은 후의 일[窀穸之事]은 마땅히 장녀(長女)의 남편인 응렴이 계승해야 할 것이다"라고 하였다. 다음 날 왕이 세상을 떠나니(翌日王崩) 낭이 유조(遺詔)를 받들어 즉위하였다.**}라는 내용에 해당되는 연도가 866년1월이므로, **'(#8)47헌안왕은 861년1월29일에 임시로 퇴위한 뒤 사가(私家)에서 병을 치료하다가, (#19)866년1월에 사망한 것'**을 '是月^(이달)'이라는 '범용-키워드'로서 서로 연결시키고 있는 것이다. 물론 {『삼국사기』가 처음부터 '是月^(이달)'이라고 기록했었는지는 잘 모르겠지만} 필자는 『삼국사기』의 이 부분'도 후대에 견강부회로 설정해서 기록된 것으로 추측하는 바이다. 즉 '『삼국사기』도 조선시대 중반까지 계속적으로 수정되었다.'는 흔적들이 많으므로 이 문제는 별도로 심도 있게 연구되어야 할 것이다.

ⓒ '《삼국사기/신라본기11》48경문왕3(863)년조' : 영화부인(長女)의 동생을 맞아들여 둘째 부인으로 삼았다(納寧花夫人弟爲次妃). 그 뒤 어느 날 왕이 흥륜사(興輪寺) 스님(僧)에게 묻기를 "대사가 전에 이르기를 세 가지의 유익한 것이 있다고 했는데 무엇입니까?(師前所謂三益者, 何也)"라고 하니, [스님이] 대답하기를 "그 당시에 왕과 왕비께서 당신들 뜻대로 된 것(其如意)을 기뻐하여, 총애가 점점 깊어졌으니(當時王及王妃喜其如意) 이것이 첫째 이로움이고(寵愛浸深一也), 이로 인하여 왕의 자리를 이었으니 이것이 둘째 이로움이며(因此得繼太位二也), 마침내 처음부터 바라던 작은 딸에게 장가들 수 있게 되었으니 이것이 셋째 이로움 아니겠습니까(卒得娶嚮所求季女三也)."라고 하였다. 왕이 듣고 크게 웃었다.

⇒ 이 '세 가지의 유익한 것(三益者)'이란 {48경문왕이 즉위한 후에 실제로 확인한 것인지는 잘 모르겠지만} 첫째는 '47헌안왕이 {응렴 때문에} 당나라의 압박에서 벗어날 수 있었으므로 응렴을 총애하게 되었다는 것'을 말하며, 둘째는 '결국 응렴이 48경문왕으로 즉위하게 되었다는 것'을 말하며, 셋째는 '역시 응렴이 (#9)차녀(次女=즉,경주신라땅)에 대한 관할권도 얻게 되었다는 것'을 은유해서 말하는 것이다. 즉『삼국사기』에서도 {사례가『삼국유사』에 비해 그리 많지는 않지만} 꼭 필요한 경우에는 이와 같은 '역사왜곡방법론(즉,은유법)'을 구사해서 후손들에게 그 실사(實史)를 알리고 있는 것이다.

③ 범교사와 48경문왕에 대한『삼국유사』기록의 세부검토

다음에는 '《삼국유사/기이2》48경문대왕(景文大王)조'를 통해서도 '47헌안왕과 48경문왕(즉,응렴) 및 범교사(範教師)에 대한 기록'을 검토해 보자.

ⓓ '《삼국유사/기이2》48경문대왕(景文大王)조' 계속 : 왕의 이름은 응렴(膺廉)이고 나이 18세에 국선(國仙)이 되었다. 나이 20세(弱冠)가 되자

헌안대왕(憲安大王)이 낭(郎=花郞)을 불러 대궐에서 잔치를 베풀면서 묻기를, "낭은 국선(國仙)이 되어 사방을 돌아다니다가 어떤 이상한 일(何異事)을 보았는가"라고 하니, 낭이 대답하기를, "신은 아름다운 행실을 지닌 사람 셋을(美行者三) 보았습니다"고 하였다. 왕이 말하기를 "그 이야기를 듣고 싶네"라고 하니, 낭이 말하기를, "남의 윗자리에 있을 만한 사람이면서 겸손하여 남의 밑에 있는 이가 그 첫째이옵고(有人爲人上者而撝謙坐扵人下其一也), 큰 부자이면서도 검소하게 옷을 입는 사람이 그 둘째이며(有人豪富而衣儉易其二也), 본래 귀하고 세력이 있으면서도 그 위세를 보이지 않는 이가 셋째입니다(有人本貴勢而不用其威者三也)"라고 하였다. 왕이 그 말을 듣고서 그의 어짊을 알고, 눈물이 흐르는 줄도 모르고서 이르기를, "짐에겐 두 딸이 있는데(朕有二女), [낭의] 시중을 들게 하고 싶네(請以奉巾櫛)"라고 하였다. 낭이 자리를 피하며 절을 하고는 머리를 굽히면서 물러갔다(郎避席而拜之稽首而退). 부모님께 아뢰니 부모님은 놀라고 기뻐하며 그 자제들을 모아 의논하기를, "왕의 맏공주는 얼굴이 매우 초라[寒寠]하고(王之上公主皃甚寒寠), 둘째 공주는 매우 아름다우니(第二公主甚羙), 둘째 공주에게 장가가는 것이 좋겠다(娶之幸矣)"고 하였다.

⇒ 이 'ⓓⓔⓕ《삼국유사/기이2》48경문대왕^{景文大王}조'의 기록은 앞의 'ⓐⓑ《삼국사기/신라본기11》47헌안왕4,5^(860,861)년조'의 기록과 '형식과 내용이 거의 유사한 것'이 두드러진 특징이다. 즉 이는 이 'ⓓ기록'과 앞의 'ⓐ기록'에서 비슷한 상황이 반복되고 있는데 {결정적으로 응렴의 나이가 15세에서 20세로 달라져 있으므로} 이를 통해서 '(#12)ⓓ기록의 연도가 865년임을 추론해 낼 수가 있는 것'이다. 즉 『삼국사기』나『삼국유사』의 (공식적인) 왕력에 의하면} '(#1)860년은 47헌안왕 재위 시기'이고 '(#12)865년은 48경문왕 재위 시기'로서 그 사이에 왕이 교체되었던 것인데 {기록상으로만 보면} '47헌안왕과 응렴 사이에서 왕권을 주고받는 아주 유사한 상황'이 860년과 865년 두 번 발생한 것이다.

그런데 '(#8)861년1월29일에 퇴위한 47헌안왕'이 (#12)865년에도 여전히 왕인 것처럼 등장하고 있으므로, 861년에 병이 들어서 퇴위했던 47헌안왕이 865년에도 여전히 죽지 않고 살아 있으면서 '명목상으로는 왕이었다.'는 것을 추론케 하는 것이므로 '(#8)861년의 퇴위는 임시퇴위였었다.'라고 볼 수 있을 것이다. 그래서 '(#13~#18)865년의 문답과 (#19)866년{즉,3개월(三朔)후}의 와병 후 사망'을 모두 받아들여 '임시선양臨時禪讓을 정식양위定式讓位로 바꾸는 절차를 밟은 것'이라고 해석하면, 860년부터 866년까지의 사건들이 모두 일목요연하게 정리되는 것이다.

어쨌든 '(#8)861년에 화랑(16세)이었던 응렴이 {비록 한동안은 부군副君이었지만} 결국(20세)에는 48경문왕으로 즉위'하였고, '(#9)18세인 863년에는 국선國仙이 되었다.'는 것은 '(#8~#9)(861년~863년=3년간) 사실상 아버지인 아찬.계명이 섭정攝政하였음'을 의미한다고 보인다.

어쨌든 필자는, 후궁{後宮?=궁복(弓福=즉,장보고) 궁(弓)씨의 외외손(外外孫?)으로 추정됨}에게서 아들을 기대했었던 47헌안왕은 {861년 5월경에 48경문왕계 사람들로부터 '후궁이 아이를 낳다가 낳지 못하고 죽었다(?)'라는 거짓말을 듣고서 의심과 함께 실망을 하였지만 더 이상 어쩔 수가 없게 되자} '(#12)865년 10월에 다시 대궐 잔치宴於殿中를 열어서(?) 응렴에게 정식으로 양위하는 절차를 밟았다.'는 것이 이『삼국유사』기록의 핵심이라고 보는 것이다. 물론 {이 '(#12)대궐 잔치宴於殿中가 47헌안왕의 의사에 의한 것인지 아닌지는 잘 알지 못하겠지만} 결과적으로 '48경문왕으로 왕위를 승계하는 절차가 완성된 것'은 사실로 보는 것이다.

다만,『삼국사기』가 사건을 사실대로 기록하지 못하고, '(#8)47헌안왕이 861년에 사망한 것'으로 왜곡해서 기록한 이유는 '861년5월경 후궁에게서 실제로 47헌안왕의 아들{즉,궁예}이 태어났었고, 그 아들이 훗날 후삼국 시기를 이끌었던 궁예弓裔였던 것'인데 {결과적으로 보면} 이 궁예를 918년에 고려태조 왕건이 축출逐出해서 시해弑害(?)하고 왕권을 탈취해서 그것을 바탕으로 해서 왕건고려라는 나라를 건국한 것이 되므로 이 '궁예$^{弓裔:857?~918}$'의 탄생에 대한 비밀$^{(즉\ 48경문왕측이\ 궁예를\ 살해하려\ 했던\ 사건)}$'이 사실대로 공개되는 경우에는 '태조왕건과 왕건고려의 정통성이 직접적으로 의심받는 상황'이 발생할 수도 있었던 것이다. 그래서 원래 강소신라의 부흥을 표방했던 47헌안왕의 서자^{庶子}인 궁예^{弓裔}의 국호^{國號}였던 '후신라^{後新羅}'를 {9말10초 최치원이 추진한, '왕건고려에 의한 후삼국 통일 P/J'에 의해서} '후고구려^{後高句麗} > 마진^{摩震} > 태봉$^{泰封24)}$'이었던 것처럼 왜곡해서 '승려^{僧侶}인 궁예는 고려^{高麗}를 건국한(?) 무장^{武將}인 왕건에게 축출될 운명이었던 것'처럼 만들어 버리게 된 것이다. 즉 이 '궁예^{弓裔}'를 키운 세달사$^{\{世達寺=고려,흥교사(興敎寺)\}}$의 승려'가 바로 '865년 당시 국선^{國仙} 응렴$^{(48경문왕)}$'의 상수$^{(上首=즉,자문역)}$였던 흥륜사^{興輪寺}의 범교사^{範敎師}였다.'라고 추론되므로, 이래저래 '47헌안왕, 궁예^{弓裔}, 응렴$^{(즉,48경문왕)}$, 범교사^{範敎師} 및 왕건^{王建}' 등은 '현,산동성에서 {옛,강소신라를 부흥시키려 했던} 후신라^{後新羅}를 건국했었던 궁예^{弓裔}의 탄생^{誕生}에 얽힌 비화^{祕話}'에서 자유롭지 못했던 것이다. 결국 '궁예^{弓裔}의 탄생비화^{誕生祕話}'는 아무래도 '왕건고려로서는 매우 불편한 어떤 사건(?)'이 될 수밖에 없었기 때문에 왕건고려 시기에 편찬된『삼국사기』가 '47헌안왕, 응렴$^{(즉,48경문왕)}$, 범교사^{範敎師}'에 대한 내용을 기록하면서도 '궁예^{弓裔}나 왕건^{王建}과의 연결을 감추는 방향으로 기록을 축소해 버린 것'이지만, 일연스님이『삼국유사』에 '그 본모습을 매우 은유적으로 되살려

---

24) **궁예의 국호(國號), '후신라(後新羅) > 후고구려(後高句麗) > 마진(摩震) > 태봉(泰封)'**: 원래 강소신라47헌안왕의 서자(庶子)로 태어난 궁예는, 만당(晚唐)의 혼란기에 현,산동성에서 '옛,강소신라를 부흥시킨 후신라(後新羅)'를 표방했던 것인데, '최치원의「왕건고려에 의한 후삼국 통일 P/J」를 추진하기 위해서, 왕건이 918년에 쿠데타를 일으켜서 궁예를 축출한 뒤, 궁예가 표방한 국호가 '후고구려(後高句麗) > 마진(摩震) > 태봉(泰封)'이었던 것처럼 역사기록을 왜곡하게 된 것이다. 즉, '후고구려(後高句麗)는 왕건을 위한 것'이고, '마진(摩震)=모진(募辰=즉,慕容鮮卑의辰=즉,辰韓新羅)의음변자^{意音變字}'이고, '태봉(泰封)=궁예의 후신라(後新羅)가 표방한 연호(年號)'인데, 이것들이 모두 궁예가 바꾼 국호들이었던 것처럼 {『삼국사기』가} 사실을 왜곡한 것이다.

놓은 것'이므로 지금 필자가 『삼국유사』를 통해서 그 내막을 일부 추론해 볼 수 있게 된 것이다.

ⓔ '[삼국유사/48경문대왕(景文大王)]조 계속' : 낭의 무리 가운데 우두머리(郎之徒上首)인 범교사(範敎師)라는 자가 이 말을 듣고(聞之) 집에 와서(至扵家) 낭에게 묻기를(問郎曰), "대왕께서 공주를 공의 아내로 주고자 한다는데 사실입니까?(大王欲以公主妻公信乎)"라고 하니 낭이 말하기를 "그렇습니다(然)"라고 대답하였다. [그가 다시] 묻기를, "어느 공주에게 장가들 생각입니까(奚娶)"라고 하니, 낭이 말하기를, "부모님께서 나에게 명하시기를 둘째 공주가 마땅하다고 했습니다(二親命我冝弟)"라고 하였다. 범교사(師)가 말하기를, "낭께서 만약 동생에게 장가간다면(郎若娶弟) 나는 낭의 면전에서 반드시 죽을 것이며(則予必死扵郎之面前), 그 언니에게 장가든다면 반드시 세 가지 좋은 일이 있을 것이니(娶其兄則必有三羙), 살피시기 바랍니다(誠之哉)"고 하였다. 낭이 말하기를 "시키는 대로 하겠습니다(聞命矣)"라고 하였다. 이윽고 왕이 날을 택하여 낭에게 사람을 보내 말하기를(旣而王擇辰而使扵郎曰), "두 딸을 공의 의사대로 결정하라(二女惟公所命)"고 하였다. 사신이 돌아와서 낭의 의사대로 아뢰기를(使歸以郎意奏曰) "맏공주를 받들겠다고 합니다(奉長公主爾)"고 하였다.

⇒ 이 기록은 '응렴이 속한 화랑도의 윗어른(郎之徒上首)인 범교사(範敎師)가 응렴의 결정에 대해서 조언(助言)한 것으로 볼 수는 있지만, 실제로는 범교사나 응렴측이나 모두 '차녀(次女=즉,경주신라)'가 아니라 '장녀(長女=즉,강소신라)'의 관할권(즉 강소신라의 왕권(王權))를 원했다는 것을 시사하는 기록인 것이다. 즉 범교사가 응렴에게 '낭께서 만약 동생에게 장가간다면(郎若娶弟) 나는 낭의 면전에서 반드시 죽을 것이며(則予必死扵郎之面前)'라 한 것은 결국 '나는 경주신라(次女)에는 따라가지 않겠다.'라는 의사표시로서, 이는 결과적으로 '범교사나 응렴(48경문왕)이 경주신라로 가지 않았음'을 시사하는 것이다.

다시 말해서 범교사는 {처음부터 마음속으로는} 강소신라의 흥륜사에 그대로 남아있다가 나중에 사찰 이름을 세달사^{世達寺}로 고치고 47헌안왕의 서자인 궁예^{弓裔}를 몰래 가르쳐서 후신라^{(後新羅=즉, 후강소신라(後江蘇新羅))}의 부흥을 꾀하려는 복안을 가지고 있었던 것이라고 추정되기 때문이다. 그리고 48경문왕도 {자동적으로 차녀^(次女=즉, 경주신라)를 얻게 되었지만} 자신은 끝까지 경주신라로 이주하지 않은 대신, 875년에 자신의 두 아들^(즉, 49헌강왕과 50정강왕)과 딸^(51진성여왕)을 한꺼번에 경주신라^(현, 한반도)로 이주시켜서 당나라로부터 억압당하는 굴레에서 드디어 벗어날 수가 있었던 것이다.

결국 875년에 48경문왕의 두 아들과 딸이 모두 경주신라로 이주함으로써, 강소신라는 {30문무왕이 경주신라로 이주할 것을 약속하고 매소성^{買肖城=현, 하북성헌현(獻縣)or현, 산동성연성시(聯城市)?}에서 당나라와 종전협정을 맺은} 675년으로부터 '장장 200년에 걸친 당나라의 핍박'에서 벗어나게 된 것이다. 그래서 49헌강왕은 '불국토^{佛國土}라는 이상국가^{理想國家}을 건설하겠다.'는 희망을 안고서 875년7월 현,경주로 향하는 신라선^{新羅船}에 올랐던 것이고, 강소신라에 잔류하기로 결정한 신라인들은 성^姓과 이름^名을 바꾸어서 당나라의 신하와 백성이 되어, 당나라 조정이 시키는 대로 멀리 당나라 내지^{內地} 여기저기로 흩어져 나갔던 것이다. 물론 '하나의 국가를 통째로 축출'하는 {말도 안 되는(?)} '역사상 전무후무한 억지(?)'를 끝까지 관철시킨 당나라도 49헌강왕이 떠난 직후부터 전국이 분열되기 시작해서 그로부터 불과 30여년 만에 망해서 5대10국의 대혼란 속으로 빠져들어 신라보다 먼저 역사에서 사라져 버린 것이니 이를 '역사의 아이러니'라고 할 수밖에 없다고 보인다.

ⓕ '[삼국유사/48경문대왕(景文大王)]조 계속' : 그(865년10월?) 후 3개월이 지나자(既而過三朔=866년1월말?) 왕은 병이 위독하여 여러 신하들을 불러서 말하기를, "짐은 남손(男孫)이 없으니 죽은 후의 일[窀穸之事]은 마

땅히 장녀(長女)의 남편인 응렴이 계승해야 할 것이다"라고 하였다. 다음 날 왕이 세상을 떠나니(翌日王崩) 낭이 유조(遺詔)를 받들어 즉위하였다. 이에 범교사(範敎師)가 왕에게 나아가 아뢰기를, "제가 아뢰었던 세 가지 좋은 일이 지금 모두 분명해졌습니다. 맏공주에게 장가듦으로써 지금 왕위에 오른 것이 그 첫째이옵고(娶長故今登位一也), 예전에 흠모하던 둘째 공주에게 이제 쉽게 장가를 들 수 있음이 그 둘째이오며(昔之欽艶第主今易可取二也), 맏공주에게 장가듦으로써 왕(47헌안왕)과 부인께서 매우 기뻐하게 됨이 그 셋째입니다(娶兄故王與夫人喜甚三也)"라고 하였다. 왕은 그 말을 고맙게 여겨(王德其言) 대덕(大德) 벼슬을 주고(爵爲大德) 금(金)130냥(兩)을 내려주었다. 왕이 세상을 떠나니 시호를 경문(景文)이라 했다.

⇒ 861년1월29일에 응렴에게 임시 선양하고 퇴위한 47헌안왕이 '임신한 후궁으로부터 아들을 얻지 못했다.'는 거짓보고에 속아서 '강소신라(國) 왕통王統의 부자승계父子承繼 금지규정'을 피해가는 편법을 포기하고[즉 자세한 내막은 알 길이 없지만 실제로도 '47헌안왕은 궁예의 탄생을 몰랐을 개연성이 크다'고 여겨진다], 더 이상 어떻게 해볼 방법이 없었으므로 결국 (#12)865년10월경 '대궐 잔치宴於殿中'를 열어서(?) 응렴에게 정식으로 양위하는 절차를 밟았다는 것이 이 기록((#12~#18)의 핵심인 것이다. 결국 (#19)3개월 뒤인 866년1월(29일?)에 47헌안왕이 사망하였고 48경문왕은 자신의 즉위에 크게 기여한 범교사範敎師에게 '대덕大德 벼슬'을 내려주었던 것이다.

ⓖ '[삼국유사/48경문대왕(景文大王)]조 계속' : 왕의 침전(寢殿)에는 매일 저녁이면(每日暮) 많은 뱀들이 모여들었다(無數衆虵俱集). 궁인(宮人)들이 놀라고 두려워하여 쫓아내려고 하니(宮人驚怖将驅遣之), 왕이 말하기를 "과인(寡人)은 만약 뱀이 없으면 편안하게 잠을 잘 수 없으니 쫓아내지 말라(寡人若無虵不得安寢,宜無禁)"고 하였다. 언제나 잘 때에는 혀를 내밀어 온 가슴에 펴고 있었다(每寢吐舌滿胷鋪之)

⇒ 이 기록은 '무엇인가를 은유한 문장일 것'으로 보이는데, 필자도 아직 구체적인 내용을 알지는 못한다. 다만 '47헌안왕의 서자^{즉,궁예}에게 왕위를 되돌려 주겠다.'고 약속했던 것을 어긴 48경문왕이 스스로 '죄책감에 시달리면서 불안해한 것'을 말하는 것이 아닌가 추측하는 정도이다. 즉 48경문왕이 '47헌안왕의 서자인 궁예(弓裔)를 죽이려 한 사건'은 48경문왕 혼자서 실행할 수 있는 성격이 아니라 '48경문왕을 정점으로 한 정치세력이 조직적으로 감행한 사건'이었을 것으로 추측되는데, {결과적으로 보아서} 그 사건이 '48경문왕이 개입된 영구 미제사건(未濟事件)이 되어버림'으로써 반대세력들로부터 줄기차게 강한 신변위협을 받게 되었으므로, 48경문왕이 야간에도 신변을 보호할 무사들을 침실에까지 배치하게 된 것을 은유하는 것으로도 추정되는 정도이다. 이는 일반적으로 (예로부터) '뱀(蛇,사)'은 대체로 '사악(邪惡)하고 음흉(陰凶)하고 은밀(隱密)한 존재'로 인식되었으므로,『삼국유사』를 쓴 일연스님이 '47헌안왕의 서자인 궁예(弓裔)를 죽이려고 한 48경문왕 추종세력들을 사악하고, 음흉하고 은밀한 뱀(蛇,사)으로 은유한 것'일 수도 있다고 보는 것이다. 그리고 또 **언제나 잘 때에는 혀를 내밀어 온 가슴에 펴고 있었다(每寢吐舌滿胷鋪之)** 라는 표현도 역시 '48경문왕의 자는 모습을 뱀(蛇,사)이 혀(舌)가 널름거리는 (吐) 모습으로 묘사를 했다.'는 것이므로, 이는 곧 '47헌안왕의 서자인 궁예(弓裔)를 죽이라.'고 사주한 장본인인 48경문왕을 '사악한 뱀(蛇,사)이 변신한 것이다.'라는 부정적인 의미로 기록한 것으로도 해석될 수 있을 것이다.

ⓗ '[삼국유사/48경문대왕(景文大王)]조 계속' : 왕이 임금의 자리에 오르자(乃登位) 왕의 귀는 갑자기 길어져서 당나귀의 귀처럼 되었다(王耳忽長如驢耳). 왕후와 궁인들이 모두 알지 못했으나(王耳忽長如驢耳) 오직 복두장(幞頭匠) 한 사람만이 그 사실을 알고 있었다(唯幞頭匠一人知之) 그러나 평생 동안 그 사실을 사람들에게 말하지 않다가(然生平不向人說) 그 사

람이 장차 죽으려 할 때(其人將死) 도림사(道林寺)의 대나무 숲 속에 사람들이 없는 곳으로 들어가(入道林寺竹林中無人處), 대나무를 향하여 외치기를(向竹唱云), "우리 임금님 귀는 나귀의 귀처럼 생겼다(吾君耳如驢耳)"고 하였다. 그 후에 바람이 불기만 하면 대나무에서 소리가 나서(其後風吹則竹聲云), "우리 임금님 귀는 나귀의 귀처럼 생겼다(吾君耳如驢耳)."고 하였다. 왕이 이것을 싫어해서(王惡之), 이에 대나무를 베어버리고 산수유나무를 심었더니(乃伐竹而植山茱萸), 바람이 불면 다만 그 소리는(風吹則但聲云), "우리 임금님 귀는 기다랗다(吾君耳長)"고만 했다. {도림사(道林寺)는 예전에 도성으로 들어가는 숲 근처에 있었다(道林寺舊在入都林邊)}

⇒ 이 기록은 '{소위 말하는} 임금님 귀는 당나귀 귀!'라는 우화寓話로 알려진 기록인데, 이 기록도 무엇인가를 은유하거나 풍자한 문장일 것으로는 보이지만, 필자도 아직 구체적인 내용을 알지는 못한다. 다만 '47헌안왕의 서자(죽,궁예)에게 왕위를 되돌려 주겠다.'고 한 약속을 어긴 48경문왕이 언제나 '주위의 누군가가 자신의 죄악을 말하는 것이 아닌가 하는 불안감을 가졌기 때문에 항상 귀를 쫑긋이 세우고 긴장하였다.'라는 것을 은유적으로 표현한 것이라고 여겨진다.

어쨌든, 이 기록은 "48경문왕이 '47헌안왕의 서자인 궁예弓裔를 죽였다.'라는 소문{실제로도 당시에는 갓난아이(궁예)가 죽은 것으로 알려졌을 것이다}을 아무리 없애려해도 없앨 수가 없었다."라는 것을 기록한 것으로서, 결국 궁지에 몰린 48경문왕이 강소신라를 더 이상 통치할 수 없는 상황이 되자, '강소신라는 자기 손으로 소멸시키고 대신에 두 아들49헌강왕+50정강왕과 딸51진성여왕을 모두 경주신라현,한반도로 보내서exodus=대이주(大移住) 신라(속칭,통일신라)의 왕통을 자신의 후손들이 계속 이어가게 했다.'라는 것을『삼국유사』가 은유적으로 시사하는 기록일 가능성이 크다고 여겨진다.

ⓘ '[삼국유사/48경문대왕(景文大王)]조 계속' : 국선(國仙) 요원랑

(邀元郎)·예흔랑(譽昕郎)·계원(桂元)·숙종랑(叔宗郎) 등이 금란(金蘭=현, 강원도통천?)을 유람할 때, 은근히 임금을 도와 나라를 다스릴 뜻이 있었다(暗有爲君主理邦國之意), 이에 노래 세 수를 짓고(乃作歌三首), 심필(心弼) 사지(舍知)를 시켜 침권(針卷=가제본한 책?)을 주어 대구화상(大炬(矩)和尙)의 거처에 보내, 세 가지 노래(歌)을 짓게 하니(送火炬和尙處令作三歌), 첫째(初名)가 현금포곡(玄琴抱曲)이요, 둘째(第二)가 대도곡(大道曲)이요, 셋째(第三)는 문군곡(問群曲)이었다. 들어가 왕에게 아뢰니(入奏於王), 왕은 크게 기뻐하여 칭찬했다(王大喜稱賞). {노래는 알 수 없다(歌未詳)}

⇒ 일반적으로 '금란金蘭=즉 화랑도花郞徒가 유람하면서 수련하던 지역'을 말하므로, 금란金蘭은 여러 곳에 있을 수 있다. 예를 들면 "《삼국유사/탑상4》백률사(栢栗寺)조: 693년, 부례랑(夫禮郎)이 {천존고(天尊庫)에 보관된 만파식적(神笛=萬波息笛)과 거문고(玄琴)를 가지고서} 강소신라(현,강소성揚州)에서 금란(金蘭=현,산동성泰山지역)으로 출유하여 북명(北溟=현,하북평원)의 경계를 넘어 적적(狄賊=현,하북성북부)에 들어갔다가, 백률사(栢栗寺=현,강소성揚州?)로 되돌아왔다"라고 하는 경우에는, 대략 '금란金蘭=현,산동태산지역'일 것으로 추정하면 될 것이다. 그러나 '본문의 무대는 경주신라(현,한반도)일 것'이므로 필자도 {통설과 같이} '금란金蘭=현,강원도통천通川' 정도로 추정한다.

즉 강소신라(현,강소성)에서 경주신라의 현,강원도로 유람을 온 젊은(?) 화랑들이 의기투합하여, 경주신라를 제대로 건설하는 데 필요한 '3가지 아이디어(歌三首)'을 만들어 침권(針卷=가제본한 책?)해서 {경주신라 지역의 유람을 마치고 강소신라로 돌아와서} '강소신라지역에 주재하면서, 경주신라의 국가건설 사업을 총괄해서 수립,집행하고 있는 대구화상(大炬(矩)和尙)'에게 보내서 '구체적인 국가건설사업매뉴얼(즉,三歌)'인 현금포곡玄琴抱曲, 대도곡大道曲, 문군곡問群曲 등과 같은 곡{曲=즉 여러 가(歌)를 종합한 통사(通史) 역사서 또는 제도(制度)나 체계(體系) 등에 관한 문서(文書)의 통칭}을 만들게 한 것으로 보인다.

그 후, 그 화랑들이 48경문왕에게 '대구화상(大炬(矩)和尙)에게 국가건설사업매뉴얼{3가(三歌)=즉,3곡(三曲)}을 만들게 하였음'을 보고하여 칭찬을 받았다는 것이다. 물론 일연스님도 그 '국가건설사업매뉴얼{3가(三歌)=즉,3곡(三曲)}의 내용이 무엇인지를 알지 못했다.'고 한 것으로 보아서, 마치 '국가건설사업매뉴얼의 중요도'보다도 '경주신라를 제대로 건설하려는 젊은이들의 의지가 충천하였음'을 후대로 전하기 위해서 이 기록을 『삼국유사』에 등재시킨 것이라고 볼 수 있게 하는 것이다. 어쨌든 {이 기록을 조금만 주의해서 들여다보면} '❶대구화상(大炬(矩)和尙)의 역할'과 '❷대구화상의 삼대목(三代目)에 대한 추정'을 해볼 수 있는 힌트를 찾을 수가 있다고 보인다.

❶ **대구화상(大炬(矩)和尙)의 역할** : 《삼국유사/기이2》48경문대왕(景文大王)조의 대구화상(大炬(矩)和尙)부분'을 보면, 금란(金蘭=현,강원통천(通川)}을 유람하던 3명의 화랑(花郞)들이 국가{즉,경주신라}를 경영하는 데 필요하다고 여겨지는 **'(미완성된) 아이디어 3개(가3수(歌三首)}를 만들어(作) 대구화상(大炬(矩)和尙)에게 보내, 3개의 완성된 매뉴얼{3가(三歌)=즉,3곡(三曲)}로 만들도록 명하였다(令作)'**라고 한 것이므로, 대구화상은 여기저기로부터 보내져 온 '경주신라 건설에 관련된 여러(三首) 아이디어들(歌)을 모아서 구체적인 국가건설사업매뉴얼(三歌=즉,三曲)로 만들어서 (각 담당부서로 하여금) 실행케 하는 역할을 하였다고 보인다. 따라서 과연 '대구화상(大炬(矩)和尙)이 승려의 이름인지 아니면 어떤 조직의 이름인지'에 대해서도 추가적인 검토가 있어야 한다고 보인다. 이에 대해서는 아래의 '대구화상(大炬和尙=대거(大炬))'의 항목에서 자세히 검토하는 것으로 하겠다.

❷ 대구화상(大炬(矩)和尙)의 삼대목(三代目)에 대한 추정 : 《삼국사기/신라본기11》51진성여왕(眞聖女王)2(888)년조 : 왕이 평소 각간 위홍(魏弘)과 더불어 간통(通)하더니, 이때에 이르러서는 항시 안으로 들이고

일을 맡겼다(用事). 이내 대구화상(大矩和尙)과 더불어 향가(鄕歌)를 묶어 수집(修集)하라 명하고, 이를 『삼대목(三代目)』이라 하였다.'라 하여, {『삼대목三代目』은 향가집鄕歌集이다.'라는 통설이 생긴 것까지를 문제시하기는 어렵지만} 통설에서 '향가鄕歌=즉 신라 때 불리던 {보통 향찰鄕札로 기록된} 민간 노래'라고 정의한 것에 대해서는 조금 더 깊이 고찰해 보아야 할 부분이 있다고 생각된다.

즉 《삼국유사/감통7》월명사도솔가(月明師兜率歌)조: *(전략)*…신라 사람들이 향가(鄕歌)를 숭상한 것은 오래되었다. 대개 시송{詩頌=운율로 읊어서 암송함}과 같은 것이다. 그러므로 종종 천지의 귀신을 감동시킨 것이 한 번이 아니었다.[羅人尚鄕歌者尚矣. 盖詩頌之類歟. 故往往能感動天地鬼神者非一]'에서 향가鄕歌를 명확히 정의하고 있는데, '<u>시송(詩頌=읊으면서 암송한다)과 같다. 그래서 천지귀신天地鬼神을 감동시켰다.</u>'라고 하는 것으로 보아서 '鄕(시골,향)=즉,신라.'로 보는 것에는 무리가 없지만 '歌(노래,가)'자는 단순한 '노래(song,music)'가 아니라 '천지귀신天地鬼神'이 감동할 만한 중요한 의미를 갖는 내용{즉 역사나 정치사건의 기록… 등}을 기억하기 쉽게 요약한 시송(詩頌=운율로 읊어서 암송함)'으로 이해하여야 할 것이다. 따라서 '향가鄕歌=즉 신라의 역사를 시송詩頌하는 시체詩體'라고 해석하여야 향가鄕歌의 본래 의미를 제대로 이해하게 될 것이다.

결국 현재까지 알려진 모든 '향가鄕歌'는 물론이고, 48경문왕대에 요원랑邀元郞·예흔랑譽昕郞·계원桂元·숙종랑叔宗郞 등의 화랑들이 대구화상大矩(矩)和尙에게 준 '노래歌 세 수三首'와 대구화상이 그것을 바탕으로 해서 지은 '세 가지 노래(歌=즉,三曲)=즉 현금포곡玄琴抱曲,대도곡大道曲,문군곡問群曲'도 역시 {그 기록문자가 향찰(鄕札=즉,이두(吏讀))인지의 여부와는 무관하게} '신라의 역사를 시송(詩頌=운율로 읊어서 암송함)하는 시체詩體'라는 '신라인들이 역사를 기록하기 위해서 개발한 독특한 형식의 문학양식'이라고 해야 할 것이다.

물론 이러한 '노래(歌=즉,曲)'들은 현재 대부분 망실되어 전해지지 않지만,

혹시 남당유고나 규원사화 또는 한단고기류 사서와 비슷한 양상으로 남아있더라도 그 내용의 '황당함(?)' 때문에 모두 '무조건 위서^{僞書}이다.'라고 매도되고 있다고 보인다. 강단사학계에서는 이와 유사한 서책들을 정밀하게 연구해서 그 내용 속에 섞여있는 진^{眞}과 위^{僞}를 구분해 내는 노력을 통해 국민들에게 제대로 알리는 '역사적 및 학문적 서비스 책무'를 다해야 할 것이다.

[참고]
현금포곡(玄琴抱曲), 대도곡(大道曲), 문군곡(問群曲)

일연스님이 '{노래는 알 수 없다^{歌未詳}}'라고 했었지만, 필자는 대략 다음과 같을 것으로 추측한다. 물론 여기에서의 '곡^{曲}'은 '여러 가{歌=즉,지방사}를 종합한 것'을 말하므로 '곡^{曲}=즉 국가의 통사^{通史} 역사서 또는 제도^{制度}나 체계^{體系} 등에 관한 문서^{文書}를 통칭해서 말하는 것'으로 해석하여야 할 것이다. 물론 이 문서들은 기본적으로 삼국의 역사를 현,한반도로 설정한 '7말8초 역사왜곡'을 기반으로 해서 만들어진 것들이라고 해야 할 것이므로 '왜곡역사서의 일부'이긴 하지만, 그래도 현,역사학계가 주장하는 바와 같이 심하게 왜곡된 역사 통설들보다는 실사^{實史}를 추적하는 데 훨씬 더 유용한 사료라고 해야 할 것이다.

1. 현금포곡(玄琴抱曲) : '현금$^{(玄琴=거문고=즉,고구려)}$을 품에 안는$^{(抱)}$ 역사서$^{(曲)}$'를 의미하는 은어^{隱語}로서, {지금까지의 왜곡역사서^{歪曲歷史書}'에서는} 강소신라$^{(현,강소성)}$에서 현,한반도로 이주할 {경주}신라^{新羅}의 선주국가^{先住國家}를 옛,삼한$^{(즉,진한(신라),마한(백제),변한(가야))}$으로 거짓 설정하여 현,한반도 중부 이남에 배치하였었지만 {이제부터는} '현,한반도

북부에 있었던 옛,고구려도 경주신라의 선주국가^{先住國家}에 포함시켜서, 현,한반도 전체의 통사서^{通史書}를 써야 한다'는 것을 주장했던 것을 말하는 것이다. 즉 '옛,고구려도 경주신라^(현,한반도)의 전신으로 포함시킨 것'을 말하는 것이다.

2. 대도곡(大道曲) : '대도^{大道}=즉 큰^(大) 행정구역^{行政區域=즉,도(道)}'을 말하므로, 옛,백제지역과 옛,가야지역 그리고 경주신라지역은 물론이고 옛,고구려지역을 포함하여 하나의 큰 행정구역^{즉,도(道)}으로 취급하는 지도책^{즉,곡(曲)}을 은유하는 것이다. 즉 현금포곡^{玄琴抱曲}을 포함한 강소신라^{현,한반도 전체}의 강역지도를 의미한다.

3. 문군곡(問群曲) : '문군곡^{問群曲}=즉 많은 속방들^(群)을 통치하는^(問) 제도^(曲)'를 제정해서 집행하는 것을 말한다고 보인다. 즉 {경국대전^{經國大典}과 같은} (경주)신라^{新羅}를 통치할 종합국가경영매뉴얼을 말하는 것이다.

따라서 51진성여왕2⁽⁸⁸⁸⁾년 진성여왕이 남편인 각간^{角干} 위홍에게 명하여 대구화상^{大矩和尙}과 함께 수집한 향가^{鄕歌}를 『삼대목^{三代目}』이라고 명명한 것은, 이 책이 단순히 '서정적^{抒情的}인 향가^{鄕歌=즉 운율로 읊어서 암송하는 시송(詩頌)}들을 모은 가요집^{歌謠集}'이 아니라 '신라왕조의 삼대^{3대(三代)}에 걸친 서사적^{敍事的}인 통사서^{通史書}'를 말하는 것으로 해석되어야 할 것이다.

다만, 여기에 언급된 '신라왕조의 삼대^{3대(三代)}'를 어떻게 구분해야 하는가가 문제가 될 것인데, {물론, 다양한 추론들이 있을 수는 있겠지만} 필자는 {중국에서 구분하는 '하은주^{夏殷周}라는 상대^{上代} 3대^{3代}와 같은 개념에서} 현,한반도에서의 경주신라 이전시대에 해당되는 '대륙에서의 3대^{3代}, 즉 진한신라^(辰韓新羅=현,섬서성)와 산동신라^(山東新羅=현,산동성) 그리고 강소신라^{(江蘇新羅=현,강}

소성)'를 '신라왕조의 상대ᴸᴬᵗ代 삼대⁽³대⁽三代⁾⁾로 설정했다고 추론하는 바이다.

즉 후대의 『삼국사기』나 『삼국유사』에서는 {대륙에서의 삼국역사를 모두 감추려다 보니} 이 '삼대⁽³대⁽三代⁾⁾'라는 개념을 어쩔 수 없이 {별로 중요하지도 않은} 신라왕들의 왕통으로 {어물쩍하게? 바꾸어서} '신라의 상대⁽¹~²⁸⁾, 중대⁽²⁹~³⁶⁾, 하대⁽³⁷~⁵⁶⁾'라는 구분법으로 눈속임하고 말았지만, 신천지{新天地=현,한반도}} 불국토{佛國土}에서 경주신라라는 나라를 새롭게 시작하는 49헌강왕 일행들에게는 고토{故土=현,중국대륙}에서 조상들이 영위했던 '신라왕조의 상대ᴸᴬᵗ代 삼대⁽³대⁽三代⁾⁾의 역사歷史'를 {일목요연하게(?)} 정리할 필요가 있었던 것이라고 해야 할 것이다. 그래서 {당나라에서 파견된 감독관=즉,대구화상⁽大矩和尙25⁾의 철저한 감수監修⁽?⁾를 받아서} 『삼대목三代目』이라는 신라왕조新羅王朝 상대ᴸᴬᵗ代의 3대三代에 걸친 서사적敍事的 통사서通史書』를 편찬하게 되었던 것이다.

그래서 필자는 이러한 '거국적擧國的 사업事業'을 주도한 51진성여왕의 남편인 각간.위홍이 '875년 경주신라로의 엑소더스{exodus=대이주(大移住)}를 사실상 주도했다.'라고 추정하고 있으며, 야심만만한 개혁가改革家였던 51진성여왕의 남편이자 외숙부外叔父⁽?⁾인 각간{角干=사실상,군통수권자(軍統帥權者)} 위홍이 {49헌강왕이 현지인{현,한반도인(韓半島人)} 여인女人에게서 얻은 서자庶子를 단지 김씨金氏라는 이유 하나 때문에 52효공왕으로 삼으려 한} 자신의 부인婦人 51진성여왕과 서로 불화不和하다가 결국 {자신의 부인인 51진성여왕에 의해서} 제거되었다고 보는 것이다. 물론, 51진성여왕은 나중에 {52효공왕에게 왕위를 물려준 뒤} 현,해인사海印寺에 들어가서 {자신이 어쩔 수 없이 처형한} 남편魏弘을 위령했었던 것으로 보아서 51진성여왕은 남편 위홍에 대한 애정보다

---

25) 대구화상(大矩和尙): {'7말8초 역사왜곡' 작업을 감독하기 위해} '당나라에서 파견한 감독관들' 및 'TFT 형태의 조직'을 총칭한 명칭이다. 물론 '체계적인 조직과 운영방침을 갖춘 당황제 직속의 국가기관(즉,관청)'으로서, 당황제로부터 주재국 국가의 모든 구성원을 처벌할 수 있는 절대권한을 위임받아서 활동했었다. {비록 혼용되고는 있지만} 소위 말하는 '승려를 일컫는 화상和尙이라는 단어'는 아닌 것이다.

신라왕통을 지키는 쪽을 선택했다고 보인다. ★

어쨌든, 다음에는 '수수께끼의 인물(?), 대구화상{大矩和尙)or대거(大矩)}'에 대해서 검토하는 것을 마지막으로 해서 "신라인들의 꿈, '불국토^{佛國土}'"에 대한 이야기를 일단락하고자 한다.

(4) 대구화상(大矩和尙)

> (가) '대구화상(大矩和尙)'과 관련된 기록
> (나) '대구화상(大矩和尙)', '대거화상(大炬和尙)' 및 '대거(大居)'

현재까지의 통설에서는 "대구화상^{大矩和尙} 또는 대거화상^{大炬和尙}{이하 '대구화상^{大矩和尙}'으로 통칭한다.}"을 일반적으로 '신라하대^{新羅下代}에 활동한 향가^{鄕歌}의 대가^{大家}인 어떤 개인을 지칭하는 것'으로 보고 있는데 {이 인물(?)에 대한 구체적인 자료가 극히 적음으로 해서} 이러한 해석이 정당한지에 대해서조차도 아직 제대로 연구되지 못했다고 보인다. 다만 {일반적으로 화상^{和尙} 또는 화상^{和上}이란, '불교용어인 아사리{Acarya=즉,교수(敎授)} 또는 수계사^{授戒師}인 스님을 지칭하는 말로서, 대체로 덕이 높은 스님을 가리켜 부르는 호칭'이라는 정도로 알려져 있었으므로} '대구화상이 승려였을 것'으로 추측되기도 했지만 '실제로 어느 시기에 어느 사찰에서 어떤 불교활동을 했던 것인지?'에 대해서 알려진 것이 전혀 없는 실정이다. 게다가 '대구^{大矩}'인지? '대거^{大炬}'인지? 아니면 '대거^{大居}'인지도 불명확하므로 이 인물(?)이 과연 '승려{僧侶=즉,화상(和尙or和上)}였었는지?'조차도 불확실했다고 보인다. 따라서 {필자도 역시 아직은 최종적으로 결론을 내린 상태는 아니지만}『삼국사기』와『삼국유사』에 나타난 기록을 중심으로 해서 '{수수께끼로 남아있는} 이 대구화상^{大矩和尙}이라는 인물(?)'을 조사하여 본서의 주제인 '역사왜곡방법론'과 어떤 연관을 갖는지를 설명하고자 한다.

(가) '대구화상(大矩和尙)'과 관련된 기록들

'대구화상'이라는 인물(?)이 매우 '애매모호(?)'하므로, 이 인물(?)과 관련된다고 보이는 이칭들인 ❶대구화상^{大矩和尙}, ❷대거화상^{大居和尙} 및 '❸ 대거^{大居}'로 기록된 자료들을 먼저 조사해서 살펴볼 필요가 있을 것이다.

❶ 대구화상(大矩和尙)

* '《삼국사기/신라본기11》51진성여왕(眞聖女王)2(888)년조 ; 왕이 평소 각간 위홍(魏弘)과 더불어 관통(通)하더니, 이때에 이르러서는 항시 안으로 들이고 일을 맡겼다(用事). 이내(仍) 대구화상(大矩和尙)과 더불어(與) 향가(鄕歌)를 모아 수집(修集)하라 명하고(命), 이를 『삼대목(三代目)』이라 하였다고 한다(云)'

⇒ 이 기록은, {통설에서는 슬그머니 실상^{實狀}을 외면해 버렸었지만} 남, 여 두 동생과 함께 강소신라^{현,강소성} 조정^{朝廷}을 모두 이끌고 현,황해바다를 건너 경주신라^{현,한반도}로 엑소더스^{exodus=즉,대이주(大移住)}해서 비교적 안정적으로 {지난 200년 동안 열심히(?) 건설해 왔던} 신천지^{新天地} 불국토^{佛國土(?)}에서의 새로운 삶을 시작했던 신라49헌강왕^(875~886)이 재위 10년 만에 사망하였고, 그 뒤를 남동생인 50정강왕이 이었었으나 갑자기 병사함으로써 경주신라의 김씨왕통^{金氏王統}이 흔들리기 시작했었으므로 {어쩔 수 없이(?)} 여동생인 51진성여왕이 즉위하여 {그녀의 외숙부^{外叔父}}이자 야심만만한 개혁가^{改革家}였던 남편^{夫=즉,(其夫魏弘匪干)참조}인} 위홍^{魏弘}의 도움(?)을 받아서 {오직 김씨왕통^{金氏王統}을 지켜내려는 일념에서} 안간힘을 썼던 상황에 대

한 기록인 것이다. [참고: 51진성여왕은 이후 11년을 재위하며 오직 {그녀의 큰 오빠인 49헌강왕이 현,한반도 선주민 여인에게서 얻은} 어린 조카(요^嶢)를 태자^{太子}로 삼아 보호해서 결국 52효공왕으로 옹립시켜 김씨 왕통^{金氏王統}을 지켜내고서 경주신라의 왕위를 물려주었던 것이다^{왕위에서 물러난 51진성여왕은 몰래 강소신라로 돌아가서 여생을 마친 것으로 추정된다}. 또한 필자는 51진성여왕이 즉위2⁽⁸⁸⁸⁾년에, 왕권을 넘본 {사랑했었지만? 정치적 야망이 너무도 강했던?} 자신의 남편 위홍을 (아마?) 직접 처형했었을 것으로 조심스럽게 추정하는 바이다.

어쨌던 이 기록은 51진성여왕이 '즉위2⁽⁸⁸⁸⁾년에 남편인 위홍^{魏弘}으로 하여금 대구화상^{大矩和尙}과 함께『삼대목^{三代目}』을 편찬케 한 것'을 기록한 것이지만, 이 문장은 사실상 '위홍이『삼대목』편찬을 주도했다.'는 의미로 이해되어야 할 것이다. 즉『삼대목』이라는 책의 내용이 바로 위홍이나 대구화상이 추구했던 사업^(정책?)의 성격을 규정한다.'라고 보면 될 것인데, 앞에서 이미『삼대목^{三代目}』은 진한신라^(辰韓新羅=현,섬서성)와 산동신라^(山東新羅=현,산동성) 그리고 강소신라^(江蘇新羅=현,강소성)에서의 경주신라 왕조^{王朝}의 상대^{上代} 3대^{三代}에 걸친 서사적^{敍事的} 통사서^{通史書}인 것'으로 검토되었고 '대구화상^{大矩和尙}이 이를 감수^{監修}했다.'고 본 것이므로, 대구화상^{大矩和尙}이 '7말8초 역사왜곡' 과정에서 '각국^{10개국가그룹} 역사서^{歷史書}들의 내용들을 감수^{監修}?'하고 또 더 나아가서 '조정^{調整}'하는 것을 주된 임무로 했었다는 것을 추론해 낼 수가 있는 것이다. 물론 대구화상^{大矩和尙}은 {그 일부가 출신이 승려^{僧侶}였을 수는 있겠지만} 반드시 모두가 승려^{僧侶}들이었다고 볼 이유는 없다고 보인다.

❷ 대거화상(大炬和尙)

* '[삼국유사/48경문대왕(景文大王;861~875)]조 계속': 국선(國仙) 요원랑(邀元郞)·예흔랑(譽昕郞)·계원(桂元)·숙종랑(叔宗郞) 등이 금란(金蘭=현,강원도통천?)을 유람할 때, 은근히 임금을 도와 나라를 다스릴 뜻이 있

었다(暗有爲君主理邦國之意), 이에 노래 세 수(歌三首)를 짓고(乃作歌三首), 심필(心弼) 사지(舍知)를 시켜 침권(針卷=가제본한 책?)을 주어 대거화상(大炬和尙)의 거처에 보내, 세 가지 노래(三歌)를 짓게 하니(送火炬和尙處令作三歌), 첫째(初名)가 현금포곡(玄琴抱曲)이요, 둘째(第二)가 대도곡(大道曲)이요, 셋째(第三)는 문군곡(問群曲)이었다. 들어가 왕에게 아뢰니(入奏扵王), 왕은 크게 기뻐하여 칭찬했다(王大喜稱賞). {노래는 알 수 없다(歌未詳)}

⇒「한국사db」에서는 '대구화상^{大矩和尙}'으로 중간에 '炬^(횃불,거)'자를 부기해서 대거화상^{大炬和尙}이라고도 해석하고 있지만, 『삼국유사』의 원문 이미지^{image}에는 분명히 '矩^(곱자,구)'자가 아닌 '炬^(횃불,거)'자만 기재되어 있으므로, 『삼국유사』가 이곳에서는 '대구화상^{大矩和尙}'이 아니라 '대거화상^{大炬和尙}'이라고 강조해서 기록한 것이라고 해야 할 것이다. 즉 이는 {다른 여러 기록들에서는 대체로 '대구화상^{大矩和尙}'이라고 기록하고 있기 때문에}「한국사db」가 '대구화상^{大矩和尙}=대거화상^{大炬和尙}'일 것이라고 {명확한 구분을 하지 못하면서도(?)} 슬그머니(?) 넘어가고 있는 것이라고 보인다. {물론 '51진성여왕 때의 대구^{大矩}화상=48경문왕 때의 대거^{大炬}화상'으로 해석하는 것은 가능할 수도 있겠지만} 이는 '대구화상이라고 통칭되는 인물(?)의 역할이 대구^{大矩}이면서, 대거^{大炬}였다.'라는 '유연한 발상의 전환'을 애당초부터 막아버리는 번역이었다는 점에서 이를 '대구화상^{大矩和尙=대거화상^{大炬和尙}}}인 것처럼 번역하는 것'은 문제가 있다고 해야 할 것이다.

그리고 {역시 위에 기록된 문장의 행간을 살펴보면} '세 가지 노래^{3가(三歌)=즉, 현금포곡(玄琴抱曲), 대도곡(大道曲), 문군곡(問群曲)}의 실제 저자는 국선^{國仙} 요원랑^{邀元郞}. 예흔랑^{譽昕郞}·계원^{桂元}·숙종랑^{叔宗郞} 등이고 대거화상^{大炬和尙}은 그 보조자적 역할만 한 것처럼 구성되어 있음'을 발견할 수 있다고 보이므로, '대구화상^{大矩和尙}과 마찬가지로 '대거화상^{大炬和尙}도 인명^{人名}이 아니라 '어떤 보조자적 임무를 하는 직명^{職名}일 수 있음'을 시사하고 있다고 보고 {관련되는 사항들과 함께 묶어서} 아래에서 종합적으로 검토하고자 한다.

❸ 대거(大居)

* 『균여전(均如傳);1075년,혁련정(赫連挺)찬술』<서(序)>;"我仁邦에...純義大居之俊 등이 雅著瓊篇했다 > 어진(仁) 우리나라(我邦)에서는…순의(純義)와 대거(大居)라는 준재(俊)들이 (있어서) 맑고 고운(瓊) 시편을(篇) 우아하게(雅) 지었다(著)[번역:윤재균한양대명예교수]"

⇒ '대거大居'라는 인명人名?이 통설에서 {소위 말하는}『삼대목三代目』의 저자로 알려진 '대구화상大矩和尙 또는 대거화상大炬和尙'의 이칭異稱'으로 알려진 것은, '고려초기의 승려 균여대사(均如大師:923~973)의 일대기를 적은 전기傳記인『균여전[均如傳;1075년,혁련정(赫連挺)찬술]』'에 동同 시대를 살았었던 최행귀(崔行歸;고려光宗때,광평시랑)가 향가11수鄕歌11首인 사뇌가詞腦歌26) 보현십원가普賢十願歌를 한시漢詩 칠언율시七言律詩로 옮겨야 했었던 동기를 밝힌 그의 <서序>27) 속의 내용에서 거론된 '신라향가新羅鄕歌'의 전통을 이어온 준재俊'의 한 사람인 대거大居'를 후대 학자들이『삼대목三代目』의 저자로 알려진 대구화상大矩和尙과 동일인인 것'으로 해석하였기 때문일 것으로 보이는데. 아마 최행기에 앞서는 문인들 중에서 '대거大居'와 비슷하게 불렸을 인물이 대구화상大矩和尙이 유일하였기 때문일 것으로 추정되며 필자도 이에 동의하는 입장이다. 다만, 필자는 이 '대거大居'라는 기록도 '대구화상大矩和尙'이나 '대거화상大炬和尙'

---

26) **사뇌가(詞腦歌)**: 현재의 통설에서는 '사뇌가(詞腦歌)'란 단어의 의미를 대체적으로 '향가(鄕歌)의 별칭' 또는 '10구체 향가(鄕歌)'인 것으로 통용하고 있지만, 필자는 '성호경교수(서강대,국문학과)<동아일보/유성운기자;2007.5.1.> http://blog.daum.net/kinhj4801/11593633'가 주장하는 '사뇌(詞腦)라는 단어가, 찬양(讚揚), 경배(敬拜)라는 의미의 고대페르시아어에서 기원했다.'라는 견해에 동의하는 바이다. 따라서 필자는 '균여(均如) 법사의 보현십원가(普賢十願歌)가 사뇌가(詞腦歌)라고 하는 것'은, '찬기파랑사뇌가(讚耆婆郞歌詞腦歌)를 쓴 당(唐)나라 승려 충담사(忠談師)'와 '삼대목(三代目)을 쓴 대구화상大矩和尙=즉,대거(大居)}'이 '같은 당(唐)나라 조정에서 신라로 파견된 사람임'을 시사하는 연결고리라고 추론하는 바이다. 다만, 이 연결고리를 고려초 최행귀(崔行歸)가 만든 것인지는 잘 모르겠다.

27) **<서序>**: [참고] 상기에서 '최행귀(崔行歸)의 <서(序)>'와 관련된 내용은, '최행귀(崔行歸)의 고훈(誥訓)/윤재근(尹在根;한양대명예교수,문학평론가), http://gnbook.egloos.com/1120260'의 내용을 참조로 하여, 필자가 정리한 것이며, 그 내용에 대한 필자의 견해를 중심으로 설명한 것이다.

과 마찬가지로 인명^{人名}이 아니라 '어떤 보조자적 임무를 하는 직명^{職名}일 수 있음'을 시사하고 있다고 보아서 이 문제도 역시 관련되는 사항들과 함께 묶어서 아래에서 종합적으로 검토하고자 한다.

(나) '대구화상(大矩和尙)', '대거화상(大炬和尙)' 및 '대거(大居)'

위에서 '대구화상^{大矩和尙}', '대거화상^{大炬和尙}' 및 '대거^{大居}'에 대해서 개별적으로 살펴보았는데, 『삼국사기』에서는 원문이미지^{image}를 확인하면 분명히 대구화상^{大矩和尙}이라고 했고 『삼국유사』에서는 {역시 원문이미지 ^{image}를 확인하면} 분명히 대거화상^{大炬和尙}이라 하였으며 『삼국사기』와 『삼국유사』보다 앞선 시기인 고려광종$^{(光宗;949~979)}$때 광평시랑^{廣評侍郞}을 지낸 최행귀^{崔行歸}가 '대거^{大居}'로 언급한 인물이 있으므로, 이 세 가지로 호칭되는 인물(?)들이 과연 어떤 인물(?)들인지를 '역사왜곡방법론'을 감안하여 종합적으로 검토해 볼 필요가 있다고 보인다.

❶ '화상(和尙)'의 의미 :

먼저 '대구화상^{大矩和尙}', '대거화상^{大炬和尙}' 및 '대거^{大居}'란 단어가 {비록 화상^{和尙}이라는 단어가 첨가되거나 첨가되지 않는 차이는 있지만} 기본적으로 서로 동일한 개념을 가진 단어일 것으로 보고서 검토함으로써 {결과적으로} 이 3가지 단어의 특징을 좀 더 명확하게 구분해 낼 수가 있을 것이다.

그래서 이 3가지 단어를 관찰해 보면, 명확하게 공통적이지 않은 단어로 '화상^{和尙}'이라는 단어가 바로 눈에 들어온다. 물론 고려 초의 최행귀^{崔行歸}가 '대거화상^{大居和尙}'을 줄여서 대거^{大居}라고 했을 수'는 있지만, {미리 지레짐작으로 고대인들의 지적능력$^{(즉,IQ)}$을 낮추어 보지 말고 (조금 멍청하게 보이더라도) 있는 그대로를 받아들여} '화상^{和尙}이란 것'에 대한 모든 것을 먼저 분명히 정리해 두면 예상외의 성과를 얻을 수도 있을 것이므로 {독자 여러분들이 '현존하는 문헌사료'를 통해서 역사왜곡을 규명하고자 생각한다면} '종종 시도해 볼 것'을 추천하는 바이다. 왜냐하면, 현존하는 문헌사료가 대부분 '처음부터 이러한 무모한(?) 방법을 활용해서 역사왜곡을 한 것들'이 많이 있기 때문이다. 실제로 필자도 '이러한 무모한(?) 도전'을 통해서 '예상외의 성과를 얻거나, 유연한 발상의 전환(?)을 경험한 적'이 많았던 것이다. 어쨌든, '화상^{和尙}이란 단어의 의미'를 밑바닥에서부터 다시 공부해 보자. 아래는, 필자가 웹서핑을 통해서 모은 자료들을 요약해서 정리한 것이다.

[참고]
'화상(和上)'과 '화상(和尙)'

ⅰ. '화상(和尙)'에 대한 참조글
이해를 돕기 위해, 아래 2군데의 글을 참조하여 정리하였다.

(참조1)불교용어사전(https://studybuddha.tistory.com/3053) :
본래는 아사리$^{\{阿闍梨:Acarya=즉\ 교수(敎授)하는\ 큰\ 스님\}}$와 함께 수계사^{受戒師}인 스님을 말하는 것이었으나 후세에는 덕이 높은 스님을 가리키는 말이 되었다. 범어^{梵語}로 오파타야^{upādhyāya}로 음역^{音譯}하고 친교사^{親敎師}, 역생^{力生}, 의학^{依學}, 근송^{謹誦}이라고도 번역한다.

(참조2)불종사(http://blog.daum.net/01193704043/12412342) :
'화상'은 화상^{和上} 또는 화상^{和尙}이라고도 하는데 율가$^{\{律家=불교의\ 계율종(戒律宗)\}}$에서는 화상^{和上}이라 하고, 그 밖에서는 흔히 통용하여 화상^{和尙}이라고 한다. 화상은 범어의 '오파타야^{upādhyāya}'이다. 화상을 친교사^{親敎師}, 역생^{力生}, 의학^{依學}, 근송^{謹誦}이라 번역한다. 본래는 아사리$^{\{阿闍梨:Acarya=}$

교수(敎授)하는 큰스님와 함께 수계사授戒師인 스님을 말하는 것이나, 후세에는 덕이 높은 스님을 가리키는 말이 되었다.

ii. '화상(和上)'과 '화상(和尙)'이라는 단어

{위 2개의 (참조글)을 참고로 하면} 결국 '화상和尙'이란 '덕이 높은 스님을 가리키는 말'이 분명하며, '화상和上'으로도 쓰였음을 알 수 있다. 그러나 {아직 단정하는 것이 이르므로} 만일 '대구화상大矩和尙'과 '대거화상大炬和尙'이 모두 스님즉,僧侶이었다면, 같은 개념인 『균여전』의 대거大居는 '대거화상大居和尙'을 줄인 호칭이라고 보아도 무방할 것이므로 일단은 '대구화상大矩和尙=대거화상大炬和尙=대거화상大居和尙'을 '신라향가新羅鄕歌에 능한 스님僧侶'일 것으로 규정할 수가 있을 것이다. 그런데 만일 『균여전』의 대거大居가 스님즉,僧侶이 아니었다면, 같은 개념인 '대구화상大矩和尙'과 '대거화상大炬和尙'도 스님僧侶이 아닐 수 있을 것이므로 여기에 부가된 '화상和尙'이라는 단어는 '덕이 높은 스님을 가리키는 말이 아닐 수도 있다.'고 볼 수 있을 것이다. 즉 '화상和尙과 동의어同義語라는 화상和上이라는 단어'의 의미를 추론해서 과연 동의어同義語인지를 검증해 볼 필요가 있다는 것이다. 왜냐하면 {필자가 경험한 '역사왜곡방법론'에서는} '글자가 비슷하면서 같은 의미로 쓰이는 단어가 있을 때, 그중의 하나는 나머지 하나를 이용해서 왜곡한 단어일 경우'가 많았기 때문이다. 즉 '화상和上'이라는 단어가 원래 '덕이 높은 스님'을 가리키는 말이었었는데, {역사왜곡을 위해서} '화상和上이라는 단어를 활용하여 화상和尙이라는 새로운 단어를 만들어서 역사왜곡에 사용했다'라고 볼 수가 있다는 것이다. {이는 물론} 처음에는 '화상和尙'이라는 단어가 역사왜곡용 단어라는 것을 쉽게 인지했었지만, {시간이 오래 흐르는 동안} '화상和尙'이라는 단어가 많이 활용

되면서 {나중에는} '화상^{和上}'과 '화상^{和尙}'이 '애당초부터 같은 말이었던 것'이라는 오해가 생기게 되어 {결국에는} '화상^{和上}=화상^{和尙}'이라는 왜곡이 고착화되었다고 보는 것이다. 그래서 처음에는 '화상(和上)'과 '화상(和尙)' 중의 하나는 'A=덕이 높은 스님을 가리키는 말'이 맞고, 다른 하나는 'A와 비슷하면서도 다른 말'이었었는데 {역사왜곡이 오래 지속되면서} 이 두 단어가 '아예 같은 말로 통용되어 고착화된 것'으로 볼 수가 있다는 것이다. 이는 '처음에는, 화상^{和上}과 화상^{和尙}이 같은 말이 아니었을 수 있다.'라는 것을 확인해 보면 확실해질 것이다.

따라서 '대구화상^{大矩和尙}'과 '대거화상^{大炬和尙}'을 혼용하는 것처럼 못을 박아버린 『삼국사기』와 『삼국유사』에서는 더 이상 어찌해 볼 수가 없으므로, {시기가 가장 이른 다른 관련 기록인}『균여전^{均如傳}』의 대거^{大居}'가 과연 화상^{和尙}인지, 화상^{和上}인지를 추론해 내는 수밖에 없다고 보인다. 따라서 {『균여전』제8장에 '그 앞인 제7장에 등재된 사뇌가^{詞腦歌}의 일종인 균여^{均如}법사의 역가현덕분^{譯歌現德分}의 향가^{鄕歌}를 한역시^{漢譯詩}로 번역'하여 등재하면서} 한역漢譯으로 번역하게 된 동기를 밝힌 **'최행귀^{崔行歸}의 <서^{序}> 905자^{字} 중 첫머리 169자^{字}의 내용^{內容}'**을 {조금 분석적으로} 자세하게 살펴볼 필요가 있다고 해야 할 것이다. 즉 원문^{漢文}과 통설화된(?) 번역을 함께 소개하면 다음과 같다.

偈訟讚佛陀之功果著在經文 歌詩揚薩之行因收歸論藏. 所以西從八水東至三山 時時而開士間生高吟妙理 往往而哲人傑出朗詠眞風. ⇒ '불타의 공덕을 찬양하는 게송^{偈訟}은 경문^{經文}에 나와있고, 보살의 수행을 찬양하는 가시$^{歌詩=노래와시}$는 논장^{論藏}에 들어있다.'라는 내용이므로 참고로만 하면 된다.
彼漢地, 則有傳公將賈氏湯師濫觴江表 賢首及澄觀宗密修關中 或咬然無可之流爭彫麗藻 齊己貫休之輩競鏤芳詞. ⇒ '중국땅(漢地)에서는 '傳公將

賈氏湯師, 賢首及澄觀宗密, 皎然無可, 齊己貫休' 등이 게송^{偈訟}과 가시^{歌詩} $^{=노래와\ 시}$'에서 재주를 뽐냈다'는 내용이다.

我仁邦, 則有摩詞兼文則體元鑿空雅曲 元曉與薄凡靈爽張本玄音 或定獻神亮之賢閑飄玉韻 純義大居之俊雅著瓊篇. 莫不綴以碧雲淸篇可琓 傳其白雲妙響堪聽. ⇒ '우리나라(我仁邦)에서는 '摩詞兼文則體元, 元曉與薄凡靈爽, 定獻神亮, 純義大居'이 게송^{偈訟}과 가시$^{歌詩=노래와\ 시}$'에서 재주를 뽐냈다'는 내용이다.

따라서, 이 『균여전^{均如傳}』에는 '중국^{漢}의 쟁쟁한 인물들과 견줄만한 우리나라$^{(我仁邦)}$의 인물들이 언급'되어 있는데, 그중의 한 사람인 '純義大居$_{순의대거}$의 大居^{대거}'가 통설에서 '『삼국사기』의 대구화상^{大炬和尙}'과 '『삼국유사』의 대거화상^{大炬和尙}'과 동일인물일 것으로 추측되게 된 것이지만, 필자는 이 『균여전』의 순의대거^{純義大居}가 누구이며 또 어떤 인물인지'를 분명하게 '다시 밝혀보아야 한다'고 본다. 즉 결과적으로 보면 {최종적으로 검토가 필요한 부분은, '순의대거^{純義大居}'라는 표현뿐이기 때문에}, 순의대거^{純義大居}가 {통설에서 보는 바와 같이} '순의^{純義}라는 인물과 대거^{大居}라는 두 인물을 말하는 것인지' 아니면, '대거^{大居}라는 한 인물을 말하는 것인지'를 따지는 문제가 승패(?)를 좌우하게 될 것이라고 보인다. 따라서 일단 '필자가 정리한 통설측의 주장$^{(즉, 통설정리)}$'과 '필자측의 주장$^{(즉, 필자견해)}$'을 조금 정리해 보자.

[참고 : {통설을 말하는 그 어느 누구도 '인원수^{人員數}'에 대해서는 언급했던 사람이 없지만} 기록된 글자들이 모두 인명^{人名}인 것으로 번역하고 있으므로 {필자가 조사한 자료들을 바탕으로 해서} '통설측의 주장$^{(즉, 필자정리)}$'과 '필자측의 주장$^{(즉, 필자견해)}$'을 요약, 정리하였다.]

* **통설측의 주장(즉, 필자정리)** : 위 문장에서 거론된 {중국측 10명:^{傅公,}

賈氏,湯師,賢首,澄觀,宗密,皎然,無可,齊己,貫休}과 {아방측 10명:摩詞,文則,體元,元曉,薄凡,靈爽,定獻,神亮,純義,大居}의 이름자들이 모두 '두⁽²⁾ 글자씩'이므로, '純義^(순의)와 大居^(대거)는 서로 다른 두 사람'이다.

  * **필자측의 주장(즉,필자견해)** : {통설^(번역)을 조사해 보면} 위 문장에서 거론된 {중국측 10명+아방측 10명=총 20명}의 인물들 중에서, 실존인물로 설명할 수 있는 인물들이 단지 {중국측 3명^({傅公=傅大師)/(賈氏=賈島)/(湯師=湯惠休)})과 {아방측 1명^(元曉)}으로서 총 4명뿐이다. 즉 {모두 내로라하는 문장가들인데} '20명 중 단지 4명^({물론,3명도추정(推定)임})만 누구인지를 설명할 수 있다.'라고 하는 것은 '통설의 해석방식에 문제가 있을 수 있다.'라고 볼 수 있을 것이다. 즉 '{인명^(人名)이 아닌} 인명^(人名)을 수식^(修飾)하는 단어^(單語)'를 일부 인명^(人名)으로 오해석한 부분들이 포함되어 있을 것으로 보인다는 것이다. 따라서 '순의대거^(純義大居)'는 '진실된^(純) 뜻을 정하는^(義) 대거^(大居)'라는 1명의 인물로 해석될 수도 있다고 보이므로 '순의^(純義)라는 단어는 인명^(人名)이 아닐 수 있다'라고 볼 수가 있다는 것이다.

  그리고 {만일 대구^(大矩) 또는 대거^(大炬)를 인명^(人名)이라고 한다면} 『삼국사기』의 대구화상^(大矩和尙)'과 『삼국유사』의 대거화상^(大炬和尙)은 모두 각각의 인명^(人名) 뒤에 '화상^(和尙)'이라는 수식성^(修飾性) 칭호^(稱號)가 부가되어 있는데, {그 호칭의 형식이 대구화상^(大矩和尙)과 대거화상^(大炬和尙)과 동일할 것으로 추정되는} 『균여전』의 대거^(大居)'는 '화상^(和尙)'이라는 수식성^(修飾性) 칭호^(稱號)가 {대거^(大居)라는 인명^(人名)의 뒤쪽에 부가된 것이 아니라} 대거^(大居)의 앞에 있는 '순의^({純義=즉 진실된(純) 뜻을 정한다(義)})라는 수식어^(修飾語)가 '화상^(和尙)과 같은 의미의 수식성^(修飾性) 칭호^(稱號)'에 해당된다고 볼 수 있는 것이다. 이는 결국 '대구화상^(大矩和尙)=대거화상^(大炬和尙)=순의대거^(純義大居)'가 동일한 형식의 호칭^(呼稱)으로서, 그 의미나 역할도 '대체로 동일^((또는,相通))하다'라고 볼 수 있는 것이다. 그래서 이제는 '화상^(和尙)'이라는 단어를 {무의식적으로} '덕이 높은 스님'을 말하는 단어로 단정해 버릴 것이 아니라 {본격적으로 분석해서} '화상和尙'과 '순의純義=즉 진실된(純) 뜻을 정한다(義)'의 개념이 과연 상통할 수 있는지를 조사해 보아야 할 것이다. 먼저, [네이버/한자사전]에서 '화상和尙'이라는 단어를 찾아 보자.

和(화할,화) : 2.화목(和睦)하다, 5.화해(和解)하다, 8.합(合)치다.

尙(오히려,상) : 1.오히려, 9.높이다, 11.주관(主管)하다, 14.더하다

⇒ 따라서 화상和尙이란 '화해和解를 주관主管하다=즉 조화調和롭게 조정調整하다.'라는 의미로서, '화상和尙이라는 표현'을 '{역사왜곡작업의 과정에서} 이해당사자들 사이에 발생되는 상충된 주장들을 중간에서 조화調和롭게 조정調整해 주는 조정관調整官의 역할을 하는 사람'에 대한 호칭呼稱 또는 직명職名일 것으로 추론해 볼 수 있으며, 이는 '순의純義=즉 진실된(純) 뜻을 정한다(義)'라는 수식어로도 대체될 수가 있다고 할 수 있을 것이다.

즉 **7말8초에 '당나라를 중심으로 한 동아시아 전체'가 역사왜곡작업의 소용돌이 속에 휩쓸려 들어갔는데 {그 역사왜곡작업의 최종 성과물인} (왜곡된)역사서 속에 '어떤 내용이나 문구가 담기게 되는가?'가 그 역사서와 관련된 국가, 족속, 가문, 개인 등등에게는 목숨까지 관련되는 가장 첨예한 충돌지점이었던 것이다. 따라서 '7말8초 역사왜곡의 총괄주관자總括主管者'인 당나라 황제皇帝'가 모든 나라와 지방에 '역사왜곡작업 조정관調整官'을 파견하여 모든 역사왜곡작업을 지휘하고 검열하며 조정하였던 것이므로, 그 역할을 하는 사람들(혹은 조직들)을 '화상和尙'이라고 지칭했던 것이므로 그러한 사람들을 '순의純義=즉 진실된(純) 뜻을 정한다(義)'라고 수식할 수도 있었다고 본다. 따라서 '순의대거純義大居'는 '진실된(純) 뜻을 정하는(義) 대거(大居)'라는 1명의 인물로 볼 수가 있다는 것이다.**

그런데, 이렇게 아주 첨예한 충돌이 발생될 수 있는 사안을 조정하는 사람들은 당연히 지식도 많아야 하고 또 덕망도 있어야 하며 또한 모든 사람들로부터 신망을 받는 사람이어야 했는데, 그런 임무를 해낼 수 있는 사람들이 바로 '덕망이 높은 스님=즉, 화상和尙'이었던 것이다. 그래서 그러한 '**역**

사왜곡작업을 조정^{調整}하는 화상^{和上}을 화상^{和尙}이라는 새로운 단어를 만들어서 호칭하였던 것'이다. 따라서 당시의 상황이 '대개의 화상$^{\{和上=즉\ 덕망있는\ 승려(僧侶)\}}$이 거의 모두 화상$^{\{和尙=역사왜곡\ 조정관(調整官)\}}$이었기 때문'에, '화상^{和上}=화상^{和尙}=덕망 있는 스님'인 것으로 일반화되어서 그 '용어(또는,단어)^{혹은,호칭}'가 처음부터 동일했던 것으로 잘못 알려져서 고착화되어 일반화된 것으로 보이며, {이러한 고착화된 일반화의 과정을 거쳐서} '순의$^{\{純義=즉\ 진실된(純)\ 뜻을\ 정한다(義)\}}$'라는 수식어^{修飾語}가 '화상$^{\{和上=덕망있는\ 스님=즉,화상(和尙)\}}$'의 가장 중요한 덕목^{德目}이었으므로, 대거^{大居}라는 단어$^{(혹은,호칭)}$의 앞에 순의^{純義}라는 수식어가 붙게 된 것이어서 '순의대거^{純義大居}'는 두(2) 사람이 아니라 한(1) 사람이 되는 것이다.

결국 '『삼국사기』의 대구화상^{大矩和尙}=『삼국유사』의 대거화상^{大炬和尙}=『균여전』의 순의대거^{純義大居}'의 관계가 되는 것이므로,『균여전』의 순의대거^{純義大居}가 '화상^{和上}=즉 덕망 있는 스님'이 아니라면『삼국사기』의 대구화상^{大矩和尙}이나『삼국유사』의 대거화상^{大炬和尙}도 역시 '화상$^{\{和上=즉\ 덕망있는\ 스님\}}$'이 아닐 수가 있다.'라고 보는 것이 합리적일 것이다. 이것이 {『삼국사기』의 대구화상^{大矩和尙},『삼국유사』의 대거화상^{大炬和尙} 및『균여전』의 순의대거^{純義大居} 등의 기록 속에} '승려^{僧侶}로 단정할 수 있는 기록이 전혀 들어있지 않은 이유'가 된다고 보인다.

즉 '대구화상^{大矩和尙}=대거화상^{大炬和尙}=순의대거^{純義大居}'는 단순히 당나라$^{(唐)}$의 관리^{官吏}로서 {신라지역에 파견되어} '역사왜곡작업을 조정^{調整}하는 화상^{和尙}이었던 것'이라고 추론되는 것이다. 물론 '화상^{和尙}은 반드시 불자^{佛子}인 승려^{僧侶}이어야 할 필요가 없었을뿐더러, 오히려 {승려^{僧侶}가 아니라} 논리적으로 분명한 유학자^{儒學者}들이 더 많았을 것'으로 보이며, '설령 화상^{和尙}이 된 승려$^{\{僧侶=화상(和上)\}}$가 있었더라도 하급^{下級} 화상^{和尙}이었을 것'으로 추론된다.

❷ '대구(大矩)', '대거(大炬)', '대거(大居)'의 관계와 의미

이상과 같이 해서 '화상$^{\{和尙=즉\ 역사왜곡작업을\ 조정(調整)하는\ 조정관(調整官)\}}$'과 '순의^{純義}

=즉 진실된(純) 뜻을 정한다(義)라는 의미의 수식어(修飾語)}'가 서로 상통되는 개념의 단어라는 것을 밝혔으므로, 이제는 왜 동일인^{同一人} 혹은 동일직무^{同一職務}를 '대구^{大矩}', '대거^{大炬}', '대거^{大居}' 등으로 {비슷하면서도(?)} 조금씩 다르게 표기하였는지에 대해서 살펴보고자 한다. 역시 [네이버/한자사전]에서 각 글자들의 음^音과 의^意의^義를 조사해서 '역사왜곡방법론'을 대입하여 이들 사이의 관계와 의미를 해석해 보면 그 답을 찾을 수 있을 것이다.

i . 大(클,대) : 1크다, 2높다

⇒ '大^(클,대)'자는 7말8초 역사왜곡 당시의 '역사왜곡 조정관^{調整官}의 등급^{等級}'이 {공식적으로} 대^大, 중^中, 소^小로 구분되었었거나, 조정관^{調整官} 중에서 가장 상위자^{上位者}에 대해 부가하는 접두어^{接頭語}였었을 것으로 추정된다.

ii. 矩(법도,구;jǔ) : 3곱자(ㄱ자 모양), 7법도(法度), 8규칙(規則)

⇒ '矩^(법도,구;jǔ)'자는 기본적으로 '법도^{法度}'를 말하는데, 역사왜곡 작업이 '상호 모순되거나 상충되지 않는 합리적인 기준에 맞도록 이루어져야 한다.'라는 개념에서 '선택된 글자'라고 해야 할 것이다. 하지만 '여기에서의 법도^{法度}'란 바로 '당나라가 원하는 왜곡된 방향으로 역사서를 꾸미는 것'을 의미하는 단어였으므로 사실상 '법도^{法度}=즉 당나라가 행하는 통제,감독,조정,처분의 의미'로 통용되었었던 것이다. 그래서 '당황제가 임명해서 파견하는 조정관^{調整官}'에게는 {당연히} 막강한 경찰권과 군사권이 부여되어 있는 사실상의 통치권이 부여되어 있었던 것이다. 결과적으로 '矩^(법도,구;jǔ)=총독업무^{總督業務}'라고 보면 되었던 것이다.

iii. 炬(횃불,거;jù) : 1.횃불, 2.등불 3.불사르다

⇒ 기본적으로는 '炬^(횃불,거;jù)=矩^(법도,구;jǔ)자의 음변자'인데, '矩^(법도,구;jǔ)=즉,총독업무^{總督業務}'를 집행하는 곳{즉 당나라 관리들의 사무실}은 항상 '새로 만들어

질 당나라의 왜곡역사에 부합되지 않은 {현지세력들이 생산한} 문서들'을 강제로 수거해서 대량으로 소각^{燒却}하였었던 것이므로, '항상 불이 타오르고 있었던 것'이다. 그래서 '矩$^{(법도,구;jǔ)}$'자를 {'불태우다.'라는 의미와 유사한 의변자^{意變字}이자 음변자^{音變字}인} '炬$^{(횃불,거;jù)}$'자로도 대체해서 표현했었던 것으로 추정된다. 물론 이런 '유의미한 작은 차이들'이 바로 '역사왜곡의 존재성을 후대로 알리면서 또 증거하는 힌트'가 되는 것이므로, 이런 사례들을 가능한 한 많이 찾아내게 되면 '역사왜곡방법론 체계의 전모'가 하나씩 분명하게 밝혀지게 될 것이다.

iv. 居(살,거;jū) : 1.거주(居住)하다, 9.집, 11.법도(法度)

⇒ 이것도 {기본적으로는} '居$^{(살,거;jū)}$=矩$^{(법도,구;jǔ)}$자의 음변자'인데 '矩$^{(법도,구;jǔ)}$자의 의미' 보다는 '矩$^{(법도,구;jǔ)}$를 주된 업무로 하는 집$^{즉,관사(官舍)}$'을 지칭하는 글자로 추정된다. 물론 이 '居$^{(살,거;jū)}$'자도 '역사왜곡의 존재성을 후대로 알리면서 또 그것을 증거하는 힌트'로 활용되었던 것이므로,『균여전^{均如傳}』에서 최행귀가 '신라향가가 최종적으로 당나라에서 파견된 조정관에 의해서 통제되었다.'라는 상황을 후대로 알리기 위하여 {다분히 의도적으로?} '{순의^{純義}+대거^{大居}}=즉,순의대거^{純義大居}'라는 표현을 '향가의 한역^{漢譯} 서문^{序文}'에 삽입했던 것이라고 볼 수 있는 것이다.

이제, 이들 '大(클,대)', '矩(법도,구;jǔ)', '炬(횃불,거;jù)', '炬(횃불,거;jù)'라는 각 글자들을 조합한 '대구(大矩)', '대거(大炬)' 및 '대거(大居)'라는 단어들의 의미를 살펴보자.

v. '대구(大矩)'는 '7말8초 역사왜곡(대왜곡3)에 대한 실무작업'을 종합적으로 조정,통제하는 상급 업무(또는, 그 담당자)를 말한다.

⇒ 그래서 '{당나라에서 주변의 9개국가그룹 도성^{都城}으로 파견나와 주

재하면서} 역사왜곡에 대한 실무작업{즉,대구(大矩)}을 총괄적으로 담당하는 당나라측 조정관^{調整官}을 '대구화상^{大矩和尙}'이라고 하게 된 것이다. 이러한 총괄조정업무는 대개 '화상^{和上}=즉 덕망이 높은 스님^{僧侶}'이 담당하였었지만 그렇지 않은 경우가 더 많았으므로, '화상^{和上}'이라는 호칭을 그대로 사용하지 않고, '화상^{和尙}'이라는 새로운 호칭을 만들어서 활용했다고 추정된다.

vi. '대거(大炬)'는 '대구(大矩)의 음변자'인데 '{역사서와 같은 문서(文書)들을} 대량(大量)으로 소각(燒却)하는 것'을 말한다.
⇒ 그래서 '{당나라에서 주변의 9개국가그룹 도성^{都城}으로 파견나와 주재하면서} 문서를 대량으로 소각하는 업무{즉,대거(大炬)}를 담당하는 조정관^{調整官}을 '대거화상^{大炬和尙}'이라고도 하게 된 것이다. 이들이 소각한 문서는 아마 기존의 역사서들보다는 '새로 만든 왜곡역사서들의 초간본들'이 더 많았을 것으로 보인다. 특히 수정 중인 내용들이 남아서 나중에 혼란을 초래하지 않도록 철저하게 단속해서 파기$^{(소각)}$했을 것으로 보인다. 물론 최종적으로는 기존 토착세력들의 기존역사서들도 모두 회수해서 대부분 파기$^{(소각)}$했다고 보이며, 이런 문서 폐기방침은 당나라 각 지역은 물론이고 강소신라, 경주신라, 일본, 발해, 류구, 남월,…등등 당시의 전 동아시아 지역 구석구석까지 빈틈없이 단속되었을 것으로 보이지만, {당나라로부터 거리가 먼 곳은 아무래도 은닉이 가능했었을 것이므로} 아마 현,일본의 정창원에는 많은 자료가 아직도 남아있을 가능성이 컸다고 보인다. 그래서 그중의 일부가 박창화 선생이 필사한 『남당유고^{南堂遺稿}』로 되살아나서 지금 우리나라 재야사학계에 회자되고 있다고 보인다. 지금이라도 일본은 {현,동아시아인들이 7말8초 당시의 역사왜곡을 '공동으로 연구'할 수 있도록} 소장하고 있는 고서들을 전면적으로 공개해야 할 것이다.

vii. '대거(大居)'도 역시 '대구(大矩)의 음변자'인데 '대구(大矩)라는 업무를 하는 곳'의 의미로 사용되었다고 보인다.

⇒ 그래서 '역사왜곡에 대한 실무작업{즉,대구(大矩)}'을 총괄적으로 담당하는 당나라측 조정관^{調整官}'인 '대구화상^{大矩和尙}'을 '대거화상^{大居和尙}'이라고도 할 수가 있었다고 보이는데, {'대거화상^{大居和尙}'이라는 기록이 없는 것으로 보아서} '대구화상^{大矩和尙}'이 주재하는 곳{장소=즉,官寺}'을 대거^{大居}라고 한 것'으로 여겨진다. **대체로 '대거^{大居}란 대구^{大矩}의 업무를 하는 곳{장소,건물=즉,官寺}을 지칭했다'고 보이지만, 간혹 '대구화상^{大矩和尙}=즉,조정관^{調整官}'을 '대거^{大居}=즉,관사^{官寺}'로 대칭^{代稱}한 것으로도 추정된다.**

❸ '7말8초 역사왜곡 추진TFT(Task-Force-Team)'과 『삼국사기』의 대구화상(大矩和尙)', 『삼국유사』의 대거화상(大炬和尙)', 『균여전(均如傳)』의 순의대거(純義大居)' 설명

{지금까지의 검토결과를 전체적으로 종합하면} 『삼국사기』의 대구화상^{大矩和尙}'=『삼국유사』의 대거화상^{大炬和尙}'=『균여전』의 순의대거^{純義大居}'가 모두 "당나라에서 파견 나와 '7말8초 역사왜곡 작업을 조정,통제하는 상급 업무'을 담당하는 조정관^{調整官}'을 지칭한다는 의미에서는 동일한 개념을 나타내는 표현으로 보인다. 다만 {(실제로는) 지역마다 시기마다 또는 상황마다 수시로 인원들이 바뀌었을 것이므로} '이 호칭들이 모두 한 사람의 동일인으로 볼 수가 없다.'고 해야 할 것이다. 따라서 이 호칭들은, 일단 '업무를 구분하는 직명^{職名}으로 이해해야 한다.'라고 본다.

따라서 '7말8초 역사왜곡$^{\{대왜곡3\}}$' 시에, "당나라는 {당황제로부터의 직속명령을 받아서 움직이는} 특별기구인 '역사왜곡추진TFT(Task-Force-Team)'를 운용하였었다."라고 해야 할 것이며 이 '역사왜곡 추진TFT'는 {아마} 당나라의 국학^{國學} 안에 총본부를 두고 각 기능별로 세부적인 분담조직을 운영하면서, 각 지방 및 해당 외국에 지부를

두어 철저하게 '역사왜곡작업을 통제,조정하였던 것'으로 추정된다. 다만 필자도 아직 이 조직에 대한 직접적인 증거$^{(or힌트)}$는 오직 『삼국사기』의 대구화상^{大矩和尙}과 『삼국유사』의 대거화상^{大矩和尙} 및 『균여전』의 순의대거^{純義大居}'의 사례만을 확인했을 뿐 더 이상의 상세한 근거들을 찾지 못했다. 향후에 {젊은 연구자들에 의해서} 이 TFT조직의 구성 및 체계 그리고 운용방법 등에 대해 더욱 중점적으로 연구되길 기대하는 바이다. ★

이 책의 내용에 대해 질문이나 의견이 있으신 분들 및 필자와 함께 '{논리적으로 설명할 수 있는} 5,000년 참된한국통사'를 만들어 나갈 '역사전문연구자' 분들을 모시기 위해서 아래와 같이 '필자와의 소통창구'를 마련했습니다. 많은 참여 바랍니다.

o. 다음카페/참된한국통사 : https://cafe.daum.net/zzhistory03
　　　　　　　　　　[토론방/특별회원방 개설]
o. 필자[진정(眞正)] 이메일 : zzhistory03@hanmail.net

'참된한국통사 I 편-2권(불국토)' 표 목록

표1. 신라가 건설한 불교시설들
표2. 24진흥왕 시기에 건설된 대흥륜사(大興輪寺)의 연혁
표3. 당과 신라의 도읍지 명칭 구분
표4. 24진흥왕 시기에 건설된 황룡사(皇龍寺)의 연혁
표5. 신라에서 활동한 불교승려들
표6. 660년 이전에 활동한 승려들
표7. 『삼국사기』와 『삼국유사』에서의 자장(慈藏) 관련 기사 제목들
표8. 『삼국유사』에서 자장의 활동과 관련된 키워드들
표9. 현재의 중국 4대 불교성지(佛敎聖地:名山)
표10. 660년을 중심으로 활동한 승려들
표11. 『삼국사기』와 『삼국유사』에서의 의상(義相) 관련 기사 제목들
표12. 의상법사의 행적(정리)
표13. '의상법사의 행적'에서 추가로 분석 및 검토되어야 할 문제점들
표14. 『삼국사기』와 『삼국유사』에서의 원효(元曉) 관련 기사 제목들
표15. 원효법사의 행적과 업적(추정)
표16. 원효법사와 의상법사의 출신 배경과 행적 및 정치적 입장
표17. 660년 이후에 활동한 승려들
표18. 부(父)석진표(718~777?)와 자(子)진표율사(734~???)의 행적
표19. 표훈대덕에 대해서 일반적으로 알려진 내용들
표20. 47헌안왕과 48경문왕(응렴)에 대한 기록 정리

'참된한국통사 I 편-2권(불국토)' 그림 목록

그림1. 홍려정비의 원래 위치
그림2. (1a)고구려의 도성(都城) 이동 및 건국 시의 관련지역(추정)
그림3. (1b)신라의 중심이동
그림4. (1c)백제의 중심이동
그림5. (1d)고구리대연방체제(425년경)
그림6. (2a)7말8초 동아시아의 만만파파식적(萬萬波波息笛)
그림7. (2b)후삼국과 5代10國의 분립
그림8. 추정,흥륜사지(현,경주공고)
그림9. '興(흥)자명 기와편
그림10. 갑방(甲方)과 경방(庚方)
그림11. 경주 황룡사터
그림12. 황룡사9층탑(모형)
그림13. 천사옥대(유사품)
그림14. 이차돈의 멸신
그림15. 자장법사 영정
그림16. 수다사 관련 유물
그림17. 사천왕사명(銘) 기와
그림18. 의상법사 영정
그림19. 원효법사 영정
그림20. 해인사 국사단(局司壇)

그림21. 해인삼매(海印三昧) 그림
그림22. '대소이도=덕물도'
그림23. 진표율사 영정과 부사의방 추정(?)
지도 출처: 그림1: map.naver.com
           그림2~6: www.google.co.kr/maps
           그림7: 바이두백과 참고

'참된한국통사 Ⅰ편-2권(불국토)' 참고사이트 목록

- 한자, 국어, 중국어, 일본어, 베트남어
1. 네이버/어학사전 https://dict.naver.com/
2. 다음/어학사전 https://dic.daum.net/
3. 漢典 https://www.zdic.net/

- 백과사전
4. 네이버/지식백과 https://terms.naver.com/
5. 위키백과 https://ko.wikipedia.org/wiki/
6. 百度百科 https://baidu.com/
7. 한국민족문화대백과사전 http://encykorea.aks.ac.kr/

- 지도, 지형
8. 네이버/지도 https://map.naver.com/
9. 구글지도 https://www.google.co.kr/maps/
10. 구글어스 https://earth.google.com/web/
11. 百度地圖 https://map.baidu.com/

- 고전적, 사서
12. 한국사데이터베이스(db) http://db.history.go.kr/
13. 한국고전종합DB https://db.itkc.or.kr/
14. 동북아역사넷 http://contents.nahf.or.kr/
15. 위키문고/위키사서 https://zh.wikisource.org/
16. 中國哲學書電子化計劃 https://ctext.org/zh
17. 漢籍電子文獻 http://hanji.sinica.edu.tw/

- 일반자료, 참고자료, 역사기사
18. 동북아역사재단 https://www.nahf.or.kr/
19. 인문과학원 학림 http://www.haklim.kr/
20. 국가문화유산포털 https://www.heritage.go.kr/
21. 한가람역사문화연구소 http://www.historyin.org/
22. 산책의 한국고대사 https://blog.naver.com/kahistory
23. 만주원류고를 사랑하는 모임 https://cafe.naver.com/manchuria
24. 다물역사관(한민족역사탐방) https://cafe.daum.net/damooltour
25. 역사의 블랙박스를 찾아서 https://cafe.daum.net/sijeong7101
26. 바람따라구름따라 https://elfqkr.tistory.com/category/남당유고
27. 중앙일보/국제(중국) https://news.joins.com/article/2306776
28. 한국콘텐츠진흥원(삼국유사) http://www.culturecontent.com/

'참된한국통사 Ⅰ편-2권(불국토)' 참고서적 목록

1. 가야·백제 그리고 일본, 송종성, 서림재
2. 加耶文化史, 김종간, 작가마을
3. 고고학 입문(과거 문화를 어떻게 연구하는가?), 최성락, 학연문화사
4. 강인욱의 고고학 여행, 강인욱, 흐름출판
5. 고구려와 무쿠리(고구려 이중제국의 증거), 송동건, 흰두루
6. 고구려와 흉노, 송동건, 진명출판사
7. 고구리 창세기(高句麗 創世記), 박창화, 김성겸, 지샘
8. 고구려의 숨겨진 역사를 찾아서(고구리사 초 략), 박창화, 김성겸, 지샘
9. 고등학교 한국사,동아시아사,세계사 역사부도, 최준채外, 금성출판사, 미래
10. 고려도경(송나라 사신, 고려를 그리다), 서긍, 민족문화추진회, 서해문집
11. 고려왕 이야기, 한국인물사연구원, 타오름
12. 고려의 고구려계승에 대한 종합적 검토, 박용운, 일지사
13. 고사기(古事記) 상·하, 오오노야스마로, 권오엽外 역, 고즈윈
14. 고승전(高僧傳), 慧皎, 柳月誕, 자유문고
15. 고인돌, 이영석, 한솜미디어
16. 고조선으로 가는 길, 김봉렬, 마고문화
17. 고조선은 대륙의 지배자였다, 리지린, 이덕일外 역, 역사의 아침
18. 광종의 제국(오백년의 리더십), 김창현, 푸른역사
19. 국가란 무엇인가, 유시민, 돌베개
20. 국화와 칼(일본문화의 패턴), 베네딕트, 이종인 역, 연암서가
21. 군주론, 니콜로 마키아벨리, 신재일 역, 서해문집
22. 규원사화(揆園史話), 北崖老人, 고동영 역, 한뿌리
23. 김수로왕비의 혼인길, 김병모, 푸른숲
24. 김춘추와 그의 사람들, 주보돈, 지식산업사
25. 南堂 朴昌和의 한국사 인식과 저술, 고려대연구소, 경인문화사
26. 내가 만난 조상姓氏의 세계, 김문순, 도서출판 답게
27. 누구를 위한 역사인가, 케이스 젠킨스, 최용찬 역, 혜안
28. 단군 만들어진 신화, 송호정, 산처럼
29. 단기고사(檀奇古史), 大野勃, 高東永, 한뿌리
30. 당태종(唐太宗)과 이십사장(二十四將), 이재석, 상생출판
31. 대가락국사(大駕洛國史)의 이해, 金永權, 圖書出版修書院
32. 대마도, 역사를 따라 걷다, 이훈, 역사공간
33. 대마도의 영토권(영토문화론에 의한 영토권Ⅰ), 신용우, 글로벌콘텐츠
34. 대만(아름다운 섬 슬픈역사), 주완요, 손준식外 역, 신구문화사
35. 대제국 고려의 증거, 이성근, 한솜미디어
36. 대쥬신을 찾아서, 김운회, 해냄
37. 대청제국 12군주열전 상·하, 옌 충니엔, 장성철 역, 산수야
38. 道德經(老子), 盧台俊, 홍신문화사
39. 돈황유서(석굴 속 실크로드 문헌), 하오춘원, 정광훈 역, 소명출판
40. 돌궐비문연구, TALAT TEKIN, 이용성 역, 제이앤씨
41. 동남아시아사(전통시대), 최병욱, 대한교과서
42. 동북공정, 알아야 대응한다, 한국우리민족사연구회, 백암
43. 땅이름 연구, 김윤학, 도서출판 박이정
44. 라틴아메리카, 우덕룡外, 송산출판사

45. 黎(리:東夷)歷史 쇠集, 吳在成, 黎民族史硏究會
46. 歷代韓國史論選, 李基白, 새문사
47. 櫟翁稗說(역옹패설), 李齊賢, 김성룡 역, 지식을만드는지식
48. 로마문화 왕국 신라, 요시미즈 츠네오, 오근영 역, 씨앗을뿌리는사람
49. 3일만에 읽는 로마제국, 사카모토 히로시, 이계성 역, 서울문화사
50. 류큐 왕국, 다카라 구라요시, 원정식 역, 小花
51. 리지린의 고조선 연구, 리지린, 이덕일 역, 도서출판 말
52. 만들어진 진실, 헥터 맥도널드, 이지연 역, 흐름출판
53. 만주(滿洲)의 역사, 김득황, 삶과 꿈
54. 만주이야기, 동북아역사재단 저, 동북아역사재단
55. 滿洲源流考(만주원류고), 張鎭根, 파워북
56. 몽골의 역사, 강톨가, 김장구外 역, 동북아역사재단
57. 몽골의 종교, 발터 하이시히, 이평래 역, 소나무
58. 몽골비사(몽골의 비밀스러운 역사), 유원수, 사계절
59. 미래로 가는 바른 고대사1.5, 심백강·이덕일, 유라시안네트워크
60. 발칙한 고고학(벗길수록 재미있다), 후즈펑, 송철규 역, 도서출판 예문
61. 발해고, 柳得恭, 송기호 역, 홍익출판사
62. 발해사2(발해의 정치), 서병국, 한국학술정보
63. 발해사의 이해, 임상선, 도서출판 新書苑
64. 백제 곤지와 동성왕, 오윤 성춘, 북랩
65. 백제는 한반도에 없었다, 閔炳學, 도서출판 大經
66. 百濟에 의한 倭國統治 三百年史, 尹營植, 하나출판사
67. 백제에서 건너간 일본천황, 이시와타리 신이치로, 안희탁 역, 지식여행
68. 백제왕의 죽음, 엄기표, 고래실
69. 베트남 역사교과서 6~12 (그림만 참조)
70. 베트남의 신화와 전설, 무경, 박희병 역, 돌베개
71. 별자리에 숨겨진 우리역사, 정태민, 한문화
72. 부도지(符都誌), 朴堤上, 김은수 역, 한문화
73. 불교개론 알기 쉬운 불교, 마스타니 후미오, 이원섭 역, 현암사
74. 불국토를 꿈꾼 그들, 정민, 문학의 문학
75. 블랙아테나1(날조된 고대 그리스,1785~1985), 마틴 버낼, 오흥식 역, 소나무
76. 史記 열전Ⅰ·Ⅱ, 朴一峰, 도서출판 육문사
77. 史記 -本紀·表(序)·書, 朴一峰, 도서출판 육문사
78. 사마천과 사기에 대한 모든 것 1(사마천, 삶이 역사가 되다), 김영수, 창해
79. 東夷文字(俗稱漢字) 옛음과 作法(?), 吳在成, 黎民族史硏究會
80. 山東이야기, 박영호, 씨에디터
81. 산해경(우리가 정말 알아야 할 동양 고전), 장수철, 현암사
82. 살아있는 가야사 이야기, 박창희, 이른 아침
83. 삼국사기, 金富軾, 김종성 역, 도서출판 장락
84. 三國史記 1, 2, 金富軾, 崔虎 역, 홍신문화사
85. 삼국사기 초기기록, 송종성, 서림재
86. 삼국유사(三國遺事), 一然, 최호 역, 홍신문화사
87. 삼한사의 재조명(前期辰王時代硏究), 김상, (주)북스힐
88. 새로 쓰는 연개소문傳, 김용만, 바다출판사
89. 세계를 속인 거짓말, 이종호, 뜨인돌
90. 세종 조선의 표준을 세우다, 이한우, 해냄
91. 신주사기 본기1~9, 사마천, 이덕일外 역, 한가람역사문화연구소

92. 신주사기 표:10~13,서:14~16, 사마천, 이덕일外 역, 한가람역사문화연구소
93. 신화·설화 그리고 역사, 송종성, 서림재
94. 實證 한단고기, 이일봉, 정신세계사
95. 십팔사략(十八史略), 曾先之, 이지한 역, 자유문고
96. 씨성으로 본 한일민족의 기원, 김성호, 푸른 숲
97. 아리수(阿利水)왜곡 규명, 서울특별시의회
98. 아틀라스 중국사, 교원대역사교육과, 사계절
99. 아틀라스 한국사, 교원대역사교육과, 사계절
100. 역사란 무엇인가, 신봉승, 청아출판사
101. 역사란 무엇인가, E.H.카, 김승일 역, 범우사
102. 역사속의 러시아문화, 박태성, 부산외국어대
103. 歷史心理學, 朴喆規, 창작과 비평사
104. 역사의 역사, 유시민, 돌베개
105. 역사의 원전, 존 캐리, 김기협 역, 바다출판사
106. 歷史學槪論(歷史와 歷史學), 李相信, 도서출판 新書苑
107. 연표와 사진으로 보는 일본사, 박경희, 일빛
108. 연표와 사진으로 보는 중국사, 심규호, 일빛
109. 오천 년 역사 산서성을 말하다, 유영석, 북랩
110. 오키나와 옛이야기, 정진희, 보고사
111. 와당으로 본 한국 고대사의 쟁점들, 유창종, 景仁文化史
112. 왕오천축국전, 혜초, 지안(志安) 역, 불광출판사
113. 왕인박사는 가짜다, 곽경, 죽오재
114. 요동(遼東)과 부여(夫餘), 김진경, 어드북스
115. 우리 시대의 한국 고대사 1, 2, 고대사학회, 주류성
116. 우리 역사 독도, 호사카 유지, 책문
117. 魏晉南北朝史, 勞榦, 金榮煥, 藝文春秋館
118. 유럽에 빠지는 즐거운 유혹, 베니야마, 서상원 역, 스타북스
119. 육조고도 남경(비극의 역사 그러나 불멸의 땅), 이도학外, 주류성
120. 이야기 고사성어, 장순용, 고려원미디어
121. 인간의 흑역사, 톰 필립스, 홍한결 역, 윌북
122. 인도는 이야기다(역사보다 오랜 신들의 이야기), 정인채, 조갑제닷컴
123. 일본 속의 한국 문화유적을 찾아서, 홍윤기, 서문당
124. 일본 역사 속 백제 왕손(임성왕자 후손 이야기), 신성호, 고래실
125. 3일만에 읽는 일본사, 타케미쓰 마코토, 고선윤 역, 서울문화사
126. 日本書紀 完譯, 田溶新, 一志社
127. 일본서기 한국관계기사 연구(Ⅰ), 김현구外, 일지사
128. 일본서기의 비밀, 모리 히로미치, 심경호 역, 황소자리
129. 日本神話의 硏究, 황패강, 지식산업사
130. 일본어 上·下, 긴다이치 하루히코, 황광길 역, 小花
131. 일연(一然), 채상식, 혜안
132. 잔혹한 세계사, 조셉 커민스, 제효영 역, 시그마북스
133. 장보고, 강봉룡, 한얼미디어
134. 절대 역사서 사기(사마천과 사기에 대한 모든 것 2), 김영수, 창해
135. 정관정요(貞觀政要), 崔亨柱, 자유문고
136. 해적왕 정성공, 조너선 클레멘츠, 허강 역, 삼우반
137. 제국으로 가는 긴 여정(박한제 교수의 中國歷史紀行1·2·3), 박한제, 사계절
138. 帝王韻紀, 김경수, 도서출판 역락

139. 조선상고사(朝鮮上古史), 신채호, 일신서적출판
140. 중국 고대 어법, 許威漢, 최영준 역, 어문학사
141. 중국 고등학교 역사교과서의 특징, 김지훈外, 동북아역사재단
142. 중국 금석문 이야기, 施蟄存, 이상천外 역, 주류성
143. 중국 역사 지리, 류제헌, 문학과 지성사
144. 중국 속 고구려왕국, 齊(제), 지배선, 청년정신
145. 중국신화의 이해, 전인초外, 아카넷
146. 중국어의 비밀(한국인을 위한 중국어 사용설명서), 박종한外, 궁리출판
147. 중국역사 오류사전, 楊飛, 임지영外 역, 이룸
148. 中國歷史地圖集(第一冊~第八冊), 潭其驤, 中國地圖出版社
149. 중국의 동북공정연구성과에대한 분석과평가, 고구려연구회, 고구려연구회
150. 中國正史朝鮮傳 譯註1, 2, 3, 국사편찬위원회, 출판협동조합
151. 중국이 쓴 한국사, 이기훈, 주류성
152. 중국철학의 정신(新原道), 馮友蘭, 곽신환 역, 서광사
153. 중앙 유라시아의 역사, 고마츠 히사오, 이평래 역, 소나무
154. 중학교 역사1, 2, 부도(교육부검정교과서), 김형종外, 금성출판사, 미래
155. 지도로 보는 세계민족의 역사, 21세기연구회, 전경아, 이다미디어
156. 천년의 비밀을 예언한 도선국사비기, 고제희, 문예마당
157. 천황을 알면 일본이 보인다, 사이카와 마코토, 조양욱 역, 다락원
158. 총 균 쇠, 재레드 다이아몬드, 김진준 역, 문학사상
159. 측천무후, 도야마 군지, 박정임 역, 페이퍼로드
160. 칠지도 명문(고대 한일 관계의 비밀을 푸는 열쇠), 박호균, 북랩
161. 단군의 나라 카자흐스탄, 김정민, 글로벌콘텐츠
162. 태종 조선의 길을 열다, 이한우, 해냄
163. 태호복희(소설), 박석재, 과학동아북스
164. 택리지(擇里志), 李重煥, 이익성 역, 을유문화사
165. 터키사100(가장 쉽게 읽는 터키사), 이희수, 청아출판사
166. 하늘에 새긴 우리역사, 박창범, 김영사
167. 하룻밤에 읽는 불교, 소운스님, 랜덤하우스코리아
168. 하멜표류기, 강준식, 웅진지식하우스
169. 한국 고대 인명사전, 한양대 연구소, 도서출판 역락
170. 한국 고대사의 쟁점과 과제, 이도학, 주류성
171. 韓國姓氏寶鑑(한국성씨보감), 김종진, 은광사
172. 한국의 성씨와 족보, 이수건, 서울대학교출판부
173. 한권으로 읽는 삼국왕조실록, 임병주, 들녘
174. 한국 한문자전의 세계, 왕평外, 김화영 역, 도서출판3
175. 한서예문지(漢書藝文志), 李世烈, 자유문고
176. 한서지리지·구혁지(漢書地理志·溝洫志), 반고, 李容遠 역, 자유문고
177. 한자 속의 중국 신화와 역사 이야기, 양동숙, 주류성
178. 한중사서에 실린 한국고대사의 비밀, 송종성, 서림재
179. 해동제국기(海東諸國記), 申叔舟, 신용호外 역, 범우사
180. 화랑세기(신라인의 신라 이야기), 金大問, 이종욱 역, 소나무
181. 환단고기(桓檀古記), 桂延壽, 안경전 역, 상생출판
182. 황제들의 당제국사, 林士英, 류준형 역, 푸른역사
183. 황하에서 한라까지, 심백강, 참좋은세상
184. 흉노, 사와다 이사오, 김숙경 역, 아이필드
185. [논문]鴻臚井石刻에보이는 崔忻의직명재검토, 권은주(2007), 한국고대사연구46

186. 그리스 로마 신화, 토마스 불핀치, 권현 역, 돋을새김
187. 사피엔스, 유발 할라리, 조현욱 역, 김영사
188. 호모 데우스, 유발 할라리, 김명주 역, 김영사
189. 한서지리지, 반고, 최동환, 생각나눔
190. 테라 인코그니타, 강인욱, 창비
191. 갑골음으로 잡는 식민사학 동북공정, 최춘태, 북랩
192. 문명 도슨트 漢字(개정판), 전동필, 밥북
193. 중국 고대 청동기, 국립박물관 문화재단, 국립박물관
194. 미래를 여는 역사(개정판), 한중일공동역사편찬위원회, 한겨레출판
195. 중국 청동기의 미학, 정성규, 북랩
196. 백자초문, 조옥구, 학자원
197. 처음부터 다시 배우는 서양고대사, 정기문, 책과함께
198. 실크로드의 악마들, 피터 홉커크, 김영종 역, 사계절출판사
199. 이덕일의 한국통사, 이덕일, 다산북스
200. 주역의 기호학, 박연규, 예문서원
201. 홍산문화의 이해, 복기대, 우리역사연구재단
202. 사기 2천년의 비밀, 이덕일, 만권당
203. 정역 중국정사 조선·동이전2, 문성재, 우리역사연구재단
204. 黃金帝王國, 金容道 崔燦東, 도서출판三希
205. 한국인에게 역사는 있는가, 金鍾潤, 일깨움
206. 天文類抄, 김수길 윤상철, 대유학당
207. 우리 고대국가의 위치를 찾다(1,2), 전우성, 한솜미디어
208. 이집트인 모세, 얀 아스만, 변학수 역, 그린비
209. 유학오천년1, 이기동, 성균관대학교
210. 중국어 역사음운학, 潘悟雲, 權赫埈 역, 學古房
211. 목천자전·신이경, 郭璞, 송정화外 역, 살림출판사
212. 가톨릭의 역사, 한스 큉, 배국원 역, 을유문화사
213. 簡明중국역사지도집, 담기양, 중국지도출판사
214. 고사변 자서(의고학파의 거두 고힐강 서문), 고힐강, 김병준 역, 소명출판
215. 돈황(실크로드의 관문), 전인초, 살림출판사
216. 동북아 고대사 신론(새로 찾은 한국상고사), 이돈성
217. 동이문자(속칭한자) 옛음과 작법, 오재성, 黎민족사연구회
218. 반야심경 이야기(법륜스님 강의), 법륜, 정토출판
219. 백제왕성 의령여씨, 의령여씨대종회, 한모임
220. 뿌리를 찾아서(우리는 어디서 왔을까?), 이돈성, 다트앤
221. 산서성의 지배자 고구리, 성헌식, 시민혁명출판사
222. 3일만에 읽는 성경 이야기, 나카무라 요시코, 이게성 역, 서울문화사
223. 상고사의 새발견, 이중재,명문당
224. 성경은 어떻게 책이 되었나, 윌리엄 슈니더윈드, 박정연 역, 에코
225. 성전 탈무드, 마빈 토케이어, 김정우 역, 솔빛출판사
226. 수메르 혹은 신들의 고향(1·2), 제카리아 시친, 이근영 역, 이른아침
227. 식민사학의 감춰진 두 얼굴(식민사관 비판), 황순종, 만권당
228. 신찬성씨록으로 본 일본 고대인물의 정체, 조정래, 피플파워
229. 아스테카(태양을 움직인 사람들), 중앙국립박물관 문화재단
230. 어디 역학 공부 좀 해볼까?(음양오행과 명리편), 잉녀실, 대유학당
231. 영한 금강경(이것이 불교다), 이수남편역, 지식과감성
232. 유사역사학 비판(환단고기와 일그러진 고대사), 이문영, 역사비평사

233. 이슬람교, 이브토라발, 김선겸 역, 창해ABC북
234. 입당구번순례행기, 엔닌, 신복룡 역, 선인
235. 자유론, 존 스튜어트 밀, 서병훈 역, 책세상
236. 진시황은 몽골어를 하는 여진족이었다, 朱學淵, 문성재 역, 우리역사연구재단
237. 천년 만에 밝혀진 안시성과 살수, 성헌식, 지샘
238. 치우, 오래된 역사병, 김인희, 푸른역사
239. 티베트와 중국의 역사적 관계, 김한규, 혜안
240. 한글 법요집,아미타경, 해인사 미타원
241. 혜초의 길을 따라서,(인도에서의 순례와 명상), 석지현, 대한교과서(주)
242. 힌두교(하룻밤의 지식여행), 비네이랄, 박지숙 역, 김영사
243. 국어 그 이론과 응용, 김진우, 탑출판사
244. 어니 억학공부 좀 해볼까, 이연실, 대유학당
245. 중국정사 외국전이 그리는 세계들, 김정희 외5, 역사공간
246. 도쿠가와 이에야스, 나카무라도키조, 박현석 옮김, 현인
247. 세종 이도의 눈물, 김허균, 길동무
248. 오사카의 여인, 곽경, 어문학사
249. 삼국시대 국왕의 시호 의미 찾아내다, 서병국, 명문당
250. 전라도천년사를 비판한다, 이원희, 인쇄마당
251. 숨겨진 우리역사를 찾다, 오재성, 다물구리
252. 백제서기 백제왕기, 박창화 필사, 하진규 번역, 시민혁명출판사
253. 속국 왜국에서 독립국 일본으로, 이원희, 주류성
254. 고사기, 오노야스마로, 강용자 역, 지식을만드는지식
255. 월정사 성보박물관 소장 지정문화재, 해운스님, 월정사성보박물관
256. 남조국의 세계와 사람들, 정면, 선인

후기

　처음 글을 쓰기 시작할 때는 '참된한국통사 I 편' 전체를 대략 500페이지 미만의 일반적인 신국판 한 권으로 구성하여 '역사왜곡방법론'을 중점적으로 설명함으로써 '수천 년 전부터 체계적이고도 조직적인 역사왜곡이 존재했었다'는 것을 집중적으로 설명하고자 했었는데, 글을 쓰다 보니 약 2,000페이지가 되어버렸다. 그것은 아마 {천성적으로 글재주가 없는} 필자가 '전혀 전공하지도 않았던 생소한 역사 분야' {그것도 이미 천수백 년 동안 완벽하리만큼 잘 다듬어진(?)} '기존의 역사통설歷史通說을 깨트리려는 무모함(?)'에서 기인되었으리라고 생각된다. 즉 70 평생을 오로지 공학만을 생업으로 삼아온 필자에게는 '논리적으로 맞지 않거나 실험적으로 증명되지 못한 것들은 스스로 쉽게 납득하지 못하는 공학도工學徒로서의 융통성 없는 습관'이 몸에 배어 있었기 때문에 {이미 실증적實證的으로는 증명할 수 없는 상황이 되어버린} '5,000년 동아시아사東亞細亞史 전반에 걸친 역사왜곡歷史歪曲의 문제'라는 거대한 담론談論을 오로지 '어설픈 글솜씨'만으로 극복하려다 보니 말이 자꾸 길어지고 중구부언하게 된 것이라고 생각된다. 그래서 과감하게 '페이지를 줄이는 작업'을 시작했지만 '소심한 천성' 때문인지 결국 크게 줄일 수가 없었던 것이다. 그래서 독자들에게 읽는 부담을 드려서 대단히 죄송스럽게 생각하면서 일단 세 권으로 나누어서 '참된한국통사 I 편-1,2,3권'으로 편성하게 되었다.

　글이 길어진 것에 대해 굳이 변명을 조금 더 한다면… 강단사학계와 재야사학계의 기라성 같은 역사선배들에게 '이미 실증적實證的으로는 증명할 수 없는 상황이 되어버린 역사왜곡歷史歪曲의 존재성存在性'을 불쑥 내밀어서 조금이라도 긍정적인 평가를 받아내기 위해서는, 오직 '수없이 많은 사례事例를 발굴해서 아주 자세하게 반복적으로 설명하는 인해전술人海戰術밖에 없다'라는 필자 나름의 결론에 따른 것이었다. 그래서 머리에 떠오르는 대로 눈에 띄는 대로 마구 쓰게 되었는데 '인해전술이라는 당초의 전략(?)'을 고집해서 일단 모두 내놓게 된 것이다. 혹시 지루하다고 생각되면 제목을 참조해서 취사선택해도 될 것이겠지만, 필자가 설명하는 내용들이 대부분 '지금까지의 전 세계 역사계에서는 처음으로 소개되는 것들'이므로 비록 시간이 걸리더라도 가능하다면 처음부터 차근차근 읽어주길 기대하는 바이다. 물론 필자는 훗날 언젠가 패기 있는 젊은이들과 함께 '간결하고 요령 있는 글'로서 전체를 다시 다듬을 수 있게 되길 바라는 바이다.

이번에 출간하게 된 '참된한국통사Ⅰ편'은 'Ⅰ편-1권{만파식적}'과 'Ⅰ편-2권{불국토}' 및 'Ⅰ편-3권{역사왜곡방법론}'으로 편성되어 있는데, '1권{만파식적}'과 '2권{불국토}'는 필자가 '3권{역사왜곡방법론}'에서 설명할 '역사왜곡歷史歪曲의 존재성存在性에 대한 추론推論'을 보충하기 위한 사례집事例集이라고 보면 될 것인데, 2022년 6월에 출간한 1권{만파식적}과 2023년 6월에 출간한 3권{역사왜곡방법론}에 이어 이번에 남은 2권{불국토}를 출간하게 된 것이다. 그리고 1권{만파식적}과 2권{불국토}에서는 주로 신라사를 중심에 두고서 사례들을 열거하였는데, 그것은 신라가 실제로 '7말8초 역사왜곡의 직접적인 당사자'였었으므로 실질적인 사례 설명에서 더 유용했었기 때문이다. 그래서 {앞으로 출간할} '참된한국통사Ⅱ편'에서는 고구려와 백제를 상대적으로 더 많이 설명하게 될 것이다.

그리고, 본서가 비록 대부분의 독자들이 이미 초,중,고,대학에서 은연중에 접해왔던 '우리나라의 역사(즉,한국사)'를 주제로 하고는 있지만 '독자들이 그동안 가지고 있었던 대부분의 역사 상식들이 모두 잘못되어 있다'는 것을 지적하고 있는 것이어서 일반인들로서는 쉽게 이해하기 어려울 것으로 생각한다. 즉 이 책은 처음부터 우리나라 역사서인『삼국사기』와『삼국유사』에 기록된 내용들이 말하고 있는 본질이 무엇인지를 거의 70% 이상 인지하고 있고 또『중국25사』나『일본서기』등의 구체적인 내용들을 개략적으로나마 알고 있으면서 필요시에는 검색을 통해서 바로바로 구체적인 내용을 확인할 수 있을 정도의 역사전문연구자들을 대상으로 한 것이므로, 역사를 전문적으로 연구하지 않았던 일반인들로서는 필자가 설명하는 내용들을 이해하는 것은 고사하고 읽어 나가기조차 쉽지 않을 것이라고 본다. 하지만 일반인들도 시간을 충분히 가지고서 천천히 그리고 꾸준히 읽어나간다면 그리 오래지 않은 시간 안에 '우리나라의 참된 역사'에 대한 안목이 생길 것이라고 확신하는 바이다.

어쨌든, '참된한국통사Ⅰ편-1,2,3권'을 모두 출간하고 나니 {아직은 시작에 불과하겠지만} 비로소 '평생을 미룬 숙제를 다 한 듯한 기분'이 든다. 물론 이제부터는 필자에게 {면접시험장에 들어선 신입사원'처럼} '역사계의 면접시험에 최선을 다해서 답해야 할 의무'가 주어졌다는 것을 받아들이면서도 '{한 사람의 동아시아인으로서} 해야만 할 일을 했다'라는 생각으로 역사계의 합리적인 질문에 성심성의껏 답하면서 '20억 동아시아인들의 미래평화'를 위해 독자 여러분들과 함께 고민하고 또 함께 해결책을 찾아 나서게 되길 기대하는 바이다.

처음에는 단순한 호기심에서 시작했지만 '무엇인가가 있다'는 확신이 들었었고, 그래서 주경야독晝耕夜讀으로 생업을 유지하면서도 그 확신을 구체화시키기 위해 몰두했던 지나간 긴 시간들을 돌이켜 보니, 주변에서 음으로 양으로 필자를 도와준 고마운 분들의 선하고 따뜻한 모습들이 떠오른다. 특히 물심양면으로 도와주신 최HD회장님과 정CB회장님 그리고 김SG님 등 주변의 모든 지인들에게 이 지면을 통해서 감사한 마음을 전하는 바이다. 그리고 필자의 엉뚱한(?) 발상을 항상 격려해 준 친가식구 및 처가식구들에게도 감사드리며, 연로하신 장모님께 자식의 도리를 다하면서도 필자의 주변을 부족함 없이 세심하게 챙겨 주었고 또 산만하고 딱딱한 필자의 글을 꼼꼼하게 체크해서 조언해 준 아내 고 선생에게 더 특별히 감사드린다.

그리고 필자의 산만하고 난해한 글이 책으로 만들어질 수 있도록 열과 성을 다해서 도와주신 지식과감성# 장길수 사장님과 한장희님, 주경민님 그리고 윤혜성 차장님 등에게도 이곳을 통해서 감사하는 마음을 전하는 바이다.

2021년 7월 탈고하여, 2024년 7월 출간하면서…